地方創生まちづくり大事典

地方の未来、日本の未来

竹本昌史

国書刊行会

地方創生まちづくり大事典

——地方の未来、日本の未来

目次

東北編

関東編

中部編

近畿編

中国編

四国編

九州編

はじめに

地域活性化事業とは何か、全国各地で具体的にどのような取り組みがなされ、どのような成果を収めているのか、各地の活性化事業の最前線に飛び込んでその実態を概括的、事例的に解説すること。

それが本書の目的である。読者としては、地域再生なり地域活性化なりに興味を持つ全ての人を想定している。

中でも、活性化事業にすでに取り組んでいる地域のリーダーや心ある地域住民はもちろんのこと、地域興しに携わる地方自治体の幹部や行政担当者、ＮＰＯのスタッフ、地域活性化事業で生まれる新たな市場に参入しようという企業経営者、大学やシンクタンクの研究者などが読者の主体層と考えている。

バブルが崩壊して日本が長期停滞へ向かう転機となった１９９１年から今年（２０１５年）で4半世紀。負の象徴、負の遺産が連鎖となって押し寄せる地方の惨状は、序章の「地方創生は今、現場報告」で紹介した通りである。地域社会の存立基盤が根底から揺さぶられるような厳しい環境下にありながら、一方で難関を何とか乗り越え、新しい局面を切り拓こうという取り組みが全国各地で早くから繰り広げられてきたのも事実だ。

地方の特性を生かした個性的な活動、高齢者や生活弱者を支援し鼓舞する取り組み、スポーツや芸術を町興しに活かすケース、企業誘致で雇用創出と自主財源の確保を目指す自治体、集客と交流人口の拡大にユニークな試みを展開する商店街など、多彩な事例が幾つも生まれている。地域を湧き立たせるような、そんな事例を厳選して本書で１９３例に編集した。

わが国には15年4月現在で、県と市町村を合わせ１７６５の地方自治体がある。足掛け10年間、沖縄を除く全ての自治体に足を運び各地の活性化事業の現場に立ち入った。事業を呼びかけた仕掛け人、事業を推進するキーマンや地域のリーダーに密着するなどして事業の背景や狙い、効果などを浮き彫りにできるよう、取材を重ねてきた。他人には関心を引かないような取り組みであっても、目的意識を持った人にはヒントになる事例が、193例の中に多く含まれているはずだ。

本書では4つの点に留意した。

まずはできるだけ分かりやすい文章で、しかも臨場感の沸く内容となるよう心掛けた。地域再生や地方活性化に関心を寄せる方なら誰でも理解できるようにし、地域貢献に目を向ける人的すそ野を少しでも広げたいと考えたからである。

2つ目は取材に当たって現場第一主義にこだわったこと。事業の最前線で活躍する幹部に直接会って、事の顚末を明らかにできるよう心掛けた。間接的な2次情報は極力、使っていない。

3つ目は人口減少対策だけに的を絞っていないことだ。衰退する地域を甦らせ、街を元気にする事業は全てが活性化事業と捉えているためだ。地域経済の核となる産業振興策や企業誘致、エネルギー、農業振興計画をはじめ、教育、環境、観光、景観、芸術・文化、スポーツ、社会事業など、広範囲で多彩な活動を網羅している。

そして第4に強調したいことは、本書で取り上げたものは単なる事例集ではないという点だ。政府はこれから「地方創生」という大事業に打って出ようとしているが、そうした事業に挑戦する人々が地域の活性化策を構築する際に有効となるような内容にしている。

編集部

本書で紹介した人物の肩書は、取材時のものです（一部、敬称略）。

地方別（県別）で分けていますが、同一テーマで重なる場合は最初に表記されている県名を優先しています。

地方創生は今、現場報告

「消滅可能性都市」(?)　歌志内
自前の収入、たったの1割

「全国の半数、896自治体が消滅するかもしれない」――「日本創成会議」(座長＝増田寛也元総務相)が2014年5月、衝撃的な内容を持つリポートを発表してから、ほぼ1年半が経つ。住民サービスの維持が困難で雇用も確保しづらいまちを「消滅可能性都市」と呼んでいるが、「消滅」という刺激的な語句を用い、しかも896の自治体を名指しで序列化したために、全国の市区町村に与えた衝撃波は大きく、今なお動揺と危機感が自治体間に広がっている。

「危機感をあおるだけで、無責任なリポートだ」と指摘する声があるのも確かだが、全国の地方を歩くと、すでに「消滅可能性都市」を彷彿させるような市町村が少なからず存在することも否定できない。

その典型が北海道中央部にある歌志内市ではなかろうか。かつては大小19の炭鉱が活動し、国のエネルギーを支える炭都として栄えたが、今は見る影もない。石炭から石油へのエネルギー革命で炭鉱が相次いで閉山した結果、ピーク時に4万6千人もあった人口が減り続け、15年春現在で3753人と4千人の大台を割ってしまった。

同市のホームページには、「日本一小さな市・歌志内」というキャッチフレーズが躍っている。多くの若者が街から出て行き、年寄りが残るので、65歳以上の高齢化比率が45・7%と限界集落すれすれの厳しさだ。

「人口減で財政力が弱まった」(財政課)と言う通り、都市財政のやり繰りに悩んでいる。市民1人当たりの地方税収入は全国のワースト4位、借金返済の重みを示す「実質公債費比率」は同ワースト3位、財政力指数は同ワースト1位といった状況で、行政サービスにかかる費用のたった1割しか自前の収入で賄えないという惨状。

市長の給料50%カット、助役や職員の給料圧縮など人件費を合理化したり、課の縮小を含む組織改革をしたり、市議会議員定数の削減や住民サービス事業の整理統合を断行したりと、数年間にわたって行財政改革（集中改革プラン）を行ってきた。職員給料は14年度からようやく復旧し、職員の新規採用（7人）も15年度にやっと復活したが、厳しい財政運営は続いている。

現地を訪れると、中心街はシャッター通りと化し、車や人の姿が少ないことに驚かされる。

スーパーは店を閉じ、その建物は消防局になってしまった。電気店やクリーニング店もなく、物販店と言えばコンビニ1店だけ。生鮮食品の買い物は隣接の砂川市に行くか、移動販売車で求めるしかない。通りで会った年配男性は「何か、追いつめられる気持ち」と嘆く。

市内の小学校と中学校は減って各1校だけになり、1校あった高校はとうに閉校した。子どもの医療費無料化、通学バス費用の補助などの手を打っているが、そんな対策では周辺自治体との差別化を図るのが難しく、市を出て行く住民を食い止めることができない。

同市は増田リポートで「消滅可能性都市」の全国ワースト8位にランクされている。「何もしなければ、そうなるということ。手は打つ」（総務課）と対策を練る構え。限られた選択肢の中で、有効な手が打てるのか。

静岡に異変が起こっている「若い女性が逃げていく」

日本は05年に人口減少社会に入り11年以降、速度が加速して年間20万人のペースで総人口を減らしている。人口減少の荒波はまず、地方の小規模自治体に押し寄せ、それが地方全体に波及した後、最後には都市部をも飲み込んで行くといわれているが、すでに各県の県都にその兆候が露わになっている。

便利で豊か、全国有数の工業県と誇ってきた静岡県。総務省が14年6月に発表した14年の人口動態調査によると、外国人を含む県人口は380万3千人と前年比で2万人以上も減少した。都道府県別では北海道に次ぐ全国ワースト2位という悲しい結果だ。同県が公表した最新の推計人口は368万3千人（15年6月1日現在）と、370万人を割り込み、人口減の傾向に歯止めがかからない。

静岡と言えば、新幹線や高速道路など交通インフラが整備され、温暖で風光明媚なところ。世界文化遺産（富士山）、世界農業遺産（茶畑）、ユネスコエコパーク（南アルプス）などにも恵まれて、何かと話題にされる。工業出荷額は愛知県、神奈川県に次ぐ全国第3位を誇り、大阪府や兵庫県を凌いでいる。その先進県・静岡の人口が大きく減少しているると知って、驚きの声が県内を駆け巡った。

総務省の公表から3日後に開かれた静岡商工会議所の会合では、「多くの働き手が県外へ転出し、社会減が加速しているそうじゃないか」、「社会減は北海道に次いでワースト2だそうだ」、「若い女性が逃げていく」、「自動車、電機、金属製品など製造業大手が県外へ撤退している」など と大騒ぎになった。

工場の撤退が雇用の場を減らし、働く人の減少につながって県外転出をもたらす。民間のシンクタンクは、「静岡の人口減は社会減の加速によるものだ」と分析し、「静岡に起こっている異変、つまり社会減を解決しないとダメだ」と指摘している。

事態を重く見た県は1カ月後の7月下旬、10人から成る「有識者会議」を発足させ、人口減少対策の提言を求めた。半年後にまとまった提言は、「人口減少を食い止める戦略」と「人口減少が続く中で快適に暮らす適応戦略」の2本立てで構成し、人口減少対策では①移住・定住の強化②若年層や女性の転出超過を防ぐための魅力的な産業創出などを特に強調している。

川勝平太知事は「提言を今後の施策に盛り込む」とし、さっそく県庁内に「移住・定住担当」を新設するとともに、県内移住・定住の相談窓口となる「ふじのくにに住みかえるセンター」を15年7月、東京・有楽町に開設することを決めた。

同県は「オール静岡」を旗印に官学官の力を結集した「創生県民会議」も設置しており、有識者会議のまとめた提言も含め、県独自の「人口ビジョン」を打ち出す構えだ。

総合戦略、ソフト対策に軸足
壮烈な「人の誘致」合戦

人口減対策や地方活性化策について向こう5年間の施策をまとめたい――14年から15年にかけて、県レベルや市町村レベルの各自治体が一斉に「総合戦略」の策定に向け走り出した。

きっかけになったのは日本創成会議が示した増田リポートであり、促したのが14年秋の地方創生関連2法の国会可決だ。

そこへ総務省の最新の人口動態調査（15年1月1日時点）が追い打ちをかける。日本人の人口が前年比で27万人も減り、年間減少幅が過去最大になったと公表、自治体関係者の危機感の火に油を注ぐ形となったのだ。

まず動いたのが富山県と岐阜県だ。県下5市町が「消滅可能性都市」と名指しされた富山県は14年6月、県庁内に部局横断の新組織「人口減少検討チーム」を設置、雇用や移住など幅広い分野まで踏み込んだ新政策を打ち出そうとしている。

17市町村が「消滅可能性」リストに載った岐阜県は同年7月、県と市の代表で構成する「人口問題研究会」を新設、市町村ごとに「人口カルテ」をつくり地域の実情に応じた施策を打ち出すことを申し合わせている。

富山や岐阜を追うように、山形県（人口減少対策プロジェクトチーム）や三重県（少子化対策県民会議）、福岡県（人口減少対策本部）、愛知県（総合戦略推進会議）などども新組織を設けて施策づくりに乗り出している。各県とも少子化対策や雇用創出策、地域活性化対策を掲げており、従来型のハード面の整備より人口減や人口流出を具体的に食い止めるソフト対策に軸足を置いた作戦が目立つ。

市町村レベルでは対策がもっと具体的で、すでに行動に移している。子どもの医療費助成の対象者を大阪市、寝屋川市や守口市が15年7月から大幅に拡大したほか、青森市も助成制度を同年8月から拡充した。医療費助成制度に向けた自治体の関心は非常に強く、隣のまちがやったからウチも早くと、「医療費助成合戦」が起こっている。

宮城県角田市は市外からの転入者を対象に「いらっしゃいプラン」と呼ぶマイホーム購入支援策（最高150万円助成）を展開し、福島県泉崎村は村営住宅団地（天王台ニュータウン）の購入者が首都圏まで通勤する場合、JR新白河駅から通勤先までの鉄道代（年間300万円まで）を助成している。住宅購入や通勤補助など独自の施策を打ち出し、定住促進に繋げようという狙いだ。

愛知県の市で唯一、「消滅可能性都市」に挙げられた新城市は15年6月から、まちづくりに取り組む若者を支援する「若者チャレンジ補助金」制度（上限50万円）、合宿やゼミを行う大学生への宿泊費補助金制度を実施したほか、15歳－29歳の若者20人で構成する「若者議会」を開催、若者が提言する政策をまちづくりに活かす事業を開始した。

過疎化に悩み限界集落化を恐れる地方の自治体は、人口減によってすでに行政サービスが揺さぶられており、いたずらに放置すれば、地域社会が崩壊しかねないと肌で感じている。「人口減は今や、現実の問題。定住増加策は喫緊の課題」（長野県下條村の伊藤喜平村長）と捉え、志の高い指導者は数年前から手を打ってきた。

県レベル、市町村レベルがまとめる総合戦略は、その内容を見て政府が予算を配分し、良いものを集中的に支援するという。創意工夫を凝らした有効な戦略が打ち出せるか、自治体の真価が問われる。すでに、域外から新規定住者を呼び込もうという「人の奪い合い」は始まっている。総合戦略がまとまると、自治体による「人の誘致」合戦がいよいよ壮烈なものになりそうだ。

人口減少時代の「勝ち組」流山市、長泉町など

ここで興味を引くのは、少子高齢化で頭を抱える自治体の悩みをよそに、人口減を食い止め、定住人口を増やしている自治体が少なからず存在することだ。人口減少時代における自治体の「勝ち組」である。

そうした勝ち組・自治体の中でも、抜きん出た存在が北から挙げれば、山形県東根市（土田正剛市長）であり、千葉県流山市（井崎義治市長）だ。静岡県長泉町（遠藤日出夫町長）や長野県下條村（伊藤喜平村長）、愛知県長久手市（吉田一平市長）も同列の勝ち組に属する。

流山市の育児ママの朝は、つくばエキスプレス（TX）の駅に園児を連れて行くことから始まる。駅前の拠点から園児の通う各保育所までマイクロバスで送り届け、夕方になると拠点まで送り返してくれるからだ。拠点となる送迎保育ステーションがTX沿線の2駅につくられ、07年7月からこの事業が始まった。

保育ステーションの利用時間は午前7時－9時と午後4時－9時で、共稼ぎ世代の仕事を考えて設定した。利用料金は1回100円、月間では最大2千円と安い。都心から25㌔圏、都内への通勤者が多い共稼ぎ市民にとって、保育ステーションの使い勝手は良く、「残業など仕事の自由度が増す」と好評だ。年間5万6千人もの利用者がある。

子育て共稼ぎ世代を呼び込むため、同市は早くから子育て施策の充実を図り、仕事と育児が両立できる環境の整備に積極的に取り組んできた。待機児童を減らすため、保育所（現在は市内26カ所）を新増設し、保育士確保のための奨学金制度も実施している。

こうした施策が功を奏して、若い世代が同市に流入し、過去10年以上も人口が増え続けている。15年6月現在の人口は17万3千人で、14年の転入超過数は2387人と県内1位、全国でも10位になった。

井崎市長は「定住人口を増やすこと。特に子育て世代から選ばれるまちに照準を合わせ、早くから手を打ってきた」と話し、「これからは選ばれ続けるまちを目指す」と

強調した。

人口が大幅に減少し、「異変が起きている」といわれる静岡県の中で、40年以上も人口が増え続けているのが長泉町（15年4月時点で約4万2千人）だ。県内の35市町村の将来人口を予測した県の試算だと、今後30年間を見通しても県内の自治体で唯一、長泉だけが人口を増やしている。

増える人口の半数は30ｰ40代の子育て世代。子育てし易い環境を整え、手厚い住民サービスを提供し続ける長泉の政策が、域外の子育て世代を惹きつける。中学3年生までの子ども医療費無料化、第2、第3子の保育料無償化、放課後児童会の充実などの施策が若者に支持され、同町への定住者を増やしている。

「子育てし易い環境づくりに努めてきた。そのことが口コミで広がり、〝住んでみたい長泉〟といわれるようになった」と遠藤町長は話す。「これからは、〝住んでみたい〟から〝住み続けたい〟へ看板を変える」――遠藤町長は、井崎流山市長が話したのと同じ目標を口にする。

「子育てするなら東根」
日本一若いまち、長久手市

さくらんぼの生産量日本一のまち、東根市も東北の子育て先進都市と呼ばれる。05年に建設した子育て支援拠点「さくらんぼタントクルセンター」を軸に一時保育や子育て相談、休日診療など多様な子育て施策を展開、「子育てするなら東根」との評判を勝ち取った。

人口減が進む山形県で唯一、人口が増え続け、10年4月の人口4万6393人が5年後の15年4月には4万7643人になった。土田市長は「子どもの数が増えているとはいえない」とし、出生率を高めるためさらに子育て支援策に力を入れると話す。

市民の4割が名古屋市に通うベッドタウンの長久手市も若い世代の転入で人口が増え、平均年齢が37・7歳と全国で最も若いまちになった。家庭内保育事業や産前産後ヘルパー制度、放課後子ども教室の充実など、早くから実施した多彩な子育て支援策が若い世代に受け、転入者が増える。

飯田市から車で30分、何かと居住条件が劣る下條村だが、若者の定住を狙った村営の集合住宅を1997年から建設、高校卒業までの医療費タダ政策を打ち出して周辺都市から若者を引き寄せ、人口減少に歯止めをかけている。

1人の女性が生涯に産む子供の数の平均値を示す合計特殊出生率は下條村が1・86（5カ年平均）。13年の全国平均1・43をかなり上回る。
流山市など5市町村が挙げた高い成果に共通するのは、①定住人口の増加が最重要と捉え、人を呼び込む政策をいち早く打った先見性②子育て環境の整備が決め手になるという着眼の良さ③子育て世代の目線で政策を展開し続けるという継続性——の3点だ。
こだわりと継続は力なり、ということだろうか。結婚においても、妊娠・子育てにおいても、若者の目線で手を打ち、若者の希望がかなうことを第一義に置く政策が大切、ということを教えている。

負のシンボルが続々
「目を覆いたくなる惨状だ」

東北や山陰の地方都市、首都圏や関西圏の近隣都市を訪れると、地域の荒廃ぶりをまざまざと見せつけられる。人口が減って消費市場が縮小してしまったケース、工場の撤退で雇用の場が奪われる事例、若い働き手の不足や公共事業の発注減で事業を縮小した事例、商店街の衰退で買い物弱者が頭を抱える事態、閉じてしまった公共施設——都会に住んでいては想像もできないような、待ったなしの状況に追い込まれている。

地域経済の活力低下、地方社会の衰退ぶりについて、市町村の首長やNPOの幹部、地方のシンクタンクの研究者に会って聞いてみると、次のような項目が次々と口から出てくる。以前から指摘されていることではあるが、事態は深刻度を増す一方だ。

▽急増する空き家、空きビル
総務省によると、全国の空き家は13年10月時点で820万戸。防犯や災害時の安全確保に心配があるというので、約400の自治体が空き家条例を制定している。東京でも増え、都内最高の豊島区の空き家比率は全住宅数の15・8%に上る。

▽未活用のまま放置される廃校
文科省によると、02年以降14年春までに廃校した公立小中学校は5801校。うち、現存する校舎の3割に当たる1513校が未利用のまま放置されている。多額の改修・改装費が活用の妨げになっている。

▽余剰になった公共施設
「平成の大合併」で生まれた自治体では余剰になった公共施設の処分や活用が大問題に。12市町村が合併した静岡県浜松市では100を超す建物、用地を廃止施設としてリ

スト化した。

総務省のまとめでは、自治体が取り壊しを検討中の公共施設は全国で１万２２５１施設。１９７０年代に整備した大都市の多くのインフラや公共施設は老朽化が進み、50年の耐用年数が来る２０２０年に公共施設の余剰時代の本番を迎える。

▽増える一方の限界集落

総務省の調査だと、10年時点の全国の過疎集落は６万４９５４。このうち、65歳以上の高齢者が半数を超えた限界集落は15・５％もある。限界集落の割合は10年で２倍になった。人口50人未満の集落が全体の27・９％を占める。交通弱者、買い物難民は増える一方だ。

▽際立つ農業の衰退

農水省によると、13年時点の全国の耕作放棄地は約40万ヘクタール（推計値）で、05年以降増え続けている。14年の就農人口は２２７万人で、平均年齢は66・７歳。担い手の高齢化、後継者不足で耕作放棄地もさらに増え、あと10年もすると農業が立ち行かなくなってしまう。

▽有害鳥獣被害の広域化

シカ、イノシシ、サルなど鳥獣の生息数が増大し、分布域が広域化する一方、耕作放棄地が増えた結果、農作物の被害が深刻化している。農水省によると、有害鳥獣による農作物の被害額は年間２００億円。全国の森林の９千ヘクタールも、シカの被害にあっている。

▽工場の閉鎖・撤退

国内市場の縮小、為替相場の大幅変動、国境を越えた企業間競争などを背景に生産拠点の海外移転、国内工場の整理統合が進み、大手企業の工場撤退が茶飯事となった。補助金の拡大、規制緩和などを通じて自治体は企業のつなぎ留めに躍起となるが、企業が国を選ぶ時代とあって、流れを押し止めるのは難しい。

撤退工場の増加は地域の雇用や財政に及ぼす影響が大きく、地域経済に深刻な打撃を与える。

▽悩ましい工場跡地活用策

閉鎖、撤退した工場跡地の活用策が自治体の新たな悩みとなっている。アサヒビール西宮工場、森永製菓塚口工場、雪印メグミルク関西チーズ工場など大型食品工場の閉鎖が重なった兵庫県では、自治体が別の企業を誘致したり、大学施設や老朽化した公共施設の転用先として働きかけを強めたり、活用策を巡って奔走している。

▽大揺れの工業地帯

京葉臨海コンビナート（千葉県）、鹿島石油化学コンビナート（茨城県）、水島コンビナート（岡山県）などでも有力企業の生産縮小、工場撤退が表面化し、日本有数の工業地帯が揺らいでいる。

新日鉄住金の製鉄所を抱える君津市が11年度に、日本を代表する石油化学工場が林立する市原市が13年度に、地方交付税の交付団体に転落。富津市も財政危機が浮上した。鹿島工業地帯では三井化学の工場撤退（16年）で、神栖市の税収が年間1億3千万円も減ってしまう。

▽深まる商店街、百貨店の苦悩

都市郊外への大型店出店で打撃を受けた商店街は集客力が衰えて活力を失い、櫛の歯が抜けるように店が閉鎖。シャッター街と化す商店街は珍しい風景ではなくなった。群馬県前橋市の駅前では、20年近く営業を続けてきた量販店2店が相次いで閉店、「県都でも買い物難民が出ている」と大騒ぎとなった。

百貨店も売り上げ不振が続き、伊勢丹、松坂屋、大和、西武などが地方店、都市郊外店を閉じ、地域に波紋を広げた。

▽国内の鉄道、苦境深まる

第3セクター鉄道は集客力の弱体化が急速に進み、業績不振に悩む所がほとんど。千葉大学の試算では、10年時点で国内にあった鉄道網581路線のうち、3分の1強の201路線が40年後までに廃止されると発表した。

▽劣化しつつある地方政治

少子高齢化で議会の担い手が減り、候補者不足で無投票選挙区が続出している。14年の市区町村議会選挙では全選挙区の17・2％が無投票となり、8年前に比べ7《ポイント》も上昇。15年の統一地方選挙では41道府県議選の33％が無投票だった。

群馬銀行（前橋市）のシンクタンク、群馬経済研究所の研究員は、「地方の衰退ぶりを示す事例は、ゴマンとある」と述べる。「1人暮らし世帯、65歳以上の独居世帯が急増しているし、孤独死対策も放置できない。自殺者の話もよく出る」と続け、まさに目を覆いたくなるような惨状だとこぼす。

「躍動する地域」をつくる
地域活性化の「手本」30例

淋しいというか、気がめいるというか、辛気臭い題材を長々と書いたが、要するに、これらは人口減少がもたらした負のシンボルであり、負の資産。月日を重ねて負の資産は今や、連鎖状になって地方自治体や地域の集落に押し寄せ、目の前に立ちはだかる障壁となっている。

負のシンボルが増えたからと言って行政サービスを減らすことはできないのが自治体の泣き所だ。はだかる障壁は地域によって濃淡があり現れ方も異なるが、これを地域の課題と捉えて果敢に挑戦し、有効な解を求めて活動する全ての過程が、地域活性化の取り組みといえる。

地域活性化に関連して、宮副謙司青山学院大学教授は「ゆるキャラ」の活用とか、「B級グルメ」のグランプリ大会とか、地域の課題からずれた一過性の話題づくりがあまりにも多過ぎると苦言を呈す。①地域におカネを生みだす経済効果②観光客を呼び込み賑わいをつくる集客効果③地域の認知度を高める評判効果④定住人口を増やす定住効果――この4つの効果の1つか、あるいは全部を高い水準に持っていくことが、地域活性化の取り組みだと同教授は主張する。

つまり、地域の資源に着目したり地域の課題に挑戦したりして、地域の生活を豊かにし躍動する地域、きらめく地方を創造する取り組みが地域活性化事業というわけだ。

本書では地域の資源を活用したり地域の課題に挑んだりする193の事例を取り上げた。いずれも、宮副教授が言う「4つの効果」を目指して取り組んだものばかりで、一時的な話題づくりとか、格好だけと受け取られるものはほとんどない。この中で特に、地域活性化の「手本」となる30のケースを北から列挙して、ここに紹介したい（順番は優劣を示すものではない）。

（1）厄介ものの牛のふん尿を活用した大規模なバイオガス発電事業（北海道鹿追町）

（2）特産品を海外に売り込み、地域に活気と雇用をもたらす長イモの輸出事業（北海道帯広市）

（3）中心街に累計で300万人以上の客が集う屋台村の開設・運営（青森県八戸市）

（4）塩漬けの町有地を開発、85万人が訪れる街をつくったオガール・プロジェクト（岩手県紫波町）

（5）コメ農家と畜産会社、生協が連携して転作の飼料米栽培を加速する、飼料米のトップランナー（山形県庄内地方）

（6）クラゲの展示種類が世界1のユニークな加茂水族館（山形県鶴岡市）

（7）高級米コシヒカリ越えを狙って奔走する「つや姫」、「ゆめぴりか」のブランド米づくり（山形

県、北海道）

（8）全国から寄贈された本だけで図書館を新設、子どもの読書の街をつくる「矢祭もったいない図書館」（福島県矢祭町）

（9）道の駅に年間120万人の観光客を集客し地域農業を再生する「田園プラザ川場」（群馬県川場村）

（10）温泉水を使ったトラフグの陸上養殖を海のない山間部で行い、活気を失った町に活を入れる珍しい養殖作戦（栃木県那珂川町）

（11）30年近い町並み保存運動で重厚な街をつくり、観光客1千万人の誘致を目指す「蔵のまち」（埼玉県川越市）

（12）子育て環境を整え、独自の仕組みをつくって人口を増やすシティセールス作戦（千葉県流山市、静岡県長泉町）

（13）廃校に世界の木製玩具の展示場をつくり、「遊びの殿堂」をつくった東京おもちゃ美術館（東京都新宿区）

（14）大通りを歩行者天国にして露天市を開催、3年半で57万人が集う活気をつくった三条マルシェ（新潟県三条市）

（15）学習塾やチャレンジショップを誘致して空き店舗を次々と解消、地域密着型の商店街を推進（長野県佐久市）

（16）市民のおカネで太陽光、風力などの発電事業を次々と展開、自然エネルギーの普及を図る市民発電所（長野県飯田市）

（17）次世代型電車・LRTを導入し、コンパクトなまちづくりの先頭を走る（富山県富山市）

（18）静岡生まれの高糖度トマトを13農場で栽培、儲かる農業を推進するアメーラ事業（静岡県静岡市）

（19）毎月1回、80台前後の軽トラが大通りに集合して朝市を開催。全国3大軽トラ市の一翼を担う「しんしろ軽トラ市」（愛知県新城市）

（20）巨大直売所を軸にレストランや体験農園などで年間240万人も顧客を集める「げんきの郷」（愛知県大府市）

（21）伊賀の里につくった手づくりの農業公園。新しい農業の未来を追い求め28年間も走り続けて来た6次産業化の先達（三重県伊賀市）

（22）食材の購入から仕込み、調理、配膳まで現役の高校生が切り盛りし、うまさと接客で存在感を高め

る高校生レストラン（三重県多気町）

(23) クロマグロの完全養殖に02年に成功、資源保護を掲げて育てる漁業をリードする近畿大の養殖事業（和歌山県串本町）

(24) コウノトリと共生し、有機農業の拡大と観光客の増加で地域経済を潤す環境都市（兵庫県豊岡市）

(25)「バイオ産業杜市」を掲げ、地域の交流人口拡大に大きく貢献するバイオマスツアーの展開（岡山県真庭市）

(26)「土地の所有と使用の分離」、テナントの一括管理などを推進し、中心街を甦らせた商店街再生事業（香川県高松市）

(27) ユズを活用した特産品、間伐材を原料にした木工品でヒットを飛ばし、自立を図る山奥の寒村（高知県馬路村）

(28) 5年の歳月をかけて開発したイチゴのブランド戦略を展開、内外市場で販売シェアを高める「あまおう」事業（福岡県）

(29) 昭和30年代の商店街を保持し、年間40万人が訪れる観光地に育てたレトロ商店街（大分県豊後高田市）

(30) 自前の養鶏場で採卵する朝採り卵を求めて、開店前から行列ができ、県内外から年間１１０万人が押し寄せる農のテーマパーク（熊本県菊池市）

活性化の軸にキーマンの存在
賑わう街づくりの原動力　岡崎正信

「手本」として紹介した30のケースの全てに言えることだが、地方活性化事業にはそれを推進するキーマンが必ず存在する。情熱があって、失敗を恐れずに粘り強く挑戦する人材、それがキーマンの共通点だ。情熱がなければ、革新は生まれない。

岩手県紫波町のオガール・プロジェクトは11年間も塩漬けだった町有地を開発し新しい街をつくる都市整備事業だ。町有地を4つの街区に分け、町役場や図書館、子育て施設などの公共施設、民間の事業所やお店などから成る複合施設を新設して30万人が集う街をつくる――これが出発時の全体像だった。

この事業で原動力となったのが藤原孝町長（14年2月に引退）と地場建設会社の役員、岡崎正信氏である。事業を推進するため、「まちづくり会社」（オガール紫波）が創設され、岡崎氏は事業部長として準備段階から事業に関わった。

事業展開に当たっては公民連携のＰＰＰ方式を採用することとし、岡崎氏は①民間の負担で公共施設をつくる②民間からの思い切った提案を尊重する③スーパーなど消費だけが目的の施設は誘致しない④面白い人がたくさん集まるエリアにする――点にこだわった。

住民の声を活かすことが大事だと言って、１００回以上も住民集会を開く。集会では町の未来をつくる内容にしたいと熱い情熱を傾け、何度も繰り返し町民に説明した。

初めての複合施設「オガールプラザ」（岡崎氏が社長に就任）がオープンしたのが12年6月。その後もスポーツ施設、エネルギー供給拠点、町役場が出来上がり、近い将来には住宅団地も登場する。プラザが登場して1年目の来館者が71万人、2年目が80万人を超し、その後も増えている。

こうして当初目標の2・3倍の人が訪れる、活気ある街が東北の田舎町に生み出された。

水族館を変えた男　村上龍男

こちらは庄内地方の小さな加茂水族館（山形県鶴岡市）。倒産寸前まで追い込まれた同館を世界一のクラゲ水族館として甦らせた立役者が、48年間勤めた村上龍男館長（15年3月退任）だ。

村上氏が山形大学の研究室から加茂水族館に入館したのが１９６６年。その頃は年間20万人前後の来館者があったそうだが、マリンピア日本海（新潟市）、男鹿水族館（秋田県男鹿市）など新しい水族館が周辺に続々と登場してくると、見る間にお客が減って行き、97年にはわずか9万人になってしまった。

「職員10人足らずの地方の小さな水族館、何をやっても入館者が増えない」。経営は赤字転落の危機に陥り、倒産寸前だったと村上館長は振り返る。それを救ってくれたのが、ひょんな機会から出会ったクラゲだった。

目の前の海で捕まえたクラゲを飼育し展示すると、お客は食い入るように見つめ大喜びした。その姿を見て「これだ」と直感し、クラゲの展示数を増やしていった。

もちろんクラゲの飼育、繁殖は非常に難しい。「クラゲの寿命は長くて4カ月しかない。飼育は試行錯誤の連続」（村上館長）だった。失敗しても粘り強く挑戦し、クラゲのレストラン併設、クラゲの新商品開発などで経営に厚みをつけ、クラゲで水族館のあり方を変えてしまった。

その水族館が14年6月、隣接地に改装オープンした。旧館に比べ2・5倍も広くなり、展示するクラゲも52種類、3万匹にスケールアップした。集客力がさらに高まり、改装オープン後の1年間の入館者が83万人に上った。成功とは諦めなかった者だけが得る特権だ、ということを教えている。

館長からシニアアドバイザーに転じた村上氏は、「水族館を救ってくれたクラゲ。その恵みをより広く楽しめるような仕組みをこれからも考えてほしい」と、後進に呼びかけている。

全国を走り回る伝道師

キーマンは岡崎正信氏や村上龍男氏に限ったことではない。次に紹介する人物も、負けず劣らず、事業を支える優れた人材である。

渋川恵男会長（七日町通りまちなみ協議会）
阿部眞一理事長（岩村田本町商店街振興組合）
原亮弘社長（おひさま進歩エネルギー）
木村修社長（伊賀の里モクモク手づくりファーム）
村林信吾教諭（相可高校）
中沢さかな駅長（道の駅「萩しーまーと」）
古川康造理事長（高松丸亀町商店街振興組合）
横石知二社長（葉っぱビジネス「いろどり」）
矢羽田正豪組合長（大分大山町農業協同組合）
松岡義博会長（コッコファーム）

全国の活性化事業を見渡すと、伝道師とか、仕掛け人と呼ばれる人物も存在する。東北地方を中心に屋台村の開設を働き掛ける中居雅博氏（北のグルメ都市社長）、100円商店街を全国に普及させた斎藤一成氏（ＡＭＰ理事長）、ソーラーシェアリング（農業生産と太陽光発電を同時に推進）を考案した長島彬氏、「まちゼミ」と呼ばれる商店街活性化運動を推進する松井洋一郎氏（愛知県岡崎市の化粧品店経営者）などがそれに該当する。

荒廃する森林と過疎地域の経済を甦らせようと活動する丹羽健司氏も、伝道師の部類に入る。農水省を早期退職した丹羽氏が09年から始めたのが「木の駅」プロジェクトだ。

地区内に設けた「木の駅」で、林業農家の切った間伐材を買い取る。買い取るおカネは、その地域でしか使えない「地域通貨」だ。間伐材をチップ原料やバイオマス燃料として売って得た代金が「地域通貨」の原資となる。こうして、地域でおカネが好循環し、森林の間伐作業も進むという仕組みだ。

今では全国24府県で45プロジェクトが動いている。「沈んだ地域経済を元気にする事業。地域に自信が取り戻せるよう、木の駅をもっと普及させたい」と、丹羽氏は走り回っている。

伝道師、仕掛け人といわれる人材を上手に利用するのも、活性化事業を成功に導く方法の1つだろう。

いずれにしても、「新しい地域おこし」の大競争がこれから繰り広げられる。その際、原動力となる5つの要因について触れておきたい。

（1）活性化事業の出発点としては、地域の資源に着目し、地域の課題から発想を広げること。タネは日常の地域にあり、それを見つける感性が勝負の分かれ目となる。

（2）住民主体による住民のための取り組みが重要。行政依存では成果は限られる。

（3）事業の成否は人材で決まる。先導するリーダーを意識の高い地域住民で支えるチームワークが必要だ。

（4）地域の実態を知らないコンサルタント依存では副作用を生み易い。

（5）自主財源の確保が事業継続を保証する。手法として市民債、市民出資、1％事業、クラウドファンディングなどがある。

要は地域の資源に着目し、地域の課題から発想を広げることが重要となる。そして、地域の現場をリードする人材の真価が問われる。

北海道編

データセンター、北の大地へ
涼しさ武器に高まる誘致合戦

（石狩市、美唄市）

情報化社会の進展で成長が著しいデータセンター（ＤＣ）を誘致しようと、北海道の自治体が血眼になっている。夏でも涼しい気候を活かして電力消費を大幅に削減できること、広大で安価な用地を確保できることなどが誘致する側の謳い文句だ。インターネット向け情報サービス大手のさくらインターネットやＮＥＣが先端施設を相次いで開設したほか、中堅のＩＴ各社も駒を進めており、ＤＣ分野で北海道が存在感を高めている。

さくら、石狩市に新鋭のＤＣ
冷涼な外気を活かす仕組み

札幌の中心街から車で北へ40分、石狩川の河口に広がる石狩湾新港地域は、札幌経済圏最大の産業拠点である。総面積3千ヘクタールの域内には製造業や物流業など７００社を超す企業が進出、活発に企業活動を展開中だ。

その一角に２０１１年11月、郊外型のＤＣ「石狩データセンター」を設けたのがさくらインターネットだ。東京ドームを上回る約5万平方メートルの敷地に総額40億円をかけてまず、鉄骨2階建ての建屋2棟を建設した。

同社の基盤戦略部チームリーダー、花清真氏の説明によると、サーバーを収納できる棚（ラック）は1棟当たり５００個配備している。「開設時の建物は2棟だから、1千個分を収容できる。敷地は広大だし今後、いくらでも増強できます」と話す。

ＤＣが稼働してほぼ2年、顧客は順調に増えている様子で、早くも増設工事に入っている。3棟目の建屋は13年度中に完成し、14年度に稼働した。「それ以降も順次増強し、最終的には8棟分、最大4千ラックまで増やすのが当社の戦略」と意気込んでいた。

石狩データセンターの最大の特徴は、電力消費を減らす

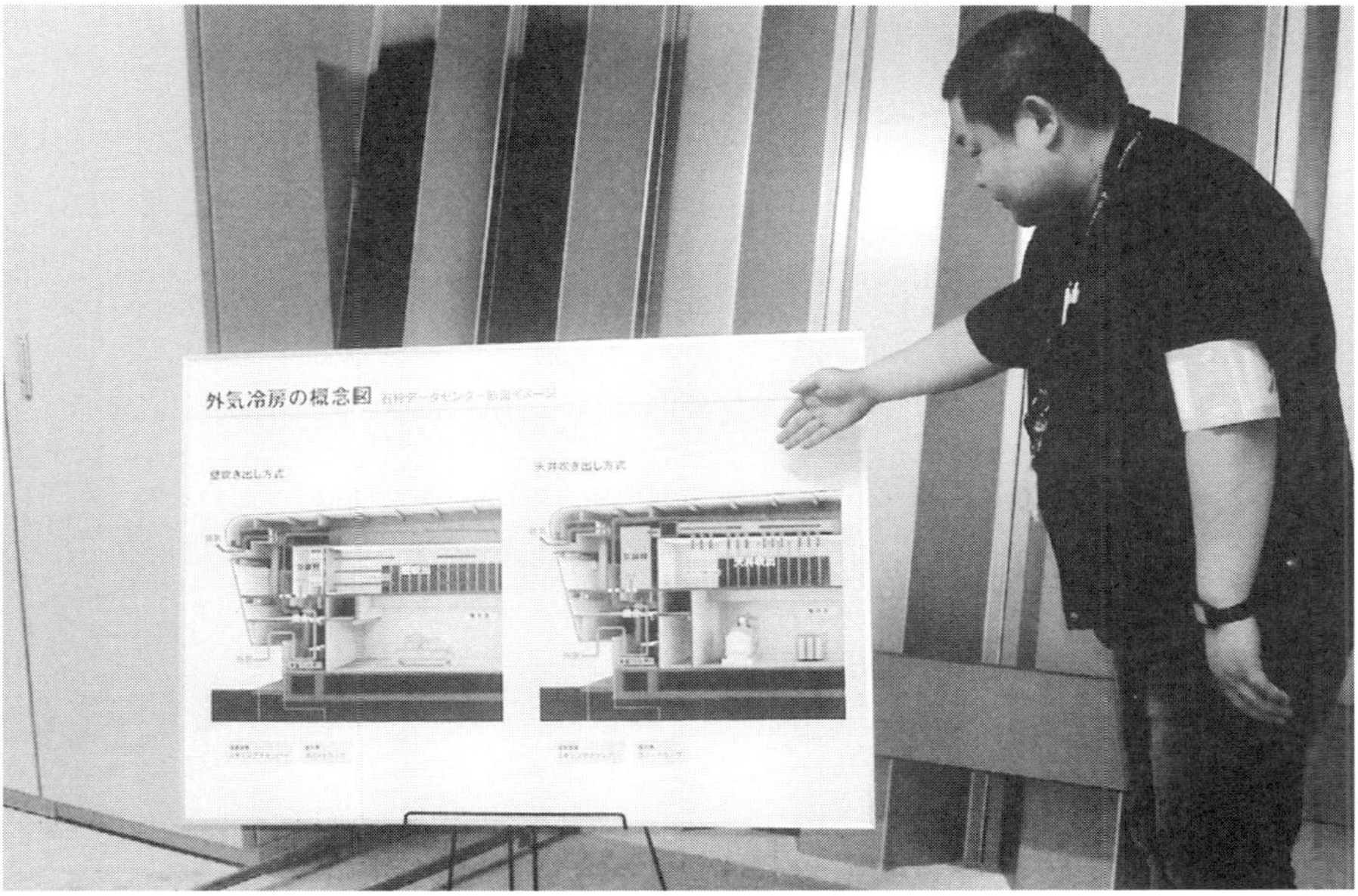

「外気空調」の仕組みを説明するさくらインターネットのスタッフ。

ために取り入れた「外気空調」という仕組みだ。石狩市の年平均気温は7・7度で、東京より約10度も低い。この冷涼低温の外気をうまく活用して施設全体を冷やしているわけで、電気で空調機をフル回転させる従来型のDCとは、明らかに異なる。

　DCは運用コストの中で、空調コストが大きな割合を占める。空調にかかる電力をどう減らすかが決め手になるが、ここでは外気空調の採用でコストを半分も削減できたといわれる。

NECは札幌に4番目のDC
雪冷熱活用のDCも浮上

　率直に言って、自治体がDCを誘致しても雇用効果はそれほど大きくない。国内最大級のDCといわれる石狩データセンターでさえ、常用スタッフはわずか15人ほどだ。だが、先行き税収効果が期待できるほか、①先端情報企業の立地する都市として、都市のイメージが上がる②情報産業を集積させる誘発効果がある——など、誘致する側にも利点が少なくない。

　その誘発効果だが、石狩データセンターでも現実化している。同じ施設内に日商エレクトロニクスがいち早く進出したほか、大塚商会、アイネットなども相次ぎ追随しているのだ。新規に進出したＤＣの周辺に、さまざまなＩＴ各社が次々と張り付いて情報産業の裾野を広げる構図が生まれている。

さくらインターネットに限らず、他のＩＴ各社もＤＣの道内開設に強い関心を寄せ始めた。12年４月、札幌市郊外の丘陵地に約４万平方メートルの敷地を確保し、４カ所目のＤＣを建設したＮＥＣが1例だ。

施設は免震構造で自家発電機を備え、災害時のバックアップ機能を果たせる設計にしてある。もちろん、冷気を巧みに利用する仕組みも採用し、空調の電力消費を６割も削減している。

美唄市でＤＣ新設を計画しているのが札幌市の設計会社、雪屋媚山商店や首都圏のＩＴ関連企業、ニュース配信会社の共同通信デジタル（東京・港）など。立地場所は同市の空知工業団地で、こちらはサーバーの放射熱を雪冷熱で冷却しようと考えている。

ＮＥＤＯ（新エネルギー・産業技術総合開発機構）から資金援助を受け14年度から5年間、実証実験を行っている。その結果を見て、事業化するかどうかを最終的に決断する。

旭川の情報処理会社コンピューター・ビジネス社もＤＣ分野への本格進出を窺っている。

税制優遇の支援制度
優位な立地環境が謳い文句

ビッグデータ時代の到来で、大量の情報をビジネスや日常生活で多用する社会を迎えており、ビッグデータの市場規模は今後、急拡大する見通しだ。調査会社ＩＤＣジャパン（東京・千代田）は、17年の市場規模が１０１５億円と13年比で３・４倍になると予測しているほどだ。

これらの情報はＤＣに集約して蓄積され、外部の複数の利用者が目的に応じてインターネットなどを通じて活用するのが普通だ。ＤＣの将来性は非常に高いわけで、先行き成長路線を突っ走る可能性が強い。

ただ、ＤＣは電力多消費型産業であり、電力費や設備費などのコスト管理が極めて重要だ。その点、北海道は他県より優位な条件を備えている。①冷涼な気候と低温外気を活用できる②巨大地震や大型台風の発生する確率が低い③安価で広い用地がある――などが、その理由だ。

北海道には20施設ほどのＤＣが稼働しているそうだが、優位な立地条件を根拠に「施設数が向こう5年以内に２倍に増えるかも」と、道産業振興局のスタッフは楽観論を披露する。

そんな見方に刺激されてか、道内自治体ではＤＣ誘致熱に拍車がかかる。典型例が石狩市で、ＤＣ誘致を目指す２つの支援策を講じている。優先誘致業種にＤＣを追加し、税制面で優遇する「企業立地促進条例」と、省エネ効果の高いＤＣを優遇する「グリーンエナジーＤＣ立地促進条例」の２つがそれだ。

美唄市は「ホワイトデータセンター」構想を掲げて誘致活動を展開中だ。雪冷熱でサーバーを冷やす技術を確立し、それをテコにＤＣ誘致を狙うのが同市の戦略だ。一方、道は首都圏での大規模災害に対応する「北海道バックアップ拠点」構想を推進している。この面からもＤＣの道内立地が促進されそうだ。

美唄市も DC 誘致のため、ハイテクセンターを軸に研究を重ねている。

ブナの里の新しい田舎づくり
交流人口16万人、移住１００人

（黒松内町）

ブナが自生する北限の町、北海道黒松内町が地域の森林資源を活用した新しい田舎（まち）づくりに拍車をかけている。名付けて「ブナ北限の里づくり」。目指すのはブナ林に囲まれた豊かな自然環境を生かし、小さな農村でも住んでいる人が活き活きと暮らす田舎（まち）をつくること。交流人口16万人、移住誘致１００人、ブナ林再生などといった戦略プロジェクトを軸に、数値目標を掲げ官民連携で実現に取り組んでいる。

ブナ林探訪に札幌から観光客
かんじきウォッチングが人気

北海道南西部にある黒松内町は、札幌と函館のほぼ中間点にある人口３１４９人の町だ。人の手が入らないブナの森があちこちにあり、ブナが自生する北限地として学術的に重視されてきた。市街地からわずか2キロの場所にある「歌才ブナ林」は全域92ヘクタールに原生林が広がり、国の天然記念物に指定されている。そんなブナ林を見て回るフットパスや体験ツアー、ウォーキングが同町で盛り上がっている。

２０１３年秋、北海道に飛びＪＲ北海道主催の「くろまつないヘルシー・ウォーキング」に加わってみた。参加者は札幌や小樽から集まった家族連れや若者、カップルなど総勢15人。

コースの起点は1日に上下各7本しか停車しない黒松内駅。駅からブナセンター（自然体験情報センター）、歌才森林公園、歌才ブナ林、ふれあいの森などを訪ねる内容で、売りは勿論、歌才ブナ林だ。行程８・５キロを3時間かけて歩く小旅行である。

ブナ林の木陰は明るく、樹齢１５０年の巨木から野鳥の声が落ちてくる。先々で「ブナはもう色づき、黄葉は始

観光客が集う「歌才自然の家」。

まっているね」とか、「空気が本当にうまい」、「これ、アキノキリンソウだよ」といった声があがる。

体験ツアーとなると、実に多彩だ。四季折々の美しさを味わうブナウォッチングはブナセンターが主催するが、人気の的が冬のかんじきブナウォッチング。森や川を教室にした自然体験を提供するぶなの森自然学校、環境学習を行う添別ブナ林農村自然公園、家具作り教室を開く民間工房など、各施設が体験メニューを競う。民間企業が夏に行った秘境ツアーには、町内外から観光客が21人も加わった。

フットパスなどで誘客増やす
移住者誘致へお試しハウス

町内でよく見かけるようになったのが、英国発祥のフットパス愛好者。森林や田園、街並みなど、ありのままの風景を楽しみながら歩くというのがフットパスで、町も特に力を入れ出した。すでにチョポシナイ（約10キロ）、森林公園（4キロ）、寺の沢川（2キロ）など4コースを整え、13年中にもう1つ増やした。

フットパスの運営を支えているのが、町民の有志20人でつくる「黒松内フットパスボランティア」だ。コースの維持管理やイベントの開催、客の応対などを一手に引き受け

ブナ北限の原生林が広がる「歌才ブナ林」。フットパスの主要コースでもある。

ている。年3回開くボランティア主催のフットパスには毎回、40－50人の愛好者が押し寄せる盛況振り。ボランティアが同行し、所々でガイドよろしく解説してくれるので、町に親しみを感じると町外からの観光客に好評だ。

フットパスは財政の弱い町にとっても好都合だ。「ありのまま」が基本なので、施設や交通網など大規模な整備はいらず、マップや案内板だけで済む。おもてなしさえ気をつければ、観光客が増え、町が活気づく。

フットパスにしろ、体験ツアーにしろ、都市住民との交流拡大が町の狙い。過去の積み上げで年14万7千人もの観光客が訪れるようになったが、「14年度には15万人を超しており、19年度に16万人へ増やすのが目標」と、鈴木雄二企画調整課長は話す。

町づくりの第1の柱が交流人口の拡大とすれば、第2の柱が町への移住者誘致である。

移住者を受け入れるために、町はお試し移住体験ハウスを4戸整備し、道外からの体験移住を勧めている。1カ月単位で居住し肌で実感して、自分との相性を探ってもらおうという狙い。本格定住への誘導策だ。

移住者受け入れの団地を計画

保全・再生でブナ林5㌶増加

お試しハウスは生活に必要な家具や食器、電気・ガスなどが全て揃い、家賃が月12万円。11年度には25家族が、12年度には18家族がお試しハウスを利用している。14年度には22家族と年々利用者が増え、本格移住に結び付いた実例もあるそうだ。「お試しハウスで『ちょっと移住』を楽しむ家族が首都圏や関西圏からも現れてきた」と鈴木課長は喜ぶ。

同町には移住者と地元町民とで作る支援組織「ブナ里交流町内ネットワーク」が活動し、土地柄や風習、先輩移住者の体験などを移住希望者に情報提供する仕組みができている。また、移住者受け入れのための宅地分譲団地も計画、14年度中に7区画を整えている。

こうした施策によって、過去5年間の移住者数14家族32人を、19年度には50家族１００人に増やそうと狙っている。

交流人口を拡大し移住者を増やすといっても、町に魅力がなければ実現は難しい。その意味で興味深いのが景観づくりだ。

90年にごみ収納庫（クリーンボックス）を赤と緑の牛舎風に統一して街角に配備したのが景観づくりの第一歩。96年に町独自の景観条例を制定し屋根や外壁の色彩を指定するとともに、08年には景観法に基づく景観行政団体になるなど体制を整備してきた。住宅や施設の修景費用、廃屋撤去費を補助する助成制度も導入、自然に優しい黒松内型街並みを創出しつつある。

ブナ林を保護しブナ林を再生する事業にも熱が入り出した。

優良なブナ民有林を取得して保全したり、ブナの苗畑で苗木をつくり伐採跡地に植栽したり、住民有志が進める黒松内岳ブナ林再生プロジェクトを支援したりと、保全・再生の輪が広がる。19年度までに5㌶のブナ林を増やすのが官民共通の目標だ。

台頭するバイオマス発電
大型施設が北海道に続々

（江別市など）

バイオマスの大型発電施設が北海道で相次いで立ち上がろうとしている。王子ホールディングスの発電所が２０１６年初めから北海道江別市で、住友林業のそれが16年中に紋別市でそれぞれ稼働するが、いずれも木質系のバイオマスで、一般家庭４万－５万世帯分の発電能力を持つ大規模なもの。受け皿となる北海道は「木質系バイオマス発電は太陽光や風力より雇用創出効果が大きく、林業再生にも役立つ」として、多様なバイオマス産業の台頭を期待している。

出力２・５万キロワットの発電所
ＦＩＴで事業性高まる

札幌市からＪＲで20分、人口12万人の江別市は、都会の雰囲気と田舎の豊かな自然とを同時に味わえる中堅都市だ。この街を東西に走る国道12号線と南北に貫く石狩川に挟まれた一角に、王子の子会社・王子エフテックスの江別工場がある。

食品包装用の特殊紙を筆頭に、特殊印刷紙や特殊板紙などを生産する道最古の製紙工場だが、この工場内に発電出力２万５千キロワット（一般家庭４万戸相当）という新鋭のバイオマス発電所がつくられる。着工は14年夏で、総額85億円を投じて15年初冬にも完成する。

発電所を運営するのは王子の子会社である王子グリーンリソース。つくった電気は再生可能エネルギーの固定価格買い取り制度（ＦＩＴ）を活用して全量、北海道電力か新電力に売電する。買い取り価格は燃料が未利用の間伐材か製材所の廃材かにより異なるが、少なくとも年間40億円の売電収入を王子グリーンリソースは当て込む。

売電目的のバイオマス発電を事業化する理由について、小貫裕司取締役は「ＦＩＴですよ。同じ価格で長期間買っ

バイオマス発電の燃料として活用する王子の社有林。

てもらえ、安定的に収益を見込めるから」と話す。もともと製紙事業には電力が不可欠で、王子も各工場に自家発電を構え、電力事業の技術と経験を蓄えている。加えて民間最大の社有林を持つ企業であり、グループの木材資源と自家発電を通じた技術を有効活用できる点も魅力のようだ。

折から本業である紙の国内需要は電子書籍の登場や人口減で低迷しており、それを補う新規事業領域の開拓を迫られている。バイオマスは事業構造を改革する柱の1つと見立てているのだ。

燃料は社有林などの未利用材
林業再生、雇用効果も生む

バイオマス発電に使われる資源は多種多様である。人工林の間伐材や製材所の端材などの木質系、家畜ふん尿などの畜産系、下水汚泥や産業廃棄物、食糧残さなどといった幅広さだ。

含水率の大きな畜産系はバイオガス発電と言って、回収したふん尿をメタン発酵槽に入れてバイオガスを作り、そのガスでタービンを回して発電する。含水率の低い木材系は収集した間伐材などを燃やして蒸気を作り、その蒸気でタービンを回転して電気を作る仕組みだ。王子が採用する発電方式もこれである。

　燃料は道内の社有林から出る未利用材のほか、空知・石狩地域の林産地から賄う。また、燃料確保の一環として、木質チップ工場を青森県むつ市に新設する。「燃料として20％ほど、石炭を使う計画だし、先行きの調達量は心配していない」と小貫取締役は説明する。

　林業は手間と費用のかかる産業で、林地育成のために不要な木を間伐しても、搬出に多額の費用がかかるので、現場に放置されてきた。その間伐材がバイオマスで日の目を見るわけで、「邪魔になっていたものが売れるので助かる」と山林所有者は喜ぶ。バイオマスは林業再生の一翼を担う効果がある。

　また、木材の伐採や搬出、チップ製造には多くの人手を要す。人手のかからない太陽光や風力と違って、新たな雇用を生むのがバイオマスの特色だ。「エネルギー供給の役割のほか、国土保全や水源涵養、温暖化ガス削減の効果もある」と、小貫取締役はバイオマスの多面効果ぶりを盛んに強調していた。

　王子は15年春、九州と静岡でも大型バイオマス発電所を稼働させている。だが、バイオマスの主要舞台はやはり、木材資源豊富な北海道になりそうだ。

紋別市に５万キロワット級の発電所
エネルギー自給目指す下川町

　王子の向こうを張って、住友林業も16年度中の稼働を目標に、道東の紋別市で木質系バイオマス発電事業を計画している。出力は一般家庭５万－６万世帯分の５万キロワット級で、総投資額は１３０億円以上の見込み。やはりＦＩＴを活用して全量、北電に売電するが、売電収入が王子・江別を上回るのは確実だ。

　同社は住友共同電力などと連携して11年２月から、川崎市で出力３万３千キロワットの大型バイオマス発電所を稼働済み。ここで蓄積した事業ノウハウを紋別で活かす腹だ。国内第４位の社有林を持つ企業でもあり、周辺からの調達も含め、燃料の過半は地元で調達できるという。

　北海道の地場企業、信栄工業（芽室町）も帯広市に木質系のバイオマス発電所を新設した。出力２６００キロワットで、営業運転は15年春だ。道北の下川町では16年度に自治体経営のバイオマス発電所が立ち上がる。町内需要の２倍の発電能力があり、各家庭に電気の全てと熱の一部を供給して、町のエネルギー自給率を現在の７％台から18年までに１００％にする構想だ。

農業が基幹産業の北海道では、家畜系のバイオガス事業も盛んだ。鹿追町環境保全センター（出力３０８《キロワット》）がその典型だが、これを上回る国内最大級のバイオガス発電施設（出力８００《トン》）が15年春に登場した。三井造船が道東の別海町に設けたもので、地域から乳牛ふん尿や水産廃棄物を集め発電する。

台頭するバイオマス産業を支援しようと、道も真剣そのもの。「バイオマス活用推進計画」（目標22年度）を新たに策定、自治体や事業者と連携してバイオマス発電の普及に全力を注いでいる。多様なバイオマス産業が北海道で花開きそうである。

王子・江別工場。バイオマス発電施設が構内につくられた。

エゾシカで特産品を開発 安定供給へ牧場まで建設

（釧路市阿寒町）

エゾシカの生息数が激増する北海道で、野生シカを地域資源として多角的に活用する取り組みが広がっている。捕獲しても廃棄物として処分してきた従来のやり方を改め、肉や皮、骨を加工処理して地域の新しい特産品に育てようというもので、シカの駆除と新産業の創出を同時に狙う一石二鳥の試みだ。

シカ解体の食肉加工センター 「阿寒もみじ」の名で出荷

釧路市街から国道240号線を車で北上して約30分、緑に囲まれた人口5600人の釧路市阿寒町。町の行政センターや小中学校、公民館が集まる市街地の一角に、野生シカを解体処理する㈲阿寒グリーンファームの食品加工センターがある。同社は砂利や石材の採掘・販売、生コンの販売などを手掛ける建設業、北泉開発（曽我部喜市社長）のグループ企業である。

2005年7月に開業した建築面積130平方メートルの食品加工センターは、エゾシカを解体・洗浄する1次処理室、一定の室温で肉製品を熟成する2次処理室、部位解体や真空パックなどを行う3次処理室から成る。衛生基準の高い、道内でもトップクラスの本格的な食肉処理場だ。

訪れた時はセンター長と女性社員2人がシカ肉の大和煮缶詰をつくっている最中だった。センター長の説明によると、「ヒレなど生肉ブロックを1キロ単位で出荷することと、ハム、ハンバーグやシチューなどの加工品を全国向けに出すのが主力」だが、モモや肩肉などは焼き肉用に、スネやネックは煮込み用にとニーズに応じて出荷できるよう、品揃いの確保に努めていると説明してくれた。

傍らで、「生肉と加工品を『阿寒もみじ』のブランド名で全国展開するのがウチのやり方」と、曽我部社長が口を

シカの生肉と加工品を生産販売する「阿寒グリーンファーム」の工場。

添える。供給先は地元や道内のホテル、レストラン、食品会社が全体の75％。首都圏など道外市場は25％と低いので、道外市場を開拓するのが年来の目標だ。

シカの年間処理数は、ピーク時には1千頭を超していたそうだが、「最近は700頭前後。売り上げも年4千万円ほどで、グループ総売り上げの8％前後の水準」と曽我部社長。しかし、手応えが出てきたので、「阿寒もみじ」を道東の特産品ブランドに育て経営の柱になるように努めると、曽我部社長は意気込む。

町内に2つの飼育牧場
野生シカを6－10カ月飼育

北泉開発が野生シカの食肉開発事業に取り組んだのが04年10月。公共事業が先細りする中で、新分野を探していた時、商工会青年部長の長男が「エゾシカバーガー」の開発に奮闘する姿を見て、ヒントになった。この事業は飼育から食肉処理、販売・流通まで自社で一貫して扱う方がよいと判断、社内に養鹿事業部を新設してまず、シカの飼育牧場の建設に乗り出した。

牧場は生体捕獲した野生シカを6－10カ月間ほど、短期飼育して品質を整えることと、成獣を処理して食肉加工センターに供給するのが主な業務。阿寒町内の社有地を使って05年3月に7ヘクタールの第1牧場を、08年春に6ヘクタールの第2牧場を整備した。

山の斜面を利用して作った牧場は高さ3メートル弱の鉄製フェンスが1キロ以上も張り巡らされている。水飲み場となる池や小川、1ヘクタールの採草地、3ヘクタールのシラカバ林が配置されている。「シカの生育に適した環境が大事」と、養鹿牧場のスタッフは話す。

夏や秋は自然給餌が中心だが、冬季は配合飼料、乾燥牧草などを給餌する。「飼料と人件費で1頭に月3千円もかけている」。

牧場に持ち込まれるシカは、国立公園で森林の保護活動をしている前田一歩財団が生体捕獲したもの。阿寒地域は道東最大のシカの越冬地で、生息数も増えているので、牧場への供給量が減る可能性は小さい。

ただ、飼育頭数は伸び悩み気味だ。行政支援の餌代補助が廃止されたためという。「７００頭近くまで増えた飼育頭数が最近は３００頭前後」と曽我部社長は嘆く。といって、社長に力みはない。養鹿牧場はシカ肉の通年供給に不可欠だとして、今後も堅持していく構えだ。

エゾシカ増えて64万頭
農作物の被害が50億円

ここ数年、野生シカを短期飼育する牧場づくりが道内で広がっている。釧路、網走などでは参入した8社が協同組合をつくって情報交換やPR活動を行っている。シカ肉を使う食肉加工業も十勝、日高で育ちつつある。

エゾシカがこのように注目される背景には、シカによる農林業被害が目に余るほど拡大してきたことと、捕獲しても捕獲者が自家消費する以外、無駄に廃棄してきた現実がある。

エゾシカは一時、絶滅状態に陥ったといわれるが、１９８０年代に生息数が増え出した。90年代初頭に10万頭前後だった生息数が、「09年調査で64万頭を超した」と北海道庁が推計数を発表している。雌のシカが10年間、毎年1頭ずつ子を生み続けるという旺盛な繁殖力を考えると、今後も高水準の生息数増加が予想される。

勢い農林業被害が深刻化してきた。道庁の集計では、牧草や水稲、畑作物などの作物被害額が年間で50億8千万円に上った。高山植物の喪失、列車や自動車事故など、農林業以外にも被害が広がり、シカの存在がいよいよ社会問題化している。

「放置されてきた野生シカを資源として多角的に活用すれば、社会問題の解決、新ビジネスの創出につながる」――北泉開発など地場企業を駆り立てたのは、こうした事業者の視点だ。

数年にわたる取り組みで、シカ活用の新商品が続々と生み出されたが、問題は販売量だ。首都圏や関西圏ではジビエ料理として野生鳥獣が目を引き出したといっても、まだまだ野生シカの知名度は低い。

一般向けには各種イベントや試食会など、販促活動を強めて普及速度を速めたり、将来を担う子ども向けにはシカ肉の有用性を知ってもらったりするなど、やるべき活動はいくらでもある。

阿寒小学校の家庭科授業では最近、シカ肉を使ったカレー料理づくりが行われるようになった。産学官でつくる「地産地消くしろネットワーク」の音頭で始まった出張出前講座がきっかけだが、「こうした動きが道内全域に広まるといい」と、曽我部社長らは期待する。

さらには、行政面に働きかけて金融や経営支援、新事業創出などの施策が講じられるよう、多面的な活動も求められる。

食肉加工センターの前に立つ曽我部社長。ブランド商品の開発に熱意を燃やす。

ばんえい競馬、存続へ獅子奮迅
増収定着へ集客対策を急ぐ
（帯広市）

「馬文化を守りたい。観光資源としても重要だ」——北海道開拓の歴史とともに歩んできた十勝のばんえい競馬が、存続へ向け獅子奮迅の活動を続けている。帯広市の単独開催から14年度で８年目、経営環境は依然厳しいものの、レースサービスの改善、ファン層拡大のためのイベント開催などの対策が利き、経営の基礎固めにメドが立ちつつある。14年度の売上額は１３２億円と初の１３０億円台を記録した。新たに登場した商業観光施設「とかちむら」も集客効果を発揮しており、赤字体質の改善に縁の下の力の役割を果たしている。

ＪＲＡの有名騎手が参戦
処分寸前の中年馬が優勝

十勝の夏は暑い。温度計がこの日も30度を上回った８月下旬のことだ。ＪＲ帯広駅から車で８分の帯広競馬場が時ならぬ歓声で沸いていた。日本中央競馬会の騎手がばんえい競馬に参戦する模擬レースのイベント（ＪＲＡジョッキーデイ）が開かれたためだ。

ゲートが開き、10頭の巨大馬が一斉に現れた。重さ５００キロを超す鉄製そりを、馬は必死の形相で曳く。馬の鼻から噴き出る荒い息と手綱を引く騎手の叫びが響き、観客は２００メートルのコースの脇を馬とともに走り声援を送る。ばんえいの騎手と一緒に乗った武豊は７位、「迫力がありますねえ」と感想を漏らす。

「武豊、横山典弘、安藤克己など名だたる騎手の参加が効いた。この日の入場者は前年の２・８倍、３５９０人ですよ」。帯広市ばんえい振興室の室長、課長らの幹部が笑顔で話す。

ファン層を広げるため、帯広市はＮＰＯなどと協力してイベントの開催を重視している。８月中旬には東京・大井

競馬場の隣接地につくられた商業観光施設「とかちむら」。来店者が競馬場へも足を運ぶ。

競馬場に引退馬を派遣し、元競走馬と小学生の綱引き大会を催したし、9月には帯広競馬場でポニーによる女性の模擬レースも実施した。ポニーが引く50キロのそりに乗った女性が競う初の試みで、大勢の家族連れで賑わった。

幼稚園や小学校へ馬を連れていく出前授業、競馬場に独身男女を集め観戦しながら語り合う「婚活」事業も行っている。民間団体の企画で、全国初の「一口馬主ファンド」も登場し、市民100人が出資した。

イベントではないが、明るい話題もよく持ち上がる。1例が10年度に起こった「ゴールデンバージ」だ。2年振りに現役復帰を果たした13歳の牡馬「ゴールデンバージ」があれよあれよという間に3回も優勝したのだ。人間でいえば50代後半。処分寸前の中年馬が見せた意地に、道内のファンは「中年の星だ」と騒いだ。相次ぐイベントと明るい話題で、ばんえい競馬へ市民の目が次第に向き出していった。

年度予算は110億円前後
5重賞単勝式馬券を導入

ばんえい競馬は2カ所の障害を設けて200メートルのコースを、鉄そりを馬に曳かせて競うレースだ。馬のパワーと持

年間150日間も開催されるばんえい競馬の表舞台。

久力、騎手の技術が勝負を決めるが、何といってもサラブレッドの2倍もの巨軀の迫力に圧倒される。

明治時代から道民に広く親しまれ、昭和28年からは旭川、北見、岩見沢、帯広の4市が主催してきた。だが、バブル経済の崩壊とともに経営が悪化。繰り返し試みた再建も思うに任せず、06年度限りで3市が撤退、帯広の1市単独開催となった。

競馬の開催日は4月下旬から3月末までの土ー月曜日の3日間で、年間約150日間。①主催は帯広市②運営は業務委託先のオッズパーク・ばんえい・マネージメント社（ソフトバンク系列）が行う——という方式で事業展開している。民間活力を活用して効率経営を目指す仕組みだが、経営は楽観を許さない。

単独開催初年度の07年度こそ馬券販売額が130億円と堅調だったが、その後は赤字経営が続く。3年目の09年度を見ると、馬券販売額が前年度比7・1％減の107億3600万円、入場者数が6・8％減の20万176人だった。「10年度予算は前年度比1％増の108億円。生き残りをかけた闘いだ」。そのためには何でもやると、当時の合田振興室長は会う人ごとに力説していた。

ファンを増やす基本はあくまでもレースサービスの改善

だ。そこで、打った手が後半5レースの1着を決める5重賞単勝式馬券の導入だった。それにインターネット販売の増強、網走場外馬券場の新設、夏場のBG1レース新設、競馬場内の施設見直し、送迎バス路線の改善と矢継ぎ早に対策を打ってきた。

こうした積み重ねが功を奏し、14年度の入場者は27万人台、売上高は130億円超と単独開催以降で最高を記録した。収支も9千万円台の黒字を確保した。

商業観光施設「とかちむら」競馬場と相乗効果もたらす

ばんえい競馬の収支改善に少なからず貢献しているのが、競馬場の入り口近くに10年夏オープンした商業観光施設「とかちむら」だ。

広さは775平方メートル、地場の農畜産物を売る産直市場を始め、洋菓子を売る「スイーツ&セレクト」、豚丼などの「キッチン」の3棟で構成され、12店が営業している。民設民営方式を採用し、札幌と十勝の民間会社が共同で作った「SPCとかちむら」が運営している。建設費は2億2千万円で、うち1億8千万円を帯広市が補助した。

同施設は滑り出しから堅調に推移し、オープンから20日間で来客数は1日平均1500人、売上高が同125万円を記録した。予想を上回る助走だった。土－月曜の競馬開催日には平日の倍以上の人出で賑わう。

とかちむらは年間50万人の来場を視野に健闘している。商品とサービスを充実させ市民の利用をいかに増やすかがとかちむら自体の課題となるが、競馬場には良い影響をもたらす。

とかちむらに来る市民が競馬場も訪れるからだ。これまでの実績を見ても、入場者伸び率が前年比2ケタもあり、馬券販売が8%も伸びている。振興室でも「相乗効果がある。顧客を競馬場に恒常的に誘引する礎になる」と評価する。

農耕馬がそりを曳く競馬が現存するのは世界でも帯広だけだ。北海道開拓に大きな役割を果たし、52の北海道遺産の一つと認定されている。競馬場内には騎手や調教師など300人が暮らしており、雇用の受け皿としても重要だ。ばんえい競馬を振興させることは貴重な馬文化を守り、大切な観光資源を育て、地域産業を守る道に通じる。

ひまわりの里に観光客27万人
花を活かした町づくりが奏効

（北竜町）

23ヘクタールの丘に、ひまわりが１５０万本――花を活かした町づくりと真剣に取り組むことで町に活力を生み出している自治体が、北の大地にある。「ひまわりの作付面積日本一」を誇る、空知地方の北竜町がそれだ。人口2千人強の農業を中心とした小さな町に40日間だけで27万人を超す観光客が押し寄せる。夏場の人口が一挙に１３０倍にも膨れ上がる賑わいである。ひまわりの咲く夏は、北竜町が一番燃える季節である。

作付面積23ヘクタール、１５０万本
観光客のピークは8月中旬

２０１０年も恒例の「ひまわりまつり」が始まった。24回目となるこの年は、会期が7月17日から39日間で、会場はいつもと同じ「ひまわりの里」。4月中旬に開いた北竜町ひまわり観光協会の総会で、藤岡擁泰会長が「10年も前年（約25万人）を上回る観光客を誘致したい」と意気込んだハッパに刺激され、農協や商工会の面々は5月早々にまつりの準備を開始した。

ひまわりの里は、国道２７５号線沿いの北竜中学校を左折、そこから車で5分ほど行った丘陵地にある。24回目の作付面積は23・13ヘクタールで規模はもちろん日本一、１３０万本のひまわりを開花させるのが目標だ。ひまわりの播種には町民が総出で、その後も下草取りや間引きなどの作業に3回ほど勤労奉仕した。

ひまわりは連作に弱いので、町民の気苦労は大変だそうで、連作障害を防ぐ工夫に知恵を絞る。3カ月かけて育てても開花期間は短く、2週間ほどで花期は終わってしまう。そこで畑を10区画に分け、5月から6月にかけ区画ごとに時間差を設けて播種する方法を採用している。

「こうすることで、観光客はいつ来てもひまわりの開花

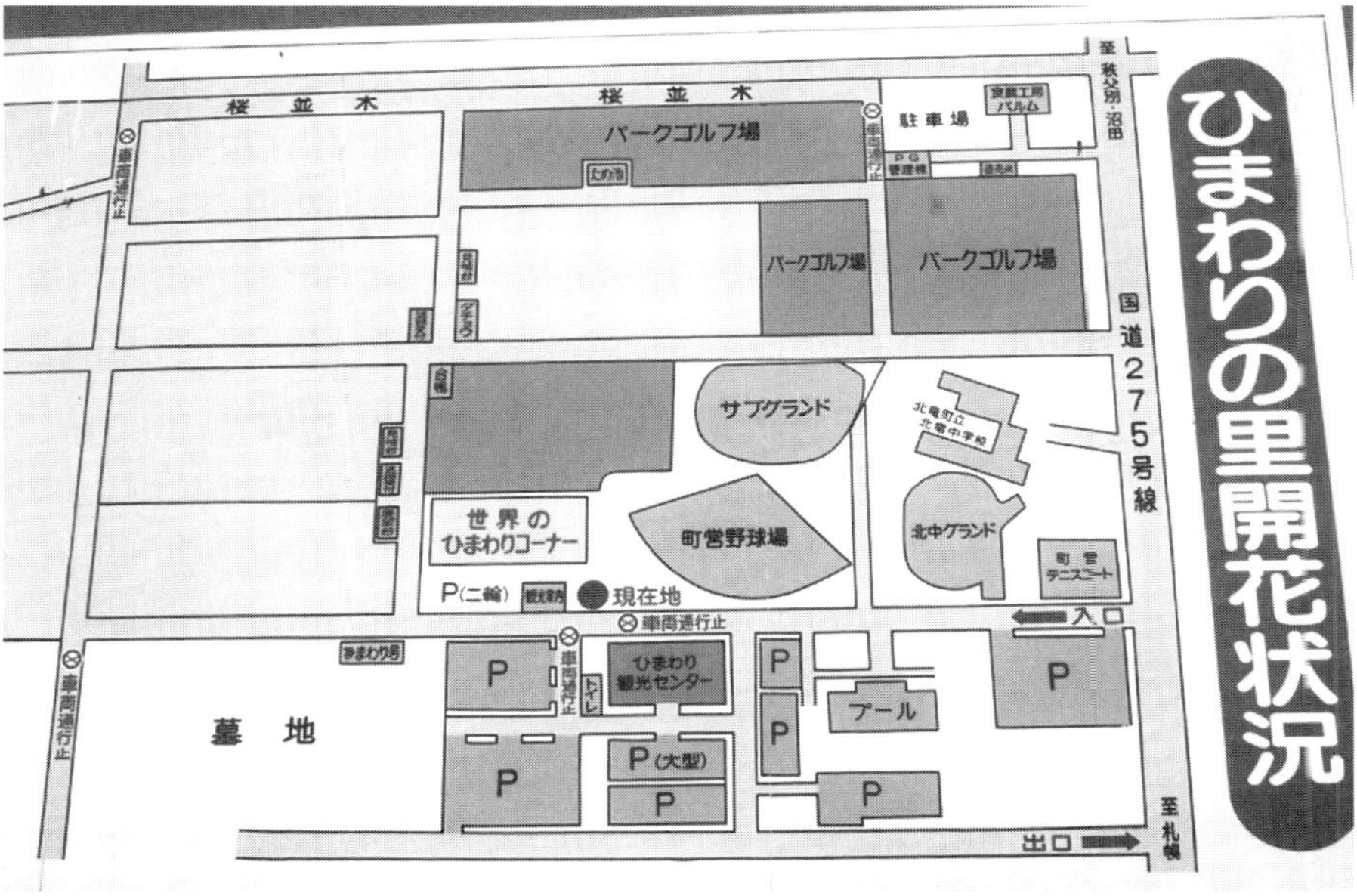

会場のひまわりの里には、開花状況を知らせる立て看板が立つ。

に出会える」。同町産業課の南秀幸課長補佐は、作付け作業の一端をこう説明する。

雨が不足すると、ひまわりの開花が遅れる。まつり初日の17日は奥の畑がちらほら咲く程度だった。先行きが心配されたが、夏の本格化とともにひまわりも咲き出す。背丈2メートル前後のひまわりが辺りを覆いつくす7月下旬には、観光客の興奮した声があちこちから上がり、関係者をほっとさせている。

観光客のピークは8月中旬、お盆の頃だ。前年は8月12日から4日間で43台の観光バスが繰り出し、7万人近い観光客が来場した。「今年も同じ頃がピークでしょう。イベントもそれに向けて知恵を絞る」と産業課のスタッフは手ぐすねを引く。

観光客をもっと誘致しようと、14年の第28回から栽培本数を150万本に引き上げた。それを聞いて、この年は27万人もの観光客が同町を訪れた。15年も29回目のまつりが7月18日から37日間、開かれたが、栽培本数は150万本にした。

盛り上げるイベントを多発
ひまわり商品の開発に熱

「世界のひまわり」を地蒔きする北竜中学校の生徒。

ひまわりまつりと取り組む同町の意気込みは尋常ではない。それを示す証拠の一つが会期中のイベントだ。連日開催され、まつりを盛り上げる。

YOSAKOI大会、パークゴルフ大会、花火大会、ノスタルジックカー・フェスティバル、盆踊り大会、歌謡ショー、フリスビー大会――取り上げたらキリがないほどである。

歌謡ショーなど金《かね》のかかるものは観光協会が主催するが、その他はほとんどが町内各団体の自主興行。通り一遍の催事もあるが、中には観光客をリピーター化するヒット・イベントも生まれている。

例えば、ひまわり畑に広がる巨大迷路、生卵キャッチボール大会などは、観光客の人気が高い。生卵キャッチボールは、2人1チームで生卵を二回投げ、割れないでキャッチできる距離の長さを競う遊びで、家族連れが盛んに参加する。

「ひまわりを使った特産品を開発し、地域ブランドを作りたい」（佐野豊町長）と、同町はひまわり商品の開発を奨励している。町の呼びかけに応じて商工会や農協がひまわり油、ひまわりナッツを商品化したのに続き、ラーメン、アイス、ワイン、はちみつ、かりんとうなど20種類以上のひまわり製品が生み出された。

まつりの期間中は会場の隣接地にある観光センターにひまわり製品がすべて持ち込まれ、観光客に展示販売される。「ひところは飛ぶように売れたが、最近は観光客の紐が固い」――藤岡会長はこう打ち明けるが、それでも観光客を通じてひまわりの町と製品を広くＰＲする絶好の機会となる。

中学生が世界のひまわり栽培
年間通じた観光促進を重視

まつりへの意気込みは中学生にも波及している。ひまわりの里の一角で、30種類・１万本の「世界のひまわり」を栽培しているのが北竜中学校だ。15年前から取り組み、今では総合学習に欠かせない科目となった。

圃場作り、地蒔き作業、除草・間引き――全校生徒が一斉に作業をし、観察記録を付ける。そして品種表示板の掲示やまつり案内板づくり、観光客の誘導と説明など、まつりの参加を通じて社会教育を実践している。

「スタート時は全校生徒１４０人で57種類を栽培した。今は71人に半減、栽培数も30種類に減ったが、町おこしの一端を担える意義はとても大きい」と教育委員会は評価する。

北竜町とひまわりの関わりは、35年前にさかのぼる。たまたま欧州への農業研修に参加した農協職員が旧ユーゴスラビアの飛行場で広大なひまわり畑に出会い、その美しさに感動したのが発端。よく聞くと、肉食中心の現地ではひまわり油を健康食品として使っているとのこと、「これは町の転作科目になる」とピンと来たという。

この職員は帰国後、農協婦人部にひまわりの栽培を推奨した。食生活の改善に役立つと婦人部は翌１９８０年、「１戸１アールのひまわり栽培運動」を展開した。これがひまわり商品の開発、ひまわりの里の造成、ひまわりまつりへとどんどん広がり、花を生かした町づくりに繋がった。

ひまわりまつりは約40日間と短いのが難点だ。年間を通じた観光振興が必要というわけで、温泉と農業体験のできる観光施設「サンフラワーパーク」を92年に新設、花を中心に据えた町づくりの幅をぐんと広げている。

牛ふん尿で大規模ガス発電
エネルギー自給の町づくり

（鹿追町）

乳牛など家畜のふん尿を有効活用した北海道鹿追町の大型バイオガス発電事業が、脚光を浴びている。地域の酪農家から出る家畜のふん尿を回収してガス化し、電気や温水、肥料を作る取り組みだが、厄介者のふん尿が地域の資源として活用され、見事に自前のエネルギーに生まれ変わっている。２０１６年春には2つ目のバイオガス発電施設が動き出す予定で、エネルギー自給の町づくりがさらに進展する。

一般家庭４６０戸分の発電量
ふん尿処理規模は全国1位

十勝平野の北西、人口５５００人の鹿追町は畜産と農業、観光が基幹産業の農業の町だ。町役場から東へ車で7分ほどの畑の中に環境保全センターがあった。５万１５００平方メートルの敷地に17億円を投じて造られたこのセンターには、３つの施設がある。

１つはコンポスト化プラントで、町の排水汚泥や事業系生ごみを処理する施設だ。２つ目は堆肥化プラントで、家庭の生ごみと家畜ふん尿を発酵処理して堆肥を作る施設。そして３つ目が07年10月から稼働中のバイオガスプラントだ。乳牛のふん尿をまとめて回収し、集中処理して電気や蒸気、温水などを作るセンターの中核施設である。

センターを訪れた日の朝、乳牛のふん尿で満杯のコンテナ専用車が続々と到着、原料槽に搬入される姿を目の当たりにした。このふん尿は、地域の酪農家14戸が飼育する成牛１３２０頭が排出したもの。スタッフの城石賢一さんによると、「ふん尿処理量は1日１００トン以上。勿論、全国で最大規模だ」そうだ。

処理する仕組みはこうだ。原料槽に入ったふん尿のうち、水分の低いものは円柱型の発酵槽へ、水分の多いもの

巨大な発酵槽でふん尿を処理しメタンガスをつくる。

は箱型発酵槽へそれぞれ移され、加温・撹拌し20－30日間かけてメタンガスを作るというもの。このガスで発電機を回し一般家庭460戸分の使用量に相当する1日4千《キロワット》の電力を生み出す。同時に蒸気や温水なども作る。

電気や温水はセンター内でほとんど消化し、余剰分は電力会社に売電している。ふん尿処理後の消化液は臭気の無い液肥となり、牧草地や畑に散布される。「消化液は施肥効果が大きく、600《ヘクタール》の畑で使われている」と城石さんは力説する。

管理運営は利用組合が担当
処理代は1頭で1万2千円

センターは町の所有だが、管理運営は町と酪農家などで作る利用組合が担当している。酪農家が支払うふん尿処理代は成牛1頭当たり年1万2千円。それに消化液を散布してもらうと、散布機械の利用料として1《トン》550円かかる。これに電力会社への売電分を加えた収入で、センターを賄うのが基本である。

「収入は年2500万円ほどで、支出も同程度。町の持ち出しもなく、まずまずの運営ができている」。吉田弘志町長はこう話した後、バイオガス事業が多方面で良い影響

乳牛が排出する牛ふんが毎日、原料槽に運び込まれる。これがガス発電の燃料となる。

をもたらしていると、次のように指摘する。

第一は、酪農家にとって負担の大きいふん尿処理の手間暇を軽減できたこと。

乳牛1頭が排出する1日のふん尿は成人一人の体重にも匹敵する約60キロ。大量に出るふん尿を処理するため、農家は毎日、3、4時間もかけているのが実情だ。道内有数の多頭飼育が進む鹿追町の酪農家にとって、その処理は厄介な問題だった。

第二は消化液と堆肥の活用に農家の期待が大きいことだ。現に、「センターを使うとコストが増えるが、肥料効果や臭気対策などメリットも大きい」、「消化液を使うと、土づくりに役立つ」と話す農家が多い。

年間70万人もの観光客が訪れる同町の観光産業に寄与できるのも、利点の一つ。

春から夏は農家が牧草地や畑に大量のふん尿堆肥を施す季節。この頃になると、辺り一面に臭気が漂うが、ちょうど観光の最盛期と重なるため、その臭いが観光客から嫌われていた。バイオガスプラントで臭気が解消されたため、消化液を散布しても観光客の苦情が減少した。

バイオガス施設が稼働して14年10月で満7年。取り組みが軌道に乗るにつれ、この事業を産業や教育など、新たな町づくりに活かそうという試みが検討されている。例えば、農作物のハウス栽培、天然ガス自動車などへの有効活用策がそれだ。

冬期間のイチゴ栽培ハウスでは、バイオガスをボンベで焚いて15℃の温風を室内に送り込む実験が行われた。自動車の燃料にも利用できないかと、150万円をかけて日産車を改造して独自の試走実験も行った。

中でも日の目を見せたのが、環境教育への活用だ。11年2月、環境保全センターの敷地内に80人収容の新しい研修施設が完成。市内小中学校の生徒を招いてセンターの活動を間近に見学させ、環境問題を学習できる場として利用し始めた。近い将来、道内外の修学旅行生を勧誘して総合教育の場として活用する構想も進む。

余熱でチョウザメの養殖も

最近、耳目を集めているのがセンター内で実証研究中のチョウザメの養殖とマンゴーの栽培だ。発電の際に出る余熱を利用して魚の養殖事業、新規作物の栽培事業を手掛けて町の特産品を開発、雇用創出にも役立てようという発想である。

研究棟の水槽で今、300匹近いチョウザメが泳いでいるが、「高級食材のキャビアが採卵できるようになれば、町は活気づく」と吉田町長は、その日が早く来ることを期待している。

瓜幕地区に2番目の施設建設

鹿追町で飼育される牛は2万7千頭を超す。未利用のふん尿を資源としてもっと活用しようと、町は2番目のバイオガスプラントを建設している。立地場所は役場から10キロ北の瓜幕地区で、16年春の稼働を目指す。

施設の眼目は瓜幕地区の酪農家18戸の乳牛ふん尿をまとめて集中処理するもの。ガス化から発電への仕組みは現行プラントと同じだが、処理量が2・3倍、発電量が3倍と大型化するのが特徴だ。総工費も約28億円と巨費になりそう。

新施設が動き出せば、地域の資源を使って自前のエネルギーを確保する「エネルギーの地産地消」が大きく進展する。

広がる人気、「農」体験
農の恵み知る格好の機会

（旭川市農政課、古屋農園）

都市住民を呼び込み、農業の現場を見学したり農産物の収穫体験をしたりするツアーが、北海道で広がっている。地産地消への関心や安全・安心の意識が高まる中で、「本物の食」に触れ農の恵みを知りたいという消費者が増えてきたためだ。都市と農村の交流が深まれば、地域経済は活性化するし、消費者との距離も縮められるなど、農家側のメリットも大きい。

民泊し農業作業を体験
夏場に200人以上が参加

旭川市の旭山動物園から道道295号線を車で10分も行くと、見渡す限り稲穂をつけた水田が広がる。8月下旬、この農業地帯で朝から黄色い歓声が上がっていた。声の主は、農業体験をするために札幌・小樽圏からやって来た100人余りの中学生たちだ。地域の農家民宿にグループで宿泊し、水田の中に入って米作りを学んだりハウスの野菜収穫に臨んだりする。

古屋勝・良子夫妻が経営する古屋農園を覗いてみると、十数人の生徒が畦道に並び、夫妻の説明を聞いていた。「これはヒエだ。イネによく似ているが、雑草なので抜かないとダメだ」、「これがいま評判の高級米『ゆめぴりか』だよ」、「赤、黒、紫など色のついた稲がここにある。有色米というんだよ」――夫妻が話すたびに、生徒の目が輝く。

1965年から農業に従事してきた古屋夫妻は今、13・5ヘクタールの規模で営農活動をしている。主力の水稲は10・9ヘクタールで、きらら397、ななつぼし、おぼろづきなど10種類を栽培。畑ではかぼちゃ、トウモロコシ、人参などの露地野菜、ピーマン、ほうれんそう、トマトなどのハウス野菜を作る。要するに、米や麦、野菜類、豆類など少量多品種栽

「農体験」を行うため、家族連れや中学生がよく訪れる古屋農園。本宅前に立つ古屋夫妻。

培だ古屋農園の特徴だ。

夫妻が農業の現場に消費者を招いたのは20年ほど前だった。地域の有志らと作る減農薬米を消費者に知ってもらおうと、生協と話し合い組合員を現場に受け入れたのが消費者との交流の始まりだ。最近では家族連れで日帰りの農体験をする人を含め、夏場だけで200人を超す都市住民が古屋農園を訪れる。

消費者と交流する上で、古屋農園の少量多品種栽培は何かと便利だ。いつ来ても消費者は水田なりハウス野菜なりの農体験を味わうことができるからだ。

修学旅行、15年前から受け入れ
「旭川市民農業大学」も注力

古屋農園が今、力を入れるのが修学旅行生の受け入れと「旭川市民農業大学」（AND）だ。

修学旅行生の受け入れは15年前から始めたが、最盛期の09年シーズンには1200人も受け入れた。収穫作業を体験した後、採れたて野菜を使った料理教室などを農場内で開き、本物の味を楽しんでもらうことが多いという。

「普段の生活では味わえない体験をここでできるのが子供たちの魅力。消費者に農業への共感を持ってもらうことが、農業の振興に繋がるので、農家にもメリットが大きい」。修学旅行を受け入れる意義について古屋良子さんはこう話し、子供を通じ消費者の様々なニーズを摑める機会にもなると付け加えた。

古屋農園では09年9月から農家民泊を始めた。2段ベッド、トイレ・シャワー付きの宿泊施設を整え、宿泊料が農体験指導料を含め1日7千ー8千円。民泊研修を希望する家族連れのほか、修学旅行生も受け入れる。

10年3月には農産物の加工場である「百姓工房ふるや」もオープンした。漬物や総菜作りを体験してもらう施設だ。民泊施設にしろ、加工場にしろ、旅館業法や食品衛生法などの規制を受けるので、それをクリアするためのコストや手間ヒマがかかるが、都市住民を受け入れる環境整備と考え、決断した。

もう一つのANDは、旭川市民を対象にした通年の農業体験プログラムで、水田や畑で月1、2回農作業をし、農家と市民が交流する。地域の有志と98年に始めたが、これまでの参加者は1200人を超した。古屋勝さんは、「卒業生の中から多くの新規就農者が生まれるなど、思わぬ効果があった」と打ち明ける。

「子ども農業体験塾」14年間で300人が参加

都市住民と農家の交流事業は旭川市農政部も重視している。その代表例が、同部農政課が中心になって取り組む「子ども農業体験塾」である。

小学5ー6年生を対象に毎年30人ほどの希望者を募り、年2千円の受講料で春から秋まで農業体験研修を実施するというのが主な内容だ。00年に試行した後、01年から本格的に開始したが、14年度までの14年間で310人の児童が参加している。

事務局は農政係が担当しているが、運営は受け入れ農家や旭川大学、北海道教育大学、少学校教職員、市などをメンバーとする運営委員会が当たる。

過去3年の状況をみると、会社員の子供を中心に30人が名乗りを上げ、5月から11月まで月1回の体験塾に参加している。5月は田植え、6月は稲の観察と野菜の栽培、7月は野菜のもぎ取り、9月は稲刈り、11月は収穫祭（料理体験）といった具合だ。

最も人気があったのが8月のサマーキャンプ。市内江丹別町の3牧場で畜産・酪農体験をした後、廃校となった近くの旧第一中学校に舞台を移し、宿泊キャンプを経験した。これには教育大学生がボランティアで参加し、テントの張り方や宿泊の仕方、キャンプファイヤーなどについて指導した。

　旭川は道内有数の水稲地帯。農村部が都市部を取り巻く良好な環境が形成されているのに、双方の距離が意外に遠いのが実情だ。「農業への都市市民の関心は必ずしも高くない」と大谷貴史係長は話し、「子どもたちも食卓に並ぶ野菜類がどのように育つのか知らない」と言う。

　そんな現状を少しでも改善し、「農業・農村と都市の距離を縮める」手段になると、農政課担当者は語る。市では農の教育力に期待しているのだ。

農業ハウスで少量多品種の野菜を栽培。だから、子どもがいつ来ても農業体験ができる。

国際リゾートへの道まっしぐら アジア屈指の交流拠点に

（倶知安町）

根雪の始まる11月下旬から12月上旬、北海道のスキー場は次々と営業を開始、５カ月に及ぶスキーシーズンを迎える。沸き返るようなかつてのブームは見る影もなく、道内各地では来場者が減少の一途をたどる。そんな中で一際、異彩を放つのがニセコスキー場だ。オーストラリアやアジアから来るスキー客が急増し、国際色豊かな雰囲気が色濃く漂う。日本人と外国人のスキー客が交流するアジア屈指の交流拠点にのし上がった。

魅力は高品質のパウダースノー
豪州スキー客、３年で15倍

小樽市から南へ約60キロ、人口1万5千人強の倶知安町は、「エゾ富士」と呼ばれる羊蹄山とニセコ連峰に囲まれた自然豊かな町だ。12月から降雪が本格化し3月まで月間降雪量（測候所調べ）が3－5メートルになる豪雪地帯である。

この多雪を利用してニセコ連峰の斜面には「アンヌプリ」「チセヌプリ」といったスキー場が6カ所も整備され、多くのスキー愛好家を惹きつけてきた。中でも、ひらふエリアと花園エリアの2カ所に合計28コースもある「グランヒラフ」スキー場はニセコ最大の規模を誇り、標高差９４０メートル、最長滑走距離５６００メートルの広大なゲレンデがスキー客から好評を博している。

ひらふエリアの国体コースで滑っていた脇田香里さんは、こう言う。「本州では経験できない最高レベルのパウダースノー。雪質はいいし、雪量も豊富、とても軽くて滑りやすい」。ツアーで兵庫県から初めて来たという脇田さんは、一度でここが気に入った様子だ。

「グランヒラフ」は日本人に混じって外国人も多く、あちこちで英語が飛び交う。倶知安観光協会の山岡利博事務局長は、「豪州を筆頭に米国、カナダ、香港、シンガポー

ひらふ地区には、外国人客を迎え入れるホテルが続々とつくられている。

ルから来る観光客が多い。特に豪州からのスキー客の急増が目立つ」と説明する。

協会によると、「04年度の延べ宿泊客数が4万4813人、05年度が6万7240人。3年間で15倍になった」そうだが、伸び率では豪州人が1番だった。14年12月－15年1月の「グランヒラフ」来場者動向を協会に聞くと、累計で24万4千人と前年同期比4％も増えている。このうち、外国人宿泊者は同20％増の6万9千人だった。

ほとんどが良質な雪質、パウダースノーに惹きつけられてニセコに押し寄せている。

外国人がニセコの魅力を発掘
豪州から客も資本も流入

ニセコはもともと雄大な景観、豪快なダウンヒルとともに、雪質の良さに定評があったのに、雪質の良さを地元側は集客拡大に活かせていなかった。

「行政や観光団体が豪州側に誘致活動や情報発信をしたわけではない」。ニセコの雪質に惚れた1人の豪州人、ロス・フィンドレーさんがその魅力を母国のスキーヤーに訴えたのがそもそものきっかけと、観光協会の脇山忠会長は説明する。

夏にはアウトドアスポーツとして尻別川でラフティングが流行ってきた。

フィンドレーさんは95年頃から、倶知安町を流れる尻別川に注目、夏のアウトドアスポーツとしてラフティング（ゴムボートでの川下り）事業を始めた。その彼が冬の試みとして豪州人を対象にスキーツアーを企画、ニセコに案内したのが始まりだったのだ。

ツアーに参加した人々の口コミで、「グランヒラフ」のすばらしさがスキー愛好家に広がっていく。その後、航空機内誌や旅行代理店のPR誌、新聞などでニセコの魅力が取り上げられる機会が増えるにつれ、現地ツアー会社による積極的な売込みが繰り広げられた。こうした積み重ねがニセコのイメージ向上に繋がり、豪州人スキー客の急増という形で開花したわけだ。

豪州人観光客の増加は、地域に大きな波及効果をもたらした。

第1は豪州資本の進出で地域経済が活性化したこと。町商工観光課では、「ひらふ地区にはツアー会社が4社、不動産会社が3社事業活動している」と指摘、ツアー会社による豪州人観光客の誘致、不動産会社によるコンドミニアム（アパート式別荘）の建設ラッシュが起き、元気な地域づくりに大きく貢献したと強調した。

第2は豪州法人の活動が冬季だけでなく夏季の観光事業

にも広がったこと。ＮＡＣ（ニセコアドベンチャーセンター）など3社が行っているもので、ラフティング、ダッキー（少人数のボートによる渓流下り）、川釣り、登山などアウトドア系の観光事業を活発に展開している。

夏季のアウトドア事業が盛んになれば、冬季のスキーのみに依存してきた倶知安町の観光産業は刷新され、観光業の通年化が実現できるだけに、地域経済に与える意味合いは大きい。

外国人客拡大の可否が決め手
国際化対応へ人材育成急ぐ

倶知安町の観光客（入込み客数）はここ数年、総数で１４５万人前後と伸び悩んでいる。道内客が急減し、それを外国人客の増加で補っているためだ。この傾向は今後も続く見通しだけに、外国人客を今以上に誘致拡大できるか否かが、同町の将来を左右する。

外国人客を誘致するには英語版タウンマップの作成、日英中対応の観光案内版の設置など環境整備を進めるほか、国際性豊かな人材を育成することが急務。そこで同町は国の地域再生計画認可を経て、英会話を駆使する人材を育てるための研修事業と取り組んでいる。商工会議所などが作った「まちづくり人材育成協議会」が事業主体となり、3年間に１６２人の国際人を輩出させるのが目標だ。

倶知安では外国人による投資行動がよく話題になる。ちょっと前に注目されたのが豪州資本「日本ハーモニーリゾート」の動きだ。花園スキー場を買収した同社が、そこを核に15年がかりで通年型の新しいリゾートをつくろうと挑戦している。

ただ、豪州資本の観光開発が野放図に進み過ぎ、一部で乱開発の様相を見せていること、豪州人観光客の増加が町の中心商店街の賑わいに結びついていないこと、防犯やごみ収集など行政サービスの負担が日本人に偏っていること、などが難点だ。これは地元側に確たる将来ビジョンがないためと指摘する声が多い。

既に外国人籍の住民が1千人に迫ろうとしている。確たる将来ビジョンを前提に、外資参入と外国人観光客の流入を図れば、もっと魅力ある国際都市「くっちゃん」が生まれるだろう。

盛り上がる「利雪」事業
住宅冷房に食糧貯蔵、特産品も

（美唄市、沼田町）

雪や氷、風など市民生活を妨げる厄介物《やっかい》を貴重なエネルギー資源として活用し、地域興しに役立てる動きが北国を中心に加速している。北海道で特に盛んなのが雪を住宅の冷房、農産物の貯蔵・保管、育苗などに使う「利雪」プロジェクトだ。中でも雪深い美唄市や沼田町の取り組みが際立ち、特産品の開発や工場誘致に繋げる試みまで出てきた。

雪の冷気でマンションを冷房
6千トンの玄米貯蔵の大型施設

札幌と旭川のほぼ中間にある人口約2万4千人の美唄市は道内有数の米どころだが、最大の泣き所が冬季の雪である。年間降雪8メートルを超す豪雪地帯で、除雪や排雪に多額の税金を使わなくてはいけないし、交通渋滞の原因にもなる。

その同市で１９９０年代中頃から、雪を地域の資源として有効活用する取り組みが始まった。主な担い手が美唄自然エネルギー研究会（会長新家憲氏、70団体・個人）。97年に設立された産学連携組織で、自然エネルギーの利活用技術を共同で研究するのが目的だ。研究会の成果を活かし、これまでに利雪事業が7つも生まれている。

一例を挙げれば、夏場の室内を雪で冷房するマンションや施設の新設だ。99年春に完成した6階建て24戸の賃貸マンション「ウエストパレス」は、冬季に１００トンの雪を建物の脇の小屋に貯蔵し、夏場に雪の冷気を各階に循環させている。「排雪代を浮かせて冷房に使った」と家主は話す。

10億8千万円を投じて08年12月に開業した市所有の温泉施設「ビバの湯ゆーりん館」も、独自の冷房システムを導入している。１５０トンの雪を貯蔵し、融雪水と冷気で施設内を冷やす内容である。「従来方式より電気代が少なく、

郊外の雪山で貯蔵した天然の雪を真夏に市販している。

温室効果ガス（CO_2）の排出も抑えられる」とスタッフは語る。

JAびばいが6億1千万円をかけ00年秋に作った大型貯蔵施設「雪蔵工房」は、雪を農作物の保管と品質管理に活かす試みだ。3月に雪3600トンを溜め、夏場の高温を雪の冷気で冷やし玄米6千トンを保管する。「消費電力が8割、CO_2が64トンも削減できる」優れものだ。

JAではアスパラガスを雪冷蔵で保管している。「雪蔵美人」の商標で全国に出荷したところ、知名度が次第に上がって来たので、市の特産品に育つと生産者は期待している。

興味深いDCの実証実験
電気代とCO_2削減に効果

産学連携の研究会が今、総力を挙げて取り組んでいるのがデータセンター（DC）の省エネ実験だ。ネット社会の進展で、DCは社会インフラとして重要な役割を担うようになったが、ネット上のトラフィック急増でDCの消費電力が急増、CO_2排出量の規制対象に浮上している。この問題を雪冷熱で克服しようという興味深い試みだ。

実験は雪を使ってコンピューターのサーバー排熱を冷却

する内容で、美唄市空知工業団地の美唄未来開発センター（美唄ハイテクセンタービル内）で10年夏から開始。機会を捉えては、その後も繰り返している。

「電気代を年13万円減らし、$ＣＯ_2$を同2・73トン削減するのが机上の試算」。これを実証したいと、研究リーダーで伊藤組土建課長の本間弘達氏は真剣そのものである。

雪はビルの駐車場の排雪を使う方針だが、残雪のなかった初回は便宜上、市内の雪山から運んだ70トンを使った。ビルの裏手に縦・横7メートル、高さ3メートルの雪山を築き、雪山の下で冷やした冷却水を巡回させ、2階のサーバー室と1階の事務所に冷風を送る仕組みだ。

「冷却水の温度は8度。雪冷房だけでサーバー室を28度に保てた。雪冷熱の効果は大きい」。本間課長は11年度以降も実験を継続しており、実用化に耐える結果を出したいと話す。

首都圏ではＤＣの冷房費用が年10億円かかるが、道内では5億円で済むという。「雪冷熱システムを導入すれば、道内の10分の1で済む。ＤＣを美唄に企業誘致する有力な武器になる」と、傍らで市商工交流部の村橋広基主幹が口を添える。

研究会の実験を先端産業の課題解決や新規企業誘致に繋げられるのか、その行方に道内のＩＴ関係者の目が集まる。

沼田町、官主導で利雪事業「雪中米」などのブランド品

石狩平野の北端、人口３３００人の沼田町も雪利用の取り組みが20年に及ぶ利雪先進地だ。雪冷熱システムを民間主導で民間施設に普及させる美唄市に対し、行政主導で町の施設に導入するのが沼田町のやり方。

同町の利雪事業の最初が大規模な米貯蔵施設「スノークール・ライスファクトリー」。町が16億2千万円をかけ96年秋に建てたもので、運営はＪＡ北いぶき。ＪＡ管内の全ての米を籾の状態でここに集め、１５００トンの雪で冷やし貯蔵保管する。

「雪冷房による米貯蔵は、世界初の試み」とは、町利雪技術開発センターの伊藤勲主任研究員の弁だ。消費電力が通常の5分の1で済むし、$ＣＯ_2$の削減効果もある、そのうえ米の品質劣化が小さいと多くの利点を説明する。この貯蔵米は「雪中米」の商標で出荷されているが、いつまでも新米の味と香りがあると好評だ。

同町の名を全国に広めたのが、08年春開始の雪山セン

ター事業だ。3月に雪を郊外の空き地に集め、縦・横50メートル、高さ5メートルの巨大な雪山5千トンを作るもので、雪冷房する施設やイベント会場に夏場、供給する。販売価格は1トン千円で、10年度は販売量が1500トンを超した。

同町は行政主導で利雪事業を積極的に進めた結果、生涯学習センターや養護施設、就業支援実習農場、雪冷房分譲住宅など10施設が生まれた。今後は「生活レベルだけでなく、産業レベルでも雪を活用する」（伊藤氏）のが、同町の重点政策という。

すでに「雪中」の名を冠した清酒やみそ、椎茸などの特産品を開発した。雪冷房導入の花卉《かき》栽培や牛肥育など農業にも適用されている。

「雪中米」の販路は台湾にも広がってきた。年間輸出量50万トンが当面の目標だ。利雪技術は新商品、新産業を生み出し、輸出商品まで育てている。厄介物が地域を活性化する資源になって来た。

美唄市や沼田町では、利雪事業を進めるため、郊外に雪山センターを設けている。

地域挙げ特産品づくり
栗山町は「さらさらレッド」、幌加内町は「幌加内そば」（栗山町、幌加内町）

強まる輸入攻勢、厳しい産地間競争——農産物を巡る環境が激変する中で、活路を特色ある特産品づくりに求める動きが北海道で高まっている。その典型が、従来のタマネギのイメージを変える新品種「さらさらレッド」の栽培に地域を挙げて挑戦する栗山町だ。一方、「日本一のソバの里」を掲げる幌加内町は、40年に及ぶソバ作りに磨きをかけ、町ぐるみでソバを核にした地域興しとして取り組んでいる。

売り物は「健康タマネギ」
収穫量は10年度で150トン

炎天下の栗山町のタマネギ畑で、9月の収穫を前に育ち具合を丹念に点検する人がいた。栗山町さらさらレッド生産組合の吉田寿栄組合長だ。夕張川が運ぶ肥沃な耕地は見渡す限りタマネギばかり、その一角にあるさらさらレッド畑を吉田さんは真剣な眼差しで見て回る。

さらさらレッドは、植物育種研究所（栗山町、岡本大作社長）が世界中から300以上の品種を集めて分析・交配し、北海道大学などの協力を得て数年がかりで開発したもの。赤い皮をはがすと、ルビー色の鮮やかな身が現れる。タマネギと言えば「赤銅色」、そんなイメージを覆すような品種である。

生で食べると、通常のタマネギより辛みが際立つが、何よりも高血圧や糖尿病に効果があるという健康機能性が売り物だ。

タマネギは北海道が国内最大の産地だが、輸入品との競争だけでなく、道内産地間の競争も激しさを増すばかり。「タマネギは栗山町の基幹作物だが、道内シェアはわずか3％前後。物量では勝てない」と思っていた生産農家は、健康タマネギという特性に注目し、「これで地域の優位性

「さらさらレッド」の特産品化を目指す岡本大作社長。

を確保できる」と歓迎する。

試験栽培が始まったのが06年度。発足時の作付け面積はわずか10アールで、収穫量も5トンだったが、その後は年々拡大し、10年度は作付け3ヘクタール、収穫量１５０トン強に増大した。生産農家も今では16人に増えている。

「10年度は記録的な天候不順で収穫量が低迷した。11年度以降はもっと増やしたい」と吉田さんは意気込む。岡本社長も腹は同じ。「14年度の作付け面積は5ヘクタールまで増え、収穫量は２００トン以上になった」と岡本社長は話し、それでも需要に供給が追い付かない状況だと言う。

栽培は栗山町内に限定
産学官の連携でブランド戦略

ここで興味深いのは、さらさらレッドを自分たちで真剣に育て管理し、町独自のオリジナル商品に仕立て上げようというオンリーワン戦略である。その骨子はこんな具合だ。

栽培は町内に限定する。生産者は全員、生産組合に加わり施肥や栽培技術を勉強する。タネは研究所が無償で提供し、収穫量は全量、研究所が引き取り販売する。販売はコストや品質など地域の取り組みに理解を示す小売店に優先

ソバで地域おこしをする幌加内町はソバの作付け面積が全国１位を誇る。

的に出荷する。

販売量はシーズン前に予約を取り、農家は予約生産するので、売れ残りはなく販売価格も維持される。「大市場は狙わない。われわれの目が届く規模の市場が相手」と話す岡本社長、自分らで決めた価格で全国の百貨店や高級スーパーと取引できるのが強みと強調した。

岡本社長らの取り組みに町や商工会議所も強い関心を寄せるようになり、地域ぐるみで支援する「栗山町タマネギプロジェクト」に発展した。これは具体的には農業、商工業、行政、大学が連携して、さらさらレッドの特産品化、ブランド化を目指そうというもの。すでに種子の生産から栽培、加工・流通まで町内関係者が有機的に関わっており、新ブランド確立への意欲があちこちで現れている。

その一例が加工食品の開発である。キッコーマンと提携して開発した健康飲料「ドクターオニオン」が最初で、キッコーマンの健康飲料「さらさらレッド生姜とタマネギ」、福山醸造（札幌市）の「愛郷ドレッシング」などが続々と登場している。

食の多様化で、消費者はタマネギにも独自性を求め出した。それに応えるタマネギづくりが時代の要請で、「個性派商品が競争力を発揮する日が必ず来る」と岡本社長らは期待している。

既に三井物産と植物育種研究所が共同開発した「さらさらゴールド」を原料に、大塚食品が新飲料「しぜん食感・極ベジ・オニオン」を15年春、発売している。機能性タマネギが新飲料の売りだ。

作付け面積で日本一
ソバを軸にした地域興し

旭川市から北西へ45キロ、人口１６００人余りの幌加内町は過疎の町だが、ソバの産地として全国に知られるようになった。ソバの栽培に従事する農家は約１５０戸で、作付け面積は過去5年の平均で２７５０ヘクタール。２０１３年の統計では、作付け面積が３２００ヘクタール、収穫量は２９００トンにハネ上がっている。過去5カ年の平均で見ると、面積が全国の５・７％、収穫量は同８・３％を占め、いずれも日本一を誇る。

9月中旬、現地に向かった。収穫の最盛期を迎え、１日２００トンものソバが町内の乾燥調整施設「そば日本一の館」に持ち込まれていた。天候次第で収穫量が変動するが、「天気が悪くないので、町全体で例年並みの２６００トンを確保できるのでは」と農家は期待を込めて語る。

ＪＡきたそらち幌加内支所の小関義明支所長によると、収穫したソバは全量、ＪＡが集荷し、製粉会社など全国の契約先に出荷、売上金を農家に分配する仕組みを採っている。ここで大きな役割を発揮するのが「そば日本一の館」だ。自然に近い形で乾燥調整できるうえ、収容能力が４５００トンと非常に大きい。「品質管理・通年出荷が可能で、幌加内そばのブランドが守れる」と小関支所長は話す。

80年からソバ作付け日本一になった同町だが、長い間ブランド化や知名度アップに苦労した経験を持つ。そこで、同町は「日本一のソバの里」を掲げ、地域ぐるみでソバを軸にした地域おこしを展開している。

生産者部会による栽培技術の向上運動、多目的施設「アグリ21」を活用したソバの普及活動、知名度向上のための「新そば祭り」の開催などがそれだ。近年のそば祭りには人口の30倍もの来場者があるという。

ソバは今、輸入攻勢に直面しているが、同町はさまざまな取り組みを通じ「幌加内そば」のブランドを浸透させる構えだ。

長イモの輸出で地域に活気
台湾などアジア市場切り拓く

（帯広市川西地区）

わが国屈指の穀倉地帯である北海道・十勝。小麦や大豆、じゃがいもなどの食料供給基地として全国にその名が知られているが、有名なのはそれだけではない。十勝平野の南西部にある川西地区は、長イモの産地としてめきめき頭角を現してきた。「高品質」と「安定供給」を背景にブランド力も急速に高まり、海外でもファンが広がる。輸出市場を切り開く日本食のリード役として、存在感を高めている。

国内最大の長イモ産地
洗浄・選別、近代設備で処理

帯広市の中心部から車で約40分、どこまでも畑が広がるその一角に別府事業所がある。８万８千平方メートルの広い敷地に野菜の選別施設や各種農産物の貯蔵倉庫が何棟も並ぶ。一見すると、製造業の工場を思わせるような雰囲気である。ここに長イモの洗浄・選別施設も整備され、２００２年春から稼動した。

地元で収穫される長イモはまず、別府事業所に集荷され、洗浄と選別、パックが行われる。日曜を除く週６日間、80人ほどの従業員がローテーションを組んで働いているが、人件費を抑制するため自動投入設備やカメラ形状選別、ロボットなどＩＴ技術を活用した近代設備を導入。各工程を可能な限り自動処理できるよう工夫を凝らしている。

十勝平野で作られる長イモ生産で中核を担っているのは帯広市川西長いも生産組合（組合員１２３戸）だが、年々産地が広がり、今ではＪＡ帯広かわにしを中心に中札内、芽室、足寄など７農協で広域産地グループを形成、作付面積は14年度で５００ヘクタールに広がった。生産量は13年産でざっと２万２千トン（約63億円）、国内シェア16％を占めるわ

洗浄・選別を自動処理できる別府事業所の施設。

が国最大の産地となった。

別府事業所を通じて出荷される商品はすべて、「十勝川西長いも」の統一ブランドで道内はもちろん東京、大阪などの中央市場に送られる。06年10月には地域ブランドの登録も済ませている。08年には選別施設がＨＡＣＣＰの認証を獲得、消費者の信頼を勝ち取った。

ＪＡ帯広かわにし青果部の常田馨部長は「地域ブランドは川西の高品質が世間で評価された証。生産農家は自信を深めている」と目を細める。

台湾中心に輸出3千トン
味と品質で評判高まる

地域の最近の話題は、「十勝川西長いも」のブランドが海外市場でも浸透し始め、輸出市場を急速に開拓していること。常田部長によると、13年産の輸出量は3千トン（約9億円）と過去最高を記録した。輸出を始めたのは99年産からで、同年の輸出量が684トン。その後、輸出量を拡大してきたが、「台湾市場向けが堅調に伸びたこと、海外での評価が固まったことなどで一気に輸出量が急増した」と常田部長は説明する。

輸出先はほとんどが台湾市場だ。ＪＡかわにしではサイズの大きい4Lものを輸出に振り向け、手ごろな大きさの2Lものは国内に出す戦術を取っている。台湾では特大サイズが好まれるからだが、「国内では価格の安い4Lサイズが海外へ高価格で輸出できる利点は大きい」。

台湾では長イモを生で食べる習慣はないものの、中華料理の食材として盛んに利用されている。特に消化吸収に優れ滋養強壮や夏バテ防止に役立つというので、薬膳料理として重宝されている。台湾と同じ中華圏であるシンガポール、香港、タイにも今後、川西長イモが販路を広げつつある。

輸出市場が広がれば、産地として安心して生産活動に取り組める。川西地区ではこれまで、豊作による相場下落で何度も痛い目に会ってきた。「海外市場を開拓すれば、豊作による国内相場の暴落を少しでも食い止められる」――輸出の効果について、ある農家はこう打ち明ける。

国内外を問わず、農産品が消費者に受け入れられる条件は品質と鮮度、それに安定的な供給力だ。川西長イモはそうした条件を備えているが、特に白くて適度の粘りと甘みがあり、シャキシャキした食感のある上物が多いのが特色だ。「台湾輸出が増えたのも、味と品質の良さが認められた結果。輸出市場を開拓する上で、これは1つの教訓となる」と、常田部長は言い添える。

品質守るウィルス対策
輪作体系つくり障害防ぐ

川西地区で長イモの生産が始まったのは1965年頃。畑作物の自由化で農家の離農が相次いだ際、収益性の高い作物として夕張地区から種子を導入して栽培が始まったのだ。そして48年間、生産組合では品質管理に細心の注意を払ってきた。

長イモ栽培で最大の悩みはウィルス対策だ。ウィルスに感染していない種イモを継続的に供給できるかどうかが、安定生産を保障する決め手となる。川西では生産組織自ら種イモの生産と管理を一括して行い、生産農家は指定した種イモしか使わない。

種イモだけでなく、生産現場の畑でもウィルスの有無を何度もチェックする。組合員が他人の畑をチェックして回る念の入れ方だ。

病気の蔓延を防ぐため、「千株のうち5株でウィルスが見つかれば次年度は種イモを切り替える」というのがルールという。あまりの厳しいルールに一部から不満が起きるそうだが、「病気が広がり、産地が崩壊してからでは遅い」と生産組合の幹部はきっぱり。

ＪＡかわにしでは長イモの生産農家を支援するため、独自の輪作体系表も作っている。耕地規模10ヘクタルの農家は小麦－長イモ－豆類－野菜の順で栽培し、同25ヘクタルの農家は小麦－甜菜　長イモ－じゃがいもの順で栽培したらいいといった按配だ。これも輪作障害と病気を防ぎ、品質を保障する措置である。

こうして生産される長イモが輸出市場に向けられるわけだが、作付面積をこれ以上増やせないのが生産農家の悩みの種。「国内販売とバランスを取りながら、輸出をどう増やすかがＪＡかわにしの課題」と、常田部長は表情を引き締めた。

JA 帯広かわにしの本部。受発注など輸出情報は電算処理している。

北海道が高級米で攻勢「ゆめぴりか」で首位狙う

（ホクレン農協連合会など）

「やっかい道米」と冷やかされ、まずい米の代名詞とまで言われた北海道米がここへきてイメージを改め、高級米市場で存在感を高めてきた。味と食感で本州の高級米を凌ぐ評価を得た「ゆめぴりか」を武器に、新潟コシヒカリに対して挑戦し、先行する山形県産米「つや姫」を追いつつ、高級米市場で首位取りを目指す。北海道農業界はこれまでの収穫量第一主義を転換、収穫とうまさの両方を狙う新戦略を展開し始めた。

デビュー年、試練の船出
2年目の作付けは5300ヘクタル

残暑が厳しい8月下旬。北海道の米どころ、美唄市の水稲農家須藤孝一さんが、垂れ下がった稲穂を手にしては「ゆめぴりか」の生育状況を見て回っていた。たまたま訪れてきた高橋はるみ知事に対し、「気温は高いものの、水管理に気をつけているので大丈夫です。収量は平年並みでしょう」と話す。知事も「苦労も多いでしょうが、頑張って」と激励した。

道産米のエース「ゆめぴりか」は、内地に負けないお米を作りたいという道民の夢と、アイヌ語の「ピリカ」（美しい）を結び付けた名称で09年、華々しくデビューした。作付け面積3千ヘクタル、収穫量1万5千トンで、1万3千トンの販売を計画したが、運悪く4年に一度の冷害に見舞われ、収穫量はガタ減りした。「ゆめぴりか」の基準を満たしたのは予定の8％の1千トンにとどまる試練の船出だった。

その轍を踏みたくないというのが生産農家の共通の思いである。本格生産2年目の10年産は、作付面積を5300ヘクタルに拡大し、販売計画を2万5千トンに設定した。道産米販売の7割を担うホクレン農業協同組合連合会米穀事業本部の荒島規一米穀総合課長は「10年は勝負の年と覚悟を決め

「ゆめぴりか」の普及に取り組むホクレン。

た。新たな決意で普及に取り組む」と自分に言い聞かせた、と打ち明ける。田辺裕一主食課長も「勿論、同じ決意だ。道外市場も視野に置く」と付け加えていた。

空知、上川、石狩などの米どころでは例年、9月上旬から「ゆめぴりか」の収穫が本格化する。そして9月下旬には百貨店ルートに新米が並ぶ。農家との直取引で仕入れする三越札幌店では「5㌔で2835円見当。ちょっと高いが、すぐ完売する」と話す。同店では「ゆめぴりか」の店頭販売にはいつも手応えを感じるという。

ホクレンが満を持して出荷したのが10月上旬。道内外で10年産「ゆめぴりか」の本格販売が始まり、道民に明るい話題を提供した。

コシヒカリ凌ぐ食味
14年度の作付は1万6千㌶

道内の水稲作付面積は11万5千㌶（過去5カ年の平均）で、収穫量は同62万3千㌧。全国シェアは面積が2位で、収穫量が1位だ。反収も1、2位を争うが、何といっても品質が見劣りするのが最大の泣き所。味がパサパサするし、「まずい米だねぇ」と悪評を浴びてきたのだ。寒冷なため、寒さと病気に強い稲を追い求め、収量第一の開発を

ホクレンと連携して「ゆめぴりか」のブランド化作戦を展開する北海道庁。

追求してきたためだ。

その道産米の評価を大きく変えたのが88年登場の「きらら397」である。かむほどに甘みが豊か、しっかりとした食感が特徴で、牛丼など外食産業が飛びついた。スーパーからの指定も増える。今では面積の32%を占め、業務用市場では欠くことのできない基幹品種となっている。

うまい米づくりの糸口となった「きらら397」を基礎に、道立や国立の研究機関など開発陣は次々と優良品種を生み出していく。「ほしのゆめ」(96年)、「ななつぼし」(01年)、「ふっくりんこ」(03年)、「おぼろづき」(05年)といった具合だ。

その上に登場したのが「ゆめぴりか」である。「きらら」系の変異種とコシヒカリ系の育成種をもとに上川農業試験場が11年かけて開発、道最高の極良食味米に08年登録された。粘りと軟らかさ、甘みが際立ち、炊きあがりが美しいのが特徴で、首都圏と札幌の食味調査でコシヒカリを凌ぐ評価を獲得した。

研究者の地道な開発努力に応えようと、生産農家は「ゆめぴりか」の栽培にかつてない熱意を燃やしている。一例が上川の生産者組織、あさひかわ「ゆめぴりか」生産振興会。「振興会としては、ゆめぴりかの作付面積を率先して増やし、全道有数の収穫量を達成して道外市場に躍り出たい」と意気込む。

生産農家のそうした意欲を反映して、5年目の13年度の作付面積は全道で1万3千ヘクタル、6年目の14年度のそれは1万6千ヘクタルに拡大している。

徹底した品質管理
全道挙げての支援体制

折しも全国の米市場で、新銘柄米が続々と登場している。島根県の「きぬむすめ」、佐賀県の「さがびより」などに続き、10年産から秋田県の「ゆめおばこ」、山形県の「つや姫」がそれぞれ本格デビュー、競争は激化の様相を強める。そこへ割って入るだけに、北海道は争奪戦に勝ち抜く覚悟と戦略を固めている。

その戦略とは、こうだ。

まずは品質管理の徹底である。おいしさ確保のため、「精米のたんぱく含有量を6・8%以下にする」（田辺課長）ほか、①種子更新率１００％の順守②異物混入対策の徹底などの基準を設け、厳格に実行している。

2つ目は生産体制の確立だ。その年の作付け目標を全道で決めると、地区ごとに面積を割り振り、各地区が意欲と技術に応じて栽培農家を決める。各地区は協議会を設け、講習会を開いて技術向上に挑む。ホクレンは一定以上の技術を持つ生産農家に種子を優先的に供給する。

そして3つ目が全道ぐるみの支援体制である。7地区の生産者協議会やホクレンなどの農業・経済団体、道などが協力して作った「北海道米の新たなブランド形成協議会」がそれ。

「ゆめぴりか」は11年度から道外で本格販売を始め、首都圏や大阪に生産農家が乗り込んで「新米発表会」を繰り広げた。テレビCMやマス媒体への広告出稿計画などの販促活動は協議会を通じて行い、効率的なブランド浸透作戦を展開した。

全国の業務用需要はすでに道産米が6割を握った。「業務用は今後も生命線として押さえ、その上で家庭用需要のシェア取りに向かう」。道農政部の秋元勝彦主幹は、業務・家庭の双方を狙う2正面作戦を強調していた。

東北編

リンゴ輸出、巻き返し狙う
次の飛躍を目指して体制を整備

（青森県）

不況に円高、東日本大震災の逆風を受けてしぼんだ日本の農産物輸出が、回復基調を描いてきた。輸出の9割以上を担う青森県のリンゴ産地では、2011年産のリンゴ輸出が急速に落ち込み、先行きも楽観できない状況だった。産地の嘆きは深かったが、巻き返しの決意を固め、地に足の着いた対策と将来への体制整備に力を注いだことがやっと功を奏しつつある。

不況に円高、震災の3重苦
柱の台湾市場で苦渋舐める

青森県の08年産リンゴ輸出は滑り出しこそ順調だったが、米国発の金融危機を境に円高が進行すると、情勢は一変。輸出の9割以上を占める台湾向けは、円高の影響をもろに受けて09年1月が47％減、2月は52％減と惨憺たる状況に陥った。

台湾のリンゴ需要が減ったわけではない。為替の変動で日本産の割高感が目立ち、価格面で有利になった米国産と韓国産が日本産に取って替わって伸長したのだ。「味と品質で日本産は市場の支持を得ている。円高が解消すれば輸出量も戻る」と青森県りんご輸出協会は話すが、円高基調はその後も進み、厳しい環境が継続した。

台湾への輸出は12月と1月の動向が通年の輸出量を大きく左右する。青森の主力品種「サンふじ」の出荷がこの時期に本格化すると同時に、台湾では旧正月前の需要期と重なるためだ。

取材に応じた青森県総合販売戦略課の海外販路開拓グループマネジャーの西村達弘氏は、「08年9月～09年7月のわが国全体の輸出は量が2万2068トン。額は59億800万円で、前年同期に比べいずれも大幅に減少した」と語る。わが国全体の9割を担う青森県の輸出も当然、大幅な

輸出に力を入れるリンゴ産地。最近、輸出量が震災前の水準に戻ってきた。

落ち込みである。

同課は年度初め、08年産のリンゴ輸出目標を前年比1千トン増の2万6千トンに設定、県農林水産物輸出協議会の会合で「目標達成」を確認し合った。だが、フタを開けてみれば、「100年に一度という経済危機と円高のダブルパンチを受けて、目標は手の届かない数値」（流通関係者）となってしまった。

1兆円規模の輸出が政府目標
活躍目立つ片山りんご

農産物の輸出を強化する取り組みは04年から政府主導で始まった。07年にはこの取り組みを加速させ、農林水産物等輸出促進全国協議会で13年までに1兆円規模の輸出を実現するとの新目標を打ち出した。輸出金額の伸びは05年12％、06年13％、07年16％と大きく、07年は実数で4337億円に達した。3年間で1・5倍近くに跳ね上がったことになる。

リンゴは農産物の中で最大の輸出品目で、輸出拡大に大きく貢献している。「リンゴの輸出量は05年産が74％増、06年産が23％増、07年産が8％増。大変な伸びだ」。総合販売戦略課の西村マネジャーはこう述べ、県の輸出額は

「07年産で79億円ですよ」と過去の経緯を説明した。

だが、07年をピークに低下傾向を示し、10年産は1万8千㌧（57億円）に下落。11年産になると、福島県の原発事故が追い打ちをかけ、1万㌧を割る惨憺たる状況に陥った。局面を打開しようと、県は輸出増強を叫び続け、そうした声に応えて産地は次第に巻き返しの決意を固めていった。

ところで、青森県のリンゴ輸出は、大きく分けて①商系業者（ヤマタミ太田りんご移出など）②農協系統（ＪＡつがる弘前など）③その他事業者（認定農業法人の片山りんごなど）の3者が担ってきた。県りんご輸出協会などの話を総合すると、取り扱いシェアは農協系統が約5割と最も大きく、商系業者が約4割、その他事業者が約1割という。

取り扱いシェアはまだ小さいが、最近は片山りんご（片山寿伸社長）が販路開拓面で活発な動きを見せる。ふじなど08年産リンゴ約20㌧をＵＡＥ（アラブ首長国連邦）向けに輸出、中東市場を開拓したほか、南太平洋のタヒチにも王林など約10㌧輸出するなどが1例だ。

欧州では農産物の安全確保の認証制度であるＧＡＰ（適正農業規範）がないと、取引をしてもらえない。片山りんごは04年にＧＡＰを取得、これを武器に英国やスイスなど欧州市場を積極的に開拓している。「国内が高いから今年は国内輸出は来年、といった構えではダメ。輸出は継続が力だ」――片山社長の持論だが、こうした姿勢が輸出拡大の成果につながっている。

新市場開拓へ知事がセールス
3万㌧の輸出が当面の目標

青森産リンゴの県外出荷量は約30万トンで、その8・3％を輸出が占めている。「国内市場の需給の調整弁、市況の安定維持の役割」（りんご果樹課）を輸出が果たしているわけだ。

このほかにも、①海外での高評価が国内のブランド力を高める②輸出の取り組みが鮮度確保、物流面での技術革新につながる③産地への刺激が大きい――など、輸出の効用は無視できない。だから、景気や為替の変動に関係なく「輸出促進の取り組みに真剣にならざるを得ない」と県リンゴ果樹課のスタッフは強調する。

青森県はここ数年、中長期にわたる輸出促進を視野に置いた体制整備と取り組んできた。新市場の開拓を加速すると同時に、国際的な安全認証制度の普及を図るなどが中心柱だ。

新市場の開拓は中国、ロシア、中近東に照準を置き、視察団の派遣、国際見本市への出展、テスト輸出などを実施する。例えば、三村申吾知事を団長とする訪中団を北京、上海、成都の3都市に派遣するなどして、トップセールスを行う施策などが好例だ。

国際認証制度については、GAP取得の指導・助言、基準に合致した施設の整備や品質管理の実践などを実施している。検疫など、相手国の制度にかかわる問題は政府に協力を求める構えだ。こうした地道な取り組みで、12年産が1万4187㌧、13年産が1万9556㌧と、東日本大震災前の水準に回復してきた。

今後は、青森県の目指す「年3万㌧のリンゴ輸出」体制の実現に向け、行政と産地がスクラムを組んで販促活動を加速する方針だ。

台湾市場の調査のため、台北市を訪れた青森県のリンゴ輸出業者。

全国で盛り上がる女性起業 地域社会に新しい波起こす

（青森県弘前市、静岡県菊川市など）

ハウスで花卉類を周年栽培 グリーンツーリズムにも力

女性ならではのアイデアとパワーを生かし夢を実現したい――農漁村地域の女性が新事業を立ち上げる「女性起業」が、全国各地で盛んになってきた。直売所での農産物の販売、食品加工品の開発、観光農園やレストランの経営、高齢者の介護など、手がける事業は実に多彩だ。脇役に甘んじてきた女性たちが立ち上がり、生産者と消費者の懸け橋になって地域社会に新しい波を起こしている。

青森県のJR弘前駅から県道3号線を車で西へ20分、どこまでもリンゴ畑が広がるその一角で150種類もの花を栽培するのが、㈲フラワーガーデン・ミミの小山内美喜子社長だ。1992年秋の創業から23年、今では家族を含めて12人のスタッフを動員して花卉を周年栽培し、東北や首都圏に手広く販売する女性ベンチャーである。

3棟のハウスで花の苗や鉢ものを育て、90アールの露地で切り花を栽培する。ハウスは石油を焚いて温度調整するので、雪に閉ざされた長い冬でも新鮮な花卉類を供給できる。現在は直売所やスーパー、直営店など8カ所で新鮮な切り花を小売しているほか、鉢物や結婚式のブーケ、仏事のスタンド、フラワーアレンジメントなどにも手を広げている。

「花のことなら何でもやる。注文があれば全国どこへでも応じる」。それが流儀と、小山内社長は元気がいい。

もとはリンゴ農家だった。91年の台風被害で収穫期のリンゴがほとんど落下、収入基盤を根底から崩されたのが転機となった。いろいろ悩んだ末に、「年1作のリンゴではリスクが大きい。年に何回も収穫できる花をやろう」と、1人で花卉栽培を立ち上げたのが、起業の発端だ。

知識も経験もないところから走ったので、栽培技術や販

リンゴ栽培から生花の栽培に転進したフラワーガーデン・ミミの小山内社長。

売方法の習得、資金調達を巡って数年は試行錯誤の連続だった。04年の法人設立の頃から経営基盤がようやくかたまり、経営に自信が出てきた。

最近はフラワーアレンジメントの講習会、寄せ植え体験の受け入れ、グリーンツーリズムに力を入れている。近隣のリンゴ農家や旅館と連携し、中高校生のホームステイや観光客の農業体験を受け入れているのだ。地域の観光振興に少しでも役立つならばと、小山内社長は地域連携事業に積極姿勢を見せている。

観光農園に年4万人の顧客
ゼロから立ち上げ年7千万円

茶畑があちこちに点在する静岡県菊川市の丘陵地帯で観光農園「ブルーベリーオガサ」を経営しているのが、㈱ブルーベリーオガサの西下はつ代社長だ。ゼロから農業を始めて26年、今では年間7千万円以上を売り上げる東海地方有数の女性起業家となった。

西下社長は同市内で6カ所、合計5・5ヘクタールの農地でブルーベリーを栽培し、摘み取りや食品加工、苗木販売などを手掛ける。その中心が川上大田ノ谷の観光農園である。

農園で栽培する品種は早生、中生、晩生の10種類で、夏場のシーズンには摘み取り目的で3万5千人以上の入園者を集める。オフシーズンを含めた観光客は4万人を上回る。市全体の観光客のほぼ2割を集客する観光名所の1つになった。

「ブルーベリーオガサ」の事業の柱は観光農園、加工食品の卸販売、ブルーベリーの苗木販売の3つ。

ジャムやジュース、パスタ、葉の茶などブルーベリー関連の加工食品は、専門店やホテル、道の駅に卸しているが、いずれも西下社長が次女の真理子専務らと女性の視点を生かして開発したものばかり。4千人近い固定客がつき、売り上げの50％を占める。60種類に及ぶ苗木販売も売り上げの2割を占めるまでに育ってきた。

西下社長は夫の鉄工所を手伝う家庭の主婦だったが、鉄工所が不振に陥った88年、一念発起して農業の世界に飛び込んだ。農地もない、資金もない、栽培技術もないゼロの状態から出発し、地域では当たり前の茶畑経営とは全く別のブルーベリーに挑戦した時、周囲から変人扱いされたという。

創業からしばらく、技術の習得や販路の開拓、資金調達に泥まみれになった点はフラワーガーデン・ミミの小山内社長と事情が重なる。

「周囲と同じ品目では成功しない。農産物を収穫するだけでなく、生産・販売・加工に観光農業と多面的に展開しないとダメ」。ブルーベリーへの挑戦は間違いではなかったと、西下社長は口にする。

女性起業数、全国で９７１９件 共同起業は減ってきた

農漁業地域のヨメの仕事と言えば、農水産作業の手伝いに家事育児、老人介護といったところで、いわば補佐役、脇役のイメージが強い。そうした女性らが最近、立ち上がり、独自の感性とパワーを発揮して地域を盛り上げるケースが目立ってきた。

農水省は農林漁業関連の起業実態を97年から調査しているが、12年度の全国の起業件数が累計で９７１９件に達した。

年間売上高が３００万円以下の事業が多いが、廃業と起業を繰り返しつつ女性の起業の波は広がり、各地で女性の起業家魂が燃え盛る。内訳は、小山内社長や西下社長のように単独で起業するものが４８０８件、複数の女性が共同で興すものが４９１１件。２年前の調査に比べると、個人企業が７％増え、共同起業は逆に７％ほど減少した。

共同起業の1例が茨城県潮来市の「水郷潮来のかあちゃん手むすび」。地域の主婦14人がつくった組織で、道の駅「いたこ」に店を構え、年間120万人も訪れる観光客を相手に地域の特別栽培米を使った手づくりのおにぎりを販売している。

週末の多い時で1日1500個も販売する。「100個単位で弁当も売るので、年商は3千万円を超す。もちろん黒字です」。高田秀子会長は事業を通じて、米どころ潮来のイメージをもっと向上させると、仲間とともに張り切っている。

生活者の目線を持つ農村女性の起業が増えれば、生産者と消費者を結ぶ営みが強まり、地域を揺り動かす原動力となる。

ブルーベリーの観光農園を経営。東海地方で知名度が高まる「ブルーベリーオガサ」の西下社長。

地鶏飼育に挑む建設会社
販路の確立が成功のカギ

（青森県大鰐町、長野県飯綱町）

公共事業の大幅削減で経営を揺さぶられる地方の建設会社が、生き残りをかけて異業種の農業分野に相次いで参入し始めてからざっと10年。大半の企業がまだ赤字経営にとどまっている中で、新事業を何とか軌道に乗せたいと頑張る建設会社も少なくない。青森特産地鶏を飼育する片山組（青森県大鰐町）、長野県開発の地鶏を手掛ける山浦組（長野県飯綱町）などが一例だ。成果をもたらす要因は独自の商品作りと販路開拓へのたゆまぬ努力にあると考え、引き続き事業化への熱意を燃やしている。

「青森シャモロック」を飼育
出荷量は年1万羽レベル

緑豊かな里山が控える大鰐町の郊外。澄んだ空気と水に恵まれた環境の中で、「青森シャモロック」と呼ぶ地鶏が飼育されていた。横斑シャモと横斑プリマスロックをもとに県畜産研究所が90年に開発した地鶏で、経営するのは片山組の子会社「大鰐振興」（宮腰浩一社長）だ。

養鶏場の入り口は部外者の立ち入りを防ぐため門扉で閉ざされ、消毒した長靴と作業着を着用しないと入れない。宮腰社長と一緒に中に入ると、１万９千平方㍍の敷地に面積１００平方㍍の鶏舎15棟と雛の育成棟1棟が並んでいた。県の無利子資金を借りて隣接地に食鳥処理施設も作ったので、「飼育から生肉の処理加工、出荷までの一貫体制を確立している」と宮腰社長は説明する。

研究や準備に1年半かけ、本格飼育を開始したのが05年6月。県畜産研究所などから雛を仕入れ、オスは１００日間、メスは１３０日間飼育し、生肉に処理加工して出荷している。現在の年間出荷量は1万羽を切るレベル。「売上高は08年度が4千万円、09年度が４２００万円」。それ以降最近まで、売り上げがなかなか伸びないと、宮腰社長は

青森県の研究所が開発したブランド地鶏「青森シャモロック」は、平飼いが特徴だ。

厳しい表情だ。

良い商品をつくろうと飼育法に工夫を重ねてきた。飼料はカロリーを抑えたものが中心で、抗菌剤などの添加物は使わない。出荷2週間前にガーリック粉末を飼料に加えるのが特色だ。飼育密度は1平方メートル当たり4羽と、特定JAS基準（1平方メートル当たり10羽）の2倍以上という広いスペース。全てが平飼い（鶏舎内での放し飼い）である。

青森シャモロックはシャモの血を引いているので、闘争心が強く弱肉強食。「ケンカをしたり、羽毛の抜けた鶏が出たり、ストレスがたまったりと、問題続出だった。研究と工夫で試行錯誤を切り抜けた」と宮腰社長。

付加価値の高さに着目
課題は2万羽売り切る販売力

土木中心に建設業を営む片山組が異業種に出たのは、公共事業の削減で先行き危機感を抱いたためだった。

青森県の建設投資額は05年度当時で6263億円と10年前に比べ46%も減ってしまった。同社の完工高も減る一方で、将来性にも疑義が出てきた。そこで、「体力のあるうちに経営を多角化したい」と、新分野に挑むことにしたわけだ。

当初は産業廃棄物への進出も検討したが、競争が激しすぎるとして断念し結局、農業へ進出した。中でもシャモロック事業を選んだ理由にはわけがある。

一つは付加価値が高いこと。1羽250円で仕入れ、出荷価格が同3500円以上になる。二つ目は一つの鶏舎で年3回転でき、資金回転率が高いことだ。「県がブランド地鶏に育てようとしているので、地域の応援が受けられるのも理由の一つ」と宮腰社長は話す。

現に県総合販売戦略課や県物産協会、各地の商工会などから販売支援を受けてきた。新事業だけに販路の開拓は非常に重要で、利用できるものは何でも活用する構えで取り組んでいる。

県や各種経済団体の催すイベント、首都圏の百貨店の催事などに積極的に参加するし、県内外の鶏肉卸売店、レストラン、居酒屋などにサンプルを送ったり、訪問販売したりしている。

今では本社敷地内に設けた直販所で一般向けに直売するほか、120社ほどの取引先を確保、生肉と加工品を地元と首都圏の2本立てで販売している。

事業は年1・8万羽の出荷で採算に乗る。出荷規模を年2万羽にするのが大鰐振興の目標だが、消費者になじみが薄いのが青森シャモロックの弱みだ。「2万羽を売り切る販売力を身につけたい、青森からブランド地鶏を売り込みたいと必死に思うが、採算点の到達もままならない」と、宮腰社長は唇を噛む。

長野県開発の地鶏を飼育
販路開拓に人一倍熱意

飯綱山、黒姫山など北信五岳を望む標高700メートルの山麓で地鶏を飼育するのが信濃農園（山浦忠司社長）だ。地場建設業の山浦組が03年9月、養鶏業を営むため設立した子会社である。

比内地鶏の養鶏研修を2カ月受けた兄の一幸氏がさらに1年間、準備を重ねて本格飼育を開始、現在は弟の忠司氏が経営を引き継いでいる。飼っているのは、シャモとホワイトプリマスロックを交配して県が97年に開発した「しなの鶏」（信濃農園のブランド名は「信濃地鶏」）と、シャモと名古屋コーチンをもとに県が01年に新規開発した「信州黄金シャモ」の2種類。

12年目に入った今の常時飼育数は「信濃地鶏」が1800羽、黄金シャモが800羽の計2600羽。1平方メートル当たり2羽以下の平飼いをする「信濃地鶏」は120日、黄金シャモは140日それぞれ飼育した後、自社施設で解体処理をし、出荷する。

「年間出荷量は信濃地鶏が6千羽、黄金シャモが2500羽ほどで、ここ数年横ばい」。これでも当初計画の6割ほどの水準と、山浦社長は話す。長野県下でブランド地鶏を飼育する農家は信濃農園を含め、16軒ほどあるが、どこも販売に頭を悩ましている。

山浦社長はストレスを起こさない飼育環境、品質を高める飼料管理、生産効率を考えた経営手法など、飼育方法に目を配るかたわら、販路開拓に人一倍熱意を示す。

県内や東京のホテル、レストラン、調理師会などを回ってこまめに売り込むことが多い。最近は首都圏の食品イベントに参加し、「そこで集めた名刺を頼りに効率よく販路を開拓している」という。取引先は食肉店や卸売りなど20社ほどで、200店近い飲食店に商品を出している。

経営の重点はやっぱり販路の確立——これが大鰐振興、信濃農園に共通する特徴だった。事業はまさに正念場を迎えている。

標高700㍍の山麓で「しなの鶏」を飼育する山浦社長。

屋台村で中心街に賑わい 起業家生む孵化器の役割も

（青森県八戸市、みろく横丁）

青森県南東部の工業都市・八戸市に13年前、登場した屋台村「みろく横丁」が、地域を奮い立たす「元気の源」として大きな地歩を築いている。最大の貢献は、特色ある街づくりで年間35万人も集客する賑わいどころを創出したことと、若手起業家を生み出す孵化器の役割を果たしている点だ。八戸に追随して屋台村を活用する動きが各地に広がるなど、全国にさまざまなインパクトを与えている。

滑り出しから盛り上がる
来客数35万人、半数が観光客

「生のキンキを使ったすいとん、うまいね」、「このおでんもいけるよ」——郷土料理が味わえるみろく横丁の奥まった屋台で、別々に来た5人の観光客が弾んだ声を交わしていた。

午後4時に開店する屋台村は2時間もすると人の出入りが目立ち始め、午後9時－11時に最初のピークを迎え、午前2時半－3時に2回目のピークがある。「店はどこも10平方メートルと狭いが、1日100人以上の客でごった返す店が多い」とは、三代目の村長役を務める大久保敏幸さんの説明だ。

人口24万人の八戸市は、横丁の目立つ街である。ロー丁れんさ街、長横町れんさ街、ハーモニカ横町など、7つの横丁が息づいている。そこへ仲間入りしたのがみろく横丁だ。寂れる一方の中心街に賑わいを取り戻そうと、若手経営者でつくる有限会社「北のグルメ都市」（社長中居雅博氏）が02年11月に立ち上げた飲食街である。

中心街の三日町通りと六日町通りを結ぶ760平方メートルの敷地に立つ屋台は全部で25店。みろく横丁とは、三日町側の14店で構成する「おんで市」と六日町側の11店でつくる「やぁんせ市」とを括った総称だ。

年間35万人の人出で賑わう屋台村。客同士で会話を楽しむ。

そのみろく横丁、滑り出しから関係者の予想を上回る勢いで盛り上がった。来客数は1年目が32万人、2年目が34万人といずれも目標を大きく上回り、それ以降も右肩上がりで推移している。売上高は25店合計で1年目が4億4千万円、2年目が4億7千万円を記録、やはり年々売り上げを伸ばしている。

8年目の10年は35万人が来客した。「月商２００万円の店はざら。５５０万円も稼ぐ店がある」。中居社長はこう語り、勢いが一向に衰えないときっぱり。夏場だと、来店客の半数を観光客が占めるというから、八戸市への観光客誘致に屋台村が大きく貢献していることを示す。

「エコ」優先の街づくり
「地産地消」で地域産業支援

みろく横丁が市民や観光客など、広い層から強く支持されるのになぜだろうか。その点について関係者の話を総合すると、3つの要因が浮かび上がる。

1つは店づくり、街づくりに強い個性を主張している点だ。まず街づくりだが、屋台村全体がエコ優先で造られている。通路は廃タイヤや合成樹脂を再利用した舗装材で整備し、段差のないバリアフリーにしている。屋台の建物も建築廃材や合成樹脂を有効利用して建てている。

生ゴミは村内の処理機で堆肥にし、割り箸や古紙は回収して再生紙にするといった具合で、どこまでも環境対応型の街づくりにこだわっている。

村の中で活動する個々の店は、客同士、客と店主の触れ合いが運営の基本となる。エアコンやＴＶの設置、カラオケは厳禁で、昭和30年代風の趣のある店内で会話と交流が進む。

２つ目の要因は地域食材の活用を重視した「地産地消」戦略だ。顧客に提供する料理は地域の食材でという考えにこだわり、09年から向こう3年間の場合、地元食材の調達比率90％を目標に掲げていた。この実現のため、月１回開くテナント会にも調達比率の実績を報告し、数字を屋台村に張り出す徹底ぶりだ。

「地域とは青森県南部と岩手県北部のこと。地域活性化を目的に屋台村をつくったのだから、この地域の農業を支援するのは当たり前」。こうした政策が農家にも知れ渡り、食材調達面で農家の支持を得やすくなったと中居社長は打ち明ける。

屋台村で3年経験して卒業全国に広がる屋台村

３つ目は、屋台村が若手起業家を育て支援する孵化器の役割を果たしていることだ。

みろく横丁は3年間を一区切りに店主を入れ替えている。屋台村の活力を維持しマンネリを防ぐ意味で採っている政策で、06年の入れ替え時には85人が応募して7店が入れ替わった。09年の場合は60人ほどが応募、８人の店主が替わった。

新しい店主を選定する際、重視する点が起業家志向の強い素人の人材だ。「みろく横丁は、自分の店を持ちたい人の起業を支援する場。３年間で顧客を獲得し、運営ノウハウを習得し、顧客のニーズを掴み資金を貯める」、「3年で屋台を卒業し、市内の空き店舗に移って独立、商売を大きくして欲しい」――これが「北のグルメ都市」の考え方である。

中居社長の話だと、すでに30人以上が卒業し、20数人が県内で店を持って独立している。「中には2号店、３号店を持つ起業家も出てきた」そうだ。孵化器の役割を十分、果たしている。

地域に新たな活力と刺激をもたらしたみろく横丁の活動

は、メディアや口コミを通じて知れ渡り、他の地域にもさまざまな影響を及ぼしている。特に興味深いのは、八戸のような屋台村の取り組みを「輸入」する動きが全国に広がったことだ。

主なものを拾っただけでも弘前市のかだれ横丁、山形市のほっとなる横丁、福島市のこらんしょ横丁、秋田市のたばこ座横丁など20カ所にのぼる。このうちの有志が全国屋台村連絡協議会を結成、屋台村の全国普及に力を入れている。

その中心に位置するみろく横丁は13年4月、4回目のリニューアルオープンを果たし、入れ替わった26店が新たな船出をした。挨拶に立った中居社長は「この10年の来客数は310万人、全店の累計売上高は60億円を超す」と話し、「我々は共に協力し、さらに進化しよう」と全店主にハッパをかけた。

「屋台村は地域の資源を使い地域の魅力を活かせる事業だ。中心街の活性化に必ず役立つ」。中居社長はみろく横丁の取り組みに磨きをかけ、事業をさらに飛躍させたいと意欲を見せる。

「屋台村は若者の創業を手助けするインキュベイターの役割を果している」と力説する中居社長。

雑穀の増産で地域振興
市と農協が産地形成の旗振り

（岩手県花巻市）

岩手県のほぼ中央に位置する人口９万９千人強の花巻市。「雑穀の里」として、同市の存在感がにわかに高まってきた。雑穀を本格栽培して十数年になるが、農家の栽培意欲は極めて高く作付面積で今や、全国一の雑穀産地にのし上がった。地域の合言葉は雑穀の「総合産地化」——市と農協（ＪＡいわて花巻）が増産の旗を振り、雑穀による地域振興を目指している。

管内の石鳥谷に雑穀団地
作付面積が4年で2・3倍

花巻市は北上川が市の中央を流れ、肥沃な北上平野が広がる穀倉地帯である。水田で水稲、畑で野菜や葉タバコが栽培されてきたが、近年は水田の減反調整地や葉タバコの遊休地を中心に雑穀栽培が盛んになってきた。

その象徴が同市石鳥谷町八重畑地区の「イーハトーブ雑穀村」だ。ひえやハトムギ、イナキビなどの雑穀ばかりを集中して栽培する、いわゆる雑穀団地である。雑穀村の作付面積はざっと１００㌶に及ぶ。

ここで農作業をしていた農家は「雑穀は土作りがもっとも大切。やせ地だと粒が小さく、肥えた土地では大きくなるのでね」と話す。続けて、「手をかければかけるほど収量と品質が上がるので、仕事をおろそかにできない」と付け加えた。

たまたま訪れた6月はイナキビが１・５㍍ほど、ハトムギが１・２㍍ほどに育ち、緑のじゅうたんを敷き詰めたように畑全体に雑穀が広がっていた。10月下旬ともなると草丈は２㍍近くになり、育った穀物が大型のコンバインで収穫される。

花巻市では18年前から、中山間地で雑穀の栽培が行われていたが、本格的に始まったのは03年という。市とＪＡい

減反対策として、雑穀の作付け面積が急速に増えている。

わて花巻が協力して「花巻地方水田農業ビジョン」を策定し、転作作物として雑穀の栽培を農家に奨励したためだ。

農協によると、主要6穀（あわ、ひえ、イナキビ、ハトムギ、アマランサス、タカキビ）で見た同市の雑穀作付面積は03年が１３５ヘクタール、04年が２２３ヘクタール、05年が２５０ヘクタールとどんどん増え、07年は３１４ヘクタールと4年間で２・３倍に拡大した。

11年の作付面積は３３３ヘクタールまで拡大したが、12年は２５６ヘクタールに落ち込むなど、年により変動する。変動はするが、「雑穀の作付面積が全国１」の地位はどの年も維持している。

六穀に古代米や大豆、そばなどを加えた11品目で見ると、「管内の作付面積は７５０ヘクタールレベル。もちろん全国１です」と農協幹部は胸を張る。

商品開発、販路確保に心血

雑穀販売高が急拡大

花巻市が国内最大の雑穀産地にのし上がった理由として、３つの強みを指摘できる。

第1は、大区画圃場を活用した機械化栽培の積極的な導入だ。①稲作用の既存機械を有効活用して雑穀生産の省力化に役立てる②そのために雑穀栽培に合う部品を開発して稲作用の機械に取り付ける――方針を打ち出し、その実現に向け関係者が一丸となって努力してきた。

ご多分にもれず花巻でも農作業の担い手は中高年に中心が移っている。機械化栽培を導入したおかげで、中高年でも農作業に勤しむことが容易になった。

第2は雑穀専用の乾燥調整施設の整備に農協が積極姿勢を示したこと。JAいわて花巻では管内で生産される雑穀を買い上げている。それをJA内で乾燥調整し金属探知機やエックス線装置で検査した上で、安全安心商品に仕上げている。このシステムを円滑に動かすためにも乾燥調整施設の整備が重要だ。

いわて花巻は今までに大迫、石鳥谷、東和の3カ所に乾燥調整施設を調えてきた。しかし、最近の雑穀需要の増大に応じるためには新規施設の増強がさらに必要と見て、新しい乾燥調整施設を大迫ライスセンター内につくった。「今後も雑穀増産に合わせて体制を整備していく」と農協幹部は説明する。

第3の強みは商品開発と販路確保に心血を注いだことだ。

この分野で中心になって活動しているのがJAいわて花巻の子会社「プロ農夢花巻」（社長藤原徹氏）である。同社は市場開拓を兼ねて新規商品の開発に強い関心を見せ、これまでに六穀や十穀ミックス、ひえの冷麺、十穀粥、十穀雑炊などさまざまなアイデア商品を開発、市場に投入してきた。

販路の拡大にも力を入れ、現在では都市部の生協や百貨店、自然食品専門店などを中心に120社の取引先を確保した。

こうした努力が実を結び、プロ農夢花巻の雑穀販売高は急拡大している。同社の小原広和業務部長は「本格的に雑穀販売を手掛けた04年度の売り上げは1億4千万円。その後年々拡大し、3年目の07年度が4億7千万円になった」と説明する。「近い将来の経営目標として、年商10億円を目指したい」と関係者は意気込んでいる。

激しさ増す産地間競争
迫られるブランド商品の開発

雑穀は今、健康食ブームに乗って市場が拡大し、フォローの風が吹いている。米に雑穀を混ぜた六穀米や十穀米が百貨店やスーパーの棚に並ぶのは当たり前、雑穀メニューを売り物にしたレストランまであちこちに出現する時代だ。雑穀料理レシピが雑誌やテレビで大きく紹介され

「プロ農夢花巻」は販路拡大に大きな役割を果たしている。

るほどのモテモテぶりである。

こうした風潮を見て北海道や東北各県が雑穀生産に乗り出してきた。産地間競争がこれから厳しさを加えるのは必至。これに打ち勝つため、花巻市では独自の組織「雑穀振興対策室」を設置、農協と連動して雑穀の増産に拍車をかけ、「雑穀の総合産地化」と「雑穀王国づくり」を目指そうとしている。もっとも花巻にとって当面の課題は少なくない。生産面では機械化栽培の一層の拡大策、雑草・害虫対策の研究強化、地域に合った雑穀作物の探索などが必要となる。販売面では雑穀のブランド商品づくりが一段と重要度を増す。

その関連で最近、話題になっているのが、雑穀の増販に力を入れ出した花巻商工会議所の動きだ。同商議所は委員会を作ってヒエを使った料理メニューの開発に乗り出し、国民食といわれるカレーに注目して「花巻ひえカレール」を開発した。これを受けて、花巻市も「花巻・雑穀&ひえカレー・キャンペーン」を展開中だ。

プロ農夢などの開発したアイデア商品は確かに市場に受け入れられているが、幅広い層から注目される大型ブランド商品はまだ未開発。商議所の活動がブランド作戦に効果を上げることを地域も期待している。

女性パワーで地域を盛り上げる東北最大級の農産物直売所

（岩手県花巻市、母ちゃんハウス　だぁすこ）

「年間の来客数は44万人超で、年商額9億5千万円超」。東北地方で売り上げ規模1、2を争う農産物直売所に成長したのが、岩手県花巻市の「母ちゃんハウス　だぁすこ」だ。消費者の求める野菜作り、消費者を喜ばす品揃えと商品陳列、地元産の食材を使った加工食品の開発――活動のさまざまな舞台で、農家の女性たちが活躍する。地域を元気にする女性パワーの凄さをまざまざと見せつける。

土日の来客数は平均１９００人
消費者の好む商品を調べて生産

ＪＲ東北本線の花巻駅から車で約10分、市郊外の野田地区に本拠を構えるのがＪＡいわて花巻だ。敷地面積４万５０００平方メートルの中に本店の事務所があるほか、営農拠点センター、グリーンセンター、農機センター、旅行センター、大型給油所などの施設が集まっており、「母ちゃんハウス　だぁすこ」もこの一角に常設店舗を持つ。

午前9時、開店とともに、近隣の住民が待ちかねたように直売所の中に吸い込まれて行く。店の前にある５００台収容の駐車場は、入れ替わり立ち替わり車が行き来し、顧客の移動がなんとも激しい。産直課長の吉田真澄さんよると、来客数は「平均して平日で平均１２００人、土日なら１９００人」で、夏場ならこれに観光客も加わる。

施設面積は１０６８平方メートルで、店舗の売り場面積が５５８平方メートル。店舗には春ならアスパラ、キャベツ、レタス、大根、夏ならきゅうり、トマト、枝豆、西瓜、秋なら白菜、じゃがいも、りんご、ぶどうといった具合に、旬の野菜や果物が四季に応じて陳列棚に整然と並ぶ。いずれもアンケートで調べ、消費者の好みに合わせて作った生産者自慢の品物だ。

店に入ればすぐに生鮮野菜の陳列棚に飛んで行く人、漬

「母ちゃんハウス　だぁすこ」は新鮮で安心・安全な農産品が売り物だ。年44万人超の来店客がある。

物を手に取る人、加工品を品定めする人、食材の料理方法を尋ねる人など、あちこちでさまざまな光景に出くわす。

野菜棚の前で会った専業主婦の及川悦子さんは、「生活に必要な材料はここで間に合うので、買い物はここに決めている」と話す。切花コーナーで品物を選んでいた60代の女性は、「お風呂に見栄えよく浮く花がないかと……。贅沢な体験ができるのがいい」と直売所の楽しさを強調する。

女性の要望で直売所を開設
売上高、5年間で82%増

花巻は耕地面積の約9割が水田という単作地帯。冬場の作物は非常に少なく、ＪＡの組合員農家1万９０００人のほとんども、米作で生計を立てている。その米作も生産調整が進展し、農家の高齢化なども加わって環境は厳しさを増すばかりで、先行きは楽観できなくなった。何とかしなければという雰囲気の中で、米の転作と自給を兼ねた野菜作りが主に農家女性の間ではやりだした。

数年もすると、野菜の自給運動は大きく広がり、余剰野菜が出るようになる。「余った野菜を捨てていては、もったいない」「それではテントで無人販売しようよ」――こうした意見がJA女性部で強まり、それが無人青空テント市に発展する。1992年ごろのことだ。

数年後、テント市が定着すると、今度は常設の販売施設を求める声が高まった。「新鮮でおいしいもの、安全で安心できる商品を恒常的に消費者に届けたい」――こんな願いを背景に、JA女性部がJA幹部へ直売所の開設を働きかけたのだ。

「母ちゃんハウス　だぁすこ」が呱々の声をあげたのは1997年6月。当初の売り場は今の半分ほどだったが、01年3月に増改築して売り場を広げるとともに、経営基盤が拡大。00年度に3億9千万円だった売り上げが02年度には6億円を突破し、05年度は7億1千万円と5年間で82％も増加した。今では年商9億5700万円を優に超す。売上高は福島県須賀川市の直売所「はたけんぼ」とトップを競う存在だ。

直売所の運営はJAいわて花巻の産直課に属す26人の店舗スタッフが当たっている。スタッフのほとんどは女性だ。

営業は年中無休で、開店時間は朝9時－夕方6時の9時間。販売商品はJAから仕入れる生乳や米、酒などもあるが、主力は何といっても地域の農家が生産する野菜、果物、園芸品。年間を通じて顧客に提供できるよう品目や栽培方法を研究し、ポジティブリストなど安全対策も月1回の勉強会で身に付ける。

とにかく新鮮でおいしい商品を、というのが直売所の鉄則なので、朝取った商品を生産者が開店前に持ち込んで指定の場所に陳列する。その役割を担うのは直売所に登録した304人の生産農家で、半数以上が女性だ。女性は生活者の視点でものを見るので、「新鮮で、安心・安全が大切だということをよく心得ている。だから、売れ残り品もその日のうちに引き取ってくれる」と吉田課長は述べる。

地域のふれあいの拠点に
障害者雇い、地域に貢献

新鮮野菜の提供を売り物に成長してきた「母ちゃんハウス　だぁすこ」だが、今ではそれ以外にいろいろな機能も持つようになった。JAいわて花巻の幹部によると、地元の食材を活かした料理を提供するレストラン（はんぐはんぐ亭）、農村の素材を活用したクラフトコーナー、手づくりの惣菜コーナー、文化教室を目指したアグリカルチャー・ショップなども併設しているので、ここを通じて生産者と生産者、生産者と消費者がふれあう機会が増えている。

地域への貢献も、「だぁすこ」の果たしている見逃せない側面だ。その1例が02年に開設したパン工房「ちゃい」。休耕田で米の代わりに小麦を生産する農家が増えてきたが、そうした小麦を使って焼きたてパンを作り、消費者に提供するために開設したのがこの工房。工房は知的障害者を雇っており、障害者の自立支援の場として役立っている。

花巻の女性農家の願いから出発した農産物の販売施設が、さまざまな機能を付加しながら成長・複合化し、農業の情報発信基地、地域交流拠点として大きく羽ばたこうとしている。

「だぁすこ」で最も人気が高いのが、お米の販売コーナーだ。

自然エネルギーで町づくり 風力、太陽光でエネ自給率80％

（岩手県葛巻町）

岩手県の北部、北上山地のほぼ中央に位置する葛巻町。面積の86％を森林が占める同町は酪農と林業が盛んで、山ぶどうを活用したワイン作りにも力を注ぐ「ミルクとワインの里」だ。この町がエネルギーの100％自給を目標に自然エネルギーの町づくりに精力的に取り組んでいる。21世紀は「環境の世紀」といわれるが、それを先取りする葛巻町の挑戦が町民に自信と活力をもたらしている。

始まりは袖山高原の風力発電 Jパワーも追随、12基の発電所

東北新幹線のいわて沼宮内駅から車で東へ約40分。国道281号線からちょっと引っ込んだところにある葛巻町役場に飛び込み、風力発電所の現場を紹介してもらった。起伏にとんだ山並みと草原を通って車で15分、町役場の南東にある袖山高原に3基の風車が回っていた。

標高1100《メートル》、乳牛がのどかに草を食む牧場内にあるこの風力発電所は、第3セクターの「エコ・ワールドくずまき風力発電」が資源エネルギー庁の補助金を使って建設し運営しており、稼動は1999年6月。発電量は年間2000万《キロワット》時で、一般家庭の600世帯分の需要を賄う量に相当する。つくった電気は17年契約で東北電力に売電している。

袖山の風力発電が葛巻町の自然エネルギー事業の始まりである。農林環境エネルギー課によると、きっかけは90年代に表面化した産廃処分場の建設話。反対運動が広がる中で、風でも何でも地元の資源を使ってクリーンな町を目指そうという機運が町民の間に広がり、それが風力発電に繋がっていったという。

4年後にはJパワー系の新会社「グリーンパワーくずまき」が生まれ、上外川高原に新しい風力発電所が作られ

る。発電する出力は1750キロワットで、風車が12基も連なる大規模なもの。03年12月から年間5400キロワット時の電気を作っている。一般家庭の1万6千世帯分の量だ。

風力発電は現在、3セクと民間風力会社の計15基だが、これだけでも同町に大きな波及効果をもたらした。発電所による雇用効果もさることながら、「エコ・ワールドくずまきの売電収入が年2千万円、グリーンパワーの法人税・固定資産税が年4千万円」（鈴木重男町長）もあり、町財政を潤している。

グリーンパワーがつくられた際、7千万円の事業推進協力費を町は受け取った。これを基に自然エネルギーを普及・推進する基金が作られ、町民の環境活動や省エネ活動の支援に活用されている。

太陽光、畜産バイオなど多彩 エネルギー自給100%目指す

風力発電で切り拓かれた同町の自然エネルギー事業はその後、多様な広がりを見せていく。

00年4月に稼動したのが太陽光発電施設。葛巻中学校の校庭の一角に4500万円をかけて建設された。光の当たる場所に太陽電池パネルを設置、電気を起こすのが太陽光

太陽光発電も町のエネルギーの自給を目指す重要なツールだ。

発電の仕組みだが、電気は直流から交流に転換され自家利用のほか、売電されるのが普通だ。葛巻中に作ったパネルは3枚で総面積が962平方メートル、出力は最大で50キロワット。

町西部の高台に、3セクの畜産開発公社が経営するくずまき高原牧場がある。ここに03年に導入したのが畜産バイオマス発電施設。乳牛の糞尿と町内の生ゴミを投入してメタンを発酵させ電力や液肥を生産するシステムで、年間6万2千キロワット時の発電量を生み出し、液肥は牧草飼育に戻される。

同じ高原牧場に05年秋につくったのが木質バイオマス設備だ。森林整備の過程で出てくる間伐材をチップにし、発電するもので、1日3トンのチップで発電する設備(出力は120キロワット)を備えている。現在はチップを製材所から購入し、作った電気はチーズハウスなど牧場内の5施設に送電している。

葛巻町の自然エネルギー拡充計画で興味深いのは、国や民間の技術や資金をうまく活用し、町の負担を極小化している点だ。

葛巻中の太陽光発電ではNEDO(新エネルギー・産業技術総合開発機構)の補助金を50%、畜産バイオマスではNEDOの補助金を全額、活用した。木質バイオマス設備

高原牧場の一角に新設した木質系のバイオマス発電所。

も民間の資金を50％利用して実現した。

グリーンパワーの風力発電もJパワーの力を全面活用したものだし、3セクの「エコ・パワー」への出資金を除けば、町の財政支出は非常に少ないといえる。それでいて、町が享受する恩典は非常に大きい。

数字がやや古いが、町の試算によると、07年の同町の電力消費量は3500万キロワット時で、発電量は5600万キロワット時。この段階で160％の電力自給率を確保したことになる。「エネルギー全体で見た自給率も高く、すでに80％を超す」と鈴木町長は説明する。そして、「これを早急に100％へ持っていくのが、町の目標」と付け加えた。

廃校で新エネルギーの体験
環境保全へ町が新制度

同町が新エネルギーを具体化していくにつれ、環境とか省エネへの関心が町民の間にも急速に広がってきた。葛巻小学校では学年単位で省エネプランを作成したり省エネ集会を開いたりするなど、環境学習が盛んに行われるようになった。

町内の民間介護施設では木質ペレットを燃料にしたボイラーが導入され、お風呂や給湯などに活用されている。町はずれの廃校では、NPO法人が「森と風のがっこう」と名付けた体験施設を立ち上げている。太陽光発電や小風車、バイオマス型トイレなどを校内に設置、ここを訪れる子供たちが遊びの中で新しい生活スタイルを学べるよう、工夫を凝らしているのだ。

このように広がる民間レベルの多様な動きを支援するため、町は「エコ・エネ総合対策事業費補助金」と呼ぶ新制度を打ち出した。住民が太陽光発電や太陽熱利用、バイオマス利用などを導入したりエコ活動を推進したりする際、町が最高50万円まで資金援助するという内容である。この制度は15年度までだが、民間の新エネ機運を鼓舞する効果が大きい。

同町は「新エネルギーの町」を宣言している。町民の環境意識を刺激して町の隅々まで自然エネルギーで武装しようと狙っているわけだ。「環境の世紀」を乗り切る葛巻の事例や経験をこれから世間に強くアピールして行きたいと、関係者は意気込んでいる。

地域産業を支える礎は人づくり
地域ぐるみで手作りの育成塾

（岩手県宮古市）

携帯電話やデジタルカメラ、薄型テレビなどに使われる電子部品、コネクターの一大産地である岩手県宮古市で、趣向を凝らした人づくりが行われている。「モノづくりの出来る人づくり・寺子屋」と呼ぶ研修事業がそれで、世界に立ち向かう人材をいっぱい作るのが目標だ。コネクター産業は技術革新のスピードが速く、グローバルな競争が激しい分野の1つ。これと渡り合う人材の育成が地域産業の活性化にも繋がると考えている。

10回の基礎講座を連続開催
講師は地域の有志から人選

寺子屋はコネクター・金型関連企業で働く社員を対象に2003年11月、市内のビルの1室を借りて始まった。主催するのは産学官の連携組織である「宮古・下閉伊モノづくりネットワーク人材育成専門部会」だ。

第1期は11月に始めて翌年2月までの4カ月間に及び、合計10回の講座を催した。各回とも研修時間は午後4時から7時までで、前半に講義を受け後半にリポートを作成して提出するというスタイル。その後もこうした方法が踏襲されている。

受講料は1万円で、企業から半額の補助があるものの、残りは受講者が負担する。個人負担がありながら、17社から定員を上回る31人が受講した。

次の04年度と05年度は年に2期、06年度はまた1期と頻度は異なるが毎年、寺子屋を開催。それ以降も県の地域振興センターや大学の施設を借りて継続している。寺子屋に対する従業員の関心は強く、毎期三十数人（定員30人）の受講者が集まる。

講師は域内からボランティアに近い形で調達している。訪れた日はたまたま第6期の最終回で、講師は当時の市長

宮古市の寺子屋。世界に通用する人材を地域で育てるのが目標だ。

熊坂義祐氏。15ページに及ぶ資料を受講者に配布し、「市民と行政の関係」をテーマに講演した。

この中で、同市長は海外や他県の産業振興策、同じ県内の北上市、花巻市の産業モデルを例に挙げ、「地域活性化にはヒトが重要。市も人づくりを全面展開するため、産業支援に全力を注ぎたい」と熱弁を振るった。地域の首長から直接、行政方針や産業政策を聞き、受講者も新たな刺激を受けて気を引き締めた様子だった。

「当たり前のことを当たり前に出来る」人材をいっぱい作る

寺子屋には大きな特色がある。第1には自分たちの従業員は自分たちで育てようという強い意志があること、第2にはヒトづくりを自社だけでなく、地域ぐるみでやるという点だ。しっかりした人材を自分たちで育てたいから、地域の実情を把握した講師を自分たちで人選し、研修のカリキュラムも自分たちで決めている。

例えば、第6期のカリキュラムをみると、モノづくりの意義や仕事の進め方、働く組織（会社）と個人の自立、実践品質管理の入門、ITの活用策といったもののほか、身近な法律とか健康、サイバー犯罪の現状というものまで織り込むなど、内容が非常に幅広い。いずれも基本を習得することに最大の狙いが置かれているからだ。

他市と同様、宮古市でも県や経済団体による従業員研修が随時、実施されてきた。しかし、時期が重ったりパターン化された内容だったり、即効性を求めるあまり専門的でレベルの高いものが目立った。「これではダメだ」——それまでの研修の在り方に飽き足らなさを感じる空気が強まる中で、コネクター関連企業「エフビー」を経営する田鎖巌社長が部会で新しい提案を行った。

「当たり前のことを当たり前にできる人材をまず、育てたい」、「企業が必要とする人材は地域全体で育てたい」、「単発の開催ではダメだ。時間をかけ昔の寺子屋のようにじっくり育てたい」——こんな趣旨の田鎖提案が、地域の産官の支持を集め、寺子屋を生み出した。

寺子屋を卒業した塾生は18期（14年度）までで、169事業所（累計）の553人にのぼる。企業に戻ったこれら塾生たちは、それぞれの生産現場でリーダーシップを発揮するようになった。そして、企業の枠を超えた活動も地域内外で繰り広げ出した。

宮古市の産業支援センターや宮古金型研究会などによると、職場で起こった課題を持ち寄って問題解決のための5回の講座（「寺子屋・品質管理編」）を開いたり、モノづくりの考え方を基本から学ぶ10回の「ヤスリがけ」講座を開いたりするなどの活動が卒業生の間から起こっている。

東京の研修組織との交流も活発に行われる。「いろいろな人と出会うことが刺激になる」——寺子屋に長く関わってきた市産業振興部長（当時は産業活性化推進室長）の佐藤日出海氏も、寺子屋を軸に活動の幅を多面的に広げることが重要だと指摘する。

宮古に関連企業30社が集積
世界一の技術レベル確保を

宮古市は太平洋に面した本州東端のまちで、人口5万6千人ほどの地方都市。時間距離で「東京から最も遠い市」といわれるほど交通条件の悪い同市がコネクター・金型関連産業の分野で国内有数の産地になったきっかけは、1974年のヒロセ電機（本社東京）の企業進出だった。

ヒロセは、本体は研究開発と営業に特化し生産は協力企業に外注するという戦略をとっているため、同社の周りにコネクターや金型の設計製作を担う関連企業が相次いで集積したのだ。宮古商工会議所によると、宮古市と近隣町村で操業する関連企業は30社にのぼっており、従業員170

0人、工業出荷額350億円の産業となっている。

コネクターは地味な電子部品だが、情報機器やデジタル家電の発展で需要が広がる一方で、技術競争が極めて激しく、小型軽量化・高機能化・高品質化を巡ってグローバルな戦いが展開されている。近年は東南アジアの台頭が著しく、彼らとの競争に勝つことが課題となってきた。

宮古の企業が国内生産でこのまま生きていくには激しさを増すグローバル競争に対応できるよう、地域の技術向上に向けて執拗に努力し続ける以外にない――これが宮古官民の共通の考えだ。

寺子屋を通じた人材養成もそうした地域の課題に応えようというものだ。「新鋭設備を導入しても、それを使いこなす人がいなければどうにもならない」と指摘する田鎖社長。当たり前のことが出来る人材が地域にいっぱい育てば、「量が質に転化し、やがて日本一あるいは世界一の技術レベルを確保し、維持できる」ときっぱり、言い切った。

講座の受講を終了して、本日は卒業式を挙行した。

ＰＰＰで「賑わう街」づくり
塩漬けの地に集う85万人

（岩手県紫波町、オガール紫波㈱）

岩手県紫波町が取り組む都市開発事業「オガールプロジェクト」が大きな成果を挙げている。11年以上も未利用のまま塩漬け状態にあった町有地をＰＰＰ（官民連携）方式で再生するのがこの事業の狙いだ。民間の自由な発想と活力を活かした独自の手法が功を奏し、年85万人もの人々がこの街に押し寄せる。世代を超えた住民が集い、ビジネスや観光、スポーツなど様々な目的で人々が交流する新しい賑わいの街が生まれた。

街づくり会社が旗振り役
「エコハウス」で宅地分譲

オガールプロジェクトの対象地区は、ＪＲ東北本線の紫波中央駅前に広がる町有地11・7ヘクタール。農村と都市が共生する街、若者や高齢者が安心して暮らせる街、人にも地球にもやさしい街――この3点が、目指す街づくりのコンセプトだ。

同町経営支援部の高橋堅企画課長は繰り返す。「要するに、持続的に発展する街、若者が挑戦し多世代の市民が交流する街をつくりたいということです」。

プロジェクトが動き出したのが２００９年4月。官民出資で作ったまちづくり会社、「オガール紫波」（資本金１千万円）が事業推進の旗振り役、調整役を担っている。

同社の粘り強い活動でまず実現したのが、岩手県フットボールセンターの誘致だ。県サッカー協会が事業主体となり、選手やサッカーに関わる人材の育成を目指して整備したもので、人工芝のサッカー場など、総工費1億7千万円をかけて造られたこの施設は、県内初の日本サッカー協会公認グラウンドとして11年春に開場。今では県内外から年4万人を超す愛好家が利用している。

開発地区は4街区とその北側にある住宅街「オガールタ

オーガルプラザ内にある産直施設。年間に27万人の買い物客が訪れる。

ウン」の5つで構成する。これまでにB街区の官民複合施設「オガールプラザ」が12年6月に、A街区の民間事業施設「オガールベース」が14年7月にオープンしている。

C街区には老朽化した町庁舎が移設進出し、15年5月から業務を始めた。熊谷泉町長は「従来の4庁舎が1つにまとまり、機能性が高まる。町民へのサービス向上を目指す」と語る。

D街区には新エネ・ステーションが稼働し、地区全体に熱エネルギーを供給する。隣接地には保育施設が建つ計画だ。この施設の整備がまだ残っているものの、まちづくりは急速に進んできた。

オガールタウンはエコ住宅基準と景観協定に基づいた環境重視型の新しい住宅街である。エネルギー消費の基準を定めてCO_2の排出量を抑え、心地よい暮らしを楽しむ街にしようというわけだ。町産材や町の指定事業者を使って建てる「紫波型エコハウス」を軸に、57戸の宅地分譲が進行している。

図書館と産直が集客装置
人気高いオガールベース

「プロジェクトの着手率は80－90%。目標はまだまだ先だ」――オガール紫波の中村重雄取締役はこう説明するが、事業の成果はすでに数字に表れている。12年度で57万人、13年度で83万6千人だった各種施設の利用者数が、14年度は「85万人を超す」勢いだ。町の人口の25倍にも相当する集客ぶりである。

来街者がこのように増えた理由は3つ。市民のニーズに合った複合施設があるうえに、14年夏からオガールベースが稼働したことと、切れ目無く開かれるイベントへの参加者が予想以上に多いことだ。

ビジネスホテル「オガールイン」と日本初のバレーボール専用体育館「オガールアリーナ」を運営するオガールベースは、滑り出しから順調に船出している。特に、アリーナの人気が高く、初心者から世界を目指すプレーヤーまでが利用している。

複合施設の中で市民の関心が最も高いのがオガールプラザだ。総工費約10億円を投じて造った木造2階建てのこのプラザには、図書館や地域交流センター、子育て応援センターなどの公共施設と民間テナントが同居する。テナント企業は産直や病院、薬局、学習塾、音楽スタジオなどで、全てが地場企業で占められる。

プラザの目玉が図書館と産直だ。蔵書数8万冊の図書館は同町初の公立図書館。児童書コーナーが充実しているほか、雑誌の種類が多い。町内で働く若者を増やそうとビジネス支援の情報も重視している。町民だけでなく、盛岡市や花巻市などからも訪れる人が増え、利用者数は年間20万人を超す。

「紫波マルシェ」と呼ぶ産直施設は、デパ地下のような雰囲気だ。260人の農家が新鮮な農産物を出荷し、年間27万人もの住民が押し寄せる。図書館と産直がいわば最大の集客装置で、ここに来た市民が民間事業所に次々と流れる相乗効果を果たしている。

PPPが的確に機能 雇用の場をつくる

オガールプロジェクトが始動してから早くも6年が経過したが、地域の盛り上がりは万人の予想を上回る。町役場の移転で15年度以降、賑わいはさらにもう1つのピークを迎える。プロジェクトがこのように大きな効果をもたらした要因として、ここで次の諸点を指摘しておきたい。

第1は、開発手法として採用したPPP方式が的確に機能している点だ。オガールプラザの建設に民間資金（東北銀行が融資）を導入したり、住民が強く希望した図書館や産直を設けたことといい、民間の知恵と資金をフルに活用した。官民施設を一体的に新設することで、町の財政負担を最小にしている。

第2は雇用の場と、地場産業が活躍する場を作った点だ。オガールプラザだけで105人もの雇用を創出した。テナント企業は全てが地場の事業所だが、図書館や産直の集客力がテナントの売り上げに寄与するなど、資金の域内循環に大きく貢献している。

3つ目は民間主導のイベントを連発し、賑わいの空間を作っている点だ。14年秋の「オガール祭り」では3日間で2万人近い住民が集まった。

熊谷町長によると、オガールは「成長」を意味する紫波方言と、フランス語「ガール」(駅)を合わせた造語。オガール事業を始発駅に、発展するまちづくりに向かって手綱を引き締めている。

オガールプラザ内の図書館の利用者数は年間20万人を超す。

賑わいもたらす「軽トラ市」中心街の衰退に大きな歯止め

（岩手県雫石町）

岩手県雫石町で定期的に開いている「軽トラ市」は、商店街幹部が苦心の末編み出した新手の産直型朝市といってよい。屋台の代わりに軽トラックを活用しているのが最大のミソである。農水産物を積み込んだ軽トラックが何台も会場の大通りに乗り込み、荷台に商品をそのまま並べて市民に販売する仕組み。ちょっと変わったこの催しが、中心商店街に賑わいをもたらすヒット・イベントに成長した。

舞台は中心街「よしゃれ通り」押し寄せる顧客3600人

雫石町の中心商店街といえば、長さ470mほどの「よしゃれ通り」。月に1回、ここに朝から軽トラックが連なうように押し寄せる。その数は50台から100台、筆者が訪れた日は62台だった。軽トラックは道路の片側に一列に並び、荷台には各人が持参した商品が手際よく並べられ、値札が付けられていく。

「おはよう、精が出るね」「今日は天気がいいから、お客さんが多いかもね」——トマトやナス、きゅうり、大根などとれたての野菜を整理していた女性たちのかけ声が、明るく行き交う。

朝市の開店時間は午前9時。その前後から近隣の住民が続々とやってきて、商品を品定めしつつ欲しいものに目をつける。市の開催日に限って「よしゃれ通り」が歩行者天国になるので、安心して買い物ができる。

荷台に並ぶ商品は地元でとれる農産物が圧倒的に多いが、日用雑貨や陶器、リサイクル衣料品なども加わる。出店者は6割が町内の農家だが、太平洋側の宮古市や田野畑村から水産物を、遠野市からわさびを、山を隔てた隣県の仙北市からは山菜をそれぞれ持ち込む業者もいた。開店して3時間もすると、野菜などはほとんどが売り切れる。

月1回、軽トラ市を開く雫石町。評判を聞いて、市民や観光客が集まり出した。

「町内の住民ばかりでなく、盛岡市や八戸市から訪れる人もいるし、観光客も少しずつ増えてきた」と語るのは、「軽トラ市」を主催する雫石商工会の佐々木実振興課長。この日の来客数は観光客を含め3600人だったが、前回の来街者は4千人を超したそうだ。

支えは商工会の結束力 商店街も朝市を盛り上げ

盛岡市から西へ16キロ離れた雫石町は人口が1万7千人強、自然に恵まれた閑静な地方の町だ。そんな町が月1回とはいえ、3、4千人もの買い物客が集まる朝市で賑わう。「よしゃれ通り」で靴を販売している斉藤靴店の店主も、「軽トラ市のおかげで町に活気が出てきた。市の開催日を楽しみにしている」と評価している。

このような賑わいをもたらした秘密は、商工会が結束力を強めて事に当たっていることと、商店街を巻き込んだ活動の幅の広さにあった。

「軽トラ市」を実現しようと、商工会では町や警察署などの協力を何度も求めながら、立ちはだかる課題をこなしていった。何カ月にも及ぶ会議で問題を煮詰め、朝市の運営手法や実施要領をまとめていく。「軽トラ市」の開催日には商工会の職員や派遣警備員を中心に40人のスタッフを動員、朝市がスムーズに進行するよう常時、気配りしている。

「軽トラ市」ではいろいろなイベントを導入している。朝市にレジャー性を高めて、楽しさやうれしさといった雰囲気を付加しようという工夫だ。

例えば、温泉旅館がスポンサーという「温泉当てクイズ」。町内の5カ所の温泉を色と臭いで当て、当たったら入浴券がもらえるという内容で、主婦を中心に行列ができるほどの人気ぶりだった。

ストリートダンスもあるし劇団が大衆芸能を公演することもある。このほか、釘の早撃ち大会や種飛ばし競争、菓子釣り大会、郷土芸能など10種類以上ものイベントが目白押し。

こうしたイベントの多くは商工会の女性部の思いつきで生まれている。内容は取り立てて言うほどのものではないが、女性の視点がうまく活かされ、家族連れをよく惹きつけていた。

「軽トラ市」の開催日には会場となる「よしゃれ通り」商店街の商店も集客のチャンスとばかり、軒先でバーゲンセールを行っている。今では32の商店や企業が「軽トラ市」の協力事業所になり、休息のスペースの提供やお茶のサービス、トイレサービスなどを行う。

例えば、村上写真館が行っているのが買い物客に対して手荷物を預かるサービス。各商店が趣向を凝らし、商店街ぐるみで朝市を盛り上げているわけで、そうした雰囲気を味わうのも買い物客の楽しみになっている。

活力失う中心街に危機感
ＴＭＯの中核として浮上

全国の多くの商店街と同様に、雫石町でも街中の中心商店街はさびれる一方だ。同町観光商工課によると、ここ3年の間に「中心街の商店数は10％も減少、年間販売額は13％も減った」。空き店舗も増え、最近の空き店舗率は20％を超す厳しさだ。

中心街の衰退が始まったのは、商店街沿いにあった国道46号線のバイパスが１９８２年、商店街から離れたところに開通したのがきっかけ。これで人の流れが変わってしまった。

加えて周辺に大型スーパーが進出、中心街の購買力流出が目立つようになった。町の基幹産業である農業や観光も振るわない。米の産出額は逓減傾向にあるし、観光客もピーク時（357万人）から70万人以上も減っている。

　このままでは商業は浮かび上がれない、賑わいの失われた中心商店街を復活させないと町の発展が阻害される――危機意識を燃やした町が何とかしようと打ち出したのが03年度に策定した「中心市街地活性化基本計画」だった。これを受けて翌年、商工会が「TMO構想」をまとめ、その重点事業として浮上したのが「軽トラ市」構想だ。

　実際に「軽トラ市」が始まったのが05年7月。この年は11月まで6回開催したが、開催の度に評価が高まったため、06年度は5月から11月まで年7回、毎月第1日曜日に開催するようになった。

「軽トラ市」は今では全国100カ所に広がっている。「元祖！軽トラ市」を標榜する雫石町に各地の代表者が集まり、「全国軽トラ市大会」を催したのが14年秋。この日は1万5千人を超す人出でごった返し、近来にない賑わいを創出した。

　地域に元気を取り戻すイベントとして、軽トラ市がしっかりと定着してきた。

軽トラ市を全国に先駆けて開いた雫石町の商工会。

廃校活用、新しい交流拠点に地域再生へ様々なアイデア

（岩手県八幡平市など）

小・中学校の廃校が日本列島のあちこちで相次いでいる。廃校はこれまでどちらかと言えば、山漁村や離島など、辺鄙な地域の問題と見られてきたが、最近では各県全域に波及、日本社会全体の「負のシンボル」として浮上してきた。だが、地域の歴史と文化の遺産である教育施設をこのまま放置しておくのは忍びない――というわけで、廃校先行地域である東北地方では、その活用を巡って様々なアイデアが浮上している。

岩手の校舎、宿泊施設として再生
卒業生や地域住民が立ち上がる

東北自動車道の安代ＩＣを下車して、国道２８２号線を鹿角市方向に車で数分行ったところにあるのが、旧安代町立の五日市小学校（現岩手県八幡平市上の山）。小高い丘陵地帯にあって周囲を緑の深い山や清らかな川が囲むなど、自然に包まれた良いところだ。この学校の施設全体が06年4月、新しい宿泊施設に生まれ変わった。

１８８３年に創立された五日市小学校は、54年前に改築されて現在の木造2階建て校舎となり、最盛期には２４０人ほどの子弟が通う地域の伝統ある学校だった。それが12年前の02年に同じ町内の4校と統合されて閉校した。

しばらくして廃校を惜しむ声が地域の内部から起こり始めた。卒業生や地域住民の有志が「地域のシンボルを残せないものか」と廃校の活用を訴え、立ち上がったのだ。

地域住民の町興し組織である「五日市振興協議会」を中心にいろいろと話し合ったが、いい案が浮かばない。たまたま廃校跡を宿泊施設に転換して成功しているという「さんさん館」（宮城県南三陸町）の存在を知って、現地を見学することになった。

その結果、「これはいい事例だ」と納得する人が多く、

旧安代町の廃校を活用して生まれた宿泊施設「希望の丘」。施設名は校歌から借用してつけた。

同様の宿泊施設を造ることで協議会の意見がまとまった。さっそく40－60代の有志10人が宿泊施設の運営主体となる「旧五日市小学校運営組合」（組合長伊藤重昭氏）を設立、事業化計画を練り上げた。

40種類の農業体験メニュー バリアフリー化でおもてなし

組合幹部によると、旧校舎を宿泊施設に改築・改修するのに国や県の助成金などを含め約6500万円かかった。2階建て校舎10教室を和洋各5室に改装し、介護ベッドのある部屋やトイレ、風呂も備え付けた。宿泊施設の名前は、学校の宿「希望の丘」。同校の校歌のタイトルから命名したという。

宿泊費は1泊2食で大人6500円、子供5500円で最大53人を収容できる。料理は地元の旬の食材を使った郷土料理が中心で、昼食だけ、宴会だけの利用も歓迎している。宿泊のオプションとして、地元の自然を活用した約40種類の農業体験メニューも用意している。

「リンドウ栽培やサラダ野菜栽培、炭焼き、そば打ちなどが体験できる」。料理担当の羽沢佳子さんはこう切り出し、「人気メニューがいろいろあると、子ども会から注目され出した」と明るい表情で言い足す。

施設内は車椅子でも行ける畑があるほか、段差にスロープを設けエレベーターも設置するなど、バリアフリー化に努めている。「校舎が残るだけでなく、学校も新しい時代に沿った施設に生まれ変わって、お客を温かくおもてなしできる。地域振興の拠点として羽ばたいてほしい」――ここを訪れた同校の卒業生で、今は盛岡市に住むという遠藤正子さんも、この施設の将来に期待している。

大館市では生ハム工場　交流拡大へ体験教室も

青森県八戸市の中心部から車で約30分、南郷区にある青葉湖展望交流施設「山の楽校」は、もとは旧南郷村の村立増田小中学校だった。１９６０年代には１００人を超す児童生徒が学んでいたが、村内でのダム建設を機に住民の地区離れが進むなどして児童数が減少。03年には児童数が24人になって立ち行かなくなり、廃校が決まってしまった。

「廃校になると、地区が崩壊してしまう」というので、狄館博史さん（山の楽校運営協議会会長）ら集落の有志が校舎の解体計画を実施しないよう働きかけたが、うまくいかなかった。「とにかく人が集まる場所を何とか確保したい」と粘り強く訴えたことが効いて結局、廃校舎を活用した「山の楽校」を設立することで話し合いがついた。オープンは05年だ。

山の楽校では年間を通じて様々なイベントや教室を開いている。ダムでできた青葉湖を遊歩する新緑ウォークや紅葉ハイクを企画したり、農地に１００万本のひまわりを植えて花見を開催したりしている。

田植えやそば打ち、梅漬け、ミソづくり、草履作りなどの体験教室も開いている。13年度は県内外から４万人近い観光客が訪れている。

文科省によると、１９９２年度から11年度までの20年間に廃校になった全国の公立小中学校は６８３４校。岩手や青森では廃校数が２００校を上回り、これに秋田、福島を加えた東北４県が、廃校の多い都道府県の上位10位に入っている。

その秋田県だが、大館市北西部の旧山田小学校の廃校舎を活用して生ハムを製造販売する食品工場が生まれている。工場をつくったのは、東京でスペイン料理店を経営する金子裕二さんと不動産業を営む根田哲雄さんが共同出資して設立した「白神フーズ」。

大館市で飼育されている三元豚を原料に、１年から２年間熟成させてオリジナルの生ハムを作っている。

「校舎内は冷涼な気候ときれいな空気が保たれている。生ハムを生産するのに適した環境だ」と、金子さんは笑みを浮かべて説明している。

地元採用で15人ほどの季節従業員を使っているが、生産量が年間1万トンに達したころを見計らい、常用従業員を地元で採用する腹だ。工場では市民を招いて生ハムづくりを体験できる「生ハム塾」も開催するなど、地域貢献活動も検討している。

廃校の主な活用策はこれまで、社会教育施設や宿泊施設への割合が非常に高かったが、最近は大館市の生ハム工場のように、創業支援のためのオフィスなり特産品の加工工場なりの産業系施設への転用も目立ってきた。地域再生の観点からも、幅広い活用策が求められている。

教室の中にベッドが整然と並ぶ。

植物工場、震災地で威力
雇用創出や活性化に効果

（岩手県陸前高田市、㈱グランパ）

2011年3月の東日本大震災で、東北の農業は想像をこえる甚大な被害を被ったが、その復興に威力を発揮しているのが植物工場である。温度や光、水などをコンピューターで管理し、年間を通じ野菜や果物を安定的に生産できるなどの利点があるからだ。植物工場が何よりも頼もしいのは、津波の塩害や原発事故の風評被害に左右されずに早期に農業再生を図れる点だ。雇用創出効果も大きく、地域復興へ先陣を切る産業として地元の期待が高まっている。

市有地に12棟の植物工場
新規雇用22人、フル操業

大震災で1735人もの死者を出し、街が壊滅した岩手県陸前高田市。あれから4年目に入った14年春、同市を訪れたが、街の復旧・復興はなお、先のことという雰囲気だった。

市街地をかさ上げする工事、海岸に防潮堤を築く工事がやっと本格化しようという段階だ。山から削り出した土砂を海に向かって運ぶ総延長3キロのベルトコンベアーが活動し始め、10トントラックが復旧工事のためにひっきりなしに走り回る。

がれきに覆われた農地は塩害の影響が大きく、一部でようやく稲作が始まったばかり。農林業の再開には大きな壁が立ちはだかり、廃業に追い込まれた農家も少なくない。そんな中で、野菜栽培をフル稼働させているのが㈱グランパ（横浜市、阿部隆昭社長）の植物工場である。

立地場所は水田地帯の市内米崎地区。県道45号線沿いの市有地2ヘクタールを借地し太陽光利用型のドーム式工場8棟を建設した。総事業費は4億8千万円、完成は12年初夏で、2012年8月から出荷を開始した。

販路の開拓が進んだため、14年2月に2億2千万円をか

ドーム内ではレタスやパセリを栽培中だ。塩害や放射能の心配もなく、周年栽培ができる。

けて4棟を増設、現在は12棟体制でフル操業を続けている。資金調達の一環として、第1期の8棟は経産省の「先端農工商連携実用化研究事業」の、第2期の4棟は農水省の「強い農業づくり」の補助金をそれぞれ活用した。

運営する主体はグランパ傘下の農業生産法人「グランパファーム」だ。陸前高田の岩渕充由農場長によると、栽培品目はカット野菜用のフリルレタスやサンドイッチ用のグリーンリーフレタス、サラダの盛り付けに使われるホワイトセロリなど数種類の葉物類。1日に1棟当たり400株程度の収穫が可能だ。

従業員はパートを含め22人で、1棟に1・8人位が張り付き朝8時から午後3時まで農作業に従事する。女性を中心に少数のパート社員が手際よく作業している。

定植して50日で出荷
放射能フリーの農業

収穫した野菜はパックに詰め、全国スーパーのイオンや地場スーパーのマイヤなどに出荷している。販路は東北一円を狙っているが、輸送時間がかかる青森県への供給は今後の課題だ。

6月から盆前は地場産の露地栽培ものが大量に出回るの

で、地場産と激しい競争を繰り広げるが、秋－冬はグランパの競争力が一気に高まるそうだ。グランパでは夏場価格と秋冬価格の2本立てで市場に対応している。

グランパの栽培方法や育苗の仕方は一種独特だ。直径29メートルの円形ハウスは集光と断熱効果に優れた樹脂フィルムで覆われ、太陽光をうまく利用できる。内部に設置した直径20メートルの円形水槽に養液を入れ、循環させながら水耕栽培する仕組みがグランパ方式である。

水槽に浮かぶ250枚のフロートの中心部にまず、苗を定植する。苗の成長に従ってフロート上の苗がゆっくりと外側に向かい、最後に外延部に到着すると収穫できる。工場では播種から収穫、出荷まで一貫生産しているが、定植して約50日で出荷できるという効率の良さだ。

「1棟で常時、年1・5万株の作物を安定的に栽培できる」と阿部社長は説明、作業効率の良さを追求しているので、高効率の野菜生産が確保できると強調した。

津波の塩害に悩んだり放射能の汚染を心配したりする被災地にとって、植物工場はなにかと利点が多い。養液栽培なので土を使わず、塩害の被害にあった農地でも早期に農業を再開できる。密閉式の工場内での作物栽培だから、外気に触れることなく生産ができる。食の安全が確保され、放射能汚染から完全にフリーな農業が可能なのだ。

積雪期でも農業が可能 南相馬や亘理でも展開

植物工場では温度や湿度、CO_2や養液などを電算管理し、作物に適した環境を作り出して生育するので、周年栽培・周年収穫が可能となる。陸前高田のような雪国にとって、この点も大きな利点だ。

初期投資に費用がかかりすぎる、運営コストがかさむ、露地物より値段が張るといったデメリットは確かにあるが、「被災地にとって植物工場はメリットの方がずっと大きい」（陸前高田市復興対策局）と地元も評価する。

陸前高田市で始まった東北でのグランパの植物工場事業は、福島県南相馬市や宮城県亘理町にも広がった。南相馬の場合は、復興交付金を活用してグランパが直径29メートルのドーム式工場2基を建設、市に無償で貸与した。

市はこの植物工場と太陽光発電を組み合わせた「南相馬ソーラー・アグリパーク」を13年春に開設。植物工場は農業法人の「泉ニューワールド」が運営し、レタスなどを水耕栽培している。

亘理町の方はドーム式工場2基を15年2月に建設、トマト栽培と海外輸出を目指す実証実験を経産省と連携して行っている。極東ロシアへのプラント輸出がグランパの当面の目標だ。

グランパに限らず、東北ではあちこちで植物工場が目立ち始めた。「運動靴を履いてできる農業、就職できる農業が期待できる」と陸前高田市の戸羽太市長も、植物工場の進出を歓迎している。

グランパが陸前高田市につくった植物工場。12棟体制でフル操業を続けている。

被災地の産業、復興が加速
キーワードは事業の共同化

(宮城・園芸農業、福島・窯業)

東日本大震災から間もなく2年——。被災地では地場・伝統産業の復旧活動が進み、地域経済復興への取り組みが加速している。宮城県では、東北1のイチゴ産地再生を目指して亘理・山元地区の園芸農家らが連携し、大型ハウス栽培で集約経営に乗り出した。福島県では、原発事故で被災した伝統工芸品の窯元らがスクラムを組んで新工房を開設、作陶活動に精を出す。地域産業を復興させるキーワードは、事業の共同化だ。

山元いちご農園が栽培共同化
目指すは年商9千万円

常磐自動車道の山元ICから車で8分、国道6号線を経て農免道を走ると、左手に8棟の大型ハウスが目に入る。新会社「山元いちご農園」が建てたイチゴの栽培拠点で、2012年11月から収穫が本格化した。

「収穫は11月から翌年6月まで続く。『とちおとめ』と『もういっこ』を主力に売り、年商9千万円を目指す」と、岩佐隆社長は意気込む。「もういっこ」は、つぶが大きくすっきりした甘さが特長で、「食べると、もう一個欲しくなる県推奨の主力品種」。従来のブランド名「仙台いちご」を切り替え、「山元いちご」の新ブランドで広域展開中だ。

岩佐社長は父に続くイチゴ農家だが、津波で自宅も40《アール》の農地も被災した。自宅は災害危険区域に指定され、農地は塩害に合い、再建は難しい。しかし、「山元はイチゴの町。イチゴで町を元気にしたい」とハウス栽培を考え、園芸農家3人と11年6月に新会社を設立した。

新会社は内陸の農免道沿いに2・5万平方《メートル》の農地を20年契約で借り、8棟の栽培ハウス（総面積1・7万平方《メートル》）と育苗ハウスを12年6月に新設した。総事業費は4億

津波で被災した農家が力を合わせてつくった栽培ハウス。栽培するイチゴは「もういっこ」だ。

5千万円で、半額を国の復興交付金で、3割を県・町の助成金で賄った。

栽培方法はハウス内に腰の位置ほどの高設ベンチを配列、土を盛って育てる方式だ。除塩の必要がなく周年栽培が可能だし、放射能の被害がないので風評被害も避けられるなど、長所が多い。販路はスーパーやコンビニとの直取引を軸に、直売所や観光農園の活用を重視する。

岩佐社長は、事業を共同化したからこそ「資金調達の面や栽培大型化の面で有利に働いた」と、共同化の利点を強調した。

若手3人が「一苺一笑」設立
町は「いちご団地」を造成

山元町は隣の亘理町と共にイチゴが町の基幹産業。70年代に栽培が始まったが、水はけの良い土地と地下水に恵まれて栽培面積が拡大、東北最大のイチゴ産地に成長した。山元町産業振興課によると、両町の生産額は震災前で38億円、栽培面積は94㌶を記録したが、震災で90％以上が被災してしまった。

収入の過半をイチゴに依存する農家らは、足元から生活基盤を揺さぶられた。痛手は大きいが、それでも産地復活を願う農家が少なくない。その1例が山元いちご農園を実現させた面々だ。岩佐社長らの活動に続けとばかり、若い農業者3人による新会社も追随してきた。

自宅と畑が津波で全壊した20－30代の若者3人が共同して設立した新会社「一苺一笑《いちごいちえ》」がそれ。町内の1万平方メートルに建設した大型ハウス4棟が13年1月に完成、高設ベンチ方式で「もういっこ」を養液栽培する。総事業費4億円は、国と町の補助金を活用した。

「13年後半から栽培を開始した。軌道に乗ったら年60トン生産し、年商7千万円を実現したい」と、佐藤拓実社長は意気込む。近い将来、20代の若者10人ほどを採用してここで研修を積ませ、新規就農者を育てたいと将来構想も表明した。

山元町は12年12月から、大規模な「いちご団地」を建設している。町が40ヘクタールの土地を造成して鉄骨ハウスを建設し、イチゴ農家に賃貸するというのが団地づくりの狙い。総事業費は82億円で、13年11月に36戸が、14年11月には16戸がそれぞれ入居して営農を再開した。

東北1の産地復活を目指して志のある農家に続き、行政も動き出したが、いずれも事業の共同化が活動の鍵を握っている。

大堀相馬焼が復活へ新拠点
共同施設で窯元が作陶活動

原発事故で被災した福島県浪江町から50キロ離れた二本松市に新工房を造ったのが、21の窯元でつくる大堀相馬焼協同組合（理事長半谷秀辰氏）。大堀相馬焼は会津本郷焼とともに、国が伝統的工芸品に指定した東北の2大伝統窯業。３００年以上の伝統を守ろうと窯場再生の熱い闘いが繰り広げられている。

新工房の立地場所は二本松市小沢工業団地。延べ７２０平方メートルの軽量鉄骨平屋建ての工場には大きな電気釜2基が設けられ、ロクロ場や陶芸教室、事務所なども備わる。別棟の販売所には窯元らの作品がズラリと展示され、直売やネット販売で販路を広げつつある。

工房新設では、国や自治体が全面的に支援した。土地は二本松市が用意し、施設は中小企業基盤整備機構が建設、町を通じて組合に無償で提供してもらった。作陶は12年7月下旬から始まったが、「組合員が共同で作陶する拠点だ。伝統を守るため、10年間はここで活動する」と、半谷理事長はきっぱりと語る。

大堀相馬焼は「走り駒」と呼ばれる馬の絵付が施され、

「青ヒビ」といわれるひび割れが器全体に広がる美しさが特徴。その「青ヒビ」を引き出す釉薬の原料が浪江町で産出する「砥山石」なのだが、肝心の町唯一の採掘場が放射能で汚染されてしまった。窯元も全員が避難しており、生産が絶望的となった。

窮地を救ったのが県研究機関の主任研究員による代替釉薬開発だった。5つの鉱石を配合して半年かけて試作を重ね、砥山石と遜色のない釉薬を開発することに成功したのだ。

代替釉薬の確保と、産官連携による新工場づくりとで、作陶拠点が固まり、伝統産業復活への息の長い活動が続く。

浪江町の大堀相馬焼の窯元が共同でつくった新工房では、商品を展示販売している。

まち全体を活気づかせる効果
満29周年、全国規模の祭典に

（宮城県仙台市、ＳＥＮＤＡＩ光のページェント）

冬の夜をイルミネーション（電飾）で彩るイベントが全国各地で催されるようになった。仙台の冬の風物詩といわれる「ＳＥＮＤＡＩ光のページェント」もその１つ。開催期間中の20日間に２８０万人以上の市民や観光客が訪れるというこの光の祭典は、市民による手作りのイベントとしてすっかり定着、まち全体を活気づかせている。

70万球の豆電球で光の回廊
サンタ姿で中心街をパレード

東北の１００万都市、仙台は「杜の都」とうたわれるように、中心通りがケヤキ並木で覆われている。２０１３年で28回目、満27周年を迎えた「光のページェント」は、ケヤキ並木が特に美しい定禅寺通りの０・８キロと青葉通りの１キロを舞台に12月６日、開幕した。

この日は近くの会場で午後５時から点灯式が行われた後、１６０本のケヤキ並木に飾られた60万個のＬＥＤ電球が、カウントダウンとともに一斉に点灯。集まった大勢の人たちが「うわー、きれい」、「幻想的」と歓声をあげていた。樹齢１００年の古木や80年の巨木が入り混じった樹木が電飾された枝ぶりを夜空に浮かび上がらせ、光の回廊を作り上げる。

「光のページェント」は31日までの26日間、毎日午後５時半から同11時まで（大晦日の夜は０時まで）点灯される。ケヤキのイルミネーションだけでは飽きられるので、アイデアを活かした余興が随時、組み込まれている。

例えば、「スターライト・ウインク」。ある時間になると光を一斉に消し、再び点灯する行事で、午後６時、７時、８時の１日３回、毎日実施している。横浜から来たという30代前半のカップルは「暗闇になったと思ったら突然明るくなる。感動的ねえ」と、興奮した様子。

シンボルツリーが飾られた市民広場には色々なお店が出店し、学生の手作り料理が売られる。勾当台公園では光のサンタが出現し、22日から3日間は学生や市民が協力して合唱や吹奏楽などのコンサートも開催した。中でも人気があるのが23日のスターライトファンタジー「サンタの森の物語」だ。応募者たちがサンタクロースの服装をして定禅寺通りをパレードするもので、この時間帯は交通を規制し歩行者天国となる。

来街者数300万人に迫る
認知度高まり、魅力度は抜群

「光のページェント」が始まったのは1986年。葉が枯れ落ちてしまったケヤキ並木は暗くて悲しくなる、何とかしようよという市民の願いがスタートの発端だった。少数の市民の願いが次第に輪を広げ、呼び物のイベントに発展、仙台のイメージを高めていく。やがて満30周年、歴史の節目を迎えるが、12月初旬－31日という開催期間はずっと守り通すつもりだ。

取りつけた電球は第1回が114本のケヤキに30万球。90年代前半には80万球に増えたが、やがてバブルの崩壊とともに縮小し、03年には170本のケヤキに53万球とピー

仙台の冬の風物詩、「光のページェント」。

ク時の3分の2に減った。

「100万都市だから1人に1個の電球を灯して善き心を育もうと、05年は頑張って298本のケヤキに100万球の電球を飾った。しかし、赤字が残ったので、06年は70万球にした」。SENDAI光のページェント実行委員会の高橋清文委員長は公式ガイドブックを示しながら、こう話す。

取りつける電球の数は時代の移り変わりを反映し、好況のときは規模が拡大し、不況に伴って縮小した。しかし、来街者数は年々拡大し、関東各都県だけでなく長野県あたりからも観光バスを仕立てて乗り入れる人々が目立つ。

来街者はピーク時に280万人を超したが、東日本大震災ではピンチに見舞われる。前年まで使っていた電球55万個が津波で流されてしまい、開催が危ぶまれたのだ。幸いにも市民や企業が例年以上の寄付や協賛金を寄せてくれて、同じ催しを行っている東京・表参道なども電球を貸してくれたので、何とか継続することができた。この年の来場者は300万人に迫った。

実行委の関係者が気を良くしているのが「光のページェント」に対する認知度だ。民間調査会社「東日本リサーチセンター」の1千人調査によると、認知度は96・5%と「七夕まつり」とほぼ肩を並べ、魅力では第1位にランクされている。

東北のイベントといえば、ねぶた祭や竿灯まつりが有名だが、「光のページェント」も急速に認知度を高め、今や東北を代表する冬の風物詩といわれるようになった。

運営主体はボランティア
地域経済に大きな波及効果

「光のページェント」の最大の特徴は、準備活動から後始末までボランティアが運営のすべてを担っていること。13年で32回目という「さっぽろホワイトイルミネーション」は行政主導のイベントであり、この点が仙台とは大きく異なる。

運営主体は商店、企業で働く市民有志や学生などが作った「光のページェント実行委員会」だ。実行委の下に企業協賛、渉外、学生など11の部会があり、詰めるべき課題を週1回開催の部会で協議し、実行委に上げる。月1回の実行委で結論を出し、実行に移すという仕組み。

実行委の最大の課題は何といっても資金集め。仙台市や県から補助金が出るものの、大半は企業からの協賛金や個人・団体からの募金が頼り。秋から中心街で街頭募金活動を始め、店頭に設置した募金箱で資金を募るが、好不況によって企業の協賛金が増減するので、それに応じて電飾規模が変動する。8千万円から1億円強の費用がかかるが、出超で赤字の年もある。

財政はいつも余裕がないが、このイベントが地域経済に与える波及効果は大きい。期間中、JRは盛岡、福島と臨時列車で結び、市は市内に専用バスを走らせ、山形や郡山など周辺都市からは民間の高速バスが乗り入れ観光客を呼ぶ。セスナ機やヘリで空からナイトクルージングを楽しむツアーも盛んになった。

ボランティアによるイベントが「観光・仙台」の情報を全国に発信、リピーターを増やして元気な地域づくりに役立っている。

「都市農業」復活へ人材養成塾
狙いは即戦力の担い手づくり

（宮城県仙台市、神奈川県秦野市）

「都市近郊農業を振興させるには人材の育成が大切」（神奈川県秦野市の古谷義幸市長）――都市型農業の活性化を目指す都市自治体が、即戦力のある農業の担い手づくりに一段と熱を入れ始めた。仙台市が2002年度に開校した「せんだい農楽校」、秦野市が06年度から始めた「はだの市民農業塾」はその典型例だ。いずれも多様な人材を継続的に育成しようという点に特色がある。

「せんだい農楽校」を開校
サポーター、107人も養成

ＪＲ仙台駅から東南方向へバスで約30分、仙台市若林区の穀倉地帯に立地する仙台市農業園芸センター。都市型農業の確立と市民園芸の振興を図る基幹施設として同市が17年前に開設したもので、約10万平方メートルの用地に管理棟、作業棟などのほかに、圃場や温室、農業公園、市民農園などが広がっている。

ここの研修棟を使って農業サポーター（援農者）の養成講座を開いているのが、「せんだい農楽校」だ。対象は農業に関心のある65歳以下の仙台市民で、都市農業を支える人材を育てるのが目的だ。「定員を上回る応募者があり毎年、抽選で決めているほど」（農業振興課の担当者）の人気ぶり。

講座は4月から8カ月間で全18回。各回とも午前中は農作物の基礎知識を習得する2時間の講義、午後は2時間半の実習というのが通常のパターンだ。

実習の中身は濃く極めて実践的。各作物の播種、定植から始まって追肥や除草、収穫と片付け、さらには栽培作物の収穫調整や販路開拓など多分野に及ぶ。受講生は農家を訪れ畑や圃場でさまざまな実習を行ったり自主登校して補修したりして農作業の技を磨いている。

仙台市の「せんだい農楽校」は、都市農業を担う人材を育てようと努力を続けている。

養成講座を終えて実際に農業に従事したい修了生は、所定の「登録票」にサポーター登録をすればよい。「登録票」には農家側の雇用情報も登録してあるので、双方がこの「登録票」を見て相対で交渉して決めるという仕組みだ。

実は、東日本大震災で農業園芸センターが被災してしまった。このため、11、12年度の2年間は「せんだい農楽校」も事業の中断を余儀なくされた。14年度から再開したものの、定員を20人から16人に縮小している。

主催者も当面、仙台市産業振興事業団に代わり、実際の研修実務は民間の農事組合法人に業務委託している。体制を整え、以前のように研修事業を軌道に乗せることが市の考えだ。

「サポーターの登録者が14年末で107人になった。修了生は市内各地で幅広く活躍、農業を下支えしている」。農業振興課ではこう話し、「効果が大きいので、サポーター登録者が200人になるまで養成講座を継続したい」と付け加えた。

実践的な「はだの市民農業塾」
講義と実習で50日間、学ぶ

こちらは神奈川県西部の秦野市、表丹沢の貸し農園（「堀山下ふれあい農園」）を舞台に開かれているのが「はだの市民農業塾」。農業への参画を希望する市民を対象に、農業の技を体系的に伝授し農業の担い手を育成しようと、市と農協がタイアップして開設したものだ。

塾には家庭菜園を楽しむための「基礎セミナーコース」（定員30人）、市内で農産加工の製造販売を目指す「農産加工・起業セミナーコース」（定員20人）、本格的な農家を目指す「新規就農コース」（定員10人）の3つがある。農業参画の目的に応じて選択できるよう仕組んでおり、コースに応じてそれぞれ独自のカリキュラムが組まれている。

訪れた日は、「新規就農コース」の授業の真っ最中だった。講師は研修経験の豊かな園芸研究家の法月靖生さんで、講義のテーマは「秋、冬に収穫・播種・植え付けをする野菜」。

法月さんは配布資料を片手に、「お勧めしたい品種はエンドウ、キャベツ、たまねぎ、ほうれんそうですね」「露地栽培では気候に適した品種を選び、土作りをしっかりするのがコツですよ」「ソラマメも狙い目ですが、連作は避けること」――などと講義していた。

講義内容はきめ細かい。施肥や追肥の仕方、育苗の日数と植え付け時機、マルチの仕方、ベッド幅と植え付けの深さ、防寒の方法など、写真を使って繰り返し丁寧に説明する。受講者は50－60代の男性が多い。受講態度は真剣そのもので、要点を資料に赤線を引いたり余白に鉛筆で書き込んでいた。

「新規就農コース」の受講生は4月から1月までの10カ月間、毎週1回、講義と実技を2年間、受講する。その上に各年10日間ほどの農家実習が加わる。「講義と実技、それに農家実習で50日かけて実践の技をとことん学んでもらう。まじめに通えば、就農に必要な知識と技術が身につく」（山口均センター長）はずだ。

環境悪化、矢面に立つ都市農業
復興の決め手はやはり人づくり

大都市や都市近郊の農業は今、厳しい環境の中で矢面に立たされている。都市化の進展で農地の宅地化・商業用地化が進み農地が急減する。農業従事者の高齢化や後継者不足も目立ち、農家の数は減少するばかりだ。

秦野市を例にとると、05年度の農家戸数は1505戸と5年間で13％も減少、その後も減り続けている。「市の人口は15年間で8％も増えたのに、農家人口は逆に60％も減った。これでは農業生産力が低下し都市に新鮮で安全・安心な食材を供給するという使命さえ覚束ない」と関係者は嘆く。

何とかしなければと、危機感を持った都市自治体はこれまでも各種活性化事業に目を配ってきた。遊休地を市民に開放する「市民農園」、荒廃化した農地を耕作農地に復旧する荒廃地対策事業、収穫祭開催を通じた市民との交流事業、ごみの堆肥化モデル事業など。

しかし、いずれも大きな効果は発揮できず、都市型農業復活の決め手となっていない。「畑を耕す人が急減しているのだから、耕す人を増やさないと問題は解決しない」――紆余曲折のすえに行き着いた先が、担い手を自ら育て確保する育成塾の展開だった。

秦野市では農業塾の受講生の中から、45人ほどの新規就農者が生まれている。耕す人を増やす政策がようやく効果を見せ出した。

人づくりといっても、仙台市は今のところ農業サポーターの大量育成に力を注ぎ、秦野市では新規就農者作りに重点を置くなど、差がある。どちらにより大きな効果が現れるか、判定は今後に待つ外ないが、本格的な人づくりという点で秦野の行き方に注目したい。

都市近郊農業を支えるため秦野市が催す「はだの市民農業塾」。

逆境乗り越え綿花栽培
企業、市民に支援の輪

（宮城県仙台市、福島県いわき市のコットンプロジェクト）

東日本大震災から3年数カ月、被災した農地に有機綿を栽培する東北のコットンプロジェクトが2014年、4年目の活動を展開した。綿栽培で農地を再生し、地域を活性化しようと始めた事業だが、栽培面積は宮城県で3カ所約3ヘクタル、福島県いわき市で30カ所3ヘクタルに広がった。効果は徐々に現れているが、課題も多く、15年は宮城、福島双方で栽培面積が減る方向だ。コットンプロジェクトに息長く取り組めるかどうか、正念場を迎えている。

苦しむ被災農家を支援
「地域に雇用の場を作る」

東北の最南部、太平洋に面したいわき市は、大震災による津波と原発事故、その一カ月後に発生した余震で全市が揺さぶられ、地域社会は危機に陥った。苦しむ被災農家を何とか支援しようと、有機農法で綿を栽培する活動「いわきオーガニックコットンプロジェクト」を立ち上げたのがNPO法人の「ザ・ピープル」（吉田恵美子理事長）だ。

吉田理事長の働きかけに呼応して同市遠野町の耕作放棄地で有機綿を栽培するのが折笠農園だ。14年4月中旬、東北各地の大学生40人が同農園を訪問し、有機綿栽培の土づくりに加わった。トラック10台分のモミ2トンを、畑にすき込む作業である。

1週間後の週末には首都圏からボランティア17人が1泊2日で同農園を訪れ、ポットに播いた綿の種をハウスで育苗する「ポット播き」作業に加わった。

種まき作業は5月中旬まで続き、6月中旬の追肥・草取り、7月の摘芯、9月の支柱立てを経て9月下旬－10月の収穫というのが綿栽培の作業工程だ。それぞれの工程で、首都圏や東北のボランティアが参加している。

同市滝尻地区でも5月中旬、首都圏からのボランティア

有機綿の栽培にボランティアが加わる。この日はポットに種を植える作業だ。

を含む１００人が25アールの耕作放棄地で綿花の種播きを行った。農地は、地元農家が提供する耕作放棄地だ。

12年4月から延べ１・５ヘクタールの農地で始まった同市の綿栽培の輪は農家や農業資材会社、学校、ＮＰＯなど30カ所に広がり、14年度の栽培面積は合計３ヘクタールに増えた。12年度の収穫量３００キロが、13年度には８６０キロに増えたが、14年度は天候不順がたたって、目標の収穫量に届かなかった。

収穫した綿花は綿繰り機にかけ、綿を紡績工場に送り、Ｔシャツやタオルなどオリジナル商品を開発している。「新商品の開発を通じて地域に雇用の場を創出し、ひいては新産業づくりに結びつける」のが、吉田理事長らの目標だ。

宮城の栽培面積は３・３ヘクタール
首都圏からボランティア

ザ・ピープルのプロジェクトに参加したボランティア、援農支援者は3年間で7千人を超す。絶え間なく続く交流人口の拡大が消費の落ち込みを防ぎ、被災地を元気付けている。

被災地での綿花栽培は宮城県でも行われている。津波で被災した田畑に塩害に強い綿花を有機農法で栽培することで農地を再生する試みだ。11年夏に仙台市若林区荒浜の農地1・2ヘクタールで試験栽培を行った後、12年度から本格栽培に踏み切った。

4年目の14年度は仙台・荒浜（露地0・4ヘクタールとビニールハウス45坪）、東松島市（露地2ヘクタールとハウス100坪）、名取市（露地1ヘクタールとハウス300坪）の3カ所で3・3ヘクタールの栽培を行った。

宮城の収穫祭を見に行った。11月末に行われた東松島の収穫祭では、首都圏から繰り出すボランティアが仙台駅で専用バスに乗り換え、350人も参加している。当日は朝から冷たい雨が降ったため、露地畑で予定していた綿の摘み取りを取り止め、イーストファームみやぎのビニールハウスに切り替えた。

2棟のハウスで栽培された綿は立派に育ち、参加者は笑顔で摘み取って行く。その後、昼食を挟み、和太鼓やジャズバンドの演奏などイベントが続く。会場はちょっとしたお祭り騒ぎだった。

いわき市と同様、宮城でも3カ所の綿花栽培に多くのボランティアが参加している。事務局（クルックオルタナティブ社）によると、「収穫時に600人から700人、年間では3千人近いボランティアが現場に駆け付け、協力している」という。

農家、企業90団体で推進

宮城では被災農地の復旧に加え、①収穫した綿は支援企業が全量買い取る②支援企業は綿から糸を紡ぎ衣料品に仕上げて販売する③最終的には綿の産地化による新産業、雇用創出を目指す——などの目標を掲げている。これら一連の取り組みを東北コットンプロジェクトと称し、協力企業、団体が活動している。

プロジェクトは11年7月、19団体で発足したが、参加企業が年々増えて4年目で90団体に拡大した。商社が綿の種子を確保し、紡績会社が糸を紡ぎ、そして無印良品やユナイテッドアローズ、リージャパンなどがTシャツやニット製品、デニム、タオルなどに仕上げて販売している。

問題は事業として採算がとれるか、という点だ。栽培面積が年により変動するし、収量と品質にバラつきがある。

荒浜地区を担当する農業生産法人「荒浜アグリパートナーズ」の渡辺静男社長は、「露地栽培は難しい。収量も12年度の400キロが13年度はわずか30キロ、14年度は40キロだった」と話す。

東松島市で14年度に2ヘクタールの露地栽培を行ったイースト

ファームみやぎでも、収量が芳しくなく、アパレル企業の期待量を下回る。

背景にあるのが綿花栽培の難しさだ。水はけのよい土壌、発芽に必要な気温20度の確保、人手のかかる草取りや害虫駆除――「栽培環境とコスト管理に苦労する」と、渡辺社長は打ち明ける。

各界各層の支援を受けて進められたプロジェクトだが、大震災からすでに5年目、支援・復興という局面がそろそろ終わる。有機コットンの事業化が可能か否か、答えを出す時期を迎えている。

津波で被災した仙台市郊外の荒浜地区。ここでコットン・プロジェクトが実施された。

トヨタ東日本、順調な船出
産業集積・雇用増　地域に期待
（宮城県大衡村など）

東北に主力工場を持つトヨタ自動車グループ３社が合併し、トヨタ自動車東日本（宮城県大衡村、白根武史社長）が発足したのが２０１２年夏。滑り出しから事業は順調に進み、東北に第３の生産拠点を構築するトヨタの新戦略が本領を発揮し始めた。地元経済界は「自動車関連の産業集積が一段と加速し、東北の各界を元気付けるのは確実」と一様に歓迎しているが、雇用増・税収増など自治体に及ぼす効果も大きく、各地で町興しの機運が高まっている。

東北で最新小型車を量産
年産50万台　早くも達成

仙台市街地から北へ24キロ、東北自動車道の大衡ＩＣに隣接したところに第二仙台北部中核工業団地（大衡村）がある。ここにトヨタ系のセントラル自動車が07年、相模原市から工場を移転して新工場を建設、11年１月から操業を始

トヨタの小型車を集中生産するトヨタ自動車東日本の主力工場。

めた。そして翌12年7月、車両組み立ての関東自動車工業とセントラル自動車、部品製造のトヨタ自動車東北が統合してトヨタ自動車東日本が生まれた。

新会社がスタートした際、６００人の幹部を前に白根社長は「世界市場で勝つ魅力あるコンパクトカーを届けよう」と呼び掛け、小型車生産で世界一を目指す方針を表明した。この日から、本社のある宮城大衡工場で新型カローラが、岩手工場（岩手県金ケ崎町）では小型ハイブリッド車「アクア」がフル生産を開始した。

トヨタではトヨタ東日本について、小型車の開発から生産、出荷までを一貫して手掛ける戦略会社と位置付けている。従業員７６００人、売上高6千億円（10年度の単純合計）の水準から出発したが、岩手工場のアクアはその後、爆発的な人気を呼び、月3万台の生産を確立した。

宮城大衡工場の新型カローラの受注台数もウナギ登りで、発売1カ月で1万5千台と目標の2倍を超え、需要に生産が追いつかない状況を示した。大衡工場の生産車種は増え、15年初めには「カローラ・フィルダー」や「アクシス」の量産も開始している。基幹2工場での生産活動は活況を呈しており、13年度中に第一関門である年産50万台の規模に到達した。隣の第一仙台北部中核工業団地では、宮城大和工場が20億円を投じて小型車用エンジンの新工場を建設。12年11月から年10万基のエンジンを出荷、東北での生産拠点づくりがさらに強固となった。

部品企業の集積が加速
現地調達率　拡大が課題

トヨタ東日本の好調な滑り出しは、自動車関連企業や地元産業界に大きな刺激を与えている。それを象徴するのが、トヨタ東日本の活動に呼応した関連企業の相次ぐ進出だ。

１例が鋳造部品製造のアイシン高丘（愛知県豊田市）だ。大衡村に設立した子会社のアイシン高丘東北を通じて、鋳造から加工までブレーキ部品を一貫生産できる新工場をつくり、12年7月から量産を始めている。

ホイール製造の中央精機（愛知県安城市）も大衡村に中央精機東北を設立し、25億円をかけて年産能力２００万個の新工場を建設。「13年末から操業を始め、カローラ向けに部品を量産している」と同社幹部は胸を張る。

電気系統をつなぐ組み配線（ワイヤーハーネス）を作るジーエスエレテック（愛知県豊田市）は、宮城県角田市に新工場を建設、12年秋からトヨタ向けに部品を出荷している。

カローラ生産の大衡地区にはすでに内装品の豊田紡織、ガラス加工のビューテック、プレス部品のC&Dなどが進出済み。アクア生産の岩手地区でもアイシン東北が電子部品を、デンソーが車載用半導体を手掛けており、福島県田村市に新規進出したデンソーの新工場とも相まって東北地方に自動車関連の企業集積が急速に進んでいる。

トヨタ東日本の葛原徹副社長は「自動車生産を域内で完結できる仕組みを作りたい」と、当面の課題を話す。そのために部品メーカーを発掘する「東北現調化センター」を設立済みで、現在4割の現地調達率を将来は8割まで高めたい考えだ。地元側もこれを好機と捉え、東北経済連合会や商工会議所などは「企業集積の加速、トヨタとの取引拡大を支援していきたい」と歓迎している。

工場の在り方を問うモデル
企業進出を活かすまちづくり

自動車産業は技術進歩や時代の流れに合わせて、工場の姿を大きく変えている。トヨタ東日本の工場づくりにもその辺りを意識した新芽が窺える。

一例が工業団地内に導入する予定の「スマートグリッド」（次世代送電システム）構想だ。宮城大衡工場ではすでに複数の自家発電設備を整えているが、新たに発電能力10－20《メガワット》級の大規模太陽光発電所を独自に建設している。これらの電力網を一元的に管理し、団地内企業や地域の電力利用を効率化するのが構想の目的だ。

この構想には宮城県や東北大学など官学が協力し、周辺でメガソーラー事業を計画するセンコン物流など民間企業も強い関心を示す。具体化すれば、団地内企業の安全操業や地域社会の防災維持に貢献でき、工場の将来像を世に問うモデルとなる。

スマートグリッド構想を先取りするように、トヨタ自動車と豊田通商が宮城大衡工場の敷地内に植物工場を建設する動きも出ている。自動車工場の廃熱を使って13年1月からパプリカを水耕栽培している。自動車工場の新規立地が、新事業創出を誘発しつつ、地域社会を支援する役割を果たし始めた。

一方、加速する産業集積をまちづくりに活かす動きが各自治体で広がっている。膝元の大衡村では「進出した自動車関連企業は14社。2700人の新規雇用が生まれた」と述べ、雇用と税収面（13年度の税収14億円）で地域社会に大きな波及効果もたらしつつある。この効果を活かして、同村は農業の振興や定住人口の増加、子育て支援に力点を置いたまちづくりを進めようとしている。

企業を受け入れる宮城県の大和町、岩手県の一関市、金ケ崎町でも独自の総合計画を作り、自動車関連企業の誘致を地域振興に繋げようとしている。

トヨタの進出を町づくりに活かす大衡村役場。

「菜の花」でバイオマスタウン「都市鉱山」の拠点として脚光

（秋田県小坂町）

秋田県の北東部、人口約５５００人の鉱山の町・小坂町が今、東北有数のエコタウンとして生彩を放っている。２００５年に始まった「菜の花」バイオ事業が環境に優しいバイオマスタウンづくりに発展、農業再生と新産業の創出に向け地域の期待が広がる。一方、十数年前から動き出した金属リサイクル事業はここへ来てますます活況を呈し、小坂周辺が日本有数の「都市鉱山」の新拠点として急浮上している。

体験農園内に菜種の搾油施設
遊休地解消に菜種バイオ事業

小坂町役場から車でざっと10分、藤原地区の体験農園に２００８年１月、菜種油を搾油する専用施設がお目見えした。小坂町観光産業課のスタッフの案内で現地を訪れると、搾油機械がフル稼働し、辺り一面に菜種油特有の匂い

小坂町が藤原地区につくった菜種油の搾油施設。

が広がっていた。

「施設は体験農園の管理棟を改修してつくった。２１４平方メートルの床面積に搾油、精製、貯蔵などの機器をそろえた町営の施設です」と、担当者が説明する。総事業費２２００万円のうち、機器購入費の半分を国の交付金でまかなったそうで、「年間60トンの菜種を処理し、1万8千トンの食用油を生産できる」。

鉱山の町として発展してきた同町は、農業といっても兼業農家が主流である。水田農家約４００戸のうち、専業農家はわずか70戸。かねてより農業の担い手不足が町や農協関係者の悩みの種だった。

減反政策に伴い町内の水田４５０ヘクタールのうち、米を作れない生産調整面積が１５０ヘクタールもある。しかも耕すだけの自己保全農地や牧草地が80ヘクタールも占める。このまま担い手不足が進めば、遊休農地がさらに広がってしまう。これに歯止めをかけようと町が打ち出したのが、菜の花を活用したバイオマス事業だった。

町が目指すのは、①米の転作田に菜の花を栽培してもらって菜種を収穫し、菜種油を搾油して食用油として販売・消費する②使用済みの食用油は回収し、軽油代替用のＢＤＦ（バイオディーゼル燃料）を製造する③できたＢＤＦは農機具や町の公用車に使う――という資源循環システムの形成だ。

その中で特に重要なのが地域に合った計画づくりだ。小坂町はその点を最優先した。

3年で目標の作付面積を達成
独自の作付け刺激策が効果

できあがった計画が国のバイオマスタウン構想の指定を受けたのを機に、同町は05年度から作業を開始する。同年度の菜の花の作付面積は15戸で9ヘクタール。滑り出しこそ渋かったが、翌年度には40戸の農家が参加し作付面積は一気に26ヘクタールに拡大。07年度には46戸が加わって作付面積が30ヘクタールに広がり、25トンの菜種を生産した。

「作付面積30ヘクタールが当面の目標だった。それを3年で実現できた意義は大きい」。作付面積がこのように順調に拡大した理由について、観光産業課長の近藤肇丘は減反交付金を活用した独特の刺激策が効を奏したと説明する。

隣の鹿角市と協力し、菜の花を含む4種類の景観作物を水田に作付けすると、10アール当たり2万円助成する制度を創った。菜種の搾油用に出荷すると、さらに10アール当たり2万円上乗せし、町が買い上げる場合には1キロ当たり１００

円で引き取る――これが同町の実施した刺激策の内容だ。「最大で10アール当たり5万6千円ほどの収入になる。農家にとって魅力が大きい」。刺激策の効果を近藤課長も評価する。

問題は菜の花の作付面積や農家が年によって増減することだ。13年度は27戸の農家が参加し、作付面積が46ヘクタールに拡大したが、年によっては40ヘクタールを割るときもあるという。

とはいえ、休耕田や耕作放棄地に菜の花を植えれば、景観の向上や農地の再生につながり、菜種油の販売で農家の懐も潤う。菜種を使った新商品を開発すれば新たな雇用の機会も生まれる。

各工程の作業がうまく回転し、「菜の花の栽培からＢＤＦの製造・使用まで円滑に循環する社会ができあがれば、新しい小坂町を築くことが可能だ」。そんな将来像を描いて、バイオマスタウンづくりを目指す地域ぐるみの挑戦が今も続く。

金属リサイクルのコンビナート
新型リサイクル炉がフル稼働

小坂町のエコタウンづくりを支えるもう一つの柱、金属リサイクル事業は地域にがっちり根を下ろし、地域経済を牽引する役割を発揮している。ここ10数年、小坂町とその周辺都市にリサイクル関連企業が陸続と立地し、独特の「金属リサイクル・コンビナート」を築いてきた。

この事業をリードするのが非鉄大手のＤＯＷＡホールディング。同社広報担当者によると、亜鉛製錬を行う秋田製錬やインジウムなどを回収する秋田レアメタルなど4社が秋田市で企業活動を展開し、汚染土壌から金属類を回収するエコシステム花岡、廃家電から基板などを回収するエコリサイクルなど3社が大館市に進出してリサイクル事業を行っている。

そして小坂町に集積する金属リサイクル企業は7社に上る。主な企業を取り上げてみても、自動車の触媒から白金などを回収する日本ピージーエム、自動車の破砕クズから金属類を回収するエコシステム小坂、廃液などから金属を回収するエコシステムリサイクリング北日本、金属の含有量を分析するＤＯＷＡテクノリサーチなど、異色の企業群が活動中だ。

そこへ金属リサイクル・コンビナートの中核となる小坂製錬の新型のリサイクル炉が１００億円を投じて町内につくられた。この設備は07年夏からフル操業を続けている。金属スクラップなどのリサイクル原料から金や銀、レアメタル（希少金属）など19種類の金属を取り出す世界有数の装置である。

世界的な資源不足を背景に国内外で廃棄される家電や携帯電話、パソコン、廃自動車などに含まれる希少金属が注目されている。各種金属を効率的に分別・回収するノウハウは小坂製錬などが過去の鉱山技術を継承する中で身に付けており、それが今花を開きつつあるのだ。

このリサイクル事業を軸に秋田県北部の9市町村が国からエコタウンの承認を受けた。小坂町には鉱山開発の歴史やリサイクル技術などを紹介する「あきたエコタウンセンター」が設けられ、各地から多くの見学者を迎え入れるようになった。

閉山で苦い経験を持つ小坂町がバイオマスタウン、金属リサイクル都市として、活路を拓こうとしている。

小坂町にあるDOWAの主力工場。金属リサイクル事業を展開している。

追い上げる「つや姫」の挑戦
「コシヒカリ」超えへ総力戦

（山形県、つや姫ブランド化戦略推進本部）

山形県が13年かけて開発した新品種米「つや姫」を日本一のブランド米に育てようと、県挙げての総力戦が繰り広げられている。つや姫が全国市場にデビューして5年目、生産量と販売量はまだ目標に届いていないものの、県内ではすっかり足場を固めた。官民一体で努力した結果、首都圏、関西圏でも知名度を急速に高めている。品質、食味に対する市場の評価は良好で、価格も新潟産一般コシヒカリを上回る。コメの王様「コシヒカリ」を超えるのが最終目標だ。

知事が店頭でトップセールス コシヒカリ上回る価格

つや姫は通常、10月初旬に県内で、中旬に県外でそれぞれ発売される。デビュー1年目の10月中旬の発売では、首都圏で高い評価を得たことから、「これはいけるぞ」と県内は高揚感に包まれた。関係者の意気込みは相当なもので、2011年の2年目から主力の首都圏と関西圏でブランドを浸透させる作戦を重視してきた。

吉村美栄子知事が銀座三越のデパ地下に乗り込んだのが10月22日。かすりのもんぺ、かっぽう着姿の知事が店頭に立ち、「高品質でおいしさは日本一ですよ」と買い物客にPR。試食用につや姫のおにぎりと玄米茶を100人分配ったが、数分ではけてしまう。「もちもち感があっておいしい」、「粒が大きいわぁ」と来店客の会話が弾む。

吉村知事は2週間後には関西に飛び、大阪・難波の高島屋の食品売り場で販促活動を行った。東京と同じ装いで「大阪の皆さんにおいしいお米を届けに参りました」と声を挙げた。

大震災の影響が小さく買い気旺盛な関西市場が狙い目と見て、関西向けに10月、11月と2回も異例の新聞広告を

山形県の「つや姫」の人気が高まるばかり。県もPRに力を入れブランドの定着に余念がない。

打った。その効果が出たか、セール開始前に50人ほどの列ができ、知事が試食品を配ると買い物客でさらに膨れ上がった。

高島屋の米穀売り場で売られたつや姫の価格は5キロ入りで3990円。新潟産の一般コシヒカリ（3780円）より6％近くも高い。銀座三越での価格は5キロ2780円、渋谷のスーパーで2990円とやはり一般コシヒカリより1割も高い。つや姫に対して流通業者は強気の価格設定で臨んでいる。

「主婦感覚では5キロ2500円が上限」と、高価格のつや姫を敬遠する声が出たものの、品質に関しては粘りがある、粒が大きい、冷めてもおいしそうと消費者の反応は上々だ。

品質確保に厳しい栽培基準
独自の流通チャネル

つや姫普及の旗振り役は県や農業・流通団体など、官民一体で作った「つや姫ブランド化戦略推進本部」（本部長吉村美栄子知事）。年間活動費1億3千万円を官民で拠出し合い、ホップ（08－10年度）、ステップ（11－13年度）、ジャンプ（14年度以降）と段階を踏んで様々な取り組みを具体化している。
ステップ段階で特に重視するのが高品質米の生産体制の確立と市場評価を高める販促活動だ。このうち、生産面では「何はさて置き、品質確保が大前提」と県産米ブランド推進課の武田一夫課長は強調する。つや姫の栽培希望者はいっぱいおり、「放置すると、崩れる品質でダメになるブランド米が多い」からだ。

山形県は認定農家と栽培適地を絞り、①栽培面積は３㌶以上②栽培方法は特別栽培か有機栽培に限る③県のマニュアルに従う——などの基準を設けている。

11年産米は３３７３人の認定農家が３２００㌶栽培し、1万6千㌧収穫した。12年度は４４３９の認定農家が６４００㌶栽培した。収穫は3万2千㌧台と大幅に増えたが、「増産で品質を落とすことは絶対しない」（武田課長）というのが基本だ。そのため栽培技術に秀でた生産者（つや姫マイスター）65人を全県に配置するなど、技術向上に目を配ってきた。

販売面では、高価格販売を維持できる独自の流通チャネルを整備する。百貨店、専門店など取扱協力店１３８２店、つや姫の料理を提供する提供店81店を全国で選定したが、これらが拡販できるようテレビＣＭや新聞広告を打ち続けている。

知事のトップセールスは勿論のこと、つや姫レディの店頭キャンペーン、実務スタッフの消費者説明会なども織り込み、独自の口コミ作戦を展開している。

高まる評価に市場が反応
栽培県の拡大策が急務

つや姫は県農業総合研究センターが13年間かけて開発した新品種米で、コシヒカリに対抗する「ブランド米として全国に定着させる」のが目標だ。それを狙うのに十分な根拠がある。

コメの品質で最高ランクとなる一等米で高い比率を達成した、その実績が第1の根拠。デビュー1年目の10年度は猛暑で全国的にコメの出来が悪く、一等米の割合は全国平均で61%、コシヒカリで21%だった。つや姫は断トツの98%を達成、一気に高品質の評価を勝ち取った。

第2は抜きんでたうまさである。日本穀物検定協会の食味コンテストで、魚沼コシヒカリと同じ「特Ａ」を確保している。そして、丈夫で暑さに強いという特性に生産農家は注目する。

高まる評価に、市場は敏感に反応した。11年産米は収穫前の契約で7割以上の販売が決まったし、ＪＡ全農山形の卸価格が60キロ1万8千円と前年から22％も跳ね上がった。新潟の一般コシヒカリを５００円上回る値だ。農家への前払い金も前年比23％の大幅アップとなった。

前途はこのように明るいようだが、課題も多い。「まずは通年販売のできる生産量を確保してほしい」と流通業界は注文する。年産50万トン級のコメがコシヒカリなど4銘柄あり、これに近付ける努力が求められる。

山形県は県内で栽培面積を増やす一方、他県に生産を働きかけてロットの確保を狙っている。すでに宮城、島根、長崎、大分の4県が計４３００ヘクタールも栽培し、32県が試験栽培中だ。栽培県の拡大が急務といえる。

もう一つは産地間競争だ。北海道の「ゆめぴりか」、佐賀県の「さがびより」などがブランド化作戦を始めており、市場争奪戦が激しさを増している。つや姫の真価が問われている。

山形県は「つや姫」の品質確保に厳しい栽培基準をつくって運用している。
写真は担当部署の県産米ブランド推進課の執務風景。

地域づくりに大学の知恵
芸術の力で温泉地など活性化

（山形県山形市、東北芸術工科大学）

東京以北では最大の芸術系大学といわれる東北芸術工科大学（山形市、学長松本哲男氏）。開学して2013年で22年目という若い大学ながら、町づくりや村興しに大学の知恵を活かし、存在感を高めている。地域との連携を声高に叫ぶ大学が全国各地で増えてきたが、東北芸工大学は1歩も2歩も他大学の先を歩む。地域を元気にする事業と真正面から取り組む行き方に、地域から共感が広がる。

新しい魅力、「ひじおりの灯」
開湯「一二〇〇年祭」に連動

出羽三山の霊峰・月山の山懐に息づく肘折温泉（大蔵村）。開湯は1200年前、農民たちが農閑期に訪れ農作業の疲れを癒す湯治場として親しんできた伝統ある温泉郷だ。ここを舞台に毎年夏、地域再生を狙う興味深いイベントが行われている。

地域主催の開湯「一二〇〇年祭」と連動して催す灯籠プロジェクトがそれ。東北芸工大の教員、学生らがデザインした灯籠を旅館の軒先に飾って夏の温泉地をライトアップし、温泉地の新しい魅力を演出しようという趣向である。

灯籠は「ひじおりの灯」と呼ばれ、日本画コースの院生らがスケッチした絵を月山産の和紙に描き、これを八角形の木製製品に組み込んだ独特の芸術品だ。肘折の宿に分宿した院生らは、地域の風物や生活を地元住民から聞き回ったり湯治客と交流したりして作品を創作、肘折ならではの特色ある絵に仕上げていった。灯籠作りは建築・環境デザイン学科の竹内昌義教授が指導に当たり、庄内の建具職人が伝統技術を使って完成した。

最初のイベントが始まった07年、プロジェクトに参加した旅館は22軒。7月中旬から39日間、雨の日を除いて毎夜、旅館の軒先に灯籠が吊るされた。「ひじおりの灯」で

山形県に本拠を構える東北芸工大。芸術を通じて地域を元気にする活動を展開している。

温泉地は幻想的な雰囲気に包まれ、非日常的な夜の散策を観光客らが思い思いに楽しむ。

「湯治場に溶け込むようなイベントで、肘折に来た甲斐があった」。仙台市から来た女性客は灯籠プロジェクトに強い関心を示し、「一過性のイベントにしないで、ずっと続けるといいですね」と注文を付ける。

地域の歴史、文化を掘り起こす
廃校を芸術活動の制作拠点に

「温泉地の活性化といっても、単に学生たちのアート作品を街に飾るだけでは意味がない。地域の歴史や文化、風土を掘り起こし見つめ直すことが、衰えた地域を再生する資源となる」。

これがプロジェクトと取り組む東北芸工大教員、院生、学生の発想だ。そうした発想を地域住民や大学側が真剣に受け止め活動したことが、今回の成果に繋がった。

プロジェクトに参加した院生、学生らによると、翌年の08年以降は洋画と版画の院生らが肘折温泉に大勢繰り出し、参加旅館が30軒に増えている。「10年以上はこの取り組みを続けたい」、「温泉地のさまざまな場所に作品を展示したり、作家が滞在して創作できる環境を整備したりして、肘折温泉を丸ごと美術館にしたい」――地域の若手経営者や旅館の女将、大学関係者の口からこんな声が聞かれるようになった。

ところで、山形県では近年、小中学校の廃校が増える一方だ。そんな廃校に目を向け、新しい創作拠点に活用しようという動きが、東北芸工大の卒業生や院生らの間で強まっている。

廃校は過疎化、少子化に起因する負の象徴といえるが、廃校を放置すれば地域の衰退を進化させせかねない。逆に廃校を有効活用できれば、地域の交流を促し地域文化を発信する新しい拠点に切り替えることも可能だ。

01年に廃校となった朝日町の旧立木小学校。その一角を借りて創作活動をしているのが芸術学部卒業の若い女性芸術家だ。共同のアトリエ「あとりえマサト」を開設、日本画や金属工芸の創作活動に精力を注ぐ。

今では4人の芸術家が集まりここで展覧会やワークショップを開き、住民と交流の輪を広げる。地域は芸術家から活力をもらい、芸術家は地域との交流から創作の刺激を受ける、そんな共振現象が町に生まれている。

こうした活動に注目して東北芸工大は、山形県内の廃校を舞台に芸術教育を推し進める「芸術工房ネットワーク」プロジェクトと取り組んだ。廃校を芸術工房として蘇らせ、大学と地域が交流しつつ、芸術をテコに地域を活性化させる新しい運動と言ってよい。

朝日町の旧立木小を含め天童、村山など5市町村の8つの廃校で既に東北芸工大生による制作拠点が築かれた。これらをネット化すれば、閉ざされた地域の交流が進み、今までとは全く違うレベルの文化交流が実現できると関係者は目論む。

地域活性化といえば、産業分野でも新しい動きがある。東北芸工大が県下の製造業6社と組んで、独自のブランド商品（名称は「アガレイ」）を開発するプロジェクトだ。大学のデザイナーのリードで、雪の結晶をかたどったパスタ、イグサのマットなど50点を開発、14年1月にパリの国際見本市に出展したところ、好評を博した。

蔵プロジェクトで地域を動かす
大学の存在感を外に示す道

町づくりに絡む東北芸工大の活動範囲は広がる一方だ。なぜそれほどまでに熱意を燃やすのか、松本哲男学長に聞いた。

――地域貢献に積極的ですが、具体的な取り組み事例を教えてほしい。

松本　肘折温泉での灯籠プロジェクト、廃校を舞台にした「芸術工房ネットワーク」、山形市内の蔵プロジェクト、真室川町の漆を使った特産品開発などいろいろある。学生が制作した作品を県内在住の方が預かる「里親制度」も推進している。

蔵プロジェクトは市の中心街に現存する古い蔵を学生の力でギャラリーやカフェに再生し、各種イベントを開いたりライブやワークショップに活用する取り組みだ。活動してもう10年近い。地域を着実に動かしている。

―地域貢献になぜ熱心なのか、その理由が知りたい。

松本　研究は広い視野が必要だが、大学の足は東北、山形についている。地域が元気でないと、面白くてわくわくする大学、飛び跳ねる大学になれない。

大学が存在感を示せるのは地域にいかに密着し、地域をどれだけ元気にできるかに左右される。地盤沈下の目立つ田舎にある大学だからこそ、逆に大学の特色を外に発信できる。

東北芸工大学と協力し、「ひじおりの灯」が飾られる肘折温泉の通り。

飼料米作りで農業に活路
畜産会社、消費者が農家と連携

（山形県庄内地方）

養豚や養鶏など畜産用飼料の自給率を高めようと、飼料米を生産し活用する動きが全国で本格化してきた。輸入飼料の価格乱高下にあまり左右されない生産環境づくりを進めるのが狙いだ。その先頭を走る山形県遊佐町の取り組みは12年目に入った今、庄内全域に広がり、畜産会社や消費者を巻き込んだ新しい「農の革新」運動に発展した。

庄内平野の北端に位置する遊佐町は、鳥海山の懐に広大な水田がどこまでも続く稲作地域である。ここでは3割近い水田が減反調整の対象になっている。その調整田で転作作物の飼料米生産が急拡大している。

農・産・消の連携で立ち上げる
作付け拡大、遊佐町２１０㌶

飼料米の品種は、多収穫米として知られる「ふくひびき」が中心だ。２００９年産の飼料米の作付け面積は遊佐町で２１０㌶。「作付け面積は前年比24％増。携わる生産農家は３３７人と前年を17％上回る」。こう話すＪＡ庄内みどり営農企画部の佐藤秀彰統括課長は、収穫される飼料米の全量が高級食材として人気の高い豚の餌になると説明した。

遊佐町で飼料米の本格的な作付けが始まったのが04年度。行政と農協が畜産会社（平田牧場）、生協（生活クラブ協同組合連合会）などと「飼料米プロジェクト」を立ち上げたのが発端だ。産地に適した品種の選定、地域に合った生産体制、コスト低減策、流通システムなどを関係者が共同して調べ、実行した。

初年度に飼料米栽培に携わった農家はわずか24人で、作付け面積は７・８㌶だった。それが4年後の07年度には２３１人に増え、面積は国内全体の半分近い１３０㌶に達した。6年目の09年度は、初年度の27倍の水田で飼料米が栽

米どころの庄内地方では、調整田で飼料米の作付けが広がる。

培されるほどの急拡大ぶりである。

遊佐町で始まった飼料米作りは隣の酒田市にも広がり、09年度は同市で300人近い農家が190㌶の飼料米を栽培する。結局、09年産の飼料米生産量は庄内全体で2700トンになった。

「始めてから3年間は政府の補助金もなく世間の関心も低かった。今は世間の評価も高く、あちこちから視察が相次ぐ」。農家の意欲は強まる一方だから、庄内地方から山形県各地へと関心が広がり、作付け面積は年々増えていく。

県全体の13年産の作付面積は1700㌶と全国第3位だった。このうち庄内地方は県の作付け面積の4割以上を占めると、佐藤課長は見通す。

独自の流通システムが威力
飼育全頭を「こめ育ち豚」に

庄内地方で飼料米作りが急拡大した理由はいろいろある。

生産農家にとっては減反で遊休化する水田を守れる、主食用米作りと同じ農業機材と技術を使えるので、新機材への新規投資や技術習得が不要といった利点がある。一方、食糧自給率の向上を願い安全な食材を求める消費者は、国内でそれを実現する試みを強く期待している。

何より大きいのは、独自の流通システムを構えたことだ。庄内の飼料米は農協や飼料会社を経て平田牧場（酒田市、新田嘉七社長）が買い取り、豚の餌に利用する。「耕畜連携」の進展で、コメ農家は安心して飼料米の作付けに精を出し、畜産会社は飼料米で育てた豚を「こめ育ち豚」と呼んでブランド化し、生活クラブ生協などに供給するという仕組みである。

生活クラブは国産品と食の安全にこだわる組合員数30万人の生協で、旧遊佐町農協（現JA庄内みどり）や平田牧場とは40年以上も食用米や豚肉の産直提携を続けてきた。長年にわたって培った三者の信頼関係が、庄内の飼料米プロジェクトでも効を奏したと言える。

平田牧場は年間20万頭弱を養豚し、「三元豚」「金華豚」のブランド豚肉を販売する有数の畜産会社。全国に先駆けて飼料米を豚の餌に導入したが、09年からは養豚のすべてに飼料米を与え、全頭を「こめ育ち豚」に切り替えた。

飼料米の生産が少ないので、「09年は飼料米が餌の5％だった。10年以降は飼料米の比率をだんだんと増やすことができた」と新田社長。食味・食感が良く肉質が軟らか――「こめ育ち豚」の試食会でよく出る意見だ。「消費者の評価が高いので、飼料米の配合比率の15％への引き上げとか、給餌期間の拡大なども検討したい」と、新田社長は意欲を見せる。

平田牧場の積極姿勢は「耕畜連携」を強化するもので、生産農家にとって好材料だ。

最大の問題点は採算性
技術の改善で単収引き上げへ

「豚の次は鶏に飼料米の需要が広がる」。こんな見方が強まっているが、楽観は許されない。最大の問題点は採算である。

農家の収入は、飼料米の販売代金（平田牧場の買入価格＝1キロ当たり46円）に国の産地づくり交付金、県の助成金、その他を加えた総和だ。一方、支出は肥料費、農薬費などの生産コストに労働費、機械の減価償却費を加えた額となる。そして収支は「労働費、減価償却費を除き10アール当たり3万円弱。労働費などを足すと収支トントンの状態」（JA試算）という。

各種助成金の充当でやっと採算が取れるというのが現状であり、事業性をさらに高めるには一層の収入確保が不可欠だ。そのためには①単位収量の引き上げ②助成金の支出増③平田牧場の買い入れ単価の引き上げ、の3点がポイントとなる。

　このうち、産地づくり交付金は現行制度を前提にすれば、引き上げは容易ではなく、買い入れ単価の引き上げも難しい。買い入れ単価は「今でさえ輸入トウモロコシの1・5倍」。これ以上の引き上げは消費者の理解が得られないとの声が圧倒的に多いのだ。となると、栽培技術の改善で単収を引き上げることと、県単独の助成金引き上げが可能性の大きい道と言える。

　飼料米の量産時代に備えて、保管施設をどう整備するかも大きな課題。問題は多々あるが、「知恵を絞り力を結集すれば、壁は乗り越えられる」と関係者は心配していない。減反と米価低迷にあえぐ農業に活を入れ、自給率向上を目指す飼料米作りの挑戦が今後も、庄内で続く。

「こめ育ち豚」を飼育し、全国に販売する平田牧場の本社内売店。

街に活気もたらす１００円商店街
先進的な試み、全国に波及
（山形県新庄市）

都市郊外に進出した大型店の攻勢で、衰退の坂を転げる中心商店街。激しい顧客流出を何とか防ぎ、街に活力をもたらす手助けをしたいとＮＰＯ（特定非営利組織）が商店街幹部を巻き込んで立ち上げたのが「新庄１００円商店街」（山形市新庄市）だ。動き出して11年、中心商店街に買い物客が増え始め賑わいが戻ってきた。中心街を活性化する先進的な試みといわれ、それが今、全国各地に波及した。

店頭に並ぶ多彩な１００円商品
商店街を舞台にほぼ全店が参加

最上川の舟運で栄えた新庄市は国道と鉄路が交差する交通の要衝で、山形県北東部の中核都市である。山形新幹線のターミナル駅ができた際、先行きの発展が期待されたものの、逆に人口は減り続けて２０１４年春時点で3万8千人弱、都市の活力も萎みがちなのが悩みの種だ。その新庄駅から西へ６００メートルほど離れた南本町商店街が、１００円商店街の舞台である。

6月13日の午前10時、この年で3回目の１００円商店街を見る機会があった。この日はたまたま梅雨の中休み、久しぶりの好天気に恵まれたとあって、澄んだ青空の広がる商店街に市内外から主婦らが押し寄せた。みそ・しょうゆ店の店頭で数人の客が群がる。「量り売りのみそを求めたが、ついでに仙台みそも試しに買ってしまった」。こう話すのは、市北部の泉田から来た40代の主婦だ。

朝採りの野菜を並べる青果店、色柄のＹシャツやポロシャツを展示する衣料品店、各地の銘柄茶を小袋にパックして置く乾物店、端切れを売り込むインテリア店――店先に並ぶ商品はいずれも値段が１００円。展示商品は開催月ごとに変える店が多いので千差万別、実に多彩だ。

南本町商店街で、偶数月に１回100円商店街が開かれる。

２５０メートルほどの南本町商店街で商いをするほぼ全店の30店が毎回、催しに参加するが、各店とも１００円商品に趣向を凝らすので、思わぬアイデア商品が生まれヒットする。車内清掃券（自動車販売店）、包丁研ぎ（建設業者）、眉毛カット（理容店）、ネクタイの１００円洗濯（クリーニング店）――これまでに話題になった人気商品の一例だ。

守るべき3つの鉄則

ＮＰＯ「ＡＭＰ」が仕掛け立ち上げる１００円商店街というのは、商店街全体を一つの１００円ショップに見たてて、全店が店先に思い思いの１００円商品を並べて顧客を呼ぶというもの。商品は何でもいい。在庫見切り品でも結構だし、その日限定の食べ物であっても他所から調達した品でもいいのだそうだ。

「ただし、守るべき３つの鉄則がある」。こう強調するのは、新庄１００円商店街を立ち上げた斎藤一成さん（ＮＰＯ「ＡＭＰ」の理事長）だ。①１００円商品は店頭に並べる②店主も店頭でお客に応対する③精算は必ず店内のレジで行う、というのがそれだ。

斎藤さんによると、１００円商品は顧客を呼び込むための単なるツール。１００円商品を売って儲けるのが目的ではない。そこが１００円ショップとの違い。

精算を店内のレジで行うのは、日ごろ店内に入りづらいと思っている顧客を引き込むのが狙い。１００円商品の支払いで店内に入った顧客が、会計の合い間に店内を見て回り、本来の商品をついで買いする機会を作ってしまおうという戦略である。これがまんまと図に当たり、客単価が上がったり得意客が増えたりする店が目立ち始めた。

１００円商店街を立ち上げた「ＡＭＰ」は、沈滞する新庄を何とか元気にしたいという思いで結成した民間グループで、メンバーは20代から30代の公務員、自営業者など10人。商店街幹部を巻き込んで各商店を説得、企画してから半年後の04年7月にようやく1回目の１００円商店街開催にこぎつけた。

フタを開けてみると、3日間の来街者は1万人を超し、あちこちで開店前から顧客が並ぶ盛況ぶり。「人出は普段の10倍以上では」、「人気の新庄まつりに負けない人出」と市民が驚くほどの活気を見せた。

それまでは2カ月ごと奇数月の開催だったが、08年から偶数月の開催に改めた。さすがに人出は落ち着いてきたが、「それでも毎回、6千人は集まる」というから賑わいは衰えを見せない。

客を店内に引き込む仕掛け作り 08年秋にサミット開催

１００円商店街で興味を引く点がいろいろある。日ごろ店に入りづらいと思う顧客を気軽に店内に引き込む仕掛けを作り上げた着眼力、商店街を構成するほぼ全店が参加し街全体を会場にして盛り上げる手法。そして何より注目していいのが行政に一切頼らず、民間の力だけで事を成し遂げている点だ。

イベント告知は新聞の折込みチラシを使うが、作業はＡＭＰが一手に引き受ける。参加店の推奨する１００円商品をＡＭＰが取材し、それを目玉にチラシを作る。デザインから校正、印刷も手作りだ。10万円ほどの作成費は商店街の協力などでＡＭＰが自力で捻出する。

集客のための各種イベントも商店街の仲間と一緒に実施する。音楽の路上ライブ、くじ引き抽選会、サンタクロースの宅配、アイデアが浮かぶとすぐ実行するのがＡＭＰの持ち味だ。

１００円商店街と連動して始めた資源ごみ回収「ちょぺっと」事業は、07年5月から常設イベントになった。商店街に10店の協力店を設置、市民がここに資源ごみを持ち込むとポイントがもらえる。事業担当の庄司恵子さんは「ポイントがたまると買い物券になるし、ごみの削減にも役立つ。集客とごみ削減の2兎を狙った新手の試み」と解説する。

１００円商店街は、県外にもどんどん広がる。熊本県宇土市、福島県喜多方市、鹿児島県さつま町など9市町の１００円商店街幹部を招き08年10月、発祥地である新庄市でサミットを開催し交流を深めた。

１００円商店街が全国の１００市町で導入されたのを記念して12年11月、2回目のサミットが新庄市で開かれたが、その後も導入する商店街が多く、今では３００以上の市町に普及している。各地区の幹部が経験を話し合い、１００円商品の相互融通など振興策を練っている。

100円商店街を普及させた斎藤理事長（右）。全国の商店街を飛び回っている。

目立つ農業ガールズの台頭
魅力ある職業として農業選ぶ

（山形県村山市、山形ガールズ農場など）

男性が担い手の中心を占める農の世界に切り込み、地域農業や農村を元気にする若い女性が増えてきた。いわば、農業ガールズの登場である。女性特有の感性とアイデアを活かして栽培から農産物の加工、販路開拓までビジネスとして農業と取り組もうとしている。６次産業化、農商工連携事業にも果敢に挑戦する。自分の意志で農業を選ぶ若い女性の台頭で、農業のイメージは大きく変わりそうだ。

高橋さん、ガールズ農場を運営
栽培面積は水稲と畑作で4ヘクタル

朝方に降った雨が上がり、穏やかな陽光が注ぐ山形県村山市の秋。ズラリと稲ぐいが並ぶ水田で、天日干しを終えた稲の脱穀が続く。作業するのは、５年目の収穫期を迎えた山形ガールズ農場（高橋菜穂子社長）の６人の女性たちだ。

６人は大学の農学部卒や食品会社、農協からの転職組がほとんどで、20－30代と若い。彼女らの作業服は明るい色のチェックのシャツとカラフルなつなぎ、オレンジ色の長靴が定番だ。「どうせ汚れるから何でもいいじゃん、ではダメ」と高橋社長。明るく心が高揚する服装でまず、農業の新しいイメージを感じ取ってもらおうとの趣向だ。

今季収穫したコメはわずか３００グラムの小袋に詰め、小袋５つをセットにして「カラフル　コメ　ライフ」の商品名で11月から翌年6月まで販売する。スーパーで売る５キロ単位、10キロ単位の出荷はしない。女性消費者のニーズを調べた結果、小袋単位の販売がいいと判断した。

栽培面積は主力の水稲２・５ヘクタルと畑１・５ヘクタルの計４ヘクタル。全て借地だ。畑作はナス、小玉スイカ、ミニトマト、里芋など30種類の野菜が中心で、さくらんぼやリンゴなど果樹栽培も手がける。里芋やナスは契約栽培で県内の食品会社

新しいことに挑戦する山形ガールズ農場。

に卸すが、その他は女性ならではの包装、デザインを工夫し、直販やネット販売を心掛ける。

冬場は食品加工に精を出す。自社産の野菜でつくる「野菜ぷりん」、地場産の果実や野菜で手作りしたリンゴジュース、自社産の野菜を使ったクッキーなどを次々と開発、周年販売できるようになった。

売り上げは10年度が１８００万円、11年度がこれを上回り、12年度は２８００万円になった。「最近、経営が固まり、先行きに自信が持てる」と話す。

農商工連携で清酒「山形娘」「メイド付農園」の展開

高橋さんは大学を終えて農の世界に入り、村山で農業を営む父親のもとでコメや野菜の栽培技術、営農管理を学んだ。その後、東京でレストランを経営する「国立ファーム」と縁ができ、同社の食材調達を担うグループ企業として09年4月、資本金３００万円の山形ガールズ農場を立ち上げた。

新会社は女性従業員３人、栽培面積60㌃で出発したが、6年目の現在、従業員数が2倍、面積が６・６倍に拡がった。

「儲かる農業」を目指して新しいことに果敢に挑戦する。1例が農商工連携事業だ。地元東根市の酒造会社「六歌仙」と連携し、ガールズの女性らが酒米「出羽燦々」の栽培から仕込み作業まで行った。できた清酒は720ミリリットルで600本。オリジナルブランド「山形娘」として毎年3月から発売している。3千本の出荷確保が目標だ。

子どもたちに農業を知ってもらう食育事業にも強い関心を見せる。小学生とその母親を対象に夏の収穫ツアー「まるっと村山サマーフェス」を催している。

ガールズガイドの畑ツアー、ソバ打ち体験、手作りワークショップなどを含め、1日10時間かけたイベントだ。夏本番の8月のイベントでは250人ほどが参加する。農業の新しいイメージをつくり、将来の顧客づくりにも役立つと見て、このイベントを精力的にこなそうとしている。

これから力を入れるのが「メイド付農園」だ。貸し農園の一種で、会員を募集し5坪の農地で好みの野菜を栽培してもらう。女性社員がメイドとなり、農作業の支援からカウンセリング、飼育管理、配送などをきめ細かくサポートする仕組み。すでに10組の会員が集まった。

中山さん、茨城で園芸農業
「女性農園」の経営が夢

1990年代から農村社会で女性の活躍が目立ってきた。まずは周辺分野で新規事業を起こす起業化の動きである。直売所や道の駅での農産物販売、共同作業所での特産品作り、農家民宿や農家レストランの開業といった事業である。これをリードするのは中高年の農村女性だ。

00年代に入ると、こんどは農業の本体部門に若い女性が切り込んでくる。農林水産省によると、13年の全国の新規就農者は5万810人。このうち、4人にひとり弱、1万1580人が女性だ。39歳以下では4人にひとり強が女性である。

注目されるのは、土地も資金もない若い女性の新規参入だ。11年の統計では、「39歳以下の若い女性の新規参入者は、80人。前年を60％も上回る急増ぶり」（農水省経営局就農・女性課）である。これは農地や資金を独自に調達して自営農業を始める若い女性の増加を意味する。

茨城県城里町で園芸農業に携わる中山祐美加さんもそんな一人。会社勤めの後、農業実践学校で1年間学び、群馬県の大手農業法人で2年、茨城県の先進農家で2年研修を積んで技術と人脈を蓄え、12年春から農業生産を始めた。

神奈川県川崎市出身で、親はサラリーマンという中山さんは、縁故のない茨城で農の舞台に飛び込んだわけだ。

10年契約で借りた80アールの農地で、ホウレンソウや小松菜などの葉物、オクラや生姜などを露地栽培しており、年商700万円、利益250万円が目標だ。金を稼ぎ、20人を雇って女性だけで農業をする「女性農園」を経営したいと、将来の夢を語る。

農業を魅力のある職業として選ぶ若い女性の増加は地域に刺激を生む活力源となりそうだ。

春に田植えした稲の脱穀作業を女性社員と行う高橋社長。

食の安全、循環型農業で実現 市民ぐるみの「レインボープラン」

（山形県長井市）

「レインボープラン」（台所と農業をつなぐながい計画）と呼ぶ、一種独特の生ごみリサイクル運動に取り組んでいるのが山形県長井市だ。家庭から出る生ごみを分別収集して堆肥を作り、その堆肥を使って作られる農作物を地元で消費する、そうした一連のシステムづくりを通じて環境保全型農業、循環型社会を築こうというのが、同プランの狙い。この運動は食の安全を求める市民の支持を得て大きな広がりを見せ、域内の産業や市民生活に多様な影響を及ぼしている。

国の補助でごみ処理施設建設
年間４００トンの堆肥を作る

山形県南部、最上川の北流に沿って伸びる人口2万8千人ほどの長井市。田園風景が広がる同市北部、五十川地区にあるのが「コンポストセンター」だ。ここは家庭から出る生ごみを堆肥化するレインボープランの中核施設で、市が農水省の補助を受けて3億８５００万円で建設、１９９7年2月に稼動した。

センターは週2回、市内２３１カ所のごみ収集所から搬送されてくる生ごみを受け入れ、畜ふんや籾殻を混ぜながら80日間かけて堆肥を作る。

「年間処理量は生ごみ１００3トン、畜ふん５１2トン、籾殻１７9トンで、ここから約４００トンの堆肥ができる」と説明するのは市企画調整課の蒲生雅之主査。できた堆肥はJA山形おきたまを通じてトン当たり４０００円で農家に販売されるほか、10キロ袋２３０円で一般市民にも売られる。

農家はこの堆肥を使ってトマトやきゅうり、イチゴなどを作り地元で販売する。販売する流通拠点も、関係者の手で着々と整備されてきた。

その一つが国道２８７号線沿いに設けられた農産物直売

有機野菜を売る「市民広場、虹の駅」。評判を聞いて、首都圏からもよく立ち寄る。

所「市民広場・虹の駅」だ。売り場面積150平方メートル、年中無休のこの店には、登録農家80人が毎日、有機野菜を供給している。虹の駅のほかに、市内30の小売店やレストランが協力し、レインボープラン関連商品を販売しているほどだ。

こうして、家庭から出るごみを堆肥化しそれを使って農家が野菜を作り、再び家庭に戻すという域内循環システムが構築され、地域にしっかりと定着した。

独自の農産物認証制度を導入
学校給食に旬の食材を納入

この運動を支えているのは、97年3月に市民と行政が対等の立場でつくった「レインボープラン推進協議会」。この組織はあくまでも話し合いの機関であり、具体的な事業には生産販売、土づくり・環境、広報など5つの専門部会が当たっている。当面の関心事は「有機農産物の生産レベルを高めることと域産域消の体制を整備すること」と菅野芳秀会長は強調する。

生産レベルを高めるテコとして採用されたのが農産物認証制度だ。化学肥料や農薬の使用量、コンポスト堆肥の投入量などに一定の基準を設け、それに合格した農産物については推進協議会が「レインボープラン農産物」の認証を与えるというもので、すでに20軒以上の農家が認証農産物を栽培している。

「認証制度は優良農産物の生産意欲を高め、農産物のブランド化も図れるという点で、農家にメリットがあるが、それだけではない。市民にとっては安全な食材を購入する際の目安になるし、何より台所と農家の間での相互信頼感が増す」と菅野会長。

域産域消を深めるために、01年から学校給食用にレインボープラン認証米も供給している。次代を担う子供たちを支えるには米だけでなく、旬の野菜も食べてもらう必要があるというので、事業を進めてきた有志が独自のＮＰＯ法人を作り自ら野菜づくりにも乗り出した。

「レインボープラン市民農場」（代表竹田義一氏）がそれで、市から借りた50アールの農地に複数のハウスを作り、04年6月からダイコンやニンジン、トマト、イチゴ、ほうれん草などを栽培、安全食材として全量、市内の学校に納入している。

「推進協議会は話し合いと事業全体の調整が役割。事業性の高いものは切り離してＮＰＯが事業化する。それが虹の駅であり、市民農場で、これらはレインボープランの理念を具体的な形にする動きだ」。こう話す菅野会長は、運動を進める過程で今後も新規計画が生まれてくることを示唆した。

ごみ回収に5千世帯が参加
事業通じ盛り上がる一体感

長井市がレインボープランとして取り組んできたこの事業には、３つの特色がある。

第1は、規模の大きさと意識の高さだ。農家数が急減している現在、多くの農家を巻き込むには制約があるが、市民の側の参加意識は非常に高い。生ごみ回収に参加する家庭は中心市街地の5千世帯に及び、そのごみはほぼ１００％収集されている。

分別は徹底しており、「ごみに混入する金属片などの異物は極端に少なく、年間わずか45キロ」という。これは、良質の堆肥づくりが結局は市民の命に繋がってくるという、主婦の高い意識を反映したものだ。

第2は、ごみの処理を目的にこの事業が始まったのではないということだ。市民の健康を守り地域の農業を支援するために生ごみを資源として活かし、自立した循環型社会を築こうとして始めたもの。

　しかし、結果として燃えるごみの量で30％以上、生ごみの排出量で10％以上もそれぞれ減少するなど、思わぬ効果を生んでいる。

　第3は、この運動を通じて市民の一体感が盛り上がっていることだ。事業が動き出すまでに同市では市民や各種団体、行政が３００回以上も会議を重ね、あるべき事業の推進体制を話し合ってきた。事業が動き出してからも民と官が連携・協働して行動をともにしてきた。

　そうした積み重ねが市民の一体感を盛り上げているわけだが、協働の輪がさらに広がれば循環型社会を目指した運動がもう一段高い町興しに発展する可能性が強い。

食の安全を確保するため、循環型農業を提唱する菅野会長。

庄内のクラゲ水族館が快走
人出ぐんぐん、新館スタート

（山形県鶴岡市、加茂水族館）

山形県庄内地方の小さな水族館・加茂水族館が快調に飛ばしている。「展示数世界一」を誇るクラゲに魅せられて内外から観光客が押し寄せ、年間入館者数の過去最多記録を更新し続けているのだ。誘客増で域内に消費拡大をもたらし、クラゲの学習会を通じて子供たちの環境意識を育むなど、地域の刺激剤になっている。2014年春に完成した新館を飛躍台に、「小さくともきらりと光る」水族館を目指している。

目玉はクラゲの巨大水槽
震災後でも最多記録を更新

　鶴岡市の中心街から車で約20分、日本海を望む加茂海岸に立つ加茂水族館（愛称・クラゲドリーム）。朝9時の開館とともに、観光バスやマイカー客が入れ替わり立ち替わり訪れ、水族館に入っていく。近海の魚を見せる海水魚展示館、庄内の淡水魚を集めた淡水魚展示館を通った来館者がなだれ込むのが、2千匹のミズクラゲが泳ぐ巨大水槽だ。

　500平方メートルのスペースに50近い水槽が並び、52種に及ぶ世界のクラゲを展示している。3メートルの触手を伸ばし浮き上がる赤褐色のアカクラゲ、ヒレに光が当たると7色に輝くキタカブトクラゲ、ふわふわと漂う半透明のミズクラゲ――「宝石みたいにきれい」と、来館者は食い入るように見つめ感動する。

　子どもたちは液晶のタッチパネルを使って毒のあるクラゲ、庄内のクラゲ、国内外のクラゲなどを思い思いに検索していた。注目すべきはクラゲの増殖施設。幼生から育てるクラゲの生育過程を間近で観察でき、1日4回の給餌解説も加わる。

　幻想的な世界を味わおうと訪れる観光客は、県外客が多

クラゲの給餌の解説に観光客は目を輝かせて聞き入る。（加茂水族館）

い。３階建ての旧館の時代でも、11年度の入館者が22万２千人と過去最高の記録を達成、翌12年度は４－10月の間だけで22万２３１９人と記録を更新してしまった。東日本大震災の影響を受けて生気を欠く観光地が多い中で、加茂水族館は震災翌年でも７カ月間で年間記録を更新する活況ぶりである。

水族館の開設は１９６４年春。当初は年20万人前後の入館者が数年続いたが、その後は新潟や秋田など近辺にできた水族館に押されて減り続ける。何をやっても顧客が集まらず、苦難の連続で、一時は入館者が９万人割れとなり閉館寸前に陥った。それを救ったのが97年に始めたクラゲの展示だった。

補助金ゼロ、事業収支は黒字
入場者を感動させる展示術

最初は前の海でクラゲを捕ってに展示数を増やし、飼育を研究したそうだ。展示数の増加とともに入場者が増え、内外に評判を生む。ブレークしたのは下村脩博士がクラゲでノーベル賞を受賞した08年で、翌09年度の入場者が20万人を突破した。

12年度は４月に英ギネスから「クラゲの常設展示数世界

1」の認定を受けて誘客効果を発揮。「ノーベル賞で年6万人、ギネスで同5万人の来客増があった」と村上龍男館長は分析する。

現在の事業収支は完全に黒字だ。自治体からの補助金で何とかヤリクリする水族館が多い中で、ここは市からの補助金ゼロの経営が続く。逆に、市に対し9年間で1億1千万円も寄付金を出しているほどだ。

村上館長は「売上を増やし、必要な経費や再投資は自力で賄う」ときっぱり。そんな健全財政を実現した裏には、永年積み重ねてきた3つの経営努力がある。

第1は見せ方、展示方法の工夫だ。わずか9人の小さな組織だが、全員が接客術や展示方法を研究し、入場者を感動させる見せ方づくりに知恵を絞る。魅せる展示の仕方、それがリピーターを生む秘訣というわけだ。

第2はたゆまぬ集客対策だ。展示がいくら良くても注目されなければダメと、集客に力を注ぐ。1例がトピックスに絡めた誘客PR。アシカの赤ちゃんの名前公募、年初に行う干支展の開催、下村博士の1日館長――何かに付け情報を連発し、来館に繋げる。園児や児童の写生大会を開催したり、保育園に出向いて出張学習会を催したりしているが、これも地域の環境意識を高め、若いファンづくりを狙った集客戦術のひとつである。

関連部門拡充へ商品開発
規模よりはユニークさ求める

もうひとつは経営の多角化だ。収入の基礎は入場料収入だが、直営のレストランや売店など、関連事業も重視している。

この部門の収入を増やすため、商品開発にアイデアと工夫を凝らす。料理ではクラゲの春巻きや刺身、クラゲ茶碗蒸し、クラゲ定食などのメニューを開発、入館者をレストランに誘導している。この中から料理部門ではクラゲ定食の「ベニクラゲ不老不死膳」、デザート部門ではクラゲアイスクリームなどのヒット・メニューが生まれた。

売店で売る土産物の品揃えにも目を配る。クラゲ入りのラーメンやまんじゅう、ベニクラゲなどの柄をあしらった「クラゲネクタイ」などを開発している。売店に立ち寄る顧客が仲間との話題作りにこの種のクラゲ商品を買っていく。関連部門の売上は現在、4割を占めるというから、事業運営上無視できぬ存在だ。

アイデアと工夫で先んじた者がより大きな成果を手に入れる――加茂水族館の軌跡をたどると、そんな言葉が同館の経営力の根っこにありそうだ。

　存在感を高める加茂水族館が年間入館者30万人以上を求めて取り組んだ新館が14年6月にオープンし、順調に滑り出した。鉄筋コンクリート3階建てで、延べ床面積は現在の2倍以上の4千平方メートル。30億円を投じた新館の目玉が直径5メートル、奥行き1・5メートルの巨大水槽だ。

「建物の規模の大きさは競わない。クラゲに特化して顧客を満足させ、自力で健全に経営できるユニークな存在」。つまりは小さくともきらりと光る水族館が、村上館長らの目指す目標だ。

　村上さんは48年間務めた館長を15年3月で引退し、後進に道を譲ったが、村上さんの掲げる目標が実現すれば、クラゲ水族館として世界でも特異な存在となる。世界から見学者が訪れ、地域はもっと潤う。それを求めて、次の世代が同館の新たな挑戦を続ける。

倒産寸前の水族館を世界的なクラゲ水族館に立ち直らせた村上龍男さん。

観光客を惹き付ける映画村セット
進む「映画と食」のまちづくり

（山形県鶴岡市、庄内映画村）

「映画を軸に新しい街づくりを庄内で進める」――こんな夢を掲げて活動するのが山形県鶴岡市の庄内映画村（社長宇生雅明氏）だ。日本でも数少ない常設の映画撮影施設「庄内映画村オープンセット」が登場して6年、運営主体は代わったものの、年数万人の観光客を引き寄せる拠点であることに変わりはない。映画撮影の舞台としても存在感を高め、映画を核にしたまちづくりが続いている。一方、庄内のもう一つの柱が食の都。「映画と食」を組み合わせた独特の町興しも動いている。

東京ドーム20個分の敷地
ロケ味わう入場者、年8万人

鶴岡市の中心市街地から車で30分、月山の自然豊かな山麓に2009年9月、オープンセットが開業した。面積は88ヘクタール、東京ドーム20個分という敷地に趣の異なる5つのエリアが点在する。棚田にわら葺の農家が散らばる漁村・農村エリア、40棟もの旅館や居酒屋が軒を連ねる宿場町エリア、山村の風情を醸す山間集落エリアなどだ。

映画界では作品ごとに大掛かりなセットを建て、撮影が終わると壊すのが普通のやり方。そうしたセットを譲り受け、映画村に移設・改築している。現に映画「蝉しぐれ」の居宅、ドラマ「風林火山」の大手門、映画「おくりびと」の銭湯・鶴乃湯などが各エリアに立っている。

「作品ごとにセットを建てたり壊したりではもったいない。恒常的に使えるセットや街を用意しておけば、製作コストを抑えられる」と話す宇生社長。映画ロケをここに誘致すれば、雇用も生まれる。そんな狙いで登場したのがオープンセットだ。

これまでに漁村・農村エリアで「座頭市」や「必死剣鳥刺し」などの、宿場町エリアで「13人の刺客」などのロケ

鶴岡市松ヶ岡の庄内映画村の活動拠点。

を誘致した。そうしたロケ風景を観光客が間近で見学できるのがここのミソだ。週末には庄内藩殺陣乃会による立ち回り、人形劇団による昔語りが披露されるなど、集客対策にも趣向を凝らす。

辺りは原野で自然のまま、電柱も舗装もない道路、粗末な家具や生活道具が散らばる家の中——昔ながらのそんな風景も人を惹き付け、観光客を呼び込む。09年の入場者数3万8千人が10年は13万人を超した。東日本大震災の影響で景況感が冷え込んだ11年、12年はさすがに減少したが、それでも8万人近い観光客が訪れている。

庄内による地域初の映画製作 話題呼ぶ「おしん」の映画化

山梨県人の宇生社長が切り盛りする庄内映画村は、庄内地方の35の法人・個人が1口50万円ずつ出資して06年7月に設立した株式会社で、オープンセットの運営と映画製作の誘致・支援、資料館の運営の3つが主な事業内容だ。映像産業を取り巻く環境は厳しく、ロケの誘致は生易しい仕事ではないが、それでも11年、12年には映画とテレビを含め各3本のロケを確保した。

13年も3本のロケを受注したが、このうち2つの企画が関係業界と地元で話題になった。1つは庄内による地域初の映画製作だ。具体的には、東京で俳優育成事業を手掛ける映画24区（社長三谷一夫氏）と庄内映画村などが結成した庄内キネマ委員会が推進しているもので、すでに2作品が映画化された。

第1作品はさくらんぼ農家を舞台にした「夏がはじまる」で、介護問題を巡る3代の家族の絆を描いている。出演者は公募し、地元出身の冨樫森監督がメガホンを取って庄内ロケをした。

第2作品は庄内の食をテーマにした「乙女のレシピ」だ。勉強や恋より食べ物が好きと言う女子高校生4人が料理コンテストで優勝を目指す青春物語。三原光尋監督が指揮を取り、13年秋に公開した。

もう1つの企画が「おしん」の映画化だ。30年前、NHKが放送した連続テレビ小説で、内外におしんブームを巻き起こした話題の作品。山形県中山町にあった「おしんの生家」をオープンセット内に移設、ここを軸にオール県内ロケで撮影した。国内の興行成績は今一つだったが、東南アジアに輸出し話題となった。

「経済効果は90億円」映画と食、結合した町興し

庄内映画村が会社設立以来、13年夏までに誘致したロケ数は、第1号の西部劇「ジャンゴ」を含め16作品。ロケ誘致が地域に及ぼす経済効果は大きい。

45日間のロケを基準にすると、ホテル・旅館での宿泊や飲食、車のチャーター、重機のレンタル、ロケ地やセットの使用代など1億円近いカネが地元に落ちるといわれる。米アカデミー受賞作「おくりびと」のように映画がヒットすると、観光客の誘客効果は計り知れない。「直接、間接を加えた経済効果はこれまでで90億円を超す」と宇生社長は説明する。

ところで、庄内映画村の事業の1つの柱であるオープンセット運営事業だが、舞台が雪深い山のすそ野ということもあり、冬場の除雪が並大抵ではない。「除雪費用が年3千万円。入場者が増えないと経営を圧迫する」（宇生社長）というので、先行きを考えて運営権を14年2月、スタジオセディック系の「M&N　CO」に譲渡した。庄内映画村としては今後、庄内キネマ委員会に関連した映画製作や映画資料館の運営などに力を注ぐ方針だ。

鶴岡市内に久しくなかった映画館も、庄内映画村の活動

全国各地からセットが集められた庄内映画村のオープンセット。映画ファンがよく訪れる。

が起爆剤となって中心街に復活した。まちづくり会社「まちづくり鶴岡」（社長木戸裕氏）が市内山王町の旧繊維工場を改修して10年春に完成させた「鶴岡まちなかキネマ」（まちキネ）がそれ。映画を通じて商店街に賑わいを創出する事業だ。

鶴岡はユネスコの「食文化都市」の登録を目指す食の都でもある。映画と食を結合したまちづくりを進めようと官民が実行委員会方式で取り組んでいる。商店街に地元料理の屋台を並べ、まちキネで食絡みの国際映画を放映するなどして盛り上げる。

13年以降は山形市で隔年開催される「山形国際ドキュメンタリー映画祭」とも連動して、映画と食を両にらみした新イベントを開催、もう一段階高い街興しを推進する構えだ。

効果あげる子育て支援策
人口増加、子ども活き活き

（山形県東根市）

左の円形ビルが子育て支援施設「さくらんぼタントクルセンター」だ。

山形県の中央部、人口４万７千人の東根市は、さくらんぼの生産量日本一を誇る地方都市だが、最近は子育て先進都市として存在感を高めている。２００５年４月にオープンした子育て支援拠点「さくらんぼタントクルセンター」、13年５月に稼働した子ども遊戯施設「ひがしねあそびあランド」を軸に多様な支援策を展開している点が知れ渡り、「子育てするなら東根」と呼ばれるようになった。周辺自治体からの流入も多く、人口が右肩上がりで増えている。

賑わう「けやきホール」
評価高い子育て支援センター

市内の中央一丁目、市役所の隣にあるタントクルセンターには、一時保育や低年齢保育を実施する保育所や赤ちゃんの子育て相談に応じる子育て支援センター、休日でも応急医療を行う休日診療所、保健福祉センター、ふれあいプラザなどが完備している。約１万７千平方メートルの敷地に34億円をかけて造った地上４階建て（延べ床面積８５００平方メートル）の建物で、ほとんどの子育てサービスをワンストップで受けられるというのが謳い文句である。

その中核が、東北最大の室内型遊戯施設「けやきホール」。高さ11メートル、直径24メートルの室内中央には天然記念物の大ケヤキを模した大型遊具がそそり立ち、周りを天井ネット渡り、枝渡りネット、大型すべり台、ボール池、洞窟、子どもシアターなど20種類以上の遊具が取り巻く。

訪れたのは平日だったが、１００人近い親子連れ、祖父母と孫連れの子どもで賑わっていた。運営を受託しているＮＰＯ法人「クリエイトひがしね」の村山恵子事務局長は、「リピーターが多く、市外からの利用者が７割を占めるのが特色」と話す。遊具を中心に親子が交流し、モノづくりを味わえる空間づくり、何度来ても楽しめる魅力ある空間づくりを重視した運営方針が子どもたちを惹き付ける。

無料で子育て相談に応じる子育て支援センターも連日の賑わいだ。「夜泣きがひどい」、「離乳食をどうしたらいいか」など子育てに悩む母親がよく訪れる。

センターでは赤ちゃんサロン（生後６カ月以下）、たっちサロン（同７カ月－12カ月）、よちよちサロン（１歳児）など、年齢別のプログラムやセンターに来られない人向けの移動サロンも組んでおり、きめ細かな対応が母親の支持を広げる。

県下で唯一、人口が増える
遊びを通した「遊育」の展開

タントクルセンターが稼働してから15年４月で約10年。家族連れを中心に毎年30万人近い市民で賑わい、利用者累計が３４５万人に達した。利用者が増えるにつれ、「子育てするなら東根で」が口コミで広がり、周辺自治体から一家で東根市に引っ越すケースも目立つ。

山形県の人口はここ20年間減り続けているが、東根市は県下の自治体で唯一、増え続けている。15年４月時点で４万７６４３人、５年前に比べ１２５０人も増えた。「人口に占める年少者（０歳－14歳）の比率が14・４％。県下で最も高い」と土田正剛市長は胸を張る。

人口増の要因について土田市長はこう説明する。①県都山形市に近いのに地価が安い②隣接の村山市、尾沢花市より雪が少ない③二つの工場団地に企業集積があり、働く場

市内外から家族連れでタントクルセンターに集まってくる。

がある④ＪＲや山形空港など、交通網が整備されている――などの条件が挙げられるが、「子育て支援策の効果が最も大きい」と強調する。

手厚い支援策に惹かれて若い家族が流入し、出生率（1・67）が高まって人口を増やす。児童の増加で11年4月には新しい小学校も開校したほどだ。

人口増に役立つタントクルセンターだが、整備・運営面で興味深い点が3つある。1つは財政への過大な負担を避けたこと。市は施設整備の一部財源を職員の削減や公共投資の節減で捻出しているのだ。2つ目は運営面での民間委託だ。「民間でできることは民間で」というわけでＮＰＯ法人に運営を委託、民間の活力を有効に活用している。

そして、3つ目が「遊育（ゆういく）」という運営理念だ。子育てに知育、徳育、体育、食育という言葉があるが、遊びを通して自主性や創造性を育む「遊育」を東根市は重視している。

屋外プレーパークを整備
敷地4㌶、13年5月に稼働

タントクルセンターの管理・運営をさらに効率化するため08年4月、施設内の保育所を民営化した。これで年間4

千万円ほどのコストが削減できたが、それを使って新しい子育てサービスを展開している。

「子育て応援5つ星」という名の子育て支援事業がそれだ。①妊婦健診費用の助成拡大（それまでの助成回数2回を7回に拡大）②未就学児の医療費無料③休日保育の実施（市内保育所で日曜、祝日、年末年始に実施）④小学生入院医療費無料化⑤父子家庭の医療費無料化――の5つの新サービスを08年度から実施している。

保育所の民営化を打ち出した時、ちょっとした混乱があった。「効率一辺倒の保育所運営が行われ、子育てサービスが後退するのでは」と心配する市民が多かったのだ。だが、浮かせた経費は子育てサービスの向上に使うと丁寧に説明した結果、「保護者の9割以上が納得してくれた」と土田市長は打ち明ける。

一方、「遊育」という理念を深掘りするため、同市は10年度から「子育て応援マニフェスト2010」と呼ぶ施策を展開。目玉が市内の大森山公園の一角に約4ヘクタールの用地を確保して整備した「ひがしねあそびあランド」だ。子どもが屋外で遊ぶ一種のプレーパークで、遊具広場や冒険広場、農業体験ゾーンなどを設け、どろんこ遊びや落書き、果実の収穫などを楽しめる。

目玉が冒険広場にある高さ10メートルの大型ネット遊具。総工費5億7千万円を投じたが、要するに、自分の責任で屋外で自由に遊び、遊びを通して自主性、創造性を育める施設、それがプレーパークの狙いだ。「子どもに対し危ないことはダメ、汚いことはダメと抑制する言動があまりに多すぎる。自由な遊びの中で子どもの健全な発育を促したい」。土田市長はこう主張する。

山形県下でユニークなイベント 地域の魅力高め、活力生み出す

（山形県東根市、上山市）

地域の資源やアイデアを巧みに活かした個性豊かなイベントが、山形県下のあちこちで催されている。その代表がさくらんぼ種飛ばし大会（東根市）と、かかし祭り（上山市）。水稲米や果樹、花卉、畜産など多彩な農林水産物を生産する山形県だが、売り物の農産物の収穫期に合わせてイベントを開催、基幹産業のＰＲに力を入れることで地域の知名度アップや観光客の誘致に効果を挙げている。

さくらんぼの種飛ばしを競う 東根市、収穫の最盛期に開催

さくらんぼ種飛ばしのフェスティバルが東根市で最初に開かれたのが１９８７年。開催する度に人気を集め、規模が年々大きくなっていった。19回目となる２００６年からは仙台市と東根市の２カ所で開催するようになった。メーンの東根市の大会は名称も「さくらんぼ種飛ばしジャパングランプリ」と改め、種飛ばし日本一を決める競技会に発展した。

６月18日、東根市役所庁舎南側の市民の広場に設けられた特設会場には、開会の１時間前から９００人以上の競技参加者が集まった。「まずは試技で腕だめしを」と、手ぐすねを引く。

「これまでの最高記録は13・14メートルだよ。先の仙台大会では14・86メートルが出たんだって」、「俺は少なくとも10メートルは出したいナー」、「肺活量の大きさが決め手らしいよ」――試技の順番を待つ人々が、試技者の模様を見ながらこんな会話を交わす。

競技ルールは口に含んださくらんぼの種を一気に吹き飛ばしてその距離を競うという簡単なもの。一般、レディース、子どもの３部門に分かれて、今大会は結局、１千人近いエントリーがあった。

東根市で初夏に開かれる「さくらんぼ種飛ばし」のイベント。各地から参加者がはせ参じる。

緊張する人、はにかむ人と各競技者の表情はさまざまで、各人が思い思いの姿勢で種を吹き飛ばす光景は見ていて誠にユーモラスだ。その滑稽さに引かれて今大会は市内外から4千人以上の観客が押し寄せた。

各部門の1位-3位の表彰式を最後に競技会は4時間で終了したが、BGMが終始流れる会場内では種飛ばしの模範演技や踊りのステージ、農産物の直売セールが織り込まれるなど、来場者をあきさせない演出が施されている。

東根市は山形県のほぼ中央部、村山盆地に位置する人口4万7千人ほどの田園都市。果樹生産が盛んで、さくらんぼは全国生産の約2割を同市が抑えている。さくらんぼの王様「佐藤錦」の発祥の地として有名で、6月中旬の「佐藤錦」収穫の最盛期には全国から観光客が訪れる。初夏を告げるこの時期にイベントを開くのも「果樹王国東根をPRする格好の時期だから」と話すのは、ジャパングランプリ実行委員会の齊藤幸信委員長。

創作かかし500体が勢揃い
地域興しイベントとして定着

東根市から国道13号線を車で40分ほど南下した上山市。秋の収穫期に合わせここで開かれる「かみのやま温泉全国

上山市のかかし祭り。その年の話題のキャラクターをあしらったかかしがズラリと並ぶ。

かかし祭」も、ユニークなイベントだ。

世相を風刺したり、時事問題の焦点となったキーマンやテレビ番組の話題のキャラクターをあしらったりした手作りかかしがずらりと並ぶ。06年からは会場を上山城近くの月岡公園から市役所に隣接した市民公園に移し、規模を拡大したため、県内外から５００体以上の趣向を凝らした創作かかしが勢揃いした。

翌年には過去最高の８８０体が展示され、会場は10万人を超す人出で大賑わいだった。

出品者は一般、老人クラブ、子どもの3部門に分かれるが、一般や老人の部は世相風刺や町興しに絡んだもの、子どもの部はアニメや文芸ものが多い。話題を攫った数年間のかかしをここで紹介すると——。

首相を退く小泉総理をテーマにした「さよなら小泉さん」かかし、甲子園で活躍した早実高の斎藤投手をあしらった「ハンカチ王子」かかし、「ハニカミ王子」の愛称で人気者になったゴルフの石川遼選手、秋篠宮家の「親王誕生」かかし、ホリエモンや村上世彰の「勝ち組・負け組み」かかしなど。

年金手帳を首から提げて、年金記録の不備問題を突いたかかしも登場、会場のあちこちで笑い声があがっていた。

上山市で「かかし祭」が始まったのは1971年。県立上山農業高校の学園祭の名物だった「かかし大会」に注目した市内の旅館経営者が、「これは町の活性化に役立つ」として提案、市のイベントに格上げしたのがそもそもの発端だ。それから44年間も続き、「観光客の誘致に大きく貢献」（かかし祭実施委員会）している。

ただ、一時はこのイベントも迫力が弱まったときもある。10万人を超していた来場者が、8万人を下回る時期もあったのだ。「心機一転、頑張らなければ」と、主催者の主翼を担う上山観光協会がPRに力を入れたため、再び来場者が増え、10万人近くを確保するまでに回復した。10万人レベルというと、上山市の人口の3・1倍に相当する。

地域の特色活かし独自性発揮
民間の活力でマンネリ防ぐ

2つのイベントに共通しているのは、地域の資源（さくらんぼ）や地域のアイデア（農業高校の祭事）を活かして独創的なイベントに発展させていることと、毎年途切れることなく開催し続けるという継続性にある。地域に根を張った個性豊かなイベントを継続することが市民の支持を獲得し、地域の知名度向上や活性化に役立つことを両市のイベントが証明した。

東根市が商工会青年部、青年会議所、若手果樹研究会など10団体で作る実行委員会、上山市が観光協会、商店会などで作る実施委員会というように、イベントの担い手が行政でなく民間の共同推進組織であることも両市に共通している。「民間の活力に依拠することが、マンネリを防ぐ道」ということだろう。

両市のイベント事業費は東根市で約800万円、上山市で2千万円ほどといわれるが、市からの補助が少なく、地域や企業の寄付に頼っている。寄付はとかく景気に左右されやすいので、財源確保に一層工夫を凝らし、イベントを安定的に継続できる仕組みづくりが課題である。

若者が地域おこしの助っ人
農山村に居住し支援活動

（山形県尾花沢市、緑のふるさと協力隊）

東京や大阪などの大都市圏で暮らす若者たちが農山村に移って1年以上も居住し、地域住民と交流を重ねながら、地域活性化の手助けをする——そんな若者の姿があちこちで見かけられるようになった。「緑のふるさと協力隊」とか、「地域おこし協力隊」などと呼ばれる若者の助っ人集団だ。少子化や過疎・高齢化などの課題を抱え沈みがちの地域にとって、そうした若者らとの交流が元気な地域づくりへの刺激剤となっている。

横断幕掲げて2隊員を歓迎 スイカの収穫など農作業支援

山形県北東部にある人口1万8千人弱の尾花沢市。郊外のあちこちに雪山が残る4月中旬、市役所の玄関で微笑ましい催しがあった。「緑のふるさと協力隊」の隊員として同市に派遣された伊藤和彦さんと柳沢春菜さんの着任を歓迎する式典だ。副市長、企画課長など幹部や職員約50人が集まり、２人の名前を大書した横断幕を掲げて迎え入れた。

北海道上富良野町出身で、茨城県土浦市で会社勤めをしていた伊藤さんは市北部の市野々地区の空き家に移住し、翌日から宮沢、福原両地区を中心に活動し始めた。東京・国分寺市出身の柳沢さんは南東部の鶴子地区の空き家で暮らし、常盤、玉野の両地区をカバーしている。

同市には「地域おこし協力隊」の隊員として以前から居住している北九州市出身の古藤拓さんが活動しており、年間を通じてこの3人で地域活動を支援する体制となった。

伊藤さんは茨城の農業実践学校で園芸を研修した経験を生かして、農作業の支援に力を入れる。4月はなめこ菌の打ち込み作業、すいかの苗の定植、5月は田植え作業や花卉の管理、6月はタバコのハウス作り、8月はスイカの収

定住促進プログラムを進める尾花沢市。都会から来る若い助っ人に期待が集まる。

穫といった具合だ。柳沢さんも住民の要請に応えて農作業を精力的にこなす。

農作業の合間には地区の集落イベントやコミュニティー活動にも手を伸ばす。例えば、「長寿の名水」として有名な母袋地区の水場整備をはじめ、牛房野地区のホタル観賞遊歩道の整備、徳良湖のゴミ拾い、国道沿いの花壇づくり、「おばなざわ花笠まつり」への参加など、実に多様な支援活動を繰り広げている。

人口減目立ち地域社会に影
伝統行事復活で集落の絆保持

夏スイカの生産量が全国1で、尾花沢牛の産地としても名高い同市だが、近年は少子高齢化の波にもまれて深刻な後継者不足に見舞われ、地域経済の停滞色が濃いのが悩みだ。ここ5年間は一貫して人口が減少し、高齢化率は実に32%に迫る。

先行きはさらに厳しい。県平均を上回る人口減少率が続き、20年には市人口が1万６５１４人に落ちてしまうというのだ。

このままでは地域産業・地域社会が崩れてしまうと市は危機感を高め、「20年の人口1万７千人」を死守する総合計画を策定した。そのためには定住人口の増加が必要だとし、①元気な地域産業創造プロジェクト②人が集う定住・交流促進プロジェクト③絆でつくる地域再生プロジェクトという3つの戦略を打ち出し、実施中だ。

古藤さん、伊藤さんら3人の役割は、②と③の戦略を実現する一翼を担うという位置付けである。「住み慣れた地域で暮らし続けるために必要な地域のコミュニティー機能が落ちてきた」と話す加賀剛企画課長は、「絆を強め、地域の活力を保持することが緊急の課題。その課題に取り組んでもらう」と3人の若者の力に期待する。

3人にとっては初めての出会いが多いだけに、こんな仕事、こんな活動があるのかと驚くことの連続。1例が市野々地区の獅子舞行列の復活事業だ。

地元の稲荷神社に保存していた獅子頭を使って例大祭で獅子舞行列を100年ぶりに再興しようというもので、宮司の指導で伊藤さんらが舞と太鼓たたきを連日練習し、見事に復活させた。地区内30戸を1軒ずつ訪問し、無病息災を祈る獅子舞行列の到来に住民は大喜びした。

「住民と直に触れ合い交流」
「地味だが、地域を動かす」

緑のふるさと協力隊は東京のNPO・地球緑化センターが94年に創設した事業だ。過疎の農山村に若者が1年間住み、住民と直に触れ合い交流するのがミソで、「地域づくりに協力しつつ、自身も将来の生き方を考えてもらう」(新田均専務理事)。

年1回、若者を募集して研修し、希望する自治体に派遣しているが、近年は派遣する市町村数が40-50ほど、派遣隊員数が45人から55人ほどとなっている。08年度からの5カ年間の統計で見ると、234人の隊員の96%が20代、30代の若者だ。大学生が圧倒的に多く、フリーターや会社員から転身する人がこれに続く。

受け入れる自治体側は生活費や住居費など月5万円を支給し、活動のため自動車などを貸与している。尾花沢市は3人の生活費などを含む協力隊受け入れ事業として、年間の当初予算で900万円を計上している。

一方、地域おこし協力隊は総務省が09年度から始めた事業。希望する自治体に若者を派遣し地域活動や農林漁業の応援、住民の生活支援などに従事するという意味で、両事業の狙いは同じ。ただ、派遣期間(地域おこしは1-3年)と生活費(同、月16万円)がやや異なる。総務省によると、14年度の派遣市町村は全国で440前後、派遣隊員数は同1511人に上る。

県レベルで地域おこし協力隊の動向をみると、北海道や長野県、島根県が多く受け入れている。東北各県はやや少ないが、受け入れ側として見た場合、両協力隊の活動を最も高く評価しているのが山形県の自治体だ。山形県では年々、受け入れ人員が増えつつあり、増加率が全国でも目立つ存在だ。14年度の受け入れ件数は緑のふるさとが7市町8人、地域おこしが18市町44人だった。

若者が携わる活動は一見、地味だが、「その積み重ねが地域を動かす。現に地域づくりに多くの市民が加わるようになった」と加賀課長は断言する。

尾花沢市に派遣されてきた伊藤さんと古藤さん。地域おこしに走り回っている。

歩行者天国でテント市
市民参加のイベント連発

（山形県米沢市、桐町通り商店会）

山形県南部、人口約8万8千人の米沢市は工業品出荷額が県下1位を誇るモノづくりのまち。工業に比べ商業の力が弱いのが悩みだが、同市の中心街で催される街おこしイベント「ドラマチック戎市」が商業の復権に一役買っている。国道を歩行者天国にしてテント市を出店、大道芸や演奏会など市民参加のイベントを連発して街を盛り上げる。毎回2万人近い人出で賑わい、老若男女が交流する一種独特の雰囲気を醸し出している。

幼稚園児の演奏に観客の輪
圧巻はサンバのパレード

ドラマチック戎市は市の中心部、国道287号沿いの桐《あら》町通りを舞台に開かれる定期市だ。商店街の一角にある西宮戎神社を頂点とするT字型の国道を車止めにして500メ《メー》ートル《トル》ほどの歩行者天国をつくり、非日常の世界を演出する。稲刈りが真っ最中の秋を楽しみながら、市民で盛り上がる戎市の躍動ぶりに直に触れてみた。

歩行者天国が始まる朝10時には、国道の両側に赤、青、緑など色とりどりのテントが70張りも並ぶ。面積1坪ほどの小振りなテントだが、扱う商品は地モノ野菜や和菓子、ピザ、焼きそば、焼き鳥、ハーブ茶などの食品のほか、陶器や雑貨、アクセサリーなど、実に多彩。出店は市民限定なので、「安心して買い物が楽しめる」と米沢桐町通り商店会（加盟43店）の近藤博理事長は太鼓判を押す。

来場者が食べ歩きや買い物を楽しんでいる中で、掛け声高く人を呼び込むテントに出くわした。地元の米沢商業高校生が出店した「米商《よねしょ》っぷ」だ。地場食材で作った菓子類の販売が目玉で、「これはイナゴ入りのクッキーです」と話す高校生の説明に、周りの子どもたちから歓声が挙がる。

米沢市の国道を歩行者天国にして催す朝市。サンバパレードが市民の人気を呼ぶ。

神社西の駐車場では中央幼稚園のマーチングが、神社前ではまいづる幼稚園の太鼓演奏が次々に披露される。その度に園児の家族や友人がどっと押し寄せ、観客の輪ができる。午前中だけで中高校生や大学生の路上イベントが9つも登場した。

圧巻が東京・浅草のサンバチームによるサンバパレード。商工会議所前を出発し20人のメンバーが軽快なリズムに乗って路上を踊りまくる。一緒に踊る市民があちこちで出現した。

仕掛け人は「Z隊」
大震災の被災地からも参加

ドラマチック戎市の仕掛け人は桐町の若手で作る「まちづくりプロジェクトZ隊」（加地浩昭隊長）。かつては市内随一の賑わいを誇りながら、今では郊外への大型店、専門店の進出で空洞化してしまった中心街を何とか甦らせたいと立ち上がった面々だ。もう後がないという気持ちを、アルファベット最後のZに込めて「Z隊」と名付けた。

運営主体は商工会議所や商店会、市などでつくる実行委員会だが、05年の開幕以来、Z隊が企画・運営、テント市の出店募集、客の呼び込みなど実際業務を全て切り盛りしてきた。

これまでの実績を見ると、初年度の05年度が開催数7回で、来場者総数が延べ10万5千人。一回当たり約1万5千人という計算だ。2、3年目は年5回ずつ開催したが、4年目以降は年4回と開催数は減らした。回数は減らしたが、平均来場者数は逆に尻上がりに増え、今では一回2万人近い集客力を示す。

「9月4日の戎市は2万5500人の人出でにぎわった。予想より7割も来場者が多い。10月も盛況で、厳しい経済環境の中でよく集まった」。加地隊長はこう話し、テント出店者の売上総額も毎回500万円を超したのではと推測する。

11年の東日本大震災以降は際立った特徴が浮き彫りになった。東日本大震災で被災した福島、宮城両県から多くの家族連れが押し寄せている点だ。「大震災で被災した両県では外で遊べない子どもが多く、家族全体にストレスが溜まっている。外で気兼ねなく遊べる場所を求めて、米沢にやって来る」。加地さんは戎市が市内中心の事業から地域を超えた交流の場に転化するきっかけになると期待を込める。

ソフト重視の事業展開
自主財源の確保に懸命

始まって14年5月で10年目、44回を数えるドラマチック戎市の軌跡を追うと、印象深い点が3つある。1つはソフト重視の事業展開を貫いていることだ。商店街の活性化事業と言えば、アーケードや街路灯、商工会館の建設など、ハード整備に向かいがちだが、粡町は知恵とアイデアで勝負している。「今ある素材を活用すれば、カネがかからない」と言って幹部らは笑う。

2つ目は市民を幅広く呼び込むため、市民参加のイベントを連発していることだ。

幼稚園や小学生は勿論のこと、市内7つの中学校の吹奏楽部も競って路上演奏会を行い、音楽で戎市を景気付ける。山形大学生のジャグリング部がストリートパフォーマンスを繰り広げ、市民同好会の「愛の武将隊」が街を練り歩く。春の戎市ではアマチュアのプロレス競技会まで登場した。「市民主体のイベントが家族や友人を招き、来場者の層を広げる」（加地隊長）。

第3は自主財源の調達を心掛け、その範囲内での運営を原則としていることだ。

最初の2、3年は中小企業庁や県、市の助成金があり、年間1千万円の予算で全国のプロ芸能団体を呼んで派手なイベントを展開した。しかし、補助金が途切れると、すぐ事業がマンネリ化してしまう。その反省に立ち年間予算200万円、自主財源による事業に切り替えた。

広報や折り込みチラシの代金は「2回掲載で5千円の広告料」という条件で40社近いスポンサーを確保、テント出店者は「2回セットで7千円」という条件で募集するといった具合で、財源を捻出している。

「スポンサーをもっと集め、ボランティア要員を増やすなどして収支バランスを改善し、戎市の事業を安定化させたい」。これがZ隊幹部の望みである。

「ドラマチック戎市」には、市内の幼稚園の園児も参加し、イベントを景気付ける。

福島が農産物輸出を再開
目立つ産地間の過当競争

（福島県、ＪＡ伊達みらいなど）

農水産物の輸出が急速に回復している。２０１３年の輸出額が前年比22・４％増の５５０６億円と、５年ぶりに５千億円の大台を突破したのに続き、14年も同11％増の６１１７億円を達成、２年連続で過去最高を記録した。大震災と原発事故で出遅れていた福島県もようやく輸出活動に目を転じ、海外販路の開拓へ向け力強い一歩を踏み出した。問題は産地間の過当競争が目立つことで、日本全体で組織的系統的に輸出増を図る体制の構築が急務だ。

インドネシアへ初輸出
原発事故後の影響を克服

福島産の桃とナシが14年8月、インドネシアに初めて輸出された。扱いはＪＡ伊達みらいとＪＡ新ふくしまで、輸出第1便は桃が「川中島」と「黄金桃」の１９０㌔、ナシが「幸水」３４０㌔。県の担当部署「県産品振興戦略課」やＪＡ新ふくしま、ジェトロの職員が首都ジャカルタを訪れ、小売店「ランチマーケット」の店頭で試食を呼びかけるとともに、安全と美味しさを買い物客に訴えるなど、販促活動に力を入れた。

桃は1個１５００円前後、ナシは同千円と高いが、売り場での反応はとても良かったそうだ。現地の輸入業者からさっそく追加注文が寄せられ、県職員は「今後も取引が継続できそう」と胸をなで下ろしていた。

ＪＡ伊達みらいは、県北・伊達郡の伊達、桑折、保原など6ＪＡが１９９５年に合併して生まれた組合員数3万人強の大型農協。水稲のほか、桃や柿の有力産地として県内で上位にランクされ、桃や柿を中心に果実の輸出でも県内をリードする存在だ。

桃は傷みやすく、出荷の最盛期が1週間ほどと短いのが

福島産農水産物の輸出拡大でリード役を果すJA伊達みらい。

悩みだ。それだけに産地間の競合が激しく、農家の儲けがままならない。そうした窮状を打開しようと、海外市場の開拓に手を染めたのが、そもそもの発端だった。

伊達みらいの桃の輸出は05年の台湾輸出が最初で、07年には輸出先がタイやシンガポール、ドバイなど6カ国に拡大、最盛期の08年には68トンの輸出を実現している。

しかし、11年春の大震災と福島原発事故で輸出は全面的に停止、産地は大きな打撃を受けた。13年8月、3年ぶりに桃の輸出が再開できたが、この年はタイ1国のみ、量もわずか４００キロだった。

最近になりやっと、輸出拡大が肌で感じられるようになったそうで、伊達みらいは14年、インドネシアのほかタイとマレーシアに合計２・４トンの桃を輸出している。営農生活部の須田和弥考査役は「15年はさらに増やしたい」と期待を込める。

除染対策に全力注ぐ品質のさらなる向上策

同農協が輸出再開に向け重視した点が2つある。1つが放射能物質の除染対策だ。

ＪＡ管内の桃畑、柿畑は全て、高圧洗浄機で除染し、高濃度の枝は剪定した。検査も徹底し、輸出商品には産地で直接検疫ができる「現地検疫」も導入した。

例えば、JA伊達みらいでは検査機を13年度に12台、14年度には26台も導入した。国のセシウム基準（上限1キロ100ベクレル）を上回る厳しい基準も独自に設定し、パスしたものだけを輸出するようにしている。

もう1つは品質向上によるブランド化だ。主力品種「あかつき」の糖度を上げるよう農家の切磋琢磨を促し、糖度15度以上の最高級品を「伊達の密桃」に指定、拡販へ産地ぐるみで営業支援している。

県も輸出先に対し、風評被害解消の働きかけを丁寧に積み重ねた。産地と自治体によるそうした努力が3年ぶりの輸出に結び付いたわけだ。

14年度の同県の農産物輸出は結局、9・46トンと前年度の4・42トンに比べ2倍以上に増えた。これは桃とナシ、ブドウ、リンゴ、柿の果物5品目と野菜類6品目の実績だ。

今後は「リンゴや日本酒、麺類も輸出したい」と県職員は意気込んでいる。日本酒は13年の日本全体の輸出が1万6千キロリットルと急増し、14年度も過去最高を更新した。輸出の中心は高級酒で、生産する会社が多い福島にとって、有望な輸出品になる。

安全認証の取得が急務
産地間の連携策が不可欠

日本の農水産物輸出は07年に5160億円を達成したが、リーマン危機の影響で09年以降、5千億円の壁に当たったまま低迷してきた。13年になって、ようやくその壁を越えることができた。

食の国内市場は少子高齢化の進展で縮小するが、世界市場は高い伸びが予想され、海外のあちこちに有望な市場が存在する。農水産物の活路は海外展開にあるというのが官民共通の認識で、政府は「20年の輸出目標1兆円」という旗を掲げている。

13年8月には「国別・品目別の輸出戦略」を策定、戦略展開の司令塔をつくるとともに、市場攻略の具体策も講じ出した。そうした効果が14年に早くも現れ、2ケタ増で輸出を伸ばす農産品が相次ぐことで、過去最高を更新したわけだ。

ただ、原発事故に伴う輸入規制が主要輸出国・地域で依然、維持されているほか、国内の輸出産地にも多くの課題がある。関係者が指摘する主な課題は次の2つだ。

1つは安全認証取得の産地が日本では少ない点だ。農産物ではグローバルGAP（欧州）、SQF（米国）、水産物ではHACCPなどの認証があり、その取得が輸出へのパスポートとなっている。認証取得は今や焦眉の課題だ。

もう1つは産地間の過当競争である。輸出しやすい国に国内の産地が殺到し、過当販売を繰り広げる。1例が14年8月開催の「香港フードエキスポ」で、38都道府県から260社が馳せ参じ、同じ品目で日本の産地同士が売り込みにしのぎを削った。

対抗者は日本の他産地ではなく、海外の国・地域だ。産地同士で輸出国に共同店舗を設けたり、市場開拓や物流面で共同作戦を講じたりと、オール日本による連携策が不可欠だ。

東北地方でも農水産物の輸出セミナーがよく開かれるようになった。

ブランド産地、信頼回復へ全力
安全情報を発信、販路も拡大

（福島県、会津地鶏・川俣シャモ）

会津地鶏、川俣シャモと言えば、福島県が「ブランド認証産品」に認定した同県の戦略商品。生産農家と流通業界が県と連携し、「全国区ブランドの仲間入り」を目指していたところへ東京電力の福島第一原発の事故が発生、放射能汚染の風評被害で産地の信頼が揺さぶられてしまった。このままではダメになると、広報宣伝活動を強化し安全安心情報を出すなど、信頼回復活動を展開。同時に全国販路の拡大にも一段と熱意を燃やしている。

大型のふ化場と育成場が稼働
年間出荷量は約7万羽

会津地鶏のふ化・飼育拠点は県内に2カ所ある。一つは二本松市にある床面積2千平方メートルの親鳥・ふ化場、もう一つは会津若松市にある育成場（延べ床面積5千平方メートル）だ。2つの施設は国や県の補助金を活用して2008年春、会津地鶏ネット（社長酒井毅氏）が総額1億4千万円を投じて建設した。

会津地鶏ネットは養鶏農家19人が共同出資してつくった資本金500万円の株式会社で、会津地鶏を全国市場に普及させる中核的な役割を担う。猪苗代湖を望む育成場を拝見すると、鶏肉用と鶏卵用を合わせて飼育ベースで年間約8万羽のひなが平飼いで育てられていた。

鶏舎は5棟で、窓がなく換気や温度を自動制御している。人も動物も入れない。鳥インフルエンザを防ぐための対応策だ。育成場が二本松のふ化場と30キロも離れているが、これも鳥インフルへの予防措置という。

現在の年間出荷量は鶏肉用が5万羽弱で、鶏卵用が約2万羽。「2つの施設の稼働で、全国ブランド化のための量産態勢が整った。出荷量10万羽体制に早く乗せたい」と関沢好春常務は話す。将来は30万羽体制に持っていくのが夢

原発事故による風評被害を乗り切ろうと、シャモまつりを盛大に開いた。

である。

会津地鶏はこの地方で450年以上も前から飼われていた「幻の地鶏」。一時は絶滅の危機に見舞われたが、固有種を保護した県畜産研究所養鶏分場が肉用と鶏卵用に改良した。今は二本松でふ化したひなを育成場に移して40日間飼育し養鶏農家に供給。市場へは養鶏農家が110－120日飼育したものを出すが、県の基準で飼料やワクチン投与、生産履歴を管理し、出荷証明付きで出荷している。

風評被害解消へ情報発信
知名度向上へ国際商談会参加

会津地鶏は歯ごたえがあるのに肉質が軟らかい。水炊きや焼き鳥など素材が勝負の料理では抜群のうまみを発揮する。そんなうまみと厳しい飼育・商品管理が知られるにつれ、ファンが広がる。特に07年の商標登録、08年の「県ブランド認証」を機に知名度が一気に向上し、首都圏市場で旅館、ホテル、飲食などの取り扱いが増えた。

出荷量の7割近くを首都圏市場が占めるが、関西からの引き合いも増え出した。数年がかりの取り組みで全国ブランドへの手応えを感じていたところへ、突如として発生したのが東電の原発事故だ。放射能物質汚染の風評被害が産地を揺さぶる。事故から半年ほどは特に逆風がひどかったといわれ、1年経っても影響を引きずっていた。

逆風を乗り越えて消費者の信頼を回復し、販路をさらに拡大するにはまず、安全安心情報の発信が重要だ。会津地鶏ネットでは業界団体の会津養鶏協会（会長武田瑞也氏）や県、関係自治体などと協力して飼育管理、品質管理の実態を情報公開し風評被害の解消に動いている。

第2には会津地鶏の知名度を高め、商品の差別化を浸透させる作戦をもっと強めることだ。この一環として会津地鶏ネットは試食会、展示会、商談会に積極的に参加している。

一例が8月に東京で開かれる国産農産物の展示・試食・商談会「アグリフードEXPO」への参加だ。プロの農業者やバイヤーが1万2千人も来場して商談する大会で、「商品をここで売り込む。元気な姿を露出し、試食・展示することが全国ブランド化に役立つ」と関沢常務は説明する。

町挙げて「川俣シャモ祭り」
風評被害防ぎ、元気な姿示す

川俣シャモを取り巻く状況は会津よりもっと深刻。川俣町の一部地区が原発事故で計画的避難区域に指定されたためだ。事故後、「川俣シャモは大丈夫か」との声が各地の百貨店や料飲店、外食産業から寄せられ、注文が途切れる事態も。「風評被害の広がりを見て、業界が出荷量を2割削減するなどの対応策を採ったので、悪影響の拡大が防げた」と古川道郎町長は打ち明ける。

川俣シャモは古くから闘鶏が盛んだった同町の特産品だ。闘鶏用シャモと食用鶏を交配して1990年代に原型が誕生した。当初は14軒の農家が年1万5千－2万羽ほど出荷していたが、品種改良型の「川俣シャモ」が登場してから需要が増え、10年度以降は17軒の農家が約6万羽の出荷を達成している。

川俣シャモは1平方メートル当たり6－8羽の密度で平飼いし、専用飼料を与えて120日前後飼養したうえで出荷する。ブロイラーより2倍以上も手間ひまをかけているのが自慢である。生産は養鶏農家が行うが、第3セクターの川俣町農業振興公社が引き取って販売を担う。

風評被害を払拭する決め手は「産地の元気な姿を見せることが何より」というわけで、震災のあった11年には8月下旬に2日間、町を挙げて「川俣シャモまつり」を実施した。少ない参加者を危ぶむ声をよそに、「初日だけで5千人以上の来場者が会場を埋めた。よかった、嬉しかった。先行きが明るい」と、斎藤正博振興公社専務は胸をなで下ろしたものだ。

このまつりには、「世界一長い焼き鳥」づくりで覇を競った和歌山県日高川町、山口県長門市、岩手県二戸市などのライバルが支援に駆けつけ、それぞれ自慢の鶏肉を持ち寄り焼き鳥で「友情の輪」をつくった。

「県外の販路は全体の4割。除染対策を急ぎ、安心・安全を訴えて販路を守る」と、斎藤専務は気を引き締めていた。

「アグリフードEXPO」に参加して、会津地鶏の販促に努めるのも重要な仕事だ。

人気復活、「ハワイアンズ」5年振りに150万人突破

（福島県いわき市、常磐興産）

東日本大震災から3年余り、観光・娯楽施設が深刻な打撃を受けた福島県いわき市のテーマパーク「スパリゾートハワイアンズ」が、復活軌道を走っている。2013年度の日帰り客が150万7千人と5年振りに大台を突破し、14年3月は17万人超と単月での最高記録を更新した。フラガールの多彩な活動、集客増を狙う巧みな販促活動が奏功したものだが、開業50周年を迎える15年は地域全体に賑わいをもたらす本格復興への正念場となる。

大震災で1年近くも休館 12年3月期は営業赤字

スパリゾートハワイアンズの中核施設がヤシの木が生い茂る常夏のドーム型施設「ウォーターパーク」だ。その一角にあるビーチシアターで午後1時半から、昼のショーが始まった。

頭と首、手足にレイを着け、色とりどりのスカートに身を包んだ女性たちが軽快なリズムでフラダンスを踊ったかと思うと、陽気なリズムに乗って群舞するサモア・ダンス、男性ダンサーによる火の踊りが次々と登場する。

専属バンドの生演奏と歌声に合わせ、延べ37人のフラガールと4人の男性ダンサーが繰り出す舞台は華やかそのもの。昼のショーで披露されるのは16曲ほどだ。

1曲に5人から10人ほどの女性チームが演技する。フラガールがチームで登場する度に、観客は声を出したり踊ったりして楽しむ。打楽器や弦楽器が鳴り響く中で、激しく腰を振るオテアが始まると、観客は一気に興奮し「アロハ！」を連発していた。

ここの施設は11年3月の大震災と1カ月後のいわき直下型地震で、甚大な打撃を受けた。運営する常磐興産の営業企画スタッフによると、大プールは底が亀裂し、ショーの

軽快なリズムでフラダンスを踊るフラガール。震災で壊れたステージは、リニューアルで格段に改善した。

ステージや温浴施設も損壊、主要施設が1年近くも休止に追い込まれた。

12年2月にやっと営業を全面再開したものの、12年3月期は宿泊客が何と8万5千人、日帰り客も37万人に落ち込んでしまった。12年3月期のレジャー部門は結局、売り上げが27億4千万円に留まり、12億6千万円の営業赤字に陥った。

「どうなることか」――経営陣は先行きを警戒したが、13年3月期はだんだんと持ち直し、日帰り客が140万8千人、宿泊客が38万人までに回復している。

そして2年後の14年3月期には人気が見事に復活し、宿泊客は年間で45万9千人、日帰り客は同150万7千人と社史に残るような好成績を収めた。

再開後2年で復旧復配
魅力づくりへ改修作戦

営業企画グループの猪狩光訓マネージャーによると、14年3月期のレジャー部門の売上高は前期比12・1%増の130億円となり、営業利益は同23・5%増の22億円を確保した。人気回復による来客増が4期ぶりの復配に大きく貢献した。

常磐興産の斎藤一彦会長は「12年2月の営業再開の際、3年で元のレベルに戻そうと社員にハッパをかけた。数だけを見ると、2年で何とか復旧できた」と心境を語る。しかし、目標はもっと先にあるとして斎藤会長は手綱を引き締めている。それにしても、大方の予想を上回るスピードで早々と復活したのはなぜなのだろうか。その点を探ろうと再三、斎藤会長に迫って見ると、次の4つの要因が浮かび上がる。

第1は施設の魅力を高める対策を休館中に講じたことだ。魅力づくりはハードとソフトの両面にわたる。

ハード面では新ホテル「モノリスタワー」の開業に加え、既存ホテルの客室改装、大プールの修復と改良、千人収容の休憩所の新設、ショー・ステージの3割拡張など、大規模なリニューアル作戦である。

総事業費は100億円。3メガ銀が共同出資する事業再生ファンドを中心とした30億円の出資と70億円の融資で、事業費を賄った。ハード面の改修により、来館者の利便性が格段に改善した。

ソフト面ではショーの中身も組み換えたり、照明と演出をレベルアップしたりして、楽しさのあふれる内容に変えた。フラガール作詞のオリジナル曲「アイナふくしま」を新たにショーに盛り込むと、口コミで評判を呼び、入場者の拡大に結び付いた。

フラガールが慰問公演
無料送迎バスを拡充

第2はフラガールの多彩な活動である。1例が、震災地や避難所をフラガールが慰問する「全国きずなキャンペーン」だ。訪問地は全国で125カ所、公演数が145回にも及び、ハワイアンズの認知向上にかなり成功した。

13年5月からは、フラガールが全国の小学校を訪れて被災地の体験談を伝える出前授業（「フラガールきずなスクール」）を開始、子どもたちの話題をさらった。

第3はファミリー層を狙ったマーケティング戦略だ。テレビCMを強化したり施設内でのイベントを連発したり、感謝セールや無料送迎バスの拡充強化を行ったりして入場客を増やしている。無料バス（9路線）は今後とも拡充していくが、「首都圏から年15万人も運ぶ有力なツール。リピーターも増えている」と斎藤会長は強調する。

そして、第4が復興支援消費の存在だ。被災地の復興を支援しようと、全国から来る団体客が想定を上回るレベルで続いている。「土産を買い、飲食もしてくれるので、地域は元気になれる」（斎藤会長）。

ただ、復興支援消費はいつまでも続くわけではない。14年春からの消費税増税で来館数が滞るなど、逆風も起こっている。減少した子ども客を回復させ、リピーターのさらなる拡大や外国人客の新規獲得など、新たな対策が急務だ。

折しも15年には大きなイベントがある。いわき市での太平洋島サミット開催と福島県内での観光企画「デスティネーション」がそれだ。同じ年に開業50周年を迎える常磐興産にとって、本格復興を実現する勝負の時である。

フラダンスのショーは、途中で見物客もステージに上がり、ダンサーと共に踊る。

根を下ろすワーキングホリデー
本物の農作業を味わい体験

（福島県会津若松市、長野県飯田市）

「ワーキングホリデー」（略称ワーホリ）と呼ばれる一種の援農ボランティアがじわじわと各地に広がり、根を下ろしてきた。農作業をしてみたいと本気で思っている都会住民を農家が受け入れ、本物の農業体験をするのがワーホリだ。２００６年に始めた福島県会津若松市には、首都圏の生活者40－50人が毎年訪れ、農作業に従事している。先進地の長野県飯田市では、参加者が年間４００人以上とさらに大きな盛り上がりを見せる。

農家と寝食を共にして農作業
グリーンツーリズムとは違う

磐梯山が間近に控える会津若松市河東地区。粘土質の土壌が水稲に向くというので、辺り一面に水田が広がる。区画整理された水田では機械農業が行われ、おいしいと評判の会津コシヒカリの有力産地となっている。

5月も中旬を過ぎると、この地域では一斉に田植えが始まる。家族3人で11町歩の水田を耕す専業農家の渡辺市雄さん宅も、東京から来たワーホリ希望の農大生を受け入れ、田植えを開始した。農大生の受け入れ期間は、今回は3泊4日だ。

学生は渡辺さん宅に宿泊して朝5時に起床し、朝食前の7時まで野良仕事をこなす。朝食を済ませた後再び、水田に入って夕方4時までみっちりと田植え作業に従事した。機械の操作は渡辺さんが行うが、教えられつつ最後は学生も機械で田植えができるようになった。

ワーホリでは受け入れ農家の家族と寝食を共にするのが基本である。一緒に働いて農作業をお手伝いする代わりに、農家で宿泊と食事をさせてもらう。行き帰りの交通費やアルバイト代は出ないものの、宿泊代と食事代は無料となる。そこが、有料のグリーンツーリズム（参加者側が体

農大生が農家に泊まり、援農ボランティア活動を行っている。（会津若松市）

験料や宿泊代、食事代を農家に支払う）と異なる点だ。

農大生はこの後、同市で手広く畑作農業を行う佐瀬正さん宅に舞台を移し、2泊3日で野菜の栽培作業に携わった。「佐瀬さんの指導で農業の実態を深く理解できた」と、学生はワーホリの魅力を語る。受け入れ農家にとっては労働力の補完が当面の利点だが、それだけではない。受け入れを機に信頼関係ができれば、双方の交流が多方面に発展する事例が少なくないのだ。

参加者増えて12年度は47人
6割は首都圏の30代女性

会津若松市のワーホリ事業は、福島県が市町村に導入を呼びかけた06年に同市の農政課が立ち上げたもの。初年度の受け入れ農家はわずか6軒で、受け入れ参加者は12人だった。

その後、受け入れ農家が増えるにつれ参加者も増加、参加者数は10年度32人、11年度38人、12年度47人と順調に伸びている。もう10年間も途切れることなく続き、県下で最もワーホリの盛んな地域に成長した。

受け入れ農家数は20軒で、毎年17軒がフル稼働する。ほとんどが市グリーンツーリズム・クラブ（会長渡辺市雄氏）の会員だが、「メンバーの増減が事業の盛衰を左右する」と見て市農政課も、受け入れ農家を拡充する支援策を強める構えだ。

ワーホリ利用の参加者は関西や九州からも一部あるが、首都圏の30－40代の女性が6割を占める。最近は農学部や農業同好会の大学生、定年後の新規就農を目論む中年男性などが、農業技術や栽培管理の習得を目的に参加する動きが目につく。

「ここは水稲、野菜、果樹の盛んな地域。農繁期の労働力確保や作業負担軽減のため、都市生活者との交流は助かる。参加者のニーズにも柔軟に対応したい」と渡辺会長は話し、ワーホリの充実が地域の活性化にも役立つと強調した。

ワーホリにはいろいろ波及効果が期待できるようだ。月1回、東京で野菜直売のマルシェ事業を展開している佐瀬さんは、「ウチで働いた若者が一声でマルシェを手伝ってくれるようになった。うれしかった」と打ち明ける。ワーホリが縁で思わぬ絆が生まれた1例だ。

飯田市はワーホリの先進地
ピーク時の参加者は560人

ここ5年間を見ると、ワーホリを導入する自治体はゆっくりながらも着実に増えている。農水省によると、福井県や京都府和束町、愛媛県宇和島市、大分県日田市などが新たに加わり、その地域の特色を生かした仕事を軸に都市住民と交流している。

その中で最も成果を収めている自治体が飯田市（事業名はワーキングホリデー飯田）だと同省は指摘する。同市の事業は市産業経済部農業課が98年に立ち上げたもので、参加者募集の窓口業務や参加者と受け入れ農家のマッチング業務、事業の普及活動などを同課が精力的にこなしている。

スタート時（98年度）の受け入れ参加者は32人だったが、知名度が高まるにつれて参加者が増え、ピーク時の07、08年度にはそれぞれ560人に上った。ここへきてやや勢いが弱まったものの、それでもピーク時の7割以上の参加者を得ている。

14年5月のワーホリでは、全国17都府県から83人が参加している。女性が多かったが、「食への関心から来てみた」という声が大半だった。男性は「自然と触れ合いたいから」と答える。現在まで17年間に飯田市のワーホリに参加した総人数は、実に6千人を超している。

受け入れ農家数は現在、112軒で、果樹や野菜、酪農などの農家がほとんど。春はリンゴ、梨などの受粉作業や摘花・摘果作業、初夏は水稲の世話、秋は果樹の収穫作業を中心に都会住民を受け入れるのが普通だ。

同市では3泊4日を原則に春と秋の2回、参加者を募集してきたが、最近は通年でも受け入れるようになり、都会住民が気軽に参加できるようになった。

ワーホリが地域で定着した理由について、市農業課の担当者、矢澤愛子さんは「農家は農繁期の人手確保に四苦八苦する。人手を求める農家の期待に応えつつ、農業を志向する都市生活者のニーズにうまく応えているため」と説明する。そして「農家に過度の負担を課さない形で交流する」ことが、ワーホリで成果を収める鉄則と強調した。

りんごや柿の摘果作業に首都圏から多くの人がワーキングホリデーを利用してやってくる。（飯田市）

大正レトロで街並みを再生　20万人の来街者で賑わう

（福島県会津若松市七日町通り）

寂れた中心街に人を呼び戻し、かつての賑わいを復活させた商店街が福島県会津若松市にある。大正レトロ調の歴史的建造物が立ち並ぶ七日町通りがそれで、今では年間20万人を超す観光客が訪れる繁華街になった。「地域の資源を活かし個性溢れる街並みをつくりたい」、「横並びでない街づくりを進めたい」――20年以上にわたる地元住民の熱い取り組みが、賑わいを創出した最大の要因だ。

両側に大正ロマンの建物並ぶ　散策する多くのヤング女性

ＪＲ只見線の七日町駅から国道に沿って東へ約８００メートル、市中心部の大町四つ角までが七日町通り。両側には土蔵や洋館、木造商店など古い建物がずらっと軒を並べる。土蔵のある造り酒屋、かつての海産物問屋の建物を活かした旅館兼郷土料理店、黒格子の漆器店――いずれも大正ロマンを偲ばせる建物ばかりで、その数は50軒以上に及ぶ。

桂林寺通り、大和町通りなど南北に交差する道路を含め、七日町界隈にある店舗は実に多彩だ。郷土玩具、会津桐下駄、ローソク、古着、骨董、和菓子、着物ギャラリー、アクセサリー、金物、種苗、生花や造花。

キリシタン大名・蒲生氏郷の資料を展示するレンガ造りのレオ氏郷南蛮館は、会津の情報発信拠点の一つ。旅行者はここを覗き、イベントや買い物の情報を仕入れて通りに向かう。土産品は味噌蔵が自慢の満田屋で、飲食は会津料理の渋川問屋でというのが旅行者の定番のようだ。

幕末期の創業といわれる末広酒造も人気が高い。６つの酒蔵を希望者に公開しており、６００台もの珍しいクラシック・カメラの展示コーナーもある。試飲はもちろん、酒造りの工程も見学できる。修学旅行生の格好の立ち寄りスポットだ。

七日町通りは県内外から訪れる来街者でいつも賑わっている。

「駄菓子屋を覗いてから、骨董店を冷やかそうよ」。「田楽を食べたいな」。訪れたのは2013年8月、猛暑が照りつける平日だったが、マップを片手に通りを散策する家族連れやヤング女性らがこんな会話を交わしていた。七日町界隈を訪れる来街者は年20万人以上というから、会津若松市の観光客（14年で約300万人）の7％を占める規模である。

仲間と「まちなみ協」を設立
空き店舗の早期解消に全力

「やればできると思ったが、これほど観光客が来るなんて20年前には考えられなかった」。

七日町通りの賑わい再生を仕掛けてきた「七日町通りまちなみ協議会」の渋川恵男会長（会津若松商工会議所副会頭）はこう打ち明ける。ここで生まれた渋川さんが数人の有志と「まちなみ協」を立ち上げたのが1994年春。さびれた商店街を活性化したい、崩壊した地域コミュニティーを再構築したい、それが会員たちの願いだった。

越後街道といわれた七日町通りは会津五街道の一つ。新潟と結ぶ主要幹線で、かつては会津随一の繁華街を誇っていた。それが昭和40年（1965年）代中頃から衰退が始まり、人の流れの変化とともに坂を転げるように寂れていく。東京から三十数年ぶりに故郷に帰った渋川さんは、街の衰退振りにびっくりしたという。

「店を構える約150店の7割が空き店舗。営業中の店の棚も埃が目立ち、商品は変色したまま。通りには買い物客がいない」。話を伺っていると、没落商店街を絵に書いたような状況だったようで、「とにかく街はボロボロだった」と振り返る。

何とか衰退を押し留め、街に賑わいを復活させなければ――危機感を共有する仲間と語らう日が続き、それが「まちなみ協」の発足へと繋がっていった。

「まちなみ協」がまず重視したのが空き店舗の早期解消だ。市内外からやる気のある出店希望者を募り、粘り強い誘致活動を繰り広げる。その際、個性溢れる街づくりが大切だと考え、民具品や駄菓子、骨董品、郷土料理など会津の雰囲気を醸し出せる店の誘致に熱を入れた。

「これまでの活動で空き店舗を30軒も解消することができた」。空き店舗の解消は通りの活力を格段に向上させると渋川さんは強調する。

店舗の修復で街の個性を主張
年100万人の来街者が目標

空き店舗の解消と並行して街並みの修景活動にも力を入れる。幸いにも七日町通りには、トタンや新建材で外面を覆っただけの古い建造物があちこちに残っていた。会員はこれに目をつけ、「明治・大正時代の昔ながらの建物を活かした街並みで特色を出そう」と店主たちに建物の修復を提案した。

修復といっても費用は全て店主持ちだから、説得は並大抵のことではない。店主の理解を求めて粘り強い工作が続く。こうして実現した修復店舗が40軒以上に達した。今では個性溢れる「大正ロマンの街並み」として、七日町通りのイメージが固まり、来街者を惹きつける。

活動は地元住民やボランティア、行政を巻き込みつつ、ハード・ソフト両面で新たな展開を生み出していった。ハード面で言えば、荒れ果てていた無人駅の「七日町駅」を「駅カフェ」に再生したり、会津の特産品や地酒の販売・試飲機能を持つ「会津ブランド館」を開設したりしたケースが典型例だ。

ソフト面で特筆されるのが界隈に広がる「おもてなしの心」。トイレの貸し出し、休憩所の設置、お茶の提供と各店が観光客に心憎いばかりの気配りを見せている。

少人数で立ち上げた「まちなみ協」の会員は今や、100人超。街興しの活動で鍛えた会員が青年部や婦人部を作るようになり、年間を通じて趣向を凝らしたイベントを開催している。「ミニ東京を目指すような横並び主義はダメ。個性を主張できる街を作れば、観光客を惹き付け、交流人口が増える。年100万人の来街者を目指したい」

――これが会員の総意だ。

七日町通りは、国交省が制定する都市景観大賞で10年度の「美しいまちなみ賞優秀賞」を受賞した。受賞を講評した挨拶で、審査員は「残念なのは、通りの電柱が残ることと歩道空間が未整備なこと」と述べている。

そんな指摘を待つまでもなく、渋川さんらは無電柱化、歩道拡幅など個性ある街づくりに向かって次の一手を打とうとしている。

渋川さんは大正レトロの街並みを復活させたキーマンの１人だ。

学校で広まる農業教育
農作業通じ生きる力育む

（福島県喜多方市、埼玉県）

子どもらに農作業を組織的、系統的に体験させる動きが、小中学校で広まってきた。全市内の小学校に農業科を導入した福島県喜多方市、学校ファーム事業を全県で展開する埼玉県などがその代表例だ。春先のタネ播き、秋口のイモ掘りといった一回限りの体験ではなく、一連の農作業を年間ずっと取り組むことで命の大切さ、自然や地域との係わりを深く理解してもらおうという狙いだ。食の教育効果、地域の一体感がジワリ、ジワリと高まってきた。

5、6年生がそろって田植え
年間35時間、収穫までお世話

雪をかぶった飯豊山がくっきりと青空に映える5月中旬、喜多方市立豊川小学校の学校田で早朝から歓声が響く。水を張った10《アール》ほどの水田で、同校の5、6年生の児童60人が田植えの実習に執りかかったのだ。指導するのは担任の教師と、専業農家で同校農業科支援員の只浦義弘さんら地域住民数人だ。

作業前に全体集会を開き、只浦さんから田植えのコツを学び、児童代表が注意事項を説明する。①田植えの時期はいつが適期か②植える苗の本数は何本ぐらいがいいか③植える深さはどのくらいか④どの指を使うか――などと具体的に質問し、Q&A方式で児童らと確認し合う。

「いいですね、苗は3、4本まとめて植えること。イネは成長すると分げつ（枝分かれ）するので、多いと栄養が行き渡らず、病気になってしまう」、「植える深さは3《センチ》くらい」と只浦さんは繰り返し説明する。

農作業は現在、機械化が進み、トラクターや耕運機、コンバイン、管理機など様々な農器具が活躍している。田植えも田植え機で行うのが普通だが、豊川小の実習では目安の筋を引き、それに沿って人手で等間隔に苗を植えて行く

総合学習で田植えを行う豊川小の６年生児童。

昔ながらの作業を体験した。

田植えの後、６－８月は田んぼの水の管理や中干し、草取り、施肥などを経験し、秋に稲刈りや脱穀、乾燥なども挑戦する。最後は収穫祭を行い、仕上げの記念にコメの全国食味コンテストにも参加する予定だ。

豊川小では5、６年生が水稲を、３、４年生は野菜の栽培をタネ播きから収穫まで実習している。各学年とも年間70時間ある総合学習のうち、35時間を農業科の授業に当てている。

農業科の授業、全市に広がる
協力する支援員が全市で88人

喜多方市の農業教育は、２００６年秋に国から小学校農業教育特区の認定を受けたのが発端。翌年４月から熊倉小学校など3校で農業科の授業が始まり、08年度に新たに6校が、09年度にはさらに5校が加わるなどして取り組みが広がり、11年度からは市内の18校全部で農業科の授業が行われるようになった。

運営管理の主体は市教委の学校教育課。授業が円滑に進むように教師の研修会や農業科副読本の発行など環境を整えるとともに、苗や肥料代など関連予算を年３００万円確保してきた。

副読本はさし絵付きカラー印刷で１３６ページに及ぶ本格的なもの。主要作物の知識や栽培方法、農器具の種類などをはじめ、農業と自然、農業と人々のくらし、地域の食材と健康、農業の将来と地域の在り方などが分かりやすく記述され、全児童に教材として配布されている。

学校を支える地域住民も農業教育に温かい目を注ぎ、ボランティアとして参加する機会が多い。全市に88人いる農業科支援員は各校ごとに数人づつ張り付き、農作業の指導や教師の相談役を買って出ている。こうした活動が地域の教育力の向上や一体感づくりに役立っている。

取り組みが始まって15年度で9年目を迎える。これまでの積み重ねで、実際のところどのような効果が上がったのだろうか。

同課の渡部通主査は「難しい質問だが、子どもらの生きる力は確実に育っている」と話し、それを見える形で示したものが農業科の「作文コンクール作品集」だと指摘した。児童の農体験を綴った作文の優秀作品を一冊の本にまとめたものだが、子ども達の感動や心の成長を伝える内容が一杯、詰まっている。

「みどりの学校ファーム」事業
13年度から重点支援校選定

県内の全小中学校１２３４校を対象に農業教育を行うのが埼玉県だ。県農林部や県教育委員会がＪＡと協力し08年度から取り組んでいる「みどりの学校ファーム」事業がそれである。

学校単位で10アール程度の農場（学校ファーム）を整備し、児童・生徒がそこで農作物のタネ播き（植え付け）から収穫まで一貫して農作業を体験できるようにするというのが事業の内容だ。各校とＰＴＡ、地元農業関係者が推進協議会を作って農作業を指導したり農場を管理したり、支援態勢をとっている。

事業を管理する農林部農業ビジネス支援課の松本龍衛主幹によると、立ち上げた08年度は未実施校が全体の3割もあったが、年を追うごとに未実施校が減り、12年度からは県内全校が事業に参加するようになった。

各校の取り組みはバラエティーに富んでいる。年間18種類もの野菜を栽培し、児童が野菜の生長を観察しながら登下校する春日部市の小学校、全学年で育てた野菜を給食に使用する桶川市の小学校、「収穫した野菜で郷土料理を作る」をテーマに活動する寄居町の中学校——それぞれが地域の支援を受けて農業に触れ、その活動を通じて協力、責任感、感謝の気持ちを培い、地域との交流を深めている。

ただ、農場の規模や農作業の程度にバラツキがあるのも事実。そんな弱みを抱えている学校のレベルアップを図るのが急務だと見て、13年度からは学校ファームステップアップ重点支援校を選定し、取り組み内容の充実に力点を置いている。

「すでに小学校3校と、中学校1校を支援校に指定した」と松本主幹。これら支援校4校の活動実績を分析して、その成果を県内全域に広げる作戦を展開している。

農業科の授業は住民も加わり、地域全体で支援している。

会津布引に巨大風力発電所
観光開発、農業振興に繋げる

（福島県郡山市）

猪苗代湖（福島県）を眼下に見下ろす高原で２００７年2月から、巨大な風力発電所がフル稼働を続けている。技術は最新鋭、規模は日本最大という謳い文句が知れ渡るにつれ、地元農家が出入りするだけだった静かな場所が週末には８００人を超す観光客、見学者の押し寄せるスポットに変わった。これを見た地元側では商工会や農協、婦人会などがスクラムを組み、風力発電所を観光開発や農業振興など地域活性化に繋げようと活発に動き回っている。

発電機33基、出力は日本一
3万5千世帯分の電力賄う

風力発電所が立地しているのは会津地方の南端に位置する布引高原（郡山市湖南町）だ。会津布引山の山麓に広がる標高千メートル級の高原丘陵地帯で、春から夏は妙見山からの南風が、冬から春には磐梯山からの寒風が押し寄せるところ。ここに電源開発（Ｊパワー）が05年5月から総工費約１２０億円を投じて合計出力６万５９８０キロワットの風力発電所を建設した。

建設に当たってＪパワーは全額出資の子会社「グリーンパワー郡山布引」（本社郡山市）を設立、同社が発電所の建設と運転・保守を担当している。Ｊパワーは国内外で風力発電事業を展開しているが、布引高原は国内で9番目の発電所だ。

「国内に多くの風力発電所があるが、それまでは宗谷岬ウインドファーム（稚内市）の5万7千キロワットが最大だった。現在は布引が稚内を抜いてトップに立った」。Ｊパワー風力事業室の担当者はこう説明する。

発電所は1基当たり2千キロワットの発電機33基で構成されている。地上64メートルの高さにある風車があちこちに並び、長さ33メートルのブレード（羽根）を回す姿は、現地で見ていると壮観

布引高原は「布引だいこん」の栽培地として地元では有名。ここに風力発電所ができた。

である。羽根を動かしているもの、止めているものとそれぞれの動きは異なるが、騒音があまりないのに驚かされる。

ここでつくられる発生電力量は年間で1億2500万キロワット時。これは「3万5千世帯が年間に消費する電力量に相当する」（風力事業室）そうだ。

自然エネルギーの新しい拠点
地球温暖化防止に大きな役割

風力エネルギーにはいろいろ課題がある。天候に左右され供給力が不安定だとか、コストが高いといった経済的な側面が1つ。他方、騒音がやかましいとか、渡り鳥の飛来ルートと重なり生態系に影響を及ぼすとか、さらには景観を損なうなど環境面を指摘する声も出ている。

しかし、そうした指摘は技術革新や人間の英知によって解決できる可能性もある。現に布引の場合、ドイツ製発電機の導入によって騒音レベルを図書館内並に抑えているし、風の強さや向きによって運転を電算機で制御できるシステムを採用するなど、問題解決に努力している。

課題はまだ残っているが、自然エネルギーには今、フォローの風が吹いている。「クリーンエネルギー」としてこれを評価する見方が国内で定着してきたからだ。布引だけで「乗用車6万3千台が排出する量のCO_2を削減できる」（Ｊパワー広報室）というが、こうした点も自然エネルギーの良さを特徴づけるひとつだろう。

日本で風力発電が本格的に普及するきっかけとなったのは、97年に採択された京都議定書だった。二酸化炭素の削減効果が大きい風力に、注目が集まったのである。総合資源エネルギー調査会は07年初め、風や太陽などの自然エネルギーの供給量を現行の3倍に増やす目標を掲げた。政府も自然エネルギーの拡充策に目の色を変えだした。

こうした流れの中で、布引高原風力発電所は地球温暖化を防止しエネルギーの安全保障を確保する新しい拠点として、大きな役割を果たしていきそうだ。そして布引での発電事業の経験が次の自然エネルギーの開発に活かされて行く。

高原野菜の復興へ動く
地元の振興協議会が活性化策

発電所の立地する布引高原は、福島の代表的な高原野菜「布引だいこん」の産地だ。50年前から栽培が始まり、赤津財産区の所有地２１３ヘクタールを高原野菜組合が賃借し、90戸の生産農家がダイコンを作っていた。最盛期には１２０ヘクタール作付けし5億円以上も売り上げていたが、道路インフラが不十分なうえに連作障害や農家の高齢化などが重なって産地は衰退。今では生産農家は19戸に、売り上げも1億円ほどに減ってしまった。

そこへ発電所の建設とともに道路インフラが様変わりに改善、自宅と高原畑を自動車で頻繁に行き来できる環境になった。これを機に、ブランド野菜を何とか復活させたいと願っていたＪＡ湖南西支店が「布引だいこん」の再興へ立ち上がった。

①独自の土壌改良剤と堆肥の投入によって地力を回復する②だいこん、キャベツなど複数の高原野菜を栽培する③収穫物は統一ブランドで全国に流通させる——というのが、ＪＡの戦略だ。栽培はすでに始まっており、大手総合スーパーが契約栽培で全量、引き取る商談も成立した。発電所の登場を契機に、特産品再興の動きが高まってきたことで、地域に明るさが広がってきた。

布引高原を小中学生の環境体験学習の場に活用したり、一般を対象に環境交流イベントを打ったりする動きも出てきた。すでに市民団体が日本エネルギー経済研究所や市環境保全課の支援を受けて、毎年初夏に環境学習や青空観察会を盛り込んだ「環境交流デー」を開催するようになった。

訪れる観光客は営業運転を始めた07年から2、3年は年間20万人を数えたが、東日本再震災を境に減少し、最近は年13万4千人ほど。12月－4月の5カ月間は積雪で閉鎖される事情があるものの、20万人レベルに何とか戻したいと郡山観光協会湖南町支部は話す。

観光客を誘致するため、物産館の建設、農産物直売所の新設、電気博物館の誘致、布引発電所を組み込んだ新規観光ルートの開発など、さまざまなアイデアが持ち上がっているが、実現には課題も多い。中核となるプロジェクトはこれからだが、湖南地域総合振興促進協議会（会長大山孝氏）を中心に地元の総意を反映した事業計画を打ち出し、活気ある観光スポットを作り出そうと懸命だ。

観光面からの振興策を郡山市も検討しているが、市の動きが鈍いのが気がかりである。

布引高原では、「環境交流デー」が開催されている。

交流人口、アートで拡大
奥会津の魅力をアピール

（福島県三島町、同西会津町）

過疎化、高齢化に悩む福島県奥会津で、芸術文化を核にした町興しが粘り強く取り組まれている。売りは奥会津の魅力、狙いは交流人口の拡大である。編み組細工や漆器、木工などの生活工芸品づくりを町ぐるみで進める三島町は、職人技で生み出す工芸品で都市住民を誘客し、地域再生に繋げようとしている。隣接する西会津町は廃校になった中学校の木造校舎をアトリエに活用、内外の芸術家が集う国際芸術村づくりに励んでいる。

ナラ林で催す「工人まつり」
2万人超す来場者が交流

磐越自動車道の会津坂下ICから国道252号を南西へ20分、只見川沿いの16の集落で構成する三島町は、面積の86％が森林で覆われる中山間地だ。高齢化率は45％を超え、一頃は7千人以上もあった人口が今や、1830人。過疎化の悩みは深く、町民の表情は厳しい。

普段はひっそりとした同町で毎年6月、都市住民を惹き付ける催しが2日間、開かれる。「ふるさと会津工人まつり」である。会場は西方地区の生活工芸館前のナラ林。ここにテントを張り、町内外の職人（工人）が手仕事で生み出した工芸品を展示即売するのがまつりの趣旨だ。

展示品は木工や陶磁器、漆器、皮革加工など多数並ぶ。だが、呼び物は何と言っても自然素材を活用した会津編み組細工である。使われる素材は山野で採った山ブドウ、ヒロロ（みやまかんすげ）、マタタビなどで、独自の技法で編んだり組んだりして仕上げたカバン、カゴ、小物雑貨はお洒落で、独特の気品が漂う。

かつては町民が生活に必要な用具として雪の季節に作ってきたものだが、素材の肌ざわりや美しさを活かすデザインと手技が親から子へと受け継がれ、美的価値を備えた工

三島町で毎年開かれる「ふるさと会津工人まつり」。会場はナラ林の中だ。

芸品に昇華させた。2003年には国の伝統的工芸品に指定されたほど。

始まった当初はわずか20団体の職人が出展ブースを出す程度だったが、その後ブース数が年々増え、14年度は170となった。過去に購入した編み組細工を持参して顧客同士で自慢し合ったり、店頭で工人と対話したりと交流の輪が広がる。

11年度に1万8千人だったまつりの来場者は、「12年度が2万3千人、13年度が2万6千人に増えた」と地域政策課の小柴謙係長は、手応えを感じている。14年度はさらに増え、2万7千人を上回った。

経済波及効果は1億円
素材の確保は喫緊の課題

町の発案で1986年に立ち上げた工人まつりは15年度で29回になる。その名が県内外、特に首都圏にまでに知られるようになり今や、会津有数のイベントに成長した。来場者の3割は首都圏からのリピーターといわれ、周辺市町村に泊まり込んでまつりに参加するファンが多い。「宿泊代や食事代を含め、2日間で1億円以上のおカネが周辺に落ちる」（小柴係長）というから、経済波及効果も結構、大きい。

同町には自然素材を使ってものづくりに励む工人が現在、１００人以上もいる。これら工人をまとめて支援するため、奥会津三島編組品振興協議会を設立し、官民共同で奥会津のものづくりへの理解を深めてもらう活動を繰り広げている。同時に、工芸品を普及し、販売する体制整備も協議会の大きな仕事だ。

その一環として、機会をとらえてはイベントを開催するよう心掛けている。例えば、工人まつりの期間中、町の中心部で開く「てわっさ（手技）の里まつり」がそれだ。地域住民が制作した絵画、写真、書などを軒下や玄関脇に飾って公開し、販売にも応じるという一種の街ナカ美術館運動だ。まつりに訪れた顧客をもてなす効果があり、町のイメージアップにも繋がる。

そして、3月には全国編み組工芸品展と三島町生活工芸品展を催し、10月には会津の編み組工芸品展を開いている。イベントを連発することで町の名を極力、露出し、都市住民を呼び込む契機にしようとの作戦だ。

問題は工人の高齢化と素材の確保である。特に、山ブドウやマタタビは町内での採集が難しくなっており、その確保策は喫緊の課題といえる。

廃校舎に西会津国際芸術村
公募展、応募増えて２００点も

過疎の悩みが深いのは、新潟県と接する西会津町も同じだ。若者の流出と少子高齢化で人口が減り、最盛期に１万９千人もあった人口は今や、７３００人余り。５校あった中学校は02年春に１校に統合され、小学校も５校から１校に集約された。

そんな廃校舎に国際芸術村が開村したのが04年４月。運営するのは東京の画廊経営者、安藤壽美子さんが理事長を務めるＮＰＯ「西会津国際芸術村」である。廃校舎をアトリエに内外の芸術家が創作活動を競う「アーティスト・イン・レジデンス」が、安藤さんの考えだ。

まず、招いたのがリトアニアの２人の画家と彫刻家。芸術家は廃校舎に１年間、滞在して作品を作りつつ、地域住民や近隣の小学生と交流するのがルールだ。町は年４００万円の委託費をＮＰＯに払い、その中から芸術家の招待費や生活費を賄う。

招いた外国人芸術家は09年度まででポルトガル、ドイツ、ブルガリアなど６カ国、10人に及ぶ。それらの芸術家の作品が２階建ての木造校舎の教室や廊下に常時、展示されており、年間１２００人ほどの観光客を迎え入れている。

芸術村の運営方針は09年夏の町長選を境に軌道修正された。外国人芸術家の町費招待は中止し、自費による内外の芸術家を受け入れるというものだ。現在はオーストラリアや国内のアーティストが自らの判断で滞在し、制作活動を行っている。

とはいえ、芸術で町の活力を掘り起こそうとの目標は変えていない。今、力を入れるのが年１回開催の国際芸術村公募展だ。応募者は年々増え、８回目の13年度は応募点数が１８８点、９回目の14年度は２００点近くに上った。

芸術家を目指す若者の優秀作品が木造校舎を飾り、県内外から多くの観光客を呼び込んで町に活気を取り戻すテコにしたい――それが、高齢化の進む西会津町の町民の偽らぬ願いだ。

西会津国際芸術村では、外国人アーティストが滞在し作品を制作している。

村経済を支えるカスミソウ首位の座維持へ独自の工夫

（福島県昭和村、昭和花卉研究会）

カスミソウは白だけでなく、赤や緑など色とりどりの商品が開発されてきた。（昭和村）

周囲を山に囲まれた福島県の奥会津、人口１４００人弱の昭和村は、全国有数のカスミソウの産地である。春は和歌山産、夏は熊本産や北海道産の追い上げにあって激しい産地間競争を繰り広げているが、夏から秋は昭和村が頂点に立つ。栽培面積は全国一、年間出荷量は約４５０万本を誇り、村全体の花卉販売高のほとんどをカスミソウで稼ぐ裏には、栽培農家のたゆまぬ努力と創意、工夫があった。

栽培農家は2系列で88戸 スーパー店頭でフェアを開催

昭和村でカスミソウを栽培しているのは、ＪＡ会津みどりの「かすみ草専門部会」に参加する60人と非ＪＡ系の「昭和花卉研究会」の会員28人。双方合わせて88戸の農家が矢ノ原地区、小野川地区を中心に34ヘクタルの畑で露地栽培している。

春先から時期をずらして苗を植え、5月から11月まで全国40カ所の生花市場へ切れ目なく出荷する体制を採っている。中でも品種改良、販路開拓にかける花卉研究会会員の熱意は高い。2011年のカスミソウ販売額は村全体で3億7千万円だったが、その46%を数の少ない花卉研究会で稼ぎ出す。

福島市から車で20分ほどの伊達市にあるスーパー、ヨークベニマル伊達店。7月下旬の2日間、花卉研究会主催の「カスミソウ・フェア」が開かれ、会員全員が店頭に立ってカスミソウを展示販売した。消費者に直接働きかけ、カスミソウの良さを知ってもらうのが狙い。02年からスーパーと連携して、毎年行う研究会恒例の行事である。

カスミソウと言えば、白い可憐な花をいっぱい咲かせるイメージだが、当日は赤や緑、黄色など色とりどりのカスミソウが売り場を飾り、来店客を驚かせた。試行錯誤のうえ、研究会が10年かけて作り上げた7色の染色カスミソウがそれである。

「白じゃあないカスミソウがあるのねえ。ピンクやラベンダーまである。ビックリした」。消費者の質問に、研究会の菅家博昭会長が応答する。「昭和村で作っています。7色は殺菌処理して染色剤で出している」、「ちゃんと扱えば長持ちするし、ドライフラワーでも楽しめます」と、楽しみ方まで教えていた。

栽培面積、ぐんぐん増える
最近は需要頭打ちが悩み

昭和村でカスミソウの栽培が始まったのが1984年。日本専売公社の民営化で葉タバコの廃作が決まり、代替作物として県からカスミソウを紹介されたのがきっかけだ。葉タバコ栽培時のパイプハウスや農機具をそのまま活用できること、日中の温度差が大きい高冷地が栽培地として適していることなどから、栽培面積がぐんぐん増える。

初年度の栽培面積29《アール》が89年度には38《ヘクタール》と5年間で130倍になる猛烈ぶりだ。年間販売高も初年度の91万円が5年後の89年度に1億5千万円へ、10年後の94年度には4億4千万円へと飛躍的に増加。約1億円のコメをはるかに凌ぎ、村経済を支える屋台骨となった。

しかし、販売高は97年の5億1千万円をピークに下降し、その後の10年間は3億7千万円前後で推移している。90年代後半から国内需要が頭打ちになり、低価格の輸入品が市場に押し寄せてきたのが原因だ。

カスミソウはどんな花にも合わせやすく、主にバラやチューリップの「添え花」として売られてきた。不況の深刻化で業務需要が減り、花束をつくる際に添え花を絞る生花店が増えたのが国内需要頭打ちの理由だ。

加えて、95年のうどんこ病の多発、99年の大水害、02年の豪雪被害――相次ぐ天災と病気が栽培農家を悩ます。その頃から、「カスミソウの時代はもう去ったのでは」との声が市場関係者から出るようになった。

そんな見方を跳ね返すように、粘り強い挑戦を始めたのが花卉研究会の面々だ。新商品の開発、販促活動の展開、流通手段の革新など新手の対応策を次々と打っていく。

染色カスミソウをブランド化
鮮度保持へバケット配送方式

まず打ち出したのが、カスミソウを主役花として売り込む「カスミソウ主役」論だ。それには消費者を惹きつける新商品の開発と販促が欠かせない。こうして生まれたのが02年開発の染色カスミソウで、今ではこれをブランド化しようと村を挙げて販促活動を強めている。

消費者の評価を勝ち取るには売り方の工夫も重要だ。菅家会長らは生花店や消費者と会えば、「会員は全員、エコファーマーですよ」とか、「ブナやナラなど自然豊かな畑で栽培しています」とか話し、環境を意識した販促を心掛けている。花の先進国オランダが採用する環境負荷低減プログラム制度「ＭＰＳ」も会員は導入済みだ。

中でも感心させられるのが、02年に導入した「バケットシステム」と呼ぶ流通方式である。

水を入れたプラスチック製のバケットに1色10本の束を3束ずつ入れて配送する仕方だ。産地－市場－生花店の各経路をバケットに入れたまま輸送し、取引後に回収し再利用ができる。「切り花の鮮度と品質保持に効果が大きい」と菅家会長は話すが、従来の段ボール方式より高値で売れる点も有利である。

昭和村には雪を利用して農産物を予冷・貯蔵する大規模施設がある。花卉研究会はこの施設とバケット配送を組み合わせており、鮮度保持に神経を使う消費者から高い評価を得ている。

研究会会員の当面の関心事は、25種類ある現行栽培品種を新品種に改良することと、新規担い手を育成することだ。

このうち、新規担い手は村の新規就農者受け入れ事業を通じてこれまでに村全体で10組が生まれたが、途中で離村するなど定着率が低いのが悩み。高齢化が急速に進んでいるだけに、産地を維持発展する上で担い手確保は何より緊急の課題である。

昭和村にあるカスミソウの集出荷・貯蔵施設。

古本と森林の交換で、古書の街
交流人口増やし過疎の町に刺激

（福島県只見町）

福島県の西南端、新潟と県境を接する只見町は、会津の最深部に位置する全国有数の豪雪地域である。東京都23区がすっぽり入るほどの広い面積を持つが、人口は減少し続け2014年末で4500人を割ってしまった。老齢人口が43・8%という過疎の町だ。ここで22年前から、ユニークな「古本の街」づくりに取り組んでいるのが「たもかく株式会社」（略称たもかぶ）。新古書店やインターネット書店に押されて近年はかつての勢いが見られないものの、行政とは目線の違う角度から町興しに貢献している。

蔵書数191万冊の「本の街」
持ち込まれる古本は年30万冊

只見駅は会津若松市からJR只見線で約3時間。ひっそりとした駅前から伊南川沿いに国道289号線を車で走ると、7、8分で壁に赤く「本」と書かれた木造の建物が目に飛び込んできた。6600平方メートルの敷地に10棟の木造建物がずらりと並び、脇には8両の廃貨車が控える。ここがたもかぶの「本の街」だ。

建物と廃貨車は店舗兼書庫で、すべてに古本がぎっしりと詰まっている。文芸書とコミックが収められている「文芸館」、ビジネス書や学術書、社会科学書などの「ビ学社館」、文庫や新書が入った「新書文庫館」、希少本や一般公開しない本を集めた「うらない館」などと建物ごとに分類されている。

廃貨車を覗くと、全集ものを集めて収納した「全集館」だったり、入場料500円を払えばタダで本を持ち帰られる「只本館」だったり、これまた上手く仕分けされていた。

「古本の街」に持ち込まれる古書は1日当たり平均1千冊。教科書や参考書の類は断っているそうだが、「年間で

各地から集まった中古本を点検する吉津社長。

30万冊もの本が全国から集まる。仕入先は5万人以上、リピーターが多い」。たもかぶの吉津耕一社長は7人のスタッフを動員して、仕入れた本を検品したり仕分けしたりして木造建物の棚に納める作業に力を入れる。

「本の街」の蔵書数は191万冊。「やがて200万冊を超すのではないか」と、吉津社長はさらりと言ってのける。日比谷図書館（東京・日比谷）の蔵書数が134万冊というから、奥会津の山あいの町の巨大古書店にはびっくりさせられる。

1750円で只見の森林1坪
オーナーは入会地を自由に利用

「都会で眠っている古本を只見の森林と交換しませんか」――たもかぶが全国にこんな呼びかけをしたところ、5千件近い問い合わせが殺到、3カ月ほどで8万冊が集まった。これらの本を買ってもらいたい、本に関心を持つ人を只見に呼び込みたい、そのための仕掛けづくりを築きたいと考えて1994年、町内に古書店を開設したのがそもそもの発端だ。

「本の街」の運営システムはなかなかユニークである。単行本やコミックなど古本は定価の10％、CD（コンパ

赤く「本」と書かれた木造建物が10棟並ぶ本の街。

クトディスク）は定価の20％で評価し、一定額（1750円）になると雑木林1坪（3・3平方メートル）と交換、「一株の森トラスト」のオーナーになることができる。交換した土地が300坪にまとまると、一カ所にまとめて登記し「一反の森トラスト」のオーナーになれる。

集めた古本は、たもかぶが定価の50％で販売する。利益は会社の活動資金になるが、一部は地元の森林の保全に充てている。

たもかぶが所有する山林はざっと37万坪、これが交換用に使われているのだ。山林は傾斜地だが、立ち木は将来、建材や家具に十分、使えるという。オーナーになれば自分の山林だけでなく、たもかぶが所有・管理する「入会地」も利用できる。既に延べ5万人ほどが5万坪のオーナーになった。

たもかぶはオーナーなど都市住民を招き、入会地で交流イベントを打っている。春の山菜、秋のキノコの時期に年2回開くことが多いが、ピーク時には300人ほどの都会人が参加し地元民と交流を楽しんでいる。

「ビジネスだから、利益確保が大事だが、ただ古本を集めて儲ければいいとは思っていない」。森林保全にしろ、都会人との交流人口拡大にしろ、町づくりや地域興しの視点を持ち続けたいと、吉津社長は強調する。

漫画図書館開くIターン街ぐるみ古本店が今後の夢

本を買ってくれる人は、以前は業務用（古書店など）6割、個人4割だったが、最近は30－50代の個人が全体の半数を占める。ほとんどが都市住民で、只見の民宿に泊まり込んで本を探し回り、段ボールに何箱も詰め込み5万円以上も買って帰る手合いが結構いる。こうした都会人がひっきりなしに「本の街」に来店し、年間売上高も3千万円を超す時期もあった。

だが、近年は来店客数の減少で売り上げも年1千万円ちょっとと頭打ちの状態。ブックオフなど新古書販売の全国チェーンに都会の顧客が流れているほか、ネットの攻勢が激しいためだ。

古本と森林の交換事業を始めて13年で20年目。本を送ってくれる5万人以上の顧客、所有する37万坪の森林、本と森の交換というユニークな事業形態を今後も継続する方針だが、只見町で長く仕事をしているといろいろなことに直面したり出会ったりする。

困ったのは11年7月に発生した新潟・福島豪雨だ。たもかぶも大量の書籍が水にかぶってしまい、300万円近い損失を被った。12年1月決算では、2700万円ほどの売上を確保したものの、最終損益で赤字を計上したという。

一方、「本の街」づくり事業に活気をもたらす新たな動きが出てきて、吉津社長を喜ばせている。

1つは漫画収集が趣味の横浜市の50代の男性が只見町に移住してきて、漫画図書館を開いたこと。市街地の一角にある基督教団の旧伝道所を有効活用したもので、図書館名は「青虫」。蔵書数は3万冊で、入館料500円を払えば誰でも漫画を楽しむことができる。

もう1つは神奈川県のIターン希望者が「本の街」にある1棟を買い取って、喫茶店兼古書店を開店したことだ。コーヒーを飲んだり小説を読んだりして思うまま1日過ごしてもらうのが経営方針。「アイル・ビー」の店名で営業している。

「古書店を開きたい人には協力を惜しまない。只見を古書店のテーマパークにしたい」。吉津社長は「本の街」づくりにもっと広がりを持たせようと意気込んでいる。

個性ある住宅政策で定住促進
人口減少時代の町おこしの形

（福島県磐梯町、茨城県大子町）

人口減や過疎化に悩む東北南部と北関東の自治体が、定住者を増やそうと打ち出した新しい「住宅作戦」が耳目を集めている。若者誘致を狙う福島県磐梯町の「若者住宅」、外部からの活力導入を目指す茨城県大子町の「農園付き住宅」がそれで、購入者には「幼稚園保育料が無料」、「農園は20年間無料」といった特典を付けるなど制度設計に個性を持たせているのが特徴だ。施策はまんまと当たり、域外から定住者が増え始めた。

「若者住宅」に5倍近い応募
若い世帯を惹き付ける恩典

東は猪苗代町、西は喜多方市、南は会津若松市に接する磐梯町は、磐梯山麓に市街地が広がる人口３６００人強の自然豊かな町だ。町の中心部を貫くＪＲ磐越西線の磐梯町駅から徒歩で5分、町保育所の向かい側（町内漆方地区）に軽量鉄骨2階建ての小ぎれいな集合住宅3棟（6戸）が建っている。

同町が２００7年3月に建てた「若者住宅」である。各戸とも床面積が82・8平方メートル、３ＬＤＫと広く、オール電化でＢＳ集合アンテナ完備というのが謳い文句。通常の家賃は月３万８千円。民間住宅より低めに抑えているが、子どもが増えると家賃はさらに下がり、子ども４人だと家賃は１万５千円で済む。

同町は入居対象者を町外に在住する35歳未満の子育て世帯に絞って募集した。居住面積が広いのに家賃が安いと評判を呼び、わずか2週間の募集期間に応募者が27世帯も殺到、枠がすぐ埋まってしまった。会津若松や喜多方から応募した若者が多かった。

「活力のある町にするには若者が定住しないとダメ」。五十嵐源市町長のこんな考えを具体的な形にしたのが「若者

JR磐越西線の磐梯町駅に近い住宅地に立つ「若者住宅」。

住宅」だった。皮切りは06年秋、諏訪山地区に建てた鉄筋コンクリート造り2階建ての集合住宅（1棟6戸）。完成と同時に「若者住宅」として募集したところ、町外の若者を惹き付け26世帯が応募するほどの好評ぶり。

「これはいける」と自信を得た同町が、第2弾として企画したのが漆方地区の「若者住宅」だった。この住宅も若者に受け入れられる上々の成果を上げた。

会津若松市から来たという若い入居者は「家賃が安いし、2台分の駐車設備とBSアンテナなど、住設備が若者向きに設計されている」と話す。しかも購入世帯には幼稚園の保育料が無料になるし、小中学校で外人教師による英語教育も受けられるのが魅力と強調する。月並みの住宅に終わらせず、プラスαの特典を付けた個性ある制度設計が若者を惹き付ける。

第3弾として17戸の住宅建設
リゾート地で若者向け宅地分譲

少子化・高齢化の進展で人口減少時代を迎えたわが国だが、中でも東北地方の人口減少は際立つ。「若者住宅」を企画した07年当時の人口調査では福島県の人口減少数は全国で11番目、人口の流出数は全国で6番目という大きさで、人口減少が加速している。磐梯町でも例外ではなく、08年１月の人口が３９６２人と30年間で５３９人も減ってしまった。

人口減は域内経済の活力を弱め、財政や年金・医療保険などの社会基盤を揺さぶりかねない。これを予防するため、同町は「温もりと活力ある町づくり」を目指した８カ年の振興計画を策定、町の人口を４３００人に増やす目標を掲げた。

「子育てに励む若い世帯が少しでも増えれば、やがて町の活力に繋がる。入居者の中には４人目のお子さんが生まれて家賃が１万５千円の方も現れた」。五十嵐町長は「若者住宅」の効果が出てきたと微笑む。

磐梯町は第３弾となる「若者住宅」を10年春、大谷地区に建設した。第二小学校の跡地を活用したもので、規模は前のものより大きく、集合住宅８戸と戸建て９戸で構成している。

また、国立公園内の七ツ森リゾート地区で若者だけを対象に宅地・建物分譲を行っている。売り出すのは１区画２００坪の12区画。建物は自前で建てる必要があるが、土地は「事前に保証金１００万円を預ければ、３年後には差し上げる」という特典が付いている。この土地分譲もすぐ売れてしまった。

一工夫も二工夫も凝らした住宅政策を掲げて若者を呼び込む。これが磐梯町の戦略だ。

20年間無償の農園付き住宅
定住希望の都市住民が殺到

茨城県の最北西端、福島県と接する大子町。農業と観光の町だが、最近は少子高齢化と若者の都市部流出で過疎化が町全体を覆う。05年国勢調査によると、人口は２万２千人、ピーク時の１９５５年比で半減した。

過疎化の波を抑えるため、①企業の誘致②若者の住める町づくり——を公約に掲げて登場した綿引久雄町長が打ち出したのが「山田ふるさと農園」事業だ。町有地を有効活用して都市住民に農園つき住宅を貸し出そうというのがその内容である。

町有地はＪＲ水郡線常陸大子駅から車で10分ほどの緑地１万７千平方《メートル》。１区画７９６平方《メートル》から１７４５平方《メートル》に分けた16区画を用意し、「土地は20年間無償で貸し出す。農園付き住宅として活用してほしい」と希望者を募ったところ、１７９組、平均11・２倍の応募者が殺到した。

当選した16世帯の現住所は東京都が７、千葉と神奈川、栃木が各2など。団塊世代だけでなく30代、40代の若い層が5世帯も含まれ、5世帯に子どもがいる。「定住希望者が13世帯もあるのが心強い」とは、この事業を担当する企画課、藤田貴則主査の弁だ。

町が宅地整備をした後で16世帯が09年春から、自前の住宅を建て、新しい生活を始めている。定住者が地元に溶け込み、地域住民と円滑に交流できるよう町も支援している。

定住者に雇用の機会をつくろうと、企業の誘致にも力を入れる。すでに誘致第1号企業が決定、地元から10数人の新規雇用が生まれた。「定住者が増えれば、外部の力で刺激を受け、町の活力が生まれる」。そんな構図を大子町は描いている。

磐梯町の五十嵐町長は若者の定住作戦を展開している。

温泉発電と小水力で町おこし
復興へ地域資源をフル活用

（福島県福島市、元気アップつちゅ）

東日本大震災と原発事故による風評被害で客足が急落した福島市の温泉街で、再生可能エネルギーを生み出す新たな挑戦が繰り広げられている。市西南端の土湯温泉町が町を挙げて取り組んでいるもので、２０１４年末に小水力発電事業が稼働し、15年夏には温泉発電事業が動き出す。地域でエネルギーの地産地消を目指すとともに、事業で得た収益金を賑わいある町づくりに活かす方針だ。

16号源泉に温泉発電施設
小水力発電所は東鴉川流域に

土湯温泉町は市の中心部から西南へ16キロ、磐梯吾妻国立公園の一角にある山あいの温泉郷だ。標高４５０メートルの高原を流れる荒川沿いに旅館やホテルが立地し、多様な泉質と豊富な湯量が自慢の温泉地として有名だ。

70カ所ほどある源泉の中で最大の湯量を誇るのが、温泉街から荒川を2キロさかのぼった16号源泉。所有者は湯遊つちゅ温泉協同組合で、井戸から湧き上がる温泉が毎分１２００リットル、配給管を通じ24時間絶え間なく旅館やホテルに給湯されている。この16号源泉の隣接地に、地熱発電の一種である「バイナリー発電所」（別称、温泉発電）がお目見えした。

温泉発電事業の経営主体は「元気アップつちゅ」（資本金2千万円、社長加藤勝一氏）である。協同組合とＮＰＯ法人（まちづくり協議会）が出資して12年10月に設立した株式会社だ。温泉発電の主要設備は温泉地の立地条件や湯量などに合わせて作るので、オーダーメード型の設備発注が普通だ。「元気アップ」では実績のある米国オーマット社製設備の導入を決定、製作はイスラエルで行った。

出力は４００キロワットで、設備投資額約6億円のうち、1割相当の６７００万円を経産省の補助金で賄う。運転開始は15

15号源泉の現場。温泉街から2キロ上流の荒川沿いにある。

年夏で、作った電力は固定価格買取制度を活用して全量、東北電力にキロワット時42円で売電する。

一方、小水力発電は東鴉川の第3砂防堰堤近くに「元気アップ」が建設するもので、出力は約136キロワット。発電設備は国産機器を採用し、総額約3億円のうち、1億700万円を経産省の補助金で賄う。運転開始は14年12月で、こちらも全量、東北電力に売電（34円）する。

「温泉枯渇の心配がない」
投資回収、8年以内の見込み

バイナリー発電は地上に噴出する温泉の熱を利用して沸点の低い媒体を沸騰させてタービンを回し発電する仕組み。媒体にはアンモニアや代替フロン、炭化水素ガスを使うことが多い。

地熱発電といえば、新たに深い井戸を掘り高温蒸気を取り出して利用するのが通例だが、バイナリーは違う。現有源泉の余剰温水を有効活用できる点が最大の特徴だ。地球環境に優しいエネルギーだし、①日照や天候に左右されず24時間働くので、発電効率が大きい②地震などの災害時に独立電源として使える③観光施設に役立てやすい——などのメリットもある。

「元気アップつちゆ」がバイナリー発電所を稼動させる立地場所の風景。

そうした利点を生かしつつ、「元気アップ」が特に注目するのが、現行の150度程度の温水と蒸気をそのまま利用できること。「温泉の効能に影響をもたらさないし、温泉が枯渇する心配もない。住民からも理解してもらえる」と加藤社長は話す。

もうひとつの小水力発電は河川を利用する全国でも珍しい試みだ。町の周辺には急流な川が複数流れており、全部で32の砂防ダムが作られている。このうち最適なダム周辺地点でまず小水力発電を事業化するわけで、事業が軌道に乗れば、他地点への事業展開も十分可能だ。

温泉発電にしろ小水力発電にしろ、地域の資源を上手に活かすところに土湯温泉町の取り組みの特色がある。「街の活力を取り戻すには、使えるものを使って自分たちで立ち上がるしかない」と加藤社長は言い切った。

人件費や管理費を含めると、2つ合わせた総事業費は10億円。人口500人ほどの町にとってまさに大仕事だが、「8年以内には投資を回収できるのでは」と関係者は意気軒昂だ。

背景に震災と風評被害

町おこしへ野心的な計画

温泉街が再生可能エネルギーの事業化に踏み切った背景には、大震災と風評被害による地域の深刻な窮状がある。

大震災の後、しばらくして2軒の旅館が廃業し、1軒が長期休業に入った。その半年後には3軒が廃業し、16軒あったホテル、旅館が10軒に減ってしまった。

利用客の落ち込みは激しく、11年度は20万人と前年度比半減し、12年度は同10％減。13年度以降も客足の勢いは戻っていない。原発事故の2次避難所として受け入れた被災者が12年秋に旅館から立ち去ると、さらに活気を失い、商店街や土産店、飲食店などにも悪影響が広がった。

窮状が長引くにつれ、このままでは地域全体の存続が危ぶまれるとの声が高まっていく。危機感を募らせた有志が12年秋、再生協議会を結成して対応策を協議したが、その結果行き着いた先が、地域の資源を活かした自然エネルギー事業だった。

とはいえ、事業化の前途は容易ではない。立地の適地はあるのか、温泉は枯渇しないか、資金調達は？　事業収支は？——と、課題があまりにも多い。「元気アップ」スタッフの千葉訓道氏は「温泉発電は環境省の調査補助金（1680万円）などを活用し、一つずつ解決していった」と話す。

エネルギーで得た収益金を街の復興に繋げようと、関係者は新たなまちづくりに走り出した。

公衆浴場「仲之湯」を中心に足湯・下ノ湯や複数の旧旅館・ホテル跡地などを一体的に整備して、温泉街の新しい賑わい拠点（テルマエ・土湯）をつくる計画を進めているのだ。温泉型健康保養を掲げて観光客を誘致し、年10万人レベルの人々が交流するまちづくりを狙う。

国交省の補助を受けて16年春に着工するが、「3年がかり、億単位の大事業」となりそうで、自然エネルギーを軸にした野心的な町おこしが温泉街で行われようとしている。

子どもを軸に、読書の街つくる「矢祭もったいない図書館」

（福島県矢祭町）

矢祭町は、茨城県と県境を接する福島県最南端の町である。名物といえば、久慈川のアユくらいといわれる人口6千人強の小さな町だが、知名度は東北でも抜きん出た存在だ。2001年秋に「市町村合併をしない」と議会が突然、宣言し、その翌年には住基ネット（住民基本台帳ネットワーク）から離脱宣言を公表して一躍、その名が全国に知れ渡った。その町にもうひとつ、全国区の名物施設がある。「矢祭もったいない図書館」がそれだ。

町独自の資格「子ども司書」
読書推進リーダーとして活動

「本のことをもっと知り、読書好きの仲間を増やしたい」――矢祭町中央公民館で15年6月下旬、第7期「子ども司書」認定講座の開講式があった。古張允町長（代理）や片野宗和教育委員長、和田昌造館長らが挨拶をした後、受講生の1人で東館小5年の金沢真優さんが「しっかり勉強をして、読書の素晴らしさを友だちや家族に伝えられるようにしたい」と、誓いの言葉を述べた。

開講式に参加したのは町内の小学4－5年生の9人で、この日から翌年1月下旬まで15講座を受ける。講座では図書の分類、貸出しと返却、本のカバーかけ、紹介カード作りなど司書の仕事を学ぶほか、「お話し会の本の選び方」やパソコン研修、視察研修旅行などの実習がある。12講座以上に出席し、感想文を提出すれば、町独自の資格である子ども司書に認定される。

子ども司書は、子ども達の読書活動を支援しようと同町が09年6月、全国に先駆けて始めた取り組みだ。1期生として14人が認定された後、14年度までの6年間に76人の司書が生まれている。76人は現在、もったいない図書館でボランティア活動をしたり、保育園や福祉施設でお話し会を

矢祭町の名物施設である「矢祭もったいない図書館」。

催したり、「読書推進リーダー」として学校の行事に参加したりと活躍している。

こうした活動がもたらした効果は意外に大きい。1例が図書館の利用者を増やした点だ。07年度に2851人だった小中学生の図書館利用者数が、司書制度を設けて2年目の10年度には4677人に急増している。中学生の利用者はこの期間、3倍近くになった。

「なにもしなければ、図書館の利用者層が限られ先細りになるが、子ども司書のサポートで、小中学生の利用者が多くなった」と和田館長は話す。

矢祭で始まった子ども司書はその後、全国に波及し、高知、福岡、広島、佐賀、栃木各県などでも導入が進んでいる。導入自治体の間で「子ども司書推進全国協議会」まで結成した。

「手づくり絵本コンクール」
最優秀作品は製本して配布

同町には「子ども読書の街」づくり推進委員会というのがある。もったいない図書館を拠点に子どもの読書活動を町ぐるみで支援しようという狙いで設けた組織で、教育委員や学校長、PTA会長らが主要メンバー。この推進委企画運営して09年8月から行っているのが「手づくり絵本コンクール」だ。

「自然・友情・心の大切さと夢や希望がいっぱい」をテーマに、手づくりの絵本をつくって応募してほしいというのが企画の趣旨。高校生以上の「一般の部」と、中学生以下の子どもが家族と一緒につくる「家族の部」の2部門を設け、全国から作品を毎年、募集している。

本文は表紙を除き30頁前後で、アマチュアの人ならだれでも応募できる。最優秀賞には10万円、優秀賞には5万円を進呈し、最優秀の受賞作品は製本して近隣の図書館や教育機関に配っている。

この企画が反響を呼び、全国から応募作品が多数、寄せられるようになった。第1回（09年度）の応募件数が167点（うち一般の部132点）、2回目が133点（同114点）などとなり、6回目の14年度は178点（同64点）となっている。7回目の15年度については、10月締め切りで募集中だ。

もったいない図書館に入ると、正面の目立つ開架棚に最優秀賞を獲得した各年度の絵本が展示してある。「シチューをもらった帰り道」（第1回作品）、「チクチクおばあちゃん」（第2回）、「ありがとう、あくとう丸」（第5回）、「よくばりじいさんのかみさま」（第6回）などがそれで、図書館スタッフに尋ねると、「訪れた小学生がよく手にとって閲覧している」そうだ。

図書館を拠点に読書好きの子どもを沢山、つくっていこうという矢祭の取り組みは、子ども司書や手づくり絵本コンクールだけではない。

幼児から小学生を対象に2カ月に1回、「おはなし会」を催しているし、小学生を主な対象に年4回、「科学はてな教室」も開いている。毎月第3日曜日は「矢祭読書の日」とし、読書サポーターが本の貸出しなどを手伝っている。

もう1つ、注目されるのが「うちどく（家読＝家庭読書）」という取り組みだ。家族で同じ本を読んだり、読んだ本で家族が話し合ったりすることで、家族の絆を深めてもらおうという試みだ。家族と本をつなぐ取り組みを深めて地域を盛り上げようと、地域を挙げて「うちどく」を推進する地区も出てきた。

全国からの寄贈本46万冊
利用者数は7千人前後

「子ども読書の街」づくりの中心にある、もったいない図書館は、同町を6期24年間リードしてきた名物町長、根本良一氏が引退直前に開館した施設だ。「本を買う予算がないから」と06年7月、全国に寄贈を呼びかけ、集まった35万冊を町民が分野ごとに整理区分けし、バーコードをつけて貸し出せる状態に仕上げた手づくりの図書館である。

建設費を抑えるために築38年の武道場を改装して本館とし、隣接地に収蔵書庫だけを新設して07年1月にオープンした。

15年5月時点の蔵書数は約46万冊で、「3年以内の新刊書ならＯＫ」という条件で、現在も寄贈を受け入れている。

図書館を切り盛りする運営も、町と契約した町民ボランティア（有償）が行っているというので、そんなユニークな図書館ならぜひ見学したいと、全国から今なお視察が相次いでいる。

本館の利用者数は07年度が1万１０１６人、08年度が1万２２２９人と順調に伸びたが、ここ2、3年は7千人前後で推移している。町内24カ所の地域集会施設にもったいない分館を開いているほか、各地区にキャラバンカーを配車しているので、本館に来館する町民が減り気味のためだ。

「矢祭子ども司書」講座の開講式。児童９人が参加した。

関東編

活況再び、ロケ誘致活動 経済効果は累計で54億円

（茨城県、いばらきフィルムコミッション推進室）

映画やテレビドラマなどのロケ隊を誘致し、撮影活動を支援する取り組みが茨城県で再び、活況を呈している。県下の自治体が支援した作品数が２０１３年度で５６６点と過去最多を記録、14年度に入っても高水準を維持している。官民がロケ隊を積極的に受け入れ、作品づくりを強力に支援する態勢が全県的に整っている点が最大の理由だ。過去12年間の経済波及効果は累計で54・３億円に達した。

県内ロケ、最多の５６６点
興行収入10億円が４つも

茨城県観光物産課によると、13年度に県内でロケがあった作品５６６点は映画が69、ＴＶドラマが１２０で、残りはＣＭやプロモーションビデオ。前年度が３９０点だったので、一気に１７６点も増えて44％増となった。

ロケに使われた日数は延べ１０８５日に及び、市民ボランティアがエキストラとして延べ1万5千人も出演、地域ぐるみで映画づくりに協力するケースが増えてきた。

同年に国内で公開された邦画で興行収入10億円以上の作品が24点あるが、「清須会議」、「図書館戦争」など４作品は茨城県内で撮影されたものだ。大作を通じ茨城の豊かな自然や歴史的な建造物が投影され、全国に茨城への好印象と知名度を高める効果をもたらした。

映画やドラマの撮影隊を誘致し、県のイメージアップや観光客の増加、地域の活性化に繋げようと、県がロケ支援の窓口組織「いばらきフィルムコミッション（ＦＣ）推進室」を設けたのが02年10月。初年度の作品数は32点だったが、03年度が１３５点、04年度が２０７点と尻上がりに増え、発足から3年間で活動は軌道に乗った。05年度には県内撮影の作品数が３００点を突破している。

その後も順調に増え、09年度までの４年間の作品数が年

古民家や木造校舎など、絵になる材料が多い茨城県に、ロケ隊は競って訪れる。写真は坂野家住宅。

平均で356点。全国1のロケ王国と言われるようになった。だが、その勢いも金融危機後の景気後退と東日本大震災、福島原発事故の影響で減退し、10年度と11年度に大きく下降してしまった。

ロケ誘致活動が13年度になって一気に活気を取り戻したのは、①大震災の復興が進み、風評被害の影響でロケ地を西日本に求めていた映像業界の関心が東日本に移ってきたこと②アベノミクスの進展で映像業界の製作意欲が高まってきたこと――などのほか、茨城県内の受け入れ地の支援態勢が充実してきた事情が背景にある。

ワンストップでロケ支援
地域の期待大きい経済効果

同県には現在、北は北茨城市から南は取手市まで27のFC団体がある。各団体は「県フィルムコミッション等協議会」に加盟しており、情報交換を通じてロケ地情報の共有化を進めている。後藤久FC推進室長は「ネットワークが全県に広がっている。こうした全県レベルの支援態勢がロケ隊の誘致活動に威力を発揮する」と話す。

ロケ地の情報提供や相談・案内、撮影に伴う許認可手続きの協力、宿泊・飲食情報の提供、エキストラの手配、地元民への調整――これらがＦＣの具体的な仕事だが、「映像制作者のニーズにワンストップで対応できるサービスが、茨城の最大の特色だ」と後藤室長は強調する。

ＦＣ関係者がロケ支援活動で期待する点は大きく言って2つある。第1は地域社会にもたらす経済効果だ。

ロケ隊が支払う宿泊費や弁当代、機材レンタル料などが撮影地に落ちるが、県全体への投下額は13年度で３・７億円に上る。作品に誘われて訪れる観光客の２次消費を含めると、13年度の波及効果は５・５億円になるという。

県の調査によると、過去12年のロケ支援作品数は累計で３７１５点に達し、ロケ日数は1万１２１８日になるという。そして、経済波及効果は「54億3千万円になる」（後藤室長）と推計している。

14年度も前年を上回るロケ支援数が続いており、1回当たりのロケ日数も増えているので、経済波及効果は6億円に迫る勢いだ。

「ロケの街・常総」
ロケ作品数が年１００点超

関係者が期待するもう一点は地域興しである。茨城県内で頻繁にロケ地として選ばれるのが県南部、千姫ゆかりの常総市だ。最近は「ロケの街・常総」の名が、とみに広がる。

都心から1時間ちょっとと近いうえに、映像製作者をひき付ける材料が豊富にある。電柱のない林道、杉並木が３００メートル《メートル》も続く参道、古民家や古い木造校舎、情緒ある河川敷――どれもが絵になる対象となる。

時代劇によく登場するのが、国指定の重要文化財である豪農屋敷「坂野家住宅」や古刹の安楽寺、千姫の墓がある弘経寺などだ。これらは隣接するつくばみらい市の時代劇用スタジオ「ワープステーション江戸」と連動して使われる場合が多い。

「当市で撮影される作品は年１００点を超し、1万人の撮影隊を迎える事業に発展した」と話すのは、常総市ＦＣ推進室の土井義行室長だ。ロケの支援相談が1日に数件あり、撮影完了まで4人のＦＣスタッフが全て応対する。

撮影隊が落とす消費額は年々増加している。土井室長は「宿泊や飲食、施設使用などで年間3、4千万円もの現金が地元に落ちる」と話す。人口6万3千人の街にとって、ロケ隊による地域活性化効果は予想以上に大きい。

スクリーンツーリズムというのがある。映画の撮影地を巡る観光ツアーのことで、その誘致に自治体が熱を入れ出した。茨城県でも14年公開の映画「永遠の0（ゼロ）」を記念したロケ地ツアー」に2万人近い観光客が集まった。

「ロケが増えても観光客は増えない。繰り返し訪れる撮影隊がお客だ」と土井室長は言うが、受け入れ側の努力次第ではスクリーンツーリストも増えるのではないか。

映画を見た観光客がロケ地を見にくるケースが増えてきた。

教育日本一の町づくり
小中一貫教育を全市で実施

（茨城県つくば市）

茨城県つくば市が「教育日本一」を目指す町づくりに力を入れている。その象徴として10年度には、1カ月間にわたり「教育日本一キャンペーン」を全市で始め、その後も12月の教育月間に毎年、同様のキャンペーンを繰り広げている。環境教育、ICT（情報通信技術）教育など、独自に行ってきた小中学校の教育活動を市民に広く公開、地域全体で新しい教育環境をつくる起爆剤にするのが狙い。12年度からは全市で小中一貫教育を実施するなど、教育日本一を目指す環境づくりに拍車がかかる。

中学校の学力、全国トップ級
小中連携授業を公開

つくば市の学力のレベルは高い。市内の7中学校が参加した10年4月の全国学力調査では、7校の平均正答率が282・2と、全国平均の248・4を大きく上回った。全国トップの福井県と比べても7ポイントも高い。14年5月実施の全国調査でも、同市のレベルの高さが話題になった。

同市は官民で約300もの研究機関が集積する日本有数の研究学園都市。研究者の子弟が多く、かねてより学力レベルが高く教育熱心な地域と言われてきた。「そうした見方が学力調査で改めて証明された」と、市教育長の柿沼宜夫氏は話す。

10年の調査で目立った点は2つ。1つは「科学の町」らしく、数学の強さが際立ったこと。もう1つは研究者の世帯が多い学園地区と郊外との間で地域差があることだ。教育のレベルは確かに高いものの、地域格差など努力すべき課題も残っているというのが現実の姿だった。

そうした課題を克服するためには学校と家庭、地域が連携して先進的な教育環境を築く必要があると見て、「教育

つくば市内の小学校で開かれた公開授業。近隣の教師や市民が強い関心を示した。

日本一キャンペーン」を実施することにしたわけだ。キャンペーンでは講演会や体験学習、科学フェスティバル、ビデオ上映など様々なイベントが催されるが、その1つ、授業公開を覗く機会を得た。

舞台は市立茎崎第一小学校で、隣接の高崎中学校と連携して取り組んでいる小中連携授業を市民に公開した。3学年の「算数」では中学教員の加わる訪問授業が、6学年の「外国語」と4学年の「体育」では小中学生の交流授業が、そして5学年の「国語」ではテレビ会議を使うIT教育が紹介されていた。

公開授業には市民や教師が強い関心を寄せ、この日だけで30人の学校長、32人の教員、65人の父兄が参観した。「小中連携授業のあり方や効果について、参観者から多くの質問があった」。池田徹同校教頭はこう話し、公開授業が市民に大きな刺激を与えたことを力説した。

家庭で学習する独自システム
補習支援に大学生を派遣

つくば市の児童・生徒の教育レベルはなぜ高いのか。現場の教員や教育行政者らの話を総合すると、3つの要因が浮上する。

1つは授業に対する児童・生徒の姿勢が良いことだ。他都市では教室で児童が歩き回ったり私語が多かったりで授業が成立しないという話をよく聞くが、つくば市ではほとんどない。

2つは家庭学習がよくできていること。これにはインターネットを使って学習できる独自システム「つくばオンラインスタディ」が効果を発揮している。

同市は教員と子どもがパソコンを1人1台ずつ備えることを勧めている。そうした環境下で市教委が独自の学習システムを整えたもので、今では小学生なら国語、算数、理科、社会の200教材を、中学生は英語を加えた5科目200教材を、それぞれ自分のペースで自宅学習できるようになった。

「苦手なところは何度でも学べるし、興味があればどんどん先に進める」。教育指導課のスタッフは1日に1千件以上もアクセスがあると打ち明ける。

3つ目は学校側が補習に熱心なことだ。同市は「放課後チューター制度」と呼ぶ学習支援活動を実施している。放課後や夏休みに大学生や大学院生を市立の全15中学校に派遣し、無料で補習を手助けする仕組みだ。

年間で1万5千人近い中学生が受講している。「学習上のつまずきや生徒間の学力差を解消し、学習意欲を高める効果がある」と、柿沼教育長は説明する。

教師力向上へ教育研究所
教育振興基本計画で数値目標

「つくばオンラインスタディ」は14年ほど前から、「チューター制度」は09年度からそれぞれ始まった活動だが、この他にも環境教育、国際理解教育、科学技術教育など様々な政策を実施している。これらが相乗することで、児童・生徒が自分で考え、話し合い、読み説き、意見を出し合う気風が高まり、教育のレベルアップに役立った。

ただ、都市開発の進展で同市の人口が増え続け、多様な子どもが流入していること、地域間や学校間の学力格差が解消していないことなどから、市教委が取り組むべき課題もまだ多い。その中で当面重視しているのが、教師の指導力向上策だ。

そこで市教委は10年8月、廃校した小学校舎を使って総合教育研究所を開設した。2千万円の改修費でできた研究所には50人収容の研修室、20台のパソコンを配備したICT教育研修室、模擬授業室などが備わる。所長以下4人の職員を配備し、各種研修プログラムを施すことで教職員の指導力、授業力向上を支援している。

市教委は12年度から、市内全域で小中一貫教育を始めた。小中学校を15の学園にまとめ、小中が連携して9年間を系統的に学ぶ一貫教育を行っているのだ。中学校の先生が小学校へ行って英語の授業をしたり、小学生が中学生の一部の授業に参加したり、合同で部活動を行ったり――。「そんなことが当たり前」（柿沼教育長）になった。

文科省の調査によると、小中の一貫性を高めた学校ほど、学力が向上し、「中1ギャップ」の解消やいじめ・不登校の減少などに効果があったという。つくば市でも児童生徒の学習意欲が高まり、地域格差の改善など様々な成果を生んでいる。

同市が策定した「教育振興基本計画」には、大胆な数値目標が掲げられているが、これも「教育日本一」に挑戦しようという意欲の現れだ。

つくば市役所のロビーには、小中一貫教育の授業の取り組みを説明するポスターが張られている。

研究学園都市から複合都市へ
3つの魅力、「つくばスタイル」

（茨城県つくば市）

街が大きく変わる——市制施行から２０１２年で25周年、国が筑波研究学園都市の建設を決めてから13年で50周年、節目を越えたつくば市の様相が様変わりしている。研究学園都市から複合都市へと、次世代に向けた新しい街づくりが急展開しているのだ。つくばエキスプレス（ＴＸ）の開業、圏央道の開通などインフラ整備が起爆剤になったのは確かだが、知的ワーカーたちの内からの市民活動も街づくりを盛り上げる。官民が連携して進める「つくばスタイル」という暮らし方も、つくばの将来に彩りを添え始めた。

先導役を果たす研究学園駅周辺
市の新庁舎移転、副都心を担う

ＴＸが開通したのが05年８月。滑り出しから乗客数が予想を上回るスピードで増えている。初年度の１日平均乗客数15万人強が３年目の07年度に約23万４千人と、３年間で６割近くも増加。13年度は32万４千人と開業時の２倍強に増えている。「伸びは計画をはるかに上回る」（初代の高橋伸和社長）と、ＴＸ自身が驚くほどだ。

乗客数の増加はＴＸの沿線開発が急ピッチで進んでいることを物語る。つくば市内にあるＴＸの４駅はそれぞれが独自の街づくりを進めているが、先導役は何といっても研究学園駅周辺とつくば駅の２地区である。

研究学園駅周辺の開発面積は４８４ヘクタールと沿線で最も規模が大きい。「19年までの20年間に１２４３億円の事業費をかけ、人口２万５千人の街を作る」。開発を担う都市再生機構茨城地域支社の関根宣由チームリーダーはこう語り、つくばの副都心として育てるのがこの地区の位置付けという。

駅北口は商業・業務地区、東は居住地区、南口は公園・

「つくばスタイル」を肌で実感してもらうツアーがよく企画され、首都圏から参加者が多くなった。

緑地と区分けされ、基本設計に沿っていち早く戸建・集合住宅の建設が進んだ。居住地区では、大和ハウスやＮＴＴ都市開発など大手不動産会社が大規模なマンションを次々と手掛けている。

住宅展示場や各種ショールーム、スーパーや専門店なども店開きしているが、商業・流通拠点の中心が大和ハウスの開発した大型商業施設「イーアスつくば」だ。

北口の14万５千平方《メートル》という広大な敷地に店舗面積４万７千平方《メートル》の建屋が並び、北関東最大級のＳＣというのが自慢だ。書店や食品スーパー、専門店、複合映画館、結婚式場など70以上のテナント企業が出店する。

このＳＣの周りには金融機関の支店が進出し、10年にはつくば市の新庁舎もできた。つくばの中心センターを補完する副都心になる、と言われるのも頷ける。

つくば駅周辺ではタカラレーベンが３２２戸の大規模マンションを建設。流通関連では13年にイオンモールつくば、米会員ディスカウンター「コストコ」がお目見えしたのに続き、15年にはヨークタウン竹園、複合商業施設「ビビつくば」が開業する。

市内では複数の小中一貫校を立ち上げる計画が進んでいる。

集う研究者が2万人
知的ワーカーが街づくりに参加

研究学園都市建設に先駆けて、つくば市が4町村合併で誕生したのが１９８７年。政府の方針に沿って国や企業の研究施設が移設されるにつれ、人口が増え、今では民間を含めて約１４０の研究教育機関、2万人の研究者、１２０の研究交流組織が集積する一種独特の科学先端都市となった。

国際会議が年80件以上も開かれ、留学生や外国研究者が１３０カ国から7千人も滞在するなど国際交流の機会も日常茶飯事。国際性に富む風土と日々の研究活動を通じて鋭い感性を身に付けた知的ワーカーたちが、市民活動にも積極姿勢を見せ、街づくりの経験を蓄えてきた。

「ＴＸの開業と、都心から60㌔圏を環状で結ぶ圏央道の開通で「陸の孤島」というつくば市のイメージは解消し、新しい街づくりを進める第2の成長期を迎えている」。市原健一市長はこう述べ、新しい街づくりに知的ワーカーたちからの支援の輪が広がっている点が心強いと力説した。

つくば市市民活動センターによると、「街づくりに加わる登録団体は60団体。茨城県では最も多い」（松浦幹司所長）そうだ。健康とスポーツ、医学支援、エコ活動、里山保全とアウトドア、子育て、介護、途上国支援、野生生物保護――知的ワーカーたちの活動分野は多方面に広がるが、最近はつくばの特色を活かした活動が際立つ。

例えば、「サイエンスツアー」がそれだ。①宇宙と地球の歴史を知りたい②暮らしを支える技術を見たい③自然現象の不思議を体感したい――など7コースを設定、協力する48研究所の中からテーマにあった施設を見学して回る。

先端科学の一端を市民に触れてもらおうという活動だが、年間70万人以上が参加する人気事業となった。新たに移住してきた新市民がツアー参加を通じて新旧住民の一体感を高め、それをきっかけに街づくり活動に飛び込むという波及効果も生まれてきた。

つくばスタイル協議会
新規居住者呼び込みに懸命

「つくばスタイル」というキャッチフレーズをご存知だろうか。つくば周辺のＴＸ沿線の新しい暮らし方を言い表した言葉だ。茨城県や都市再生機構、沿線自治体が「つくばスタイル協議会」を結成、つくばに居住地を移して新しい暮らしを経験しようとの運動を展開している。

茨城県つくば地域振興課の鈴木哲也課長はこう説明する。「つくばと都心は快速電車で45分。交通が至便な上に快適な都市機能が備わっている。筑波山に代表される豊かな自然があるし、研究学園都市としての知の空間もある」。快適な都市機能と豊かな自然、知的な環境という3つの魅力を同時に享受できるのがつくばの特色で、これを実現する暮らし方が「つくばスタイル」だというのだ。

協議会では年間900万円近い活動予算を計上し、研究機関の見学会や自然観察会、筑波大学と協力した街づくりセミナー、先端建築物巡りなど、つくばの生活を実感できるイベントを随時開催している。つくばスタイルのロゴを募集したり同名のムックを発売したりするなど、新規居住者を呼び込む運動の幅が年々広がってきた。

こうした活動の積み重ねも、TXの沿線開発を加速している。

研究学園都市として発展したつくばが、3つの魅力を満喫する複合都市として真に発展できるか、これからが正念場だ。

「つくばスタイル」という新しい暮らし方を提案するセミナーが開かれ、人々の耳目を集める。

空き家の活用で地域興し
子育てや交流拡大の拠点に

（茨城県牛久市、千葉県松戸市など）

増え続ける空き家を有効に活用して地域興しにつなげる動きが広がってきた。子育ての支援施設を開設したり、アート工房に衣替えして芸術家を呼び込んだり、さらには田舎暮らしのお試し施設にしたりと地域の実情に合わせた多様な活用例がお目見えする。空き家の増加に悩む自治体の間では空き家条例を制定する動きが流行っているが、法による規制だけでは効果が乏しいと見て、活用策の方に住民の関心が集まり出した。

親子で遊ぶ「すくすく広場」
子育てアドバイザーが常駐

茨城県の牛久市役所から北へ歩いて15分、上柏田3丁目の木造2階建ての住宅に同市が子育て支援施設を開いたのが2012年10月。住宅街の一角にあって隣が公園と、子どもが遊ぶ環境としてはまずまずだ。

窓ガラスに「すくすく広場」と大書した建物の中に入ると、十数人の子どもが母親と一緒に飛んだり跳ねたりしていた。遊びスペースには玩具や遊具が備え付けられ、昼食やおやつをここで楽しむことも可能だ。

利用時間は月－土曜日の朝10時から夕方5時まで。利用料は無料だ。学校の元教師や保育士の資格を持つ市民が子育てアドバイザーとなって交代で常時2人が駐在し、子育て相談や母親の悩み相談に応じる。

4台の防犯カメラを設置するなど、セキュリティーにも配慮しており、「子どもと遊びながら親同士が交流できるのがいい」と市民は評価する。

「すくすく広場」は2年以上も空き家だった住宅を活用したもので、土地を含めて4300万円で市が購入し1800万円をかけて改装した。小学校入学前の子どもと母親などが対象で、事業主体は市児童福祉課だ。橋本祐樹課長

牛久市は空き家を買い取って、子育て支援の「すくすく広場」を開いている。

によると、利用者は月を追って増え、現在は1日当たり平均で30組ほど。

深刻な少子化に悩む自治体が多い中で、同市は子どもの数が増えている数少ない町の1つ。14歳以下の増加数は県内トップクラスで、保育園も5年間で9園から16園に増えた。安心して子育てできるまちづくりを目指して、「子育て・教育日本一」の実現に挑戦している。「すくすく広場」の運営もその一環だ。

田舎暮らしの「お試し施設」 都市住民から応募が殺到

「週末だけ畑仕事をしたい」、「宿泊して農業体験をしたい」――都市住民の間で高まる田舎暮らしの要望に応えて、田舎暮らしのお試し施設を造ったのが兵庫県丹波市だ。北近畿自動車道の青垣ICから車で約15分、26戸の小さな集落の一角に12年末に登場した「かじかの郷」がそれだ。

施設は築120年、木造平屋茅葺の空き家を活用したもので、8畳の和室が3室に囲炉裏の間があり、キッチンや洗面所、浴室などが備わる。運営主体は菅原体験古民家運営協議会で、田舎暮らしを希望する利用者に1カ月単位で貸与（使用料は月3万5千円）する。

受け入れる集落側は農業体験や川遊びなどの体験メニューを用意しており、気軽に田舎暮らしを体験できる。堺市や西宮市、明石市などから応募が殺到、数カ月先まで予約で一杯だ。

運営協議会では、「かじかの郷」を活動拠点に都市住民と交流を重ね、地域への移住人口拡大につなげたいと期待する。

田舎暮らしのお試し施設は栃木県矢板市でも08年秋に開設している。やはり築100年超の古民家を活用したもので、県外の都市住民などに月4万円で貸し、泊まり込みで農作業を体験してもらう。利用期間は1カ月単位で最長3年間。先生役は有機栽培を行っている矢板認定農業者会の会員が担当する。

お試し施設の活動は居住人口の拡大を図るのが市の狙い。運営窓口の矢板市農業公社は、「集落の寄り合いや祭りに加わってもらうなど、地域になじむ取り組みをしている」と話し、そうした活動を通じてこれまでに2組の定住者が生まれた。

ボランティア運営の芸術村
空き家をビジネスに生かす

築50年、木造2階建ての空き家を芸術活動と交流の拠点に造り変えたのが静岡県の富士市だ。敷地面積2369平方メートルに立つ床面積331平方メートルの建物を手直しして04年秋、同市が「富士芸術村」に変身させた。

各部屋は作品の展示場や講座会場、憩いの場などに使い分けられるが、特にギャラリーやワークショップの会場となる場合が多い。ギャラリーでは独自の視点を持って創作活動をする作家を紹介しており、これまでに紙のアートフェスティバル、静大生の二人展などが取り上げられた。夏休みなどに開く、子ども対象の芸術講座も人気だ。

運営は全て市民のボランティアが担当しており、1口2千円で運営費を援助する「村民」を募集している。運営ボランティアは40人を超し、村民は60人ほどになった。

増える空き家をビジネスに生かす動きも出てきた。松戸市の中心街でまちづくり事業を手掛ける民間会社「まちづクリエイティブ」（社長寺井元一氏）の活動がそれだ。

JR松戸駅から500メートルほどの中心街に、かつては米屋の店舗兼精米所として使われていた築100年の古民家がある。家主と契約してこれをアトリエに替え芸術家を呼び込んだのだ。

２３００平方メートルの敷地には5棟の建物があり、ギターの制作工房や映像、絵画、デザインなどのクリエーターが賃借して制作拠点として使い始めた。空き家を創作の場に改装して芸術家に開放するビジネスは富山県高岡市でも立ち上がっている。

総務省の13年の統計では、全国の空き家は８２０万戸。50年には１５００万戸を超すとの推計もある。増える空き家は負の遺産と見られがちだが、今後は地域の貴重な資産として捉え直し、地域再生に役立てる視点が重要だ。

「すくすく広場」では安心して子育てできると若いママが喜ぶ。

圏央道沿線、進む産業集積
地域経済へ大きな波及効果

（茨城県古河市、阿見町など）

圏央道（首都圏中央連絡自動車道）の沿線に新工場や物流拠点など産業立地が相次いでいる。都心から40－60キロ圏、5都県を環状で結ぶ圏央道の魅力は、陸海空への交通利便性が格段に向上する立地条件の良さにある。2015年の全線開通をにらみ、企業立地は一段と活発化しており、早くも地域経済を活気づける起爆剤となってきた。受け入れ側の各自治体は久しぶりに訪れた好機をつかもうと、企業誘致に拍車をかけ出した。

阿見町に雪印の基幹工場
地域から新規採用300人

圏央道の阿見東IC（茨城県）を下りて県道を北へ2キロほど行くと、高さ30メートル級の白亜の工場が現れる。阿見東部工業団地内の用地11・4ヘクタールに275億円を投じて新設された雪印メグミルクの阿見工場だ。工場棟（床面積3万6千平方メートル）を軸に物流棟（同2万1千平方メートル）、厚生棟（同3千平方メートル）の3棟から成る工場内ではトラックや乗用車が盛んに行き来する。

この工場は雪印の横浜、伊丹、厚木の3工場を集約してつくった同社最大の基幹工場。生産効率を上げるための新技術を導入するとともに、立地条件の良さを活かして物流機能を充実し、原料から製品までの一貫体制を敷いているのが特色だ。生産品目はマーガリン、プロセスチーズで、年産量は5万トン。

内田彰彦工場長は「14年3月から一部稼働し、15年度中に全面稼働したい」と話し、その段階までに3工場から200人規模の社員の転入が完了する。と同時に、地域から生産部門で200人ほど、物流部門で100人ほどを新規採用する計画だ。

雪印の進出で合計300人規模の新規雇用が生まれるわ

雪印メグミルクに関東、関西の３工場を閉鎖、集約して圏央道沿線に拠点工場を新設した。

けで、地元では「雇用創出効果と税収効果で、地域は大いに元気付けられる」（天田富司男町長）と雪印効果に期待する。

人口約４万７千人の阿見町は５万人以上に増やす町づくりを掲げている。天田町長は「雪印の進出は人口５万人への起爆剤になる」と話し、小学校の新設や住宅、子育てなどの環境を整えて、雪印の転入社員の定住化を図る考えだ。また、雪印に続く新規企業を誘致するため、進出奨励金制度も拡充した。

日野自は古河市に新鋭工場
地域経済に日野の進出効果

ＪＲ古河駅から東へ約10㌔の古河名崎工業団地に大中型トラックを組み立てる新工場を建設しているのが日野自動車だ。日野工場の機能を移管して古河に集約するもので、現在稼働中のＫＤ工場に続き、基幹部品をつくるアクスル工場やシャシー工場、キャブ工場が、順次加わって16年中に全面稼働する。

日野工場からの全面移管は当初、20年までの予定だった。それが４年も早まったわけで、地元では地域への様々な経済効果や人口増への日野効果に期待する。

その効果がいち早く現れてきたのが雇用の分野だ。全面稼働時の従業員数は新規採用を含め2千人規模といわれるが、現地採用の方は着々と始まっている。菅谷憲一郎古河市長は「新卒高校生の内定者が増え出した。10年から14年までの内定数が県内で155人、うち古河市で79人にのぼった」と打ち明ける。

雇用のほか、税収や地元商工界への波及効果はこれから年を追って大きくなるのは確実だ。これをまちづくりにどう活かすかが今後の課題となる。菅谷市長は「高校生までの医療費免除制度を新設するほか、住宅や教育などの環境を整えて定住化や人口増対策を進める」と話す。

自動車産業は裾野の広い産業で、日野の進出は周辺に多くの関連産業の集積をもたらす。圏央道沿いの周辺自治体間では、日野効果の恩恵を受けようと関連企業の誘致合戦が始まっている。古河市の川上幸男企画部長によると、これまでに結城、筑西、下妻の各市への関連企業4社の進出が決定したという。

古河市も片田南西部に新しい工場用地を整備し、日野の関連企業誘致合戦に加わる意向だ。

物流拠点も新設ラッシュ
自治体、久しぶりの誘致合戦

千葉県木更津市から横浜市まで総延長300キロに及ぶ圏央道は東名や関越など5高速道に直結するほか、神奈川、茨城両県の港湾、成田や羽田の空港への接近を容易にし、物流の大幅効果が期待される。都心を通らずに東西の日本を行き来でき、原料調達や製品出荷を安価で円滑に実現できる意義は大きい。

圏央道に企業が集まるのもそうした立地条件の良さが一因だ。加えて、産業界の置かれた状況や潮流変化も影響している。

一例が食品業界だ。国内市場の成熟と設備の老朽化を背景に、事業分野の整理や生産拠点の集約統合を迫られている。集約した生産拠点の新規立地場所を求める際、好条件の圏央道沿線が適地として浮上してきたのだ。

域外の3工場を集約して埼玉県北本市に大型工場を新設した江崎グリコ、茨城県五霞町に豆乳の新鋭工場を造ったキッコーマン、それに雪印の阿見進出はそうした事情を示すものだ。

圏央道でもう1つ際立つのが、物流拠点の新設ラッシュだ。

圏央道の開通で企業誘致に拍車がかかる阿見町。

しまむら、ヤオコーが埼玉県東松山市に、コメリが茨城県稲敷市に、自社店舗向け流通施設を新設したほか、米プロロジス社や米ラサール社、三菱地所や三井不動産など内外の企業が各所で超大型の物流賃貸施設を新設している。これら施設への活発な投資合戦はネット通販市場の急成長に対応した動きだ。

工場や物流施設の相次ぐ立地に、自治体側は表情を崩す。これを千載一遇のチャンスと捉え、新たな企業誘致に繋げようと狙っている。千葉、埼玉、茨城各県や市町村が一斉に受け皿作りに精を出し、工業団地の造成や優遇策の拡充策に乗り出した。

企業進出は地域社会を明るくする心理効果を生むだけではない。雇用や税収などを通じてまちづくりの支援材料となる。

茨城南部で盛ん、ひな祭り真壁が軸、集客へ地域間競争

（茨城県桜川市、土浦市など、真壁のひなまつり実行委員会）

香気を放つロウバイが咲き、冬鳥の北帰行の便りが届く2月に入ると、ひな祭りの季節だ。寒さで引き籠りがちの人々を少しでも引き寄せ、街ナカに交流人口を増やしたいと願う商店街がまず力を注ぐ春先の有力イベントである。北関東では茨城県南部が特に盛んで、2月2日開幕の筑西市を皮切りに桜川、土浦、取手、石岡各市が軒を連ねて取り組んでいる。最も意気軒昂な桜川市真壁町を軸に、地域間で集客を競い合っている。

来街者数は町の人口の5倍以上
文化財の店頭がひなの展示場

人口4万6千人の桜川市に位置する真壁町は、中心街に江戸時代から続く城下町の雰囲気が強く漂う歴史ある町である。国の登録有形文化財が104棟もあり、「鍵の辻」と呼ばれる交差点や町家の主家、見世蔵など由緒ある建造物が数多く残る。

ここで2月初旬に開幕した「真壁のひなまつり」は2015年で13回目。「訪れるお客さんを温かくもてなし、街に活気を取り戻そう」との発想で03年に始まった時、ひな飾りを展示する商店や民家は21カ所だったが、14年には160カ所に広がり、1カ月の会期中に10万人を超す来街者で賑わう。

真壁町の常住人口は現在1万9千人弱。町の人口の5・2倍もの観光客が一挙に押し寄せる活況ぶりである。

人出の中心は下宿鍵の辻から仲町鍵の辻に至るメーンストリートの御陣屋前通りだ。江戸末期から呉服や荒物を手広く商っていた潮田家では、真ん中に江戸、明治、大正時代の古いひな人形を5段で飾り、左に昭和初期の5段びな、右に昭和40年代の8段びなを配置。脇には昭和の嫁入り衣装を吊るす華やかさで、入れ替わり立ち替わり訪れる

真壁町のひな祭り。町の人口の５倍以上の人出で賑わう。

観光客を楽しませていた。

展示場の過半数は商店の店頭だが、各店が毎年、展示に趣向を凝らす。人形の素材だけを見ても陶や石、ガラス、布などと変化に富み、創作びなを吊るしたり物語性を持たせた飾り付けをしたりと、工夫が見てとれる。座敷に7段びなを飾った伊勢屋旅館では、「技能グランプリ」で厚生労働大臣賞を受賞した職人の衝立を屏風代わりに飾り付け、人目を引いていた。

街並みを散策し、住民と会話「おもてなし」が合言葉

真壁町も東日本大震災で被害を受け、登録文化財を含め伝統的な建物が１１０棟もやられた。修復を要するものが80棟に上り、かなり復旧したが、今なお傷跡を残す建物がある。被災した潮田家も、13年当時は修復工事と同時並行してひな人形を飾り、あたふたと観光客を受け入れた一人だった。

真壁町ひなまつり実行委員会（29人）の西岡延広委員長は当時、「安全が最優先。参加できる人が参加すればいい」と話していたのが印象的だった。しかし、ふたを開けてみると、13年の展示箇所が１６０近くに上ったことに相

当、気を良くしたようだ。登録文化財の旧真壁郵便局も修復し、吊るしびなや折り雛の体験会場となるなど、観光拠点として復活した。

立ち直りの途上にある街ナカだが、真壁のひなまつりは人々を強く惹き付けている。

その理由はいろいろあるが、1つは地元住民の人柄と時を刻んだ街並みに接する楽しさだ。商店や民家が思い思いに飾るひな人形を鑑賞しながら、古い町並みを散策し住民と会話を楽しむ光景によく出くわす。

「もてなしの町づくり、が真壁の合言葉」と市商工観光課の鶴見健太郎主任が語るように、ひな人形を間に気さくに迎え入れる住民との交流が来街者の心を癒すようだ。栃木県小山市から来た主婦も「温かいおもてなしに感じ入りました」と話す。

2つ目は、誘客拡大を狙ってイベントを連打していることだ。今回もすいとん試食会、切り絵展、結婚式、流しびな大会、人形浄瑠璃上演、駅からハイキングなど多彩な行事を繰り広げた。

イベントの目玉が「おもてなしデー」の開催である。サントリー地域文化賞の受賞賞金を活用して、記念の便箋と商品を観光客1千人に配ってもてなすという趣向である。

もう1点は、町の各界の住民が進んでひな祭りに協力していることだ。真壁の町づくり団体は16あるが、それぞれが祭りを盛り上げる活動を行っている。

イラストマップを作成・配布

土浦の祭りも底固い人気

例えば、「ディスカバーまかべ」（25人）は歴史建造物のイラストマップを作成して配布し、「登録文化財を活かす会」（48人）は被災した建物の養生用にブルーシートを配った。商工会女性部は会期中に甘酒をサービスし、地域女性会真壁支部（380人）は展示場に通じる主要道路の清掃を行うといった具合だ。

最も多忙なのが「真壁街並み案内ボランティア」（15人）。登録文化財を中心に街並み案内をしているが、ひな祭りの会期中は多くの会員が1日20人位の観光客を受け持つ。「おもてなしの心を大切にして、また来たいといわれるような案内をしたい」と会員は力を込めていた。

真壁町に対抗する存在が、15年でそれぞれ11回目となる土浦市（人口14万3千人）と取手市（同11万人）のひな祭りだ。2月初旬から23日間の「土浦の雛まつり」は1万2千人、中旬から18日間の「取手ひなまつり」は約1万人と集客規模はぐっと劣るが、人気は底堅い。

このうち、土浦は中城通りの土浦まちかど蔵「大徳」と「野村」をメーン会場に周辺商店街など86カ所でひな飾りが展示された。「大徳」では日本一の生産量を誇るレンコンを活かした霞蓮ひな人形やえとの人形、福の願いを込めたふくろうの飾り雛が飾られ、江戸末期建築の蔵の中で雅の空間を演出していた。

土浦の中心街は目を覆うばかりの衰えで、駅前の同市最大の大型店もすでに撤退して店仕舞い。「ひな祭りで華やぎを少しでも取り戻したい」とは、主催する土浦市観光協会の川崎久美子係長の弁だが、確かに商店街の活力復活は緊急の課題だ。

真壁の温かい〝おもてなし〟で、市外からの来街者が多くなった。

目指すはアートのある町づくり
芸大軸に行政、市民が連携

（茨城県取手市）

東京から40キロ、茨城県の玄関口にあたる取手市で、アート（芸術）を活かした街づくりが活発に進められている。主要な担い手は市民団体と行政、そして市内にキャンパスのある東京芸大の三者。アートを通じて人々が出会い交流する街、アートが市民生活と共生する街づくりを目指し、アートで街を染め上げようと狙っている。異色の活動が積み重ねられるうちに、「アートの街・取手」の知名度がぐんぐん上がってきた。

取手を代表するイベント「ＴＡＰ」
オープンスタジオに2万人

ＴＡＰ（取手アートプロジェクト）――アートの街・取手を代表する芸術イベントがこれだ。同市にキャンパスを持つ東京芸大の発案で１９９９年から始まった事業で、市民団体と取手市、芸大などで構成する実行委員会が運営している。

開催時期は毎年秋で、現代アートを制作・展示する「野外アート展」と、地元在住の芸術家たちの制作現場を公開する「オープンスタジオ」とを1年おきに催している。イベントの中身は異なるが、狙いは全く同じだ。若い芸術家の創作活動を支援するとともに、市民が本物の芸術に触れる機会を作ろうというものだ。

この時期に合わせて市内の全小学校が加わる「児童画展」も開かれる。小学1年生全員の絵画を商店街の店頭に掲示する催事で、市民の話題を呼ぶなど、全市で大いに盛り上がる。芸術を日常生活に少しでも反映させようとの工夫がここにある。

ＴＡＰは14年秋で16回目を迎えたが、参加する作り手と鑑賞者の規模が年々拡大してきた。市内の終末処理場を舞台に開かれたイベントでは、全国から制作応募者が２５３

取手市は壁画による街づくりを進めている。高架下で壁画によくお目にかかる。

人も殺到した。結局、選ばれた39人が芸術作品を制作し公開したが、これを鑑賞するために市内外から2万人近くも押し寄せている。

11年秋のオープンスタジオでは地元在住の美術、音楽、彫刻などの芸術家や制作団体が48件も参加、やはり2万人規模の来訪者が制作現場を見て回った。説明ガイドが登場、シャトルバスやレンタル自転車でツアーするほどの人気ぶりだった。

「東京芸大が一つの地域とこれだけ深く係わるイベントは他にない。アートが街づくりに貢献できることを示したプロジェクトだ」。TAPを最初から支えてきた同大先端芸術表現科の渡辺好明教授はこう評価する。

歩道や街角に現代アートを展示
興味深い「壁画による街づくり」

TAPを起爆剤に取手市で今、さまざまな芸術イベント、文化活動が繰り広げられている。路上や街角に芸術作品を飾る「ストリートアートステージ」もその一つ。

競輪を開催する取手の市民は、昔から自転車に深い愛着がある。だが、放置自転車が年々増えるにつれ、その処理策が問われるようになった。その解決策として登場したのが、放置自転車をリサイクルしてアート作品をつくる活動だ。芸大スタッフの協力で作ったカラフルなリサイクル自転車が現在、取手駅東口に展示され、訪れる市民を楽しませている。

この活動を機に、動物や風景などを題材にしたステンレス製の現代アート作品を屋外に展示する動きが広まった。展示場所は現在、駅近辺や歩道など12カ所を数える。取手市文化芸術課の長岡精二課長は「人の手が届く歩道など街ナカに展示することで、市民は芸術作品に身近に触れられる」と解説する。言ってみれば、取手市流のタウン・ミュージアムといえる。

壁画による街づくりも興味深い活動だ。事の発端は03年夏、取手駅南側にある高架下の汚れた壁面を色鮮やかな巨大壁画に作り変えたこと。車の排ガスで黒ずみ、落書きや張り紙で汚いと苦情が出たのを機に、芸大院生らが立ち上がり、高校生や主婦らと協力してアクリル塗料による壁画づくりに挑戦した。

街角に突然現れた壁画に足を止めて楽しむ市民。中には「落書きがなくなり、環境改善や防犯にも役立つ」と主婦が言うなど、反応は上々だ。そこで同市は独自の委員会を作って、市内各所で壁画による街づくりに本腰を入れている。

「芸大院生が小中学生を指導したりして制作している。もう8カ所の壁画が完成した」と文化芸術課の寺田智課長補佐。予算がなかなか取れない、取れても目標より少ないのが悩みのようだが、「市民参加を呼びかけ、少なくとも毎年1作品は作り続ける」と意欲を見せる。

スーパー跡地にギャラリー
井野地区に若者の創作拠点

取手駅前、スーパーが撤退した跡の中層ビル2階にある「アートギャラリー・きらり」。市が運営する美術展示拠点だが、ここで年間200日以上に及ぶ企画展が催される。建物が古いのが難点だが、06年度で1万6千人強、07年度で1万3千人弱の市民が美術展覧会を楽しんだ。最近の入場者は1万8千人に増えており、自信を持った関係者はアートに触れる機会をもっと作ろうと企画作りに精を出す。

芸大生が市内の小中学校に出向いて絵画や音楽を直接指導する出前講座、公民館に芸大生を招き年2回、開催する無料のミニコンサート、芸大の登り窯を使った市民対象の陶芸教室、市民会館でのオペラ開催——市民を巻き込んだ文化イベントがどんどん広がっている。

　取手市の井野住宅団地の中心地に、空き家になったショッピングセンターがある。この建物を一棟丸ごと使って若い芸術家の創作拠点を作ろうと有志が市の協力を求めて動く。計画は日の目を見た。出来上がったのが「井野アーティストヴィレッジ」だ。

　市が都市再生機構と契約し、芸大に管理を委託、安い家賃で芸術家に貸すシステム。全7室が全て埋まり、31人の若者が創作活動や作品発表、教室の拠点として活動し始めた。「制作拠点がなかったため、芸術家の定住が進まなかった。これからは芸術の発信拠点として威力を発揮するだろう」と渡辺教授。

　アートを活かす取手の町興しが、今後もますます加速しそうである。

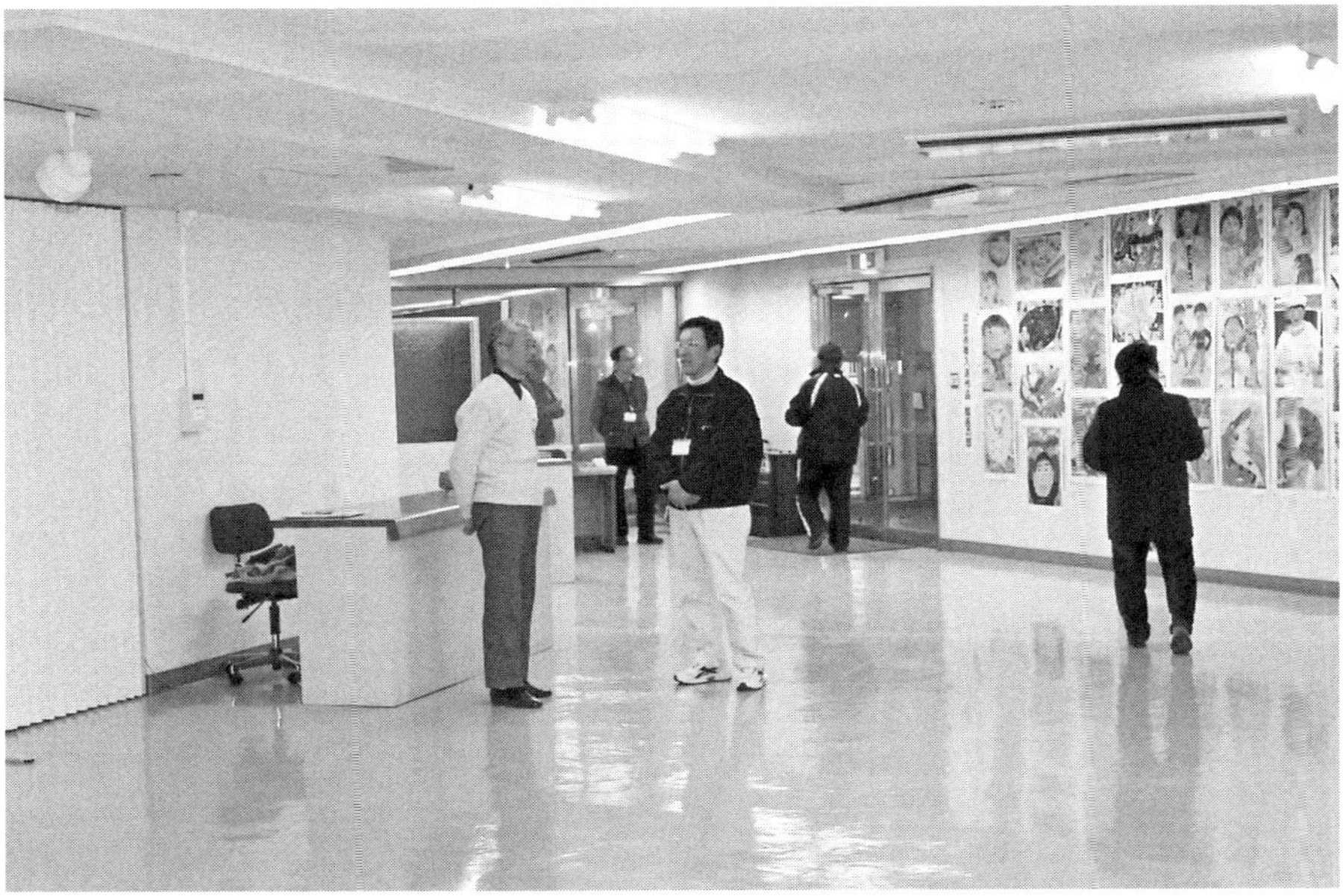

取手駅前にある「アートギャラリー・きらり」は市民のための美術展覧会をよく開く。

道の駅やSAを防災拠点に
先陣切る常磐道・守谷SA

（茨城県守谷市、栃木県茂木町など）

「巨大地震は人知を超えて再来する。もしもに備え、警戒が必要だ」――防災への国民の関心が高まる中で、道の駅や高速道のSA（サービスエリア）を防災拠点として整備する動きが急速に高まってきた。東日本高速道路は2014年3月、首都直下型地震など広域災害時の防災拠点化機能を併設した新型SAを常磐道・守谷SAに開店した。SAの防災拠点化はこれが全国で初めて。道の駅でも栃木県茂木町、新潟県見附市などが防災拠点化と取り組んでおり今後、同様の動きが各地に広がる見通しだ。

商業施設を災害対策室に
電源確保、給油給水設備も

「パサール守谷」は守谷市大柏の敷地1万7500平方メートルにリニューアル・オープンしたもので、鉄骨2階建て、床面積2800平方メートルのしゃれた建物。SAの目玉である商業施設には農産物直売所をはじめ、全国で人気の高い飲食店21店が出店、訪れたドライバーを楽しませている。

普段は利用者が飲食に使うフードコートだが、災害時にはレイアウトを変更し共同災害対策室に活用できるように設計してある。テーブルを可動式にし、テーブルの脇に電源コンセントやTVアンテナ端子を配備している。

今後30年以内の発生確率が70％と予測されている首都直下型地震では、実際に発生すると、死者は最大で2万3千人、経済被害額は95兆円強に上るといわれる。朝のラッシュ時に起これば、鉄道を利用する180万人が災難を免れないというので、その対策が急がれている。

11年3月に起きた東日本大震災では、SAが被災地に救護・救援に向かう前線基地として活用されている。そうした経験を生かして、「SAの防災機能をもっと強化しよう」（廣瀬博社長）と、守谷を皮切りにSAの防災拠点化

常磐道の守谷SAで防災拠点づくりの実証実験が行われた。

事業が始まったわけだ。

自衛隊や警察などがSAを車両の中継基地に使った際の教訓として、電力や通信、燃料補給などの機能をもっと強化する必要性が指摘されている。このため、パサール守谷では2基の発電機や太陽光発電設備を新設し、72時間連続で電源を確保できるようにした。燃料の備蓄も今までより3割増やし、断水に備え井戸も掘っている。

防災倉庫を新設し、中型ヘリコプターが離発着できるヘリポートも整えた。従業員休憩室には応急手当て用のベッドを8台導入している。

施設が完成した14年3月には警察、消防、自衛隊など16機関100人が参加する大規模な防災訓練を行ったが、今後も折にふれて訓練するなどハード、ソフト両面で万全の態勢を整えている。

道の駅に防災館
平時は環境学習の場

首都直下型地震が取り沙汰される首都圏では、守谷SAだけでなく、各地で自然災害をにらんだ防災対策が講じられている。その中で大きな役割を担うのが地域の防災拠点づくりだ。首都圏の自治体の中で早々と行動を起こしたのが、人口約1万4千人の栃木県茂木町である。

同町は13年4月、「道の駅もてぎ」に鉄骨2階建ての「茂木町防災館」を新設した。総工費1億3千万円は国交省の補助金で半分を賄った。自家発電機や太陽光発電設備、蓄電池設備を設け、地中熱利用システム、井戸水を利用したトイレなども導入済みだ。

ホンダの電気自動車もレンタルで確保し、災害時には電気自動車を携帯電話の充電用に活用する。太陽光でつくる電力は、普段は農産物直売所の食品加工室で利用しており、地中熱は館内の冷暖房用に使っている。

防災館の1階は事務室と防災展示スペースなどで構成、2階は非常食や防災資材を備蓄する物資保管庫と会議室から成る。照明は環境に優しいＬＥＤを導入した。保管庫には大量の畳があり、災害時には会議室に畳を敷いて町民の緊急避難室に変身する。

茂木町は12年の竜巻被害を含め、これまでに3度の自然災害に見舞われた。東日本大震災では2千棟を超す建物が倒半壊し、3日間の停電で防災情報の伝達もできず、町民に不安が広がった。

そうした経験を生かし、町民の防災意識を高める狙いから防災館を整備した。古口達也町長は「災害時には町役場を補完する第2の防災本部や町民の避難場所となる。平時は防災セミナーや環境学習の場として使う」と話す。

見附市も災害救援施設
地域防災計画練り直す

茂木町を追うように、道の駅に防災設備を備える自治体が増えてきた。1例が人口4万2千人の新潟市見附市だ。道の駅「パティオにいがた」が13年夏にオープンした際、商業施設と共に災害救援活動を支援する施設も整備した。

事業費7億7千万円を投じてつくった道の駅は、鉄骨平屋建てで床面積が１４００平方メートル。直売所「健幸めっけ」、農家レストラン「もみの樹」などが目玉だが、立地場所が04年の集中豪雨で堤防が決壊した被災地に近いことから、防災施設も併設した。

非常食を蓄える防災倉庫やＥＶ急速充電器は勿論、避難者用の「白いテント」が建つ。芝生エリアは救援ボランティアの野営地になる。

過去の水害記録や市の防災対策を展示する「防災アーカイブ」も造った。「市民が防災・減災の重要性を学ぶ場として活用してほしい」と、市企画調整課は繰り返す。

14年3月の定例議会で久住時男市長は、風水害対策と地震対策の2本立てで地域防災計画を練り直したと説明、「災害に強いまちづくりを進める」と強調した。同市は年1回、防水害訓練を行っているが、柏崎刈羽原発に近いため、原子力災害を想定した避難訓練も14年秋に実施した。

栃木県の栃木市、那須塩原市でも「道の駅の防災拠点化」を進めている。こうした機運を捉え、国交省も防災機能強化の支援策を講じる構えだ。

茂木町が道の駅に建てた「防災館」。災害時には避難場所となる。

「木の駅」全国に広がる
間伐材を地域通貨で購入

（茨城県常陸大宮市、栃木県那珂川町など）

「木の駅プロジェクト」と呼ばれる取り組みが、中山間地を中心に全国各地に広がってきた。この事業は山林に放置されたままの未利用の間伐材を指定の場所に持ち込むと、地域通貨で買い取ってくれて、地域の商店で買い物に利用できるという内容だ。林業の再生と地域経済の活性化を同時に実現する興味深い試みで、全国ですでに30を超す地域が実施している。

間伐材集荷が順調に拡大
潤す地域通貨「モリ券」

茨城県北西部、栃木県との県境に山林が広がる常陸大宮市美和地区。ここで2014年5月下旬に行われた木の駅プロジェクトの5期目の木材買い取り事業を拝見した。

事業を運営するのは、地域の民間団体「森と地域の調和を考える会」が中心になって設立した「木の駅プロジェクト美和」実行委員会（代表龍崎眞一氏）だ。

地域経済がとみに疲弊し始めた美和地区を心配し、何とか元気にする取り組みをしたい――志を同じくする地元有志が集まり、12年4月に結成したのが「森と地域の調和を考える会」だ。木の駅プロジェクトは「考える会」が具体化した最初の事業である。

山林所有者などが林地に放置している杉やヒノキなどの間伐材（林地残材）を軽トラックに積み、次々と市内の製材所に持ち込んで来る。実行委が間伐材の量を確認したうえで、地域通貨「モリ券」で買い取って行く。買い取り率は、持ち込まれた林地残材1立方メートル当たり4千円。

モリ券は商品券として地域の商店や飲食店60カ所で使える。買い取った林地残材は製材所を経営する美和木材協同組合が1立方メートル当たり3千円で引き取り、同協組がオガ屑に加工して畜産農家やキノコ業者に販売している。第5期

美和地区の商店の店頭には、地域通貨が使える「木の駅プロジェクト」の幟が立っている。

の買い取り期間は7月末までの約2カ月間で、「200立方《メートル》を超す間伐材が集まった」とは龍崎代表の説明だ。

美和地区で木の駅プロジェクトが始まったのが12年春。年2回、期間を区切って買い取りを実施している。第1期（同年6－7月）では目標の3倍近い277立方《メートル》を集荷、発行した総額137万円分のモリ券の全てが地元商店街で使われたという。

2期目以降も集荷は順調で、4期までに累計で集荷木材が970立方《メートル》、モリ券発行額が368万円に上った。

このプロジェクトは地域にさまざまな経済効果をもたらした。山林所有者からは「山がきれいになった」、「森林整備にヤル気が出た」、商店側からは「新しい客が来た」との声が高まる。中でも商店街に資金が回ることで地域を潤し元気付ける効果が大きい。

事業継続へ収支改善策
美和の活動、周辺に波及

問題は事業収支をいかに改善するかだ。木材の買い取り価格が販売価格より高いので逆ザヤになり易い。第1期では買い取り価格を1立方《メートル》5千円に設定したため、赤字となり、「考える会」が補てんしている。

事業継続には収支改善が急務と見た実行委は、２期目以降の購入価格を４千円に改める一方、間伐材を無料で提供してくれる寄付材を募ったり、無料で間伐材を集めるボランティアを育てたりと財源確保に知恵を絞っている。

13年度からは広葉樹を加工して薪を製造販売する新規事業も始めた。これで財源基盤が一気に固まった。

山林が84％を占める美和地区は林業が基幹産業だが、木材価格の低迷や林業従事者の高齢化などで森林の荒廃が進み、地域の活力が衰退している。最盛期には８千人もいた人口が今や３６６３人に半減する始末で、１３０店あった商店数も60店に急減する窮状ぶりだ。

「地域経済が沈滞する流れを食い止め、地域に活力をもたらしつつある。木の駅プロジェクトで美和が上向きに転じた効果は大きい」と龍崎代表は強調する。

林業の復活と地域の活性化を目指して立ち上がった美和地区の活動は、同じ悩みを抱える周辺自治体の経済界にも大きな刺激を与えた。１例が、県境を接する隣町の栃木県那珂川町だ。馬頭地区の山林所有者や商工会、ＪＡなどが手を携え、20人余りで13年秋、「木の駅プロジェクトばとう」実行委員会（代表矢内修氏）を設立し、木の駅プロジェクトの事業化の可能性を探っている。

那珂川町でも事業化
バイオマス発電用に出荷

馬頭の実行委は同年12月から1カ月半、間伐材を集荷する実証実験を行った。間伐材を持ち込むと、実行委が地域通貨「森の恵」で買い取る仕組みは美和と同じだ。森の恵は町内の商店44カ所で使えるよう、準備を整えた。

矢内代表によると、当初は「林地残材が50トンも集荷できれば上々」と見ていた。だが、フタを開けると、14人の山林所有者から3倍近い１４７・５トンもの木材が集まった。

実験では買い取り率を1トン6千円に設定したので、森の恵の発行額は90万円近くに達した。買い取った木材は、製材所を経営する同町の県北木材協同組合に販売した。同協組の購入価格は1トン3千円。これに各種の臨時協力金が加わったので、何とか収支を整えることができた。

実験で実証できた点は、①木材の集荷量に支障はない②森の恵は地域から歓迎されている③ただ、買い取り価格6千円では逆ザヤになる——というもの。行政の支援を受けることにし、実行委の名称を「木の駅プロジェクトなかがわ」に改めたうえで、14年8月から事業化に踏み切った。集荷目標は年間１００トンだ。

折から県北木材協組は14年秋、製材所の敷地内にバイオマス発電所を新設した。木の駅プロジェクトで集荷した間伐材が、バイオマス発電の燃料として広く使われる道が開かれた。

09年に岐阜県恵庭市で始まった木の駅プロジェクト。林業と地域経済の浮揚を狙う新たな活性化策として、全国各地でもてはやされている。

奥の施設はバイオマス発電所。木の駅プロジェクトに連動してつくられた。

農業後継者好転の兆し
茨城県、支援策じわりと効果

（茨城県農林振興公社）

農家人口、農業就業人口が全国1位、農業産出高が全国2位という農業県・茨城県で、新規就農者がじわじわと増え、後継者づくりに好転の兆しが出ている。過去5年間平均の新規就農者数がそれ以前の5年間平均を24％も上回っているのだ。特に、若者が古里に戻って農家を継ぐUターン就農や、農業外で働いていた青壮年が農業を始める新規参入の動きが目立つ。各種支援体制の拡充、就農相談会の開催、後継者育成塾の開講などの支援策が功を奏した格好だ。

脱サラし35歳で新規就農
イチゴに挑戦、ハウスで栽培

水戸市から車で約30分、那珂川沿いの平坦な農地が広がる常陸大宮市御前山地区でイチゴ農園を経営するのが、都竹大輔、友美夫妻だ。国道１２３号線沿いに建つ作業場兼直売施設には、車で客が次々と立ち寄りイチゴを買っていく。

直売施設の背後には14棟のパイプハウスが並び、主力のとちおとめを筆頭にあきひめ、ひたちひめなどイチゴ４品種が29アール栽培されていた。「市場出荷が中心だが、国道沿いの好立地を生かして直売にも力を入れる」と話す都竹さんは、「おいしいとお客が寄ってくれる。努力した分だけ収入になるのが農業の良さ」と言って微笑んだ。

岐阜県出身の都竹さんは大学卒業後11年間、建設会社に勤めていたが、未経験の農業兼ペンション経営を夢見て２００６年春に脱サラ。農業で当初、目指したのはブルーベリーだったが、研修先から「収穫まで3年もかかるブルーベリーはリスクが大きい。初年度から収入があるイチゴが良い」と諭され、イチゴで農業参入を決断した。

水戸の先進農家で友美さんと一緒に1年間研修したり、

建設会社を脱サラして農業に転身。奥さんとイチゴ栽培に乗り出した都竹さん。

県立農業大学校で営農支援研修を受講したりして技術を習得、07年春に92アールの農地を借りて35歳で就農した。スタート時の栽培規模は20アールだったが、所属するＪＡ水戸イチゴ部会での交流で技術を高め、スーパーへの販路拡大、パート社員６人の雇用などを通じて順次基盤を固め、５年間で29アールまで広げた。

現在の年収はざっと1千万円。「経営拡大のため、規模や品目を広げたい。国道沿いをイチゴ街道に仕立て上げ地域活性化にも協力したい」と意気込む。

若者の新規就農目立つ
担い手、年２６０人が目標

都竹さんが就農した07年は、茨城県全体で２４３人の新規就農者が生まれている。このうち都竹さんのような39歳以下の若年層は１８３人で、75％も占める。若者の新規就農が予想以上に多いのだ。

県農業経営課でも見方はほぼ同じ。城里町でニラのハウス栽培を始めた25歳の男性、高萩市でピーマンの施設野菜に転身した30歳の夫妻、筑西市でこだまスイカを栽培する35歳の脱サラ男性などの例を引き、「各地で若者の就農事例が増えてきた」と中村実係長は話す。

「いばらき営農塾」で栽培技術の習得を目ざす農業後継者。

若者の就農が増えた理由について関係者は、不況による雇用情勢の悪化で農業が受け皿になっている点を否定しないものの、食の安心・安全や自然に興味を持つ若い世代が増えたことが追い風になっていると指摘する。要するに、土に触れる仕事がしたい、農はやりがいのある職業と感じる若者が増えてきたということだろう。

こうした流れを睨んで、茨城県は若者の農業参入を一層促すことを決め、県総合計画の中で15年度までに若手の就農者を年260人に増やす目標を掲げている。そのために国の新事業を活用して、原則45歳未満の新規就農者には7年間にわたり年間150万円の支援金を給付する新施策を打ち出した。

若者の就農増もさることながら、全体の新規就農者数もここへきて増加傾向を示す。県調査によると、09－13年度の5カ年間平均の新規就農者数は245人。それ以前の5カ年間平均（198人）を24％も上回っているのだ。特にUターン組と新規参入組の急増が目立ち、この二つで全体の57％を占める。

ワンストップで就農支援
人気高い「いばらき営農塾」

茨城県で新規就農者が24％も増えたのは、県ぐるみで取り組んできた就農支援策が効果を現してきたためだ。中でも農業に就きやすい環境を整備した点が大きい。県と市町村、農協、大学などがスクラムを組み、農業改良普及センターや営農支援センター、地域就農支援協議会などを通じて絶えず就農をＰＲし、支援活動を繰り広げる。

支援活動の中核が県農林振興公社の新規就農相談センター。就農相談から農家での体験研修、技術習得支援、営農計画づくり、資金確保、農地照会などをワンストップでサービスしている。利便性が受けて就農相談件数が増え、08年度の３９３件から09年度８１３件、10年度７１８件と一挙にハネ上がった。

11年度は東京電力の福島原発事故に伴う風評被害で５３１件に落ちたが、「中身は濃く、就農意欲の高い相談が多かった」と振興公社農業担い手育成室の砂川秀典室長は打ち明ける。

担い手づくりでは県立農業大学校の果たす役割も大きい。茨城町と坂東市のキャンパスで2年間養成し、若手の育成を軸に多様な農業人材を送り出そうと意欲的だ。実技・実習を重視した教育内容が受けて、定員を上回る入学志願者が殺到する。

農業大学校では04年度から「いばらき営農塾」を開講、一般社会人や定年退職者を対象に週2回、就農教育を行っている。野菜の栽培などを中心に人気が高く、これまでの受講者は１２００人を超すが、受講者の６割近くが農業に携わっている。

茨城県には他県にはない民間の就農準備学校が2つもある。それだけ営農体験ができる機会が多いわけで、この点も就農者増に役立っている。

厳しい環境とはいえ、茨城農業に明るい新芽が伸びてきた。

茨城の農業力、2位堅持
全国1位作物がぞくぞく

（茨城県農林水産部）

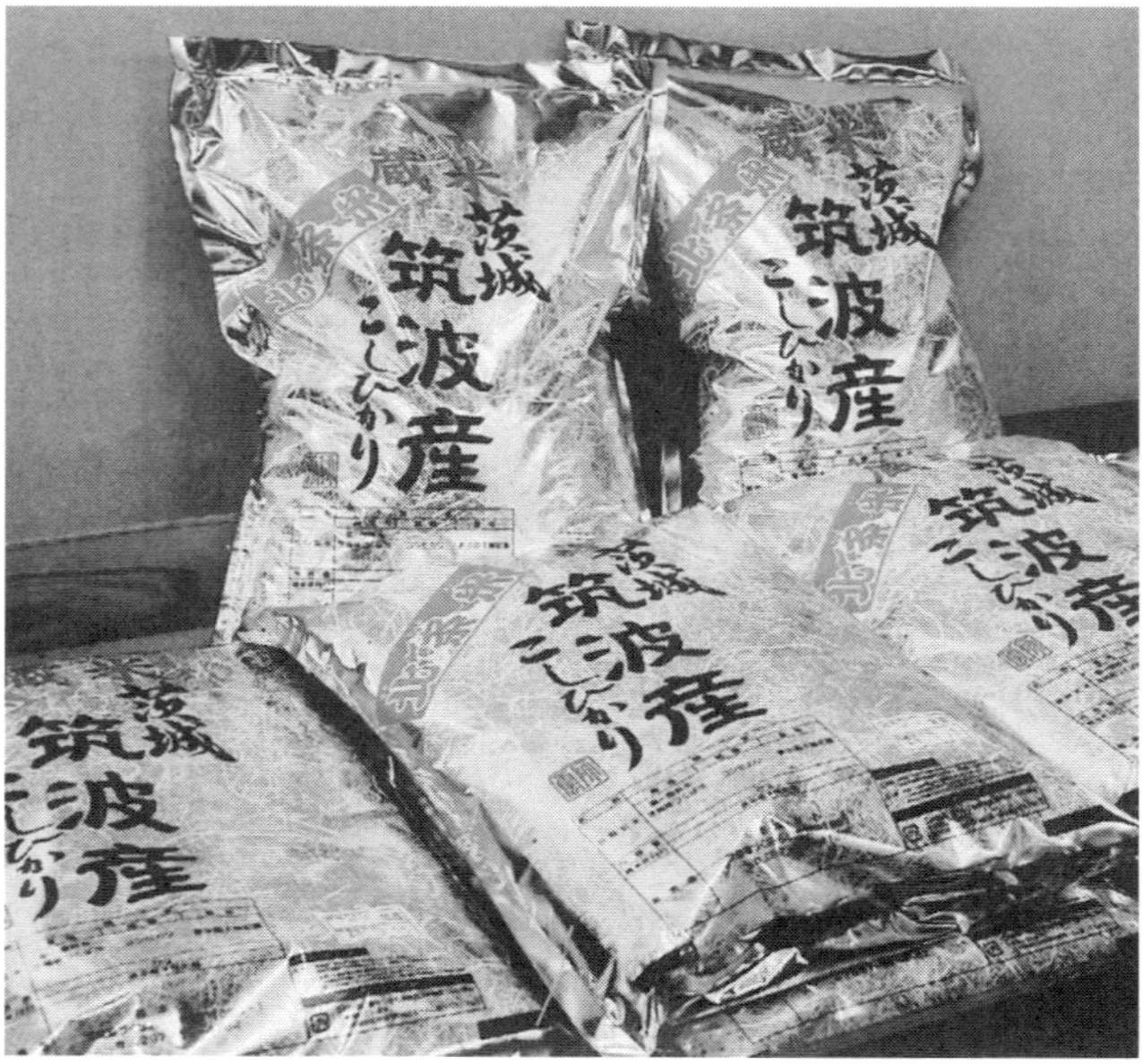

茨城のブランド商品「筑波北条米」。消費者の人気が高まっている。

茨城県の農業が力強さを見せている。２００８年度の農業産出額が15年ぶりに全国第2位に返り咲いた後、13年度まで6年連続で全国2位の座を堅守している。競争力の強い産地づくり、売れる販路づくりを旗印に03年度から10年以上もねばり強く取り組んできた農業改革が生んだ成果といえる。この実績を跳躍台に、同県は11年度から新農業改革（5カ年計画）を実施、「儲かる農業」の実現や農作物の高品質化、エコ農業の推進などに挑戦している。

農業強化に25分野で数値目標
光る「地域オリジナル米」

農林水産省が発表する全国の農業産出額調査によると、茨城県の13年度の産出額は４３５６億円。内訳は園芸が２２３３億円、畜産が１１３１億円、コメが８７５億円となっている。産出額は都道府県別順位で北海道に次ぐ2位の座を引き続き堅持した。同県は08年度に千葉県を抜いて93年度以来、15年ぶりに2位に返り咲いており、その地位を6年連続で守り抜いたわけだ。

農業産出額は農業の力のレベルを示す代表的な指標のひとつ。圧倒的な産出額を有する北海道に追い付くのは無理だとしても、ライバルの千葉県や鹿児島県を押さえて2位の座を連続して守り続ける意義は大きい。気を良くした農業関係者も多く、「大きな目標を達成できた。不動の2番打者になれるよう、今後も努力する」（JAみと）といった声が各地から挙がっている。

茨城県は03年度から、官民挙げて「茨城農業」の改革運動を繰り広げてきた。実施期間は10年度までの8カ年間と設定し、「作れば売れる」という発想から「喜んで食べてもらう」という発想へ生産者の意識を転換するとともに、競争力のある産地づくりを進める点に、運動の狙いを置いた。

この運動で興味深いのは茨城米の1等比率、銘柄畜産物の生産目標、エコファーマー認定者数といった具合に25の実践項目を選び、項目ごとに大胆な数値目標を設けたこと。数値目標を達成するよう、生産者を励ますとともに、県や農協も各種支援策を地道に積み上げてきた。

そうした努力の成果の一つが全国1位、2位作物の続出だ。1位作物としてメロン、白菜、鶏卵、みず菜など11品目が、2位作物としてはコシヒカリ、レタス、ごぼうなど8品目が生まれている。地域オリジナル米に取り組む産地も出ており、「筑波北条米」や「奥久慈の恵 うまかっぺ」など全国に通用するブランド米が躍り出ている。

生きた実践活動が効果
独自のチャネルも構築

メロンやみず菜は鉾田市、干し芋はひたちなか市、チンゲンサイは行方市、クリは笠間市——競争力のある産地が同県のあちこちで生まれる背景として、特に2つの動きに注目したい。

1つは県とJA全農いばらきが05年に共同で作った農産物販売推進東京本部の活動だ。日本最大の卸売市場である大田市場（東京・大田）の事務棟に拠点を構え、市場から集めた生きた情報を連日、産地や生産者に伝えるほか、県産品を量販店や外食店に売り込む活動を行う。

流通業者が情報交流する「茨城うまいもんどころ味クラブ」も東京本部のアイデアで生まれた親睦組織。仲卸業や流通業がメンバーで、産地を訪れ合同研修会を開いたり各種流通情報を提供し合ったり、逆に県内産地の情報を発信したりする場となっている。02年の発足以来、メンバーは増え続け、現在は221社、245人を数える。

要するに、東京本部の生きた実践活動が強い産地づくりや茨城オリジナル品種の開発・育成などに効果を挙げているのだ。大田市場での農産物取扱シェアは茨城が11年連続（04－14年）で全国1位となっているが、これも東京本部の活動によるところが大きい。

もう1つが売れる販路づくりである。東京都心での農産物朝市（マルシェ）に茨城産品を10年度から出店し始めたほか、インターネット販売とも積極的に取り組む。売れる販路づくりとして、「いばらき農産物指定店（買える店）」（首都圏で269店）、「常陸牛販売指定店」（同300店）などの独自チャネルを構築する政策も展開している。

担い手増加は明るい材料
「6次産業化」が重要

全国2位の農業力を誇る茨城県だが、泣き所も抱えており、挑戦すべき課題が少なくない。

端的な例が耕作放棄地の拡大だ。同県の放棄地は898㌶で、全国で6番目に広い。高齢化が進み、ここ10年間で2倍に拡大した。これを解消するには新たな担い手の育成が急務だ。

県農業改革推進室の高野充室長補佐などの説明によると、09年度の新規就農者は248人で、10年度は目標の250人を5％も上回る262人。「嬉しいのは新規就農者の中身だ。10年度を例にとると、16～39歳が全体の8割近い200人もいる。若い層で農業への関心が高まってきた」と評価している。

同県は04年度から、県立農業大学校で「いばらき営農塾」を開設、定年退職者や非農家出身者を農業に誘導する政策を展開中だ。定員を上回る応募者が毎年殺到し、受講後に農業に参入する動きが目立つという。

こうした新規就農者の増加は明るい材料に違いないが、もともと農業人口の減少幅が大きいだけに、放棄地解消には限界がある。放棄地を解消し農業生産も同時に拡大するには、企業の農業参入策を組織的に実施するなど、発想の転換が必要だ。

時代は大きく動いており、農業者だけの力では生き残れなくなった。消費者の要望に沿った農作物や食材を提供するだけでなく、農業者が商工業者と連携して新商品、新サービスを生み出さなければ、儲けられなくなっている。

農業力の強化には６次産業化が欠かせないとセミナーが開かれた。

その意味で、農業を起点にした「６次産業化」への取り組みが重要である。

農業力向上を目指して同県は11年度から、「新茨城農業改革」を展開しているが、狙いは積み残した課題に挑戦することと、「儲かる農業」の実現、新アグリビジネス創出に注力することである。

地域活性化担う図書館
起業支援や就農・就活相談
（栃木県、小山市立中央図書館）

地域の身近な文化施設である公共図書館が、地域活性化の拠点を目指すなど、新たな役割を追求しようとしている。開業や起業を支援するセミナー、就農や就活を手助けする相談会を開いたり、地場産業振興のための情報発信を強めたりするなどの動きだ。ビジネス支援などに目を向ける図書館は各地で広がり出したが、この分野で存在感を高めているのが栃木県小山市の市立中央図書館だ。

チラシやパンフ、継続的に収集
セミナーで起業家続々と登場

ＪＲ小山駅から東へ１・２キロ、城東公園の一角に立つ小山市立中央図書館は、16万市民の文化ニーズを身近で支える拠点施設である。延べ床面積５１９９平方メートルに47万冊の蔵書を誇り、入館者数が年36万人、貸出し冊数は同75万冊にのぼる。

この図書館でビジネス支援事業が始まったのが05年９月。館内にまず、「ビジネス支援コーナー」を設置し、ビジネス関連の図書や資料を整えると同時に、パソコンルームを新設した。

図書は社会科学書籍を集約したものだが、市民の耳目を集めたのが各種パンフやチラシ類だ。日本政策金融公庫の事業ローンの手引、中小企業庁のパンフ、市の融資制度案内、地場企業情報のほか、無料求人情報誌、毎日曜日の新聞折り込み求人広告などを継続的に収集・展示し、無料で市民に配っている。

ビジネスのテーマごとに所蔵図書をまとめて紹介する「ブックリスト」も年10回ほど作成し、利用者に配っている。

パソコンルームでは最新のビジネス情報を提供するため、日経テレコン21、ルーラル電子図書館など６種の有料

小山市立中央図書館が設けた地場農業産品の展示コーナー。同図書館は「地域に貢献」を掲げている。

データベースとインターネットを無料で利用できる体制を整えた。

支援事業の売り物がビジネスセミナーと「ビジネスなんでも相談室」。セミナーは毎年、夏か秋の土曜日に5週連続で開くが、開業や起業を目指す個人を対象に20人に絞っている。テーマは「創業の基礎知識と事業計画の立て方」、「食の提供戦略と地産地消」といった内容が多い。「うれしいことに、受講者から11人もの起業家が生まれた」と菊地きよ子館長は話す。

「なんでも相談室」は月2回、予約制で実施している。

心強い産学官の支援組織
受ける「農業なんでも相談室」

ビジネス支援事業の企画、運営は図書館のスタッフが責任を持つが、その背後に産学官連携の組織が控え、支援している。商工会議所、農協、白鷗大学、行政など14委員で作る「おやまビジネス支援連絡会」がそれで、事業が円滑に実施できるよう助言・協力する。

これと同じ仕組みで07年7月から始めたのが農業支援事業だ。食糧問題や特産品など、食に関連した読み物から専門書まで150冊をコーナー展開し、閲覧できるようにした。

ビジネス支援での経験を生かし、農業関連でもブックリストを作り、市民に配っている。最近の例だと、「庭木の手入れのためのブックリスト」、「果物を楽しむためのブックリスト」といった具合で、テーマに合った図書十数冊を紹介している。

図書館に入ってすぐ左手に作った特産品コーナーも好評だ。ガラス棚で「本場結城紬のできるまで」を実物で展示し、生産量日本一を誇る小山のハトムギや60品目の「おやまブランド」を紹介するなど、地場農業を支援する姿勢がありあり。珍しい取り組みに、全国の自治体関係者が視察に訪れ、「地場産品の情報発信はいいネ」と評価する。

下都賀農業振興事務所などと協力して開く「農業なんでも相談室」も受けている。職員が予め、相談内容を聴取し、的確に対応できるよう講師や情報を準備する。相談者数は「年度によって多少変動するが、15人から18人の間で推移している」（同図書館奉仕係）とまずまずだ。

農業支援事業の一環として、春開催の「おやまブランドまつり」や秋に開く「小山市農業祭」にも参加しており、活動は実に多彩である。

プラスαの付加サービス
葛飾の図書館もビジネス支援

図書館のサービスと言えば、①本や資料を貸し出す②図書館の施設を通じて学習の場を提供する③人々と情報や知識を結び付ける――というのが定番だ。しかし、地域の社会、経済、雇用は激変しており、図書館に求めるサービスも多様化してきた。

各種ビジネス情報や就職・資格修得の支援、キャリア向上に繋がる資料の提供、地場産業の刺激策など、生活に役立つ情報サービスが求められてきた。今までのような定型サービスだけではいずれ壁にぶち当たるので、もっと工夫したプラスαの付加サービスが重要というわけだ。

そんな考え方を持つ図書館の1つが、ＪＲ常磐線の金町駅（東京・葛飾）から徒歩2分のところにある葛飾区立中央図書館（床面積５０７７平方メートル、蔵書数46万冊）。09年10月に開館して以来、ここが注力するのもやはり、ビジネス支援事業だ。

柱が毎月第3土曜日に開く「ビジネス相談会」。中小企業診断協会と連携して実施し、起業や開業、経営改善策など区民の相談に無料で応じている。

事業推進係の打越千恵子係長は話す。「開館時の理念が課題解決型の図書館。区民のニーズを職員と一緒に解決しようというもので、ビジネス支援サービスは課題解決の１つ」。開館６カ月後に点検してみると、相談会参加者が22人もいたと打ち明ける。図書館の理念が市民から受け入れられているのだ。

相談会で多いテーマを的に講演会やビジネスセミナーも開いている。「年間スケジュールでセミナーを夏と秋に、講演会も１回開く。地域に貢献したい」と打越さんは意欲を見せる。

入り口近くにビジネス書を集めた開架式コーナーを設けるとともに、インターネットや14種類の有料データベースを利用できるようにしてある。１日の来館者数が約４千人、その１割がコーナーを訪れるというから、狙いはまんまと奏功した。

入館者の多くが訪れるビジネス書コーナー（東京・葛飾区立中央図書館）。

広がる「自転車のまち」づくり
健康とエコ、観光へ多彩な対策

（栃木県宇都宮市など）

自転車を活用したまちづくりの波が、首都圏の主要都市に急速に広がってきた。先頭を走るのが栃木県宇都宮市だ。２０１０年末にまとめた「自転車のまち推進計画」に基づき、15年までの5カ年間に、環境に優しく街の魅力を高める多様な自転車政策を次々と展開している。千葉市、さいたま市もそれぞれ「ちばチャリ、すいすいプラン」、「さいたま自転車ネットワーク構想」を打ち出し、その輪に加わる。共通するのは地域活性化の手段を自転車に求める発想である。

アジアカップに人出14万人
自転車の普及促すイベント

ＪＲ宇都宮駅西口から材木町までの中心市街地を東西に結ぶ大通り。ここで14年10月、アジア最高位の自転車ロードレース「アジアカップ」が開かれた。世界で活躍する選手たちの迫力を目の当たりに出来るとあって、３日間で約14万人のファンが押し寄せる盛況振りだ。

２日目に行われたクリテリウムを覗いてみた。大通りの中間地点、二荒山神社を発着点にした1・55キロの特設コースを20回周回して勝敗を決する自転車競技だ。ツール・ド・フランスの覇者を含め、国内外の18チームが参戦し、スピードと駆け引きを競うのがミソである。

交通規制された車道を色鮮やかなユニホーム姿の選手が駆け抜け、歩道を埋め尽くしたファンからあちこちで歓声が上がる。ビルやオフィスの高層階から観戦する人もおり、沿道の商店街は赤いノボリやTシャツで、食堂は赤い餃子で盛り上げる。

主催者によると、このレースだけで4万人ものファンが来場した。横浜から来たという親子連れは、「時速60キロ近いスピードでなだれ込んでくる姿に圧倒される。細かい

JR宇都宮駅の西口に開設された「宮サイクルステーション」。

ルールが分からなくとも、この迫力に接するだけで楽しくなる」と話す。

アジアカップの開催は今回で23回目。名のある国際レースを誘致するのも、自転車に乗りたくなる雰囲気を作り、自転車の魅力を引き出して自転車の普及に役立てようという狙いによるものだ。宇都宮市を拠点に活動するわが国初のプロチーム「宇都宮ブリッツエン」も、自転車教室やサイクルピクニックを開くなど、自転車の普及に取り組んでいる。これも自転車を楽しむまちづくりの一環である。

自転車の駅、41カ所も設置
自転車愛好家のサポート拠点

同市が打ち出した「自転車のまち推進計画」は、自転車を交通手段として重視し、自転車を健康やエコ、都市観光の推進などに役立てることを狙ったまちづくりの総合計画だ。交通政策課の芳賀教人課長は「①安全②快適③楽しく④健康とエコという4つの柱を掲げて多様な政策を打っている」と説明する。

「安全」というのは、自転車を安全に使える環境を整えること。整備すべき75の自転車ネットワーク路線のうち、自転車の交通量の多さや事故の多発性などを基に16路線16

㌔を特に優先路線と位置付け、自転車道や自転車専用通行帯などの整備を急いでいる。14年3月時点で優先路線の約8割を整備した。

「健康とエコ」は自転車の利用がCO_2の削減やメタボ予防に役立つと見て、エコ通勤実施企業を増やすなどして通勤、通学に自転車を使うライフスタイルの定着を市民に促している。

4つの柱のうち、宇都宮らしさを特色づけているのが「快適」と「楽しく」だ。それを象徴する施設が自転車の駅と宮サイクルステーションである。

自転車の駅はベンチを置き、修理工具や空気入れを配備して、自転車に乗る人が休憩したり修理工具を無料で使えたりするようにした拠点だ。市内のコンビニを主体に11年秋から3カ年で41駅を設置した。

一方、サイクルステーションは自転車を使う人のサポート施設で、10年秋宇都宮駅西口に開設した。シャワーやロッカーを利用して休憩したりできるほか、自転車関連イベントやスポーツバイクの各種講座、補給食の物品販売などを通じて、自転車の愛好家の育成に努めている。

おもてなしレンタサイクル
さいたま、千葉も自転車対策

自転車の利用を買い物や観光にも広げようと宇都宮は目を配る。買い物対策としては、中心商店街のオリオン通りの空き店舗に駐輪場を設ける実験を試みている。商店が店先に短期間の駐輪場を設ける場合、市が補助する制度も実施中だ。これまでに数店舗が補助金を活用した。

観光客が評価しているのがコミュニティサイクルだ。市内にレンタサイクルの貸出し拠点が7カ所あり、放置自転車を１６５台プールし、観光客などに1日１００円で貸している。利便性を高めるため、11年度からは電動アシスト自転車55台も追加、1日３００円で利用できる。

「市内の6ホテルと連携して、宿泊者に自転車を貸し出す『おもてなしレンタサイクル』も実施中」と芳賀課長。観光レンタサイクルの導入で「自転車のまち宇都宮」が口コミで広がる効果も期待しているようだ。

コミュニティサイクルと言えば、さいたま市も導入している。大宮地区に20カ所の貸出し拠点を整備、２００台の車両を24時間無休で借りたり返したりできる。14年度には浦和地区にも同様のサービスを広げた。

そのさいたま市だが、13年度に策定した「自転車ネットワーク構想」の中で、全道路の5％に当たる200キロに自転車通行帯を整備する方針を打ち出した。ツール・ド・フランスを冠した自転車レースを13年秋に誘致するなど、イベントにも力を入れ出し、自転車によるまちづくりに強い関心を寄せている。

千葉市の「ちばチャリ、すいすいプラン」は14年度から5年間に新たに30キロの自転車レーンを整備しようというもの。自転車によるまちづくりが各地で進めば、自動車に過度に依存しない社会の構築に役立つ。

さいたま市は主要道に自転車通行帯を整え出した。

温泉水を使いフグの養殖
特産品に育て町おこし

（栃木県那珂川町、里山温泉トラフグ研究会）

　海のない栃木県の山間部で、温泉水を活用したトラフグの陸上養殖が行われている。地場の企業経営者らでつくる「那珂川町里山温泉トラフグ研究会」（代表野口勝明氏）が立ち上げた事業で、育てた成魚の出荷も10年8月から始まり、最近では県内の飲食店を中心に136店に出荷している。将来は販路を全国に広げて特産品に育て、活気を失った町に賑わいを取り戻すのが最大の狙いである。

養殖場は廃校の教室
本格養殖、09年6月に開始

　養殖場は廃校となった那珂川町松野の旧武茂小学校。中を見せてもらうと、12トンの円形水槽が1教室に1基ずつ設置され、全部で5つの教室を使っていた。直径4メートル、深さ1メートルの水槽は合成樹脂の強化複合板に塩ビシートを張り合わせた自家製だ。教室は町が無償で提供しており、「水槽などの設備費は町の補助金30万円を活用して最小限に抑えた」と野口さんは話す。

　養殖に使う水は町の温泉場からトラックで運んできたものだ。体長30センチ、800グラムほどの太ったトラフグが水槽で元気よく泳ぎ回り、黒い斑点模様の体を悠々とくねらせている。

　研究会がフグの養殖を本格化したのが09年6月。和歌山県のアーマリン近大から体長5センチの稚魚1250匹を仕入れ、日清丸紅飼料の魚粉固形飼料を使って成魚に育てた。「無毒フグ」の認定を食品分析会社からもらい、試食会では外観も味も「下関の養殖フグと変わらない」と高い評価を得ている。

　自信を得た野口さんらは10年6月、新会社「夢創造」を3千万円で設立、8月からフグの本格販売を始めた。商品名は「温泉トラフグ」で、町内の温泉旅館やすし店から開

廃校舎を使って温泉水でフグを養殖。海上養殖より生育が格段に早い。

拓した販路は東京のホテルや旅館、料亭などにも広がり出した。

興味深いのは温泉トラフグの生育の早さだ。理由は温泉水の塩分濃度と温度にある。濃度が海水の3分の1で、魚の体液に近い。海上養殖のフグより塩分調整に使うエネルギーを節約できるので、その分、成長が早まる。海上養殖では出荷まで1年半かかるが、「適温を常に維持できるここでは、1年ほどで出荷サイズに育つ」と野口さん。

事業化の発端は危機意識
温泉水の塩分濃度に着目

事業の仕掛け人である野口さんは、84年に環境調査会社を興してからずっと生まれ故郷の那珂川町で生活してきた経済人。昔は農林業で活力ある町だったが、農林業の衰退とともに人口流出が激化、町がさびれていく実態を肌で感じてきた一人だ。

「人口が10年間で2400人も減ってしまった。少子高齢化が急速に進んでおり、10年先には間違いなく限界集落になってしまう」。危機感を抱いた野口さんは、未利用の地域資源を使って町を再生する途はないのかと考える日が続く。

そこで着目したのが地元で湧き出る温泉だった。持ち前の技術で成分分析をすると、有害物質を含まず、塩分濃度が生理食塩水（0・9%）に近いことが判明、「この温泉水で海産魚が育つのでは」と閃いたという。

野口さんの実験が08年6月から社長室で始まった。プラスチックのたらいで100リットルの水槽を3基作り、1槽につき5センチのトラフグの稚魚を30匹入れて養殖実験を行う。稚魚は南伊豆栽培漁業センターが無償で提供してくれたものだ。

「養殖は全くの素人」という野口さん、試行錯誤を経てフグは5カ月後に18センチほどに成長。社長室では飼い切れないので、場所を移して実験を続けた結果、1年間で30センチまで育てることに成功した。生存したのは約30匹、さっそく地元の試食会で町民の評価を仰いだという。

「味は遜色ない」だったが、一部から「少し水っぽい」との声が出たので、肉質向上実験をさらに続ける。結局、金子豊二東大教授らの指導で行った「味上げ」技術が功を奏し、身の引き締まったトラフグの養殖技術が10年1月、確立した。町興し色を出そうと、企業や行政を巻き込んで「里山トラフグ研究会」を結成、09年6月からの養殖事業に繋げたわけだ。

養殖規模、年2・5万匹体制に 将来は種苗から一貫養殖

養殖規模はその後、順調に拡大している。10年5月に廃校の空きスペースに大きなビニールハウスを建設、12トンの円形水槽を4基増設した。ここに稚魚5千匹を投入、養殖作業に精を出す日が続く。稚魚はやはり、アーマリン近大から仕入れたものだ。飼育スタッフも増え、地元の馬頭高校水産科卒業生を採用するなどして体制を整えた。

そして11年1月には3300万円で民間の室内プールを買収。ここに養殖施設や研究施設、商品加工施設などを整備して養殖事業を拡充、現在は年間2万5千匹体制が確立した。

養殖には給餌技術はもちろん、年間を通した水温管理の仕方、温泉水の使用量や飼育水の換水方法などの技術が重要だが、これまでの経験を生かせば大丈夫と、先行きを心配していない。それよりも独自の新技術をいくつか編み出していることに感心させられる。

例えば、フグの歯切り対策や雄雌の判別法、飼育水の浄化対策などがそれだ。フグはストレスから互いに噛み合うことが多いので、ある時期に1匹ずつ歯切りをする必要が

ある。その技術を体得しているのだ。浄化対策は手作りの浄化装置を開発し、独自の浄化材で飼育水を生物処理するもの。水槽の温泉水を1年間も換えることなく使い続ける方法を確立した。

問題は事業の採算だが、11年度に年商3920万円に達し、収支を黒字基調に転換することができた。将来は「技術力をもっと高め、種苗から成魚までの一貫養殖を目指す」と野口代表は将来図を描く。

野口さんのところには「ウチも養殖を手掛けたいので、教えてほしい」という声が北海道、長崎などから舞い込み、今では「温泉トラフグ」を養殖するフランチャイズが全国に8カ所も生まれている。

町内ではぬいぐるみや菓子類など関連グッズも開発され出した。旅館・飲食店の売り上げ増加、雇用創出、特産品開発などを通じ、「温泉トラフグ」が地域活性化に貢献し始めた。

温泉水を活用したフグの養殖事業を仕掛けた野口さん。

那須で花開く小水力発電
周辺に刺激、高まる地域興し

（栃木県那須塩原市、那須野ケ原土地改良区連合）

栃木県の北東部、那須連山の裾野に広がる農業地帯で、小水力発電が急速に普及している。那須野ケ原土地改良区連合（理事長渡辺喜美氏）が身近な農業用水を使って実用化したもので、現在6つの発電所が稼働し最大出力1500キロワットの発電を実施中だ。自前の電力を確保しつつ地球温暖化を防ぐ役割を果たしている。周辺の地域社会に刺激を与える効果も大きく、小水力発電を軸とした新たな町づくり運動も誘発している。

幅2メートルの用水路に発電機5基
周囲の環境破壊避ける配慮

那須野ケ原は那珂川と箒川に挟まれた約4万ヘクタールの広大な複合扇状地。農水省が1967年から27年間かけて行った直轄事業で大規模な農地が整備され、延べ330キロを超す農業用水路が縦横に張り巡らされている。小水力発電は、この用水を有効活用して事業展開されている。

那珂川から取水した幹線用水路に造られたのが百村第1、第2発電所だ。幅2メートルほどの農業用水路に豊富な水が絶えず流れ、10メートルおきに水門のような水色の鉄筋構造物が目に入る。青い鉄板のふたを開けると、低いブーンという音を発してタービンが回っているのが見えた。

第1発電所は農水省の、第2発電所は経産省の補助金を利用して総工費1億円で05年度に建設、06年4月に稼働した。第1には出力30キロワットの発電機1基が、第2には同3基が備わる。

案内してくれた同連合の吉沢繁樹技師は「既存の水路の落差工を利用したので、低コストでできた。たった2メートルの落差で発電できる優れ物です」と話す。構造が簡単なので、維持作業も手間取らないと付け加える。

蛇尾川から取水した蟇沼用水路に立地したのが蟇沼第一

那須野ケ原では農業用水を活用した小水力発電に力を入れている。

（最大出力３６０キロワット）と第二（同１８０キロワット）の発電所。こちらに新エネルギー財団の支援を受けて総工費４億４千万円で建設、09年２月から稼働している。

「昭和30年代にあった東京電力の発電施設の跡地を活用したので、設備費を節約できた」と吉沢技師。既設の用水路に口径１メートルのＦＲＰ管を敷設して毎秒１・６立方メートルの水量と29メートルの落差で水車を回し発電しているが、「静音設計なので周辺環境を破壊しないのが特色」と言う。

これまでの経験を活かして造った最新の水力発電所が新青木発電所で、14年４月から発電を開始した。出力は５００キロワットと最も大きい。

那須野ケ原発電所で経験積む
除塵対策に独自の工夫

那珂川から取水した農業用水が延長３３０キロのパイプラインで戸田調整池まで流れる戸田東用水路。終端の調整池に隣接して最大出力３４０キロワットの那須野ケ原発電所がある。農水省が直轄事業の一環として６億４千万円をかけて建設したもので、運転開始は92年３月だ。

発電所の運営と維持管理業務を受託したのが同連合で、これが小水力発電事業との最初の出会いだった。稼働当初は慣れない作業と様々なトラブルに見舞われたが、それらを1つ1つ克服した経験がその後の百村、蟇沼発電所の事業化に役だった。

小水力発電は導入コストと維持費の高さが難点と言われる。この点に関し、同連合の星野恵美子事務局長は「過大な設備を避け、維持作業を簡素化できる仕組みが大切」と説く。

同連合は無駄な機能を省き、工事費の安い装置を福島県のメーカーと工夫して導入した。維持管理では用水路を流れる流木、枯れ葉などの除塵対策が重要になる。「除塵のために夜中に何度も起こされないような手立てが必要」と話し、同連合は簗に似た除塵装置を編み出して切り抜けた苦心談を披露した。

事業化には縦割り行政に煩わされることが多い。水利権は国交省の、発電事業は経産省の、農業用水路は農水省の許可がそれぞれ前提となる。電気の売電は電力会社との交渉事だし、地域社会とは景観や騒音に関する合意形成が必要だ。

手続きはそれぞれが煩雑で、解決に半年以上もかかることは珍しくない。すべてが初期の導入コストにかかってくる。

組合員の負担軽減の効果
地域を元気付ける働きも

現在ある６つの発電所の最大出力は合計１５００キロワットで、一般家庭の１８００軒分を賄う発電量がある。電気は全て東京電力に売電し、農業用水施設の電気代に充てている。農業用水を利用する同連合の組合員３３８２人は毎年、負担金を払うが、10アール当たり年５千円弱だった当初の負担金が売電利益の還元で、今では２５２０円に下がった。

６発電所が生むCO_2削減量は年３０９０トン。一般家庭の６００軒分に相当する排出量だ。組合員の負担金軽減と地球温暖化防止――この二つが那須野ケ原の小水力発電事業がもたらす直接効果だが、地域を元気付ける間接効果も無視できない。

自然エネルギーで町を活気にする具体的な動きが那須地域で始まっている。１例が那須野ケ原用水ウォーターパーク計画。直径６メートルの水車を用水路に設置、出力１・８キロワットの水車発電機で遊歩道のＬＥＤ街灯や電気自動車の充電に使おうという試みだ。国道４００号沿いの千本松牧場近くで10年春から、実証実験が行われている。

11年6月には住民有志らが小水力で賄う省エネ住宅１０

蟇沼発電所の概要を告知する案内板。吉沢技師が詳しく説明する。

0戸を建設する計画を発表している。塩原温泉地区では小水力で旅館や土産物店に電気を供給し、電気自動車で温泉街を移動する構想も持ち上がった。これらは全て、同連合のこれまでの経験やアイデアが活かされる。

再生可能エネルギーの全量買い取り制度が12年夏に施行され、自然エネ・ビジネスに商機が広がった。すでに野村グループの子会社など3社が新会社を設立、那須を含む県内で数十の発電所建設へと動いている。

3カ所の電源適地を持つ同連合も、「全量買い取り制度を活用して新規の電源開発を研究し新エネ事業を拡充したい」（星野事務局長）と、意欲を見せる。小水力発電の普及速度が那須野ケ原で速まってきた。

手持ちの資源、活かすが勝ち
ピリっと光る企業誘致作戦

（栃木県日光市）

平成の大合併で生まれた新・日光市に組み込まれた「旧・今市市」。同市が取り組んできた独自の企業誘致戦略が新市に引き継がれ、大きな効果を挙げている。現存する手持ちの資源を企業にねばり強くアピールし、その資源を有効に活用してくれる企業に的を絞って集中的に誘致するというのが今市流の戦法だ。今市のアピールした資源が豊かな自然と清冷な水――それを求めて食品企業の集積が日光市で進んでいる。

「きれいな水」が決め手
みりんなどの新工場建設

東武日光線の「下今市」駅から北東方向に車で約10分、緑地を切り拓いてつくったのが、大日光（轟）工業団地だ。旧今市市が栃木県土地開発公社と協力して造成した全6区画、分譲総面積12ヘクタールの工業用地で、分譲を開始したのが1996年4月だった。

この団地の一角に4ヘクタールの工場用地を取得し進出したのが、年間売り上げ1千億円、酒類の総合メーカーの旧メルシャンだ。旧メルシャンは千葉県流山市の老朽化した工場を移転し、ここでみりんや加工酒などを作っている。日光工場の総工費は土地代を含め43億円。05年11月に着工した新工場は急ピッチで工事が進められ、06年秋から本格操業に入った。

関係者によると、当時のメルシャンが移転先としてリストアップした立地場所は当初、4千カ所にのぼった。その中からさらに40カ所に絞ったが、最終的には地元側の粘り強い働きかけもあって「今市に決まった」という。

食品メーカーのメルシャンにとって、①消費地にアクセスし易いことと②きれいで豊富な水を確保できること――この2つが工場立地を決めるポイントだが、今市市の提供

清純な湧水を求めて進出した豆腐メーカーの太子食品工業。

した水質検査結果などをメルシャン独自に分析したところ、「今市の水は当社の条件に合った」（同社広報ＩＲ部）というのである。

メルシャンはその後、経営主体が代わり、社名がＭＣフードスペシャリティーズとなったが、日光工場の生産品目は同じ。

メルシャンの隣接地には、キユーピー醸造が3ヘクタール工場用地を確保して進出している。お酢を量産する工場をつくったが、キユーピーが進出を決めた要因も、今市の豊富な水資源だった。キユーピーの隣には沖縄豆腐や鰹節などを製造販売する沖縄の食品メーカー、ホクガンが1・8ヘクタールの用地を確保して新工場をつくっている。

進出企業のこだわりは
うまくて澄んだ水資源

栃木県の北西部、人口約6万人の今市地区に、日光連山から流れてくる大谷川によって形成された扇状地に街が広がっている。大谷川の表流水だけでなく、地下には大量の伏流水も流れており、「おいしくて澄んだ水が溢れ、豊かな自然に恵まれている」（斎藤文夫市長）点が、最大の売り物。

この地域特性に着目して今市に進出した企業は、轟団地以外にも多い。1例が98年4月から日光工場を稼動させた太子食品工業（本社青森県三戸町、社長工藤一男氏）だ。豆腐や油揚げを生産する同工場はその後、順調に規模を拡大、5年後には第2工場も稼動し、現在では1日に2千トンの水を使い、1日14万丁もの豆腐をつくる全国有数の工場となっている。

その太子食品が最もこだわっているのが水だ。「水と豆とにがりだけでつくる「純な豆腐」というのが当社の謳い文句。とにかく清い湧き水が命です」と話すのは、村上俊一郎工場次長。

同社はこれまで、十和田（青森県十和田市）、雫石（岩手県雫石町）、古川清水（古川市）と国立・国定公園近くに工場を作ってきたが、いずれも清い湧水を求めた結果という。今市の水は「水温が年平均13度と一定しているし、硬度は34ミリグラム／パーリットルと超軟水。とても扱いやすい」と村上次長は評価する。

宇都宮市の本社社屋と工場を集約移転して00年6月に今市に新工場をつくったのが、丸彦製菓。おかきやあられなどを年間47億円売り上げ、北関東ではトップ級の米菓メーカーとして存在感が高い。その丸彦がここに立地を決めた理由について山田行彦社長は、「米菓の大消費地である首都圏市場に近いことと、水がきれいで豊富な点」と指摘する。

国道１２１号線に面し、自然公園のように配置された同社工場には、収容能力２００人ほどの直売所が併設されている。週末ともなると、その直売所に観光バスが連なってやってくる。「レジを通った購買客数だけで年間ざっと35万人」（山田社長）と言うほどだから、ちょっとした観光スポットといえる。

1日当たり水使用量が最大8千トン、1日最大の生産量が２４０トンと、もやしの生産では国内トップ級といわれる富士食品工業も、きれいな自然水を求めて95年秋、今市に工場をつくった。

今市ならではの戦略まとめ効果挙げる

県北西部の中核都市とはいっても、市内に雇用の受け皿が少なく、「昼夜間人口比率が89％と悪い」（商工観光課）のが、今市の悩みの種だった。これを解決する必要性から造られたのが大日光（轟）工業団地だったわけだが、当初の企業誘致策には確固とした哲学がなく、「来てくれる企業ならどこでも良い」という姿勢だった。

訴求力がないだけに、誘致効果があがらない。そんな状態が数年間も続いたという。転機になったのが「食の産業誘致会議」。県や大学、銀行などの専門家を集めて03年6月に立ち上げた組織で、今市ならではの誘致戦略を構築するのが狙いである。

同会議の中で、既立地企業の立地要因が水や自然に共通している点に注目が集まり、「地域特性を活かす企業を誘致すべき」、「誘致には行政側の機敏な対応が必要」、「各種許認可は1カ所で処理するワンストップサービスが欠かせない」――といった意見が強調された。

こうして地域の資源はきれいな水と豊かな自然であり、これを活かす食品企業に的を絞って誘致するとの戦略が出来上がった。新市移行後もこの戦略が活かされ、誘致担当部署が日常業務として誘致活動に携わり、折に触れ市長がトップセールスに走り回っている。

15年春から新しい工業団地「日光産業団地」の売り出しが始まったが、手持ちの資源を前面に押し出した企業誘致作戦を展開しようとしている。

清い水を求めて進出した丸彦製菓の工場には、直売所もある。

町内9集落に独自のオーナー制度
環境保全型農業にも布石

（栃木県茂木町）

栃木県の東南端にある茂木町の町興しは、各種各様のオーナー制度が起爆剤となった。22年前にユズの木から始まったオーナー制度はその後、各集落にそれぞれの特徴を活かした形で次々と普及していった。今では都市住民を中心に900人以上のオーナーが生まれている。12年前に町がつくったリサイクルセンター「美土里館」も、人と自然に優しい農業の実現に向け活動している。オーナー制度とリサイクル――これを両輪とする町づくりは、農村社会を活性化するひとつの試金石である。

オーナー制度、ユズが始まり
農業体験や催事で住民と交流

人口1万3500人、茨城県と接する茂木町は、標高200㍍《メートル》前後の山間部が町の66％を占める典型的な中山間地域である。耕地は少なく、葉タバコとこんにゃくに多くを依存してきた。だが、1970年代になって農産物輸入の影響で葉タバコの競争力を喪失、77年に旧専売公社の工場が閉鎖されると地域経済の活力は急速に減退した。

停滞感が広がる中で「何か自立策を編み出さなければ」と立ち上がったのが、北東部の元古沢集落（山内地区）だった。たまたまユズの古木が集落内にあり毎年たわわに実ることに気がつき、「ユズの産地づくりを目指しては」ということになった。

いろいろ検討の末、ユズの栽培は集落が力を合わせ行うことになり85年秋、元古沢の農家ら15人で「八溝ゆず生産組合」を設立。組合員らは集落の農地にユズの苗木を植える作業に力を注ぎ、3年間で2860本のユズを植栽したという。

元古沢集落にオーナー制度が生まれたのが93年春。ユズの産地として飛躍するには町内外からの協力が必要と考え

町の北部に広がる棚田は棚田百選に選ばれている。ここにもオーナー制度がある。

たのがきっかけだった。産地を「ゆずの里かおり村」と名付け、年一万円の村費を払うとユズの木一本のオーナーになれるというのが内容。開始時に98人だった村民（オーナー）は現在、全国に400人いる。

オーナーらは開村式や収穫祭、農業体験、山菜の摘み取りなど「かおり村」が行う各種イベントに参加し、集落の産地づくりに協力している。オーナーの支援などで、ユズの木の植栽数は7千本以上に増えた。ユズを使った味噌やジャム、お茶などの加工品も開発、道の駅などで販売できるまでになった。

自立を目指す元古沢集落を、見ず知らずの都会のオーナーが後押しする構図がここにある。

年商4千万円の農村レストラン
オーナー制度、各集落に普及

町の北部にある攻野集落は畑作の中心地帯で、かつては葉タバコ生産で地場産業をリードしていた。それだけに葉タバコの衰退で受けた打撃は大きく、耕作放棄地がどんどん広がっていく。集落のある農家が「セイダカアワダチソウの生い茂る農地があちこちに見られた」と言うほどの荒廃ぶりである。

広がる荒れ地を前に「何とか荒廃を食い止めなくては」と立ち上がったのが牧野集落の有志35人。98年に「むらづくり協議会」を設立、集落の自立策を話し合った末にそばのオーナー制度を取り入れることで衆議一決したという。

「そばの里まぎの」を標榜し、年会費１万円を払うとそば畑50平方メートルのオーナーになれるというのが牧野の仕組みだ。現在、30組のオーナーがそばの種まきや刈り取り作業に従事する。地区全体のそばの作付面積は13町歩になったが、オーナーらは新そばの収穫祭やそば打ち体験などのイベントにも参加し、農民との交流を盛り上げている。

牧野集落は03年春、18人の出資でそば屋を開いた。農村レストラン「そばの里まぎの」がそれで、地元で獲れたそば粉を食材にそばを打ち、都会から来る顧客にレストランでそばをふるまう「地産地消」商法である。

最近の来客数は年間３万５千人、年商額４千万円を大きく超す企業体に成長した。「牧野で収穫するそばは年間４２０袋。このうちレストランで３５０袋を使う」とは石川修子店長の弁だが、そばをつくり加工販売する仕組みを自ら築いてしまった。

町の北部、入郷集落に１８７枚の棚田が広がる「石畑の棚田」は、棚田百選に選ばれた集落自慢の田んぼである。01年に地権者らが入郷棚田保全協議会を設立、翌年から棚田のオーナー制度をスタートさせた。

３万円払うとオーナーになれて、農家の指導する田植えや草取り、稲刈りなど年10回のイベントに参加できる。現在、59組のオーナーが米作りと棚田の保全活動に参加している。

茂木町でオーナー制度を取り入れている集落は９カ所もある。天神梅と竹林の里（梅の木のオーナー）、きのこの里（椎茸のほだ木オーナー）、かぐや姫の郷（竹林と棚田のオーナー）、深沢パパスの丘（野菜のオーナー）といった具合。

オーナーは「全部で９００人を超す」（山口文明農林課長＝取材時）そうだが、注目点は集落ごとに独自性があることだ。各集落がそれぞれ持ち味を出し、それをテコに都市住民を誘引している。

高品位の堆肥をつくる美土里館
自然に優しい農業目指す

町の北西部、九石地区で高品質の堆肥を作っているのが「美土里館」。牛糞の野積みを禁じる家畜排泄物法の施行を機に、03年町が６億３千万円をかけて造ったリサイクルセンターだ。

酪農家が持ち込む糞尿と、家庭から出る生活ごみが主原料なのだが、茂木ならではの工夫も凝らしている。里山で切る間伐材を粉砕したオガ屑、里山で回収する落ち葉、農家のもみ殻など、全町から出る廃物を有効活用しているのだ。

できる堆肥は年1117トン。これを「美土里たい肥」(10キロで500円)として市販しているが、農繁期には堆肥を購入する農家の車が行列を作るほどの人気ぶりだ。

町で出る廃棄物を資源化し、有機肥料として土作りに返す「美土里館」の活動は環境保全型農業を目指す拠点である。「自然に優しい農業に役立つだけでなく、生ごみの焼却費削減、糞尿公害の防止、里山の保全などにも役立つ」。山口課長の脇で、担当の矢野健司農林課長補佐が活動の意義を繰り返し力説していた。

牛糞と家庭の生活ゴミを原料に高品質の堆肥をつくる美土里館。

婚活支援で少子化に歯止め 自治体がユニークな試み

（群馬県、茨城県）

軌道に乗る「あいぷろ」事業
出会いイベント、年119回

少子化の原因の1つといわれる未婚化・晩婚化を何とか食い止めようと、結婚活動（婚活）支援事業に力を注ぐ自治体が増えてきた。県内の働く独身の男女に出会いの場を提供する群馬県の「ぐんま赤い糸プロジェクト」、県内の社団法人と協力して進める茨城県の「いばらき出会いサポートセンター」などが典型的な例だ。婚活支援で結婚に進む例が少なくなく、少子化に挑むユニークな試みといえる。

群馬県が2007年12月から取り組んでいる「ぐんま赤い糸プロジェクト」（略称、あいぷろ）は、県少子化対策・青少年課と会員企業、協賛企業の3者が連携して展開している。旅行会社、レストラン、レジャー施設などが協賛企業となって独身者の交流イベントを企画運営する。そうしたイベント情報が県を通じて会員企業に提供され、企業は広報ルートで社内の独身男女に伝達するという仕組みだ。

会員企業、協賛企業はいずれも県に申し込んで登録した信頼ある企業ばかり。少子化対策・青少年課の鈴木徹也課長は「協賛企業は20社ほどと多くはないが、会員企業は増えている。09年3月時点の166社が15年3月には341団体になった」と話す。NTT東日本、サントリー、佐田建設、三洋電機などの支店、工場のほか、県内の総合病院や労働組合、生協、福祉施設などが名を連ねる。

協賛企業が開く交流イベントは14年度で年間119回。参加者は男女合計で約2400人だった。最初のイベントは7年前の08年3月に県庁内のレストランで開いた「合コン・パーティー」で、その時の参加者は男性22人と女性16人。その後、前橋、高崎、太田、伊勢崎など県内主要都市

「あいぷろ」事業は会員企業や協賛企業の協力で成り立つので、情報の共有に努めている。

で開いているが、1回当たり参加者数は平均で20人ほどだ。

交流イベントはホテルでのパーティーが最も多い。これにバスツアー、料理講習会兼パーティー、食と農の触れ合い交流会、マナー講座などが加わるなど、内容はバラエティーに富む。

イベントの中身を紹介すると、参加者は自己紹介からスタート。外側の男性が内側に座る女性に趣味などを1分間ほど話し、順々に男性が移動していく1対1トークで事が進む。最初は固かった参加者の表情もファーストインプレッション、フリータイム、プレゼント会などの行事が進むにつれ和らぎ、出会いが生まれるという趣向だ。

未婚化・晩婚化の流れを変える生まれたカップルが1672組

若者たちに出会いの場を提供する「あいぷろ」のような事業を自治体が取り組むのは、当時は珍しかった。群馬県があえてこの分野に挑戦したのは、若者に広がり出した結婚離れが背景にあった。

直前の05年の国勢調査によると、同県の未婚率は30－34歳の男性で45％、25－29歳の女性で54％だった。10年前に比べ、10ポイントも高い。95年当時は男性で平均28・4歳、女性で26・2歳だった初婚年齢も、05年調査では男性29・6歳、女性で27・7歳まで上昇している。未婚、晩婚の波が急速に押し寄せる実態を、国勢調査は浮き彫りにした。

それでは若者は結婚を望まないのだろうか。「そんなことはない。結婚したくとも相応しい人が見つからない、出会いが少ないという声が圧倒的だ」。出会いが少ない業種が独身男性は製造業、独身女性は病院や福祉施設に多いなど、職場によって偏りがあるのも一因と、同課スタッフは分析する。

そこで、「結婚に繋がるような緩やかなお節介ができないものか」と同県は考え、いろいろ検討した末にたどり着いたのが「あいぷろ」事業だった。

同県は少子化対策として医療費補助、保育園の待機児童対策、児童手当、仕事との両立対策など、様々な手を打っている。しかし、これらは結婚し、子どもを持った後の支援策だ。その前段階である結婚前に焦点を当てた支援策を講じれば、総合的な少子化対策に繋がるはず――そこにメスを入れた点が、「あいぷろ」の意義といえよう。

事業を始めて8年目、これまでに1672組の交際カップルが誕生した。結婚成立までは多くはないが、結婚成立率をもっと高めて少子化に歯止めをかけると、同県は熱意を燃やす。

会員制の結婚相談事業
成婚件数が1千組突破

茨城県と社団法人「茨城県労働者福祉協議会」が共同設立した「いばらき出会いサポートセンター」も、狙いは群馬県と同じ。未婚化・晩婚化の流れを変えて少子化を防ごうと狙う。

センターは具体的には、①結婚相談業務②結婚支援業務――などを手掛ける。このうち、結婚相談業務は会員制の事業だ。県内に住む独身者が年1万円を支払って登録会員になれば、異性会員のプロフィールを見て紹介を申し込んだり、ふれ合いパーティーに参加できたりできる。

06年6月に業務を始めて9年になるが、登録会員数は14年3月末で延べ6千人を超す。「多くの見合いを実現し、これまでに4千件近い交際カップルが生まれた。結婚に至ったカップルが13年4月で1千組を突破した」と、県子ども家庭課は明らかにした。

会員が増えれば、結婚成立件数も増えるので、「とにか

「あいぷろ」事業を軌道に乗せた少子化対策・青少年課の鈴木課長（右）。

く会員の募集に力を入れる」と同課スタッフは強調していた。

もう1つの結婚支援事業は、地域の世話役として若者の出会いを仲介する「マリッジサポーター」を募集し、その活動を支援する事業だ。現在700人を超すマリッジサポーターがおり、若者の出会いの相談や仲介などの活動に従事している。

若い世代の結婚を仲介する地域の世話役が、かつては職場や地域にたくさんいたが、現在は途絶え気味。「そうした役割を担うサポーターを育成することも、地道ではあるが、少子化防止に役立つ」と同課スタッフは話す。

センターの年間事業費は5千万円レベル。県が半分を負担するが、「成婚数1千万組は費用対効果の面でプラスの現れ」——県内でこの事業を評価する声が、急速に高まってきた。

農業再生へ団塊呼び込む実践塾通じ就農者を養成

（群馬県・栃木県、農業大学校）

定年帰農者を対象に開いた群馬県立農林大学校の「実践学校」。

団塊世代などシニアの元気な中高年を呼び込んで、農業再生に一役買ってもらおう――団塊世代に的を絞った農業実践塾が、群馬県や栃木県の農業大学校を舞台に繰り広げられている。２００７年度から第一線を退き始めた団塊世代をフルに活用し、農業の新たな担い手になってもらおうという戦略だ。新規就農者が増えれば、このところ著しい就農者人口の減少に歯止めがかかり、農業に活気を取り戻す一助にもなる。

ぐんま農業実践学校で実践指導
受講者は団塊世代の20人

関越自動車道の前橋ＩＣから北西に車で約30分、関東で有数という箕郷梅林の近くにキャンパスを構えているのが群馬県立農林大学校だ。ここで4月下旬、「ぐんま農業実践学校」の定年帰農者課程が開講した。

「実践学校」は同大学校が一般向けに開いている農業塾。これまで、一般レベルの就農者を育てる一般就農課程と高度の農業技術を習得させてプロ級の農業者を育てる専門就農者課程の二コースを持っていたが、農業を再生するには研修支援事業をさらに拡充する必要があるとして、07年度から新たに定年帰農者課程を加えたのだ。

定員は本校が20人、5つの地域校が計50人で、受講生は実習中心に4月から9カ月間、15回にわたって農業の技術や知識を習得する（地域校は6カ月で7回）。「受講生は定年など退職後に県内で就農を希望し、しかも年齢が50歳以上65歳以下の人が対象。本校の場合、応募者が37人もあったので、選考が大変だった」。募集に当たった研修部就農支援係の担当者はそう打ち明ける。

スタートからしばらくは研修場所と内容を本校と地域校に分けて実施したが、15年度からは場所を本校に1本化し、研修の曜日を本校と地域校で分けて行う方式に改めた。本校の定員も現在、25人に拡充している。

講義は野菜の栽培管理が中心だが、通り一遍のやり方ではない。取り上げる野菜は30種類以上に及び、それぞれ土作りから種まきの仕方、ベッドの作り方、肥料や農薬の適正使用量などに踏み込むなど極めて実践的だ。

「本校講義は主に土・日曜日の午前中に行うが、1日7時間に及ぶ講義もある。それでも受講生はだらけず意欲的に聴講する」。説明してくれた研修部スタッフの渡辺悟さんは、受講生の熱意に手応えを感じている様子だ。訪れた日に覗いた講義でも、受講生が活発に質問する光景に出くわした。

研修を終えた受講生の8割が農業に関わっているといわれ、その中から本格的に就農する受講生が何人も出てきそうな雰囲気が漂っていた。

定員15人、とちぎ農業未来塾
研修棟も5千万円で新設

こちらは栃木県。宇都宮駅からバスで東へ約50分、宇都宮市上籠谷町にあるキャンパスで「とちぎ農業未来塾」を開いているのが栃木県立農業大学校だ。

同大学校でも群馬県農林大学校と同様、一般向けの研修事業に力を入れてきた。企業などにいったん就職した後に実家の農家を継ぐ「Uターン」組や脱サラして新たに農業を始める「Iターン」組を対象に行う「新規就農希望者研修」事業がそれだが、07年度からは「新規就農研修」事業を大幅に拡充すると同時に、新たに団塊世代の退職者を

栃木県立農業大学校は農業実習を重視した「とちぎ農業未来塾」を開講している。

ターゲットにした「定年帰農希望者研修」事業を追加することにした。

定年帰農希望者研修事業は、定年退職後に栃木県内で新たに農業を始めたいと考えている人が対象。コースは春夏コース（研修期間4－9月の6カ月間）と秋冬コース（8－1月の6カ月間）の2つがある。

両コースとも定員は当初15人だったが、14年度から定員を35人に広げた。研修を受けたいと県民の人気が高く、「春夏コースの場合、毎期2・5倍以上の応募者が殺到した」（研修部）ためだ。

講義は土曜日に開き、1日7時間で全20日間。本科の教授や農業試験場長、改良普及員など県職員OBが講師になり、稲作や園芸の栽培基礎を中心に教室と実習の両面から受講生に教えるのが基本。さらに農業機械の操作の仕方や病害虫の駆除の仕方、土壌や肥料のポイントなど、実践的な内容を加え、法律や金融の話から先進農家の視察、農業経営の基本などもカリキュラムに入れている。

「教室で教えるだけでは身につかない。実践重視でないと」と強調するのは茂垣敏雄主任教授。実践を重視するため、同大学校では5千万円を投じて研修棟（教室、機械室、資材置き場など）やイチゴ栽培施設、トマト施設ハウスなどを新設した。「農業実習をここで徹底的にやって、技術を早く身に付けてもらう」（茂垣教授）ためだ。

5年間に1千人の担い手育成
元気な農業復活が目標

広い農地と豊富な水資源を持つ群馬、栃木両県は農業が県勢を支える主要産業のひとつで、首都圏に農産物を供給する重要な役割も果たしてきた。例えば栃木県の場合、イチゴ、にら、もやしの生産量が全国1、農業産出高が全国10位にランクされる有力な農業県だ。

しかし、農家の高齢化や後継者不足が著しく、担い手の減少に歯止めがかかっていない。耕作放棄地が年々拡大、農地の荒廃が進むなど環境は厳しさを加えている。栃木県農務部によると、最近5年間で販売農家は21％、農業就業者は12％それぞれ減少し、耕作放棄地は逆に27％も増えている。

「このままでは首都圏への食料供給責務が果たせないばかりか、国内の産地間競争にも取り残されかねない」――これが県幹部の懸念だ。

そうした状況を払拭するために栃木県が推進しているのが「とちぎ　食と農・躍進プラン」。この中で、魅力ある農業を実現するためにも地域農業を支える担い手を早急に育成することが重要だと指摘、5カ年間で1千人の新規就農者を育成するとの目標を掲げている。

農業大学校が始めた「定年帰農希望者研修」事業は、同県のそうした目標を実現する狙いで取り組まれている。担い手づくりを急ぎたいという希望は群馬県も同じ。大量の団塊世代やそれに続くシニア達が第2の人生を迎えている。その機会を捉えて、団塊世代を農業の担い手として少しでも農業部門に誘導することができれば、元気な農業と農村の実現に役立つ。

小さな町のでっかい企業
好業績、地域興しの中核担う

（群馬県渋川市子持地域）

人口の高齢化と地場産業の停滞に悩む北関東の農山村地域で、驚くほど元気のいい企業が活躍している。群馬県吾妻地域の「子持産業振興」（会長阿久津貞司氏）と栃木県那須地域の「馬頭むらおこしセンター」（社長福島泰夫氏）がそれで、いずれも自治体の出資による第3セクターだ。顧客の目線で運営し、儲けより地域振興を優先する経営姿勢を堅持、地域興しの中核を担っている。

「道の駅」に、ふるさと物産館
初年度から1割の配当継続

関東平野の最北端、利根川と吾妻川に挟まれた渋川市子持地域は、子持山の南面傾斜地に広がる畑作地帯である。渋川は全国第1級のこんにゃく生産地で、子持地域も主要作物のこんにゃく栽培で地場産業を支えてきた。

そのこんにゃく経営も農家の高齢化と農産物の価格低迷で次第に苦しくなり、中国産の輸入攻勢が激化した1990年代以降は特に大きな打撃を受けてしまった。こんにゃくに代わる転作品目の導入が急がれ、行政も農協も野菜や施設園芸、山菜、花卉、果樹などを農家に奨励した。

肝心なことは、地域で作る野菜や山菜などの販路を開拓して地域農業の進路を確保することだ。そこへ登場したのが「道の駅」建設計画。国道12号のバイパス沿いに「道の駅こもち」ができるので、これを地域振興のよりどころ、地場農産品の拡販拠点として活用しようとの声が地域から沸き起こったのだ。00年12月のことである。

道の駅は敷地が9千平方メートル、道路情報センターや休憩所、駐車場などがあるが、その一角に1億2千万円をかけて農産物直売所と食堂から成る「白井宿ふるさと物産館」を造ることにした。物産館運営のために設立したのが子持産業振興（現在の資本金1200万円）で、資本は旧子持村（現渋川市）とJA、商工会などが出し合った。

子持産業振興は創業から2014年で14年を経過したが、業績は順調そのもの。初年度（01年度）の売上高3億800万円が06年度には6億5千万円に急伸し、初年度から10%の安定配当を継続している。現在まで売り上げ、利益とも堅調に推移している。

年商の約7割は直売所で稼ぐが、地元食材を使った食堂や土産品の人気も高い。その後、施設を拡充し、今では温泉館や茶店、そば店なども加えた有力複合企業に成長した。

鮮度管理と安心を売り込む
やる気引き出す人事制度

3セクはどこもお役所感覚の経営が多く、赤字企業がいっぱいだ。「当社も周囲から冷やかされ、3年で潰れるといわれた」と打ち明けるのは阿久津会長。それが初年度から株主に配当できるほどの優良企業になれた裏には、幾つもの理由がある。

第1にはたえず商品管理に目を配り、「新鮮な品物を安く」という姿勢を貫いていること。農家312人と12団体が四季を通して野菜や果物、きのこなどを直売所に出して

道の駅に開設した農産物直売所は「子持産業振興」が運営している。

いるが、売れ残りは夕方引き取る、周辺より価格を安くという点を農家に徹底させている。

第2は顧客というか、生活者の目線で運営していること。スタート時は土産品の品揃えに中国製輸入品や他県ものを仕入れていたが、利用者の苦情が多く、2年目から中国品は完全にハネてしまった。農家の営農指導も行い、栽培方法や肥料・農薬の使用基準を伝授するほか、作業日誌も記すよう要請している。食品の安心・安全志向が強まっている現在、生活者の視点に立った運営は欠かせない。

鮮度の良さと安心できる食品というイメージが強まり、ふるさと物産館を訪れる年間来客数は「レジ通過客で年76万人になる」(阿久津会長)という。夫婦や家族連れ、グループ客も多いので、推定来場者数は年200万人を超す。顧客満足度の高い店を築いたといえる。

顧客満足度が高くなれば、そこで働く従業員もやりがいが出るが、従業員のやる気をさらに引き出しているのが独特の人事政策だ。同社では店長もパート社員も1年契約の年俸制で、勤務内容を毎年評価している。時給額を基準にして、よく働く人にはプラス査定を、そうでない人にはマイナス査定をしているのだ。ボーナスは年2回で、黒字決算の手当も出す。

もう1つは、利益より地域振興を優先する経営姿勢である。全国の事例をみると、農家が持ち込む農産品について直売所が売り上げの17-15%の手数料を取るところが多いが、子持では10%に抑えている。会社の利益より地域農業の振興に役立ちたいという考えからだ。

売り上げ拡大、高配当を継続 もてなしの接客態度植え付ける

栃木県の東端にある人口1万7500人ほどの那珂川町。国道293号線沿いの道の駅「ばとう」で、農産物直売所と特産品販売、農村レストランを経営しているのが馬頭むらおこしセンターだ。

99年の創業以来、業績を順調に伸ばし、06年4月期は売上高3億8900万円、経常利益2千万円弱を計上、15%配当を実施した。当時の社長で元町長の川崎和郎氏によると、00年4月期以降5期連続で20%配当を実施している。

同社の前身は町民有志が89年に立ち上げた民間企業(馬頭町特産品販売センター)だった。創業から苦難の時代が続いたが、「道の駅」建設構想が持ち上がり、民間企業を3セク企業に衣替えして再出発したのを機に様変わりした。経営が立ち直ったのは商品の鮮度管理と低価格政策を

貫いたことが大きい。

3セク化に合わせてスタートした木村美津子取締役が従業員教育を重視し、「おもてなし」精神を植えつけたことも、店の評判を一気に高めた。

その「道の駅ばとう」が突然、災難に見舞われる。厨房の失火で建物が全焼、休業に追い込まれてしまったのだ。1億6千万円を投じて急きょ再建し、15年4月からやっとリニューアルオープンにこぎつけた。

15年春の大型連休では、再出発した道の駅ばとうを応援しようと2万5千人もの観光客が訪れた。その後も来場者は多く、1日平均1千人強を維持している。火災前の活気を取り戻しつつあるのだ。3セクの幹部によると、15年度は年商3億6千万円の達成が課せられた至上命令。営業収支も黒字を確保して基盤を固め、以前の優良企業の仲間入りを果たすのが目標だ。

①直売所の手数料は15％に抑え、農家に還元する②黒字計上でボーナスを支給し、社員のやる気を引き出す――ここでも子持産業振興と似た政策を採用しようとしている。利益より地域振興を優先する姿勢を堅持する限り、地域から高い支持が得られよう。

道の駅「ばとう」にある直売所は那珂川町などが出資した3セクが運営している。

村ぐるみで6次産業化シンボル事業を深掘り

（群馬県上野村）

群馬県の西南端、埼玉県と長野県との県境に位置する人口1350人の上野村が、村ぐるみで農林業の6次産業化に挑戦している。地域の資源を活用して同村は十数年前から、きのこの栽培や木質ペレットの製造、「イノブタ」の生産などの事業化を行ってきた。6次産業化と取り組むことで、これらのシンボル事業をさらに深掘りし、新規雇用の創出と地域産業の活性化を狙っている。6次産業化を推進するための独自の地域ファンドも動き出した。

「活性化投資組合」が発足 キノコセンターを民営に

6次産業化のための地域ファンドは、名称が「上野村活性化投資事業有限責任組合」（理事長松元平吉氏）で、2013年4月に発足した。基金は10億円で、農水省系の農林漁業成長産業化支援機構（A－FIVE）と地元側（村、団体）が折半で出資した。

地域ファンドは現在、全国に51あるが、各地域の金融機関が組成したものがほとんど。上野村のように自治体主体のファンドは初めてで、6次産業化に取り組む同村の並々ならぬ意欲を窺わせる。

神田強平村長は「村のこれからの世代のために、付加価値のある強い産業を残さなければならない。そのツールが6次産業化だ。村の生き残りがかかっている」と強調した。

上野村のファンドは農産物や木工製品の加工力、販売力を高めようと活動する村内の農林業者に対し、資金面や経営面で支援するのが目的だ。ファンドの具体的な事業計画は煮詰まりつつあるが、神田強平村長は「キノコ栽培事業と木質系バイオマス発電事業を、まずファンドの対象事業にしたい」と話す。

キノコ栽培事業は村の基幹産業。６次産業化でさらに増強する。

同村は１９９９年から椎茸や舞茸の栽培を村直営で手掛けてきた。生産量が増えたため川名地区に3期にわたって施設を拡充し13年3月、直営の新「きのこセンター」が完成した。仕込み棟や出荷棟、培養棟、加湿抑制棟、オガ置場、拝菌床置場などから成る新鋭施設で、総事業費は約11億８千万円。

センターで働く従業員は60人もおり、年間に62万菌床を仕込み年５０７トンも収穫している。今や年商規模が3億７千万円に達する村の基幹産業に成長した。このキノコ栽培事業をさらに発展させて雇用の場を広げ、村の人口増に繋げようと村は計画している。

事業を拡充するには新規販路の開拓と経営基盤の一層の強化が課題となる。そこで、15年度をメドに経営主体を株式会社に衣替えし、村営から民営に移行させる方針を固めた。その際、地域ファンドに対し、新会社への出資と同時に、経営力強化、販路拡充のための各種支援措置を講じてくれるよう要請する考えだ。

間伐材でペレット燃料
村内のホテルなどが活用

上野村のもう1つの重要産業が林業だ。山林が村の面積の94%を占める同村では、村の森林を伐採して丸太にし、市場へ出荷することで地域経済を支えてきた。その際、A級、B級の丸太は高く売れるので市場に出荷できるが、C級以下の等外品は売れない。C級以下の丸太は材木に加工しても、安いので採算が合わず、間伐材として山の中に放置しているのが通例だ。

同村ではその間伐材を有効活用して木炭センター（木炭、木酢液の製造）や木質ペレット工場を直営で事業化している。

このうち、ペレット工場はC級の間伐材を原料にペレット燃料をつくるもので、楢原地区に11年6月、2億7千万円をかけて完成した。

施設は建て屋面積が460平方メートルあり、製造能力が1時間当たり800キログラムとまずまずの規模だ。作ったペレット燃料は村内のホテルや温泉施設、農業ハウス、一般家庭などに販売している。

販路を広げるため、ホテルなど3カ所にペレットボイラーを新設したほか、村民対象にボイラーのレンタルも行っている。

バイオマス発電も浮上
イノブタ生産盛り返す

木炭センターやペレット工場は村内の豊富な森林資源をバイオマス燃料に利活用し、エネルギーの地産地消を図った事業といえる。「年間約7千万円もの売り上げがあるし、雇用創出効果（6人）もある」と、神田村長は両事業の意義を強調する。

ただ、ペレット燃料の年間生産量1600トンに対し、出荷量が700トン弱しかなく、供給が過多であるのが悩みだ。供給オーバー分を早く解消するにはどうしたらいいのか――いろいろ考えた末、木質バイオマス発電を新規に事業化する計画が浮上してきた。余剰ペレット燃料を使って180キロワット規模のバイオマス発電施設を新設しようと関係者が集まり、細部を詰めている。

バイオマス発電でつくった電気と熱は「きのこセンター」の冷暖房用に利用する。そのため、①立地場所はセンターの隣接地②事業費は3億3千万円――という事業計画がまとまりつつある。事業遂行のため、地域ファンドにも支援を求める予定だ。

上野村では40年前から、畜産農家がイノブタ事業を手掛けている。オスの猪とメスの豚を交配させて生まれるイノブタを飼育し、村の特産品として販売してきたのだ。

90年頃には500頭も出荷したことがあるが、生産者の高齢化や廃業で飼育数が激減したため、村の生産に切り替えた。09年に新築した村営イノブタセンターは、11年の施設増設で生産増が軌道に乗り、年間生産目標220頭のメドがたった。

この事業も、販路の開拓が課題となっており、将来6次産業化を視野に置いた新たな展開が予想される。

20年の村人口を1500人へ――これが、同村の長期ビジョンだ。そのためには新規雇用の創出努力が不可欠で、6次産業化との取り組みがいよいよ重要になってきた。

上野村は木質ペレット工場も経営している。この事業も6次化の対象だ。

道の駅を拠点に村づくり
地域農業潤し、誘客けん引

（群馬県川場村、㈱田園プラザ川場）

地域経済を振興しまちづくりを進める拠点として、道の駅を活用する動きがますます高まってきた。その代表例が、道の駅「川場田園プラザ」を軸に活動する群馬県川場村だ。ブランド商品を開発したり地域農業の再生に役立てたり地場産品の6次産業化を目指したりと、道の駅を活用した事業は多様な広がりを見せる。年に120万人が訪れ、雇用の場も創出する田園プラザは、まさに村づくりを象徴する施設である。

訪れる観光客120万人
村主導で全施設を整備

田園プラザは県北部、人口約3500人の川場村が1996年に登録した道の駅だ。関越自動車道の沼田ICから車で約10分、県道沿いの村の入り口付近に立地している。

緑豊かな約5㌶の敷地内には村の観光情報や近隣のアウトドア情報を提供するビジターセンターのほか、農産物直売所「ファーマーズマーケット」、そばや和食のレストランなどが併設されている。

工房は6つもあり、1994年に開業したミルク工房を皮切りに95年にミート工房を、98年にビール工房とパン工房を、99年にピザ工房をそれぞれ開業するなど、構内施設の厚みを増す積極策を展開してきた。

これらの施設は33億円をかけて村主導で全てを整備した。借入金を10年に全て返済したので、「その後さらに5億円投資し、施設を拡充した」とは関清村長の説明だ。

道の駅を運営する主体は、村が60％出資して93年春に創設した第3セクターの㈱田園プラザ川場（永井彰一社長、資本金9千万円）である。同社がほとんどの施設を経営するが、一部は村から施設を借りて民間資本が経営している。

道の駅「川場田園プラザ」は、年間120万人も集客する、村づくりの拠点施設だ。

田園プラザはいつ訪れても観光客で賑わっている。駅構内には観光農園のブルーベリー公園、陶芸や木工を楽しめる体験教室がある。至近距離には「SL－D51」に乗車できるホテルSLや温泉施設もあるので、「買い物やレジャーで家族が1日中楽しめる道の駅と宣伝している」(松井精一常務)そうだ。

松井常務によると、週末には1日に1万人近い日があり、13年度の来場者数は120万人。14年度に入っても活況が続き、4－7月は前年比48％増という勢いだった。

景気が明るさを取り戻した14年春の大型連休では、「観光客が殺到して渋滞が沼田ICまで続き、当局からお叱りを受けた」と、関村長は苦笑いしながら打ち明ける。

おにぎりで2500万円次々生まれるヒット商品

観光客を引き付けるのは施設が充実していて工夫が随所にあることと、こだわりの商品が多いためだ。

人気の高い施設の代表がファーマーズマーケット。420人の登録農家が朝採りの農産物を出荷しており、1日3回品切れ情報を流して農家が商品を補給している。週末などは開店と同時にどっと人が押し寄せる活況ぶりだ。

そして、こだわり商品の1例が「かわばんち」提供のおにぎり。村産のコシヒカリで作ったおにぎりが年に２５０0万円も売れる。

田園プラザは05－09年の5年間、関東の「好きな道の駅」で連続1位を獲得した。15年2月には、地域活性化や産業振興のモデルとして国土交通省が選定した6カ所の「道の駅」のうちの1カ所に選ばれている。

客から寄せられるそんな高い評価を背景に、リピーター客が増え続け、買い物の客単価も高まる一方だ。業績は好調で、田園プラザの売上高は開設当初の年4億円強が13年度は12億円になった。その35％を、ファーマーズマーケットが稼ぎ出す。

各施設を見て回ると、多くの目を引く特徴に出会った。第1はヒット商品が幾つも生まれている点だ。ミート工房のハム・ソーセージが国際品評会で金賞を受賞し、ビール工房の地ビールが「ジャパン・アジア・ビアカップ」で金賞と銀賞を受賞するといった具合。「飲むヨーグルト」も家族連れに特に好評だ。

次のヒット商品を目指して、村内で地場産品の開発意欲が高まり、村民から新商品が相次いで持ち込まれる。

第2は道の駅が若者の就業の場を提供している点だ。田園プラザの各施設で働く社員はパートを含め全部で１１０人。村内には若者が働ける職場が少ないだけに、雇用創出の面で田園プラザが果たす役割は大きい。

コメのブランド化推進
ライスセンターを新設

注目すべき第3は、コメのブランド化と取り組み、農業の活性化を図っている点だ。村産のコシヒカリで食味値80点以上のものを「雪ほたか」のブランド名で販売しているが、全国の食味コンテストで5年連続、金賞を受賞した。直売所で「雪ほたか」は他のコメより3割も高い値で売られるほどの高い評価だ。

村主導で05年、71人の農家をまとめ生産組合を作ったのがブランド化への発端だった。11年には63人が出資する「㈱雪ほたか」を設立、ブランド米の収量拡大とブランド価値の向上作戦を展開している。㈱雪ほたかは稲作請け負い事業も行うため、農地の遊休化防止にも役立っている。

村は14年9月、新しいライスセンターを建設した。場所は生品宮山地区で、総事業費は4億2千万円強。６５１平方《メートル》の機械棟と３６０平方《メートル》の低温貯蔵棟で構成する。棟内には乾燥機や籾摺り調整設備、精米設備が稼働しており、50ヘクタール分の収穫米を効率よく処理できる。個々の農家が行ってきた収穫米の乾燥作業を共同化し、均一で高品質の「雪ほたか」を市場に送り出そうというのがこの施設の役割だ。同時に、農業に携わる若者をこの施設に呼び込むことも狙っている。

「農業と観光が村の基本路線。農業を元気にし、観光客を村全体に回遊させたい」と話す関村長、田園プラザを活用した事業をさらに深掘りする算段を練っている。

コメのブランド化を図るため、村はライスセンターの建設を急ぎだした。

自治体直営のメガソーラー
狙いは太陽光のまちづくり

（群馬県太田市）

太田市がさくら工業団地に新設したメガソーラー。

市内全域に太陽光発電を普及させようという群馬県太田市の「太陽光のまち」づくりが、本格化してきた。同市は以前から大規模なソーラー住宅団地の造成、個別住宅への太陽光発電設備の導入などに力を入れてきたが、２０１２年７月から自治体直営のメガソーラーを稼働させたことで新局面を迎えた。今後も公共施設への設備取り付け、「まるごと太陽光発電」事業の展開、新規メガソーラー建設と矢継ぎ早に手を打ち、太陽光利用作戦を強めようとしている。

工場団地に約１万枚のパネル
リース契約で事業展開

太田市浜町にある太田市役所の１階ロビー。10人近い小学生がタッチパネル式モニターの前で、賑やかに騒いでいた。

「本日の発電量はもう3850キロワット時だって」、「CO_2削減量は現時点で1444㎏《キロ》だよ」——画面に表示される数字を小学生らは声を出して話し合う。そして次々と、本日の気温、日射強度、本日の売電金額と記したパネルに手を触れていた。

　このモニターは「発電ライブビュー」と名付けられ、メガソーラーでつくるクリーンエネルギーの発電状況を誰でも自由に見ることができる施設だ。12年7月から動き出したメガソーラー「おおた太陽光発電所」と情報回線で結び、各種データをリアルタイムで表示できるようにしてある。「格好の教材になる」というので、小学生らが好んで環境教育に活用し始めた。

　その「おおた太陽光発電所」だが、立地場所は市内緑町の太田さくら工業団地の一角。2・8ヘクタールの敷地には1万560枚のパネルがズラリと並び、最大出力1584キロワットで年間1633万キロワット時（一般家庭400軒相当）の発電量を計画している。

　発電所の経営主体は太田市だが、事業展開にあたってリース会社と15年間のリース契約を締結、施設の建設や維持管理、故障・災害補償などはリース会社が担当した。発電した電力は全て売電し、その売電収入からリース料を支払う仕組みだ。リース契約の終わる16年目以降は、施設は市の所有になる。

　このやり方で良い点は最小の初期投資で事業展開できること。加えて売電収入の安定確保、故障・災害時のリスク軽減など多くの面でメリットがある。

民家への普及策に奨励金
世界最大級のソーラー団地

　動き出したこのメガソーラー、折からの好天に恵まれ順調に滑り出している。環境政策課の石川光昭課長は「稼働後1カ月間の発電量は22万キロワット時。計画の1・5倍です」と話し、売電収入も計画の2倍以上になったと付け加える。

　順調な滑り出しに事業収支の好転が期待できそうだ。担当部課では「売電収入は計画比5割増の年1億260万円。4900万円もの利益が出るのでは」とソロバンを弾く人もいる。

　自治体によるメガソーラー直営は市町村レベルでは太田市が全国で初めて。その成否が各界から注目されただけに、「好調な滑り出しは心強い」と清水聖義市長も気を良くしている。

　太田市が太陽光に着目してまちづくりを始めたのは、10

年以上も前に遡る。太陽光発電システムを設置する新築住宅に対し、最高40万円の奨励金を市が支給する制度を打ち出したのが01年度。04年度からは既設住宅にも同様の奨励金を支給し始め、これを10年間続けた。

03年度には市土地開発公社が分譲する住宅団地「城西の杜」がＮＥＤＯ総合開発機構の太陽光発電・実証研究地に選ばれ、世界最大規模のソーラー団地づくりが3年間実施された。これと前後して市内運動公園や市庁舎への太陽電池設置、自然エネルギー活用のモデル住宅の開発といった対策も講じている。

奨励金で導入した一般住宅が10年間で２千軒、城西の杜に生まれたソーラー住宅が５５０軒。メガソーラーの事業化は「こうした取り組みを集約し、太陽光への市民の関心をさらに高める意味合いを持つ」と、清水市長は意義づける。

「まるごと太陽光」事業
事業環境整備に特区申請も

メガソーラーの稼働を足場にして今後、「太陽光のまち」づくりには拍車がかかりそうだ。当面、３つの政策が動いている。

屋根にソーラーパネルを設置した世界最大の住宅団地「パルタウン城西の杜」。

１つは「まるごとおおた太陽光発電」事業だ。環境に配慮したクリーンエネルギーのさらなる普及を狙ったもので、01年度から10年間行った奨励金制度に続く助成策第２弾である。

具体的には①アパート経営者には８キロワットの太陽光パネルをレンタルする②一戸建て住宅には安い費用で設備を導入できるローン商品を紹介する――という内容。①のケースだと、アパート経営者は初期投資ゼロで設置でき、レンタル料は余剰電力の売電収入で賄える。②だと、１００万円余の格安価格でパネルを取り付けられるという。

この事業の運営主体は市などが出資した地域産学官連携「ものづくり研究機構」で、設置可能な市内の全家屋に普及させるのが最終目標だ。初年度の11年度には８００戸が設置済みで、12年度も同程度期待できる。

２つ目は公共施設へのパネル導入の加速だ。12年度中に小学校25校のプールに、13年度には中学校のプールに出力10キロワットの設備を取り付ける方針だ。市庁舎の駐車場には20キロワットの追尾式パネルを設置する。

３つ目は第２、第３のメガソーラーの事業化である。市が地権者から土地を借地し、「ものづくり研究機構」が２メガワット級の大規模発電所を建設する構想が浮上している。農地を転用してメガソーラーを事業化できるよう、規制緩和特区を内閣府に申請する計画も持ち上がる。

まちづくりには息の長い市民の後押しが欠かせない。太田市では市民への還元策として、メガソーラーで得た売電利益を基に奨励金を出そうとしている。

世界遺産活用の街づくり
景観や観光対策、官民で動く

（群馬県富岡市）

富岡製糸場（群馬県富岡市）の世界文化遺産登録運動が2003年に始まってから12年、14年6月のユネスコ委員会（カタール）で登録が本決まりして新たな局面を迎えた。正式登録を受けて観光振興に弾みが付いており、群馬県や富岡市など地元側は世界遺産に相応しい街づくりを推し進めようと躍起になっている。製糸場周辺はすでに予想を上回る人出で賑わい、世界遺産効果が現れている。

製糸場など4つの資産
初の近代の産業遺産

登録を目指すのは国内初の本格的な産業遺産・富岡製糸場と、養蚕技術「清涼育」を実践した田島弥平旧宅（伊勢崎市）、蚕の飼育法「清温育」を確立した高山社跡（藤岡市）など4資産。「富岡製糸場と絹産業遺産群」の名称で、ユネスコ（国連教育科学文化機関）に申請し、受理された。

これまでの経緯を簡単に触れると、政府がユネスコへの推薦方針を決定したのが12年8月。9月に暫定推薦書も提出した後、正式の推薦書を13年1月に提出した。同年夏にはユネスコの現地調査があり、14年6月に登録が本決まりしたわけだ。

富岡製糸場は明治政府がフランスから技術を導入して1872年に創業した。繰糸工場には300人が使える繰糸器が置かれ、全国から集まった工女404人が本格的な器械製糸に取り組んだ。最新の技術を学んだ工女は全国に散らばり、その技術を各地に伝える役割を担った。

富岡市の富岡製糸場課によると、工場建屋を象徴する「木骨レンガ造り」は、創業時のままの状態で残っている。製糸場内の自動繰糸器械も、1987年に操業停止した当時のままの状態で保存されている。

世界遺産に登録された富岡製糸場。工場は創業時のままだ。

世界遺産の登録運動は県が03年9月に研究プロジェクトとして発表したのが最初だが、次第に関係自治体の賛同を広げ官民を巻き込む県民運動に発展した。登録決定で12年に及ぶ県民の悲願が実ったわけだが、県世界遺産推進課の松浦利隆課長は「生糸の大量生産を実現した技術革新、技術の世界的交流という顕著な価値があるので、登録自体は確実」と早くから予想していた。

12年秋は製糸場創業140周年だった。市や商工会議所、市民らは記念式典や企画展、イベントを長期開催し、世界遺産登録運動を盛り上げたが、こうした市民の熱意も登録決定への応援となった。

観光客にガイドが解説
早くも世界遺産効果

県が登録運動を始めた当初、製糸場への来場者は非常に少なく、年間1万2千人ほどだった。その後、06年に6万人を超し、政府が世界遺産の暫定リストに記載した07年に一挙に26万4千人にハネ上がった。

世界遺産絡みの話題が高まる12年になると、観光客の動きがさらに活発になり、前年を4割も上回る月が続出している。県が同年8月下旬に富岡製糸場と高山社跡を巡るツアーを企画したところ、応募者が殺到して定員の40人がすぐ埋まり、定員を2倍にしたほどの活況ぶりだった。富岡市の世界遺産まちづくり部は「この分では、年間で30万人を超すのでは」と慌てる一幕もあった。

「街全体が元気になった」というので、10月の土曜日に現地を覗いてみた。上信電鉄「上州富岡」駅からの歩行者や観光バスで来場する観光客が製糸場になだれ込み、ボランティアガイドの解説付きで見学していた。

東繭倉庫―検査人館―女工館―診療所―ブリュナ館―繰糸場―乾燥場―西繭倉庫などが主な見学ルートだが、要所にくるとガイドから詳しい解説があり、見学者の耳目が集まる。

「外国人の指導で本格的な器械製糸を始めたのが、長さ140メートルのこの繰糸場です」、「工女というと、暗い印象を抱く人もいますが、富岡は違います。女性が働くことで自立するという近代女性の礎を拓いたのです」――このようなガイドの言葉に、観光客は一様に頷いていた。

富岡製糸場課に登録するガイドは現在60人。「他に仕事があり、稼働率は50%」というが、夏場はフル回転だという。

14年度の入込数110万人「末永く訪れたい街づくり」

世界遺産は話題性のある格好の観光素材というわけで、大手旅行会社は富岡製糸場を組み込んだ旅行商品を一斉に売り込んでいる。登録が正式に決まれば、年100万人の誘客効果があるというのが観光関係者の当初の見立てだったが、実際はそれを優に上回り、14年度で110万人もの入込客があった。

製糸場周辺には飲食店や土産物店の開設が相次ぎ、地域の雰囲気は一変した。駅から製糸場へ向かう商業地の地価が23年ぶりに上昇する事態まで生まれている。こうした流れの中で、県と関係自治体は受け入れ体制の整備と世界遺産に相応しい街づくりに力を入れ出した。富岡市の15年度の関連予算は10億円。力を入れるのは、人材拡充と街づくりの分野だ。

まちづくり課の浦野繁夫課長によると、街づくりでは景観と街並みの整備が軸となる。すでに独自の景観条例を施行しており、明治・大正の情景が漂う路地の建造物を修復、保存し始めた。景観を整える市民の修理・修景事業には50－300万円を支援する助成制度も策定し、すでに3件の助成案件が決定済みだ。景観づくりに協力する市民団体の活動も助成する。

観光客受け入れのため、駐車場5カ所の新設（うち3カ所は完了）や最寄りの上州富岡駅周辺の改造計画にも乗り出した。

人材面では①製糸場内をガイドするボランティア解説員の能力・陣容の強化②観光専門員の起用――が柱。観光専門員は観光素材を掘り起こし、旅行商品を企画するなど観光振興策を提案するとともに、観光関係者との調整作業が主な任務。即戦力の人材1人を公募で採用した。

県も「世界遺産関係市町長会議」を開くなどして、環境と観光整備に動き出した。狙うのは全国から来る観光客を温かくもてなし、素通りされない魅力ある街づくりだ。「100万人の観光客が短期集中するより、50万人が末永く訪れる街づくりが課題」と松浦課長は強調する。

観光客が急増し、製糸場前の商店街も活気が戻り、息を吹き返す。

児童・生徒向けに金融教育
地域貢献、賢い生活者育む

（埼玉りそな銀行、千葉銀行など）

厳しい現実の社会をしっかりと生き抜く賢い生活者を早い段階から育てようと、児童・生徒を対象とした金融教育が全国各地で広がっている。銀行や信用金庫などが夏休みなど長期休暇中にＣＳＲ（社会貢献）活動の一環として取り組む例が多いが、金融団体やＮＰＯなども出張講座や職場体験、特別講演会を催したり子ども向けホームページを開設したりするなど、活動の幅が急速に拡大してきた。

「キッズマネーアカデミー」
卒業生は累計で2万人超

「日本で現在、発行されているおカネは何種類？」、「一番流通しているおカネはどれか？」、「日本で最初に出来た銀行はどこ？」――講師役の女子行員がオリジナルの教材を使って、おカネをテーマにした様々な質問を繰り出す。

参加したのは小学5、6年生ばかり33人。5班に分かれてテーブルを囲み、質問の度に各班から回答用紙が頭上に掲げられる。

これは埼玉りそな銀行が本社（さいたま市浦和区）の大会議室で開いた金融教室「りそなキッズマネーアカデミー」の授業風景だ。この日は同行の役員・幹部が顔をそろえ、参加者を前に校長役の上條正仁社長が「おカネの大切さや銀行の役割、皆さんとおカネの関係などをしっかりと勉強しましょう」とあいさつして開校。

1時間目はおカネに関するクイズ形式の授業、2時間目はおカネの流れ、3時間目は銀行の裏側を探検する体験学習などが行われた。体験学習では本物の札束1億円が持ち込まれ、札束の重さを経験し合う。「思ったより重い」、「すごい」などと子どもらは興奮し、「10キロ相当の重さがある」と知らされると「えッー」と驚声が挙がった。

埼玉りそなが「キッズマネーアカデミー」を始めたのが

埼三りそな銀行の金融教室の開校式には社長があいさつした。

2005年。夏休みに小学高学年を対象に開いているが、これまでの累計参加者は県内で1千人近くになる。毎回参加者が殺到し、13会場で14回開催した11年度の場合、300人の定員に対し1・7倍の応募者があった。

開催10周年を迎えた14年のアカデミーは、グループのりそな、近畿大阪銀行を加えて165回も開き、3565人の受講生を集めた。卒業生は累計で2万人を超す。

生活環境が複雑となる中で、金融の知力を高め的確に判断できる賢い消費者づくりが急務となってきた。その手助け役を同行は果たしているわけだが、「地域密着経営を広く知ってもらう効果が期待できる」と話す。

世田谷区、松原小で公開授業

実生活に活かす力を学ぶ

こちらは東京・世田谷区にある児童数557人の松原小学校。京王線・明大前駅から歩いて7分、住宅街の真ん中にある区立の大規模校だが、秋たけなわの11月、同校で金融教育の公開授業が開かれた。

小林巧校長によると、同校は都金融広報委員会の金銭教育研究校に指定され、金銭・金融教育の視点を生かした授業を2年間、全校挙げて取り組んできた。小林校長によると、都の学力調査で、松原小が「見通す力」、「自己決定する力」で平均以下だったことが判明したことから、社会科授業で金融教育を取り込むことにしたという。その成果を発表する場が公開授業である。

同校の公開授業の統一テーマは「自ら考え、社会とかかわって生きる子どもの育成」だが、各学年とも「お手伝い大作戦」（1年3組）、「お金ってなあに?」（4年2組）といった具体的な課題を掲げて授業を行っていた。その中で興味深いのが3年3組の「買い物探偵団―探れ！　スーパーマーケットのひみつ」だ。

これは3組の児童27人が地域の複数のスーパーを見学して調べた結果を公表したもの。商品の展示方法や価格、値決めの仕方などをコンビニと比較して詳細に紹介するとともに、店員や顧客にインタビューして販売に携わる側の工夫や努力、消費者のニーズなどをまとめている。

担任の市川麻衣教師は「買い物探偵団に12単元かけ、様々な角度から学習した」と打ち明け、「知識を持たせて終わりという社会科授業でなく、学んだ知識を実生活に活かしたり地域とかかわる力を育てたりする授業を重視した」と強調する。

教育の必要性、金広委が強調
熱入れる千葉銀行

学校でお金のことを教えるのはタブーといった意識がまだ、残っている。金融広報アドバイザーの吉田淳子さんは「金融教育は「金儲け」を教えるのではない」と話し、主眼はおカネを通じて社会のこと、将来のことをしっかりと考える態度を養うことにあると説明する。

折から多種多様な金融商品が出回り、思わぬ損失を被ったりトラブルや犯罪に会ったりする事例が相次いでいる。生きた経済や金融を学べば、対処の仕方がわかるので、子どもに金融教育を施してほしいと金融広報中央委員会が盛んに訴える。

そんな空気を反映して、民間の金融機関を中心に金融教育が盛んになってきた。「さいしん夏休みキッズスクール」（埼玉県信用金庫）、「夏休み親子体験ツアー」（山梨中央銀行）、「おもしろお金ゼミナール」（西京銀行）、「キッズ・サマー・キャンプ～お金の学校」（西日本シティ銀行）、「エコノミクス甲子園」（千葉興業銀行）――まさに金融教育は花盛りである。

栃木県銀行協会が高校生を対象に金融教育の出前講座を企画したり、NPO「おかねの楽校」（千葉県松戸市）が小学校高学年を対象に金銭教育を行ったりするなど、運営側の裾野も広がってきた。

　中でも金融教育に熱心なのが千葉銀行だ。本店で毎年、中高校生の職場体験を受け入れ、金融知識の基礎講座のほか、接客や電話応対の仕方、伝票計算などの実践教育を施している。また、県内3カ所にあるコンサルティングプラザでは小学生対象の金融セミナーを開いている。参加者は双方とも毎年、70人を超す盛況振りだ。

　地域貢献を合言葉に、金融機関による金融教育熱が今後ともますます活発化しそうだ。

千葉銀行の金融教育。机の上に積み上げられた1億円に児童は目を丸くしていた。

地域浮揚へ担い手つくる埼玉県が新手の人材育成塾

（埼玉県、商業・サービス産業支援課）

地域経済をリードする商業、サービス業などの元気な経営者や後継者をつくろうと、埼玉県が無料の人材育成事業を実施している。背景にあるのは、地盤沈下する一方の商店街を浮揚させるには街づくり、地域づくりに役立つ若手の人材を地道に育成していくしか道はない、という判断だ。同県の人材塾は10年目に入り、３５０人を超える卒業生が各地で活動している。地道な試みの継続が地域活性化への力に転化しようとしている。

「イノベーションスクール」講師は第一線の企業経営者ら

晩秋のある晴れた日、埼京線「北与野」駅の真向かいに建つ中層ビルに、三十数人の壮年男女が次々と吸い込まれていった。埼玉県が主催する人材塾「商業イノベーションスクール」のセミナーに参加するのが目的だ。

受講生は同スクールの「あきんど経営コース」の面々で、人材開発をテーマにした5回目の講座。講師は地場企業、ビジュアルビジョングループの井沢隆代表で、「様々な分野で活躍できる人材育成」と題して同グループの経営戦略を紹介した。

大学3年で学習塾を開設し実業界に入ったという井沢代表は、今では首都圏で学習塾や学校法人、介護施設、料亭、映像会社、不動産業などを傘下に持つコングロマリット経営を展開中だ。グループが成長するのも各分野を任せられる人材が育ってきたからだと、同代表は強調する。

「会社の目標は社員の夢を実現すること」と語る井沢代表は、その夢を実現する独特の研修制度を披露した。毎年12月に全社員がグループごとに熱海迎賓館に集まり、各人が自由に夢を語る「夢会議」を開催しているというのだ。その夢をまとめたものが翌年の事業目標となる。

地域商業を担う人材を育てる埼玉県の人材育成事業。

全員がまとめた夢だから社員は懸命になる。会社側も営業研修、実務研修、海外研修旅行、表彰式と年間を通じた全体研修を行うが、どの研修も社員の夢を実現する方策を練るのが目的という。人事考課の仕方も変わっていて、社員50人が集まって裁定し、「能力よりヤル気、使命感を重視して決めている」。

2時間にわたる井沢代表の講義の後、質疑応答が相次ぎ、会場は熱気に包まれていた。

皮切りは「あきんど未来塾」
実践的なノウハウを習得

地域商業の明日を担う人材を育てようと、同県が受講料無料の人材育成事業を始めたのが2006年度。「埼玉あきんど未来塾」という名称で40人の受講生を募集、地区別に商業再生のセミナーを開いたのが最初だ。

背景にあったのが商業力の著しい減退だ。県の調査によると、商店街で後継者のいる商店の割合はわずか29・8%、空き店舗比率は7・9%と高く、衰退商店街が全体の64%と地域商業の窮状は深まるばかり。特に埼玉県は大型店の草刈り場といわれ、大型店の攻勢で商店数の減少が他県より際立つ。

逆に元気な商店街の実情を調べると、若手経営者が活動の中核になっている実態が浮き彫りになった。要するに、「若い者が動かないと物事が進まない」（県商業・サービス産業支援課の岩田靖人課長）ことが判明したわけだ。折から各地の商店街から「若手リーダーを育ててほしい」と県に要望が相次いだことも、「塾」を始める契機となった。

09年度まで4年間続いた「あきんど未来塾」は、10年度から「埼玉商業イノベーションスクール」へ、14年度からは「実践型商業者育成講座」へと名称が変わった。

内容も変更し、座学中心の1コース（全5回の講義）だけだった「未来塾」が、スクールでは「あきんど経営コース」（定員30人、全7講座）と「あきんど実践コース」（定員40人、全5講座）の2コースに拡充され、中身も座学＋体験研修と高度化した。

講師も第一線の経営者や企業診断士などが起用され、実践的なノウハウを取得できるよう心掛けている。名称や内容は変わったが、「元気な若手経営者づくりを目指す事業の狙いは変わっていない。むしろ、より実践的・機動的になったはず」とは岩田課長の弁だ。

人材塾の卒業生、358人自主組織つくり勉強会

「未来塾」、「イノベーションスクール」を受講して飛び立った卒業生は13年度までで358人。企業活動のコツを経営者から学び、繁盛店の生きた接客術を体験学習するなどして力をつけた面々が、今では各地で活発な地域活動に従事している。

「卒業生の結束は固く、学力向上に向け切磋琢磨している」。そう語る岩田課長は、1例として「AKINDO会」（会長竹内亮人氏）の活動を紹介した。

同会は卒業生の相互交流、意見交換の場として生まれた自主組織で、会員は57人。骨格は年2回の勉強会で、ここでの活動が新商品の開発や新店舗提案に結び付くケースも出てきた。

寒さの厳しい2月末に秩父市で開かれたAKINDO会の勉強会を覗いてみた。この日は2人の講師が秩父市の町興しについて話したが、耳目を集めたのがアニメによる地域興しだった。

「アニメ『あの花』がテレビで放映されたのを機に、秩父が突如、アニメの聖地になった」。こう切り出した講師の黒沢元国氏（秩父商工会議所）が、①中高年観光客の多

い秩父に若者が急増した②ほとんどがアニメ・オタクや若者カップル③関連グッズも飛ぶように売れた——などと紹介し、アニメと地域開発の関連の大きさを強調していた。

飯能市の中心商店街、飯能銀座商店街。買い物支援のスタンプ事業を始め、高齢者に特典の付くカード事業、御用聞き事業など独特の活動をする商店街として有名だが、その活動を支えているのも未来塾の卒業生だ。

人をつくることは地域の未来をつくること。環境に柔軟に対応できる人材をつくれば、どんな事態にも対処できる。

2006年度に開講した「埼玉あきんど未来塾」が埼玉県の人材育成事業の発端だ。

海外へ販路開く国産花卉
盆栽は欧州、ボタンは台湾

（埼玉県、島根県の園芸農家）

盆栽や苗木などの国産花卉を海外に売り込む――２０１２年前後の１、２年間は農産物の輸出停滞に見舞われたが、そうした逆流にもめげず、花卉の輸出事業に根気よく挑戦する有力産地が少なくなかった。埼玉県川口市の盆栽生産者、島根県大根島のボタン栽培農家などが代表例だ。国内市場が縮小時代を迎えた今、伸びる海外需要を取り込んで産地の活力向上を狙った作戦を展開したのだ。広がる検疫規制、異常な為替の変動、原発事故の風評被害など、様々な壁を乗り越えようと懸命の努力を重ねている。

盆栽輸出へ研究会結成
年2回、欧州から買い付け団

川口市北東部の安行地区は国内有数の盆栽産地である。草花や植木畑が広がる中で、園芸店や盆栽栽培農家が集中している。ここで盆栽輸出と取り組んでいるのが「埼玉県輸出盆栽研究会」（会長小櫃敏文氏）に加盟する30人の栽培農家たちだ。

植木や盆栽、苗木など国産花卉の輸出が始まったのが１９７０年代の後半。年々輸出額が増え、関係者の話を総合すると、「最近の年間輸出額は緑化産業全体で50億円前後」という。このうち、盆栽は13億円から16億円を占め、その約半数が埼玉県から出荷されている。

90年代の後半から埼玉県の産地にも輸出の引き合いが急増したことから、生産農家らが01年春に輸出盆栽研究会を結成、栽培技術の交流をしながら輸出に本腰を入れ始めた。輸出盆栽は五葉松、サツキ、ケヤキ、イロハモミジなどに人気が集まる。小櫃会長が経営する「安行小梅園」でも「5年物のモミジ盆栽を中心に、毎年１千鉢から１５００鉢も輸出」している。

輸出先は欧州が全体の7割を占める。イタリア、ドイ

川口市は盆栽の有力産地。庭園には輸出用の鉢が沢山並んでいる。

ツ、オランダ、ベルギーの順で引き合いが多く、5－6月と9－10月の年2回、欧州の輸入業者が日本の輸出商社を伴って産地を巡回し盆栽を買い付ける。船積みは10－3月の6カ月間だ。

盆栽は鉢の上で芽吹きや紅葉など、自然の姿を再現する日本独特の園芸文化。わが国では「お年寄りの趣味」ととられがちだが、日本文化に関心が強まる欧州では年齢や収入を問わず愛好家が広がっている。イタリアでは1万人近い愛好家が、オランダやドイツでも数千人のファンがいるそうだ。

欧州輸出、高い単価が魅力
神経使う植物の検疫規制

欧州各国では身近な装飾品として、盆栽が一般家庭に浸透しつつあるが、盆栽大学や盆栽教室といった学習施設まで生まれていることを考えると、ファン層がさらに広がる可能性が高い。愛好家が増えれば需要増も期待できるだけに、輸出市場としての欧州は無視できない存在だ。

加えて、盆栽輸出は単価が高くまとまった数量がはけるのが魅力。「以前は国内の2倍以上の値段で売れた。今はそれほどではないが、まだ妙味がある」と小櫃会長。国内市場が縮小しつつあるだけに、盆栽輸出に目を向ける事情がここにある。

とはいえ、輸出事業はいつも順風満帆ではない。前途に様々な壁が立ちふさがるためだ。一例が輸入植物の検疫強化である。「センチュウが見つかった」と称してベルギーが輸入禁止措置を通告してきたのが08年10月。同じ頃、EUがゴマダラカミキリの侵入を防ぐ輸入禁止措置を通告、盆栽輸出が中断するほどの騒ぎとなった。

生産農家は県の試験研究機関と連携して害虫防除の研修会を何度も開き、独自の対応策を実施した。指導に当たった埼玉県花と緑の振興センターの落合正宏副所長は「所定の網室で2年間栽培し、検査で合格した盆栽を出荷するようにした」と話す。この方式で10年秋、念願の輸出再開にこぎつけている。

福島の原発事故に伴う風評被害も盆栽輸出を揺さぶる。11年度は日本の盆栽を敬遠して中国や韓国の安物を買い付けたためか、欧州買い付け団の来日が極端に減少。「日本の輸出量は前年の7割程度に落ちたはず」と小櫃会長は見る。それでも努力すれば明日があると、盆栽生産者の輸出意欲は衰えていない。

ボタン輸出、欧米軸に30万本
台湾用に冷蔵保管施設を新設

松江市八束町の大根島は生産シェアが9割に迫る国内最大のボタン産地だ。開花期の大型連休の頃は毎年、6平方キロの小さな島が鮮やかな赤、白、黄色の大輪で溢れ、県内外から観光客が押し寄せる。

最盛期に推定１８０万本もあった大根島のボタン生産量は農家の高齢化で年々減少、09年には約１２０万本となり、休耕畑が増えた11年は１００万本を切ってしまった。それでも国内需要を上回る生産量があるので、余剰分を輸出に振り向けている。輸出量は毎年、生産量の3割強を占め、09年で約40万本、11年以降は約30万本前後という。

輸出が始まったのが１９６０年代。花卉販売業者を通じて海外に紹介したボタンが人気を呼び、米国、オランダ、ドイツ、英国へと販路を広げた。現在は欧米で輸出の9割を占める。生産者がＪＡなどと連携して市場開拓に努めており、ロシアにも10年度７００本、11年度１０８０本の輸出を成約している。ロシア市場を主要な輸出先に育てるのが当面の課題だ。

欧米向けは苗が中心。ＪＡくにびきが農家から苗を買い取る→ＪＡが開花調整の低温保管→花卉業者に転売→海外の輸入業者に転売→海外市場で小売、というルートで苗が流れる。これだと各段階で手数料を取られ、農家の手取りが少ないので、JAくにびきが業者を介さずに直取引できる台湾市場が最近、注目され出した。

台湾では「富貴の花」としてボタンの人気が高く、春節（旧正月）に合わせて各地でボタン展示会が開かれ、売買される。将来性の高い市場になると見て、JAは1億円強を投じて大根島に台湾向けの新規冷蔵保管施設を建設したほどだ。ここで開花時期を調整し、切り花として台湾市場を深耕しつつある。

大根島は国内最大のボタンの産地。台湾輸出へ市場開拓を急ぐ。

工場団地の造成熱が再燃
首都圏、立地回復が後押し

（埼玉県企業局、幸手市など）

外環道（東京外環自動車道）や圏央道（首都圏中央連絡自動車道）など高速道の整備が進む首都圏で、自治体による工場団地づくりが盛り上がっている。埼玉県や茨城県が圏央道の、群馬県が北関東自動車道の沿線で造成事業と取り組み、千葉県も18年振りに団地開発に乗り出した。リーマン・ショックで落ち込んだ企業立地が回復してきた動きを捉え、各県が企業の受け皿作りに走り出したもので、企業誘致競争もまた再燃する。

幸手市に最大規模の主力団地
企業の関心高く、完売の勢い

東武日光線の幸手駅から車で東へ10分、圏央道の幸手ＩＣに隣接した田畑が新しい工場団地に生まれ変わる。「幸手中央地区産業団地」だ。開発主体は埼玉県企業局で、総事業費１６０億円をかけ２０１５年度中に完成させる。土

造成を急ぐ幸手中央地区産業団地。引き渡しは2016年度だ。

地の引き渡しは翌16年度だ。面積は圏央道沿いでは最大級の47ヘクタールで、県経済を支える主力団地となる。

団地はA地区（分譲面積19ヘクタール）、B地区（同22ヘクタール）の2つから成るが、完成を前にA地区の先行分譲を14年1月に実施した。企業側の反応は上々で、募集区画数13に対し7社が11区画分を応札、購入契約も完了した。応札したのは食品製造業2社と物流企業5社で、雇用創出効果の大きい食品メーカーが含まれている点に地元は気を良くしている。

B地区の先行募集も同年4月に実施し、4区画のうち1区画に家具チェーンのニトリホールディングの進出が決まった。残り3区画には物流企業3社が進出する予定だ。企業側のニーズは底堅く、企業局では「A、Bとも、完成前に完売できるのではないか」（守田和正・地域整備課長）と、強気の姿勢を見せる。

幸手市には現在、2カ所の工業団地があり、総勢57社が活動しているが、立地企業はやや小振りなものが多い。それだけに、大企業の進出が予想される新団地に地域の期待が高まる。

そうした期待に応えようと、同市は「産業団地整備推進室」という専門部署を作るとともに、独自の立地優遇制度を設けるなどの誘致体制を整えてきた。関根一勝室長は「県企業局と協力して企業を誘致し、雇用の創出と税収の確保を図りたい」と力を込める。同時に、「市の定住人口が増えるよう、企業誘致をテコに新たなまちづくりを具体化する」戦略も描いている。

立地件数が目標の2倍以上
新規の雇用創出、7344人

埼玉県はこのところ、圏央道や広域幹線道の要衝で工業団地を相次いで造成している。川島インター（47ヘクタール）、菖蒲南部（14ヘクタール）、白岡西部（13・6ヘクタール）、騎西城南（16ヘクタール）などがそれだ。団地造成を急ぐ背景には、14年度中に県内全線で開通した圏央道を、企業誘致の絶好の機会にしたいとの判断がある。

その企業誘致だが、同県はここ数年、経済活性化の起爆剤になるとして戦略的に取り組んできた。05年1月から始めた「企業誘致大作戦」が最初の取り組みだ。続いて「チャンスメーカー埼玉戦略」（08年度-09年度）、「同埼玉戦略Ⅱ」（10年度-12年度）と積み上げ、現在は「同埼玉戦略Ⅲ」（13年度-15年度）を推進中だ。

その都度、数値目標を掲げて活動してきたが、成果は順

幸手市は専門部署をつくって企業誘致に乗り出した。（写真は幸手市役所）

調に上がっている。「埼玉戦略Ⅱ」では3年間の誘致目標100件に対し、201件と2倍以上もの超過達成だった。企業立地課の大山直宏主査は「201件の投資総額は3111億円、新規雇用数は7344人にのぼる」と、経済効果の大きさを強調する。

確かに、同県の得意分野である食品製造業や流通加工業を91社も誘致したことと、次の成長分野である医療・健康産業や次世代自動車工業の誘致に道が付いた点は評価できる。

3年間で150件の誘致目標を掲げる「埼玉戦略Ⅲ」の取り組みも好調だ。14年12月時点で累計154件の立地が実現、目標年度を前に誘致件数を超過達成した。得意分野である食品、物流や次代の成長を支える医療、自動車などに的を絞り、立地後のフォローアップも重視する戦略が功を奏した。企業の投資意欲が回復してきた今、ただでさえ工業団地の完売が目立つ同県にとって、用地確保がむしろ今後の課題となる。

千葉県、18年振りの団地開発
茨城西部では市町が造成合戦

埼玉に遅れまいと各県も団地開発に走り出し、自治体間で団地造成合戦が起こっている。

1例が千葉県だ。15年度に入り、圏央道沿いに「袖ケ浦椎の森」(50㌶、事業費44億円)、「茂原にいはる」(42㌶、同42億円)の2団地を着工した。県直轄の団地開発は97年以来のことだ。

12年度の企業立地件数が全国で第3位、13年度上期には全国第2位を確保した群馬県も、北関東自動車道沿いの伊勢崎市で「伊勢崎宮郷」団地(58㌶)の開発を進めている。既存団地の売却が進み、保有面積が残り少ないというので、同県は新規開発地点の調査も急ぎ出した。

群馬県と並んで企業立地では常時全国上位の座を占める茨城県では、県西部の市町レベルで工業団地づくりがブームだ。日野自動車が16年度までに古河市への全面移転を決めたこと、圏央道が15年度に全県で開通することなどから、県西部で自動車関連企業や物流企業の立地が相次ぐと見ているためだ。

五霞町と境町が圏央道のIC付近でそれぞれ13㌶級の新団地造成を計画しているほか、常総市も圏央道沿線で農・工融合型の新団地造成を目指す。

中でも意欲的なのが坂東市だ。圏央道沿いの農地を活用し、106億円を投じて74㌶に及ぶ「半谷・冨田」団地を14年度後半から着手した。さらに15㌶の弓田地区開発事業も目論んでいる。事業を推進する専門部署を庁内に新設するとともに、土地開発公社まで設けて企業の受け皿づくりを図る積極さだ。

産業集積を目指す実りの秋へ向けて、各県とも種まきの春を迎えている。

隠れたブーム、ホンモロコ
地域興し狙い各地で養殖

（埼玉県食用魚生産組合）

琵琶湖原産の高級淡水魚「ホンモロコ」の養殖が全国各地の水田で広がり、隠れたブームとなっている。初期投資があまりかからず、飼育管理が複雑でないなど手掛け易いためで、米作の2倍以上の収益が見込めるとあって新規参入組が後を絶たない。トップ産地の埼玉県では50軒ほどの養殖農家が活動しており、稲作の転作用として地域興しの役割を果たしている。

販売価格は何と1キロ3千円
埼玉県が全国トップ産地

東武鉄道日光線の新古河駅から車で8分、利根川と渡良瀬川に挟まれた水田地帯で淡水魚の養殖を手広く行っているのが、鈴木養魚場（埼玉県加須市）だ。水田を改修して造った養殖池では季節に合わせコイやうなぎ、なまず、ドジョウが飼育される。その一角にあるホンモロコの養殖池を覗くと、万を超す小魚が群れを作って泳いでいた。

体型が細長く、銀色で、体側に1本の縦縞がある。「骨が軟らかで肉質に甘味がある。臭みがないので非常に美味で、万人に好まれる」と鈴木社長は説明しながら、「これで体長が6、7センチ。販売直前の状態だよ」と網ですくって現物を見せてくれた。

鈴木養魚場では年5トンものホンモロコを養殖、隣接地の販売拠点で活魚や加工魚として販売している。販売価格は「1キロ3千円で、コイの7倍以上、鯛並みの値段」と言うから、驚きだ。

ホンモロコは琵琶湖に生息するコイ科の淡水魚で、関西では「淡水魚の中で一番おいしい」との評価が定まっている。京都の料亭では甘露煮やてんぷら、寿司だねとして珍重されるので、一般にも知られた存在だ。琵琶湖では最盛期には年200トンほどの漁獲量があったが、水質汚濁や外

水田につくった養殖地で育てるホンモロコ。埼玉県は全国１の産地だ。

来魚の影響で激減し、昔の面影がなくなってしまった。

そのホンモロコが埼玉県に入ったのが１９８３年。利根川、江戸川水系の県東部では昔から川魚を煮て食べる食文化があり、資源の減ったモツゴ（俗名クチボソ）の代替としてホンモロコが持ち込まれたわけだ。

減反政策が進むと、転作用に注目され90年代後半から急速に養殖農家が増加。今では50軒ほどが埼玉県食用魚生産組合を結成、年23トンも生産するなど全国一の産地となった。販売額は県全体で7千億円近い。

埼玉県、独自の養殖技術開発
種卵45万粒で成魚４００キロ

最近は撤退農家も少なくないが、同数程度の新規参入があり、県全体では50軒前後の水準を保っている。新規参入が多いのは米作の2倍以上の高収入が期待できるほか、①水田を活用した人工池で容易に養殖でき、参入障壁が低い②初期投資が少なくて済む③飼育管理が易しい④魚の成長が速く、毎年稼げる――などの事情が背景にある。

加えて、養殖農家を技術面で後押しする県農林総合研究センター水産研究所（加須市）の存在も無視できない。

同研究所は80年代末から採卵技術、種卵技術の研究に取り組んだが、当初は相当、苦しんだようだ。梅沢一弘養殖担当部長は「ホンモロコがいつ、どういう形で産卵するか皆目、わからなかった」と話し、試行錯誤の末「金魚やコイは早朝に産卵するが、ホンモロコは夜に産卵する」、「産卵場所は水草」、「産卵をする群れとしない群れがおり、しない群れは卵を食べてしまう」などの事実を一つ一つ、突き止めて行った。

研究所が水田を利用した養殖技術を確立したのが92年。これを機に、同県のホンモロコ養殖は効率のよい事業として急速に普及していった。

養殖の事業化はまず、養殖池の造成から始まる。水田の表土を15センチほど剝ぎ取って畦に盛り、水深60センチになるよう改修する。これに緑色の水を張り、自動給餌機や井戸、水車、防鳥ネットなどを取り付ければ、完成だ。10アールの水田に４００平方メートルの池2面を作るのが標準で、初期投資に37万円ほどかかる。

池2面に45万粒の種卵を入れて養殖すると、成魚４００キロの生産が期待できるという。

「彩のもろこ」でブランド化
鳥取などでも養殖広がる

養殖池での生産サイクルだが、春に種卵を入れると5月頃に産卵する。孵化した稚魚に最初はミジンコ、後は配合飼料を1日5回ほど給餌し続けると、9月ごろに食用サイズの大きさに育つ。「春に卵を放ち、秋に漁獲できるなど、作業が米作と同じなのがいい」と農家は言う。

生産組合ではホンモロコのブランド化に取り組み、独自の認証基準を設け「彩のもろこ」というブランド名で売っている。今のところ高価格で売れるのが最大の魅力だが、販売方法が昔ながらの庭先販売でマニアックな消費者に直販するケースが多く、販路の狭さが弱点である。

販路を広げるには料亭需要や大型店ルートの開拓が不可欠だ。そのため、水産研究所では料亭側の好む体長10センチ級の大型モロコの開発研究を進めている。すでに8カ月で8センチまで成長させる技術を開発したが、もっと開発スピードを速めて欲しいと養殖農家は期待する。

埼玉県の動きに刺激されてか、ホンモロコの養殖事業に参入する動きが今、全国各地にじわじわと広がる。大どころは滋賀県（生産農家数30軒、生産量9トン）、鳥取県（同54軒、6トン）、岡山県（同7軒、1トン）、新潟県（同7軒、1トン）といったところで、いずれも休耕田を利用する形で参入する事例がほとんど。

最近の事例では千葉県と栃木県の動きが興味深い。千葉では君津市で「久留里ホンモロコ生産組合」が作られ、独自のブランド名とロゴマークを作り活動中だ。栃木では那珂川町で研究会が生まれ、「ホンモロコで地域を元気にする」と意気軒昂だ。

各地のホンモロコの養殖事業が、例えば6次産業化などと連動して発展すれば、地域を興す新たな刺激剤になろう。

「ホンモロコは鯛並みの値段で売れるのが魅力」と語る鈴木社長。

「蔵」をキーワードに町おこし
観光客急増し、年650万人

（埼玉県川越市）

埼玉県南西部、商業の街として発展してきた川越市が、人口の約19倍もの観光客を受け入れる首都圏有数の観光地として、頭角を現している。一昔前までは普通の街だった同市の様相を急激に変えた最大の要因が、蔵をキーワードにした街づくり。訪日する外国人観光客も同市に強い関心を寄せ、訪れた外国人が2014年は7万7千人に達した。30年近い民間主導の町並み保存運動が独特の雰囲気を持つ環境を作り上げ、癒しを演出する街として存在感を高めている。

観光客は年間650万人
蔵の町並み、重厚感を満喫

ＪＲ川越線、東武東上線、西武新宿線が集まる川越駅周辺は、人口34万9千人を擁する川越市の「現代の顔」といわれる。オフィス街やショッピングモールが集まり、昭和・平成時代の町並みを印象付けているためだ。ここから1ブロック北上すると、大正時代の町並み（大正浪漫通り）、さらに北上して明治・江戸時代の町並み（蔵のまち）へと続く。

観光客の多くはこの3ブロックを回遊するが、中でも人気なのが蔵の集まる一番街商店街。晩春の週末に訪れた際には、ガイドブックを手に街巡りをする主婦たちが群れを成していた。外国人も多く、「時の鐘」下の和菓子店で行列に加わっていた。

「歩いていても気持ち良く、目が洗われるような感じだわねぇ」——観光客のこんな呟きを耳にしたが、確かに独特の雰囲気が街にある。通りの両側には黒塗り、瓦屋根の豪壮な蔵が連なるように並び、見る者を圧倒する。各地に残る蔵造の町並みの中で、重厚感という点では一番街が最右翼ではないか。

蔵のまち・川越を象徴する「時の鐘」。外国人観光客も増えてきた。

川越の蔵は、よそのように商品や材料を収納・保管する施設としての蔵ではなく、店倉が特徴。つまり、蔵は商いの拠点であり、長い歴史を経て現在も商売の舞台として使われているわけで、そのことが街に躍動感をもたらしている。

重厚で躍動感のある環境――これが観光客を惹きつける第１の要因だ。川越市経済部によると、03年度から観光客が急増し「06年度は５５０万４千人。３年間で40%も増えた」。その後も増え続け、14年の日本人と外国人を含めた観光客は６５７万９千人と過去最多を記録した。

立ち上がる「川越蔵の会」
役割大きい「町づくり規範」

川越は古くからの城下町で、一番街は旧市街の中核商店街として栄えていたが、高度成長期には経済の中心が駅前に移り、次第に衰退していった。店を畳む動きが強まる一方、蔵の外壁を看板で覆ったり高層マンションが周辺に立ったりして、街の雰囲気が急速に壊れていく。

こうした状況に危機感を抱き、町並み保全に立ち上がったのが市民団体の「川越蔵の会」（02年にＮＰＯ法人に移行）だ。地域住民、市職員、外部の専門家や川越ファンなどが1983年に設立した組織で、現在まで30年近くにわたってまちづくりの活動を繰り広げている。

「蔵の会」の会員は約200人。「事業部、デザイン部など4部編成で支援事業や活性化事業、啓発事業を行っている。活動費は年5000円の会費などで賄う」と言う原知之代表理事。最近はイベントなどソフト事業を重視しており、「川越の職人技を紹介する『まちなか職人展』は評判が良かった」と語る。

「蔵の会」の考え方は、他地区の保存活動とは趣がかなり異なる。ややもすれば行政側の発想で行われてきたそれまでの「文化財優先の町並み保全」に対し、「商業活性化による景観保存」を強く訴えたのである。

川越の蔵は店倉であり、店倉で実際に商いをする商店主が力をつけなければ、蔵も町並みも保全できないというものだ。この考えの着く先は、行政主導による町づくりでなく、住民主体の町づくりということになる。

「蔵の会」の各種提言を受けて町づくりの活動主体になったのが川越一番街商業協同組合。87年に「町並み委員会」を組織し、その翌年、今では有名になった「町づくり規範」を制定した。これは建物の建て方や看板など67項目に渡って箇条書きで表現したルールブックだ。

あくまでも自主協定ではあるが、組合員はこれを遵守しており、例えば店を改装する人や空き店舗を再開する人は誰でも「町並み委員会」と相談し、「規範」に沿って物事を処理する。「町並みを崩したら、それが自分の商売に跳ね返ってくると肌で知っているからです」——原代表理事は「規範」が守られる背景について、そう解説する。

行政も景観保全へ側面援助
電線地中化や「歴路」事業

「蔵の会」や一番街商店街の活動はやがて周辺の商店街や行政にもいい影響を及ぼしていく。川越市が89年に公布した「都市景観」条例、98年に制定した「伝統的建造物群保存地区」などはその1例だ。

川越市の動きに前後して、国も動き出す。その代表例が一番街の電線地中化事業と歴史地区を対象とした環境整備街路事業（略称、歴路）。このうち、電線地中化は92年に完成したが、電線地中化によって商店街の空の広がりが一変、町並みの環境改善に大きく貢献した。

もう1つの「歴路」は国交省の補助事業で、街路を歴史地区に合うように修復するのが目的。市内で14路線の整備計画が提案され、これまでに「菓子屋横丁通り線」、「長喜院門前通り線」など4路線が整備された。街路の基調は石畳だが、標識や色彩などはその地区の雰囲気に配慮して変えている。これまた町並み保全に役立っている。

「観光客1千万人の誘致を目指す」――川合善明川越市長が掲げる観光ビジョンがこれだ。それを実現するための戦略を検討中で、市として引き続き景観保全、情報発信などの分野で各種施策を講じていく構え。

すでに日本人ではシニア層の誘致、それに外国人の呼び込みを重視した手を打ちだした。一番街商店街につくった無料休憩所「元町休憩所」、外国人誘客用の観光ＤＶＤ製作などがその一端だ。

観光客が増える川越にも、幾つかの弱点がある。例えば、観光客の滞在時間が3時間ほどと短いこと。周辺の自治体とネットワークを組んで、川越を軸に広域周遊コースをつくるなど、新手の対応策を講じることも1案とは、旅行関係者の主張だ。

市はいろいろと対策に頭を巡らしているようだが、行政の役割はあくまでもサポート役。「市民が主役であり、行政は市民を盛り立てる脇役に過ぎない」と川合市長。川越の町興しが民間主導の活動で成功したという事実を、行政も肝に銘じているようだ。

川越の蔵は他の都市と違って蔵で営業する「店蔵」が特徴だ。

人気上昇！　体験型工場見学
子どもが血眼、予約は満杯

（埼玉県北本市、江崎グリコ）

産業観光が全国的に広がる中で、子どもたちを魅了するのが食品や文具・雑貨の工場見学だ。人気が特に高いのが工場体験型である。食品や文具類の手作り体験やクイズを楽しみながら、原料から製造工程、箱詰めなどを間近で見学できる工場に子どもたちが殺到する。江崎グリコ（埼玉県北本市）、赤城乳業（同本荘市）、イワコー（同八潮市）など、首都圏のあちらこちらに人気の高いビッグスポットが出現している。

菓子づくりを間近で拝見
目玉はクイズと手作り体験

JR高崎線の北本駅からバスで15分。中丸地区に立つ江崎グリコの工場は、福井県越前市の武生グリコ、北海道恵庭市の北海道グリコなど既存3工場を集約してつくったもので、2012年春に稼働した同社の基幹工場である。おなじみのポッキーを1日7万個、プリッツを同5万5千個も作り、出荷する。ここに設けた見学施設が、「グリコピア・イースト」だ。

施設に入るとまず、迎えてくれるのが制服姿の9人の案内嬢。「カレッジホール」でグリコの歴史や創業の秘話などを学んだ後、20人ごとに班を編成し工場内を見学する。

3階のポッキーストリートでは、生地を細かく切る所からオーブンで焼き味付けする、さらには箱詰めをし、検査するまでの全ての工程を見ることができる。

6階のプリッツストリートでもプリッツの全工程が間近で見られる。プリッツの生産ラインでの光景もポッキーと似ており、生地をうどんのように細かく切ったりオーブンで焼いたりする状況が手に取るように分かる。案内嬢のテンポ良い説明に、子ども達は目を輝かす。

グリコの工場見学の目玉は何といってもクイズと手作り

参加者がクイズを競う「クイズチャレンジ」は、児童たちに人気のあるメニューだ。

体験である。

お菓子にまつわるクイズを参加者が競い合う「クイズチャレンジツアー」と、ジャイアント・ポッキーを菓子材料で飾る体験工房の2本立て。有料で1回の定員が20人という体験工房は、参加希望が多く、抽選で参加者を選ぶほどの人気ぶりだ。

「ミュージアムゾーン」にはキャラメルのおまけのおもちゃやアニメキャラクターの展示コーナーがある。おまけは1921年の登場以来、2万数千種類もあり、そのうちの1500点が年代別に展示されている。ここも見どころの1つで、「鉄人28号」のフィギュアには歓声が上がる。

年間目標、7カ月で達成
5カ月先まで予約で満杯

グリコピア・イーストは、1988年に開設し累計で160万人以上が訪れたグリコピア神戸の東日本版である。12年10月のオープン直後から人気を呼び、年間目標5万人を7カ月で達成してしまった。その後も勢いは衰えず、最初の1年間で約8万人の来場者があった。14年1月に10万人に到達し、「15年3月で累計12万人を超えたのでは」と釜鳴秀明館長は話す。

工場案内は1日に4回で、定員は毎回80人。入場は無料だが、予約制なので、応募者の多い土、日曜などは5カ月先まで予約で満杯だ。夏休みや冬休みには4台の大型バスが連日、乗り入れて来る。

来場者を地域別にみると、北本市内が全体の約1割、埼玉県内からが7割で、東京からは約1割。年齢別では小学生以下が40％を占める。

小学生は校外授業の一環で訪れる機会が多く、筆者が訪れた日も市内の小学1年生60人が見学していた。プリッツストリートでガラス越しに製造ラインを見ていた児童らに聞くと、「すごく楽しい」、「見ていて飽きない」と口々に答えていた。

釜鳴館長によると、校外授業で初めて訪れた小学生が「1回だけでは良く分からない」と言って、家族連れで再訪するケースも多いそうだ。リピーターが多いのが、グリコピア・イーストの特徴だ。

人気は食品、文具工場
「消しゴム」工場に脚光

一方、アイスキャンディー「ガリガリ君」を生産する赤城乳業（社長井上秀樹氏）も、本荘市の「千本さくら『5S』」工場で1日2回、工場見学を受け入れている。定員は各回30人で、90分かけてアイスの製造工程やガリガリ君広場を見学できる。

11年7月の工場公開以来15年3月までに見学者が5万人を突破した。こちらも土、日曜日は予約で一杯だ。

モノづくりの重要性を県民に知ってもらおうと、産業観光に力を入れているのが埼玉県だ。同県は工場を一般公開している企業、ものづくりの啓発に積極的な企業を「彩の国工場」に指定してきた。指定工場は現在、518カ所にのぼり、見学者は年20万人近くに達するという。

12年度の調査で見学者が多いのは、1位がグリコ、2位が清酒醸造の矢尾本店と続き、上位10位の半数を食品企業で占めている。文具類も目立つ。受け入れ上位工場では、「体験型を織り込んだ見学スタイルが増えている」と県産業支援課の担当者は話す。

上位第6位のイワコーは八潮市に本社と工場がある従業員50人、年商約10億円の文具メーカーだ。乗り物や動物、スイーツなどをテーマにしたかわいい「おもしろ消しゴム」を1日10万個（1個50円）も作っている。

工場見学は創業者の岩沢善和さん（80）が20年前、校外学習用に公開したのが最初で、現在まで続けている。今は毎週土曜日に3回、35人ずつ受け入れており、親子連れを中心に年1万5千人も押し寄せる人気スポットだ。

工場見学の後の手作り教室を利用して、岩沢さんは噛み砕いた話をする。「300種類の商品は全て自社開発だよ」とか、「1つの金型開発に500万円もかかる」とか、「中国製の類似品が横行し困っている」とかと、口を挟みつつ業界の現状を子どもらに説明する。

工場見学には人件費を含め年1千万円もかかるそうだが、岩沢さんは「子どもは国の宝。まじめに育てていきたい」と強調していた。

体験ツアーを受け入れるイワコーの本社。

揺らぐ京葉臨海コンビナート　人材育成など強化策急ぐ

（千葉県、県産業振興センターなど）

わが国最大の重化学工業地帯である京葉臨海コンビナートが揺らいでいる。住友化学、新日鉄住金などコンビナート立地企業がエチレン、高炉など基幹設備の撤退、縮小を相次いで決めたほか、事業の再編・統合に動く企業が現れてきたためだ。危機感を募らす千葉県、地元市は経済界と連携して新たな産業振興策を練り直すとともに、人材育成や経営支援、規制緩和など企業の枠を超えた競争力強化策を急ぎ出した。

コンビナート人材育成講座　講師は経験豊かな企業ＯＢ

市原市から袖ケ浦市までの臨海部に石油精製や石油化学の巨大設備がひしめく京葉臨海コンビナート。ここで、企業の壁を乗り越えた人材育成・研修事業が行われている。名付けて「コンビナート人材育成講座」。実施主体は千葉

千葉県産業振興センターが実施する「コンビナート人材育成講座」。実践的な授業が持ち味だ。

県産業振興センターで、講師の派遣やカリキュラム作成など運営面で産学官が協議会をつくり後押ししている。

市原市の五井会館で開かれた講座「製造現場の安全と責任」を拝見すると、立地企業から派遣された20人の受講生が机を並べて研修を受けていた。研修はテーマごとに90分のコマで区切られ、1日に4コマずつ朝から夕方まで3日間続く。

初日の主なテーマは企業の社会的責任、事故・災害の事例とヒューマンエラーの防止策など、2日目は3・11大震災、事故・災害事例の究明と対策、危機対処法などといった具合だ。

製造現場を知る実務経験豊かな企業OBが講師を務めるだけに、実例を盛り込んだ授業は極めて実践的。講師と受講生が質疑を重ねたり、グループ討議で内容を深めたりと、専門スキルの習得に懸命だ。受講生参加型の研修がこの特色である。

講座はこの他にも、プラントでの危険の疑似体験をする「安全体験学習」、課題解決への応用力を身に付ける「チームリーダーの育成」など4コースがあり、いずれも2－3日間連続のカリキュラムで構成している。

富士石油OBで、コーディネーターを務める柳原政義氏は、「製造部門の中核をなす人材の早期育成が講座の狙い」と話すが、この事業に寄せる企業側の期待は高く、2013年度には256人の受講生が殺到した。14－15年度も同レベルの受講生が研修を受けている。

教材開発に7社が結集
受講者数は7年間で約1300人

講座で使うカリキュラムと教材を共同で開発したのが出光興産、富士石油、丸善石油化学、住友化学など立地企業7社。06年度から2年かかったが、経産省も資金面で協力し、1億円の補助金を出している。この教材を基に08年度から始まったのが人材研修事業の発端だ。

受講者数は初年度から尻上がりに増えている。同センター経営支援部によると、14年度までの7年間で参加企業数は延べ228社、受講者数は実に1291人にのぼる。

「講座改善への意見を企業から聴取したり、受講生の受講状況を企業に報告したりと企業側との双方向の意見交換が研修事業への期待に結び付いている」と白井幸雄部長は話す。

京葉コンビナートではここ10年ほど、各社が競って設備の自動化や人員削減を進めてきた。要員は1970年代に比べ半減したのに、生産効率は向上しているといわれる。いわば、高効率・低コスト生産への対応が経営側の要請だが、一方で世代交代が進み団塊世代が退職した今、現場を知り尽くす人材が減り力も弱まっているのが実情だ。

現に事故寸前のヒヤリハットする例が最近、急増しており、設備の老朽化や人為ミスが原因の事故が11年度は過去最多となった。三井化学のある幹部は「自動化設備の運転しか知らない要員が増えた。異常事態が起こると混乱する」と背景を話す。

折しも大規模災害への危機管理が現実の課題となってきた。人材教育はすぐ成果が出るわけではない。成果が出るのに5年から10年かかるのが普通だが、実践教育を展開することで千葉ではグローバルに通用する人材の早期育成を目指している。

コンビナート初の事業撤退
競争力強化へ検討会

6千㌶の用地が広がる京葉コンビナートには4つのコンビナート、2つの製鉄所、5つの火力発電所が立地し、250近い企業が集積している。エチレン生産で全国首位、原油処理と粗鋼生産ではそれぞれ同2位と、素材・エネルギー分野でわが国最大の工業地帯となっている。

県経済に及ぼす影響は大きく、県の製造品出荷額で60%以上、従業員数で27%のシェアを占める。市原市では税収の40%を、君津市では同25%を立地企業が賄っているほどだ。

そのコンビナートで主力企業の事業撤退の動きが表面化した。住友化学は15年9月までに千葉工場のエチレン設備を停止したし、新日鉄住金も15年末に3基ある君津製鉄所の高炉1基を休止してしまった。三井化学も14年度末に京葉エチレンから撤退した。

相次ぐ生産縮小は半世紀に及ぶコンビナートの歴史で初の事態。雇用や税収に直ちに影響が出るわけではないが、屋台骨が揺らいできたのは事実。国内需要の低迷や海外企業との競争激化など厳しい環境を考えると、今後も事業再編や拠点統合の動きが加速すると地元は見ており、立地企業の流出防止策を求める声がとみに高まってきた。

待ち受ける課題に取り組もうと千葉県は、関係自治体や立地企業と協力して競争力強化に向けた検討会を立ち上げた。老朽設備の更新支援策、各種法規制の緩和策、工業用水の価格是正、企業誘致政策の見直しと既存企業への優遇措置、地震と液状化・安全策などを詰めているが、何といっても基軸は人材育成策である。地域の力を結束して人材育成に取り組むこと、進出企業の取り組み姿勢はいよいよ強まるばかりである。

荒波激しい京葉臨海コンビナートの環境は前途多難で、待ちの姿勢が許されない状況である。

特に力を入れるのが、製造現場の安全対策。このテーマの研修は一日中続く。

競争力強化へ新機軸
縮む京葉コンビナート

（千葉県、県商工労働部）

転換期を迎えた京葉コンビナートの競争力強化へ向けて旗を振る千葉県。
（写真は県庁のビル）

日本最大の産業集積地である京葉臨海コンビナートを活性化し、競争力を強化したい——千葉県が立地企業や関係市と連携し、再生に向けての新たな取り組みを官民一体で展開している。コンビナートは構造的な転換期を迎え、設備削減が相次いでいる。工場の流出を防ぎ、地域の活力を維持するには企業の踏ん張りが重要だ。新規投資のし易い環境を整え、各企業がより前向きな行動をするよう、背中を押す意味合いが大きい。

工場の緑化規制を緩和
千葉市など5市が見直し

新たな取り組みは、「競争力強化の支援策」と「規制緩和策」の2つ。この取り組みまでに県は2年を費やした。

まずは2012年夏から実施したコンビナートの実態調査だ。立地企業を直接訪問し、企業の現状や経営上の要望などを聴取する活動で、コンビナートの現状と今後の課題などを把握するのが目的だ。

この調査結果を、県が千葉市、市原市など関係5市や立地企業10社でつくる「コンビナート活性化検討準備会」に持ち込み、絞り込んでいったわけだ。

「支援策」は3つの柱で成り立っている。第1の柱が緑化規制の見直しである。

コンビナートへの立地企業は工場立地法で緑地の確保が義務付けられている。千葉県の緑地面積率は10%だったが、これを5%に引き下げるよう、権限を持つ関係市に要請した。

これを千葉市が受け入れて緑化規制の見直し条例を決定、14年4月から施行した。続いて市原、袖ケ浦の両市が14年10月から、木更津、君津の両市が15年1月から、それぞれ施行している。関係市すべてが15年から5%引き下げで足並みをそろえることができた。

ヒアリング調査によると、立地企業の7割が緑化規制の見直しを求めていた。「設備を新増設したくても、緑地規制で増設の敷地が足りない」、「設備を最適にするため、レイアウトを変更しようとしても、ままならない」といった声が多かった。

ＪＦＥスチールなどは「規制が5%に緩和されれば、用地が約50ヘクタールも生まれ、生産設備の追加投資に活用できる」と話す。緑化見直しは企業のこんな声に対応したものだ。

21世紀にはいって、各地の工業地帯で緑化規制の緩和措置が講じられている。それでも、京浜や四日市が15%、岡山や尼崎が10%という水準に留まっており、千葉の優位性が一段と際立つ。規制緩和が立地企業の投資意欲を刺激しそうだ。

追加投資にも補助金
工業用水は値下げ

第2の柱が、既立地企業に対する再投資支援制度の創設だ。新規立地企業には補助金制度があるが、既立地企業が同一敷地内で設備を新増設する追加投資には財政支援策がないというので、14年4月から新制度を創設した。

内容は県内か同一敷地内での設備新増設、工場の集約化を目指すマザー工場化や事業高度化を目指す設備投資に対し最大で10億円の支援金を交付するもの。

県に追随して、千葉市が立地後の雇用拡大に応じて補助金を交付する新制度を、船橋市が既立地企業の追加投資を促す補助拡充策を、それぞれ打ち出すなど、市レベルでも新たな動きが発生している。

新制度の登場を受けて、ＪＦＥスチールがコークス炉の改修計画の検討に入ったほか、東洋工業塗料（市川市）、野田食菌工業（野田市）など中堅数社もこの補助金を目当てに再投資へと動いている。

第３は工業用水の負担軽減策。コンビナートの大半をカバーしている房総臨海地区の工業用水の価格（立方㍍当たり87円）が、県内他地区に比べ格段に高いので、14年度から63円に引き下げると同時に、木更津南部地区も10％引き下げた。

佐藤忠信商工労働部長は「企業側の負担額が引き下げによって、年14億円も軽減する」と説明する。受水企業にとって生産コストを削減する効果が大きいと、佐藤部長は繰り返し強調していた。

「土壌汚染」で見直し案
企業の県外流出を予防

もう１つの「規制緩和策」は、立地企業の生産活動に障害となる規制を見直そうというものだ。企業側に課せられている法令上の様々な規制を総点検し、事業環境の改善に役立てようとの狙いだ。

検討会では保安（配管規制、レイアウト規制など）、環境（土壌汚染対策法など）、港湾（港湾法上の規制など）の３分野で作業部会を設け、具体策を練っている。この中で企業側から要望の多い土壌汚染対策法について検討を急ぐ構えだ。すでに千葉県独自の見直し案を政府に提案するなどの行動を起こしている。

佐藤部長は「一連の対策によって、企業が最後まで千葉に残ってくれるようにしたい」と述べ、工場のつなぎ留め姿勢を鮮明にした。

県が新規支援策を講じる背景には、ひたひたと地域に押し寄せる厳しい現実がある。エチレン生産や粗鋼生産などで全国１、２位を誇る京葉コンビナートといえども、国内需要の縮小や海外企業との競合激化という流れを乗り切るのは容易ではない。足元ではむしろ、工場再編や設備削減の動きが相次いでいるのだ。

三井化学が丸善石油化学、住友化学と合弁で運営している京葉エチレンから14年度末で出資を引き揚げたほか、住友化学も15年5月、エチレン設備を停止した。同年度末には新日鉄住金が君津の高炉１基を停止し、16年度にはコスモ石油と東燃ゼネラルが製油所の一体運営を始めるといった慌ただしさだ。

工業用水を値下げし企業活動を後押しする商工労働部の佐藤部長。

素材・エネルギー産業の設備過剰は構造的なもので、今後も工場の再編が続く見通しだ。設備削減や統合が進めば、税収や雇用機会の減少を通じて地域経済に影響が及ぶ。

現に、税収不足で行政サービスを切り詰めたり交付団体に転落したりする自治体が出ているのだ。局面打開へ待ったなしの状況である。

6次産業化、ブームの兆し
農業を高収益産業に転換

（千葉県＝ジャパンホートビジネス、茨城県＝ＥＬＦ）

農漁業者が農水産物の生産から加工、販売までを手掛ける6次産業化への動きが熱を帯び、ブームの兆しを見せている。6次産業化絡みの事業計画はすでに続々と登場、2014年度末の時点で農水省が認証したものだけで2061件に上る。異業種との合弁会社設立、研究機関と連携した新品種開発、直売所の新設による販路の開拓、農家レストランを軸にした外食産業への進出など、多様な動きが浮上しており、地域活性化への新たな刺激剤になりそうだ。

巨大ＳＣの敷地内に直売所
茨城農業の顔づくりの場

常磐自動車道と圏央道が交差する茨城県のつくばＪＣＴ近くに13年3月、オープンしたイオンモールつくば店。20万平方メートルの敷地に3階建てのビル4棟が並び、スーパーや専門店、外食産業、シネマコンプレックスなどが集結する巨大ＳＣ（ショッピングセンター）である。この敷地内に同時に店開きしたのが、農産物直売所「えるふ農国」とレストラン「夢想花」だ。

経営するのは茨城県内の農業法人や外食企業など8社が共同出資して設立した株式会社ＥＬＦ（長谷川久夫社長、資本金4500万円）。農業法人は高品質の農産物を提供することで農業の産業化を果たそうと活動している団体「茨城県最高品質農産物研究会」の会員だ。

長谷川社長によると、直売所は農産品の品質を競い合う舞台、茨城農業の顔づくりの場という位置付けである。

両施設とも屋根は瓦と緑色のトタンぶき、古民家風の雰囲気が訪れた市民を惹き付ける。床面積約450平方メートルの直売所には自慢の野菜やコメ、果実、畜産物などが展示販売され、顧客が品定めしては購入していた。

出荷するのは出資者を含む県内の契約農家60軒。鮮度や

ELFが営業するレストラン「夢想花」。地場産の野菜や水産物を活かしたメニューが人気だ。

残留農薬、ミネラル分などを独自に分析・測定し、一定の基準に合うものだけを品揃えしている。①商品は高品質・高鮮度の農産物や加工品に限る②価格は農家が自分で値付けする③1品目につき複数の農家が出荷する――などが、運営上の原則だ。

隣接地に並ぶ面積425平方メートルのレストランでは直売所で扱う野菜類を使い、県内産の畜産物や魚介類に絞った料理メニューを提供している。

「黒字経営には4年かかる」
盆栽輸出の新会社が登場

直売所の野菜類はスーパーより高めの商品が多い。しかし、鮮度と品質を詳しく説明すると、納得してくれるという。レストランもランチ時間で1500円以上と高めだが、「この味なら」と受け入れる客が多いそうだ。

とはいえ、来店客は月平均で5千人前後と目標のレベルに達していない。長谷川社長は「客単価がまだ低く、目標の6、7割の水準。黒字経営には4年はかかる」と予測する。

ELFでは近くの遊休地60アールを賃借し、農場も開設した。就農希望者を育成したり来店客が楽しめる体験農場にしたりするのが目的だ。近い将来は「えるふ農国」のような直売所を50店ほど多店舗展開し、株式を上場する構想も抱いている。

６次産業化の実践を始めたばかりのＥＬＦだが、農家の能力を存分に発揮できる体制を築き、経営の厚みを増す取り組みで農業の産業化を勝ち取る考えだ。

こちらは千葉県の北部、人口５万人の富里市。北総台地が広がる同市で盆栽や植木を生産する北総園芸が13年９月、ホートビジネスグループ（富里市）などとの合弁で「ジャパンホートビジネス」（富里市、寒郡茂樹氏）を設立した。日本の盆栽、植木を海外に販売する輸出業務を支援する珍しい会社である。

14年春に東京の臨港部に活動拠点を築き、ホートビジネスが持つ輸出ノウハウや販路を活用して、まず欧州とアジア市場などを開拓する。準備に手間取ったが、15年春に検疫を終えたツゲの対欧輸出を開始した。

五葉松やモミジなどの検疫作業も進めており、16年春には複数品目の対欧輸出を本格化できる見通しだ。輸出商品は当面、北総園芸が手掛けるツゲやマキ、キャラ、ソテツなどが中心となるが、香川や埼玉、福岡県などにも仕入れルートを広げ、「日本の盆栽、植木を海外に幅広く輸出していく」と寒郡社長は意欲を見せる。

当面の狙い目は欧州市場
10年後の輸出額は50億円

花卉園芸や樹木の世界市場は非常に大きい。寒郡社長は「市場規模は欧州で14兆円、米国で７兆円もある」と話し、園芸業界の関心を世界へ向けるのが新会社の役割と指摘する。

世界市場のうち、欧州が当面の狙い目だ。①欧州では盆栽人気が高い②土壌や病害虫への検疫検査が厳しいが、欧州の基準に合った検疫システムを確立できる――などが主な理由だ。

欧州市場開拓のため、新会社はドイツの有力企業ローベルグ社と提携、同社のバーデンバーデンの圃場内に日本から輸出する盆栽センターを築くこととした。このセンターが輸入検疫や商品展示、物流業務を行うので、儲かる輸出を実現し易いという。

将来は世界最大の園芸消費国・米国や南米市場の開拓も視野に入れている。寒郡社長が描く10年後の輸出額は「欧州で20億円、北米とアジア、南米市場でそれぞれ10億円、合わせて50億円」。その段階で株式上場も検討したいと意

都内で開かれたセミナーで、「ジャパンホートビジネス」の事例が紹介された。

気込む。

新会社には千葉銀行など地場11金融機関が組成した地域ファンド「ちば農林漁業6次産業化投資事業有限責任組合」を通じて、政府系官民ファンド「農林漁業成長産業化支援機構」も5千万円出資した。輸出販路を切り開く盆栽業者の挑戦を資金、経営面で支援するためだ。

国が11年に「6次産業化法」を施行して以来、14年度末までに認証された件数は2061件。地域別では九州の361件を筆頭に、近畿の357件、関東の345件、東北の317件と続く。この中には農商工連携で数10億円単位の大型投資を行い、地域の雇用拡大や地域ブランドの普及、後継者育成に役立つものも少なくない。

川下の肥沃な市場に挑む農漁業者の6次化競争が見ものだ。

援農ボランティア、農家に好評
都市農業支援へ市民が一役

（千葉県我孫子市、八千代市）

「援農ボランティア」というのをご存じだろうか。農業に関心の高い都市住民が、高齢化や後継者難で労働力の確保に悩む都市圏の農家に行って農作業を手助けする人たちのことだ。新鮮で安全な農産物を都市住民に供給する農家の役割は大きいが、取り巻く環境が厳しさを増す中で農家の悩みは深まるばかり。それを少しでも解消するボランティアの「助っ人」活動が農家に好評だ。活動の目立つ千葉県北西部では、官民がボランティア育成に知恵を絞っている。

トマト農園で農業研修
運営はあびこ型地産地消推進協議会

我孫子市役所から手賀沼ふれあいラインを通って車で約5分、手賀沼を間近に臨む古川農園。古川鉄夫さんが妻と二人で経営するトマト農園で、約3千平方メートルの農地に9棟のハウスがズラリと並んでいる。8月に定植し、11月から翌年6月まで収穫して量販店や直売所に出荷する典型的な都市近郊農家だ。

ここに朝8時半に集まったのが中高年の研修生男女8人。古川さんがまず、作業内容を事前説明する。有機肥料と低農薬が特色の農園だと話した後、「いいですか、今日の仕事は2つ。トマトの葉っぱ掻きと、伸びた枝をビニール紐で巻き付ける作業です。枝は弱いので、丁寧に扱って下さい」と古川さん。

作業場のハウスに入ると、1棟に長さ50メートルの床が数列あり、床には2列縦隊でトマトが整然と植えられていた。「1棟でその数は4000本」という。研修生は床に沿いながら作業する。葉っぱ掻きの班と巻き付け班に分かれて午前と午後の3時間、作業に没頭する1日だった。

経験を積んだ作業員が見回り、研修生に作業のコツや注

農業支援活動のための技術を習得中の研修生。この日はトマトの葉を掻き取る作業を行った。

意点を実地で教える。休憩時間には「各農家で栽培方法が違う。うちのやり方は他所の農家に明かさないでほしい。お互い、ライバルだから」と古川さんは、研修生にお願いしていた。

この日の作業は、あびこ型「地産地消」推進協議会（米澤外喜夫会長）が行う「援農ボランティア養成講座」の一環だ。14年度は9月から7回、座学と実習を織り交ぜた研修を行っており、うち4回以上受講した者がボランティアに登録される。研修生は全部で15人いるが、悪天候でこの日は半数が欠席した。

援農活動家は62人
受け入れ農家で週4日働く

協議会は我孫子の市民や農家、ＪＡに市が加わって２００４年に設立した任意組織。低農薬で栽培した農産物を独自に認証して普及したり、直売所へのエコ農産物出荷を勧めたり、地場産の安全な野菜を学校給食に供給したりと、我孫子ならではの地産地消活動を展開中だ。

要するに、「あびこ型の『農あるまち』づくりを進めるのが狙い」（事務局の伊吹宏氏）で、援農ボランティア事業も協議会活動の重要な柱だ。援農活動を希望する市民を募り、養成講座や体験事業を通じて農業の基礎知識や農作業の技術を習得してもらって農家に送り出している。

04年秋に事業を始めてから14年秋で11年、毎年15－20人のボランティアを育成し続けている。現在の登録者は62人で、30代の会社員が30％、リタイア組が70％という構成だ。

受け入れ農家は20軒で、農家の希望日に合わせ週4日、午前と午後に分けて働く。苗の植え付けや施肥、草取り、収穫とパック詰めといった作業が多いが、対価は原則として無償だ。

受け入れ農家からは「技術を言うとキリがないが、意識の高い人が多く感謝している」、「労働集約の仕事だから、労力として助かる」とボランティアを評価する意見が多い。援農する側からも「退職して暇があるが、没頭できるものが見つかって嬉しい」、「農業の楽しさが分かった」と好意的な声が挙がる。

悩みは農家の派遣要請数を充たせないこと。「10月は農家の希望数240人に対し、143人しか派遣できなかった」と話す伊吹さん、充足率を高めるべくボランティアのさらなる育成が課題だと指摘する。

今は都市農業に厳しい環境
八千代市の援農ボランティア

援農ボランティアが脚光を浴びる背景には、農に関心を寄せる市民が増える一方で、都市農業を取り巻く経営環境が厳しさを増す現実がある。

都市農業には新鮮で安全な農畜産物を都市住民に届ける役割のほか、災害時には防災空間として役立ったり都市と農村との交流の場を提供したりと、多様な役割がある。それを担う都市農家も、高い技術と農業経営に強い意欲を持つ人が多い。

そんな都市農家の意欲を揺さぶるのが、大きな課税負担と高齢化の進展、後継者難、輸入農産物との価格競争などだ。押し寄せる荒波に耕作放棄地が増え、耕地面積が急減する。

やや統計が古いが、我孫子市の調査でも、10年までの20年間に耕地面積は17％減の915ヘクタールへ、農家数は43％も激減して550軒となり、67ヘクタールもの耕作放棄地を抱える始末である。

東京都の調査では、都市農業の多様な役割を認めて「農業・農地を残してほしい」という都民が85％もいる。首都に接する千葉北西部でも意識は同じで、市民の援農意識が非常に高い。野田市（アグリサポート事業）や流山市（アグリサポート制度）、鎌ケ谷市（援農ボランティア）などの援農事業に、100人前後の市民が加わる事実が、そうした援農意識の高さを示す。

中でもボランティア養成に熱心なのが八千代市だ。独自のカリキュラムを組んだ「農業ボランティア養成講座（年6－8回開催）」を99年度から毎年、開いている。講座を終えて認証されたボランティアが現在、370人（実働は124人）もいる。

ボランティアは17軒の受け入れ農家で、無償で援農活動を行っている。水稲と野菜、果樹が主力の八千代市農業の一翼を、援農市民も担っているわけだ。

八千代市の援農ボランティアは児童や園児の農業体験にも協力している。

まちづくりの財源確保に市民債
住民の地域貢献意識くすぐる

（千葉県鎌ケ谷市、我孫子市など）

鎌ケ谷市は通学路の整備に市民債を発行した。

地方自治体が地域住民向けに発行する市民債が人気を持続できるか、去就が注目を集めている。この債権は「ミニ市場公募債」と呼ばれるもので、機関投資家を対象に自治体が発行するこれまでの地方債と違って、主な対象が住民向けである点が大きな特徴だ。購入単位が1口10万円からと小口で、集めた資金を身近な公共サービスに使う点に、もう1つの特徴がある。地域活性化の一翼を担えるとあって、住民も目が離せない。

鎌ケ谷市、2億円の市民債
校舎改修や通学路整備に使う

千葉県の北西部、梨の名産地として知られる鎌ケ谷市が2006年5月に発行した市民債が「こども安全市民債」だ。発行額2億円、5年満期一括償還で利率は年1・1%、購入上限額は100万円という内容で、市内小中学校の校舎改修や通学路の整備に使うのが目的。購入者を市内に住所のある20歳以上の市民か法人に絞っている。

発表と同時に市民は強い関心を示し、応募が殺到。総務部財政課の長井信三課長によると、「応募件数は431件で、購入希望額は発行額の2倍近い3億8350万円にのぼった。50代と60代で応募者の過半数を占めた」という。

都心から25キロ圏内にある同市は、首都近郊の住宅都市として人口が着実に増え15年4月現在で10万8500人。子供も増えたので、市は「子供が安全に通学できる」まちづくりを重点施策に打ち出した。対象期間が5カ年間の「通学路安全対策推進行動計画」を策定、安全な通学路の指定、防犯パトカーの配置、安全パトロール網の確立、通学路の整備などを実施した。こうした事業に充てる目的で、地方債の一種である市民債を発行したわけだ。

「子供をめぐる不審な事件が多いので、市民からも街路灯の設置や狭くて歩道のない通学路の整備を求める声が高まった。市民債の応募殺到にはそんな声が反映しているのではないか」と長井課長は分析する。

我孫子市は市民債を2回発行
使途は環境と教育に絞る

利根川を挟んで茨城県と接する人口13万3500人の千葉県我孫子市。同市も06年11月、発行額1億円の市民債「オオバンあびこ市民債」を発行した。市内にある小中学校校舎の大規模な耐震補強事業に使うのが目的で、購入対象はやはり、20歳以上の市内在住者か法人に絞った。

住民の反応は、こちらでもすごかった。「応募数は560件、購入希望額は4・7倍の4億7570万円に達した」と話す企画調整室財政担当の十文字栄一主幹は、「1000万円購入したいという人の割合が76％も占めた」と打ち明ける。

我孫子市は2年前の04年11月にも市民債を発行している。環境保全事業（古利根沼の用地取得）に使うのが目的で、国債より金利を低く設定したのに、応募者が殺到した。発行額2億円に対し応募額はなんと5倍の10億円強。「当市は使途を環境と教育に絞っているが、市民の反応はよい。市民債は新しい資金調達源になる」と、財政担当の渡辺健成主査長は言い添える。

地方債といえば、これまでは県や政令指定都市が発行するのが通り相場だった。それが01年度から、ミニ公募債という形で市町村が小口の地方債を発行し始めた。群馬県太田市（発行額5億円）を筆頭に、長野市（同7億円）、神

我孫子市が発行した「オオバンあびこ市民債」。

奈川県藤沢市（同10億円）、富山県氷見市（同1億円）などが先行して発行したが、起債制度が06年度に許可制から協議制に緩和されたこともあり、市民債発行の動きはさらに燃え上がった。

このように市民債が相次いで発行され出したのは、資金調達源を多様化したいという自治体側の事情が背景にある。

教育や福祉、環境保全など生活関連分野を中心に、住民からの行政サービス拡充を望む声は日増しに高まる一方。だが、財源には限りがあり、税収の落ち込みなどで歳入が揺らいで財政難に悩む自治体もまた非常に多い。歳入不足を賄おうと起債を考えても、頼りの政府資金は先細るばかり、銀行からの借り入れも楽観できないのが現実だ。

自治体財政を巡る環境は引き続き厳しさが予想されるだけに、増える一方の住民の要望に応えるには、新しい資金源の確保が急務。そうした事情もあって、新しい調達源として市民債が浮上したわけだ。

鎌ケ谷市を例にとると、償還と街づくりの事業費確保のため、ここしばらくは年間20億円規模の債券発行が必要と財政担当者は指摘する。「必要額の1割は市民債で賄えればいいのだが」と期待していた。

応募者殺到、発売初日に完売
地域に役立ちたいとの声映す

住民が市民債に熱い反応を見せたは、04－08年度の5年間。当時、先着順で公募した富山市の「新市誕生記念・とやま市民債」（06年3月発行、10億円）、倉敷市の「倉敷よい子いっぱい債」（同年11月発行、10億円）などは即日完売した。長野県須坂市の「いきいきすざか市民債」（05年12月発行、2億円）に至っては45分で完売し全国の話題をさらった。

だが、それを過ぎると、発行自治体数も発行額もじりじり減少し、14年度はピークに比べ半減してしまった。超低金利時代が続くなど、金融情勢が変わってしまったためだ。「なごやか市民債」を発行した名古屋市では、「発行するメリットが少なくなった」と話す。利回りが低く、住民の関心も弱まりがちで、発行した債券が最近では売れ残るケースも出ている。

逆風に見舞われ始めた市民債だが、「地域に役立ちたいという住民は少なくない。販売促進に知恵を絞れば、まだ捨てたものではない」と頑張る自治体も少なくない。そうした自治体は、「利率が有利だから買うわけではない。環境保全や教育など、居住地域の改善のために使うというので、買うのだ」と言う住民の方に、より多くの期待を寄せている。

住民の購入意欲を刺激しようと、市民債のネーミングにも工夫を凝らす。集めた資金を松山城の回遊道路の整備に充てた松山市の「坂の上の雲・まちづくり債」、熊本城の改修整備に充てた熊本市の「蘇る名城・くまもと市民債」などはその典型。

遊び心を刺激してでも市民の共感を得ようと努力する自治体側の姿勢が続く。そして、地域活性化に使われる資金なら進んで協力しようという住民の意識が持続すれば、財源としての市民債が、再び蘇るはずだ。

棚田を保全し地域を活性化
オーナー制度で都市住民と交流

（千葉県鴨川市）

千葉県鴨川市の中山間地域に広がる棚田の保全運動と取り組んでいるのが、ＮＰＯ法人「大山千枚田保存会」（理事長石田三示＝取材時、現在は川名久夫氏）だ。オーナー制度を軸に都市住民を呼び込んで農業と自然環境を守るこの取り組みは18年に及ぶが、今では周辺集落にもオーナー制度が広がり、多彩なイベントと環境保全手段の多様化をテコに都市・農村間の交流を一段と盛り上げている。

棚田１３６枚でオーナー募集
田植えに都市住民2千人が参加

鴨川市の西端にある大山千枚田は、標高差60メートルの斜面に大小３７５枚の田んぼが連なる。ここは強粘土質のため畑作に向かない。米作り一辺倒で、しかも用水がなく天水だけが頼りという全国でも珍しい棚田である。そうした地形と水事情で１９８０年代から若者の農村離れが目立ち始め、農家の高齢化とともに荒れ田がどんどん広がった。

耕作放棄地を少しでも減らし、荒廃地を再生しようと立ち上がったのが棚田の地権者、地域の住民たちだった。97年に地権者21人、地域住民１２０人、都市住民２８０人が集まって保存会を結成、00年から米作りのオーナー制度を採用した。現在は蓮沼地区の１３６枚でオーナー制度を運用中だ。

「東京から一番近い棚田」ということで、大山千枚田の人気は首都圏で高い。１３６枚のほとんどは毎年継続するオーナーで埋まるので、残る募集枠は少なく、希望者が毎年、十数倍も殺到するほどの狭き門である。

年会費３万円を払い一区画１００平方メートルのオーナーになると、農作業を義務付けられる。地元農家の指導を受けながら田植え、草刈り、稲刈りなど年間８日間ほど作業し、自分で作った米はもらえるというのが大山のシステムだ。

オーナー制度の導入で首都圏から米づくりを楽しむ人がやってくる。

会費を払えば自動的に一定の収穫物が届くよその制度と違って、自ら汗を流し収穫量は技術や天候によって差が出る。そこが大山の持ち味である。

「農業体験・交流型のシステムと呼んでいる」。保存会の石田理事長の説明だが、このシステムに関心を寄せる都市住民は多く、田植えシーズン（5月の大型連休）にはオーナーやその家族、一般市民らが2千人以上も農作業に参加する。

イベントを連発し人を呼ぶ 他集落にも広がるオーナー制度

大山千枚田で15年前に始まったオーナー制度は現在、市内の他集落にも広がる。山入、川代、南小町などの集落が加わり、今では大山地区を含め6集落で330人の棚田オーナーが誕生した。ほとんどが農業体験・交流型のシステムだが、中にはオーナー田を決めずに農作業だけに参加する方式（トラスト制度）を採る集落もでてきた。オーナー制度が広がるにつれ、棚田は見事に息を吹き返した。

しかし、棚田を保全することが保存会の活動の最終目的ではないと、石田理事長は強調する。「棚田の保全もさることながら、都市住民との交流を盛んにすること、都市住民と農村の交流を通じて地域を活性化することが何より重要だ」と言うのだ。極端な言い方だが、地域を盛り上げる舞台として、棚田を有効活用しているに過ぎないと言いたいのだろう。

都市住民との交流を活発にするには、都市住民を呼び込む仕組みづくりが必要。その中心に据えたのが棚田とその周辺で行うイベントだ。呼び込む相手は棚田のオーナーだけではない。一般市民の関心も喚起しようと、農作業のほかに収穫祭や里山ウオーキング、ホタル観察会、わら細工教室、豆腐作りなどのイベントを連発している。

保存会では地域に転がる材料はどんなものでも目を向け、それを交流のテコに活用できないか、いつも頭を巡らせている。そうして生まれたのが、耕作放棄地で綿や藍を育て糸や布を作る「綿・藍トラスト」であり、大豆の作付け・収穫から味噌作りまで体験する「大豆畑トラスト」であり、棚田で作った酒米で清酒を造る「酒造りオーナー」活動。

最近では古民家の改修を通じて伝統的な建築技術を学ぶ「家作り体験塾」、1千本の松明で棚田を飾りあげるイベント「棚田の夜祭り」も加わった。

「収穫祭でもホタル観察会でも入り口は何でも良い。とにかく現地を見てほしい」。都市住民にこう呼びかけた石田理事長だったが、イベントを機会に訪れた都市住民がやがて農業に携わり、地元住民との交流を通じて地域を盛り上げる効果をもたらした。

都会から十数人の定住者
全国の棚田復活へ大きな刺激

大山千枚田保存会の活動は、しっかりした財政基盤があってこそだ。その財政基盤は会費収入を軸に成り立っている。会費収入を中心とした年間売上げは03年度の1480万円、04年度の2600万円から07年度は3000万円ほどになり、それ以降も着実に増えている。増収を背景にイベントの開催数も確実に増え、03年度が57回で、04年度は69回。最近では年間で80回近くもイベントを打つようになった。

ところで、保存会の活動を通じて得られた成果はいろいろある。1つは農作業に係わった都市住民の中から、定住者が出始めてきたこと。「定住者は10数人もいる」(石田理事長)そうだが、棚田保全活動から農業の担い手まで生まれてきたことは地域を活性化させて行くうえでの出色の出来事だろう。

千枚田に関心を持ってもらうよう、イベントに趣向をこらすNPO法人の事務局。

もう1つは観光業界への波及効果だ。棚田を訪れる来客数は年々増え、「年間3万人は下らないのでは」とは市観光協会の試算。来客の1部は市内に宿泊するというから、地元旅館業は保存会活動がさらに盛り上がることを期待している。

棚田オーナー制度は1992年、高知県梼原町で始まった。当初はそれほど注目されなかったが、大山千枚田の成功が他の市町村に新たな刺激を与え、今では棚田を含め100カ所以上に各種オーナー制度が広がっている。全国の棚田再生の刺激剤になったのも、大山千枚田が果たした大きな成果のひとつである。

都市住民の関心呼ぶ滞在型農園
地域間交流で農村に活気

（千葉県香取市栗源）

香取市栗源に登場したクラインガルテン。泊まりがけで農作業を楽しめる。

「クラインガルテン」と呼ばれる滞在型市民農園が人気を集めている。普段は都市で生活し、週末には田舎暮らしを楽しむという生活スタイルに関心を寄せる人が増えてきたからだ。都市住民との交流が深まれば、地域活性化に役立つ——過疎に悩む地方自治体や地域団体が全国各地で、この種の農園を相次いで立ち上げている。

公開抽選で選ぶ人気ぶり
押し寄せる都会のシニア世代

さつまいも「ベニコマチ」の産地として知られる千葉県北東部の旧・栗源町。同町を含め、佐原市や山田町など1市3町が合併して香取市として生まれ変わった2006年4月、沢地区に「クラインガルテン栗源」がオープンした。クラインガルテンはドイツ語で「小さな庭」という意味だ。

名前の通り、1区画は310平方㍍で区分けされ、区画ごとに35平方㍍のラウベ（小屋）と農園（110平方㍍の畑と31平方㍍の芝生）がセットになっている。1区画の利用料は年40万円、共益費は年4万8000円で、光熱費は使った分だけの実費負担となる。利用期間は1年契約で、最長5年間利用できる仕組みだ。

この農園は旧・栗源町が04年秋から計画し、立ち上げた事業だ。1万平方㍍弱の畑を町が借り受け、2億330万円（半額は国の補助）をかけて20区画を造成した。広い駐車場の脇には共同利用のイベント施設があるほか、農機具や農業資材を保管する資材倉庫も併設されている。

市民農園といえば、日帰りでの利用が通り相場だったが、クラインガルテンはラウベに宿泊でき、泊まりがけで農作業を楽しめるのがミソ。ラウベにはキッチンやトイレ、浴室、エアコンが備っており、真夏や真冬でも気楽に利用できる。

「利用者ですか？　それが予想以上の人気で、全て埋まっている。1カ月間の応募期間で希望者が殺到し、公開抽選で選んだほど」と語るのは、香取市（栗源）産業振興課の秋葉伸明氏。利用者は千葉市や浦安市、神奈川県横浜市など都会から来た活動的なシニア世代ばかり。

地元の農家が指導者として15人張り付いて農作業をイロハから手ほどきしてくれるので、安心だ。週末ともなると泊まりがけで来園、指導者に教わりながら、野菜の世話に精を出す人が多い。

月1回のイベントで交流
体験農業で心を癒す

夏場に現地を訪れた際は、7～8人の利用者が畑を耕したり葉物野菜の世話に追われたりしていた。千葉から来た定年前の前田陽一さんは、「毎週来るようになった。泊まりがけでじっくり野菜作りが楽しめるのがいい」と病みつきになった様子。

「農業体験で心が癒されるのが一番」、「一日中農作業をし、翌日は観光地巡り。田舎暮らしにはまりそう」――前田さんと似たような感想を述べる利用者が多かった。

旧・栗源町はもともと観光農業に力を入れてきたところだ。02年8月には主要地方道の沿線に道の駅「紅小町の郷」を開設、農産物直売所や観光ぶどう園、レストランなどを経営している。経営主体は自治体と地元団体でつくった第3セクター。町民の雇用の受け皿という側面もあるが、地元農業の情報発信基地としての役割のほうが大きく、今では3億5千万円の年商を誇る。

道の駅には以前から100区画の日帰り農園があり、ここで農的生活を楽しむ人が増えていた。利用者の半数は浦安市や市川市から時間をかけて車で来る市民だ。これら利用者の中から「日帰りでなく、泊まりがけで農作業を楽しめるようにしてほしい」と、滞在型農園を希望する声が広がる。そうした声に応える意味で、クラインガルテンを設けることにした。

滞在型農園が立ち上がったことで、道の駅は多様な顔を持つ交流拠点となった。地元では「体験型観光農業をさらに発展できるのではないか」とか、「都市住民と地元との地域間交流を深めれば、農村を活性化できるのではないか」とか、いろいろな夢が広がった。

その辺りの事情は産業振興課でも心得ているようだ。環境維持のためのボランティア活動に都市住民の参加を呼びかけたり、椎茸菌打ちや竹の子掘り、収穫祭などのイベントを毎月開催したりしている。

「小江戸」佐原を訪れる観光客を栗源に誘導して、農業体験を楽しんでもらうツアーも生まれている。地域全体がイベントを通じて農園利用者と地元側との交流機会を増やし、地域活性化の一助にしたいと張り切るようになった。

笠間市のクラインガルテンは50区画もある。東京や千葉からやってきて、泊まりがけで農業を楽しんでいる。

全国でざっと66カ所

背景に田舎暮らしへの欲求

滞在型市民農園を開設する動きはここ数年来のトレンドだ。

農林水産省によると、全国にある市民農園の数は14年3月末で4113カ所。このうち、宿泊施設を備えた滞在型の市民農園は72カ所、4150区画で、農園数も区画数も増え続けている。

クラインガルテンは1990年代に関西で登場したのが最初だが、首都圏でも茨城県笠間市（50区画）や同県八千代町、東京都奥多摩町などに生まれている。開設のピークは過ぎたが、これからも増えていきそうだ。

クラインガルテンは、当初それほど人気を集めなかったという。国の補助事業の指定を受け2億4千万円で造成した八千代町の場合、「区画がなかなか埋まらず、ヤキモキした。開村式が予定より1カ月も遅れてしまった」（産業課）と、過去の経緯を紹介する。

それが今では様変わり。八千代町には常時、10人以上の待機者が控えているほどだ。そうなった背景には、田舎暮らしへのあこがれがある。月－金は都会で仕事に従事し、土日は週末農業を楽しみたいというスローライフ志向が高まってきたのだ。

内閣府の調査では、都市住民の38％が「週末は農山漁村で過ごしたい」と答えている。宮城県が首都圏住民に行った調査でも、8割の人が「田舎暮らしに興味がある」と回答している。特に団塊世代を含む50－60代にこの傾向が目立つ。

とはいえ、田舎に常時、定住することには抵抗があるようだ。「時々田舎で暮らしたい」という贅沢な気持ちが強い。そういう人々に向いているのが、クラインガルテンといえそうだ。

被災した町並み取り戻す「小江戸」復興へ官民が全力

（千葉県香取市佐原）

千葉県の北東部、利根川を挟んで茨城県と接する水郷・佐原は、２００６年の1市3町の合併で生まれた香取市の中核である。江戸の文化を取り入れ、独自の文化に昇華させた町並みが「小江戸」と呼ばれる面影をよく残す。その佐原が東日本大震災で被害を受け、観光客が大きく落ち込んでしまった。歴史的な町並みと遠のく客足を1日も早く取り戻そうと、官民一体で復興作戦を展開している。復興のキーワードは「歴史、町並み、心からのもてなし」の3点だ。

復活の手応え「さっぱ舟」
案内人、説明の出番増える

佐原の街ナカを流れる小野川沿いに14年3月中旬、「さっぱ舟」がゆっくりと進んで行く。お雛様や内裏様、3人官女などを乗せた7隻の「さわら雛舟」だ。2日間催したこのイベントに連日、4千人以上の観光客が押し寄せた。久しぶりの大賑わいで街に活気が戻る。

「大震災から3年、佐原にも春が訪れてきた」――予想を上回る人出に、水郷佐原観光協会の増子洋一郎事務局長は笑顔を見せる。

蔵造りの商家が立ち並ぶ佐原の町並みは大震災で瓦が落ち、土壁が崩れたり地盤沈下や液状化現象に見舞われたりと、大きな被害を受けた。歴史的な建造物を含め、約１００棟のうち4割が被災し、修復工事の対象になったほどだ。

10年に７７５万人だった市の観光客は、11年に６３７万人に落ち込んだ。53万人も来た佐原地区の観光客も33万人と4割近くも減少した。12年に６８６万人、13年に６９８万人とようやく増えたものの、客足をもっと早く取り戻すことが官民共通の課題だった。それだけに、14年春の「さわら雛舟」を巡る賑わいは、客足復活への手応えを感じさせるものだった。

こちらは小野川沿いの伊能忠敬旧宅。先ほどから7人の旅行者が市民から説明を受けている。「ここは忠敬が30年以上過ごした店舗と母屋です」「店舗は江戸の名残を留めています」――ハンドマイクから流れる説明に観光客はふんふんとうなずき、納得した様が顔に広がる。

説明しているのは、「町並み案内ボランティアの会」のメンバーだ。吉田昌司さんたちが96年7月に作った民間組織で、会員は商店主や主婦、元教師など12人。中心街を巡る約6㎞のモデルコースを観光客とともに歩き、案内ボランティアが要所、要所で詳しい説明を行っている。

「小江戸といわれる佐原ですが、外観だけではその良さがわからない。説明することで佐原の素晴らしさが味わえる」と吉田さん。震災前は案内件数が年200回、1万3500人にのぼった。案内はすべて無償で、会員は毎日、街ナカを走り回ったものだ。その案内活動が14年以降、再び活発になり、案内人の説明の出番が増えてきた。

まちぐるみ博物館に42店舗
お宝展示し観光客もてなす

「小江戸」と呼ばれる町並みが今も残る佐原。

忠敬橋の近くにある中村屋商店。年の頃60歳前後の女性3人が盛んに話し込んでいた。店頭に飾られた年代物のコレクションのいわれを店のおかみさんから聞き、会話が弾んでイメージを膨らませている様子だ。

畳表や民芸品を扱う中村屋商店は明治中期に建てられた建物で、県の指定文化財。「まちぐるみ博物館」の指定を受け、代々引き継いできたお宝を店頭で展示し、旅行者に公開している。

まちぐるみ博物館というのは、「佐原おかみさん会」が05年夏から始めた観光客への「おもてなし」事業だ。博物館指定の決定権は同会が持ち、指定されるとその店は店内にお宝を飾り、来街者に見てもらうことができる。展示品は何も骨董品や工芸品に限らない。家訓や道具類、匠の技や暮らしぶりを感じさせるものでもいいのだ。

博物館に指定された店は現在42あり、それぞれが随時、個別の常設展示をしたり共同の企画展示（お雛様祭、収穫祭など）に参加したりしている。

観光客がせっかく来ても滞在時間が短く回遊範囲も狭いのが、それまでの佐原観光の悩みだった。これを改善する手立てはないかと、女性らが立ち上がったのが、この事業の始まりだ。

最近では「さわら雛めぐり」（2月上旬－3月下旬）、「佐原五月人形めぐり」（4月中旬－5月中旬）、「さわら町並み夕涼み」（8月）などの散策コースが人気を呼んでいる。

この事業がもたらした効果は大きかった。以前より観光客の滞在時間はかなり長くなり回遊範囲もぐっと広がった。そして何よりもリピーターを増やす効果も生んでいる。

官民一体で町並み保存運動
まちづくり、重層的に広がる

旧佐原市は江戸中期から昭和初期にかけて利根川の舟運で栄えた商業都市だ。その名残が中心街のあちこちにあり、特に小野川沿いや香取街道には時代を超えて風雪に耐えてきた歴史的な建造物が点在している。

そうした建造物や町並みを保存しようという運動が22年前から展開されてきた。発端は「竹下内閣が88年に打ち出したふるさと創生資金。この使い道について市がアイデアを募集したのです」と話すのは、ＮＰＯ法人「小野川と佐原の町並みを考える会」の高橋賢一理事長。

農業振興や商業対策など多様なアイデアが集まり、それ

佐原の町並み復興運動を仲間と立ち上げたNPO法人の高橋理事長。

らが官民合同の「まちづくりを語り合う場」に提出された。ここを通じた話合いがやがて町並み保存計画に集約されるわけだが、市が94年に「歴史的景観条例」を制定し、文科省が96年に市中心街を「重要伝統的建造物群保存地区」に指定するに及んで、市民の関心は盛り上がり官民一体の保存運動へと発展した。

大震災で被災したその伝統的建物や工作物は、官民の協力で今、修理作業が進んでいる。文化財の保護・修復を支援する内外の財団からも、資金援助が寄せられている。こうして江戸の情緒が漂う独特の町並みと景観が再び、日の目を見ようとしている。

ここで注目されるのは、街の保存活動を通じて市民の参加意識が高まり、各種各層の市民や団体、ＮＰＯが新たな町づくり運動に参画していることだ。

「おかみさん会」の博物館事業もそうだが、客を船に乗せて町巡りをする舟運事業、佐原駅前の商店街を再生する街興し事業、成田空港利用の外国人を佐原に招く活動などがその例だ。

町並み保存から出発し重層的に広がるまちづくり運動が、観光振興になることを、佐原は教えている。

農地で太陽光発電事業
広がる「ソーラーシェア」

（千葉県市原市、ソーラーシェアリング上総鶴舞）

2014年春から操業を始めた上総鶴舞ソーラー発電所。

農地に太陽光発電の設備を設置して、農作物を栽培しながら同時に発電事業も行う「ソーラーシェアリング」事業が全国的に盛り上がっている。農業収入だけでなく、売電による新たな収入源を確保することで、農家経営が安定するのが最大の魅力だ。事業環境は２０１４年秋以降、電力会社の再生エネ買い取り保留や固定買い取り制度見直しなどの逆流が起こっているが、ソーラーシェアリングは全国各地で取り組みが広がり、今後とも力強く前へ歩み続ける見通しだ。

畑に３４８枚のパネル
売電収入が年１７０万円

館山自動車道の市原ＩＣから国道２９７号を車で南東に約20分、下矢田地区に農産物を直売する「鶴舞２９７直売所」がある。この裏手にある実家の畑７５０平方メートルを利用して生まれたのが、出力34・8キロワットの「上総鶴舞ソーラー発電所」だ。

発電所を建てたのは、プラスチック原料などを扱う商社「東湘物産」（東京）の専務である高澤真さん。ソーラーシェアリングの考案者である長島彬氏（ＣＨＯ技術研究所＝市原市）が開いた勉強会に参加して触発されたという。

２０１２年秋には東京電力と売電交渉を整えた後、市農業委員会と接触して農地の一時転用許可を取り付け工事に着手。14年４月から鶴舞発電所の操業を開始した。

発電設備は高さ３・５メートルの単管パイプの支柱で架台を支え、そこに１００ワットのソーラーパネル３４８枚を取り付けたもの。稼働から現在まで発電事業は順調に推移している。

初年度の発電量は４万キロワット時。高澤さんは「当初予想を１割以上も上回った」と話す。売電収入は当初、１６０万円と予想していたが、実際は想定以上の１７０万円に上ったと打ち明ける。

発電所の建設資金は約１２００万円で、日本政策金融公庫から借り入れて調達。このまま売電収入を維持できれば、投下資金を８－９年で回収できそうだ。

太陽光パネルは道路や畑の形状など立地条件を考え、３つのブロックで構成している。日影の動きと太陽光の確保を計算して作ってあるので、発電設備の下でも農機を使って農作物を栽培できる。現に高澤さんの両親が落花生や根菜類（サツマイモや里芋）、葉物野菜（白菜、キャベツなど）を普段通り栽培し、２９７直売所などに出荷している。

高澤さんはいずれ実家に戻り、農業を引き継ぐ考えだが、「反収がわずか10万円そこそこというわが国農業の現状では、前途は暗い」と話す。儲かる農業を実現する新たな道筋をつけなければと考えた末に、行き着いたのがソーラーシェアリング事業だったという。

パネルの角度を手動で調整
発電しながら落花生栽培

千葉市を挟んで市原市の北西に位置する八千代市の保品地区でも、14年9月からソーラー発電所が稼働している。父親が所有する畑約3千平方メートルを活用して、兼業農家の今井茂さんがソーラーシェリング協会（市原市）の支援を受けて設置したものだ。

支柱の高さはやはり３・５メートル。架台には中国から調達した１４７６枚のソーラーパネルがズラリと並ぶ。隙間から陽光が降り注ぎ、この下で支障なく農作業ができるよう設計してある。作物の日照確保と太陽光発電を効率よくするため、パネルの角度を1日に3回、手動で調整する。

出力は１４８キロワットで、設置費は５５００万円。家族の貯金を使って建設費を調達した。発電事業は滑り出しから順調で、今井さんは「年間15万キロワット時の発電ペースで進んでいる。売電収入は年５４０万円ほどになりそう」と話す。順調にいけば、設置費は10年以内で回収できる勘定だ。

今井さんは代々続く農家の息子で、時機を見て後を継ぎたいと考えていた。「農業は天候不順などでリスクが大きく、所得が変動するのが悩み」と言う今井さん、ソーラーシェアリング事業による副収入で経営が安定するメドがついたので、15年初夏にも専業農家になる腹だ。

まずは落花生の栽培を始め、営農型発電事業を軌道に乗せつつ、栽培品目を増やしていきたいと意欲を見せる。

今井さんが話すように、ソーラーシェアリング事業のメリットは農家が営農しながら新しい収入源を確保できることだ。高澤さんも同じ考えで、「通常の農業収入に売電収入が加わることで、農家の経営が安定する。この点が大きい」と強調している。

と同時に、地域社会を活性化する効果も軽視できない。「農業が儲かれば、若者の帰農や新規就農も増える」、「耕作放棄地も解消できる」と高澤さんは指摘していた。

農地転用制度を改定
全国に早くも１００カ所

ソーラーシェアリング事業が脚光を浴び出したのは、農水省が13年3月に打ち出した新しい運用通知がきっかけとなった。農地は農地法で農業目的にしか使えないと定めているが、同省は農地転用制度の取り扱いを改め、「営農継続を条件に発電事業への農地一時転用を許可する」との方針を打ち出したのだ。

これを機にソーラーシェアリングへの関心が高まり、同省によると、14年7月時点で全国に１００カ所前後の発電所が誕生、その後も増加している。先進県は千葉県で、10カ所以上も稼働しているほどだ。

もちろん、この事業には課題がある。発電所建設の初期投資が大きいことと、一時転用許可を3年毎に更新する必要があるなどだ。

太陽光発電の売電価格が下落するなど、固定買い取り制度の見直しという逆流も起こったが、それでも事業化意欲は衰えていない。茨城や群馬、長野、静岡、岐阜など各県ではむしろ、導入意欲が高まっている。

兼業農家の今井さんが八千代市に設置したソーラー発電所。

関心高まる「1％支援」制度
市民の参加で地域を活性化

（千葉県市川市）

市民が自分の納める住民税の1％相当分を、希望する市民活動団体（NPO法人やボランティア団体）に提供できる——千葉県市川市が導入した「市民活動団体支援制度」（通称＝1％支援制度）が始まってから2015年で10年がたった。市民の関心は一段と高まり、支援を受ける市民団体もヤル気十分、活動の幅も広がった。市民団体の活動をテコにまちづくりを進めるこの制度が、地域活性化への新風を巻き起こしている。

14年度の支援団体数117 支援総額は1214万円

この制度はまず、助成を受けたい市民団体が毎年2月頃、具体的な事業内容とその事業費、助成希望額を市に届け出るところから始まる。届け出た団体の中から、①資金提供を求める支援対象団体が投票で具体的に選ばれる②支援対象団体が決まったら、その中から市民（納税者）が支援したい団体名を具体的に指定して届け出てもらう③それを基に支援金額を最終決定する——というシステムだ。

始まって2年目の06年度を例に挙げると、応募してきた市民団体を1カ月かけて審査した結果、98団体が支援対象団体に選ばれている。この中から市民が支援したいと指定した有効届出総数が6344人と決まり、支援金総額は1519万円になった。

初年度（05年度）の支援対象団体数は79団体、支援金総額は1101万円で、翌年度は団体数で24％、支援金総額で38％も上回った。その後も団体数は順調に伸び続け、14年度は117団体、支援総額1214万円となった。そうした推移をみると、市民の関心の高さを窺わせる。

何よりも意気込んでいるのがNPO法人などの市民団体だ。98団体が当初希望した支援額は合計で6961万円。

財政力の弱い市民団体にとって、１％支援制度は心強い存在だ。

その線には及ばないものの、希望額の３割をこの制度から調達できるわけで、財政基盤の弱い市民団体にとっては非常に心強い。

市民の支持を得たことで、市民団体の活動はさらに生き生きとしたものになる。活き活きとした活動が継続できれば、「会員数は拡大し活動範囲も広がる。それがやがて地域づくりのパワーになるはず」。１％支援事業に携わるボランティア・ＮＰＯ課の佐藤真弘課長はこう述べる。

多方面にわたる活動分野
どれも市民主役の街づくり

支援対象団体に選ばれた98団体が自らの事業内容を公開するプレゼンテーションに参加してみた。そこで紹介された98団体の活動分野は、驚くほど多方面にわたる。保健・医療・福祉の増進を目指すものが28団体、子どもの健全育成を目指すものが22団体、学術・文化・芸術・スポーツの振興を図るものが15団体などとなっており、まちづくりの推進や環境保全を目指す団体も含まれている。

活動内容も実に多彩。例えば、市川駅北口で快適な街づくり運動を展開中の「元気！　市川会」。商店主や大学生、市民有志42人がつくった組織だが、町の防犯力を高めるため前年から防犯カメラの設置を進めている。

「1％制度で得た資金を使って、昨年は5基のカメラを設置できた」と打ち明ける代表の田平和精さんは、「今年も212人の支持が集まり、35万円の市税が使える。これで3基設置したい」と顔をほころばせる。

「花はいっぱい、ごみはゼロを推進し、クリーン・グリーン市川をつくる」という団体もあれば、「家庭の生ゴミを堆肥にして資源化し、循環型社会を作る」という団体などなど――。

「どの団体もすばらしい活動をしているが、市川市のいいところは継続的に活動をしている団体が多いこと」と語るのは、企画部の杉山公一部長。その言葉を裏書するように、初年度の支援対象団体のうち8割に当たる62団体が、2年目の06年度にも支援対象に名乗りを挙げていた。

行政と市民団体が役割分担 高揚させたい地域の一体感

1％支援制度は、ハンガリーの「％法」（所得税の1％分をNPOなどに支援）をヒントに実現したものだが、同市がこれを導入した背景と狙いは2つある。

1つは、これからの地域づくりは市民主体で実現することが必要で、そのためにも市民団体の活動の活性化が求められるという点だ。社会の成熟化とともに市民の求めるニーズは多様化・複雑化し、行政がサービスを一手に担うという時代ではなくなった。行政だけでは対応できないニーズも増える一方だ。画一的で大量に対応するこれまでの行政スタイルでは、市民との間でズレが生じる。

そのズレをNPOやボランティア団体の創意ある活動で機動的に埋めていくことが求められてきた。つまり、行政と市民団体がパートナーを組み役割を分担し合って、市民のニーズに応えていく時代となったのだ。

人口47万2千人、東京のベットタウンとして発展する市川市は、もともと市民団体の活動が盛んなところ。同市によると、市民活動団体数は270に達し、NPO法人だけでも87ある。そうした団体の多くが活動資金の不足に悩んでいたため、市民団体の活動を保証する方策として、1％支援法に行き着いたという。

もう1つは市民にコミュニティー意識を高めてもらうこと。

同市には納税者が22万人いるが、会社勤めの人が多いため、7割は給料天引きで納税している。だから税についての関心が低く、税の使われ方はもとより、市政の動向や地域の動きにも無関心層が多い。もっと納税意識を高める施策をとれば、市民の一体感が高まり地域づくりに役立つのでは、というわけだ。

1％支援制度に対する市民の認知は、ここへきてかなり進んだ。市民団体も市民主役の街づくりに精を出し始めた。とはいえ、10年経って改善すべき課題も見えてきた。

届出総数が増えたとはいっても、全納税者の3％そこそこ。もっと増やすためには市民への周知方法の強化が必要だ。投票の権利が市民税を納める世帯主にしかないという課題もある。「制度への参加者を納税者以外にも広げて」との声に応えることも大切。そして、成果や効果の検証を怠ると、折角作った制度が空洞化する恐れもある。

「改善すべきは改善する」——市川市は新たな角度から制度設計や運用面での改善を検討している。

「1％支援」制度で町づくりを進めようと、市民に訴えるポスターが市内各地に張り出された。

住宅団地に福祉・交流の拠点
高齢化社会へ居住環境を整備
（千葉県千葉市、NPO「ちば地域再生リサーチ」など）

住民の高齢化が進む東京圏の住宅団地で、医療や介護、多世代交流などの複合施設を併設する動きが高まっている。千葉市稲毛区の園生団地には「生活クラブいなげビレッジ虹と風」が、同市美浜区の海浜ニュータウンでは「多世代交流ステーション・にこりこ」が相次いで登場した。高齢者の居住環境を整えると同時に、多世代の住民が触れ合う街づくりを目指そうとの戦略だ。

NPO運営の新施設
多世代が気軽に交流

JR京葉線の稲毛海岸駅から歩いて7分、食品スーパーや商店など18店が入る千葉市美浜区の高洲第1ショッピングセンター内に2013年10月、「にこりこ」がオープンした。40平方㍍の空き店舗を改装してつくった施設内に足を踏み入れると、幼児連れの若い母親10組が「ベビーマッ

高洲第1ショッピングセンター内に事務所を構える「ちば地域再生リサーチ」。

サージの講習」を受けている最中だった。

親子で遊べる無料のキッズスペースには玩具が用意され、子ども用のトイレやおむつ交換、授乳ができる場所も整っている。買い物の途中に気軽に立ち寄れるいこいのスペース、手作り工芸品の展示販売コーナーもある。

日々の困りごとの相談に乗る窓口を設けたり、お裁縫や繕い物ができるようミシンを置いたりと、気配りが行き届いている。週に3回は立ち寄るという70代の主婦は「ちょっとした待ち合わせに利用できて助かる」と話す。

「にこりこ」が店開きすると、絵本の読み聞かせや料理・お菓子教室、日曜大工の講習会、手作り小物ショップ講座、年金・ローン相談会などのイベントがひっきりなしに開かれるようになった。地域住民が持ち込むイベントが多く、子育てを終えた世代の知恵を活かして子育て世代を応援する機会が増えてきた。

住民が気軽に立ち寄れて、「にこにこ笑顔になれる」場所にしたいというのが、「にこりこ」と名付けた理由だが、その名の通りの施設となった。

運営するのは海浜ニュータウンの団地再生を目指して千葉大学の建築系教員が03年に設立したNPO「ちば地域再生リサーチ」。「にこりこ」について、鈴木雅之事務局長は「子どもから高齢者まで気軽に立ち寄れる空間になればいい。多世代交流のモデル事業にしたい」と意気込む。

地域の衰退防ぎたい 高齢者に受ける宅配事業

海浜ニュータウンは高洲、高浜地区を中心に都市再生機構（UR）の分譲・賃貸住宅や県営・市営住宅、民間住宅などが集合する人口11万人のベッドタウンだ。高度成長期に建設されたため、住棟の老朽化が目立つ。住民も高齢化が進み、老齢化率は40％に達するほどだ。

最近では高齢者の独居世帯と空き部屋の急増が地域の大きな悩みだ。「このままでは地域の活力が衰退してしまう」（鈴木事務局長）というので、ニュータウンを活性化させる再生事業と取り組んでいる。

部屋のリフォーム事業や住宅修理事業、高齢者の買い物支援や安否確認サービス、団地学校の開催を含む文化事業などが主なものだ。これら再生事業の中で、特に住民に受けているのが買い物の宅配事業だ。団地住民が最寄りのショッピングセンターで買った商品をNPOスタッフが1袋50円で各家庭に配達するサービスである。

地域に多い5階建ての中層団地はエレベーターがなく、

バリアーフリー化が遅れている。体力が衰えた年配者がお米や水など重い荷物を持って上がるのは厳しい。宅配事業を利用すれば、住民は手ぶらで帰宅できるので、高齢者でも買い物が楽しめるのだ。

宅配事業は今や、年4千万円もの事業規模に達し、これを7人のスタッフでこなす。

「にこりこ」が軌道に乗れば、団地に活気という付加価値が加わり、地域の魅力が増す。「魅力が増せば若い居住者をこの地に呼び込める」と鈴木事務局長は期待を寄せる。

建て替え跡地に「虹と風」
30分圏内の住民に好評

一方、海浜ニュータウンより2年も早い11年8月に稼働したのが、UR園生団地の複合施設「虹と風」だ。半世紀前に建てた低層団地を集約し高層棟に建て替えた跡地を活用して造られた。住民の生活支援や福祉ニーズに応える拠点として活動している。

「虹と風」は、高齢者向けのサービス付き賃貸住宅「サポートハウス稲毛」（20人収容）を軸に、虹の街、風の村という2つの棟で構成している。

風の村には24時間365日対応の診療所があるほか、訪問看護や訪問介護、デイサービス、ショートステイ、障害児支援などのサービスを行う福祉・医療施設を集めている。虹の街には地域住民の生活を支援する施設が集まる。安全・健康が謳い文句の食料品店をはじめ、カフェ、鍼灸院、福祉用具のレンタル、買い物代行サービスや子供の一時預かりなど、多様なサービスを提供している。

運営するのは社会福祉法人生活クラブや生活クラブ生協、NPOなどの6団体。各団体が持ち味を生かし役割を分担して協同経営している。

稼働して2年半経つが、サポートハウス稲毛は満室だし、虹の街の各施設も地域住民から喜ばれている。事業基盤がようやく固まり、島田朋子施設長は「全体では収益を確保できるようになった」と、表情をほころばす。

周辺30分圏内の住民が必要とする医療や福祉、生活支援などのサービスをしっかりと提供できる地域体制を確立する——それが「虹と風」の目標だ。

住宅団地に福祉や保育、子育て支援の施設を設ける動きは今後、東京圏でさらに広がりそうだ。現に高根台団地（千葉県船橋市）では、13年春URが認可保育所を誘致しているし、相武台団地では、13年末神奈川県住宅供給公社

園生団地にできた複合施設「虹と風」。

がサービス付き高齢者向け住宅と看護・介護、リハビリ、子育て支援などの複合施設を開設している。

高齢化社会を迎え、住み慣れた所で安心して生活できる環境づくりが重視され出した。

千葉大学がロハスな街づくり
動き出したケミレスタウン
（千葉県柏市）

ロハス（環境や健康を重視した生活スタイル）の考えを取り入れた街づくり――千葉大学が柏の葉キャンパス（千葉県柏市）で展開するユニークな活動が本格化してきた。薬膳など東洋思想に基づいた医療の研究、園芸で病気を和らげる園芸療法など、先端的な農学研究が軌道に乗ってきたほか、「ケミレスタウン」プロジェクトと呼ばれる次世代の住環境づくりも立ち上げた。大学が持つ知的資源を未来の地域づくりに積極的に活かそうという千葉大の挑戦的な試みだ。

実験棟など4棟が完成
住宅メーカーなどと共同研究

つくばエキスプレスの柏の葉キャンパス駅から歩いて5分。2003年に開かれた千葉大のキャンパスは、大型商業施設「ららぽーと柏の葉」と向き合うように立地している。16万6千平方メートルの敷地に付属農場や果樹園が広がるが、その一角にお目見えしたのが「ケミレスタウン」である。

このプロジェクトは千葉大が住宅、建材、家具、ガスなど住宅関連企業22社と提携して進める共同事業で、化学物質をできるだけ使わない住宅を建設し、健康に影響を与えない住環境を研究し提案するのが目的。中でも頭痛やめまい、発熱などさまざまな症状を引き起こす「シックハウス症候群」に的を絞って研究しているのが特徴だ。

プロジェクトの責任者、森千里教授によると、約4千平方メートルの用地に実験棟6棟と診療所や展示室、セミナー室などを備えるテーマ棟をつくるのが最終目標という。すでに積水ハウス、東急ホームなどが4棟の実験棟を完成済みで、テーマ棟も出来上がっている。

テーマ棟では内外に情報発信する設備を整え、次世代の

千葉大学は柏の葉キャンパスでユニークな研究活動を続けている。

街づくりを提案する展示室も稼働している。化学物質の汚染による健康影響を相談する診療科も活動を続けている。実験棟は建材や家具がしっくいや米のりなどの自然素材でできており、どれも化学物質（ケミカル）の少ない（レス）建物ばかり。見学者が「健康に良さそう」とあちこちに手を伸ばす。

「実験棟には私も試験的に入居したが、ケミレス環境が整っているなと実感できた」。プロジェクトの一員である戸高恵美子助教は、ケミレスタウンの印象をこう語る。

希望家族を募り実証研究
次世代の街づくりを研究・提案

シックハウス症候群といっても実態の解明はなかなか難しい。森教授は、２００３年の法改正で国がホルムアルデヒドなど2種類の化学物質の使用を禁止・制限し、13種類の室内規制値を定めたが、「その後もシックハウス症候群に悩む人は減っていない」と説明する。

この症状は個人差が非常に大きい。揮発性物質の室内濃度が高くても発症しない人もいれば、低い濃度で反応する人もいる。因果関係の究明には実証実験を積み重ねるしかない。

そこで、シックハウス症候群が疑われる小児とその家族を対象に08年夏、希望者を公募し、実験棟で一、二週間ほど生活してもらい実証研究を行った。症状の変化や化学物質との関係などを調べ、テーマ棟の診療科で血中濃度を測定する体制を取ったのだ。そして、「どのような環境を整えれば発症しないか」を明らかにするのだ。

プロジェクトの対象期間は10年度までの5カ年間。08年の3年目で途中経過を聞いたが、成果はまだまだだった。研究は10年度を過ぎても続き、「改めて研究に本腰を入れ、大人より汚染物資に敏感な小児や胎児を基準においた次世代の家づくり、街づくりを提案したい」と森教授らは意気込む。

研究成果を提案するだけでは実際の社会に役立たないというわけで、ケミレスタウンを推進していく組織も早々につくっている。06年2月に登記したNPO法人「ケミレスタウン推進協会」（理事長古在豊樹・前千葉大学長）がそれで、ケミレスタウンの基準や仕様、建設や施工のマニュアル、認証制度などを策定して社会に広く普及させる仕組みまで構築している。

人気呼ぶ「柏の葉診療所」
園芸療法の研究にも力こぶ

柏の葉キャンパスは学部ではない。環境健康フィールド科学センターと呼ばれ、医学や薬学の他に園芸学、看護学、教育学などの専門家が集まる学際研究機関だ。専任教員だけで20人近い学者がおり、「環境」と「健康」をテーマにした先端的な研究活動と取り組んでいる。

このキャンパスで地域から注目されているのが04年6月から稼働している、果樹園の中にある「柏の葉診療所」だ。漢方の研究成果を診療に活かす日本でも珍しい診療施設で、存在を知った患者が診療を受けたいと殺到し、「いつも3カ月以上の予約待ち」（医療スタッフ）というほどの人気である。

診療所には医療スタッフのほかに薬草の専門家、園芸療法のための園芸の専門家らが常駐し、漢方医療を中心とした診療を実践している。漢方医学はひとりひとりの体質を見極め人間の持つ自然治癒力を活性化させるのが真髄なので、患者の体質を調べる最初の問診だけで20分以上も時間をかける。

「2時間待ちの2分診療」とけなされる各地の総合病院（西洋医学）とは全く異なる。こうした親身な医療サービスの展開が、人気を呼ぶ秘密のようだ。

「ららぽーと柏の葉」に入居し、医療活動をしていた「柏の葉鍼灸院」も人気が高かった。鍼と灸を使って全身の血流を改善し局所の症状を改善するのがここの持ち味で、年配層だけでなくニューファミリー層もよく訪れた。「2カ月待たないと診療を受けられない」（松本毅院長）というほど流行った。診療所は途中で「ららぽーと柏の葉」から撤退してキャンパスの一角に移ったが、人気は相変わらず高い。

園芸作業を通じて心身の健康を増進させたりリハビリに役立てたりする園芸療法も、センターが力を入れる領域だ。現に隣の千葉県がんセンターの末期がん患者を受け入れ、緩和医療の一環としての園芸医療と取り組んでいる。

地方自治体や地域住民と多面的な協力関係を築き、ロハスな街づくりが産学官連携で着々と進んでいる。

柏の葉キャンパスでは次世代環境健康学のセミナーを開いた。

子育て世代を大量誘致
街の魅力訴えるPR作戦

（千葉県流山市など）

千葉県北西部から茨城県南部にかけてのTX（つくばエクスプレス）沿線で、住民誘致を巡る自治体間の競争が白熱している。人口減少時代を迎え各市が一斉に定住人口を増やす積極策に転じたもので、呼び込む狙い目はどこも共働き子育て世代。若い女性が「住んでみたい」と思う街づくりを進めると同時に、民間公募のスタッフを軸に街の魅力を内外に発信するシティーセールス合戦を繰り広げる。

転入超過数が全県で1位
保育所の定員を大幅増員

「都心から一番近い森の街」を標榜する流山市は10年以上も常住人口が増え続けている。2005年の約15万2千人が14年には約17万2千人と、10年間の増加率が12・8％。年平均で2千人近くも増え、14年の転入超過数は2387人と千葉県下で最多となった。

30－40代の子育て層が今や、最大のボリュームゾーンを形成している。人口増加数に占める0－9歳の比率は20％で、若い街という点で流山は県下で突出している。

このような人口増をもたらした理由はいろいろある。05年のTX開業で、流山が人気の高い住宅地になったという事情も理由の1つだが、それよりも「住んでみたい」と若い女性から選ばれるような街づくりを目的意識的に進めたことの方が大きいようだ。

同市が展開する街づくりは大別して2つある。第1は育児支援策を充実し子育てしやすい環境を整備したことだ。

待機児童を解消するため、同市は保育所を新増設し定員を積極的に増やしている。定員を14年度に298人、15年度には一気に629人も増やした結果、ここ10年間の定員増加数は1933人に及ぶ。市内の私立保育所で働く保育士を確保するため、新しい奨学金制度も整えている。

子育て支援センターや親子サロン、赤ちゃんほっとスペースなどの施設づくりはもちろんのこと、就学児童の増加に伴い、15年度には市立では初の小中併設校となる「市立おおたかの森小・中学校」も開校させた

子育て世代を呼び込むため、高齢者が住む住宅へ子育て世代が住み替えるのを支援する事業も始めた。

昭和30年代に住宅地として開発された同市の住宅団地には、敷地が１００坪前後の住宅が多い。子育てを終えた高齢者世帯では広い家をもてあます人々が出始める一方、広くて安い中古住宅を希望する子育て世帯が増えてきた。双方のニーズを仲立ちするのが住み替え支援事業だ。

人気呼ぶ送迎保育事業
「母になるなら、流山市」

中でも、子育て世代から高く評価されているのが、07年度から始めた「駅前送迎保育ステーション」事業だ。

ＴＸの「流山おおたかの森」駅と「南流山」駅に拠点を設け、朝の通勤時にそこへ子どもを預けると、市内の各保育所にバスで送ってくれる。おおたかの森からは4ルートで市内の全保育所へ、南流山からは1ルートで8園へ送迎する。夕方はバスで拠点へ送り返し、駅前で子どもを引き

TXの「流山おおたかの森」駅の近くにある「送迎保育ステーション」。流山市の子育て施設だ。

渡してくれる取り組みだ。

夜9時まで預かってくれるので、残業の多い両親には好評だ。運営は社会福祉法人に委託しており、利用は登録制。料金は１回で１００円、１カ月契約だと2千円と手頃なので、利用者数が年間延べで5万人以上にものぼるヒットサービスになっている。

保育事業を拡充するため、同市は15年度から、子育て支援に関する情報提供と相談を一元的に提供する「子育て支援総合窓口」を新設した。専門の相談員２人が常駐し、市民に対応する。

２点目は、街の魅力情報や行政情報を組織的に発信する独自の仕組みを作ったこと。04年に新設したマーケティング課がそれで、課長と広報官は民間から公募した。課長は宣伝やイベント企画、ロケ誘致に力を入れ、広報官はマスメディアや電子媒体を使った宣伝を担当する。

「子育て世代を呼び込むのがマーケティング課の主要業務」（河尻和佳子広報官）なので、流山のイメージを高め知名度を広める宣伝を重視している。10年度から首都圏の主要駅で展開する駅貼りポスター「母になるなら、流山市」、「父になるなら、流山市」は、その斬新さで若い女性を惹き付けるヒット広告になった。

定住者を増やすにはまず、流山を知ってもらう機会が必要というわけで、イベントにも力を入れる。5月の「グリーンフェスティバル」、8月の「森のナイトカフェ」を軸にイベントを連発、延べで年13万人以上の集客を誇る。

阿曽義浩課長らは、イベントを「交流人口を増やすプロモーションツール」と位置付け、交流人口を拡大させることが知名度を上げ子育て世帯の流入増に繋がると捉える。

周辺市も対抗策
街の売り込み役を公募

流山市のシティーセールス活動は、周辺やＴＸ沿線の自治体に波紋を広げ、各市が対抗策を講じ始めた。

茨城県南部のつくば市が13年10月に民間から公募した入沢弘子氏を広報課プロモーションマネジャーに起用したのに続き、同県守谷市も14年3月、シティープロモーションマネージャーを民間公募し、進藤道子氏が就任した。

14年4月に「あびこの魅力発信室」を設けた我孫子市は同年秋にやはり民間公募で室長を公募し、深田一彦氏が就任。松戸市は街の魅力や話題を発信する市民記者を募るなど、巻き返しに大わらわだ。

「30年近くも待機児童がゼロだ」（我孫子市）、「経済誌選

シティープロモーションを強化し始めた守谷市の市役所。

定による住み良さランキングで全国1」（守谷市）というように、各市とも優れた広報材料を持つ。「それらを魅力情報として内外に戦略的に訴え続ける」（進藤氏）構えだ。子育て世代を呼び込む住民誘致合戦が火を噴き出している。

保育市場に企業進出相次ぐ
女性の社会進出を支援

（東京都、保険、私鉄、学習塾など）

社会福祉法人などが支えてきた保育サービス市場に、民間企業が相次いで進出している。第一生命保険が２０１２年4月、首都圏で2カ所の保育園を新規開設したほか、私鉄や学習塾などの企業も競って学童保育事業を手がけ出した。民間ならではの工夫を凝らしたサービス・メニューを打ち出すところが多く、共働き世帯の社会進出をしっかりと支えようとしている。

小学校から施設まで送迎
社会性など養うプログラム

東急東横線の都立大学駅を下り、沿線脇の道を自由が丘駅方面に歩いて3分。民間ビルの2階に12年春、誕生したのが「ＫＢＣ・α都立大学」だ。東急グループのキッズベースキャンプ（ＫＢＣ＝東京、島根太郎社長）が経営する学童保育所で、中を覗くと、床面積１００平方メートルほどの室内で13人の会員（小学生）が宿題などに取り組んでいた。

「キッズコーチ」と呼ばれるスタッフは、学習指導は一切行わず、子どもたちが集中して宿題をこなすよう励ましたり見守ったりするのが仕事という。「上から教えるのではなく、子どもの力を引き出して解答を出すよう心掛けている」とは、小塩隼人マネージャーの説明だ。

キッズコーチは資格の有無に関係なく一般から公募し、「資格より経験、経験よりパーソナリティー」を重視して選ぶ。会員10人に1人の割合で配置するのが基本で、都立大学店では2人のスタッフが働いていた。

通常、ここでの1日のスケジュールはこんな具合だ。午後2時に小学校から施設まで車で送迎し、3時から1時間の学習時間をこなした後、皆でおやつを食べる。その後は7時ごろまでイベントや外遊びを楽しみ、保護者の迎えを

都立大学駅近くに開設したKBCの学童保育。習い事や学習支援のサービスもある。

待つというもの。

1カ月の利用料金は週5日コースで4万〜5万円と公設より高いが、魅力ある時間を過ごせるよう工夫を凝らしている。例えば、スポーツ大会や野外ツアー、工場見学、模擬店開催、大使館訪問などを随時折り込むなど、イベント面で多彩なプログラムを組んでいるのが特徴だ。

「小学生が放課後に過ごす時間は年1600時間。在校時間より400時間も多い。この時間を活用して子どもに自立心や社会性を身に付けさせるのが当社の役割」と広報・広告チームの三沢敦子チーフは強調した。

公営の弱点突き、民営が登場
東急、京王、小田急と続く

厚労省によると、自治体などが運営する公営の学童保育施設は全国で約2万カ所。利用料が月5千円ほどと安いのが利点だが、利用児童数が増えて収容し切れず、待機児童が増すばかり。

その公営施設だが、弱点は預かり時間が短いこと。「施設数が足りないし、午後6時で終わり。食事も出ない」と保護者の不満が高まる。働く女性らは残業もできず、働き方を変えたり退職したりと変更を迫られる。そんな弱点を突くように預かり時間の延長に応じ、食事の提供や習い事、学習支援も付加した民間の学童施設が登場してきた。

その先駆けがKBCで、06年に1号店を三軒茶屋に開いて以降、東急沿線で次々と店舗を開設してきた。14年春現在で23店を数え、会員数4千人近くを誇る。

東急グループに続き、京王電鉄や小田急電鉄も学童保育事業に乗り出した。千歳烏山駅南口に11年夏、20人定員の「京王ジュニアプラッツ」を開設した京王は、施設数を当面、5カ所まで拡充する構えだ。小田急も12年3月、喜多見駅の高架下に40人定員の「小田急こどもみらいクラブ」を開いた。現在は4カ所に店を持つ。

両社とも沿線中心に学童保育施設をさらに増やしていくと意欲を見せる。共働き世帯を沿線に誘致すれば、「沿線の魅力が増すし、鉄道の顧客も増える。相乗効果が期待できる」と小田急広報部は狙いを話す。

学童保育施設の開設に最近、とみに熱意を燃やしているのが学習塾だ。学習塾「明光義塾」を展開する明光ネットワークジャパンが東京・練馬区に学童保育と学習塾を兼ねた新しい保育施設「石神井公園教室」を開いたのが典型だ。

学習塾も学童保育に意欲
第一生命保険は保育所を展開

SAPIX・代ゼミグループのジーニアスエデュケーションも都内で2カ所の学童保育「ピグマキッズ」を運営しているほか、栄光も東京・恵比寿に学童保育機能を持つ学習施設「恵比寿アカデミーガーデン」を開いており、機会を見て増強していく計画である。

学習塾「TOMAS」を展開するリソー教育グループの伸芽会（東京）が都内4カ所で開く保育施設「しんが〜ずクラブ」はやや変わった存在だ。送迎サービスや給食の提供などは他の学童保育所と同じだが、対象を1歳児－小学3年生に絞っていることと、預かり時間が午後9時までと長い点が異なる。

プログラムも習い事や受験教育を重視しているのが特徴だ。1－3歳児には保育の中で幼稚園の受験指導を心掛け、年少児－小学3年生には国立小や中学の受験教育を施す。そして「しんが〜ずクラブ」の卒業生には、「TOMAS」への参加を勧める仕組みを採っている。

一方、乳幼児の保育を担う保育所事業でも、他分野からの企業参入が目立つ。最近、耳目を集めたのが、東京都内の自社ビルに12年4月、2カ所の保育所を開いた第一生命の動きだ。

品川区のアスク西大井保育園（定員70人）は日本保育サービスに、杉並区の新高円寺園（同28人）はピノー社にそれぞれ運営を任せている。これを機に同社は、「今後、東京や名古屋などの大都市圏に数十カ所の保育所をつくる」と意欲を見せる。14年夏時点で東京、千葉市、神戸市などに10カ所の保育所を新設しており、合計422人の幼児を受け入れている。

保育所は学研ホールディングス、小学館グループなど出版社のほか、人材派遣、英会話教室、水泳教室などからの参入もある。子育て支援を通じて働く女性の社会進出を支えようとの仕組みが太くなってきた。

一日のスケジュールに沿って指導役のスタッフが児童たちをうまくリードしていく。

区内全駅に大規模な駐輪場
景観改善し安全な街づくり

（東京都江戸川区）

駅前の放置自転車問題が大都市で深刻化している。景観を損なうだけでなく、高齢者が躓いて転んだり身体障害者が立ち往生したりするなど、安全な街づくりを進めるうえで障害となってきた。こうした事態を解決しようと、放置自転車ゼロを目指して「総合自転車対策」を展開しているのが、人口68万人の東京都江戸川区だ。対策の中心が利用者が料金を支払って駐輪する「使用料制駐輪場」だ。

「使い勝手が良い」と市民が評価
数年かけて区内全駅で整備

江戸川区役所から船堀街道をバスで約15分、都営地下鉄新宿線の船堀駅前に２００６年10月、高さ22メートル、建物面積２８１平方メートルの機械式駐輪場がお目見えした。収容規模は１５００台と大きいが、「完成してから2カ月で利用者が満杯になった。空きが出ると、すぐ次の利用者で枠が埋まってしまう」と語るのは、江戸川区土木部駐車駐輪課の桑江一久課長（取材時、現在は組織が変わり、土木部施設管理課が担当）。空きを待つ待機者が２００人以上もおり、稼働率は80％以上を維持しているとも付け加えた。

この駐輪場は利用時間が午前4時半から翌日午前1時までと長く、利用料金が１８５０円（1カ月定期）と手ごろな点が、利用者に支持されている。センサーで入庫自転車を識別し、ＩＣタグで入出庫作業を瞬時に行うため、秒単位で格納でき、イライラしなくて済む優れもの。要するに、使い勝手の良さが市民から高く評価されている理由だ。

江戸川区はＪＲや私鉄、地下鉄が5路線も東西を横切って走っており、駅数が12もある。地形が平坦なため、多くの住民が手軽な移動手段として自転車を利用しているが、人口が急増した１９９０年代後半から、駅周辺での放置自

江戸川区が新設した駐輪場。センサーで入出庫を管理している。

転車が目に余り、区民の苦情の種となっていた。

これを解決するため1996年、区が12駅全部に大型駐輪場を整備する計画を打ち出したのだ。JR平井駅のそばに3050台収容の地下駐輪場を作ったのが最初で、4億円をかけて建設した船堀駅前は8番目の大型駐輪場となる。

放置ゼロへ「総合対策」実施
駅ごとに民間に一括委託

駐輪場はすべて、駅から200メートル以内に建設されている。そして駅ホームへの出入りにも工夫を加えるなど、利便性を最優先している。土木部が区内の駐輪場を詳しく調べた結果、「200メートル以上離れたところは利用が極端に少ないことが分かった」(土屋信行土木部長＝当時)ためだ。土屋さんらは、利用してもらう駐輪場を作らなければ放置自転車の解消に繋がらないと考え、200メートル原理を基本に据えた駐輪場をつくることにしたのだ。

利便性を優先した駐輪場の建設は大きな効果をもたらした。相次ぐ駐輪場の登場で、放置自転車台数はピーク時から8割以上も減少したという。しかし、同区の最終目標はあくまでも「放置ゼロ」。この目標をインフラの整備だけで実現するのは難しいと見て、05年度から「総合自転車対策」を実施した。

対策は12駅全部に駐輪場を整備するという従来計画を継続するとともに、①放置自転車の禁止方式を道路路線制からエリア制に変更②業務委託を駅別一括制に切り替え③自転車利用者への啓発活動の強化④駐輪場利用は有料制に――という内容。

この中で興味深いのが駅別一括業務委託だ。それまでのやり方は、駐輪場の管理だけを民間に委託し、放置自転車の撤去は区が、マナーの呼びかけやポスター配布などの啓発活動は地域住民が担当するなどバラバラだった。これでは効果が期待できないと見て、自転車に係わる業務全部を1本化し、駅ごとに民間に一括委託する方式に代えたもの。

委託先は希望する民間企業から業務提案を募り、最も良い提案をした企業を選定委員会が選ぶという方法を採用した。毎年評価し、契約の更新はその結果で決まる仕組みになっているため、受託企業はいつも緊張感を持って業務をこなしている。

総合対策の実施で、効果は一段と上がってきた。ピーク時に瞬間で6329台（01年5月）あった7駅周辺の放置台数が06年10月時点で639台と9割も減少した。

国内最大の地下駐輪場を建設
街づくりにさまざまな効果

同区はその後、東京メトロ東西線の葛西駅に収容能力9400台という国内最大の地下駐輪場を建設した。駅の南側にあるロータリーの地下を有効に活用して整備したもので、総事業費は69億3000万円。完成は08年3月で、同年4月から稼働した。駐輪場整備計画は途中で11駅に変更したが、これらが完成すると、区営駐輪場の収容規模は一挙に5万台を超える。

「インフラが整い、総合対策を根気よく講じれば、放置自転車は一掃できるのではないか」と、桑江課長らは期待を込めて語ったものだ。

放置自転車問題と本格的に取り組んだ結果、街づくりの分野にさまざまな波及効果をもたらした。駐輪場のある11駅周辺では溢れかえっていた放置自転車が激減し、都市の景観が見違えるほど改善、道路の走行環境や歩行環境が良くなった。自信を得た商店会は「駅前クリーン運動」を繰り広げ、小中学生は「自転車体験総合学習」を行うなど、安心安全な街づくりに向け地域力が格段に向上した。

同区は駐輪経費や放置自転車の撤去費などで年間5億円を計上、収入を引いた2意5000万円ほどが持ち出しだった。それが駐輪利用の有料制によって現在、駐輪場の運営は利用料の範囲内で賄えるようになった。しかも、放置台数が減るとともに、撤去費や保管費も減少するので、浮いたカネを街づくりの他の分野に使用できる余地が高まっている。これも大きな利点の1つだ。

中心市街地の活性化を目指す大都市にとって、放置自転車は負の一部。何とか解決したいと悩む都市は非常に多い。放置自転車ゼロに向けた江戸川区の挑戦は、共通の悩みを持つ他の大都市にも多くの示唆を与えよう。

江戸川区が駅近くに建てた駐輪場。放置自転車の解消に役立っている。

都民に静かな農業ブーム
農のある暮らしを楽しむ

（東京都国立市、くにたち市民協働型農園の会）

農業とは最も遠い存在といわれる東京で、農地に親しみ農業を楽しむ生活スタイルが広がっている。家庭菜園でプチ農業を楽しんでいた退職者が体験農園で本格的な農作業を始めたり、若い女性が平日に仲間と野菜づくりに精を出したり、農園内で地場野菜の料理パーティーを開いたりと、農を活かした暮らしがブームとなる様相だ。農業への都民の関心が高まる中で、農のあるまちづくりに乗り出す自治体まで現れている。

農地に新手の居場所づくり
料理、婚活パーティーも実施

ＪＲ南武線の谷保駅から車で約10分、国立市谷保地区は市街化区域ということもあって、周辺は宅地化が進み、物流施設なども立地して農地がどんどん減っている。ここでナシ園を経営していた農家から5年契約で農地を借り、2013年3月に新しい農園を開いたのが「くにたち市民協働型農園の会」だ。

農園の名前は「はたけんぼ」。約800平方メートルの農地には区分けした畑や水田に広場、炊事場などが備わる。野菜づくりなど農作業だけに特化するのではなく、収穫祭や農家との交流会、料理教室、婚活パーティーなど多種多様な企画を都市生活者に提案、都民が気楽に参加し交流できる新手の居場所づくりに役立てるのが、目指す姿だ。

農家や事業家など4人で設立した農園の会のメンバー、小野淳さんはこう言う。「野菜を作って売るだけが農地ではない。イベントを開くなど、市民参加の農園を作り新しい都市農業の在り方を模索したい」。

「はたけんぼ」が取り組んでいる活動は4つ。第1は年3回開く農園祭だ。ジャガイモの植え付けや野菜の種播きなど春の行事と、秋の収穫祭などが中心で、会費制だが、

「農園の会」が開いた「はたけんぼ」。都民に農ある暮らしを提案している。

都民なら自由に参加できる。市民が農家と交流したり農地に触れたりする機会を作り、東京の農業の実態を知ってもらうのが目的だ。

第2が畑会員の活動だ。農地を8坪ごとに区分けし年6万円で貸す事業で、対象は法人や市民団体に限っている。大塚製薬や市内のパン工房など7件の契約が決まっており、社員家族を招いた食育教室や農作業を通じた新人社員の研修会、婚活パーティーなどに活用されている。

参加者は年間2千人超
「農あるまちづくり」始める

「はたけんぼ」が取り組む3つ目は「田んぼ会員」の募集だ。会員は小学生以下の子どもがいる家族が対象で、年会費は1万円。毎年度、20家族ほど募集しているが、応募者は20組を超すようだ。

会員になると、稲作作業を1年間体験できる。代《しろ》かきや畦塗り、田植え、草取りと家族そろってお米づくりに参加し、秋には脱穀して収穫を祝うという趣向。レクリエーション気分で稲作が体験できると喜ぶ会員が多いようだ。

第4が農園マスターの養成講座。市民参加型農園の開設を目指す人や就農希望者を対象に講座を開き、都市農業を守る人材を育成するのが狙い。講座数は年10回、受講料は年5千円で、受講生は8人ほどだ。

このほか、農園の広場を借りて各種イベントを催す市民が尻上がりに増え出した。環境教室を行う幼稚園、小麦を作って自前のパンやうどんに加工する市民団体、外国人留学生が交流するバーベキュー大会など、16件の催しが広場で実現した。

「はたけんぼ」への参加数は毎年1千人以上に上る。「農業への都民の関心は高い」と小野さんらは手応えを感じており、14年度の参加目標を倍の2千人に設定し、実現した。こうした状況に刺激を受け、国立市も「農業、農地を活かしたまちづくり」事業と取り組み出した。

まずは市内城山地区に14年12月、建て面積１３２平方《メートル》の交流施設「城山さとの家」を完成。その周辺5千平方《メートル》を農業公園とし、体験農園やモデル農園を整備して農地の減少を食い止めたり、市農業の付加価値を高めたり、農園を核に市民が交流したりする農園ライフを、市民に提案していく考えだ。

都民に人気の体験型農園
農体験通じ栽培技術磨く

都市部の住民に人気があるのが農業体験農園だ。１９９６年に東京・練馬区で最初に誕生したといわれるが、市民のニーズに合致してその後東京だけでなく大阪や名古屋などに伝播して行った。誕生からほぼ20年経った今なお、東京では体験農園の開設意欲が衰えていない。東京・東久留米市で14年春から本格的に動き出す体験農園もそんなひとつだ。

農園の名前は「グリーンファーム東久留米」。市内南町の10《アール》ほどの畑に29区画（一区画30平方《メートル》）の耕地を確保し、野菜の本格栽培に興味のある市民に、農体験の場と機会を提供している。利用料金は年4万3千円。2回行った利用者募集で全区画がほぼ埋まる人気ぶりだ。

ここで注意を要するのは、体験農園と市民農園とでは仕組みが異なるという点だ。市民農園は一種の貸し農園で、市民が好みの野菜を自由に栽培できるのに対し、体験農園では勝手に耕作したり栽培したりできない。

体験農園はあくまで農園主が土づくりをし、種や苗、肥料、農機具などを全て揃え、年間の作付け計画も作成する。それに沿った品目を栽培するわけだ。要は体験が眼目なのだ。手ぶらで行ける気楽さも魅力だが、農家が随時、講習会を開き、実地で指導もしてくれるので、栽培技術を磨けるのがミソである。

グリーンファーム東久留米でも25品目の作付け計画を策定済みで、ここで1年間体験すれば、大抵の野菜の栽培技術を身に付けることが可能という。

日本人の生活は豊かになり、市民の嗜好の変化は大きく変化している。消費や余暇への関心はモノからコトへシフトしているのが現実だ。都民が農のある生活に興味を示すのも、そうした嗜好の変化を物語るものだ。

市民に人気のある農業体験農園。東久留米市も「グリーンファーム東久留米」という農園を開設した。

玩具で「遊びの殿堂」づくり
地域の活性化にも一役買う

（東京都新宿区、おもちゃ美術館）

廃校になった東京都心の旧小学校を活用して、２００８年４月に登場したのが「東京おもちゃ美術館」だ。オープンから７年が経過したが、玩具の手触りと遊びの魅力を紹介する「遊びの殿堂」として地域にがっちりと根を下ろした。首都圏の家族連れを中心に年間12万人を超す人が訪れる活況ぶりで、「地域の活性化にも一役買っている」と地元住民からも強い支持を集め始めた。

初年度の入館者が８万人
「触って楽しむ」、子どもが熱中

おもちゃ美術館は、戦前に建てられた鉄筋コンクリート造り３階建ての重厚な小学校校舎（新宿区立四谷第四小学校）の２、３階を使って開設された。教室はそのまま活かし、内部の床や棚だけを改装した館内には、昔懐かしい日本のおもちゃや海外の珍しい人形、木製おもちゃなどが、所狭しと並んでいる。

「入館者が年間４万人以上ないと、やっていけない」。美術館を運営するＮＰＯ法人「日本グッド・トイ委員会」（理事長多田千尋氏）はスタート前、こう算定していたが、オープン１年目の入館者数は想定目標の２倍近い約８万人に達した。

入館者の45％が子どもで、残り55％が大人という。大人の比率が意外に高いが、これは子供連れの大人だけでなく、大人だけで来る人が多いためだ。「生涯教育や趣味を楽しむ高齢者グループ、保育士や幼稚園教諭のグループ、大学のゼミ仲間などがここを盛んに訪れる」と多田理事長は打ち明ける。

館内は６つの展示室と「おもちゃこうぼう」、ギャラリーショップ「アプティ」で構成する。

展示室は日本各地の職人が作った木製玩具が勢ぞろいす

「東京おもちゃ美術館」は、内外のおもちゃ、人形などを15万点も所蔵している。

る「おもちゃのもり」、けん玉やお手玉など日本の伝統玩具を集めた「おもちゃのまち・あか」、世界各国のおもちゃや楽器を飾る「おもちゃのまち・きいろ」、世界のゲーム類を集めた「ゲームのへや」などがある。

人気があるのが「おもちゃのもり」だ。九州のヒノキ材を使用した遊具が多く、このコーナーで子どもたちは自由奔放に走り回る。

おもちゃに触って楽しむのが美術館の謳い文句というだけあって、子供たちは展示室に入るとすぐ、おもちゃをいじくり熱中する。身近な材料を使って自分でおもちゃを作る「おもちゃこうぼう」や各地のおもちゃを購入できるショップ「アプティ」なども人気が高い。

所蔵おもちゃが何と15万点
「おもちゃ学芸員」が支える

美術館の所蔵するおもちゃは実に多彩で、100カ国15万点に及ぶ。日本グッド・トイ委員会が毎年選ぶ「グッド・トイ」がこれに加わり、各展示室に随時展示されていく。仕組みやルールが簡単なおもちゃが多いが、工夫次第で楽しみが倍加する点が子供を惹き付ける。

典型例が3階の「ゲームのへや」にあるテーブルサッ

カー。サッカー選手の人形が回転する棒に取り付けられており、棒を動かして小さいボールを蹴り合う。訪れた日は家族連れ4人が対戦に熱中し、大声を上げて闘っていた。これを見ていた多田理事長は「失われた家族の会話が玩具をテコに再生できるのです」と玩具の効用を強調する。

美術館では赤いエプロンを着た「おもちゃ学芸員」が頻繁に行き来し、子供たちを誘導したり入館者に遊び方を紹介したりする。学芸員は美術館が独自に育成したボランティアで、総勢260人。美術館と入館者を結ぶ架け橋として連日、館内を盛り上げる。こうしたもてなしも、子どもに支持される一因だ。

美術館は元々、東京・中野に1984年から開いていたが、展示室が広がりおもちゃの数が増えるにつれ施設の狭さが問題となっていた。そこへ四谷の住民から誘致話が持ち込まれ、第四小への移転が浮上したわけだ。

しかし、「引越しや設備改装費、運営費にお金がかかる。やっていけるか」。事業性についていろいろ考え悩んだが、多田理事長は8千万円の資金を調達して乗り切る意思を固めた。まず地元の信用金庫から2千万円の融資を取り付けることに力を注ぐ。続いて①一口50万円の私募債40口の発行②一口館長の募集（一般からの募金）――資金調達の方法についてアイデアをひねり出して行く。これで6千万円を確保した。

残りは2千万円だが、「これは家族の積立金を取り崩して拠出した」という。一年かけて調達した8千万円の資金が、移転を可能にし、その後の美術館の運営を支える貴重な財源ともなった。

専門家を育て地域に貢献
新規の資金調達が当面の課題

日本グッド・トイ委員会は美術館の運営と並行して、人づくり事業にも本腰を入れている。おもちゃ文化を発信し、おもちゃを通じて地域を活性化する専門家を多数、育てるのが狙いだ。

専門家は初級（おもちゃインストラクター）、中級（おもちゃコンサルタント）、上級（おもちゃコンサルタントマスター）の3コースに分けて養成しているが、現在までに9千人のインストラクター、4千人のコンサルタント、100人のコンサルタントマスターが生まれている。

これらの専門家は幼稚園の教師や百貨店の玩具売り場の担当者、おもちゃメーカーの開発部員、おもちゃ病院の治療士としておもちゃ産業と関わっている。通常の仕事の傍ら、各地の介護施設や病院、子育て施設などを訪れては、社会貢献事業とも取り組んでいる。

その一例が、おもちゃコンサルタントが行う子育てサロン「おもちゃの広場」だ。これは日本グッド・トイ委員会が提供するおもちゃを使って、コンサルタントが地域の親子連れにおもちゃの魅力を伝える催しである。開催場所は東京都内をはじめ全国74カ所で、2万5千を超す人が参加して、おもちゃの楽しさを味わっている。

NPOにとって永遠の悩みは財源の安定確保。日本グッド・トイ委員会とて例外ではない。2年間という「一口館長」の募集期間が09年3月末で切れたので、次の一手を編み出した。今後とも工夫を凝らして新しい資金調達の道を探るのが、おもちゃ美術館に課せられた当面の課題である。

新宿区の廃校を利用してつくられた美術館だが、正面の入り口はきれいに整えられている。

存在感高まる患者図書館
医療情報を気軽に学ぶ拠点

（東京都新宿区、からだ情報館）

病気に関する書籍や患者の闘病記録などが開架式の書棚に備えられている。（からだ情報館）

患者図書館というのをご存知だろうか。「自分の病気のことをもっと調べたい」「家族の治療方法を詳しく知りたい」——患者や家族のそんな気持ちに応えようと、病院が院内に設けた患者向けの専門図書館だ。高齢化社会の到来で医療情報を求める機運が急速に高まっているが、患者図書館が地域の新たな情報収集拠点、学習拠点として存在感を高めてきた。

医療情報の専門図書館
地域住民にも門戸を開放

「からだ情報館」は、東京女子医科大学（東京都新宿区）が開学１００周年事業の一環としてつくった患者図書館だ。開業（２００３年６月）して間もなく12年目に入るが、患者やその家族だけでなく、地域住民にも広く門戸を開いており、各種医療情報を求めて利用者が連日、１４０

人以上もここを訪れる。

都営地下鉄の若松河田駅から歩いて数分、東京女子医大病院の総合外来センター。ガラス張りの窓から陽光が降り注ぐフロアは広々としており、総合案内や初診受付、お薬相談、医療サービス相談室、会計などの各種カウンターが整然と並ぶ。売店や飲食スペースもあり、病院とは思えない明るい雰囲気である。

その一角にあるからだ情報館は面積が１５０平方《メートル》。医学関連図書約８００冊、雑誌20誌、医療関連パンフレット約２５０種類などが書架に収められている。２００本近い医療ビデオは2台のＡＶブースで閲覧でき、インターネットの情報検索用にパソコンも4台備わる。

書棚と書棚の間の通路は車イスが通れるように設計されており、訪れた日も車イスの患者が数人、行き来していた。女性の利用者が多いようだが、スーツを着た人、夫婦連れなどの姿も目に付く。

「肥満と糖尿病」の資料を閲覧していた60代の女性は「公共図書館では得られない必要情報が、大概入手でき助かる。機会を作ってはよく利用する」と、からだ情報館の利点を話す。

専任の司書と看護師が常駐
医療パンフレットが人気

からだ情報館の最大の特色は利用者を手助けする運営面での温かい配慮だ。館内には専任の司書が常駐し、しかも看護師（現職の婦長2人とＯＢ婦長３人）まで配備されている。週5日間、司書と5人の看護師が日替わりでタッグを組み、利用者の相談に乗ったり情報収集の手助けをしたりする。

来館者の4割程度はスタッフにさまざまな質問を発するという。「医師から病名だけを知らされた。内容がいま１つ分からない。どの本がいいか」とか、「家族の症状を細かく説明し、本でもっと調べたい」とか、質問は多方面に及ぶ。そうしたニーズに対応するのが司書の役割だ。

受診や診療など、司書の対応範囲を越えた専門的な事項は看護師が相談に乗る。内容によってはその筋の専門医師を紹介するケースも出てくるという。

「ここは医療情報の学習の場です。地域住民を含め誰でも利用できるように、またここでしか得られない情報を提供できるように、態勢を整えたい」。司書課長の桑原文子さんはからだ情報館の基本姿勢をこう強調した。

からだ情報館でちょっと人気のある資料が２５０種類の

医療関連パンフレット。５００社の企業から独自に取り寄せたもので、内容がコンパクトで分かりやすく、しかも自由に持ち出せるのが人気の秘密だ。今後とも医療パンフレットの整備に力を注ぐ構えである。

からだ情報館では「ビデオ講演会」と呼ぶイベントを年4、5回開催している。これはと思う疾患について随時、ビデオ上映すると同時に、ビデオに出た当の医師が自ら講演するもので、質疑応答コーナーも組み込まれている。

「病気やからだのことが本当によく分かると、患者に好評」（桑原課長）だそうだ。情報館ならではの企画なので、今後も継続する方針だ。

がん関連の図書資料が充実
病棟巡回の図書サービスも

「あすなろ図書館」は三島市郊外の静岡がんセンター（静岡県長泉町）の1階につくられた患者図書館で、発足はからだ情報館より一足早い02年9月。選任の司書が常駐し、地域住民にも開放する点は同じだが、館内での資料閲覧に限るからだ情報館に対し、資料の館外貸し出しや病棟巡回図書サービスにも応じている点が異なる。

2階にある「よろず相談」カウンターは、がんに関する患者の疑問や悩みを受け付ける施設。専任のソーシャルワーカーと看護師が対面で相談し、医師や薬剤師、心理士などと協力しつつ問題解決の手助けをする。

この「よろず相談」とあすなろ図書館は緊密に連携し、利用者のニーズに応えるケースが少なくない。交通の便が良くない立地条件にもかかわらず、こうした運営面でのキメ細かな配慮が人を引き寄せ、1日２５０人以上の利用者が図書館を訪れる。

図書館の面積は１２０平方メートル。1千冊ほどの医療関連図書や１００タイトル以上のビデオのほか、2千冊以上の一般図書が低書棚に並ぶ。視聴覚コーナー、インターネットコーナーもあるが、さすがにがん関連の図書は充実しており、部位別に整えたがんの治療や病気の説明の本、パンフレット、新聞・雑誌の切り抜きなど多種多様だ。

書架の一角にある闘病記も豊富。がんと戦う患者や家族などが「同じ経験の資料はないか」と言って闘病記を借りていく。「病気と真剣に向き合い、闘病記から刺激をもらっているのではないか」。広報担当の丸茂江以子総長補佐官はこう解説した。

「患者本位の医療サービス」が静岡がんセンターの基本姿勢だそうだが、あすなろ図書館はそれを実現する重要な柱のひとつとなっている。

静岡がんセンター内には患者が自由に利用できる図書館「あすなろ図書館」がある。

沖縄パワーで賑わいを創出 衰退の危機から立ち上がる

（東京都杉並区、和泉明店街）

沖縄をテーマにしたイベントや物販を集中的に展開し、賑わいある街を取り戻したい――そんな思いで商店主が立ち上がり、活気ある街づくりに奔走する商店街が東京・杉並にある。和泉明店街（会長小尻道夫氏）がそれだ。何の縁もない「沖縄タウン」に商店街が変身してざっと10年、「あそこに行けば沖縄がある」と名前が知れ渡り、今では関東一円からお客が集まるようになった。

街並みに漂う「沖縄」の雰囲気 沖縄関連イベントで客を誘引

京王線代田橋から歩いて5分、甲州街道の陸橋を渡ったところにあるのが和泉明店街。首里城の柱をイメージした赤い街路灯をくぐると、「沖縄」の雰囲気があたり一面に漂う。

商店の装飾テントは沖縄の「ミンサー織柄」で飾られ、各店の入り口に「シーサー」の置物が並ぶ。表通りにかかる「いっぺ～　にへ～で～びる（沢山おいで）沖縄タウン」という横断幕が風にはためいていた。

通りの商店はほとんどが沖縄産品を商う。泡盛を量り売りする酒屋、紅芋コロッケを商う肉屋、島豆腐を販売する豆腐店。食堂のメニューにもゴーヤチャンプルのような沖縄料理が当然のように加えられていた。

商店街の直営店「いじゅん」には、来街客が入れ替わり立ち替わり訪れる。ここを覗くと、棚に並ぶゴーヤ麺、ゴーヤカレー、ウコン粉末などの沖縄産品を品定めするお客の嬉しそうな光景に出くわすはずだ。

2月中旬のある週末。商店街の空き地に作られた「ゆんたく広場」では旧正月を祝う「新春沖縄まつり」が開かれていた。威勢よくたたく太鼓の音と、甲高い掛け声が遠くまで響き渡る。沖縄舞踊や獅子舞が演じられ、エイサー演

沖縄産品を扱う商店が多い。商店街では沖縄絡みのイベントを月１回、催している。

舞が長々と続く。唄や三線が加わって、来街客を沖縄の世界へと招き入れる。

沖縄に因むこうしたイベントは商店街で月1回は開かれる。２０１3年を例にとると、「三線の日」イベント（3月2日）、「うりずん祭り」（4月5日）、「ゴーヤまつり」（5月6日）といった具合だ。この種のイベントは広域から客を誘引し、商店街に賑わいを創出する最大の手段となる。

商店主が共同出資して新会社 空き店舗解消へテナント誘致

和泉明店街の事業活動で興味深いのは、「株式会社沖縄タウン」（社長野口秀利氏）の存在だ。商店主らが資金を出し合って設立した資本金1千万円の共同会社で、商店街活動を補強する事業を行っている。

「和泉明店街は町並みの整備やパブリシティ活動、イベント開催などいろいろと手掛けているが、任意組織であるため事業展開上、制約が多い。商店街の組織では運営が難しい事業を補完的にやってもらうのが共同会社の役割」。小尻会長は沖縄タウンの意義付けをそう説明するとともに、「具体的には3つの事業を行っている」と語る。

第1はテナント事業だ。空き店舗は商店街を衰退させる大きな要因となる。それを防ぐため、空き店舗が出ると沖縄タウンが借り上げてリフォームし、商店街として必要な業種の店を賃貸で誘致している。

表通りのほぼ中央部にある「めんそーれ市場」は、沖縄の下町市場のような雰囲気を持つ、商店街のいわば顔だ。ここから撤退した空き店舗を沖縄タウンの努力で解消することができたという。「これまでに石垣島の物産店、沖縄の三線専門店、沖縄そばを提供する食堂など4店の誘致に成功した」と小尻会長、沖縄タウンの事業が軌道に乗ってきたことを強調した。

第2は卸売り事業だ。共同会社が現地から沖縄物産を仕入れ、要望に応じて各商店に沖縄産品を卸すのがこの事業の内容。

各商店は業態に係わらず、何らかの沖縄産品を商うのが明店街のルールという。商店街全体で沖縄のイメージを維持するのに役立つ、との考えで編み出された戦術だ。とはいえ、信用力の乏しい個々の商店が単独で物産を仕入れるのは難しいため、沖縄タウンが代わって商品を仕入れる仕組みを考えたわけだ。

そして第3の事業が沖縄物産店の直営事業である。各店で取り扱わない物産を中心に品揃えを豊富にしている。「いじゅん」がそれで、「この店に来れば、本物の沖縄を味わえるよ」と来街者に沖縄を印象付ける役割も担っている。

元区議の提案で沖縄化を決断
地域住民の利用拡大策が課題

和泉明店街はもともと、地域に住む買い物客を相手にする近隣型商店街である。高度成長期には380メートルの通りに120店ほどの商店が軒を並べ、隆盛を誇った。しかし、同一商圏にスーパーや安売り店が進出、地下鉄の新駅ができるなど商環境の変化もあって、人の流れが激変。年とともに衰退し、店舗数も68店に減ってしまった。

「このまま放置すれば、没落してしまう。賑わいを何とか取り戻さないと」――心ある商店主らが悩んでいた時、「明店街を沖縄タウン化で再生したら」と持ち掛けてきた元杉並区議の提案が解決の糸口となった。

「ここは沖縄とは縁もゆかりもない商店主ばかり。当初は、何で沖縄なんだと反発する声が相当あった」と小尻会長。しかし、「このままでは没落するという危機意識が強かったうえに、都や区の振興補助金を活用できることが判り、最後はまとまった」。商店街を沖縄化へと鞍替えしたのだ05年3月、ここにたどり着くまでの経緯を小冗会長はこう振り返る。

沖縄化は成功したようだ。現に「沖縄タウンに切り替える前に比べ5、6倍も来客数が増えた」と喜ぶ商店主が多い。これに自信を得て商店街の幹部らは今、月-金曜日は近隣の住民、週末は広域客を中心に集客の上積み作戦を展開しようとしている。ただ、沖縄関連イベントに魅かれて広域客は増えているが、地域住民の利用が余り増えていないのが弱点である。

商店街の直営店「いじゅん」には、沖縄の商品が沢山展示販売されている。

空き家問題、首都圏に波及 改善勧告や解体の条例も

（東京都足立区、さいたま市など）

空き家条例を制定する自治体が全国に広がっている。老朽化した空き家が雨風にさらされたまま放置され、倒壊の危険や犯罪の温床などを危惧する住民の苦情が急増してきたためだ。以前は過疎化の進む地方の問題だったが、最近は首都圏にも波及し緊急の課題として浮上している。空き家の適正管理を勧告するケースから、行政が建物解体の代執行まで行うケースなど、自治体側は対応に大わらわだ。

さいたま市、13年1月に施行 市川市は解体へ強制措置も

「市の空き家条例は2012年6月の定例市議会で、全会一致で可決した。政令指定都市での条例制定は初めて。13年1月から施行した」。さいたま市議会局調査法制課の宮野良章課長はこう説明し、新条例が地域の治安確保や安全・安心な生活環境の保持につながると強調した。

同市では以前から、空き家を巡る市民の苦情・相談が増え始め、11年度の苦情処理件数が10区全体で150件に上った。その後も苦情が増え続けるので、このまま放置はできないと議会が立ち上がり、超会派のプロジェクトチームを設けて11回も協議を重ね、議員提出議案として審議したという。

空き家の管理不全な状態について、条例は①老朽化や自然災害で倒壊する②建築材を飛散させる③不審者の侵入で犯罪を誘発する④雑草の繁茂で害虫を発生させる——などと定義。不適正な空き家があれば、市が調査して指導・勧告し、さらには改善命令を出す。命令に従わない場合には所有者の住所・氏名を公表できると定めている。

さいたま市に限らず、「空き家条例」づくりは首都圏で急速に広がってきた。先駆けは埼玉県所沢市だが、千葉県では柏市が11年9月に施行した後、12年4月施行の松戸市

と流山市がこれに追随。茨城県では牛久市が12年7月に施行している。

ほとんどは罰則規定を定めず、所有者の氏名・住所の公表にとどめているが、13年1月施行の市川市は行政代執行の規定を盛り込み、強制的に解体・撤去する措置を明記した。「緊急切迫の場合、所有者の同意を得て市が代執行し、費用を後日、所有者から徴収する」と、同市建築指導課の八田一生主幹は話す。

東京で先陣切る足立区
家屋の解体費用を公費で助成

東京の特別区で真っ先に空き家条例を制定したのが足立区だ。11年10月の議会で可決し翌月から直ちに施行したが、老朽化した建物の改修や解体を義務付ける規定を盛り込み、家屋の解体・撤去に精力的に取り組んでいるのが特長だ。

同区には荒川沿いの千住地区、関原地区のように老朽化した木造家屋の密集地が多く、空き家が目立つ。独り暮らしの高齢者が介護施設に移った、相続争いで所有者がなかなか決まらない――空き家になる事情は様々だが、同区建築安全課の吉原治幸課長は「家屋の解体費用が出せないこ

東京都足立区北千住の住宅街。木造家屋の密集地が多く空き家が増えてきた。

とや、更地にすると土地を活用していないとみなして固定資産税を減免しないことも、空き家放置の理由」と話す。

同区の調査では危険な家屋が２１３３棟もあり、うち３５８棟が改善・改修の指導を要するものだった。この中には早急に解体が必要な建物が63棟も含まれる。「事故が起こってからでは遅い」（吉原課長）と同区は解体作業に力を入れ、条例制定後１年間で26棟も解体した。

危険な建物解体を促すため木造で50万円、非木造で１００万円を上限に費用の半額を助成する制度（13年１月から金額と率を引き上げ）も作った。

空き家問題はこれまで、過疎化の深刻な地方の問題とみられてきた。特に雪国では、管理が不十分なまま老朽化し積雪で倒壊する空き家が多発している。秋田県の大仙市、山形県の酒田市や新庄市、新潟県の見附市などが陸続と条例を制定したのも雪国ならではの背景がある。

そこへ首都圏にまで波及してきたことで、今や空き家問題が全国共通の課題となった。

移住者の呼び込みに活用
地域の交流拠点に活かす例も

総務省によると、全国の空き家は13年10月時点で８２０万戸と、10年前に比べ３割も増えた。特に適正な管理が必要な木造一戸建てが全体の25％もあるという。

事態を重視した政府は関係省庁の連絡会議を設置、支援策の検討を急いでいる。自治体間で空き家情報を共有できる仕組みを作る、空き家の危険度を簡単に測定できるシステムを作る、などが具体策の一例だ。

ただ、自治体が条例を制定しても、効果がどの程度あるか疑問視する声もある。空き家の適正管理を求めて活動中の松戸市では、所有者の特定に予想外の時間がかかったり抵当に入っていて処分が難しかったりする物件にぶち当たっている。「行政による建物の解体は所有者の財産権の侵害」、「公費の支出を住民は納得するか」なども、乗り越えるべき課題の一つだ。

条例は万能ではないと見て、空き家を町の活性化策に使う動きも出てきた。11年４月に「空き家バンク」制度を創設した茨城県利根町が、その典型だ。

所有者が申し込んだ空き家を町で登録し、町がＰＲしてこの家に移住者を招こうという趣向である。空き家をリフォームする移住者には費用の半額を助成したり、中学生以下の子持ち世帯が移住すると、引越し費用20万円を補助したりするなどの優遇策も講じている。「２年間に１３０

利根町はふえる空き家を町の活性化につなげるため「空き家バンク」制度を打ち出した。

件の問い合わせがあり、10件の移住が成約した」と、同町まちづくり推進課の高野光司課長はにこやかに説明した。

流山市では地域の有志10人が地元の空き家を借り上げ、高齢者が触れ合い交流する新拠点をつくっている。空き家を地域再生に活用する動きが広まりそうだ。そうした活用策を条例と組み合わせることが、問題解決への大きな第一歩となる。

廃校に若き創造者の活動拠点
新産業の創出を狙う

（東京都台東区、静岡県静岡市）

農山村など地方の過疎地域で始まった小中学校の閉・廃校が、大都市にも波及してきた。少子化による児童、生徒の減少が主な理由だ。そこで問題になるのが旧学校施設の活用策である。東京都台東区が設けた台東デザイナーズビレッジ、静岡市の静岡市クリエーター支援センターはいずれも廃校舎を使った創業支援施設。次代を担う新産業を生み出そうと、若き「創造者」が精力的に活動している。

入居者はデザイナー19組
狙いは地場産業の活性化

台東デザイナーズビレッジは都営地下鉄大江戸線の新御徒町駅から歩いて1分、上野と浅草の中間地点にある。廃校した旧小島小の校舎を使って台東区が04年に造ったインキュベーション（孵化）施設で、「地場産業の活性化につなげるため、ファッション雑貨の若手デザイナーを育成する」（区経営支援課の話）のが目的だ。

80年前に建てられた鉄筋コンクリート造り3階建ての校舎を1億8千万円かけて改修し、1、2階計2400平方メートルをビレッジとして利用している。19の工房（賃貸事務所）と制作室、商談室、ショールーム（展示室）、交流サロン、会議室、図書室などが整備されている。

工房や制作室などは安い賃料で利用できるほか、空調や電源、インターネットなども整う。何よりいいのが24時間年中、自由に創作活動に使える点だ。

現在の入居者は公募で選ばれた創業5年以内のファッションデザイナー19組。平均年齢は35歳で、アパレルからジュエリー、靴・皮革、陶器、アクセサリーと業種はバラエティに富む。

ものづくりの現場に触れようと中を覗いてみた。2階「203」工房のアヤメはオリジナル靴下をつくる。職人

若手デザイナーが制作した袋ものや雑貨を展示している（台東デザイナーズビレッジで）。

仕上げの品質と鮮やかな色柄が人気を呼んで数十社と取引できるようになり、欧州に事務所も開設したという。「2 14」工房のカドミでは、フィレンツェで宝飾技術を学んだ作家が和ジュエリーや和小物を手掛けていた。

仏料理のシェフ出身の作家が皮小物を制作するイヌイ、東京芸大出の作家がユニークな生活雑貨やインテリア用品を創作するヒロコレッジなど、どの工房も様々なジャンルの若手が活動し、飛躍の機会を窺っている。

「村長」が指導力を発揮
区内に根を下ろす30人

台東区には靴やカバン、ファッション雑貨などの企業が集積している。革靴の製造業者は全国の3割を占め、市場占有率も高い。都の調査では、革靴が都内市場の40%、カバン・バッグが20%ものシェアを持つほど。

しかし、最近は中国を中心に安価な海外製品に市場を侵食され、台東区の商品は押され気味だ。地場産業に活を入れるには新進デザイナーを自前で育て、地場のメーカーとデザイナーが連携して競争力のある新製品を開発できるよう、新しい仕組みを構築する必要がでてきた。そんな狙いを持って登場したのが台東デザイナーズビレッジだ。

デザイナーの育成にはハード面だけでなく、ソフト面での支援措置が極めて重要だ。ここで興味深いのは台東区がファッション産業に精通した人材を公募で選んで「村長」として迎えたこと。村長は入居者を指導する中核で、地場産業との連携策や産学交流イベント、情報提供などを幅広く展開、入居者をバックアップしている。

一例を挙げると、情報提供はビジネスに役立つものに特化している。新聞・雑誌に載るファッション情報は入居者に小まめに流し、セミナーも頻繁に開催する。セミナーは「売り上げアップのためのインターネット戦略」、「ブランドづくりの集中講座」、「ブランド雑貨のＰＲ術」といった実践的な内容が多い。これは入居者の弱点を補完しようと心掛けているためだ。

入居者は３年契約のため、「３年で独立できるよう、環境整備や支援措置を考えている」とは、鈴木淳村長の弁。そのお陰か、11年間で60人が卒業し、「うち30人が台東区に留まってデザイン活動に従事している」。千代田や文京など、隣接区で活動する者を加えると、卒業生の７割が都内で活動する。

鈴木村長はこう説明し、創造者育成が軌道に乗ってきたと胸を張った。

静岡市の閉校舎に孵化施設
クリエーター育成へ動く

08年１月に静岡市の中心街の葵区追手町に誕生したのが静岡市クリエーター支援センター。07年春に閉校となった旧青葉小の３階建て建物の２、３階部分を活用したもので、こちらはクリエーター（映像やデザインなどのコンテンツ制作者）の育成に的を絞ったインキュベーション施設だ。センターは市商工部が管轄し、運営はＮＰＯ法人「しずおかコンテンツバレー推進コンソーシアム」が担当する。

２階の教室を半分に区切って作った「クリエーター育成室」が10室設けられている。面積は27平方メートルで、使用料は一カ月３万円。「民間相場の３分の１ほど」（北沢由紀男事務局長）と安いうえに、長時間にわたって使用できる使い勝手のよさが人を惹き付ける。

この育成室への入居者を募ったところ、20組が殺到した。「やる気があり、独立しても静岡で活動する人」という基準を基に選考した結果、現在６人が入居し、創作活動を行っている。

例えば、家具のプロダクトデザインに従事する「マグ・

デザイン・ラボ」、粘土の人形・キャラクターを手掛ける「アトリエナンゴ」、下駄やディスプレーデザインと取り組む「チワラボ」など。誰を見ても個性豊かな若者たちばかりである。

センター内には研修室や商談室、プレゼンテーション室、展示室、ハイビジョン映像編集室などもあり、安い使用料で利用できる。こうしたハード面の整備に加え、コンテンツ産業に精通したコーディネーターが事業化、販路開拓術などの支援措置を講じている。息の長い仕事となるが、世界に通用する人材を育てようと関係者は懸命だ。

台東デザイナーズビレッジは孵化施設なので、３年間で飛び立ち、１人立ちする。

観光客呼び込むコミバス 手軽で割安が最大の魅力

（東京都台東区、文京区など）

路線バスがない住宅地や盛り場の狭い路地でもスイスイ走るコミュニティーバス（略称＝コミバス）が、東京で定着した。もともとは交通弱者の区民の生活の足を確保する目的で導入したものだが、手軽で割安という利点が人気を呼び、観光客も名所巡りの足として盛んに活用する。２００９年秋には新宿、大田、中央の３区が相次いで導入したが、13年には墨田区も加わるほどの盛況ぶりだ。

３路線、15分間隔で運行 利用者は年間約１３０万人

春も盛りの4月の土曜日、台東区のコミバス「東西めぐりん」に乗ってみた。台東区役所を起点に上野－谷中・千駄木－浅草－御徒町を経て区役所に戻る1周75分のバス路線だ。早朝から晩まで1日13時間、15分間隔で小型バス（定員約30人）が東西を走り回る。

出発時の乗客は6人だったが、美術館や博物館が集積する東京博物館前で15人ほどが乗り込み、谷中や千駄木、不忍池などで客の乗り降りが激しくなった。文化施設を訪れたり散歩感覚で街巡りを行ったりする観光客が、乗客の4割近くを占める。

つくばエキスプレス浅草駅で、茨城県から電車で来たという6人連れの中年男女が乗り込んできた。「雷門を見て浅草寺を訪れる」、「その後、谷中霊園を回って帰る」と口々にしゃべる。

台東区は現在、3エリアでコミバスを運行している。浅草駅を起点とする「北めぐりん」を01年6月に導入したのが最初。交通不便な北部区民から、「区役所や病院、鉄道駅に気軽に行ける交通基盤を整えてほしいと要請されたのが発端」と、道路交通課の冨岡正幸係長は語る。

バスを走らせたところ、初年度の利用者が17万2千人と

台東区役所前を出発する「東西めぐりん」。使い勝手が良いので、区民だけでなく観光客にも利用される。

上々の滑り出し。2年目には前年をさらに6万3千人も上回ったことから、福祉対策として役立つと判断、3年後に「南めぐりん」を、5年後に「東西めぐりん」を拡充した。

料金は3コースとも大人１００円。運行業務は民間の日立自動車交通（東京・足立）に委託し、17台のバスは区が購入して日立に貸与している。運行経費は運賃収入で賄うのが基本だ。

利用者は年々増え、08年度の利用者は１３３万人。09年度には利用者累計が７００万人を超えた。利用者数はその後も衰えていない。

「区民の身近な交通手段、観光客の便利な足として、街に賑わいをもたらす」。冨岡係長はコミバス事業が大きな役割を果たしていると強調した。

「ちぃばす」、7路線を走る
観光客が利用する「Bーぐる」

港区が「ちぃばす」と呼ぶコミバスを導入したのが04年10月。8台の小型バス（定員33人）を保有し、富士急行系のフジエキスプレス（東京・港）に運行業務を委託している。バスは六本木とＪＲ田町駅を結ぶ田町ルートなど2路線を走っているが、料金が１００円と安く手軽に使えるので、利用者が多い。

利用者数は運行開始後1年半で累計100万人を突破した。5年後の09年9月には累計で500万人を超えた。区民の足として使い勝手が良いと見た港区は10年2月、人口が急増している臨海部の芝浦港南地区など5エリアに新規5路線を追加開設した。

07年4月に「Bーぐる」という名のコミバスを導入したのが文京区。小型バス4台を保有、業務委託先の日立自動車交通が20分間隔で1コース（1周65分）運行している。料金はやはり100円と安い。

利用状況について、文京区区民課の吉田敦彦主査は「年間で約50万人。その2割以上が観光客」と語る。小石川後楽園や六義園、文豪の旧居、おばあちゃんの原宿といわれる巣鴨の「とげぬき地蔵」などを循環するので、観光客に人気がある。1日乗車券を300円で買うと、乗り降り自由で入園料割引の特典が付くので、観光客に好評だ。

観光客が増える一因が、自治体発行の無料の案内冊子やマップ類だ。台東区は名所史跡や交通案内を一体化した「たいとうマップ・施設案内」のほか、「台東ぶらり散歩」を十数種類も発行している。新宿区は「新宿まち歩きマップ」を、文京区は「Bーぐる・マップ」や20種類以上の「文の京・であい旅」を出すといった具合。冊子片手にコミバスを利用する観光客がこれからも増えそうだ。

コミバス運行、15区に広がる課題は事業の採算性

東京都の特別区でコミバスが走り出したのは、00年春に「すぎ丸クン」を運行した杉並区が最初。その後、各区に広がり、09年には9月に新宿区、10月に大田区、12月に中央区が導入するなど、ラッシュを迎えた。

それまで5路線を運行していた練馬区は、09年7月にバラバラだった名称を「みどりバス」に統一した。現在、15の特別区がコミバスを運行中だが、13年には墨田区も導入した。

名称は「たまちゃんバス」（大田区）、「ハチ公バス」（渋谷区）、「江戸バス」（中央区）など区ごとに違うが、車両は区が保有し運行を民間バス事業者に任せる点では共通している。

区民の生活の足確保で始まったコミバス事業だが、高齢化の進展や中心街活性化などの視点を見据えて、導入目的が次第に広がってきた。例えば、高齢者対策に力点を置いているのが中央区。「鉄道があるが地下鉄の階段がきつ

い、広い駅構内から公共施設に行けないという声が多い」といえる。

一方、墨田区は東京スカイツリーの登場をにらみ、観光対策として導入したのが真相だ。

問題は事業の採算だ。料金100円では運賃収入だけで運行経費を賄うのがむずかしい。現に台東区が約5千万円、文京区が約800万円補てんをしており、中央区も初年度9千万円の補助を想定している。

ただ、「高齢者の外出機会をつくり健康保持に役立つので、結果的に行政コストは安くなる」との意見もある。街に賑わいをもたらす利点も加えて、どう評価するかということだろう。

文京区の小石川後楽園。「B－ぐる」に乗って訪れる人が多い。

放棄地活用し農業参入
効果あげる農地バンク事業

（東京都町田市、キユーピーあい、ＮＰＯ「たがやす」）

東京都の南端、人口約43万人の町田市が打ち出した農業バンク事業が大きな効果をあげている。この事業は農家の高齢化で増えつつある遊休地を農地バンクに登録し、農地を求める希望者に市が斡旋して貸し出す仕組み。２０１１年5月から始めた同市独自の政策だが、これを活用して農業に参入する動きが個人だけでなく、法人やＮＰＯにまで広がってきた。

障害者に新たな雇用の場
働き易いマニュアル策定

町田市の農地バンクを利用して13年4月、上小山田町の農地０・52㌶を借り受けて農業に進出したのがキユーピーあい（本社町田市、社長庄司浩氏）だ。同社は障害者の雇用確保を目的としたキユーピーの特例子会社。

80人近い従業員のうち、肢体や視覚、知的などの障害を持つ人が44人も働く。障害者には色々な能力を持つ人が多く、その力を活かして新しい仕事を次々と作り出し、障害者を受け入れてきた。

これまでに創出した仕事はホームページの製作・更新や各種印刷、製本をはじめ、ユニフォームのレンタル、切手・印紙販売、清掃、食堂など20種以上に及ぶ。売上高も年々増え、09年の５・５億円が13年には７・５億円へ拡大した。

同社が今回、農業に進出するのも、障害者の雇用の場を広げるのが目的だ。「農業は障害者にマッチし易い分野。身心への効果も期待できる」と、庄司社長は強調する。

借り受けた農地は荒れ果てた耕作放棄地だったが、大型農機具を動員して開墾し1年経った13年11月に畑に甦らせた。拝見すると、確かに野菜を栽培できる立派な耕作地となっている。

町田市は研修農場で農業研修事業を実施している。

農作業は5人のスタッフ（障害者2人）が担当するが、グループ・リーダーの横井真さんは市の「担い手育成・農業研修事業」で2年間、技術を学んだので、スタッフを指導しつつ農作業を立派にやって見せると胸を張る。14年春から手始めに葉物野菜の露地栽培を始めた。

興味深いのは、独自の作業マニュアルを作ったことだ。農作業の工程を細分化し、障害者の「得意」に合わせた働き方が行えるように工夫を凝らしている。

「判断業務が苦手な人は定植や播種に従事する。こだわりの強い人は精度の高い仕事をするといった塩梅だ。これで障害者も農作業がし易くなる」と横井さんは話す。

収穫した野菜は当面、直販方式で販売するが、将来はグループ企業の食堂にも販路を広げる。キユーピーはカット野菜の大手供給メーカーであるので、カット野菜用への出荷も視野におきつつ、農業を雇用の場として定着させたいとスタッフは意気込む。

「農園クラブ」を開設
農業体験や食育活動

キユーピーあいと同様、農地バンクを通じて農地を新規に確保したのがＮＰＯ法人「たがやす」（本部町田市）

NPO法人「たがやす」は都市農業を支える活動を展開中だ。

だ。借り受けたのは同市小野路町の遊休地約0・4ヘクタル。ここでサツマイモや果樹を育てるなど農業体験をしたり、食育活動をしたりする学童体験農園「小野路農園クラブ」を14年春に開設した。

農園クラブの対象は未就学児、小学生、中学生とその保護者。家族会員や中学生会員、団体会員を募り、会員を対象に野菜の栽培－収穫体験、果実の収穫体験、食育講座、自然観察などを実施する。事業は会費で賄う方針だ。

事業はまだ始まったばかり。農園クラブのPRも行き届かず、まだ会員数は少ない。開講式は数組の家族会員を対象に14年3月に行い、第1歩を滑り出した。「行く行くは定員60人の会員枠を充たし、年8回の体験講座を実施できるようにしたい」と、事務局長の斉藤恵美子さんは抱負を語る。

固定会員の募集だけでなく、市内の子ども会やスポーツクラブにも働きかけ、農業体験を楽しむ層を広げていく方針だ。第1弾として、市内のサッカークラブ「ゼルビアスポーツクラブ」と提携、小野路農園クラブで農業イベントを開いている。

たがやすは生活クラブ生協の組合員活動を基盤とした組織。02年にNPO法人として発足以来、援農ボランティア活動や地場野菜の普及活動、農作業の受託活動など都市農業を守る様々な活動を行ってきた。今回の小野路農園クラブの開設で、たがやすは活動の幅をさらに広げそうだ。

農地の斡旋実績が11ヘクタル
研修制度で就農者育成

町田市が農地バンクを事業化したのは、市内に残る里山風景を守ると同時に、農業の新たな担い手を導入して都市農業を維持発展させるのが狙いだ。首都圏でも極めて珍しい農業振興策だが、日常の農地パトロールで耕作放棄地の動向を把握する市農業委員会が情報収集面で大きな役割を果たしている。

市農業振興課の鈴木登課長によると、これまでの累計で農地バンクへの登録が２７１筆、15・３ヘクタル、農地希望の登録が5法人を含む62人に上る。このうち、市の斡旋で貸借契約が成立したのが２００筆、11・４ヘクタルに達する。

具体的には農地バンクを通じ、20人の農業者が耕作規模を拡大し、14人の新規就農者が誕生した。新規就農者は個人だけでなく法人、団体も含まれており、「多様な担い手が育ってきたのが最大の成果」と鈴木課長は胸を張る。

農地バンクが効果を上げるもう一つの要因が09年度から実施した農業研修事業だ。これは市在住の希望者を対象に2年間、農業の基礎を研修するもので、地域の農業者が講師となり、市の研修農場で月4回、4月から12月まで座学と実習を重ねる。

これまでに35人が卒業し、6人と1法人（キユーピーあい）が農地バンクを利用して就農している。

政府は14年度から、新たな農業バンク事業（農地中間管理機構）を実施している。それに先駆けた町田市の事業は、国の事業にも多くの教訓をもたらすに違いない。

商店街支えるアンテナ店
集客や交流拡大へ一翼担う

（東京都板橋区、大山商店街など）

地方のアンテナショップを誘致して活気ある街をつくろう――東京都内の商店街で10年ほど前から始まったアンテナショップづくりが、その後も各地に広がり、しっかりと根を下ろしてきた。その典型が東京・板橋のハッピーロード大山商店街と同・品川の戸越銀座商店街だ。主婦や若者、年配層と広い客層から支持され、集客力向上に一役買っている。単なる物販店としてだけでなく、都市と地方の交流促進、地域再生の新拠点としての役割も担い始めた。

狙いは集客、「とれたて村」
来街者数は1日2万3千人

大山商店街は東武東上線の大山駅前にある近隣型商店街で、半径１キロ内に13万人の商圏を持つ。全長５６０メートルのアーケード街に約２２０店が軒を連ね、いつ訪ねても人通りが絶えない活気ある街である。

商店街の中ほどにあるのが、全国あちこちの特産品を商うアンテナショップ「とれたて村」だ。売り場面積59平方メートルの店内には新鮮な野菜やお米、漬物、お菓子など地域のオリジナル商品が１千品目以上も並ぶ。夕食用の食材に変化を求める主婦、自転車で乗り付ける若者や散歩のついでに立ち寄るお年寄りなど、老若男女のファンがよく顔を出す。年中無休で応対するのは、店長と６人のスタッフだ。

「とれたて村」は、大山商店街振興組合（加盟２１５店）が街の集客力を高める狙いで立ち上げたプロジェクトで、開店は２００５年10月。都から店舗改装費１千万円の補助金をもらったほか、板橋区からも3年間、月20万円の家賃補助を受けたが、短期間で独り立ちし「今では年６千万円を売り上げる」（同組合の水野隆司事務局長）街の名物店舗になった。

大山商店街のアンテナショップ「とれたて村」。全国15の市町村の農産物や特産品が店頭に並ぶ。

この店には3つの特色がある。第1は全国15の市町村の名品が1カ所で買い求められることだ。北は稚内市や小樽市から南は熊本県八代市まで、板橋区と友好関係にある自治体と協力して商品を調達している。第2は組合の直営で店を運営していること。そして3つ目が商品の買い取り制だ。

安心・安全な農産品、生産者の顔が見える商品、都会の消費者のニーズに合った商品を的確に提供するには3条件が欠かせない、と水野さんは強調する。こうした姿勢が支持されてか、街の通行量は1日2万3千人とひと頃より15%も増加した。

都市と地方が交流する場
地方にも元気を与える

地方の魅力を活用して商店街に賑わいを生むのが狙いだったアンテナショップだが、年を経るにつれ役割が変化してきた。単なる物産販売の場ではなく、都会の住民同士が触れ合う場、都会と地方が交流する場、各種情報が発信される場としての役割も果たすようになったのだ。

それを端的に示すのが「とれたて村」と連動して開かれるイベントである。イベントの申し込み件数は多く、年50

回を超すことはざら。

　当初は特産品の宣伝販売、観光キャンペーンなどが多かったが、次第に工夫を凝らす企画が増え、足湯温泉が設営されたり乳牛を引き連れての搾乳体験があったりと、都会では接し難い田舎体験も味わえるようになった。山形県最上町の芋煮会、同県尾花沢市の新そば祭りなども人気が高い催しだ。

　最近目につくのが修学旅行生の体験教育だ。修学旅行で上京した中学生が「とれたて村」を訪れ、ふる里の特産品を体験販売したり伝統芸能を披露したりするケースである。

　例えば、尾花沢市の福原中学生が街頭で花笠踊りを披露し、鶴岡市の温海中学生が郷土特産品の試食会と郷土芸能の実演をするといった具合だ。都市住民の消費行動に直に触れつつ、地方の在り方を考えさせる場として重視され出した。

　水野さんは「イベントによっては2万人を超す来街者で通りが溢れることもある」と話す。街の集客力向上という狙いは当たったといえるが、地方にとっても効果が大きい。都市と地方との交流が深まり、各地産品の受注拡大や観光客受け入れ増に繋がるなど、地方にも元気をもたらしているからだ。

戸越には全農あおもりの店
商品、運営に求められる工夫

　都の南西部、戸越銀座商店街で08年11月から営業しているのが「全農あおもりアグリショップ東京店」だ。全農青森県本部が青森の新鮮な農産品を都民に提供しようと開いたアンテナショップで、この店も商店街の集客増に一役買っている。

　商店街は東急池上線の線路を挟んで長さ１・６キロ、４００店近い店が並び、日用品や食材を買い求める客が行き来している。店は、「頑張ろう、日本！」と東日本大震災からの復興を応援する垂れ幕がかかる「商栄会ゾーン」の一角に構えていた。

　売り場面積40平方メートルほどの店内にはリンゴや長イモ、ニンニク、ゴボウなど２００品目が棚に並ぶ。１日の来店客は約３００人で、亀田智久所長とスタッフがお客への説明や品出し、会計と慌ただしく活動していた。

　亀田所長は話す。「青森には日本一の農産物が多い。品質には自信がある」。商品は青森から直送しており、市場や仲買を通さないので、新鮮・安全なものばかりとも強調した。

商店街にアンテナショップを開く動きは一向に衰えない。世田谷区の用賀商店街には09年11月に「田舎のごっつお」が開店したし、10年9月には北区志茂スズラン通り商店街に「ふるさと美味いもん市場」が、同10月には杉並区の南阿佐谷すずらん商店街に「ふるさと交流市場」がそれぞれ開店。11年3月には江東区の香取大門通りに「むつ下北」が店開きしている。

半面、府中市の晴見町商店街に進出した熊本県宇城市のアンテナ店「どぎゃん」は、業績が冴えず撤退した。単に地方産品を並べるだけでは人を惹きつけることが難しくなった。商品や運営、機能に目を配る新手法が求められる段階に来ている。

戸越銀座商店街には全農青森県本部のアンテナショップが営業している。

廃校を舞台に活発な芸術活動
街の魅力づくりに役割担う

（東京都豊島区、にしすがも創造舎）

東京都豊島区の西巣鴨にある廃校が、アート系ＮＰＯの運営する「にしすがも創造舎」に生まれ変わって間もなく11年。半年ごとに20団体以上もの劇団がここを稽古場として利用するなど、舞台芸術の活動拠点としてしっかりと定着した。同時に、地域の子どもや住民を巻き込んだ文化イベントの会場、東京から文化を発信する国際芸術祭の会場としても利用され、アートを通じた街の魅力づくりに大きな役割を発揮している。

国際芸術祭の冒頭を飾る
盛り上がる「にしすがも創造舎」

2月下旬の平日、しとしと雨の降る寒い夜にもかかわらず、学生や主婦、会社員などが続々と「にしすがも創造舎」の特設劇場に吸い込まれていった。２００９年から始まった舞台芸術の国際イベント「フェスティバル／トーキョー（Ｆ／Ｔ）」の冒頭を飾る演劇が幕を開くからだ。この日押し寄せた入場者はざっと１９０人、７時半の開演前に満席となる盛況ぶりだった。

出し物は欧州で人気の高いドイツの演出集団「リミニ・プロトコル」が手掛ける演劇「カール・マルクス・資本論第一巻」。

元大学教授や翻訳家、経営コンサルタントなど、職業も思想も異なる日独8人が出演、各人の人生と「資本論」との関わりをたたかわせて進行する2時間20分の演劇だ。演出が先鋭的で内容も難解だが、観客は出演者の発言と行動に惹き付けられ、異様な盛り上がりを見せた。

「Ｆ／Ｔ」は生のアートの魅力を人々に提供すると同時に、東京から世界へ文化を発信しようとの狙いで企画された舞台芸術の国際イベント。初回の09年は内外から19演目が勢ぞろいし、池袋界隈の文化拠点を中心に約1カ月間、

豊島区の廃校につくられた「にしすがも創造舎」。アーティストに稽古場を貸している。

上演された。

「にしすがも創造舎」では「カール・マルクス」に続いて、蜷川幸雄演出の「95kgと97kgのあいだ」など3演目が上映されている。いわば「にしすがも創造舎」が国際フェスティバルの主会場の一つに位置付けられたわけであり、巣鴨が新たな文化発信の拠点として内外にアピールする基礎を築いた。

学校施設、区から無償貸与
稽古場やイベントとして活用

廃校した区立朝日中学校を活用して「にしすがも創造舎」が生まれたのが04年8月。アートを軸に魅力ある街をつくろうと豊島区が協働事業案を公募した際、「アートネットワーク・ジャパン（ANJ）」と「芸術家と子どもたち」のNPO2法人が廃校を活用した事業計画を提案したのがそもそもの発端だ。

ANJの提案した計画案は学校施設をアーティストたちに開放し、舞台やダンスなどの稽古場として賃貸したり、国際芸術祭の会場として活用したりするという内容だ。もう一つの「芸術家と子どもたち」の事業は、プロの芸術家と子どもたちが交流する取り組みを、教室を使って行うというものだった。

いずれも豊島区の狙いに合った事業提案だった。そこで3者は話し合った結果、①学校施設は区がNPOに無償貸与する②施設の運営はNPO2法人が担当する――との線で最終合意し、「にしすがも創造舎」の設立へと繋がった。

ANJの稽古場運営事業は5教室を使って展開中だ。教室を1カ月間、稽古場として専用できるという原則を掲げ、希望者を半年ごとに公募している。ANJの蓮池奈緒子事務局長は「いつも3－4倍の高い倍率。応募者を審査会で選び、20団体程度に絞っている」と話すが、稽古に使われる頻度は極めて高く教室はいつもフル稼働だ。

使用料は一日2500円、民間企業の3分の1ほどの水準だ。しかも長期間利用でき、短期貸し中心の民間より使い勝手が非常にいい。「それが受ける理由」と蓮池局長も打ち明ける。14年度を例にとると、貸し出した13団体が延べ237日も利用している。年間3千万円から4千万円も利用料を稼いでいるのだ。

ANJは舞台芸術の祭典「東京国際芸術祭」を00年から運営してきた。06年に日本政策投資銀行と巣鴨信用金庫から3千万円の低利資金を調達して体育館を改装、本格的な劇場機能を持つ施設に整備したのを機会に、東京国際芸術祭（09年からF／Tに名称変更）も「にしすがも創造舎」で開くようにした。

稽古場の運営と国際芸術祭の開催――廃校を舞台にANJが粘り強く文化活動を繰り広げるにつれ、世間に「にしすがも創造舎」の名が広がり、存在感が高まっていった。

地域住民巻き込む文化イベント
2千人集まる「夏まつり」

「地域の施設を使うからには地域住民から理解されないと」。そんな発想を大切にしてANJはある時は単独で、またある時は区や「芸術家と子どもたち」などと連携して、地域住民を巻き込んだ文化イベントも催す。

一例が「にしすがもアート夏まつり」だ。07年夏は「オズの魔法使い」、08年夏には「江戸川乱歩の少年探偵団」というように、テーマを定めて毎年、夏まつりを開くが、テーマに関係する楽器や衣装作りのワークショップや上演会がうけて、子どもからお年寄りまで2千人以上の区民が押し寄せる盛大なイベントとなった。

役者を講師にして年2回開く「読み聞かせ教室」、プロの劇団が行う「けいこ風景の公開」なども、ANJが地域住民向けに行う催しだ。「読み聞かせ教室」の場合、受講した住民が保育園などで本の朗読会を催すなど、新たなボランティア活動に発展する動きまで出ている。住民を巻き込んだ文化イベントの積み重ねが知らず知らずのうちに地域を揺り動かし、住民主導の街づくりへと波及していく一例を示すものだ。

問題は「にしすがも創造舎」の立場が磐石でない点だ。施設貸借契約が16年度末で期限切れになるためで、その後の事業展開がなかなか見通せないのが悩みである。アートを通じて魅力ある街づくりに一役買ってきたという実績を背景に、「にしすがも創造舎」での事業が今後とも継続できるよう、ＡＮＪは賃貸契約の更新に理解を求める構えである。

「にしすがも創造舎」は国際的な演劇集団が芸術祭を催せる舞台もつくった。

「ものづくり復権」へ3本の柱
墨田区が産業再興へ新戦略

（東京都墨田区、区産業観光部）

開業4年目に入った世界一の電波塔、東京スカイツリーは2015年度も順調に滑り出している。そのお膝下、東京都墨田区が新たな産業再興策に全力を注ぎ出した。内外から人を吸い寄せるスカイツリーの抜群の集客力を「ものづくりのまち」復権に活かそうというもので、墨田ならではの地域ブランド開発、新事業の創出、ものづくり人材の育成――の3本が、再興策の中心柱だ。新時代に合った町工場に進化・発展させようと、産学官が知恵を絞る。

経済波及効果は5900億円
底堅い人気、「すみだモダン」

東京スカイツリータウンの開業1年目の来街者数は5080万人と、開業時の予想を1・6倍も上回った。その後もブームが続いているが、群を抜く集客力は多くの出会いをもたらし、観光や消費など様々な分野で新たなうねりを生み出している。

「1年間の経済波及効果は5900億円」。関西大学の研究チームがまとめたこんな試算に、スカイツリーが地域に及ぼしたインパクトの大きさが窺える。

観光客でごった返すスカイツリータウン内の商業施設「東京ソラマチ」。その5階に墨田区がアンテナショップとして開設した産業観光プラザ「すみだまち処」にも、スカイツリー効果がはっきりと現れていた。事務局がはじいた初年度の物販目標（1・5億円）は見事に外れ、「3億4千万円を突破」（山﨑昇区長）するほどの勢いなのだ。

「すみだまち処」の永野昌志館長らによると、売れ筋上位の商品は1位スカイペーパー（トイレ紙）、2位トウキョウサイダー、3位ひかるスカイツリー（クリアー）の順。単価千円以下の商品ばかりで、値ごろ感が受けて観光客が話の種にと購入した印象が強い。ブームが去れば、や

東京ソラマチの中にある産業観光プラザ「すみだまち処」。

がて売り上げが落ち着いていく商品の部類と言えそうだ。

半面、静かながら底堅い売れ行きを見せるのが、「すみだモダン」と呼ばれる商品群だ。衣類、雑貨、食器、文具など暮らしを支えるものから成り、値は張るが江戸の職人気質が息づく雰囲気が消費者の心を惹き付ける。

町の製本工場が生み出した「上質メモブロック」、液だれしないと評判の「醤油注ぎ」、独自の技術を主張する「江戸切子」、不思議な風船「マルサバルーン」などがその代表例である。

ブランド認証、3年で90点も
ものづくり人材、子どもに的

墨田区が10年春から力を入れる新産業政策が「すみだ地域ブランド戦略」。江戸時代から受け継ぐものづくりのDNAを活かして、地域の文化を伝える商品、生活に彩りをもたらす商品、ライフスタイルを提案する商品の開発、発信を支援することで、区内産業を活性化させようという狙いだ。優れた商品は「すみだモダン」として認証し、官民共同で販路拡大に力を注ぐ。

12年度までの3年間に生まれた認証品は商品で68、食メニューで22に上る。スカイツリーを訪れる観光客がこれら

「すみだモダン」に見とれる実情を目の当たりにして、同区は地域ブランド戦略の有効性を実感している。「認証品は100点ほどまで増やす」と山﨑区長は語り、商品開発の支援や販路開拓支援などに13年度、4千万円の区費を投下したほどだ。

商品開発支援で特に目を配っているのが「ものづくりコラボレーション」事業だ。日本を代表するデザイナーが区内企業主と個性をぶつけ合って新商品を開発しようという事業である。優れた開発商品は、「すみだモダン」に選ばれる道がある。

このような商品開発が産業再興策の第1の柱だとすれば、第2の柱は新しい人材育成策だ。

育成策の対象は小中学生など子ども世代だ。名付けて「次世代ものづくりすみだプロジェクト」。区内の工場に子どもを集めて出張教室を開き、ものづくりの現場を体験したり科学授業を展開したりする内容だ。現在の産業を受け継ぎ技術を進化させるには、将来のものづくりを担う子ども世代を今から鍛えていくしかないという発想だ。

空き工場にイノベーター誘致

新事業への挑戦も支援

12年度から始めた「キッザニア」事業も、子どもに的を絞った新手の職業経験プログラムである。夏休みなどに4歳-15歳の子どもを募集、区内の町工場や工房ショップに招いて有料でものづくり体験をする試みだ。

13-14年度はバッグ職人の働く工房、屛風職人の仕事場、時計を作る町工場など7カ所の会場で、現場職人が先生役を買って出て子どもたちに職業体験を指導した。12年度は730人の参加者があったが、13年度はそれを上回った。

製作現場を公開して子どもに職業体験を積ませれば、ものづくりへの興味が沸き将来のものづくり人材の育成に繋がるという発想だ。と同時に、子どもらの誘客増は区内の産業観光を促進させる効果も期待でき、観光と人材育成を融合させた巧妙な試みとして注目される。

そして第3の柱が、産業の新陳代謝と新事業の創出だ。区内の工場はピーク時の3分の1の3300事業所。少子高齢化の進展や海外企業との競争で数が激減し、ものづくりのまちを支えられるか否かの瀬戸際にある。そんな逆風を克服するにはイノベーターを呼び込んで産業の新陳代謝を促すとともに、新事業創出への挑戦が急務だ。

この一環として13年度から取り組んでいるのが、「新ものづくり創出拠点」の整備だ。空き工場にイノベーターを誘致し、新しい形のものづくり事業を創出してもらう。産業経済課の郡司剛英課長は、「13年度からの3年間に10カ所のモデル事業所を作る」と話し、これを起点に産業の新陳代謝を進める構えだ。

区の支援を受けて14年度以降、ユニークなものづくり拠点が続々と生まれ出した。グラフィックデザイナーを対象にした印刷工場直結型のシェアオフィス、障害者用の車いすをつくる研究開発拠点などがそれだ。

同時に医療、環境・エネルギーなどの新分野に積極的に参入するよう、区内企業を誘導していく。そのための環境整備、各種支援策を産学官で後押しする。

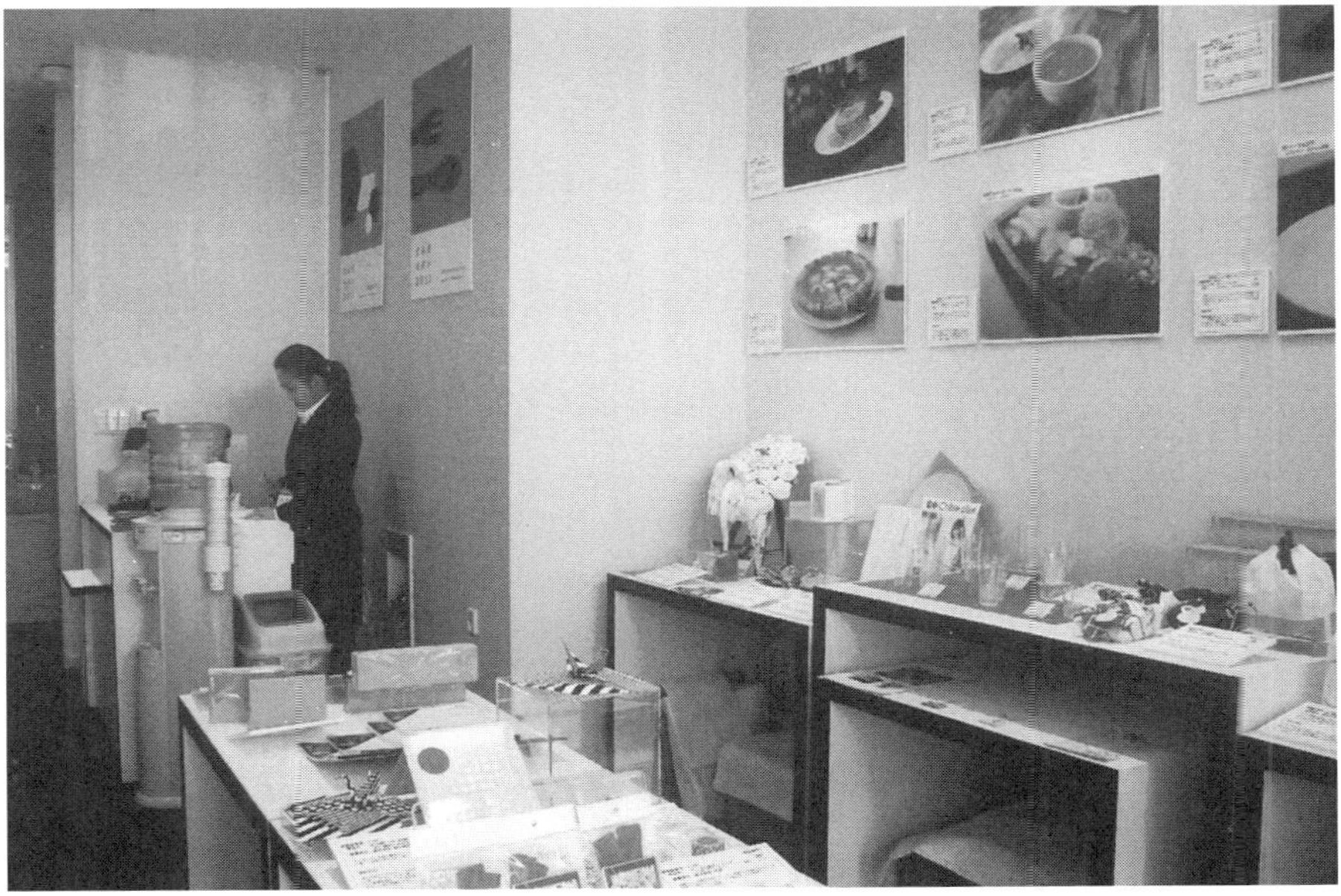

墨田区認証の「すみだモダン」。官民で販売促進に力を入れている。

町工場の魅力を観光資源に
都内で広がるモノづくり観光

（東京都墨田区、荒川区など）

「オリジナルの屏風の注文がふえてきた」と話す屏風博物館の片岡さん。

先端産業や伝統工芸の製造現場を巡り、匠の技を体感する「モノづくり観光」が、東京都内で静かなブームとなっている。名所や自然を見て回るこれまでの物見遊山型観光と違い、モノづくりの現場を見学し、参加・体験することで知的好奇心を刺激してくれるのが魅力だ。自分磨きに役立つと家族連れや学生、シニア層から広い支持を受けており、自治体側も「町工場の魅力を観光資源に新しい観光需要を取り込める」と注目する。

見学ついでに商品を注文
ツアー客、国外からも参加

電波塔として世界一の高さを誇る東京スカイツリーが2012年春に開業してから15年5月で丸3年。スカイツリータウンを訪れる観光客は14年度に3200万人、人気ぶりは依然、健在である。

その電波塔から100《メートル》ほど離れた墨田区向島一丁目の屏風博物館。3階建てのビルの玄関に「小さな博物館」、「すみだ界隈街歩き案内処」、「スミダ・モデル・ショップ」の木製看板がぶら下がっている。この建物に女性グループが三々五々、よく訪れる。経営者の片岡恭一社長によると、見学だけで月に50人は下らないという。

1階が博物館兼工房ショップで、屏風の道具や骨組み、時代ごとの屏風絵などを展示、様々なデザインの屏風の完成品も飾ってある。誰でも自由に見たり触ったりできるのがミソだ。

見学のついでに屏風のオーダーもある。「最近目立つのがオリジナル屏風の注文です。例えば、海外旅行で買った思い出のTシャツを屏風にして欲しいとか、亡くなった娘の振袖を屏風にして部屋に置きたいとか」。8人の従業員と働く片岡さんは、見学者の要望にこまめに対応する。

特に人気があるのが、開き方一つで屏風の絵がクルクル変わる「からくり屏風」の体験ツアー。費用3千円で2時間コースの場合、秋期の限った会期で600人近い参加者があった。屏風体験に外国人が加わるケースも増え、13年1月には韓国の学生88人が参加している。体験ツアー客が国境を越えて広がってきたのが最近の傾向だ。

墨田区には羽子板、足袋、桐たんす、べっ甲製品など22の工房ショップがある。モノの製作現場と販売機能を一体化した新しいタイプの店舗で、モノづくりの現場を自分で確かめ自分好みの製品を注文できるのが魅力だ。趣味のグループや家族連れ、中年男性など多様な見学者がショップを訪れる。江戸木箸を作る大黒屋（東向島）、ガラス製品のすみだ江戸切子館（錦糸町）などが人気スポットだ。

墨田区の3M運動に光
「小さな博物館」に3万5千人

人口23万8千人の墨田区は江戸時代から続くモノづくりの町で、伝統工芸品や高技術品、高付加価値製品を手掛ける職人が多い。こうした地域の特色を広くPRし、地場産業の振興と街の活性化を図ろうと、85年から「3M運動」と呼ぶモノづくり復権政策を展開している。

ミュージアム（小さな博物館）、マニュファクチャリング・ショップ（工房ショップ）、マイスター（職人の親方）の3つの頭文字からとった3M運動は、外部専門家でつくる工房文化都市企画委員会で選定されて年々厚みを増し、30年の歳月を経た現在、博物館が24館、工房ショップが22店、マイスターが37人にのぼる。「いずれも区が誇る

大黒屋は墨田区の進める「3M運動」のメンバーだ。

一級品ばかり」と、墨田区産業観光部の五十幡紀夫主事は語る。

これら3Mが、観光客を誘客する新しい観光資源になった。

修学旅行生がグループを組んでよく訪れるのはセイコー時計資料館（東向島）、NTTドコモ歴史展示スクエア（横網）、新藤暦展示館（横網）などで、その数は毎年2千人。家族連れや一般の人を加えると、小さな博物館全部で毎年3万5千人を超す見学者がある。

体験旅行をさらに広めようと墨田区は、「すみだ新発見、ものづくり探訪」、「すみだ個だわりショップ」、「すみだマイスター」などの冊子を発行してPRするとともに、新企画を繰り出している。「墨田ものづくりと落語に親しむ旅」、「地元ガイドと歩くすみだ匠の技」などの名称で参加者を募る工房巡りのツアー商品がそれ。募集の度に関心が高まり、毎回700人もの参加者が集まる人気ぶりだった。

時には、「すみだものづくり探訪」と呼ぶ一週間のキャンペーンを展開するなど、モノづくり観光の拡充策をいつも心掛けている。年によって内容は多少変わるが、同様のキャンペーンを継続することが力になる。

荒川区、大田区も馳せ参じる
受け入れ体制の整備が課題

都内で中小企業の集積地といえば、墨田区だけでなく大田区や荒川区も有名だ。大田区には４４００の、荒川区には２６００の工場が集積、各分野で製造業の発展を支えてきた。こうした工場集積の魅力をアピールしようと、両区もモノづくり観光の分野に馳せ参じる。

荒川区では製造現場の見学やモノづくりの体験ができる事業所を選び、09年３月から「モノづくり見学・体験スポットガイド」事業を始めた。協力企業はオーダーメイド自転車を製作するマツダ自転車工場、竹の工芸品を手掛ける竹工芸・翠屋など12社で、各種体験メニュー（一部有料）を用意している。

大田区では東京商工会議所大田支部が「モノづくりのまち・観光マップ」を作成したり、大田観光協会が「モノづくりの街歩き」ツアーを行ったりしている。こうした動きを支援するため、区は「モノづくりツアー実態調査」を実施するなどして市民のニーズを探り、モノづくり観光を盛り上げる仕組みづくりに乗り出した。

ただ、中小のモノづくりの現場は面積が狭く見学場所が確保できない、人手の問題で説明ガイドがいないなど、受け入れ体制が十分でないところが多い。荒川区では受け入れ施設を整備する事業所に対し、独自の補助制度を講じているが、これはまだ一部の動きに過ぎない。

モノづくり観光はこれからが成長期。受け入れ事業所のデータベース化や環境整備、観光ルートの品ぞろえ、案内冊子の拡充、専門ガイドの養成など、官民で取り組む課題は非常に多い。

耕作放棄地解消へ立ち上がる担い手づくり、県レベルで展開

（神奈川県、茨城県立農業大学校）

茨城県立農業大学校の「営農塾」活動は、農業の新しい担い手づくりに効果をあげている。

都市農業を支える担い手を早急に作ろうと、県レベルの取り組みが首都圏で本格化してきた。神奈川県はできるだけ早く100人の新規就農者を作る「かながわ農業サポーター制度」を実施、茨城県も本格的な農業経営者を育てる「いばらき営農塾」を展開中だ。首都圏では今、増える耕作放棄地をこのまま放置すれば、都市農業が崩壊しかねないとの危機感が広がる。放棄地解消にはまず、担い手づくりが急務だと各県が立ち上がった。

実践重視の営農塾でコツ習得
24回の講義と8回の実習

就農者づくりを目指す茨城県の「営農塾」活動が活発だというので、その実態に触れようと現地を訪れた。利根川に沿う坂東市岩井にキャンパスを構える茨城県立農業大学校の園芸部。ここで毎年12月から4カ月間、野菜や園芸の

農業技術を体系的に教える営農支援「Ｂコース」の研修活動が行われている。

この日はたまたま実習の日で、講師に引率された40人近い研修生が次々とハウスを見て回る。ハウスにはイチゴ、メロン、キュウリなどの野菜やカーネーション、キキョウなどの園芸作物が育っていたが、これらは正規の農業大学生が手塩にかけて栽培したものだ。生きた教材を使い、研修生らに現場で野菜栽培のコツを体で覚えてもらうのが実習研修の狙いである。

訪れるハウスごとに講師がまず、定植の時期やうね幅、温度管理、施肥や農薬の要領、出荷の時期などを細かく説明。その後、研修生と質疑応答を重ね、栽培の勘どころを押さえていく。

「炭そ病を防ぐ工夫を知りたい」、「稼げる収量は実現可能なのか」、「出荷に適した果重、糖度はどのくらいか」、「栽培は地這いと立体で差が出るのか」――これから農業経営を目指すというだけあって、研修生は実践重視の質疑を繰り返す。

Ｂコースは４カ月間に24回の講義と８回の実習を受ける。「研修は系統的、実践的な内容なので、農業の基礎技術はこれでマスターできる」。営農塾の運営役を勤めるのが農業大学校庶務部。その傘下にある研修課のスタッフはこう説明し、後は実践を通じて応用技術を高めてほしいと強調していた。

その道の専門家が講師役

受講者の半数が農業に従事

茨城県の営農塾は、本格的な農業経営を志す45歳までの人を対象にした営農支援研修（２コース）と、定年退職後に帰農を考える65歳までの定年帰農者等支援研修（２コース）の４コースがあるが、いずれも農業大学校（長岡校舎か岩井校舎）を会場に受講料１万６千円ほど（教材費は実費）で開かれている。

農業研究機関ＯＢや農業大学校の職員、流通関係者など経験豊かなその道の専門家を講師に起用していること、研修時間が誰でも受講しやすい夕方に設定されていることなどから人気が高く、毎年定員を大幅に上回る応募者が殺到する。

研修課によると、営農塾を開設したのが04年度。07年度までは４コースとも定員が各20人だったが、高い人気が続いたため、08年度から定員を各40人へ倍増した。

それから14年度までの10年間の受講者数は累計で１１４

5人に上る。県農林水産部農業経営課の石井裕樹主事は「受講者の6割、678人が研修の後、県内各地で就農している」と話す。農地は遊休農地を紹介されるケースが圧倒的に多い。

茨城県は首都圏でも有数の農業生産県だが、海外からの輸入増による食料品の価格低迷や農家の高齢化で遊休農地や耕作放棄地が急速に広がっている。これを防ぐには新規学卒者を農業に誘導するだけでなく、Uターンや定年帰農者、非農家の新規参入希望者など多様な分野から担い手を育て、農業従事者の絶対数を増やすことが肝心だ。

10年間7400人ほどの就農者をつくった営農塾の活動。この活動が耕作放棄地の解消に大きく役立とうとしている。

動き出す農業サポーター制度
目標は100人の担い手創出

一方、神奈川県の農業サポーター制度は、農業経営に意欲のある新規参入者に10アールから30アールの広い農地を貸与し、農産物を栽培・販売してもらって販売農家として自立してもらおうという内容。07年度から始まった同県独自の施策である。

実施にあたって県は独特の仕組みを作った。まず、就農希望者は県の開催する営農相談会や研修会に参加し自分の営農計画案を提出する。その案が認定委員会で認められると、その人は「かながわ農業サポーター」に登録され、希望する農地が3－4年間借りられる。そして就農後は指導員による巡回指導や営農支援などが受けられる。

サポーターが借りる農地は全て耕作放棄地だが、あらかじめ県が耕作できる状態に復旧してくれるので安心だ。耕地を貸す農家、借りるサポーターは県と県農業公社を加えた4者間で利用協定を結ぶので、円滑に農地を貸し借りできるという。

この制度を活用して第1歩を踏み出しのは、農業経営に意欲を見せる県民19人。県環境農政部によると、19人は川崎市や茅ヶ崎市、伊勢原市など8市町で希望する農地10アール以上を確保しており、たまねぎやキャベツ、ニンジン、大根など露地栽培を開始した。

農業サポーターの就農場所は耕作放棄地なので、サポーターが増えれば、その分だけ耕作放棄地は解消する。「差し当たり100人のサポーターをつくるのが農業サポーター制度の目標」――環境農政部の担当者はこう述べ、放棄地解消に果たすこの制度の意義を強調した。

神奈川県は都市農業を変える新規就農家を育てるため、農業サポーター制度をつくった。

もともと神奈川県の農業は首都圏に生鮮食料を供給する役割を担ってきた。小松菜、落花生は全国第3位、大根、キャベツ、キウイフルーツは第5位の生産県であり、首都圏の「食」を支える重要な供給県といえる。

だが、農業を取り巻く環境は年々厳しさを増し、特に頭が痛いのが野放図に広がる耕作放棄地の存在だ。このまま放置すれば都市農業は崩壊しかねないと見て、県挙げての耕作放棄地解消に立ち上がった。

手作りが「売り」の大道芸イベント
集客30万人、賑わい取り戻す

（神奈川県横浜市野毛地区）

横浜市野毛町はＪＲ京浜東北線「桜木町駅」の南側に広がる商業地域。71軒の商店と２００軒を超す飲食店が下町の風情溢れる街路にひしめき、商売に勤しんでいる。沈滞するこの街に活力を呼び戻そうと29年前にスタートした「野毛大道芸」イベントが、春の盛りを告げる街の風物詩として受け入れられ、毎年30万人前後の人出で賑わう街興し事業に発展した。

商店街の路上で自慢の芸を披露
芸人は世界各国から40組

２０１３年春で38回目になる「大道芸」イベントは４月27日から２日間の日程で催された。野毛本通りと桜通りに挟まれた商店街には柳通り、中央通り、仲通り、野毛小路などの街路がタテ横に走っているが、開催日はこれらの街路を封鎖して青天井の路上を舞台に芸人が自慢の演目を披露する。

演目が始まるのは午前11時。これに間に合わせようと、家族連れや男女入り混じった学生たちが続々と桜木町駅に降り立ち、野毛商店街に吸い込まれていった。会場は６エリアに分けられ14ステージが設営されている。日本を含む世界各国から集まった36組、約90人の大道芸人が、パントマイムやジャグリング、アクロバットなど自慢の演技を各ステージで披露していた。

目玉は欧州でも評価の高いハッピィ吉沢、吉本大輔、雪竹太郎の３人。彼らの出演するステージの周りには人垣ができ、演技を見るのも一苦労するほどだ。一区切りがつく度に拍手と歓声で盛り上がり、おひねりや投げ銭が集まる。

「孫を連れて来た。朝から肩車の連続ですよ」。鎌倉から見に来たという会社員は、楽しい半面、ちょっと疲れたと

野毛地区は大衆演芸が盛んな土地柄。「横浜にぎわい座」も集客に貢献している。

話す。イベントを運営する野毛大道芸実行委員会のメンバーは、ひっきりなしに押し寄せる人並みを見て、「この分では、2日間で優に30万人を超す人出となるのでは」と予想した。

開発から取り残されるとの危機感
街再生への思いが導入の発端

野毛大道芸のイベントがなぜこれほどまでに人を惹き付けるのだろうか。一つは昔懐かしい演目が身近な街路で演じられ、間近で楽しめるという雰囲気だ。

物珍しい演目が少なくなく内容が多趣に富む。ここ数年の演目を見ると、ガマの油売り、あめ細工、独楽曲芸、バナナのたたき売り、中国雑技といった東洋芸のほか、西洋お手玉やパントマイムなどの西洋芸。実にバラエティーに富んでいる。

要は「わざわざ訪れて見る価値があるイベント」になっているわけで、これが人を惹きつける最大の要因だ。実行委員会の幹部は「面白ければ、人は集まるということではないですか」と、さらりと言ってのける。

野毛の商店街が「大道芸」イベントを導入したのは38年前の1986年。沈滞する一方の商店街を何とか再生したいという商店主らの熱い思いが発端だ。

当時の野毛地区を取り巻く商環境はとにかく厳しいものだった。隣の横浜駅西口の開発が進み、百貨店や大型商業施設が相次いでつくられ、周囲から客を奪っていく。桜木町に乗り入れていた東急東横線の廃止によって、客の流れが一変する。

そして何よりも脅威だったのが桜木町駅北側で進展する「MM（みなとみらい）21」地区の再開発事業だ。目と鼻の先にある駅南側の野毛地区だけが旧態依然のまま、開発から取り残されてしまった。

「このままでは野毛地区が陸の孤島になってしまう」

——商店主の危機感は高まり、何とかしなければと有志が立ち上がる。商店街協同組合や青年会、町内会で「街づくりの会」を結成、街興し策を検討する中で「大道芸」イベントが浮上した。

野毛地区には大衆演芸の下地が備わっていた。もともと野毛子之大神社や成田山横浜別院を控えた門前町で、祭礼のたびに見世物小屋やサーカス小屋が立ち並び、多くの香具師が集まっていた。戦後の闇市時代には屋台が並び、大衆演芸が催される地区だった。そんな歴史的経緯が「大道芸」イベントの導入を呼び起こしたのだ。

実行委方式でイベントを開催
いつも苦労する資金集め

野毛の「大道芸」イベントの特色は、商店主や飲料店主が手づくりで運営していること。

街のあり方や基本方針は「街づくりの会」が話し合って決めるが、こと「大道芸」イベントに関しては「街づくりの会」の了解を得て実行委員会が独自に運営している。横浜市や区、警察などとの事前折衝から資金集め、芸人探し、開催当日の運営スタッフの確保など、一から十まで実行委員会が責任を持つ。

いつも苦労するのが資金集めである。街の商店、飲食店をこまめに回ったり大企業に協賛金をお願いしたりと実行委員会のメンバーはてんてこ舞い。

「経費としてざっと500万円は必要。市から200万円の協力金が出るようになったが、後は商店や企業の寄付金、協賛金で賄っている」と経理担当者。

運営スタッフの確保も大変。ステージの設営、交通整理、出演者対応、事故対策と仕事量は非常に多く、青年部や婦人会だけではこなしきれない。そこでボランティアを毎年180人ほど集めているが、報酬はTシャツに弁当というささやかなものだけに、野毛好きや祭り好きの市民を軸に集めるのが実情だ。

「野毛に来ればいつも何か面白いことをやっている」

――野毛をそのような大衆芸能の街にするのが野毛地区の商店主の夢。大道芸イベントは永らく春だけの開催だったが、06年ごろから夏と秋にも開くようになり、夢が一歩一歩、実現しつつある。

03年に野毛町の一角に進出した「横浜にぎわい座」。市芸術文化振興財団が運営するこの劇場で毎月、もう1つの大衆芸能である落語が興行されるようになった。大衆芸能を活用した街づくりに野毛の商店主らの努力がこれからも続く。

街に活力を呼び込もうと大道芸のイベントが開かれる野毛仲通り。

勢い増す市民発電所
市民が出資、地域で応援

（神奈川県小田原市、福島県喜多方市）

太陽光や風力など自然エネルギーの開発を市民がお金を出し合って支援する市民発電所が、存在感をますます高めている。神奈川県小田原市や福島県喜多方市で２０１４年春、相次いでメガソーラー施設が稼働したほか、北海道石狩市では大型風力発電が動き出す。共通するのは市民の出資で事業費を賄う点だ。地域で必要なエネルギーを、地域で作り地域で消費する取り組みが勢いを増してきた。

メガソーラー、14年秋稼働
ほうとくエネルギーが経営

ＪＲ小田原駅から車で12分、同市久野地区の山林で14年3月に着工した市民発電所を見に行った。

山林所有者から3カ所、合計１・８ヘクタルの土地を借り、シャープ製の４０２０枚の太陽光パネルを設置していた。立地場所は県の公共残土の置き場だった所で、ここに強固なコンクリート板が取り付けられ、その上に出力２４５ワットのパネルを10度の傾斜をつけてずらりと並べていた。事業費は３・５億円だ。

建設工事はスムーズに進み、14年10月から発電を始めた。発電は順調に推移し、計画を1割も上回る状況で推移している。出力は９８４キロワットで、一般家庭３０９軒分の電力を生み出す。つくった電力は１キロワット時40円で東京電力に売電している。

この事業を経営するのが「ほうとくエネルギー」（社長蓑宮武夫氏、資本金５８００万円）である。地域主導で自然エネルギーを開発し、地域のエネルギーを自給自足できる体制を築こうと、干物店やかまぼこ屋、魚市場など地場企業38社が12年末、共同出資してつくった新会社だ。

この会社がまず手掛けたのが、小田原市太陽光発電屋根貸し事業である。公共施設の屋根を活用して太陽光発電を

久野地区につくった「ほうとくエネルギー」のメガソーラー。

行うもので、小田原市から集会所の「曽我みのり館」（20・5キロワット）と富水小学校（50・9キロワット）、下曽我小学校（49・2キロワット）の屋根を借り、出力合計120キロワットのパネルを設置した。

14年1月から発電を始め、1キロワット時36円で全量、東電に売電している。「公共施設の屋根を活用した太陽光発電事業で事業運営の基礎を固めることができ、その後の事業運営に役立った」と志澤昌彦副社長は打ち明ける。

屋根貸し事業に次ぐのが久野地区のメガソーラー事業だ。これを運営するため、ほうとくエネルギーの100％出資による子会社「ほうとくソーラー1」を設立した。

当面はメガソーラー事業の経営基盤を固めることに力を注ぐが、先行きは屋根貸し事業をさらに拡充するとともに、メガソーラーの増設や小水力発電の事業化も密かに狙っている

資金調達に市民ファンド
「市民が幅広く参加」

ほうとくエネルギーは市民ファンドを活用して、屋根貸しとメガソーラーの事業費の一部を調達している。ファンドの名称は「ほうとくソーラー市民ファンド」で、1口10

万円、目標利回り年２％で市民から出資を募るもの。

募集は「㈱自然エネルギー市民ファンド」を通じて実施したが、14年１月末から募集を始めたところ、市民の関心は極めて高く、募集期限を待たずに目標額の１億円を集めてしまった。

志澤副社長によると、出資者は１７９人に上り、小田原市民が全体の27％、続いて神奈川県民が同25％と県内住民が過半数を占めた。

出資した理由について、「温暖化問題に関心があるから」が最も多かったが、「地域の活性化に協力したい」、「地元での取り組みだから」と言って出資した人も33％に上った。再生可能エネルギーは「市民の幅広い参加で事業展開できる点が強み」と志澤副社長は力説していた。

ほうとくエネルギーでは３カ所の公共施設での屋根貸し事業で年間４４６万円、メガソーラー事業で年間４０８５万円の売電収入が確実になった。これで、発電事業の道筋が固まったというわけで、15年に入り次の事業展開を急ぎ出した。屋根貸し事業の拡充策として、新たに２施設で太陽光発電事業を追加するとともに、２基目の大型ソーラー発電計画（７５０キロワット）を具体化している。

21カ所に太陽光発電所
雄国にメガソーラー

市民ファンドを活用して事業化するやり方は喜多方市でも採用されている。「会津ソーラー市民ファンド２０１４」の名称で１口20万円、目標利回り２％の条件で募集し、総額９９８０万円を調達した。この資金は会津の自然エネルギー開発事業に使うものだ。

事業を手掛けるのは13年８月、会津地方の法人や個人が出資して設立した「会津電力」（社長佐藤弥右衛門氏）。具体的には、会津電力がさらに１００％出資の子会社「アイパワーリセット」をつくり、同社が太陽光発電事業を運営する仕組みを作っている。

第１弾として喜多方市岩月地区に出力３００キロワットの太陽光発電所を建設、14年８月から発電を開始した。この後、会津地方の20カ所に出力50キロワット級の太陽光発電所を次々と設けている。21カ所の合計出力は１・４５メガワットで、総事業費は４億６千万円。

これとは別に、会津電力は14年10月、喜多方市熊倉に出力１メガワットの雄国太陽光発電所も建設した。借り入れた山林２万１千平方メートルに３７４０枚のパネルを設置するもので、事業費は３億７千万円。

指折りの多雪地帯であるため、高い荷台に30度の傾斜をつけてパネルを設けるなど工夫を凝らしている。

原発事故の教訓を生かして自然エネルギーを導入する動きが福島県下で広がっている。会津電力も第2期計画として、さらに30カ所のソーラー発電所建設を視野に、活発に活動している。

市民ファンドは石狩市で建設中の4メガ風力発電所でも活躍している。市民が応援する発電所づくりがわが国でますます勢いを増してきた。

会津電力の大株主は喜多方市に本社がある酒造会社だ。

賑わう直売所、客を呼ぶ秘訣
決め手はリピーターの誘引策

（神奈川県秦野市、「はだのじばさんず」など）

ＢＳＥ（牛海綿状脳症）問題、中国の冷凍ギョーザ事件、産地の偽装表示——食の安全・安心が叫ばれる中で、農産物直売所への関心がかつてなく高まっている。そんな流れに乗って、ここ数年直売所が全国各地で増えているが、全ての直売所が一様に賑わい、右肩上がりの売り上げを確保しているわけではない。市民の見る目は厳しいので、消費者の心を捉え店の特色を打ち出せないと、取り残されてしまう。盛衰の分かれ目はどの辺りにあるのか、賑わう直売所の秘訣を紹介しよう。

直売所、全国に1万3千カ所
残留農薬の検査を徹底

直売所が生まれたのは１９９０年代初頭だが、ブームになったのはここ十数年のこと。農水省や農協関係者の話を総合すると、全国の直売所数は1万3千カ所にのぼるそうで、総売上高は8千億円を超す勢いといわれる。

直売所と契約した農家が朝採った農産物を自分で価格を決めて出荷し、売れ残った分はその日のうちに引き取る。直売所に支払う手数料は10－15％、それを差し引いた残りが農家の手取り——これが直売所の基本スタイルだ。そして、どこの直売所も「新鮮で安全・安心、安いのが特長」と強調する。

だが、口で叫ぶだけでは消費者は信用しない。信用は、直売所が行動で示し消費者の信頼を醸成する対策を積み重ねていく中で初めて得られるものだ。

小田急線の秦野駅からバスで15分、国道と県道の交差点に立地する「はだのじばさんず」（秦野市）は07年度の売上高が8億９７００万円、最近では年商10億円に迫るのではといわれるほど勢いのある、神奈川県でも有数の直売所。ここの持ち味の一つが安全対策だ。

店内の壁には「堆肥を使った土作りと生産履歴の記帳を徹底しよう」という年間スローガンが大きく掲示され、青果物には生産者名、産地名とともに生産履歴認可済みを表示するバーコードが貼られる。出荷物に病害虫などの欠陥があると、直売所の判断で陳列棚から排除し、出荷者に「注意カード」を渡す。

「じばさんず」では青森県の専門機関と契約して残留農薬の検査にも力を入れる。６５０人の登録出荷者から納入される野菜類のうち、月に2品目ずつ選んで抜き打ち検査を実施。分析結果は店内に掲示して消費者に公開する徹底ぶりだ。

「ここ数年来、年間来店者数は52万人から55万人。その7割がリピーター」とは、安居院賢治店長の弁。安全対策を積み重ねる努力が消費者に安心感をもたらし、リピーターの増加に貢献している。

鮮度確保の仕組みをしっかりと
品切れと売れ残りを同時に防ぐ

「新鮮さ」が生命線の直売所では、少量・多品目の農作物を多頻度出荷する独特の手法を採用している。新鮮な商品が品切れすると消費者の信頼を損ない、売れ残ると出荷

千葉市の直売所「しょいか〜ご」は販売情報システムの拡充に努めている。

農家の負担が大きい。そこで品切れと売れ残りを同時に避ける多頻度出荷体制が採られたわけだが、運用は口で言うほど簡単ではない。

この点に挑戦するのが、千葉市若葉区の「しょいか～ご」（年商10億7千万円）。05年12月に開業したが、開業と同時にＰＯＳ（販売時点情報管理）システム、音声ガイダンス販売情報システム、メール配信販売情報システムを導入した。これは売り場での販売状況を即時に捉え、その情報を出荷者に知らせるのが目的である。

具体的な仕組みはこうだ。バーコードを貼って出荷した農産物が売れると、レジがバーコードを読み、個々の出荷者毎に売り上げデータを記録する。そのデータを一日に６回、固定電話かメールで出荷者に配信するというもの。朝出荷した商品の売れ行きが素早く分かり、データを見て午後に出荷する農産物の量や価格を加減できるので、出荷農家（６４２人）には好評だ。

「来店客は年々増え、開業2年目の07年度で60万人を突破。最近は年間70万人に迫るが、このシステムのおかげで新鮮な品揃えを確保できる。午後来ても品切れが少なくなったと喜ぶお客が多く、リピーターが６割以上になった」。田中美佐男店長は直売所を活かすシステムだと胸を張る。

扱う商品の選定を明確におもてなしの心でリピーター増

扱うのが食料品、園芸品に絞られるだけに、直売所の商圏は百貨店や総合スーパーに比べ小さい。客層も直売所と百貨店ではおおいに異なる。ある調査機関の実態調査によると、①来店客の85％が女性で、50‐60代の中高年が大半②冷やかし客はいない。買い物か食事と明確な目的を持つ人がほとんど③近隣の直売所を見比べ、回遊する人が多い④客単価は2千円程度――これが直売所の顧客特性だ。

つまり、消費生活の経験が豊富で目的意識の高い女性を相手に、狭い商圏で戦うのが直売所といえる。だから新規顧客は期待できない、限られた商圏を深掘りしてお得意様を如何に増やすかが勝負となる。

千葉県柏市で直売所「かしわで」（年商7億7千万円）を運営するアグリプラスの染谷茂社長も、「何回も足を運び繰り返し買ってくれるリピーター客が重要」と言い切る。染谷社長の話をまとめると、リピーター対策として同社は２つの戦術を採っている。

ひとつは扱う商品の選定基準を明確にしていること。輸

千葉県柏市の直売所「かしわで」は、リピーター客の増加対策を講じている。

入農産物は扱わない、目玉は地元の農産物（地元産の調達比率は70％）、お米は全て地元産で「ちばエコ農産物」の認証を受けたもの、地域の20中小学校の給食と同じ農産物を扱うなどだ。

もう一つは「おもてなしの心」を発揮すること。明るく活気溢れる雰囲気が出るよう店の演出に気を配り、スタッフは顧客との挨拶や会話を心掛ける。

その際、消費者とじかに接触する女性バイト社員の接客態度が重要で、染谷社長は「出荷農家に代わって消費者に向き合えるよう、商品知識を身に付けてほしい、気持ちよく買い物ができる雰囲気を大切にしてほしいと朝会などで話し合う」と語る。

持ち味を磨き差別化を図る努力が、リピーターを増やし直売所に賑わいをもたらす秘訣だ。

高齢者に目を配る商店街 買い物弱者を親身に支援

（神奈川県川崎市モトスミ・ブレーメン通り商店街、埼玉県秩父市みやのかわ商店街）

食料品や日用雑貨など日常の買い物に困っている高齢者を手助けする動きが、首都圏の中心商店街で本格化してきた。過疎地や地方都市で問題視されていた「買い物弱者」が、高齢化の進展とともに首都圏の主要都市にも広がるなど、事態がより深刻化したためだ。出張商店街や移動販売、買い物代行、送迎車の派遣――地域の課題に目を配ろうと、首都圏の商店街があの手この手の高齢者サービスを繰り広げ、親身に対応している。

出張商店街で高齢者の弾む声 11施設で定期的に開催

「海苔のせんべいはないの。そう、売り切れたの」、「ここではバナナ1本でも小分けして売ってくれるからいいネ」、「こんなパジャマが欲しかったの」。

川崎市中原区のモトスミ・ブレーメン通り商店街振興組合（柳沢正高理事長、１３５店）が横浜市緑区の有料老人ホームで開いた出張商店街で、高齢者のにぎやかな会話が弾む。午後2時開店の出張商店街には和菓子、果物、婦人服、眼鏡など6店が出店。2時間の営業時間の間、車いすの人や杖をついた人、付き添いスタッフと連れ立って来た人などでごった返した。

出張商店街は外出が不自由な高齢者や足腰が弱くなった顧客の所へ商店街の加盟店が出向いて店開きする仕組み。ブレーメン通り商店街が出張商店街を始めたのが09年2月で、今では川崎市や横浜市などの有料老人ホーム、シニアマンションを中心に11施設を巡回している。

開催頻度は1カ月か2カ月に1度。訪問先の要望を聞き、顧客の希望する商品に合わせて参加する商店を決めている。旗振り役で組合理事の中島徳人さんは「高齢化が進み、商店街に来たくても来られない人が増えている。ただ

高齢化が進み、買い物難民がふえる。ブレーメン商店街で「出張商店街」に取り組む中島理事。

待つだけでなく、必要な所にこちらから飛び込んでいかないと」と話す。

出張商店街は高収益を期待できる事業ではないものの、地域の課題に挑戦する商店街として知名度が上がるのが利点。知名度をさらに上げるには継続的に新サービスを付加していくことが重要というわけで、11年秋には市立高校介護科の学生と連携し、たまには高齢者を商店街に招いて買い物を楽しんでもらうイベントを催している。

1日2万人、賑わう商店街
独自の試みを次々と展開

ブレーメン通り商店街は戦後の47年、東急東横線元住吉駅の駅前商店街として始まったが、90年2月、ドイツ・ブレーメン市の了解を得て商店街名を今の名前に改めた。改名して25年経つが、街の勢いは衰えず、今では６００メートルの通りに２００店が軒を並べ１日２万を超す人で賑わう有力商店街となった。

街の勢いが衰えないのは、地域の問題を共に考え地域と共に歩むという、商店街の姿勢に背景がある。現に地域の問題をアピールするため、商店街は次々と独自の試みを展開してきた。

商店街での音楽イベントを始め、「1店1エコ」運動の展開、ポイントカードの発行、エコバッグの導入、フリーペーパーの発行――。どの試みも地域から歓迎され、全国の商店街からも注目された。その積み重ねの上に出張商店街という高齢者サービスが加わったわけだ。

商店街の中ほどにロバ、イヌ、ネコ、ニワトリの像が置かれている。グリム童話にある、あの「ブレーメンの音楽隊」だ。商店街に来た高齢者がこの像に気付き、近付いては触っていく。そんな光景を見ながら、中島さんは力を込める。「買い物を楽しむ高齢者に役立つ商店街にしたい。そのためにも出張商店街の事業を拡充していかないと」。

ボランティアバンクおたすけ隊
出張商店街、山間部にも拡大

買い物弱者への支援サービスと言えば、埼玉県秩父市のみやのかわ商店街振興組合（島田憲一理事長、107店）の挑戦も意欲的だ。お年寄りや病弱な人への買い物代行、老人ホームなどへの出張商店街の2事業を06年8月から始め、買い物代行サービスは1年後の07年8月、生活支援事業「ボランティアバンクおたすけ隊」に発展した。

「おたすけ隊」は高齢者や身障者の注文に応じてスタッフを派遣し、有料でサービスする事業だ。お客の注文は、伸びた枝の伐採や庭の草取り、買い物代行や同行、病院の付き添いなどが多いが、ペンキ塗りだろうが子守りだろうが何でも頼める。

派遣スタッフは予め登録したシニアのボランティアで、「おたすけた隊」の隊員と呼ばれる。現在、110人の隊員がおり、注文を受けると、指定先に隊員がかけつける仕組み。

利用料は1時間当たり800円で、事務局にチケットで払う。隊員は事務局の経費を差し引いた500円分を地域共通商品券「和同開チン」で受け取れる。

毎月20件近い注文があるそうだが、「商店街が間に立って、介護の必要なお年寄りを元気なシニアが支える仕組みを作ることができた。地域の人を知っている商店街だからこそできた事業」と、島田理事長は胸を張る。

もう一つの出張商店街は、買い物が難しい高齢者のために、複数の商店が連れ立って老人ホームなどに出かけ、商品を販売する事業だ。「楽々屋」という名称で6、7カ所の施設を3日に1度の割合で回っている。どの施設へ行っても歓迎され、「買い物が楽しめるし、客同士会話が弾む」と高齢者が喜ぶ。

「1回の売り上げが3万～4万円ほどと少ないが、固定客づくりに役立つ。継続してやっていく」と島田理事長に評価する。

販路を広げようと、交通の便が悪い山間地域にもこまめに出向き、販路拡大に余念がない。月に2回、大滝村の診療所前に5、6店が出張商店街を開き、集落ごとに顧客をまとめてバスで商店街に送り迎えしている。無我夢中で買い物をする高齢者が多いという。

経産省は全国の買い物弱者を600万人と試算している。今や商店街としても放置できない全国共通の課題となってきた。

お年寄りの生活を支援する「おたすけ隊」が活動するみやのかわ商店街。

各地に現代版「寺子屋」学力向上へ補習授業

（神奈川県大和市、埼玉県草加市など）

小中学生の学力を向上させようと、地域の助けを借りて放課後に補習授業を取り入れる自治体が、首都圏で広がっている。名付けて現代版の「寺子屋」だ。神奈川県大和市が２０１４年度から「放課後寺子屋やまと」を立ち上げたほか、埼玉県草加市では「草加寺子屋」を、茨城県常総市は「常総ほっとサタデー教室」を実施中だ。地域の子どもの学力を底上げする新たな仕組みで、この事業を定着させるには学校と保護者、地域の連携が必要となる。

学校の空き教室で「寺子屋」
大和市、６校でスタート

小田急電鉄「南林間」駅から歩いて3分ほどのところにある大和市立林間小学校。午後3時頃になると、授業を終えた小学生が三々五々、「多目的教室」に集まってくる。平日の週3日、「放課後寺子屋やまと」が開かれるからだ。

会場の床にはカーペットが敷かれ、座卓がズラリと並ぶ。児童は好きな所に陣取り、勉強ができる環境を整えている。この日出席したのは20人ほどで、それぞれが教科書や宿題など取り組みたい教材を持参し学習していた。

「音読の宿題があったよ」と言いながら、男の子は国語の教科書を取り出し、津波から村を守った伝記を大声で読み出した。「まるごと宿題6年」という参考書を使って自習する6年生、漢字の学習プリントをせっせとこなす4年生もいる。プリントを終えた児童が隣の児童と正解を確かめ合っている。

「単位の転換の仕方を教えて」、「文字式の解き方を教えて」——。算数の宿題をしていた児童から学習支援人にこんな質問も飛ぶ。

会場で対応するのは教職員ＯＢで構成するコーディネーターと教員免許を持つ学習支援員だ。学校教育の経験や知

大和市の寺子屋は平日の週３回、放課後に開かれる。

識が豊富な地域の有志が児童一人一人に寄り添い、質問や分からないところなど、状況に応じて丁寧に支援する。

大和市が立ち上げた「寺子屋やまと」は14年度に、林間や大和、福田など6校で始まった。対象は小学4－6年生で、教科は国語と算数だ。学校を通じて保護者に連絡し、出席を希望する児童なら誰でも参加できる仕組みにした。受講料は無料だが、認知度がまだ低いためか、出席希望者は各校とも15－20人とそれほど多くはない。

開催日は教室の空き教室を利用して平日の週3日、午後3－5時に行う。実証実験の意味を込めて6校で1年間実施したうえで、15年度からは市内19校の全てに広げる。

「寺子屋は自主学習の場」
全国学力・学習状況調査の結果を受けて実施

「寺子屋やまと」は正規の授業ではないし、学習塾でもないとは、市教委教育部指導室の久津間室長の弁。「自ら進んで学習する習慣を児童に定着させようと、地域が協力して自主学習の場を提供するのが基本だ」と説明する。

そんな狙いを持つ「寺子屋やまと」を実施することになったのは、文科省の「全国学力・学習状況調査」の報告書がひとつのきっかけだ。報告書は「学校の授業以外の学習時間が長いほど正答率が高い」と分析しており、しかも報告書で大和市の児童の学習時間が非常に短い実態も明らかになった。

基礎学力を高めるには学習習慣を身に付けさせることが何より重要だとし、それを実現する手段として「寺子屋」事業が具体化したわけだ。

大和市は小学校を開放して遊びの場所を提供するため、08年度から「放課後子ども教室」を開いている。これと同じ日に、「寺子屋」を開くことにした。

久津間室長は「児童が放課後も学習支援を受けることで、基礎学力が向上するし、学習習慣も身に付くはず」と成果を期待している。

「草加寺子屋」に972人
常総市は「ほっとサタデー」

寺子屋は埼玉県や茨城県にも広がっている。埼玉県草加市で行っている「草加寺子屋」は、草加市の小学3年生から中学3年生までを対象に、13年度から始まった放課後補習授業だ。開催日は月2回、隔週土曜日で、6月から翌年2月まで年間を通じて18回開講している。

同市は児童生徒の学力アップを図ろうと、06年度から夏休みに同様の寺子屋を開いていたが、保護者から好評を博したため通年事業に発展拡充した。14年度には小学生が891人、中学生が81人もこの寺子屋に参加している。

会場は小学生が市内の21小学校の教室を、中学生は公民館や福祉会館など4つの公共施設を使っている。学習は小学生が国語と算数、中学生が数学で、学年の学習進度に合わせた学習プリントを配布して勉強するケースが多い。

会場の運営は運営管理員が当たり、学習支援は地域のボランティアで構成する学習支援員が担当している。

一方、「常総ほっとサタデー教室」は14年度から始まった通年事業で、常総市の小学生3－6年生が対象だ。全児童を対象に事前に出席希望を募ったところ、14年度は119人の児童が応募した。

開催日は平日3日の放課後4時間と土曜日の同4時間を大枠として設定し、その中で送り迎えする保護者と児童が都合に合わせて曜日と学習時間、会場を登録している。

会場には元教員など数名の学習指導員が配備され、児童それぞれの個別の課題に寄り添った支援を行っている。「先生より気軽に聞けるし、よく分かる」と児童の反応は良好で、出席率も高い。

この事業の狙いについて、市教委の岡野克己指導課長は

「基礎学力の向上を手助けし、学習習慣を定着させること」と繰り返し強調していた。

茨城県常陸大宮市では市内の小学3年生全員（11小学校で合計約300人）に補習授業を行っている。クラスごとに毎週1回（補習時間は45分）開くもので、教科は国語と算数だ。

自由に来て自ら学ぶ習慣が子どもたちに定着するかどうか、地域も暖かい目で見守っている。

小学3年から中学3年まで児童生徒に補習事業を行う埼玉県草加市。

鉄道各社が続々と保育園開設
子育て支援の街づくり競う

（ＪＲ東日本など）

首都圏の大手鉄道各社が、沿線での子育て支援事業を積極的に展開している。就学前の幼児を預かる保育園、放課後の小学生を受け入れる学童保育所などを駅ナカや駅の隣接地、高架下に続々と開設しているのだ。通勤時に利用できるなどの利便性が子育て世代に受け入れられており、今後も急速に普及しそうだ。鉄道各社も子育て支援の街づくりに貢献できると、この事業に強い意欲を見せる。

小学館系の駅型保育園
「駅に近く、送迎に便利」

京浜東北線大井町駅の東口近くにある駅ビル「アトレ大井町２」（東京都品川区）。この３階に２０１１年３月に開設したのが東京都認証の「小学館アカデミー・アトレ大井町保育園」だ。建物や内装、園庭はＪＲ東日本が整備し、小学館集英社プロダクションが運営している。

園内を拝見すると、面積３１８平方メートルの施設内は床暖房が完備し、保育室や調理室、調乳室、医務室などが整っていた。藤田典子園長によると、保育スタッフは園長以下15人で、定員は40人。０歳児から就学前の子どもを月－土曜日の朝７時15分から夜10時まで受け入れている。

保護者は好きな曜日や利用時間を選んで預ける仕組みで、年齢やコースにより保育料に差がある。例えば、２歳児の週５日コースでは月７万３５０円だ。

国の認可保育園に比べ保育料が高いものの、利用者は満足している様子。育児休暇中の若い女性は「沿線近くに住んでいるので、歩いて通えるし、施設が清潔。園庭があるのもいい」と言い、都心の会社に電車通勤している男性は「保育園が最寄りの駅に近いし、雨に濡れないで送迎できるので便利」と話す。

同園には、出版社が展開する保育園ならではのオプショ

駅ビルに登場した保育園。鉄道各社が競って子育て支援施設をつくっている。（写真はアトレ大井町保育園）

ン・カリキュラムがある。英語学びコースがそれで、専任講師を起用して子どもの成長や興味に合った英語学習を行っているのだ。藤田園長は「小学館の幼児教育ノウハウを活かして踏み切ったが、保護者から予想以上に人気がある」と打ち明ける。

駅型保育園、ＪＲ東が先陣
14年春までに70カ所整備

アトレ大井町保育園のように、駅ビルや駅前などに開設される保育支援施設を駅型保育園と呼ぶ。この分野で先陣を切ったのがＪＲ東日本で、96年に東京・国分寺駅前に最初の保育所を開いたのを皮切りに、首都圏で施設網を次々と広げてきた。

11年春には保育園11カ所、学童保育所１カ所を一挙に開設、13年４月時点で施設総数を70カ所に乗せた。この中には埼京線のように、15カ所もの駅型保育園が開設されるなど、「子育て応援路線」と言われる沿線まで生まれている。

ＪＲ東日本の駅型保育園は国の認可保育園か自治体の認証保育園が基本。床面積３００－７００平方メートル、定員30－90人を想定し、立地や市場条件に応じて具体的な規模を決めている。

同社は現在､子育て支援事業を拡充強化する｢ハッピー・チャイルド・プロジェクト」に取り組んでおり、14年4月までに累計施設数を79カ所に増やしている。受け入れた幼児の定員は3800人に上る。事業創造本部宣伝戦略グループの野口仁グループリーダーは「駅型保育園だけでなく、学童保育、親子コミュニティカフェ、事業所内保育所、駅ひろばなどバラエティに富んだ施設を作っていく」と説明した。

駅型保育園が増える理由は3つある。第1は、待機児童問題だ。首都圏の待機児童は都内23区4506人、神奈川県3095人、千葉県1373人と多く、解消を求めて保育所ニーズは高まるばかり。少しでも子育てしやすい街づくりに貢献したいとの姿勢が鉄道会社に強い。

第2は、少子高齢化の進展で沿線の利用者が減る恐れが強いこと。子育て施設の充実は沿線に子育て世代を誘致でき、沿線の顧客確保に役立つという鉄道会社側の狙いがある。第3は利用者側の事情で、通勤と子育てを両立できるのが利点だと若い世代が支持していることだ。

私鉄先行組は京急や東急など
相鉄は保育と学童の2本立て

JR東日本を追うように、首都圏の私鉄各社も子育て支援事業を強化している。京浜急行電鉄が00年春に金沢文庫駅に、東京メトロが02年春に東西線西葛西駅にそれぞれ定員60－70人級の保育園を開いたのに続き、東急電鉄が03年、小田急電鉄が06年、京王電鉄が07年、相鉄が10年と競うように保育市場に参入した。

国土交通省が10年度から、駅型保育施設の整備に補助金を出すことを決めたことから、京成電鉄（大神宮下駅）と東葉高速鉄道（船橋日大前駅）も11年春に保育園を新設。12年春には東武鉄道が参入し、東上線ときわ台駅に保育所を開いた。

先行組はすでに沿線で複数の保育園を開いているが、東急（15カ所）と小田急（11カ所）の動きが特に活発で、延べ数百人規模の幼児を預かる保育園網を傘下に持つ。展開する保育園の数もさることながら、運営方針も私鉄間で大きな差がある。

1つは保育施設の運営主体だ。東急や東武などは社会福祉法人など専門業者に運営を委託し、小田急や京急、京王は子会社を通じて自力運営している。

2つは事業内容の複合化だ。典型例が相鉄で、幼児を預かる保育園（4カ所）と小学生相手の学童保育（3カ所）

を二本立てで複数展開している。先行組の東急も学童保育を重視し、子会社を通じて15施設を運営するようになった。小田急もこれに追随、12年春に喜多見駅の高架下に学童保育所を新設した。

もう1点は保育サービスの中身。単なる託児サービスだけでなく英語学習や進学支援など付加サービスを取り込むところが増えてきた。沿線の価値を高め、社会貢献にもつながる子育て支援策を巡って、鉄道各社の意欲は高まるばかりだ。

京急が上永谷駅前に開設した駅前保育所。

アンテナ店、銀座周辺に集積
ふるさと産品を売り込む先兵
(岩手県、山形県、沖縄県など)

山形県、虎ノ門から銀座に転進
「本物の味を体験する場所に」

東京の繁華街に、都道府県のアンテナショップが相次いで登場している。地域の特性を生かして育まれた食材、地方で長らく親しまれてきた畜産品や水産物、新たに開発した地域ブランドを日本のまん真ん中に持ち込み、巨大な首都圏市場を開拓すると同時に、販路の全国化・ブランドの広域化に繋げようという戦略だ。立地場所が繁華街中の繁華街、銀座・有楽町周辺に集中しているのが大きな特徴だ。

東京銀座1丁目の「柳通り」で2009年4月から営業しているのが山形県のアンテナ店「おいしい山形プラザ」だ。山形から直送した山菜などの生鮮食品を目玉に、400種類以上のふるさと産品が買えるとあって、開店前から200人以上のお客が行列をつくる。

イベントがよく催され、訪ねた日も出羽3山のひとつ、羽黒山から来た山伏がほら貝を鳴らし、開店を告げた。吉村美栄子知事も上京の際、訪れては「山形の本物の味とぬくもりを体験できる場所ですよ」と愛想を振りまく。同県に縁のある有名人が応援に駆けつけることもある。

店に入ってまず、目に飛び込んできたのが温室さくらんぼの最高級品「佐藤錦」。「54個入りで7200円かぁ。ちょっと手が出ないな」——訪れた客からこんな声が漏れた。

入り口近くの商品棚に青々としたタラの芽、ウド、ウルイ、こごみといった山菜が並び、あちこちから手が伸びる。棚にはレシピがあり、「料理の仕方が分かるからいいわね」とレシピを参考に山菜を買う客が多い。

奥に行くと、山形の特産品が18の物産コーナーに整然と並ぶ。この日の入店客は千人近い。2階のイタリア料理店

虎ノ門から移店した山形県のアンテナショップ「おいしい山形プラザ」。

にも25組の客が空席を待っていた。

「以前は虎ノ門に店があったが、官庁街で土日に客が来ないので、銀座に替えた」。山形県産業政策課の担当者は銀座店開設の経緯をこう述べ、「年商3億8千万円から4億円が目標」と打ち明ける。山形を知ってもらう、山形産品を買ってもらう、山形に来てもらう先兵となるのが、銀座店の位置付けである。

岩手、銀座出店で売上が急増 イベントで差別化する富山

東京都内のアンテナ店は県産品の物販、飲食、観光情報の発信などを兼ねた店がほとんどで、右肩上がりで増えている。地域活性化センターによると、04年度の18店が10年後の14年度には58店と3・2倍に拡大。14年度は福島県、石川県、長野県、岡山・鳥取両県が進出し新店を開いている。

アンテナ店の活躍ぶりは目を見張るものがある。活性化センターの畠田千鶴さんは「年商1億円以上の店が28店と半数近い。店を多店舗化するところもある」と語る。立地場所は銀座・有楽町周辺が圧倒的に多いが、日本橋も注目され始めた。

銀座地区が立地場所として脚光を浴びてきたのは16年ほど前から。今では銀座が自治体店舗の密集する「ふるさと産品」の激戦区になった。

銀座にいち早く目をつけた自治体の1つが岩手県だ。有楽町の店舗を畳んで東銀座の商業ビルに転進したのが1998年秋という。物販コーナーが330平方メートルと広く、冷蔵・冷凍品の収容能力が大きいのが顧客から受ける。平日は平均1200人、土日には2千人以上の入店客がある。平日商額が有楽町時代から14倍も跳ね上がった。

店の前にある歌舞伎座が誘客の柱。その歌舞伎座の改装工事中は客足がかなり停滞したという。新装開業とともに再び、入店客が増えて、14年度の入店客は約37万人となった。

売れ筋商品は岩手県産の食材で朝一番に作り新幹線で持ってくる季節弁当、いわちくの「ショルダーベーコン」、ごますりだんご、大福もちなどだ。「08年度の売上高は5億4700万円だったが、歌舞伎座の閉鎖中は苦戦した。14年度に5億5千万円まで持ってきた」。足元の近況について、店を運営する岩手県産の鈴木東京支店長はこう話す。

「銀座プラザ」では市町村代表がやって来て、年中イベントを打つ。アンテナ店を皆で盛り上げよう、地域自慢の産品を首都圏市場にPRしようという意識が県民に強いのだ。修学旅行生がよく立ち寄るのも同じ考えからで、総合学習の一環として売り場に立ち、都民に売り込む姿に出会うことが多い。

アンテナ店で地域のイベントを重視するのは、有楽町の交通会館に06年12月、リニューアルオープンした富山県の「いきいき富山」も同じ。富山湾直送の魚をその場でさばいて販売する「お刺身デー」、試食販売会や調理実演会をよく開き、生産者と消費者の交流を心掛ける。

開店から2年目の08年の年商額は1億7千万円だった。その後の不況で売り上げが伸び悩んだが、イベントの多発で客足の停滞を何とか防いできた。

沖縄の来店客は100万超
群馬県、21億円の波及効果

銀座進出の1番乗りは、山形県と同じ「柳通り」に94年3月、「銀座わしたショップ」を開いた沖縄県。鹿児島県の「かごしま遊楽館」、北海道の「どさんこプラザ」、岩手県などがこれに続き、銀座周辺にアンテナ店が立ち並ぶ第1次ブームとなった。

「銀座わしたショップ」は店頭に鎮座する2頭のシーサーが客を迎える。店の中は沖縄の市場の雰囲気が濃厚だ。1階と地下に470平方メートルの売り場があり、生鮮食品やお茶、菓子類、飲料・泡盛、化粧品など4千品目が並ぶ。

　長寿県を支える食材に関心があるためか、もろみ酢やゴーヤ茶、果汁ドリンクなどの健康食品に根強い人気があるが、その場で揚げる菓子「サーターアンダギー」に行列ができ出した。海洋深層水でつくる化粧品も関心が高く、洗顔兼化粧水「チュララ」がよく売れる。

　来店客は年間で100万人を超す。店を運営する沖縄県物産公社の杉下範子マネジャーによると、「来店客の過半数がレジ通過客で、年商額はざっと10億円レベル」。

　08年夏に開店した群馬県の「ぐんまちゃん家」は、13年度の年商が前年比7割増の1億5千万円、来店客数が4割増の約57万人だった。14年度はさらに上向いているが、ぐんまイメージアップ推進室では「新聞などの掲載を含めると、広告効果は21億円に上る」と推計している。

　このように銀座周辺が注目されるのは、①県の認知度を高め、県産品の販促効果が大きい②情報の発信と収集を同時に進められ、その後の市場開拓に繋がる③首都圏に楔を打つことで、生産者のヤル気が増す――などの効果があるためだ。

　ここしばらくは銀座周辺のアンテナ店が様々な話題を提供しそうだ。

各自治体の中で銀座に真っ先にアンテナ店を開いた沖縄。

中部編

地域の心を揺さぶる芸術祭
NPO・住民が運営を主導

（新潟県、越後妻有・大地の芸術祭）

新潟県南部の広大な里山を舞台に、3年に1度開かれる国際美術展「大地の芸術祭　越後妻有アートトリエンナーレ」が2015年7月下旬から9月中旬まで開かれた。地域おこしの一環として2000年に始まったこの祭りは今回で6回目。回を追うごとに評判を呼び、第5回は内外から約40万人が訪れるイベントに成長した。15年の積み重ねで第6回も大賑わいだった。過疎集落に活気が戻り、アートで地域が大きく変わるのは確実な情勢だ。

目玉は、廃校・空き家プロジェクト
広い里山に350点超の作品

12年の大地の芸術祭は、「廃校・空き家プロジェクト」が目玉のひとつというので、まず十日町市鉢地区の旧真田小学校に飛び込んだ。このプロジェクトは少子高齢化で各地に生まれた廃校、空き家を、アートの力で活性化しようというもの。旧真田小では絵本作家の田島征三が流木を使って子供や妖精などのオブジェを校舎内に飾り、立体絵本の世界を創出していた。

「木造校舎が丸ごと絵本の世界に生まれ変わって、非常に面白い」。東京から民宿に泊まりがけで来たという4人連れの女子美大生がこう語り、前に行ったり横から見たりしていろいろな角度から作品を観察していた。

十日町二ツ屋の空き家で「もうひとつの特異点」という作品を展示したのが英国人のアントニー・ゴームリー。古民家内に白い綱を張り巡らしビッグバンの中心に人の形が浮かぶ興味深い作品だ。ゴームリーに限らず廃校・空き家プロジェクトでは外国人作家が積極的にかかわっていた。

その典型例がフランス人のクリスチャン・ボルタンスキーとジャン・カルマンのコンビ。松之山地区の旧東川小学校体育館を使って謎めいた空間造形を「最後の教室」と

里山の水田を舞台に、現代アートの作品が展示されている。

いう作品名で展示していた。多くの人を引き付ける作品というので、芸術祭が終わった後も11月まで鑑賞できる特例措置を講じたほど。

芸術祭の会場は新潟県の十日町市と津南町の７６０平方《キロメートル》。東京23区を超す面積のある広い里山（田畑、森、棚田、山林）を舞台に約40カ国・地域の美術家が３５０点超の作品を展示した。

作品の大半は、イリヤ＆エミリア・カバコフの「棚田」のように、地域の事物や風土を素材にしたものが多いが、それだけにとどまっていない。鉛筆と削られた丸太を無数に取り付けた立体物「リバース・シティ」を出品したカメルーンのパスカル・タイユーのように、国際性を訴えた作品も多くの鑑賞者の心をとらえていた。

来場者は内外から37・5万人
予算は前回並みの約9億円

真っ青な大空の下で刈り取りを待つばかりの稲田が山間に散在する。棚田の傍に雑木林が控え、小川越しに畑が広がる。そんな里山の１００集落が現代アートの舞台だ。豊かな自然に触れるだけでなく、自然とアートを同時に楽しみ遊べるのが大地の芸術祭の魅力である。

「温泉に泊まり、2泊3日で見て回るつもり」、「どこにもない作品が自然の中にあるのがいい」。千葉市から来た60代の夫婦が明るい口調でしゃべる。そんな手合いにあちこちで出くわした。教諭に引率された園児や児童、リュックを背負った外国人にもよく出会った。

評判といい、集客数といい、5回を積み重ねて芸術祭はすっかり定着したというのが関係者の見方だ。「来場者は1回目が16万人。その後21万人、35万人と増えていった」。NPO法人「越後妻有里山協働機構」のマネジャーを務める関口正洋氏はこう説明し、「今回は内外からの来場者数が前回の7％増、つまり37・5万人に達した」と話す。

主催は地元自治体や団体による実行委員会（委員長・関口芳史十日町市長）だが、3回まで加わっていた新潟県が身を引き、替わりにNPO法人が共催者として登場した。NPOが運営の実質的な担い手として加わったのが5回目の最大の特徴だ。

運営予算は前回並みの約9億円で、地元自治体からの1億円と寄付金、協賛金、チケット収入などで賄う。3回目までのように県の出費1億円がなくなったので、NPOの資金調達力が重要度を増している。関口マネジャーは「企業・団体に寄付金や協賛金を要請し、各種財団や独立行政法人などの助成金集めに奔走したので、資金のめどは付いた」と打ち明ける。

この中で軽視できないのが、個人からの資金協力だ。NPOでは、①有償で農業体験ができる「まつだい棚田バンク」制度②会費1口1万円で芸術祭パスポートや各種割引特典が受けられる「妻有ファンクラブ」③芸術祭に賛同する「ふるさと納税」制度――などいろいろなアイデアを考案し、個人が資金を出しやすい仕組みをつくった。これに個人が積極的に参加したのが、今回の特徴の1つだ。

300人近い雇用創出
ボランティアで元気な高齢者

越後妻有地域は過疎・高齢化が急速に進み、建設などの地場産業や農業が衰退する中山間地域だ。ここを舞台に展開される大地の芸術祭が地域にどれほどの経済波及効果をもたらすのか、それがいつも話題となる。

その際、判断基準となるのが①地域の雇用機会を創出できたか②独り暮らしの高齢者を元気にしたか③地域の交流人口を増やしたか――などだろう。この点を質すと、関口マネジャーは「各種展示場の恒常施設化で300人近い雇用機会が生まれるし、Uターンや I ターンで移住した若者が地域に刺激を与えている」ときっぱりと応じた。

「案山子隊」、「こへび隊」、「ベリースプーンかわにし」――いずれも住民ボランティア団体の名前だが、構成員はほとんどが高齢者。そんな色とりどりのボランティアが会場で活動し、地域の高齢者を元気づけている。

芸術で過疎地が耕されてきた。さらに元気になれば、雇用・収入面での創出効果が拡大し地域がもっと活性化しよう。6回目の大地の芸術祭でも交流人口が増加したし、地域が大きく揺さぶられたと、現地は高く評価している。

カメルーンのアーティストが展示した作品が、人々の目を奪った。

太陽光発電、雪国でも可能
悪条件乗り越え効率運転

（新潟県、昭和シェル石油など）

降雪と少ない日照時間、冬場に荒れる天候。悪条件の重なる雪国では太陽光発電は向かない――そんな先入観を払拭しようと、新潟県でメガソーラー（大規模太陽光発電所）が相次いで稼働している。新潟市東区で昭和シェル石油が、阿賀野市の県営東部産業団地では県企業局が取り組んでいるもので、太陽光パネルの設置架台や角度などに独自の工夫を凝らし効率運転を実現した。雪国での太陽光発電普及に新たな道を拓きつつある。

発電量は家庭３００軒分
冬季でも効率運転を実現

新潟港に面した59万平方メートルの広大な敷地に、昭和シェル石油の石油製品輸入基地がある。その南構内３万５千平方メートルに畳１枚分ほどの黒いガラスパネルがズラリと並んでいた。同社が総事業費約10億円をかけて建設、２０１０年８月末から商業運転に入ったメガソーラーである。

パネル１枚で80ワットの発電能力があり、パネル数は全部で１万２５２８枚。最大出力は１千キロワット、年間発電量は１００万キロワット時で、晴天時なら一般家庭３００軒分を賄うに足る量である。11年８月までの初年度の発電計画は95万キロワット時としたが、11カ月で計画を達成。フタを開けてみると、年間で１１４万キロワット時と計画を20％も上回った。

案内してくれた同社防災訓練所の荒井昭一副所長はきっぱりと言い切る。「１年間の稼働で月間目標を割ったのは１月だけだった。運転効率は高く、ハンディのある雪国でも太陽光発電の可能なことが実証できた」。

太陽光発電は半導体の電子の働きを利用し光エネルギーを電気に変える仕組みだが、日射量が少なく悪天候だと、発電量に差が出てしまう。そこで昭和シェルでは雪国でも効率的に発電できるよう、独自に工夫した。

「雪国でも運転効率が高い」と説明する昭和シェルの荒井副所長。

第1が光への感度に優れ、少ない日照時間や低温でも対応できる太陽電池の採用だ。第2がパネルの架台の高さ。過去の積雪上限が80センチだったことから、地上1メートルの高さにパネルを設置した。第3が傾斜角度20度と30度の2種類のパネルの採用だ。30度のパネルは雪を落とす効果があると判断したのだ。

パネルの周りを縁取るフレームは斜めに削り、雪が滑りやすくしてある。「単純だが、これも工夫のひとつ」と荒井副所長。

企業局も太陽光発電に挑戦

雪国ならではの工夫施す

昭和シェルの発電所は、「雪国型メガソーラーの実用化」を目指す新潟県の共同事業者公募がそもそもの発端。公募には5社が名乗り出たが、発電事業のほかに①電気自動車時代の到来をにらんだ急速充電施設の併設②地域学童へのエネルギー教育の実施――などを盛り込んだ昭和シェル案が採用された。

稼働後にこの施設を訪れエネルギー教育に参加した人は10年度が3900人、11年度が4100人にも上った。地域の子どもたちが自然エネルギーについて学べる見学施設や教室の併設は、各界から評価されており、その後も年間4千人前後の見学者が押し寄せている。

12年7月からの固定価格買い取り制度を材料に、昭和シェルでは隣接地でメガソーラーを増強。雪国型メガソーラー事業に向けて、同社の意欲はいよいよ加速しそうな情勢だ。

対策を講じれば、雪国での太陽光発電に支障がないとわかり、こんどは県企業局が4億3千万円をかけてメガソーラーの事業化に挑戦した。それが11年10月末から運転を開始した新潟東部太陽光発電所1号基だ。

立地場所は磐越自動車道・安田ICから4キロの新潟県東部産業団地。3・2ヘクタールの敷地に4822枚のパネルを取り付け、最大出力が1千キロワット。一般家庭300軒分の電気を発電（年99万キロワット時）中だ。

ここでも雪国ならではの工夫が講じられている。①夏期（20度）と冬期（40度）で角度を変更できる可変式架台の採用②豪雪地帯でも耐えられる高さ1・8メートルの架台設計③太陽を追尾し強風に対応できる自動追尾機器の導入――などがそれだ。

2基目のメガソーラー 関連ビジネス創出の役割

稼働後1年を経過した12年10月に関係者が点検したが、操業は順調そのもの。豪雪に見舞われた11年冬季でも発電量は目標の94－121％で推移し、「雪の影響がほとんどなかった」と県担当者は説明する。

自信を得た企業局は、隣接地に2基目の雪国型メガソーラーを増設、12年7月から営業運転を始めた。パネル数は1基目より92枚多い4914枚で、最大出力は1千キロワット。一般家庭350軒分に相当する年112万キロワット時を発電している。

1基目も2基目も企業局直営の発電所。自治体が全量売電を目的に事業化するのは新潟県が初めてだが、先行き様々な効果が持てると関係者の期待は大きい。第1は新エネルギー産業を県内に導入する第1歩になるという点だ。泉田裕彦県知事は「メガソーラーの実用化が実証されれば、県内で企業進出やエネルギー関連ビジネスを創出できる」と話す。

第2には、国土の均衡ある発展に役立つ点だ。固定価格買い取り制度の原資は、企業や家庭から徴収する電気代が充てられる。メガソーラーが太平洋側だけに集中し、日本海側では電気代の負担だけが増えれば、国土の発展が偏ってしまう。

第3は地方に電気代が還流し雇用確保が期待できる点だ。今回の売電収入は1基目で年1100万円、2基目で同4500万円の見込み。このカネが地方に還流する意義は小さくない。

新潟県でのメガソーラー熱に刺激されてか、同様の電源開発が他の雪国に広がっていく。新潟では燕市、胎内市でソーラー計画が実現し、八戸市や宮城県七ヶ浜町では東北電力が、石巻市では日立が取り組んでいる。

雪国ならではの工夫を講じた挑戦が東北各地に波及する。

新潟県企業局が建てた太陽光発電所。「雪国でも立派に稼動する」ことを立証した。

太陽光発電に自治体が殺到
次の成長産業を育て地域に活

（新潟県企業局、群馬県など）

1基目のメガソーラーの開所式に臨む新潟県の泉田知事。

太陽光発電の導入熱が全国的に盛り上がる中で、自治体がメガソーラー（大規模太陽光発電所）を事業化して直営する動きが広がっている。全量、売電目的がほとんどで、自然エネルギーの固定価格買い取り制度を活用して次世代エネルギーの地産地消を目指すとともに、関連産業を育成して地域経済の成長に繋げるのが狙いだ。遊休地解消の効果も期待している。発電事業へ参入する自治体はその後も増えているが、半面、効果や手法を巡り是非論も出てきた。

新潟県、矢継ぎ早の直営発電所
雪国での事業性を検証

自治体直営による売電目的のメガソーラーを全国に先駆けて導入したのが新潟県だ。県企業局が阿賀野市の県営東部産業団地に4億3千万円をかけて建設した新潟東部太陽光発電所（最大出力1メガワット、一般家庭300戸分）がそれで、2011年10月末に営業運転を開始した。

半年後の12年7月には隣接地に2基目のメガソーラー（最大出力1メガワット、同350戸分）を完成、本格稼働させている。

まさに矢継ぎ早の行動と言えるが、2基とも積雪地域に適う設備を備えているのが特色だ。つまり、①冬季と夏季でパネルの角度を変えられる可変式架台の設置②架台の高さを高くする③太陽を自動追尾する設備の併設、などの克雪対策を施し、雪国仕様に仕上げているわけだ。

この種の発電施設を県が自ら手掛ける狙いについて、泉田裕彦知事は「雪国でも太陽光発電が可能なことを実証し、次世代のエネルギーを確保すること」と話し、同時に関連産業を育成する契機にしたいと強調する。

曇天と積雪の多い雪国では発電効率が悪く、太陽光発電は不向きと見なされ、日照条件の良い太平洋側にメガソーラーが集中しがちだ。現行の買い取り制度は、一般家庭や企業の電気代に上乗せする賦課金で原資を賄う仕組みだが、太平洋側だけに太陽光発電が偏ると、日本海側は賦課金の負担だけが増える不公平な状況が生まれてしまう。

そんな状況を防ぐために、新潟県は雪国での発電事業に挑戦した。2基の実験では想定を上回る稼働実績を実現、雪国でも太平洋側に劣らず太陽光発電が可能なことを実証してみせた。

高い稼働率、事業性も魅力
群馬、兵庫でも事業化の波

新潟県企業局経営企画室の本間初雄室長はこう語る。雪国仕様なので、設備費が割高になるものの、「高い稼働率を維持できる点を評価したい」。しかも、1基当たり年1千万円の利益を20年間も確保できる、事業性の高さも大きなメリットだ。

自信を得た同県は現在、東部太陽光発電所に3基目の大型施設（稼働は15年度中の予定）を導入中だ。総事業費69億円、最大出力15メガワットと稼働中の2基を大きく上回り、日本海側最大級のメガソーラーとなる。売電額は年6億7500万円の見込みだ。

一方、新潟市北区の競馬場厩舎跡地に建設した「北新潟太陽光発電所」も14年度秋から稼働し、順調に発電している。出力は4・5メガワットで、総事業費は約18億円である。相次ぐ県営発電所建設の意義について、本間室長は「太陽光発電事業を雪国で普及させる先導的役割を新潟が担いた

産業団地にはパネルが整然と並んでいる。

い」と力を込める。

自治体直営の発電所建設は今、各地に広がっている。経済産業省によると、運転中あるいは予定の府県は実に20を優に超す。目立つのが兵庫県と群馬県だ。

兵庫県企業庁は三田市に建設した出力6・8メガワットのメガソーラーを14年春から稼働しており、姫路市でもダムの法面に数メガ級の発電施設をつくろうとしている。未利用や未分譲の公有地を活用して2年間に10カ所程度の発電所を新設したいと、企業庁は意気込んでいる。

群馬県では県のほか、市町村でも導入熱が盛ん。県段階では企業庁が13年7月、板倉町に出力2・25メガワットの発電施設を完成させた。市町村では太田市、仲之条町、榛東村などが導入、増設に積極姿勢を見せる。

「地元への波及効果は限定的」参入計画、挫折のケースも

メガソーラーに積極参入する自治体側の理由はいろいろだ。クリーンなエネルギーを自前で確保したい、地域のエネルギー自給率を高めたい、温暖化ガス対策を講じたい、地域開発を進めたいといった声が主なものだ。事業化で自主財源を確保したいという意見も出ている。

だが、環境政策を市政の柱に掲げ、メガソーラーの事業収益を市民に還元して「太陽光のまちづくり」を進める太田市や、太陽光発電の関連産業を育てて次の成長産業の創出に繋げようと試みる新潟県のように、確固とした戦略観を持つ自治体は多くない。「塩漬けのままの公有地解消が一番の目的」と本音を明かす自治体も、結構あるのだ。

自治体直営のメガソーラーの経済効果について、地場産業界からは「地元への波及効果は限定的」との指摘も挙がる。遊休地を解消し固定資産税が入るのは利点だが、地場企業のプロジェクト参加は期待できず、雇用効果も小さいのが難点なのだ。

現に長岡市の企業経営者は新潟東部発電所の2基目を例に挙げ、パネルは韓国のLG電子、電力変換装置は東芝、架台は欧州企業が手掛けた、地元企業は電気工事だけと打ち明ける。

最近では計画の詰めの甘さから自治体直営の発電事業が挫折するケースも出てきた。その1例が茨城県阿見町の案件である。町内の民有地に出力3メガワットの直営発電所を建てようとしたが、収支計画が甘いと議会から反対され、行き詰まってしまった。

同県かすみがうら市のメガソーラー計画も、市側の説明不足からリスクを心配する議会の反対に会い、立ち往生している。固定価格買い取り制度が自治体の建設ラッシュを後押ししているようだが、単にブームに乗るだけでは事は成就しない。

酷寒の雪原で熱い雪合戦
冬場の観光客増やす効果

（新潟県魚沼市、北海道壮瞥町）

雪国の新潟県魚沼市と北海道壮瞥町で、「国際雪合戦」と呼ぶ同名のイベントが今年も盛大に開かれた。新潟の方は「小出国際雪合戦大会」、北海道は「昭和新山国際雪合戦大会」というのが正式名称だ。客足が落ち込む冬場に観光客を増やそうと企画した狙いが実を結び、双方とも2万人近い選手や観光客が押し寄せる一大行事に発展した。地域を元気付ける効果が大きく、町興しに貢献している。

県内外から193チーム
優勝は埼玉県の5人チーム

「それ！　行け、行け」、「ほら、くるぞ。左サイド、気をつけろ」――雪の降る2月上旬の魚沼市「響きの森公園」。朝から若者たちの歓声が響き渡る。公園内の「雪のコロシアム」に設けられたシェルター付きのコート4面を使って、雪合戦の予備リーグ選が始まったのだ。

豪雪地帯で名高い魚沼地区も今年は特に雪が多く、会場は積雪3メートルで気温は1度。合戦の始まる頃から降雪が強まり、強風の伴う厳しい試合環境となった。それでも、海外と県内外から193チーム、1千人近い選手が参加する盛況ぶり。緊迫した雰囲気が漂うコート上を選手たちが駆け回り、雪玉を握りしめて相手に投げつける。

戦いのルールは簡単だ。縦23・6メートル、横10・9メートルのコート上を5人1組（リーダー1人、メンバー4人）のチーム同士が対戦し、相手チームのメンバーに雪玉を当てるというもの。

試合時間は予選が3分間で、決勝戦は2分間。男性には3点、女性には5点の持ち点が与えられ、雪玉が当る度に1点ずつ失っていく。勝敗は相手チームのリーダーを早く倒した方が勝ちで、双方ともリーダーがいる場合は残ったメンバーの多いチームが勝ちとなる。

盛り上がる「小出国際雪合戦大会」。

各チームは、遠距離から狙いを定めて雪玉を敵にぶつけたり接近戦で速攻を仕掛けたりと様々な作戦を繰り広げる。神奈川県から参加したチーム「湘南台冬将軍」のメンバーは、「簡単なお遊びと思っていたが、意外と奥が深い」と印象を語る。結局、今大会の優勝は大人の部が埼玉県の「けんちゃんずＯＬＤ」、子供の部は魚沼市の「ホワイトボーイズＭＡＸ」がさらった。

集客数は全体で1万7千人超
経済効果が3500万円

雪合戦の国際大会を旧小出町（現魚沼市）が開いたのが１９８９年。「温泉と郷土料理が楽しめるのに冬場は観光客が遠のく。何とか客を増やして町に賑わいを」と、青年会議所などが新企画を検討した。たまたま、魚沼市は戦国時代に刀折れた兵士たちが最後は雪玉を投げ合って戦ったと伝えられる「雪合戦発祥の地」だったため、これをヒントに雪合戦大会をイベントとして立ち上げたわけだ。

「簡単なルールだから大人も楽しめる」、「戦った後の温泉がいい」と口コミで評判が広がり年々、参加者が増える。22回目の10年には参加者が２００チームを突破するほどだった。

このまま増えると大会運営に支障が生じるというわけで、11年の23回大会から「参加チームを絞る」（雪まつり実行委員会）抑制方針を打ち出した。それでも県内外からの関心は強く、市商工観光課の大桃修司氏は「雪合戦だけで選手やファン、一般観光客を合わせて1万6千人近い訪問客があった」と話す。

町興しが狙いだから、お祭り気分を盛り上げるのが魚沼市のやり方だ。雪合戦大会の前日には小出スキー場で「スキーカーニバル」を開くし雪合戦交流前夜祭も催す。観光客を飽きさせないようにと、雪合戦当日の会場周辺には売店が並び、餅つき大会やFMX（雪上バイク）ショー、お楽しみ抽選会などで客との一体感を高める。

前日のカーニバルなどを加えると、「雪まつり全体で1万7千人超の観光客が集まる」とは、大桃氏の弁だ。「冬場の暗い町を明るくしてくれる効果が大きい」と魚沼観光協会が話し、「地域への経済波及効果が3500万円を超す」と小出商工会が言うように、町興しのイベントとして完全に定着した。

壮瞥へ148チームが参加
海外勢が多く国際色豊か

一方、壮瞥町の大会は魚沼市より2週間遅い2月下旬に開かれる。26回目の13年大会は予選を勝ち抜いた参加チームが一般とレディース合わせて148チーム。1500人近い選手が2日間にわたって雪原で熱い戦いを繰り広げた。フィンランドやカナダなど海外から複数のチームも参戦した。

壮瞥町と魚沼市の大会はくしくも同じ年に開幕しており、実行委員会方式で主催すること、町興しが狙いであるなど、共通点がある半面、違いも際立つ。

違いの1つはルールだ。壮瞥方式はチームが競技者7人、補欠2人、監督1人の10人構成で、3分3セットマッチ。2チームがシェルターに身を隠しながらコート（縦10メートル横40メートル）を駆け巡り、90個の雪玉を投げ合う。雪玉をより多く当てて相手選手を退場させるか、雪玉をかい潜って相手側の旗を奪えば勝ちとなる。

違いの2つ目は参加者の広がりだ。魚沼の方は県外といっても大半が首都圏からだが、壮瞥はすそ野が広い。岩手、静岡、長野、岐阜、広島、島根、高知が地方大会での優勝チームを壮瞥に派遣している。海外勢も壮瞥の方が多く国際色が豊かだ。

3つ目はイベントの性格だ。魚沼では、衣装に工夫を凝らした選手が戦ったり観光客の参加意識を高めたりと、やや「お祭り」の要素が強いが、壮瞥ではスポーツと捉えている。競技規則に沿って一般スポーツ並みの厳格な運営を心掛けている。

雪国ではどこも客足の減る冬場の観光誘致に頭を痛めている。だからこそ、かまくら祭りやスキーマラソン、犬ぞり大会、雪灯りなど様々なイベントが登場してくる。たかが雪合戦とはいえ、地域に活気をもたらし町興しに役立つ観光資源として評価できるイベントである。

小出は雪合戦の発祥の地。それがイベントの契機となった。

万を超す人波、三条マルシェ
街ナカのホコテン・露天市

（新潟県三条市、三条マルシェ実行委員会）

新潟県三条市の中心街が月1回、万を超す人波でごった返す。通りを歩行者天国にし、農産物やスイーツ、雑貨などの優れモノを揃えた露天市「三条マルシェ」が開かれるからだ。中心商店街の活性化を狙って立ち上げたこの催し、回を追うごとに話題を呼び、3年半で延べ57万人を超す集客力を誇る事業に成長した。趣向を凝らす企画、若者を巻き込む活動が、賑わう三条の名を県外に広め出した。

来場者は9割増の2万3千人超
運営主体は市民主導の委員会

冬型の天候なのに風雪が緩んだ2014年の2月下旬、13年度最後を飾るマルシェが三条市役所近くの厚生福祉会館周辺で開かれた。この日の出店数は48店で、会館内のホールや前庭に緑色のテントがズラリと並ぶ。朝取りした新鮮な農産物や地場産の食材を使ったスイーツ、手作りの手芸・工芸品や雑貨などを並べて売る野外市の始まりだ。

開店の10時を待たずに人が集まり始め、売り手と買い手の掛け合いがあちこちで始まる。館内の舞台では吹奏楽や太鼓の演奏、キッズダンスなどが次々と披露され、買い物をしたり見て聞いて楽しんだりする雰囲気が会場全体に広がっていく。

昼頃には通路が人で込み合い、肩が触れ合って買い物をするほどの混雑さ。売り切れ続出の店が多く、ある店主は「用意した500個の弁当が2時間ではけた」と言って相好を崩す。

前庭のスイーツ店にはどこも人だかりができ、いつまでも長い行列が続く。三条マルシェはすごい、という話を聞いてやってきたという長岡市の大学生は、「どこからこんなに人が来るのか」と驚き、街ナカの賑わい振りに目を回していた。この日の来場者は前年同期を9割も上回る2万

マルシェの日には、通りにテント張りの露店が出店。農産物やスイーツを求める市民でごった返す。

３４００人に達した。

マルシェを運営するのは市民の有志で構成する三条マルシェ実行委員会。市と商工会議所も事務局の一員として運営に携わっている。

当初に行政側がリードしたが、今は出店者や市民が積極的に参加し、民間の活力を活かした自由で機知に富んだ発想で事を処理している。イベント企画から出店募集、テント（６千円）の貸出しまで、全てを実行委の主導でこなしているわけだ。

事業資金として年間１３００万円ほどかかるが、市からの負担金（年1千万円）のほか、出店料や広告収入など（年３００万円）で賄っている。

交流出店でいいモノ品揃え
市民巻き込み楽しさ演出

マルシェが始まったのが10年9月。この年の開催は2回だったが、11年度から5－10月の毎月1回と1月あるいは2月の計7回になった。初年度の出店数は73店、来場者数は延べ1万7千人にとどまったが、2年目以降、出店数も来場者数も急増する。11年度が３６０店で15万2千人、12年度が５２４店で19万6千人と伸びる。

13年度は574店で、来場者が20万8千人とさらに増えた。13年10月には1回のマルシェで来場者9万8千人と最多記録をつくっている。

短期間でこれほどの賑わいをもたらした理由について、三条市地域経営課の恋塚忠男課長は3つの要因を指摘する。

第1はいいモノ、楽しいコトにこだわり、常に「賑わう空間づくり」に専念していることだ。いいモノを市民に提案するため、三条の内の魅力を取り入れるだけでなく、外の魅力も取り込む出店政策を堅持している。それが交流出店の増加に結び付く。

よその自治体と連携し、各地の魅力ある物産や楽しい事業を持ち込んでマルシェで紹介するのが交流出店だ。現在までに北は青森・西目屋村から南は長崎・佐世保市まで42自治体からの交流出店が実現した。

マルシェではいつも特設ステージで市民参加の演芸があり、道路上では書道などのパフォーマンスが演じられる。市民の参加意欲は旺盛で、「10分千円の参加料を払ってでも出演に応じたい」という積極さだ。

2点目は独自色のある催しでマルシェを彩っていること。その典型が12年度から始めた「ごった鍋グランプリ」だ。

三条産の食材を1品以上使ったオリジナルな鍋であることが出場条件で、鍋1杯を300円で売り、うまさを競う。ギョウザ鍋や農林高校の豚汁など10店近くが出場するが、開催の度に市民を巻き込むお祭り騒ぎに発展している。

高校生70人で「マルシェ部」
空き店舗解消の創業塾

3つ目が若者の力だ。三条市には大学がないので、若者といえば中高生のこと。その若者が、自主開発したオリジナルの菓子パンやクラフトの店を出したり、書道展を開いたり、ワークショップで街の未来を論じたりとマルシェに参画し始めた。

マルシェに関わることが「面白い」、「かっこいい」と考える若者が次第に増え、実行委員会の活動に加わって行く。現在、70人の高校生が「マルシェ部」を結成、率先して会場の設営や案内、特設ステージでの司会などをこなしている。

月1回の単発の賑わい創出事業とはいえ、マルシェの活動で中心街の空洞化に歯止めを掛ける効果が生まれた。これを日常の賑わいづくりに繋げようと、次の取り組みが始まっている。

12年度から始めた「創業塾ポンテキア」がそれだ。商店街の空き店舗に店を出す起業家を育成するのが狙いで、中小企業診断士や金融機関、先輩起業家などを講師に招き、経営の基礎知識やビジネスプランの作成、創業資金の調達方法、創業体験などを詳しく学ぶ。12年度（講座数5回）は34人が、13年度（同7回）は30人が受講した。

受講生はマルシェへの出店に挑戦したり、街の交流施設「みんくる」でチャレンジショップを開店したりして経験を積み、両年度の受講生の中から16人の新規出店者を生み出した。

昔からある市内の定期露天市「六斎市」との連携も始まった。マルシェ充実への努力は勿論のこと、マルシェを軸に恒常的な賑わいづくりを目指す多様な試みも次々と繰り出されている。

会場で書道のパフォーマンスを演じる女子高校生。

町屋の魅力発信して客を呼ぶ
知恵を生かすイベントが成功

（新潟県村上市）

３月に入ると、越後最北の城下町・村上市は首都圏からどっと繰り出す観光客で賑わう。「町屋の人形さま巡り」と呼ばれるイベントが中心街の旧町人町を舞台に開かれるからだ。７月上旬の「村上大祭」や夏場の海水浴シーズンを除けば、閑散気味の街なかがこのイベントで一気に盛り上がり、新手の「街巡り」観光地として浮上した。

座敷に飾った人形を見て回る
首都圏などから10万人が殺到

２００８年の５市町村の合併で新たに生まれた村上市は人口が６万４千人、中央を流れる三面川の南部に中心街が広がる。中心部は旧武家町と旧町人町に整備され、江戸時代の城下町の面影を色濃く残している。その典型例が「町屋造り」と呼ばれる伝統家屋群だ。

「人形さま巡り」というのはそうした町屋の座敷にひな人形や武者人形を飾り、観光客に公開するという内容。商店主らでつくった「村上町屋商人会」が２０００年春に開いたのが最初で、３月１日から４月３日までの約１カ月間、毎年開催している。主催者はその後、実行委員会に代わった。

イベントに参加する商店数は、最初は60店ほどだったが、「07年は75店に拡大した」と同市商工観光課の相馬正喜課長は話す。観光客も年々増え、スタート時の３万人から02年には８万人に膨れ上がり、最近は10万人を上回る。

この時期は日本海から吹き込む寒風で震えることが多いが、週末にはＪＲがＳＬ「村上ひな街道号」を走らせ、旅行会社がツアー客をバスで送り込むので、街ナカは大いに盛り上がる。面積１１０㌶ほどの旧町人町の主な通りは、女性客がマップを片手に三々五々、店巡りをする光景にあちこちで出くわす。

村上市の「人形さま巡り」は越後を代表する観光イベントになった。

町屋の生活に触れるのが醍醐味
「屛風まつり」にも高まる人気

大町通りに面した店舗で、鮭の加工食品を製造販売する「味匠喜っ川」で。母家と土蔵が文化財に登録され、江戸時代の雰囲気を味わえるうえに、店内で趣向に富んだ土産物も買えるとあって、女性たちに人気が高い。

この店の奥座敷を覗いてみると、5段と7段の雛人形が3セット。その前には武者人形も飾られており、部屋中が華やかな雰囲気に包まれていた。ひっきりなしに訪れる観光客は、店の女性経営者から人形の由来や村上の見どころなどの説明を受け、頷いていた。

隣の土間には商材の干し鮭が100本近くもつるされており、「これは珍しい」と言ってカメラを向ける人が多い。観光客にとって、ふだんは体験できない町屋の生活の一端を肌で触れられるのが醍醐味だ。

大町、小国町、小町、肴町といった旧町人町の町屋に飾られる人形は約4千体。江戸時代から昭和まで人形の年代はさまざまだが、いずれも各町屋が大事にしてきたものばかり。中には西行法師のお人形（石崎米店）、三福神（小杉漆器店）、大黒様（益田書店）、猩々さま（大川屋）など年代物のお宝もあり、店主が説明したり観光客が質問したりと、人形を材料に双方の交流が進む。

町屋を活かしたイベントは、01年秋から「町屋の屏風まつり」(9月10日-30日)が、02年秋からは「宵の竹灯籠まつり」(10月中旬)がそれぞれ加わった。屏風まつりは各店に伝わる屏風を座敷に飾って見てもらおうというもので、「人形さま巡り」と発想は同じ。一方、竹灯籠は、4千本の竹を街路に立て、ロウソクを灯して秋の夜を照らそうという趣向だ。

いずれも「村上町屋商人会」が立ち上げたものだが、「屏風まつり」もやっぱり観光客の評判を呼び、約5万人を招くイベントに育った。屏風まつりは「年1回の『人形さま巡り』だけでは物足りないということで始まった」(味匠喜っ川の吉川美貴取締役)そうだが、きちんと時代考証を加えて説明する町屋の姿勢が観光客から受けている。

行政に頼らず住民主導で町おこし
市民の工夫で町並みの保存も

「人形さま巡り」などの町興しが起こったのは、道路拡張を伴う区画整理事業が1997年に浮上した際、それに疑問を持った商店の有志が立ち上がったのが発端。翌年に「村上町屋商人会」を結成し、「まちを元気にするには道路を拡張するだけではダメだ、村上ならではの個性を打ち出さなければ」と独自の活動を始めた。

いろいろ研究した結果、商人町の伝統建築である町屋の魅力にもっと光を当てようというところに行き着き、有志でさっそく街歩きマップをつくった。マップは町屋の存在を来街者に訴える格好のツールになるからである。そうした考えをさらに発展させた結果が「人形さま巡り」に繋がった。

吉川美貴取締役によると、町屋が魅力、お宝になると訴えても当初、なかなか分かってもらえなかったが、「町屋商人会」の粘り強い活動を通じて「市内外でようやく理解してもらえるようになった。今では住民は町屋に誇りを持っている」という。

ここで特に強調していいのは、行政の力には一切頼らず、すべてを地域住民の責任と負担で町興しに取り組んでいることだ。財源も他に頼らず自主的に捻出している。「人形さま巡り」や「屏風まつり」などは地域に昔からある既存の資源を活かしたイベントだけに、コストがあまりかからない性格のものとはいえ、これほどの事業を市民主導で自立的に展開していることは十分、評価に値する。

「人形さま巡り」などで自信を得た村上市では今、新しい町並み保存運動が起こっている。市民から寄付を募り、街角に黒壁を創出しようという「黒壁プロジェクト」事業、年会費3千円の協力会員を募り、その会費で町屋の外観を再生する「町屋の外観再生プロジェクト」などがそれだ。

それらは一部がすでに実現している。民が知恵を生かせば、官に頼らず金もかけずに、街ナカに賑わいを創出できることを、村上の事例が教えている。

市内では下越で昔からつくられてきた食材が買える。女性らの人気の的だ。

廃校、農業施設に変身
植物工場や苗農場に活用

（新潟県胎内市、茨城県常陸大宮市）

学校の統廃合で使われなくなった廃校舎に企業が進出し、農業関連施設に転用する動きが出てきた。新潟県では教室を植物工場に改造し、夏季イチゴを栽培する珍しい実証実験が、茨城県では野菜の苗を量産する育苗事業が繰り広げられている。このところ増える一方の廃校舎をどう活用するか、各地で様々なアイデアが生まれているが、農業施設への転換は廃校利用の幅を広げる新たな試みである。

教室で新技術の実証実験
イチゴを無農薬で栽培

新潟県北部、人口3万人強の胎内市で2013年3月、黒川地区の3小学校が統廃合された。これに伴い廃校した鼓岡小学校に新規進出し、植物工場をつくったのがいちごカンパニー（社長小野貴史氏、資本金1千万円）だ。

同社は地場建設業の小野組（胎内市）と農業者が13年5月に共同出資して新設した農業ベンチャー。天候や環境に作用されずに野菜を栽培する新技術、新システムを開発するのが事業目的だ。

同社がまず着目したのが、イチゴの栽培だ。イチゴの栽培は冬場が中心だが、需要がありながら国産が少ない夏季イチゴに注目した。そこで、夏季イチゴを無農薬で効率よく栽培できる新技術の開発に挑戦することにした。

3千万円を投じてさっそく旧教室を改造、ＬＥＤ（発光ダイオード）と電算機管理による閉鎖型の植物工場をつくった。工場が完成した同年10月、新潟県ブランドのイチゴ「越後姫」の苗を搬入し、温度や湿度、光量、CO_2などをどのように電算管理すれば効率良く栽培できるか、試行錯誤を繰り返しつつ、実証実験を積み重ねていく。

工場内を拝見すると、50平方㍍の教室内の床に5列の栽培棚が並び、各列とも4段の栽培ベッドが設えてあった。

天井と棚に取り付けたＬＥＤから最適な光が供給できるように工夫が凝らしてある。12月には最初のイチゴが実をつけ、収穫に成功した。14年1月には農薬を使わずにウドンコ病の発生を防ぐ技術にメドをつけた。

訪れた時には、教室内で栽培された合計１２５０株の越後姫が、立派に結実していた。ミツバチが花を求めて飛び交うなど、通常のイチゴハウスで良く見られるような栽培環境が保たれていた。

売りは「大粒、高糖度」
栽培ユニットも販売へ

これまでの実験で得たイチゴの最高糖度は17度。松田祐樹副社長は「市販までには、20度まで糖度を高めたい。出荷するイチゴは1個50－70グラムほどの大粒で高糖度を売り物にする」と意気込んでいた。そして14年12月から、首都圏を中心に試験販売を始めたが、消費者の反応を見守りながら、アイデアに富んだ販売方法を試みる方針だ。

松田副社長によると、現在までに同社が開発したか、開発にメドをつけた技術には次のようなものがある。

①ＬＥＤを使った閉鎖型植物工場でのイチゴの通年栽培システム②病虫害の発生のコントロール技術③閉鎖型植物

イチゴの周年栽培に挑む、いちごカンパニーの松田副社長。

工場での蜂を使った受粉システム④LEDを使った小苗の供給システム⑤最高糖度17度を超える制御技術——などだ。

今後の力点は栽培技術の改良と量産化施設の開発にある。栽培技術の改良はウドンコ病などを発生させずに無農薬で栽培する技術の精度を高めること。量産化施設では小規模な所から大規模な工場まで自由に対応できる栽培ユニットの開発が重要になる。これができれば、いちごの商品販売だけでなく栽培ユニットの外販も可能になる。

イチゴはわが国で人気の高い農産品で、年間を通じ需要が大きいのに、夏－秋に供給力が減退するのが悩みだ。その点を突いたのがいちごカンパニーの試みで、閉鎖型植物工場を使い効率よく周年栽培できるようになれば、夏場の供給力拡大へ大きな一歩を踏み出すことができる。

小野社長は「安全で安心な無農薬イチゴを周年栽培できれば、農家を元気付け、地域の雇用確保にも役立つ」と話し、廃校での実証実験の意義を盛んに強調していた。

高校グラウンドを農場に
茨城で野菜苗を大量生産

水戸市から20キロ、常陸大宮市の直営農場で12年春から、トマトやキュウリなどの野菜の苗を大量栽培しているのがベルグアース（愛媛県宇和島市、山口一彦社長）だ。

立地場所は県立大宮高校との統合で廃止された旧大宮工業高校の跡地グラウンド。農地法の規制で企業が農地を買収できない弱点を、校庭の購入で解決した。取得した校庭は３・３ヘクタール、購入費は1億9千万円だった。

第1弾として8棟連棟の育苗ハウス（５０９０平方メートル）を建設し、トマトやキュウリ、ナスなどの苗を育成している。生産量は年２５０万本で、販売先は関東の営農家やホームセンターなどだ。

第2弾として20棟連棟の育苗ハウス8千平方メートルを2億5千万円で増設し、14年春から生産量の倍増体制を整えた。古森健次農場長は「県別で見て茨城は当社にとって全国１の販売先」と話し、「ここを拠点に関東全域に販路を広げ、将来は2ヘクタールまで規模を拡充する」と強調していた。

ベルグアースは接ぎ木苗の生産を得意とする育苗大手で、13年には直営5農場と提携農場で３８００万本（うち接ぎ木苗は３２００万本）の苗を栽培し、全国に供給している。農場は播種、発芽、接ぎ木を担当する1次育苗農場と、接ぎ木以降から出荷までを担当する2次育苗農場に分けているが、茨城農場では29人の従業員を採用し、2次育苗業務を担当している。

少子化の進展で廃校は増える一方だ。今までは体験交流や宿泊施設などに利用する例が多かったが、農場は廃校活用への選択肢を広げる動きとして注目していい。

廃校の遊休地に建てた育苗ハウスで苗を育てるベルグアースの女性スタッフ。

富山で広がる小水力発電 開発相次ぎ23カ所で稼働

（富山県滑川市、アルプス発電など）

小水力発電の先進県と言えば、その筆頭が富山県である。水量が豊富で流れが急な河川の多い同県には、建設適地が多く、すでに23カ所の発電所が稼働中だ。小水力発電の供給量を面積で割った供給密度は全国一を誇り、県内各地で自治体や土地改良区、中小企業など、多様な担い手が新規開業に意欲を見せる。小水力発電をテコにした新たな街づくりも始まっている。

小早月川に新発電所
事業費、市民の出資金で賄う

滑川市街から県道67号線を経て車で30分、小早月川沿いの一角に最大出力９９０キロワットの新しい小水力・小早月発電所がお目見えした。地場建設会社などが設立した「アルプス発電」（社長古栃均氏）が事業主体となり、約11億円を投じて建てたもので、運転開始は２０１２年4月。

鉄筋コンクリート造りの新装建屋の前で同年5月下旬に開いた竣工式には、地元政官界を含め80人ほどが参加し、発電所の前途を祝った。発電所は２・８キロ上流の取水口から水を取り込み、有効落差最大10メートルを活かして発電する。電力量は年間５４６万キロワット時で、特定規模電気事業者「エネット」社に全量、売電している。

発電所の仕組みと事業概要を見学者に説明する際は、古栃社長は決まって決意を述べる。「富山に新しい産業を興そうとした亡き父の志を引き継ぎ、小水力発電事業の発展に尽くしたい」。

この発電所は、市民から募集した出資金を建設費などの事業費に活用した、全国初の市民出資型水力発電所だ。出資ファンドの募集を担当したのは、長野県飯田市に本社を構える「おひさまエネルギーファンド」。

ファンドは２つの商品から成る。開発（建設）事業と発

完成した発電機を見守る古栃社長。

電事業に出資するA号（募集金額5・8億円、年分配利回り3％）と、開発事業のみに出資するB号（同2・1億円、同7％）で、短期間のうちに完売した。募集広報担当の永田光美マネージャーは「北海道から九州まで応募があった。特に都市部の市民の反応が目立つ」と話す。

小早月発電所の総事業費は約11億円。その70％超を市民の出資金で賄ったわけで、とかく難しい資金調達問題を知恵で解決した参考例となりそうだ。

包蔵水力が全国第2位
事業の担い手、多様な広がり

富山県は立山連峰をはじめ、三方を高い山々で囲まれ、そこを源とする大小さまざまな河川が300以上もある。降水量は年平均2300ミリと全国平均の1・4倍に及ぶ。雪解け水と大量の降水でどの河川も水量は豊富、急勾配の地形にそって全てが富山湾に流れ込む。

ある程度の落差があれば、色々な場所で小水力発電が可能といわれるだけに、富山は事業化可能適地に恵まれている。現に経済産業省は、水力の埋蔵量にあたる包蔵水力で富山は全国第2位と位置付けているのだ。

こうした利点を活用して、水力発電事業が同県で最近にわかに脚光を浴び出した。09年度に2カ所、10年度に2カ所、11年度度に3カ所も小水力発電所が動き出し、県内の稼働発電所数は14年3月で23に及ぶ。

東京電力福島第一原発の事故を機に自然エネルギーへの関心が高まってきたこと、固定価格全量買取制度が始まったことなどを受けて、同県は小水力発電事業に一段と力を入れる方針だ。県商工企画課の永井隆成主査は、16年度までに25カ所、21年度までに45カ所の稼働を目指す総合計画をまとめたと語る。

富山での小水力発電事業を見る時、大きな特色が2つある。第1は、発電事業を手掛ける事業主体が自治体、電力会社、土地改良区、中小企業と多様な広がりを見せていることだ。

例えば、自治体が事業化したのが仁右ヱ門用水発電所（最大出力４６０キロワット）、宮野用水発電所（同７８０キロワット）だ。仁右ヱ門は県が立山町に8億7千万円をかけて開発、事業化した。宮野は宇奈月地区に建設された黒部市初の市営発電所である。

庄川で土地改良区が発電所
発電事業を街づくりに活かす

運転を11年8月に始めた庄川合口発電所（砺波市、最大出力５７０キロワット）は庄川沿岸用水土地改良区連合が事業主体。同改良区が3億6千万円をかけて開発、全量を北陸電力に売電している。「用排水路の維持管理に当たる組合員の負担を、売電収益で減らすのが発電所建設の目的」と、改良区関係者は話す。

このほか、北陸電力が富山市や黒部市で5カ所の発電所を運営しているし、冒頭で紹介した立山アルプス発電は地場中小企業が事業主体だ。今後は中小企業にも事業化の波が高まりそうで、発電事業を手掛ける担い手がさらに多様化しそうだ。

もう1つの特色は、小水力発電事業を街づくりに活かそうという動きが出てきたことだ。その典型例が「でんき宇奈月プロジェクト」である。

プロジェクトの旗振り役は黒部市や黒部・宇奈月温泉観光局、建設協会、富山国際大学など産学官でつくる「黒部・宇奈月温泉観光活性化協議会」。地元の小水力発電で起こした電力を使って、街中をＬＥＤの街灯やイルミネーションで飾ったり電動バスや電気乗用車を走らせたりして、排気ガスや騒音のない街にする――これが協議会の目指す新しい温泉街のイメージだ。

すでに街の用水路に実験用発電機を整備し、発電した電気を車に供給する事業を試みたほか、電気自動車や電動アシスト自転車を観光客に貸すレンタル事業も実験済みだ。協議会の関係者は、「生活用水や防火用水が張り巡らされた宇奈月は、水資源が豊富で、小水力発電に向く」と話し、「つくった電力は売電ではなく、地域で消費し、地域づくりに活かしたい」と強調する。低炭素型観光地を構築し、これを誘客に繋げる試みが続けられている。

小早月川の水力を活用して発電する小早月発電所。

魚の直販、賑わう顧客
交流人口増やし街に活気

（富山県黒部市・氷見市、「魚の駅　生地」など）

農産物直売所と競うように、魚介類や水産加工品などを売る水産物直売施設が全国で数を増やしている。地場で獲れた旬の活魚を自分で確かめて選べる商法が顧客を惹きつけているわけだが、全国でも有数の規模と活気を誇るのが富山県。２００４年10月、黒部市に誕生した「魚の駅　生地」は年間25万人を超す来店客で賑わう。他方、氷見市では年85万人の集客を目指す直売施設が12年10月に完成、ここを拠点に交流人口３００万人のまちづくりが進む。

活魚を手に取り選ぶ楽しみ
年間売上高４億２千万円

黒部漁港の隣接地にある「魚の駅　生地」は、朝から客が足を運ぶ。平日10時というのに、観光バス2台と乗用車14台が駐車していた。販売棟「とれたて館」の中に入ると、躍動感のある漁師唄「すっちょこ節」が店内に響く。壁際にずらりと並ぶ大漁旗を背にした店員が、40人ほどの客に「さぁー、買わっしゃいよ」とはやし立てる。

鮮度保持用の冷凍ケースにはすずき、イシダイ、ヒラマサ、真鯛、いしもち、紅ズワイガニなどの活魚が陳列されていた。隣の棚には水産加工品が並ぶ。

30－40種類の鮮魚を尾頭付で並べるのが通常の姿で、すべて朝の市場で競り落としたものだ。客は冷凍ケースを開け、手にとって選んでいく。買った魚は刺身にしたり、レシピ付きで宅配したりするサービスも。

この施設は板敷きの交流広場を挟んで「とれたて館」とレストラン棟「できたて館」の2つで成り立つ。直営するくろべ漁業協同組合（松野均組合長）が2億6千万円をかけてつくった木造平屋建て、切妻造りの建物で、延べ床面積は８７０平方メートル。従業員も漁協のスタッフだ。

6カ月稼働の初年度に年率換算で約20万人の客が押し寄

「魚の駅　生地」の「とれたて館」。全国有数の規模を誇る水産物直売所だ。

せ、売上高1億7千万円を実現。その後、来店数、売上高とも尻上がりに増え続け、5年後の09年度に売上高が4億5千万円を超えてピークに達した。

「最近は落ち着いてきた」と富山俊二支配人は話すが、それでも年間の平均来店数は25万人を超すし、売上高は4億2千万円を確保している。今や、くろべ漁協の事業収益の7割を生み出す拠点施設となった。

顧客との関係強める商法

街歩き観光と連動し相乗効果

農水省が5年ごとに行う漁業センサスによると、漁協運営の水産物直販所は全国で298店と、03年に比べ81店も増えた。漁師町はどこも魚価の低落と後継者不足に悩み沈滞している。直販所の増加は加工と流通部門を自ら取り込むことで現状を打破したいという意図が窺える。

くろべ漁協が「魚の駅」を開いた狙いも同じだが、他の直販施設とは経営手法がかなり異なる。大手量販店との競合が激しいだけに、「鮮度や安さだけに頼った売り方では長続きしない」（富山支配人）として、差別化商法による顧客との関係強化策を打ち出していることだ。

例えば、体験料理教室がそれだ。訪れた時は「ズワイガニの食べ方教えます」（定員20人、参加費1千円）とか、「真鯛をさばいてみよう」（同16人、1400円）とかのポスターを掲示し、参加者を募っていた。毎回、定員を超す参加者がある。

量販店では見向きもしない未利用の魚の普及作戦も心掛ける。未利用の魚を「できたて館」で提供し、顧客に料理方法と用途開発を提案しているのだ。店内では客の予算と希望に応じて刺身にしたり、3枚におろしたりと細かなニーズにも対応する。

来店客は65％が地元で、35％が観光客で占めるが、大半がリピーターという。安さや鮮度にプラスαを付けた差別化商法が、固定客拡大に役立つ。

黒部市の街歩き観光と連携して町興しに一役買っているのも「魚の駅」の特色。同市には40人もの観光ボランティアが組織されており、「名水の里・生地」の街歩きガイドが盛ん。参加者は年間5千－7千人もいるが、「魚の駅」に惹かれてくる人が非常に多く相乗効果を挙げる。

集客100万人の新施設
経営は第3セクター

黒部市から西へ約60キロ、能登半島の付け根にある人口5万5千人の氷見市。ここで12年10月、水産物直売施設を含む新しい商業施設がオープンした。同市北大町の市有地3・6ヘクタルに建つ「氷見漁港場外市場　ひみ番屋街」と温浴施設「氷見温泉郷　総湯」がそれだ。

ひみ番屋街は木造平屋建て10棟で構成、延べ床面積は2800平方メートルと広い。鮮魚、物販、飲食の3エリアに32のテナントが入る。もう1つの総湯は1階が鉄筋、2階が木造の建物（延べ床面積1011平方メートル）で、休憩施設や大浴場、サウナなどが備わる。総工費は約10億円。

経営するのは、市や商工会議所、漁協、農協、企業など全員参加で設立した第3セクターの氷見まちづくり㈱（社長寺下利宏氏）だ。寺下社長は「番屋街で年85万人、総湯で同15万人の集客を目標にしている」とやる気十分である。隣接地には総湯を活用した温浴療養施設も加わるので、食と健康のまちづくりが進みそうだ。

氷見市には00年に開業した「氷見フィッシャーマンズワーフ海鮮館」があった。鮮魚が手に入ると評判が良く、年間70万人の観光客が訪れていた。だが、市全体の観光客入込数は08年の183万人をピークに年々、低落していたのが悩みだった。

12年度から始まった第8次総合計画で同市は、交流人口年300万人の実現という目標を掲げている。海鮮館の跡地に15年4月、漁村の暮らしを体感し観光客が市民と交流できる展示場「ひみ漁業交流館・魚々座」が新たに開業した機会を捉え、「ひみ番屋街」の集客力との相乗効果を図り、この目標を達成しようと狙っている。

15年春開業した北陸新幹線と能越自動車道の整備という交通インフラも整ってきた。これらを絡めた広域観光で、域外から観光客を誘致する考えだ。

湾が広く、水深が1千メートルにも及ぶ富山湾は数百種類もの魚を育む。まさに天然の生簀だが、地域の誇るこの資源を活用した地域興しは、理に適っている。

氷見市で12年間、観光客を受け入れた往年の名物施設「海鮮館」。

富山の深層水事業化12年
用途広がり、地場産業潤す

（富山県射水市、近畿大富山実験場など）

海底から汲み上げる海洋深層水の商業利用が富山で始まって14年、県内各地で深層水ビジネスが着々と根を下ろしてきた。一頃のブームが冷えて深層水事業から身を引く自治体も出ているが、富山では実証実験や事業化への取り組みが地道に繰り広げられ、食品工業や農水産業など地場産業に大きな刺激を与えている。深層水絡みの事業化に挑戦する企業・団体が１５０を超す威勢の良さだ。

近畿大のトラフグオス化技術
漁協とブランド品を開発

射水市の富山新港の突端に富山実験場を構える近畿大学水産研究所。ここで２００４年から取り組んでいるのがトラフグのオス化技術の実証実験だ。人工孵化したトラフグの稚魚を成魚に飼育する際、オスの割合が高い成魚を生み出す養殖技術を確立しようというのが狙いだ。

料亭などで高級食材として珍重される白子はオスのトラフグから採れる。だから、オスの成魚をより多く安定的に養殖できれば、事業性が高まるわけだ。

天然魚や通常の養殖ではオスとメスが半々となるが、近畿大では06年、稚魚の80%以上を安定的にオス化する養殖技術の開発に成功した。「今はオス化の確率を高め、しかも短期間で成魚にする効率化研究を続行中だ」と山田伸一場長補佐は話す。

実験場には幾つもの実験棟が立ち並ぶ。第一養成水槽棟に入ると、直径6メートルの水槽が12個も並び、うち2個の水槽に２００匹ほどの実験用トラフグが泳いでいた。フグを指差しながら、「トラフグの性別は稚魚段階の環境（水温）によって決まる」と山田さんは説明する。

この水温調整に、水温が一定で清浄な富山湾の深層水を使う。水深１００メートルから汲み上げ、全長１・６キロの取水管

富山湾の深層水を使って、近大はトラフグの養殖に乗り出した。

を通じて確保しているが、最適水温と使用期間の設定に苦労したようだ。曲折の末、①水温12－17度の海水を②稚魚の孵化後15日－79日の期間③65－105日に渡り飼育に使うというのがポイントだと突き止めた。

近畿大の成魚の出荷数は年1万匹前後。稚魚も販売する。地元の堀岡養殖漁業協同組合と共同で育てたトラフグを「近大堀岡とらふぐ」の商品名で市販、地域ブランド化を狙っている。

県水産研究所はサクラマス
養殖・産卵技術で成果

こちらは滑川漁港の近くにある富山県農林水産総合技術センター水産研究所。水深220メートルから汲み上げる深層水施設のほか、表層水や地下水施設も整い、それぞれの特色を利用した栽培漁業の実用化研究をしている。

ここで成果を挙げたのが、富山名物「マス寿し」の原料となるサクラマスの孵化・養殖技術。渓流魚のサクラマスは川の上流で孵化し、1年目は河川中流に留まった後、海で1年間以上も生活し3年目の春に再び川に戻り産卵する。川と海での生息温度域が異なるのが特徴だ。

同研究所では深層水と地下水を巧みに調合し生息温度域

を創出する。稚魚飼育の時は17度の地下水を深層水で12度に冷やし、海で育つ段階では熱交換で8－10度ほどにした深層水を活用、川に戻ると再び地下水を利用するといった具合だ。

05年度から始めたサクラマスの養殖研究で今では、目標（100万粒）を上回る113万粒の採卵を実現している。「卵は県下の内水面漁協に配り、漁協が幼魚に育て放流している」と若林洋栽培・深層水課長は語る。

サクラマス研究の背景にあるのは資源枯渇問題だ。最盛期には160トンもあった水揚げ量が乱獲とダム建設で年々減少し、孵化放流に用いる親魚の確保さえ難しくなってきた。その解決に深層水を用いた人工孵化技術が役立っているわけで、深層水の役割の大きさをまざまざと見せつける1例である。

研究所の力点はサクラマスの大型化研究、ベニズワイガニやアカムツ、海藻コンブなどの実証研究に移っているが、深層水を使った新たな栽培技術がこれから生まれてくるに違いない。

広がる深層水利用研究
食品、化粧品、水産で新商品

海に囲まれた日本では、容易に海洋深層水を活用できると思いがちだが、取水適地はそれほど多くない。海岸線から5キロ以内で水深が200メートルに達する地点が適地で、取水施設が整うのは全国で13カ所だ。

富山での深層水汲み上げは94年からだが、太平洋側の深層水より水温が低く1年を通じ2度前後を保ち、細菌が少なくきれい、栄養が豊富という特長を持つ。この特長を活かして深層水ビジネスを促進しようと産学官が協力して富山湾深層水活用研究会をつくり活動している。

深層水ビジネスは水産業にとどまらず、食品、医療、健康増進などの分野にも広がり、新しい市販商品が生まれている。例えば食品では、銀盤酒造（黒部市）が脱塩深層水で仕込んだ吟醸酒、純米酒を商品化したし、三権商店（氷見市）は独自かまぼこを、五洲薬品（富山市）は深層水100％の食塩をそれぞれ市販している。肌や髪に潤いをもたらす化粧品の商品化も進む。

農業分野では果樹園での土壌改良に使われる。ナシ畑に深層水を撒くことで甘く長期保存の効くナシが収穫できるというわけだ。トマトの水耕栽培に深層水を使うところも出てきた。

水産分野でのヒット商品は深層水で栽培した陸上養殖ア

ワビ。入善漁業協同組合（入善町）が02年から事業化したもので、40基の大槽で約7万個のアワビを飼育中だ。稚魚は岩手、愛媛両県から仕入れるが、大震災で岩手ルートが止まり現在は、愛媛1本に絞っている。「入善深層水あわび」のブランドで温泉旅館やホテルなどに拡販している。

県主導の県深層水協議会の参加企業は年々増えて今は150社超。これら参加企業が次のオリジナル商品の開発を目指して活発に動き出そうとしている。

県庁内には深層水を活用した新商品が並んでいた。

明日を拓く先端園芸拠点
地方活性化の起爆剤に

（富山県富山市、㈱富山環境整備）

最先端の技術を駆使して作物を通年栽培する次世代の園芸拠点が、続々と立ち上がってきた。北は北海道苫小牧市から南は宮崎県国富町まで全国9カ所で大規模な園芸施設づくりが進んでおり、早い所は２０１４年度からイチゴやトマトなどの収穫が始まった。ＩＣＴ（情報通信技術）と自然エネルギーを活用した取り組みは明日の農業を拓き、雇用の創出など地域活性化への起爆剤になりそうだ。

トマト、花卉を大量出荷
収量はトマトで５０５トン

ＪＲ富山駅から南西へ車で40分、富山市婦中町の国道３５９号線に近い傾斜地を整地して新しい施設園芸の拠点づくりが進む。14年7月に着手した造成作業は雨天や降雪の日でも続き、連日、大型建機がうなりを上げる。同年秋には造成計画の90％が完了した。造成済みの用地には農業ハウスが次々と建って行く。

施設の整備と作物の栽培を担うのは産業廃棄物事業が主力の㈱富山環境整備（松浦英樹社長）だ。総事業費は27億円で、15年6月までに28棟の農業ハウスを完成させた。ここで栽培する品目はトマトと花卉だ。14年末から、一部で定植が始まったが、本格的な栽培は15年度からだ。

この事業を担当する石﨑勝嘉専務は「トマトは高糖度のミディトマトに的を絞り、18棟（栽培面積２・８ヘクタール）で養液栽培を行う。花卉はトルコギキョウ、ラナンキュラス、カンパニュラを中心に10棟（同１・２ヘクタール）で土壌栽培する」と話し、トマトで年５０５トン、花卉で年１４３万本の収量を目指す。

富山環境整備は廃棄物の最終処分場跡地で、11年度からイチゴのハウス栽培と取り組んでいる。09年度にはハウス４棟（栽培面積46アール）を建て、トマトの栽培にも乗り出し

次々と建った農業ハウスで高糖度トマトを栽培する。自然エネルギーとIT技術を採用した最先端の施設だ。

た。だから、農業に全くの素人というわけではない。

しかし、先進的な施設園芸は高いレベルの栽培技術を要し、経営管理上も未経験の分野が多いというので、施設園芸で世界の先端を行くオランダに視察チームを派遣し、オランダ流農場経営を自分の目で確かめてきた。

日本の面積の10分の1しかないオランダは、発達した施設園芸を駆使して、米国に次ぐ世界第2位の農業輸出額を誇っている。「オランダが効率的で持続的な栽培方法を実践している姿を目の当たりにして、学ぶ点が多かった」と石崎専務は打ち明ける。

そんなオランダ流経営を富山で生かすとともに、トマトでは農事組合法人和郷園、花卉では室田農園など、その道の専門家の指導も仰ぎ、万全を期す構えだ。

3年で経営を軌道に
コンソーシアムが支援

施設内には2棟の種苗供給施設、1棟の出荷調整施設も併設している。だから、播種から収穫まで一貫して計画栽培ができるうえに、作物の選別出荷も自力で行える。周年・計画栽培と作業効率の高さを同時に確保する仕組みを最初から導入しているのだ。

販路の開拓が重要となるので、100%出資の販売子会社「スマートフォレスト」も設立済みだ。収穫した農産物を自力でパック・包装し、販売子会社を通じて農協ルートをはじめ、和郷園ルートや独自開拓ルートに乗せて出荷する体制も整えた。

　興味深いのは、この事業を支援するコンソーシアム組織「富山スマートアグリ次世代施設園芸拠点整備協議会」をつくっていることだ。県・市の行政と農協、研究機関、農業生産者などが構成員で、この協議会から経営手法や新技術の導入、施設運営、経営診断など、ニーズに応じた支援が受けられる。

　今回のトマトと花卉の栽培事業で、60人もの新規雇用が生まれた。新規採用の従業員は研修で順次、施設園芸のスキルを高めつつある。従業員の錬度を高め、今後3年で経営を軌道に乗せるのが当面の課題だ。

　石﨑専務は「1、2年目は赤字だが、4年目には売り上げ6億3200万円を確保し、4500万円の利益を計上する」との見通しを立てている。将来は栽培面積を15《ヘクタル》に広げるのが夢という。

ウエアラブル端末で管理
廃棄物発電でコスト削減

　3年で経営を軌道に乗せるため、2つの新しい手法を採用している。

　1つはNTTデータと連携し、最先端のICT技術を活用すること。光や水、CO_2など栽培環境をIT技術で制御し、生産計画に沿った高収量、高品質の作物が収穫できる仕組みを築く。しかも、「余分な農薬を使わず、安心安全な作物を提供でき、病気も抑えられる――そんな施設内環境を作る」というのだ。

　ウエアラブル端末を駆使して作業工程を管理する手法も導入する。「今日はこの肥料をやって」とか、「収穫の時期ですよ」とか、施肥から収穫まで全てを端末で管理するので、「素人でも働ける」という。

　2つ目は再生エネルギーを有効に活用し、栽培コストを削減すること。園芸施設の近くには、富山環境整備が独自に設けた廃棄物発電施設が稼働している。1日140《トン》の廃棄物を焼却し、その排熱を利用して2千《キロワット》時の電気を格安に作っている。この熱電を全ハウスに供給することで、化石燃料依存からの脱却を狙っている。

　農業を取り巻く厳しい環境を克服しようと、農水省は新たな施設園芸づくりに余念がない。13年度から始めた同省の「次世代施設園芸導入加速支援事業」に、施設園芸で先頭を走るオランダの行き方を学んだ施策。富山はその事業に選ばれたモデル施設だ。

モデル施設は富山を含め、全国で9カ所ある。東日本大震災の被災地、宮城県石巻市でも、㈱デ・リーフデ北上を軸に拠点施設をつくっている。北上川河口近くに1・2ヘクタールのハウス2棟を新設、16年度からトマトやパプリカの周年栽培を開始する。

明日の農業を切り拓く試みがあちこちで台頭してきた。

園芸施設内では農業ロボットが活躍している。

LRTの導入でまちに活力
賑わい創出、第2段階へ

（富山県富山市のコンパクトなまちづくり）

人口減少時代のまちづくりに剛腕を振るう都市が現れてきた。人口42万人、北陸の有力都市・富山市である。2007年度から5年がかりで取り組んできた「コンパクトなまちづくり」が効果を挙げ、中心市街地の活力と魅力がじわじわと復活してきたのだ。それを実現したのがLRT（次世代路面電車）を導入した公共交通網の整備、賑わい拠点の創出、まちなか居住の推進という3本柱。12年3月で第1期計画を終えたまちづくりは、12年度から第2段階へ入った。

セントラムが環状線を走る
駅北側にライトレール

県庁前の電停で市内電車を待つと、若い女性が運転する黒いメタリック系の車両「セントラム」が滑るように近づいてきた。乗客は20人ほどで、年配者が多い。セントラムは中心地を反時計回りに20分で周回する環状線で、「富山駅と中心商店街が市電で結ばれ、非常に便利」、「乗り心地はいいし、内装もきれい」と市民の評判がいい。

環状線は一周3・4キロ。ほとんどが富山地方鉄道の既存軌道だが、0・9キロ部分を富山市が新たに整備して環状化し、低床型のLRT車両を導入した。運行開始は09年12月で、総事業費は約30億円。軌道整備や車両購入は富山市が、運行は富山地鉄が担当するわが国初の「上下分離」方式というわけで、成否が全国から注目された。

その環状線だが、1日の乗降客数は年々増えて平均2236人。市内電車全体にも良い効果を及ぼし、平日で42％、休日で13％も増えている。

セントラムが快走する環状線は富山駅の南側だが、駅北側は富山ライトレール（ポートラム）が走る。かつては赤字に悩むJR富山港線だったが、富山市が国や県、経済界

富山市内の環状線を走る「セントラム」。「上下分離」方式で運営している。

の支援を受けて引き継ぎ、ＬＲＴ化した。ここも上下分離方式を採用、整備費に58億円を投じている。

ＪＲ時代には運行間隔が30－60分と長く、その他サービスも含め不満を述べる乗客が多かった。ライトレールは10
15分間隔に改めるとともに、始終電時間の改善や高齢者介護、アテンダントの乗務など利用者目線のサービスを徹底し、乗客の信頼を勝ち取っていった。

休日の利用客が3・6倍も
中心地にマンション・ラッシュ

ライトレールの開業は06年4月。滑り出しから利用客が増え、ＪＲ時代と比べ平日で2・1倍、休日で3・6倍にも跳ね上がった。運行する第3セクターは当初の赤字予想を覆し、初年度から黒字経営を続けている。

ところで、富山市の新しいまちづくりは市独自の研究会が04年4月にまとめた調査研究報告書の中で、コンパクトなまちづくりの必要性を打ち出したのが始まりだ。研究会は①都市の拡散に待ったをかけ中心市街地の活力を取り戻す②まちなか居住か郊外居住かは市民が選択する③拠点ごとに歩いて暮らせる街を形成し、中心市街地と地域生活拠点を公共交通網で連結する——との方針を提案した。

これを具体化した最初の基幹事業が富山ライトレールである。07年2月、中心市街地活性化法による活性化基本計画が国から第1号の認定を受けると、まちづくりに拍車がかかる。

07年から始めた第1期計画では「公共交通の利便性向上」、「賑わい拠点の創出」、「まちなか居住の推進」の3つを柱に、5カ年間で27事業を展開した。

このうち、賑わい拠点づくりでは中心街に複合商業施設「総曲輪フェリオ」や全天候型広場「グランドプラザ」を新設、周辺に教養娯楽施設「賑わい交流館」や飲食街「賑わい横丁」などを整備している。

一方、まちなか居住の推進では中心地に10年間で3千戸の住宅をつくる目標を掲げ、建設事業者には共同住宅の建設費助成、市民には戸建てやマンションの購入費、賃貸費の助成措置を講じている。最近は中心地でマンションの建設ラッシュが起こっており、いずれも短期間で完売するほどの盛況振りだ。

森市長「80点は付けたい」
第2期の取り組みは66事業

3本柱の中では、公共交通網の整備が果たした役割が最も大きい。何よりの証拠が中心地の賑わいである。中心商店街の総曲輪通り商盛会の幹部は、「ライトレールや環状線の登場で市民が気軽にまちへ出掛けられるようになった」と話す。

西町商店街の店主は「高齢者や交通弱者が増えてきた」と顧客の変化を指摘する。LRTが街を活性化し、市民の生活スタイルをも変えようとしている。

基本計画は5カ年の達成目標（11年度）も掲げている。路面電車の乗客数を1・3倍に増やして1万3千人へ、中心街の歩行者通行量を1・3倍の3万2千人へ、まちなか居住人口を1・1倍の2万6500人へ引き上げるというものだった。

達成率について森雅志市長はこう語る。「乗客数と歩行者通行量は各1・2倍、人口は1・1倍だった。達成率はまだだが、買い物目的の来街頻度は増えているし、公共交通で街に来た人はマイカー利用者より消費額が多い」と手応えを感じている。

森市長が気を良くしているのが地価評価額だ。「上昇地点が3カ所、横ばいが7カ所もあった」が、これは都市の活力回復を端的に示す指標だと力説した。そして、5年間の取り組みについて自己評価を求めたら、「80点は付けたい」ときっぱり。

12年度から始まった第2期計画では居住人口の中身を変えただけで1期とほぼ同じ数値目標を掲げ、66の事業と取り組んでいる。ここではライトレールと市電を結ぶ「南北接続」が大きな柱となる。

まちづくりへの理解を求めて森市長らは120回もの市民説明会を繰り広げたそうだ。市民の声を聞き、市民に問いかけ、理解を求める行政手法を第2期でも貫き、富山ならではの賑わいづくりを加速する構えだ。

郊外と中心街を結ぶポートラムは、利用者目線のサービスで顧客をひき付ける。

女性起業で地域を活性化
直売所を軸に活動盛り上げる

（富山県立山町、山形県天童市）

立山町の「かあさんの店」は、JAの女性陣が立ち上げた直売所。町民の健康増進が最大の狙いだ。

女性の起業ブームが全国各地の農林漁業地域にも押し寄せている。健康づくりに役立つ農作物を生産したり、地域の農畜産物を加工・販売したり、農村レストランを開業したりと、女性の起業熱は一向に衰えを見せないのだ。生活の視点から行動する女性の活動は、男性社会の殻を突き崩し、地域活性化の新しい担い手として大きな役割を発揮する。そんな女性起業の事例をここで紹介する。

ＪＡ支店内で自主運営の店
こだわり商品で年商1千万円

人口２万７千人弱の富山県立山町は、米作一本ヤリで知られた農業地帯。ここで農産物の直売所「ＪＡかあさんの店」を立ち上げたのがＪＡ女性部の23人。ＪＡアルプス五百石支店内に店を構える直売所の売り場面積は１００平方メートルほど。広くはないものの、リニューアルして以前の店より売り場が拡大したうえに、中心街の町役場のそばという立地条件の良さが利いて客の出入りが激しい。

訪れた日も開店の朝9時半から、6人の客が飛び込んできた。棚に野菜や切花、加工品など30品目ほど並んだ売り場を回り、大根やたまねぎを手に取る人、スイカの表面を手でたたく人、花卉を品定めする人、それぞれが真剣な表情を見せる。

「新鮮で農薬散布に気を使った品物ばかりなので、野菜の買い物はここに決めている」。近隣の田添地区から来たという主婦は、こう話す。商品の生産履歴を説明するスタッフ、レジの合間に買った野菜の料理方法を紹介するスタッフなど、お客との交流の輪が広がるのも、この店の特色と見た。

店に納入する主力商品はすべて、女性メンバー23人が自ら栽培したもの。店番も23人が交代で当たる。「野菜本来の味にこだわった生産を追求し、ここでしか買えない物を作る。そして自分たちで責任を持って売る」――「かあさんの店」の運営方針について前会長の十松悦子さんは、メンバーの自主運営が基本、と説明した。

JAが広域合併した02年に最初の店が開店して、すでに12年。年商1千万円を優に超す店に育ったが、メンバーは「売上げより、健康づくりに役立つ店を堅持していきたい」と強調する。

野菜栽培で地域の健康づくり
ポジティブリストに強い関心

立山は米の単作地帯で、「米作りには目の色を変えるが、野菜は作らない」（十松さん）という土地柄だった。たまたまJA組織が1960年、県民の健康調査を実施、50％近い県民が貧血症状であるとの結果を発表した。これは大変と主婦の間に危機意識が生まれ、「カロチンの多い野菜を作って生活改善しないと……」という雰囲気が一気に高まったという。

米づくり一辺倒の立山でも野菜作りが提唱され、十松さんらは1975年から「野菜の自給運動」を開始した。台所を預かる主婦の力で食生活を改善しようというもので、これが地域での野菜栽培重視の端緒となった。その後、注意疾患の流れが「貧血→高血圧→血管疾患」と移動するにつれ、十松さんらもそれに対応する作物づくりへと重心を移していく。

地域の気候に合った作物、健康増進に役立つ品目、冬場でも店に出荷できる品目と、栽培品目の幅を広げ、少ない人で30品目、多い人は60品目の野菜栽培をこなす。栽培品目が集中しないよう出荷品目を調整したり、多品目の同時並行栽培が可能な方法を工夫したりと、主婦たちの創意が重ねられてきた。

最近の関心事はポジティブリスト制度への対応。農薬や添加物が一定基準を超えると出荷停止になるので、農薬を適切に使う作物作りに注意を払う。副会長を務めたことのある久保喜美枝さんの説明だと、農薬飛散を防ぐため品目によって栽培場所を分けたり離したりと工夫し、農薬の種類も飛散しにくい粒剤にする徹底振りだ。

「かあさんの店」では学習会を月1回、必ず行う。葉物の栽培管理、新タマネギの出荷と貯蔵、農産物加工の秘伝について、種の共同購入策、気象対策――栽培に係わるメンバーの関心事は学習会にすべて持ち込まれ、互いに勉強し合って情報を共有している。

こうして身に付けた知識はメンバー以外の農家にも惜しみなく提供する。メンバーは今や、地域の営農相談役で、タネ会社からも栽培管理のつぼを聞かれるなど、一目置かれる存在になった。「かあさんの店」の活動が地域に新しい風を巻き起こしている。

「かあちゃん手作りまち」

農業体験で市民と交流

山形県天童市の温泉施設「最上川温泉ゆぴあ」内で、97年から直売所を開いているのが「かあちゃん手作りまち」。JA女性部寺津支部の有志10人が出資して開業、今では年商2千万円ほどの店に成長した。

季節の野菜や果物、切花、泥付き根菜、漬物などを品揃えし、「ゆぴあ」の入浴客に販売する。店は月曜日を除き毎日朝8時から開店しているが、店の切り盛りは立山町と同様、メンバーが持ち回り当番で当たっている。

「野菜は泥付き、朝採りが基本」と話す副会長の瀬野ハツセさん、棚に並んだ不ぞろい野菜でも大丈夫、「農薬は低いし生産履歴もしっかり、安心安全がモットーです。お客から信頼されているし、リピーターが多い」と打ち明ける。

月1回の月例会で店の課題を話し合い、販売関連法規や土作りの勉強会を積み重ねてきた。この月例会で新たに生まれたのが農業体験事業。りんごの花摘み、バラの芽かき、大豆の種蒔き、さくらんぼの葉摘みと収穫など、春から秋まで体験会を催し、消費者と交流している。

「体験者には地域農業への理解者、農作業の応援者になってもらっている」とは、イベント係太田ミサ子さんの弁だ。

この直売所に来る女性見学者が非常に多い。見学者には積極的に対応、体験事業にも参加してもらって地域の活力づくりに貢献している。

JA女性部の有志が天童市の温泉施設内に開いた直売所。

コウノトリで豊かな里山
自然と共生する町づくり

（福井県越前市、越前市里地里山推進室）

国の特別天然記念物コウノトリを飼育し始めて3年目の2014年度、福井県越前市の飼育・繁殖活動は大きな節目を迎えた。同年6月にふ化が確認され、県内で50年振りに3羽の雛が誕生したためだ。15年度には放鳥を目指し、野生復帰と繁殖・定住へ向けた新たな段階に入る。里山の保全や環境教育の推進など、官民協働の輪がさらに広がり、「コウノトリが舞う里づくり」に拍車がかかる。

幼鳥3羽、順調に育つ
水辺環境の再生に力こぶ

越前市は人口8万4千人、嶺北地方の中南部にある自然豊かな中堅都市だ。市の中心部から車で20分、周辺を低い山で囲まれ水田が広がる白山地区は、日本でコウノトリが最後まで生息していた所である。ここで、つがいのコウノトリの飼育が始まったのが11年12月。

コウノトリの産卵期は冬場。2年連続して産卵したが、いずれも無精卵でふ化しなかった。そこで兵庫県から取り寄せた卵から14年6月に雛3羽が誕生。親鳥の給餌で幼鳥は順調に育ち、10月には500㍍離れた新居に移った。雄2羽は「げんきくん」、「ゆうきくん」、雌1羽は「ゆめちゃん」と名付けられ、放鳥へ向けた活動が始まった。

いったん絶滅したコウノトリを野生に復帰させるには、餌となる生き物が豊富に生息する環境づくりが重要となる。越前市は、コウノトリが住む地域は人と自然が共生し生物の多様性が保全される環境下にあると捉え、現代の人々の暮らしと生き物が調和した町づくりを推進している。

取り組みは12年12月に作った「コウノトリが舞う里づくり」戦略に沿って繰り広げている。市を挙げて推進するため、行政だけでなく市民や農業者、商工団体、大学などが

越前市はコウノトリが飛び交う里づくりを進めている。水田の脇の水路には魚道を整備した。

連携し「コウノトリが舞う里づくり推進協議会」をつくった。戦略を具体化する実施計画は数値目標を掲げた野心的なもので、対象期間は15年度までの5カ年間だ。計画は3つの柱で構成している。

1つは里地里山の保全再生だ。

市産業環境部の三好栄理事は、「コウノトリが住む里地の水辺環境を整え、それを涵養する里山の保全活動が重要」と話す。コウノトリは1日に500グラムもの餌を食べるだけに、広大な餌場環境の再生が特に必要というのだ。

同席したスタッフの藤長裕平さんは「水田に魚や小動物を呼び戻す魚道づくりや堰上げ水路の整備、生き物が暮らすビオトープづくりに努めている」と話を引き継ぎ、15年度までに魚道40カ所とビオトープ5ヘクタールを整備するのが目標だと説明した。

ドジョウを自前で養殖
有機栽培米をブランド化

親鳥の飼育現場に近い水田をじっくりと見学する機会があった。要所、要所で説明してくれた藤長さんが突然、堰上げ水路にかがみ込み、たも網を水中に入れた。網の中にはドジョウやカニ、小魚が入っており、水辺環境が順調に再生している実情を実感できた。

官学民が協力してドジョウを自前で養殖する事業も行っている。市と協力して県立大学がドジョウの幼魚を育てる。それを地元住民が引き取り、休耕田（20アール）を活用して大きくなるまで養殖するもの。14年度の養殖数は1万匹だったが、15年度以降は養殖数を大幅に増やす計画だ。これも水辺環境を再生する事業の一環である。

2つ目は生き物と共生する環境調和型農業の展開だ。農薬を50％以上減らし化学肥料を使わないなどの認証米は14年度に市全体で440ヘクタールに上り、エコファーマーは2400人を超す。冬に水を張って生き物を育む「冬水たんぼ」は365ヘクタールに及び、越前市の県内シェアが56％と第1位を占める。

白山地区の水田では地元農家が無農薬無化学肥料の有機栽培「コウノトリ呼び戻す農法」に力を注いでいる。労力がかかるのが難点とはいえ、09年に4人の農家が2・4ヘクタールで始めたこの農法が14年度には23人、12ヘクタールに広がった。

この農法で作ったコメは「コウノトリ呼び戻す農法米」としてブランド化し、ネット経由で消費者に販売している。有機農業米でつくった純米吟醸酒「かたかた」や羽二重餅「こうのとり舞」などの新商品も開発済みだ。環境調和型農業の実現に向け地域が力を合わせ取り組んでいる。

名物イベント「ごはん塾」
JA「地域を潤したい」

第3は環境教育の推進だ。

小学校への出張講座、里山の生き物調査、稲作の体験、ふるさとを描く図画コンクールなどが催され、住民と消費者の交流会もよく開かれる。

4、5歳児と保護者を対象に各地区で開く「ごはん塾」は、保田茂神戸大学名誉教授発案の連続公開講座。かまどでご飯を炊きつつ、「いのち」と食育の大切さを学ぶイベントだ。毎回、100人以上が参加する名物イベントに育ってきた。

白山地区を舞台に活動する市民らの支援の輪は年を追うごとに広がってきた。「水辺と生き物を守る農家と市民の会」、「田んぼファンくらぶ」、「コウノトリ見守り隊」などの活動がそれだ。自然と地域文化を守り、ピカリと光る里山づくりがコウノトリを核に盛り上がる。

長年の繁殖活動でコウノトリの野生数が80羽を超す兵庫県豊岡市の中貝宗治市長は、「コウノトリは地域経済を支える」が持論だ。その根拠として、①環境配慮型稲作が広がり、コメの高値取引が実現する②観光客が増える――などによって、年10億円以上の経済効果が生まれていると指摘している。

豊岡に学び、同様の効果を越前市各界も期待している。JAらは農産物のブランド化や農商工連携によって、地域経済を潤そうと狙っている。

水田の脇に魚道が整備されている。網を入れると、小魚やドジョウがとれた。

科学を目玉に集客合戦
恐竜博物館に70万人超

（福井県勝山市、福井県立恐竜博物館）

２０１５年3月の北陸新幹線開業を契機に、北陸地方では観光客の拡大を目指す自治体間の誘致競争が熱を帯びている。目立つのは科学・技術を目玉にした集客作戦だ。13年度に年間入館者が70万人を突破した福井県立恐竜博物館は、手薄だった首都圏からの観光客を呼び込もうとＰＲ攻勢に出ている。14年春に開館した石川県小松市の「ひととものづくりの科学館」は、来館目標を年間30万人に設定した。

全国一を誇る集客力
「恐竜の世界」に70万人超が殺到

北陸自動車道の福井北ＩＣから車で40分、勝山市の緑に囲まれた丘陵地帯に立地する恐竜博物館は、朝から大変な人出だ。９時の開館を前に他県ナンバーの車が続々と訪れ、駐車場を埋めていく。

博物館は1階の「恐竜の世界」と「地球の科学」、2階の「生命の歴史」の３つで構成している。正面入り口は３階にあり、ここから入った来館者は長さ35メートルのエスカレーターで一気に1階の「恐竜の世界」を目指す。

恐竜の広大な展示室には、実物の化石で組み上げたカマラサウルスの巨大な標本がデーンと構え、入館者を圧倒する。福井で発見された肉食恐竜のフクイラプトル、鳥脚類のフクイサウルス、竜脚類のフクイティタンを含め42体の恐竜の全身骨格が展示されているほか、ジオラマ、ＣＧ映像や立体音響による対面シアターなどがある。

訪れた日は校外学習で来た小学生が多かった。女性の解説員が各コーナーを誘導し、「福井県は１９８９年から勝山市北谷町で恐竜の化石調査事業を行っている」、「42体の全身骨格のうち、７体は実物の骨を用いて組み上げている」、「１億６千年間も地上を支配した生物なのに、多くの

カマラサウルスの実物大の標本に入館者は目を見張る。

ことがまだ分かっていない」などと話す度に、児童たちはノートを開き鉛筆を走らせていた。

名古屋から来た親子連れは、対面シアターの迫力に驚いた様子。「身近に体感でき、恐竜時代にタイムスリップしたみたいだ」と喜んでいた。

恐竜学の研究拠点と娯楽の提供という役割を担って博物館が開業したのが00年。滑り出してしばらくは年20万人半ばと低迷したが、10年度から上向き、3年連続して年50万人以上を達成。続く13年度は一挙に70万人を突破し、入館者数記録を更新した。

14年度も勢いは衰えず、4－9月の上半期で47万人超と前年同期を上回る。これで00年度の開館以来、累計入館者が600万人を突破した。「70万人といえば、島根県の全人口に相当する数字」と竹内利寿博物館長は話し、都道府県立の自然史系博物館では全国一の集客力を誇ると強調する。

運営費、来館収入で賄う
評価が高い女性解説員

観覧料収入はざっと年間3億5千万円。博物館の年間運営費が職員人件費を除き約5億円だから、運営費の7割を観覧料収入で賄っていることになる。運営費の公費依存が全国の博物館の大勢という実態を考えると、経営力も福井は異彩を放つ。

抜群の集客力を実現した要因について、竹内館長は3点を指摘した。第1は、館内の魅力度向上作戦だ。

2億5千万円で購入したカマラサウルスを常設展示に切り替えたり、動く恐竜や勝山市発掘の恐竜を展示したり、恐竜映画館を開館したりと、来館者を飽きさせない工夫を凝らし、手間を惜しまず鮮度アップを心掛けている。

恐竜の化石をクリーニングする体験教室や「恐竜博物館カレッジ」も開講している。カレッジは恐竜に関する最新の研究や古生物などの知識を分かりやすく普及する講座だ。小学生以上との親子には野外観察会を、幼児との親子には恐竜ふれあい教室を開くなど、多彩な教育普及活動も展開している。

見逃せないのは女性解説員の存在だ。マニュアルをなぞる通り一遍の説明は一切なく、来館者の心を捉える解説が持ち味だ。「聞いているとつい、引き込まれ、わくわくする」と来館者は解説員のスキルの高さに感心する。

博物館では解説員のスキルアップに心を砕き、集客力の高いテーマパークの講師を呼んでは技術を高めている。努力を積み上げて身に付けた、そんな解説が来館者の評価を高めリピーター客を増やす。

営業活動、組織的に展開
人気呼ぶ野外恐竜博物館

第2は営業活動を専門に行う組織を整えていること。営業推進グループとして4人のスタッフを配置し、営業企画や誘客促進などを組織的に展開している。09年度に管掌を教育庁から観光営業部に移し経営重視で県外への売り込みを強化したことが結実した。

第3はメディアとの連携強化策だ。研究成果の展示や各種イベントを新聞社と共同で開催したり、映画やドラマの撮影要請に協力したりしている。露出機会が増え恐竜の認知度拡大に役立っている。

15年7月、市内北谷の発掘現場に野外恐竜博物館を開設した。本館と1日7回、バス（定員30人）で結び、発掘現場の見学と発掘体験ができるツアーを実施中だ。発掘体験が人気を呼び、3カ月で2万人近い集客が実現した。

来館者は6割が関西と中京からで、首都圏はわずか2、3％に過ぎない。野外博物館の人気と新幹線の開業をテコに、首都圏比率を10％に引き上げるのが当面の課題だ。

北陸3県には博物館や科学館が10館程度ある。黒部市の「吉田科学館」、加賀市の「中谷宇吉郎・雪の科学館」などの名が浸透しているが、各館の誘客合戦が新幹線の開業を機に白熱してきた。

特に活発なのが14年3月に開業した小松市の「ひとものづくり科学館」。科学とものづくりへの興味を普及するため、体験教室やイベントを展開し、開業から8カ月間で18万人の来館者を集めた。

総合教育の一環で、小中学生が連日訪れる。

小水力発電の先進都市
環境の町づくり進める

（山梨県都留市など）

環境の町づくりを掲げて山梨県都留市が進めてきた「小水力発電プロジェクト」が順調に稼働し続け、期待以上の成果を上げている。これまでに完成した3基の小水力発電所で市庁舎の電力消費量の過半を賄い、環境学習や産業振興などにも役立っている。同市の取り組みが刺激となって他の自治体も小水力発電を導入するなど、環境重視の動きが県内に広がり出した。

家中川に3基の水力発電所
小さい水車回して発電

都留市役所の前を流れる家中川に、直径6メートルの木製水車で電気をつくる施設がある。小水力発電所「元気くん1号」だ。水車に発電機を取り付け、マツの板36枚の羽根が毎分4・5回転して発電する。出力は最大20キロワット。訪ずれた時は上流の河川工事で休止していた。河川を農業用水として使っているので、時折休むが、再び稼働する。

隣接の谷村第一小学校の校庭で遊んでいた児童が、飛んで来て口々に説明してくれた。「水の力で沢山の電気を起こすんだよ」、「先生が言っていた。風力と違って24時間、安定的に電気をつくる優れモノだって」。

山梨県の東部、富士山の麓にある都留市は水資源が豊富で、町中に小川が流れている。しかも裾野特有の傾斜地が広がるため、水の流れが急だ。この流れに目をつけた同市が、身近な新エネルギーとして小水力発電に着目、市政50周年の記念事業として具体化した。「水の町・都留のシンボルです」とは、政策形成課の河野淳氏の弁である。

「元気くん1号」が動き出したのは06年4月で、もう10年近くも電気をつくり続けている。この施設で発電した電気は、平日は市庁舎などの電力源として利用され、役所が休みの土日と夜間は東京電力に売電している。

家中川で稼動する小水力発電所「元気くん」。

「1号」から３００メートルほど川下には、「元気くん2号」が造られ、10年5月から稼働中だ。最大出力は19キロワットと発電能力は同規模だが、水車は直径3メートルと小振りで材質は鋼材。こちらも順調に動いている。そして３つ目の「元気くん３号」が11年度末に完成し稼働した。

問題は発電コストだが、初期投資に費用がかさむものの、維持費はあまりかからないという。メンテナンス費用について河野さんは、「発電機１基当たり年間16万円程度」と話す。

資金調達に市民が協力
グリーン電力証書も発行

都留市の小水力発電で興味深い点が2つある。

1つは市民による資金協力だ。1基目の設備投資額は全部で４３３７万円。NEDO（新エネルギー・産業技術総合開発機構）の補助金も使ってはいるが、全体の40％近くを市民の協力金で賄っている。市が額面１００円、５年満期、年利０・９％という条件で総額１７００万円の住民参加型公募債を発行し、全額を市民から調達したのだ。

2基目も総投資額（６２３１万円）の38％を同じ仕組みの市民公募債で賄っている。「元気くん」が「市民発電所」と呼ばれる由縁がここにある。

2つ目は企業、団体との連携策である。小水力発電は二酸化炭素の排出量が小さいので、「地球に優しいエネルギー」という環境価値を持つ。市はこの価値に値段を付けた「グリーン電力証書」を発行し、企業に協力してもらう作戦を展開した。市の働きかけに応じてすぐに地場企業5社が協力し、グリーン証書を購入して企業広報や商品宣伝に役立てている（13年度で販売は中止した）。

小水力発電が温暖化防止に役立つことは言うまでもないが、その他にもさまざまな効果を発揮している。一例が、市庁舎の使用電力の相当部分を自前で確保したことだ。10年4－10月の実績では、2基の発電量が9万8千キロワットで、市庁舎の使用電力の実に43％を賄っている。

3基の水力発電所の稼働で現在、年間発電量は15万キロワット時になり、市庁舎など公共施設で使う電気代の過半をカバーするようになった。

小水力発電所の近くに環境事業のショーケースともいうべき「エコハウス」、「水耕栽培展示室」などが造られた。これが市民の環境学習の場として大いに活用されている。小水力発電を活用した商品開発も登場してきた。小水力発電事業を産業振興や地域活性化に繋げる動きがあちこちで芽生えている。

北杜市などで発電所相次ぐ　県も後押し、支援室設置

水力発電のうち出力が1千キロワット以下のものを小水力発電と呼ぶが、地形の高低差が大きく水資源の豊富な山梨県には、適地が１００カ所以上もあるという。都留市の取り組みが効果を上げるにつれ、他の市町村にも小水力発電が広がり出した。

「新エネルギービジョン」を策定した南アルプス市は、市内の金山沢川で小水力発電を事業化している。落差42メートルの砂防堰堤を利用して１４０メートル下流の発電所まで導水し、出力１００キロワットの電気を起こすもので、10年2月から稼働している。ここの電気は市営温泉施設に送られる。

北杜市も市内高根町の農業用水路を活用して出力３２０キロワットの発電所をつくった。市内の水道水を賄う浄水場の電気に使うのが目的で、「小水力発電所ができてこれまでの電気代（年１８００万円）を節約できた」と同市は喜ぶ。さらに大泉町など3カ所で3発電所の建設を推進し、13年から運転を開始している。

小水力発電を県内に大いに広めようと、山梨県も立ち上

がる。その中心が08年11月、企業局に新設された「開発支援室」である。この組織は事業化を目指す自治体や民間企業などの相談に応じ、技術や資金調達面で指導・協力するのが仕事だ。

指導する以上は自ら高度の経営ノウハウを持っていなければ意味がないとして、直営発電所4カ所の新設計画と取り組んでいる。「開発適地を紹介するマップも作った。水利権のある河川の利用方法や資金計画の作り方、補助金の活用策、許可手続きなど細かい相談にも応じる」。企業局電気課の石原茂課長は何でも相談してほしいと呼び掛ける。

都留市の取り組みに刺激を受けて、小水力発電の先進地を目指す挑戦が山梨県の各地で本格化している。

環境の町づくりを進める都留市役所。環境学習にも力を入れる。

エコ発電所、相次いで登場
自然エネのトップ走者を狙う

（山梨県北杜市）

山梨県の北西端、人口4万8千人の北杜市で、水力や太陽光など自然エネルギーを活用した「エコ発電所」が相次いで登場している。豊かな水、日本一の日照時間という地域の特色を活かし、自治体主導で積極的に自然エネルギーの開発と取り組んできたためだ。東京電力の原発事故を機に、エネルギー源の見直し機運が高まっているだけに、同市は「自然エネルギーのトップランナーとして頑張る」（白倉政司市長）と意気込んでいる。

「北杜サイト太陽光発電所」
観光、教育にも多重活用

甲府市から車で中央道を下ると、八ヶ岳を臨む長坂ＩＣ付近の左手に興味深い施設が現れる。13ヘクタルの広大な敷地に、国内外9カ国から集めた太陽光パネルが1万数千枚もずらりと並ぶ「北杜サイト太陽光発電所」だ。

長坂ICの近くにある北杜サイト太陽光発電所。国内外の9カ国から取り寄せたパネルがズラリと並ぶ。

この施設、もとはと言えば、NTTファシリティーズと同市がNEDO（新エネルギー・産業技術総合開発機構）の研究を受託し、太陽光発電システムの実証実験を繰り広げていたところだ。5カ年間の実験が終わったのを機に、全ての設備とシステムをNEDOが北杜市に一括譲渡したため、11年5月から市営の太陽光発電所として再出発した。

中へ入ると、27種類の先進的な太陽電池、傾斜角度の異なる太陽光パネルなどに身近で接することができる。地上設置型の施設としては国内最大級といわれるだけあって、規模の大きさにまず、圧倒される。施設は市の所有だが、維持管理は民間に業務委託している。

発電力は2《メガワット》級で、一般家庭の消費電力に換算すると、570軒分の電力を賄うことができる。つくった電気は外部に売電しているが、スタートした11年度の売電額は「当初予算（3300万円）を20％も上回る勢い」（坂本正輝生活環境部長）で推移するなど、滑り出しから順調に稼働している。

白倉市長は「この発電所の意義は大きいですよ」と話す。収益は市の環境事業の財源として使うが、観光スポットや教育の場として多重活用できるからだ。現に視察者や見学者が09年度で2400人、10年度以降は5千人も来ている。努力次第で多数の観光客が集う観光名所に育つ可能性があると、市長は期待しているのだ。

小水力発電所にも力注ぐ
丸紅と3カ所の発電所建設

太陽光発電は二酸化炭素（CO_2）の排出を抑え、地球温暖化対策に役立つエコ発電所だ。同じエコ発電所として、同市は小水力発電所にも力を注ぐ。

同市で最初の小水力発電所が、高根町の「クリーンでんでん」（村山六ヶ村堰水力発電所）である。4億4千万円かけて建設し07年4月に本格稼働した。

この施設は、もともとあった農業用水路の水を有効活用するもので、長さ1・3《キロ》、落差85《メートル》の水圧で水車を回し発電する仕組み。最大出力は320《キロワット》で、年間発電量は220万《キロワット》時。稼働率は高く、現在まで95％前後のレベルを保つ。

使った後の水は用水路に戻し、電気は浄水場の送水ポンプや建物の照明代に使う。これまでかかった電気代（年1800万円）が、「クリーンでんでん」で賄える。いわば、エネルギーの地産地消作戦である。

第2弾が丸紅と連携して実現した小水力発電プロジェクト。具体的には丸紅の子会社である三峰川電力会社が同市と官民パートナーシップを結んでつくるもので、合計7、8億円を投じて3つの発電所を同時に建設、12年春から稼働している。

立地場所は「クリーンでんでん」と同じ用水路。出力は3つ合計で650キロワット、北杜市世帯換算で1300軒分の電力ができるという。つくった電力は売電するが、そうした事業の収益性もさることながら、地球温暖化対策に役立つことの方に大きな意義を見出している。

「発電所が動くと、CO_2の削減効果が3カ所で1900トンにもなる」。白倉市長の横で土屋裕環境課長がそう説明する。

小中学校22カ所に太陽光発電
田畑の法面にも発電設備新設

高根町の高根東小学校を覗いてみた。校舎や体育館の屋上に500枚以上の太陽光パネルが取り付けてある。発電量は95キロワットで、一部は校内で使い、余剰電力は東京電力に売電中だ。

環境課によると、太陽光発電の設備がある小中学校は今では22カ所に上る。文部科学省の「スクール・ニューディール」政策に乗って2カ年かけて市が整備した。発電量は計1千キロワットに達するが、余剰電力は東電に売電し、収益を教育関連に振り向ける仕組みを採っている。

22校の廊下には気温、風向きなどの気象データや発電量を示すモニターがある。ほとんどの児童生徒が、モニターを見ながら行き来している。「太陽光発電は季節や天候に左右されて発電量が変化する。そんな実態を間近に見ることができるので、理科教育の教材にもなる」。通りかかった教師の説明だ。

東電の福島原発事故を契機に、クリーンで環境に負荷のかからない自然エネルギーへの関心が急速に高まっている。そうした状況下で、北杜市は自然エネルギーの新規展開にさらに拍車をかけようとしている。

一例が水田の法面《のりめん》を利用した太陽光発電事業だ。農水省の農山漁村活性化プロジェクト支援交付金を利用して、山梨県が市内の法面に次々と電気パネルを取り付け、整備が終わった段階で市に引き渡す。「11年度から2カ年で実施し、発電量400キロワットの発電設備を整えた」という。つくった電気は市内の農業企業のハウス栽培に使われる。

もう一つはバイオマス事業だ。11年度の国のバイオマスタウンに選定されたのを機に、北杜市ならではの事業を具体化しようと知恵を絞る。「自然エネルギーに果敢に挑戦するベンチャー自治体になる」。白倉市長はまさに意気軒昂である。

中央自動車道沿いに広がるソーラー発電施設。

手厚い支援で人口増やす　高校卒業まで医療費タダ

（長野県下條村）

長野県の南端、天竜川沿いに34の集落が散在する下條村は、若者を呼び込んで人口を増やし出生率を大幅に向上させたところとして、全国に知られる山村である。その下條村が若者の定住促進と人口増を狙って、また新しい挑戦を始めている。高校卒業まで医療費を無料化する、子育ての支援基金を創設・拡充する、雇用創出のため工場を誘致する、などの新政策を相次いで打ち出したのだ。

高校まで医療費がタダ　工場誘致第1号が誕生

飯田市から南へ車で約30分、国道151号線からちょっと奥まった下條村役場を訪ねると、総務課の堀尾伸夫課長が「瞳かがやく下條」という標題の総合計画書を見せてくれた。19年度を目標年度とする村づくりの長期基本計画で、同村が向こう10年間に達成すべき具体的な目標が盛り込まれていた。

60頁に及ぶ計画書には分野ごとに目標が設定されているが、「中でも重視している課題の一つが人口増対策」。10年間で人口を108人（2・6％増）純増させるため、村は積極的に活動すると、堀尾課長は力説する。そのために3つの新施策を10年度から実施しているのだ。

ひとつが高校卒業までの医療費無料化政策。村は子育てを支援するため、04年度から中学卒業までの医療費をタダにしてきた。それを高校卒まで拡大するもので、現在の高校生139人分の予算を村議会が承認した。

2つ目が「子育て応援基金」の創設・拡充だ。村内の学童保育や「つどい広場」（入園前の親子の交流施設）の活動を支えるために創った基金で、09年度下期に村が2億円出資して創設した。10年度はさらに2億円積み増し、規模を4億円にしている。「4億円を効率よく運用し、その運

若者を呼び込むために建てた〝若者集合住宅〟。村内に10棟もある。

用益で学童保育などの人件費を賄うのが目的』という。

若者を引き寄せ定住を促進するには、雇用の受け皿を確保することがどうしても必要だ。そこで打った手が3つ目の工場誘致政策。09年から取り組んできたが、工場誘致第1号が10年春に誕生した。名古屋に本拠を構える液晶部品メーカー「トーワ電子」がそれで、夏季から本格操業を始めた。

工場が新規に採用する従業員は60人。伊藤喜平村長は「雇用創出効果は極めて大きい」と高く評価、これを刺激剤に「さらに3社ほどの企業誘致を進めたい」と意気込んでいる。

目玉は若者集合住宅
保育料も連続して引き下げ

面積の約7割を林野が占める下條村には、これといった観光名所や産業があるわけではない。高度経済成長期の60年に5106人もあった人口は、過疎化の波に押し流されて91年には3850人に減ってしまった。

そんな人口減少に歯止めをかけ、村の活力回復に立ち上がったのが、現在6期目の伊藤村長だ。91年の初当選以来、人口増を村政の優先課題と位置付け、「何が何でも子育て支援を」と地道に実践してきた。

それが功を奏し、10年3月末の人口を4180人と10年間で156人、3・9％も増やす成果につながった。周辺から若者が相次いで移住し子どもを産む。1人の女性が生涯に産む子供の数の推計を示す合計特殊出生率は、2・04を達成した後、13年で1・88となった。

「全国平均が1・43だから、それを大幅に上回る」と、堀尾課長は嬉しそうに話す。

人口増、出生率向上の原動力になったのが、若者の定住を促すための村営の集合住宅ビル「メゾンコスモス」だ。97年に3層12戸の住宅ビルを建てて以来、現在までに10棟124戸（他に企業向け住宅1棟）の住宅ビルを建設した。

子供のいる夫婦か結婚予定の若者で、村の行事に参加することが入居の条件だが、若者が殺到した。面積60平方㍍で、2LDKの間取り、2台の駐車場付きで当初の家賃が月3万6千円だったが、今は2千円ほど引き下げる格安条件が受けて若者を惹き付けているのだ。移住者の7割近くが今、飯田周辺の企業に通っている。

村立図書館の新設、室内スポーツセンターや文化ホールの整備、児童生徒の医療費無料化と支援の手を休めず、保育料を3年連続引き下げるという徹底ぶり。村に手繰り寄せた若者を定着させるのが次の課題で、新たに実施した高校卒業までの医療費無料化、子育て応援基金の創設などの施策も、若者の定住化を視野に置いたものである。

職員数は4割減の35人に興味深い資材支給事業

ここで注目されるのが、子育て支援策の財源を徹底した行財政改革で賄った点だ。職員の意識改革を行うと同時に、職員数の削減を断行した。収入役を廃止し、教育長を空席化、一般行政職も10年かけて縮小した。1人当たり仕事量を増やした結果、60人近くいた職員は現在、4割減の35人になった。

下條村の公共事業で興味深いのが「資材支給事業」だ。村が生コンや骨材など必要資材を提供するので、村道や農道の整備、水路の補修、公園の維持といった生活環境工事は村民が自主的にやってほしいというもの。

年間1千万円以上の事業予算で22年間継続しているが、村民が自主施工した工事は1600件以上に達する。工事費を4分の1程度に圧縮できたそうで、これも行財政改革の一環だ。

徹底した経費削減で、各種政策を自主財源で賄う一方、財政も健全化した。一般的な支出のうち、借金返済にかかる割合を示す実質公債費比率は3・5%前後と県下で1、2を争い、村の積立金である財政調整基金も年間予算を上回る37億5千万円に上る。

これまでの村政について伊藤村長に自己評価してもらったところ、こんな声が返ってきた。「職員の意識改革は90点かナ。人員削減はぎりぎりまで来ており、100点近い」。資材支給事業もまずまずで、「やれることは自分たちでやり、やれないことを行政に頼むという意識が村民に根付いた」点を評価した。

「若者定住用に造成した分譲宅地が売れ残っているのが心残り」と話す伊藤村長、宅地完売へ気を引き締める。周辺自治体が競って子育て支援対策を打ち出したので、今は集合住宅ビルの新設を見合わせているが、人口増を目指す下條村の次の一手を周辺自治体が見守っている。

若者の定住促進に知恵を絞る下條村の役場。

新事業で空き店舗を次々解消
目指すは地域密着型商店街

（長野県佐久市、岩村田本町商店街）

長野県北部、人口約10万人の佐久市にある岩村田本町商店街が企画力と行動力を生かした巧みな活動で空き店舗を次々と解消し、街の活気を取り戻している。目指すは地域と共生し地域に役立つ地域密着型商店街づくりで、ここ10年の間に総菜店の開店、学習塾の開設、チャレンジショップの展開と10以上の新事業を具体化した。新事業を空き店舗解消と賑わい創出に繋げる巧妙な手法で、明日の活力へ繋げようとしている。

振興組合が直営する総菜店
年商2100万円の繁盛店

上信越自動車道・佐久ICから車で5分ほどの岩村田本町商店街は、旧中山道に沿う200メートル《メートル》の両側に50以上の店が軒を連ねる。通りの中ほどにある「本町おかず市場」は、岩村田本町商店街振興組合（理事長阿部眞一氏、組合員68人）が2003年4月に開店した総菜店。地域に支えられ、商店街に活気をもたらす跳躍台になった店だ。

売り場面積83平方メートル《メートル》の店内にはカボチャ煮やマーボナス、ロールキャベツなど地場野菜を使った総菜がズラリと並ぶ。いずれも奥の調理場で自前で調理した商品ばかり。総菜（全体の6割）のほか、野菜（同3割）や豆腐、魚なども扱うが、全て対面で売るのがここのやり方だ。

経営は振興組合の直営で、6人のスタッフがシフトを組み年中無休で対応する。1日当たり60人近い来店客があり、年間平均で2103万円を売り上げる。利益は227万円ほどだ。

「冷蔵庫代わりに使ってもらえる店に育った」。阿部理事長はこう話し、「食材は毎日買い求めるもの。顧客の足を運ぶ回数が増えれば、商店街も賑わう」と総菜店の効果を強調する。

住民の強いニーズで開店した総菜店。経営は商店街の直営だ。

総菜店を開いたのは地域住民の強いニーズに応えるためだった。郊外への大型店進出で商店街に空き店舗が出始めたころ、近くの食品スーパーまで撤退し、長い間生鮮品の欠けた状態が続いた。これでは魅力がないと、地域住民から生鮮品の店を求める声が年々、高まり出す。

その声に応える形で住民アンケートを実施、要望の強い総菜店の開店を決断した。店を閉じた陶器店を改装して立地したが、新規事業化を空き店舗解消に結び付けた点に妙味がある。

これまた直営の学習塾
「地域で子どもを育てたい」

「本町おかず市場」の斜め向かい側に、「岩村田寺子屋塾」という看板が目に入る。09年1月、旧薬局を改装して開いた振興組合直営の学習塾で、やはり空き店舗対策の一環だ。

寺子屋を模した約70平方メートルの教室は板敷きで、大机の周りに座布団が並ぶ。そこに座り、学年の違う児童が学ぶ。「読み書き計算」の基礎知識の習得が基本だが、電算機を使った速読や脳トレもある。あいさつや清掃など日常生活のルールも教える。

「各人各様のカリキュラムを組み、自力で勉強するのが原則。学年を飛び越す学力の子も出てきた」。運営責任者の細川保英理事は学力と共に、社会性の習得も重視していると話す。

　他の塾と異なるそうしたやり方が親の共感を呼び、寺子屋塾に関心が高まる。児童のいない日中は大人向けのカルチャー教室が開かれており、「塾とカルチャー教室で100人もの会員がいる」（細川理事）そうだ。

　振興組合が07年3月に始めた「子育て村」と呼ぶ会員制の事業がある。教育講演会や子育て講座、子どもの弁当作りを競う「ママ弁選手権」など、子育てを支援する多様なイベントを開いている。そんなイベントの中で、「子どもの学力に会った学習塾がない」とグチをこぼす親が非常に多かったのが、学習塾開設の契機となった。

　商店街には子育てサロンや短時間託児などを行う「子育ておたすけ村」という事業もある。地域で暮らす母親の提案で生まれた会員制の乳幼児支援事業だ。阿部理事長は言う。「学習塾もそうだが、地域で子どもを育てていきたい。それが商店街のイメージ向上に繋がる」。

若手起業家の育成に力こぶ
「1事業1理事制」で運営

　客足が戻り活気が回復してきたといっても、新しい風を入れなければ、商店街の活力は持続しない。こう考える組合幹部は、ヤル気のある若手起業家の育成に力こぶを入れる。

　それが04年11月から始めているチャレンジショップ「本町手仕事村」だ。店じまいした80平方メートルほどの呉服店を6区画に小分けし、安い賃料で意欲ある若者に提供して独立させる「孵化」事業である。商品管理や売り方、商店経営などは組合が一定期間指導し、独立・開店の際には空き店舗を紹介したり、賃料交渉を支援したりする。

　商店街の持ち味を生かすため、対象者を若者で、手作り・手仕事をする職種に絞っているが、区画はいつも埋まっている。ここ5年間で数人が卒業し、空き店舗などで商売を営んでいる。

　10年8月に開いた「起業家育成塾」も商店街の後継者育成と空き店舗対策を狙った事業だ。これは長野県が始めた「街なか創業塾設置モデル事業」の一環で、市外から来た若者2人が商店街を舞台に実習や座学の研修を受けていた。

この他にも、地域の交流の場「おいでなん処」の運営、地域ブランドを創出する米粉うどんの直営食堂、イオンと提携した「佐久っ子WAON」カードの発行、高校生チャレンジショップなど、手掛ける事業は実に多彩。「1事業1理事制」を打ち出し、各理事が担当事業の運営に責任を持つ方式を採っている。

相次ぐ新事業の展開で空き店舗は急速に解消し、一時は15あった空き店舗が今は2つを残すだけになった。「それでも目指すべき商店街像実現の道のりは遠く、まだ目標の2、3合目」と阿部理事長は表情を引き締める。地域のニーズや課題に応え、地域に役立つ地域密着型商店街づくりを今後も続ける構えだ。

空き店舗を活用して開設した学習塾「岩村田寺子屋塾」。

地域に馴染む農業小学校
生きる知恵、農体験で養う

（長野県須坂市、岐阜県中津川市）

「農業小学校」（略称、農小）と呼ぶ耳慣れない名前の私塾が、中部地方でしっかりと根を下ろしている。土に親しむ機会の少ない子どもたちに農体験の場を提供し、農を通じて生きる知恵や豊かな心を養おうというのが活動の狙いだ。活動歴20年の「椛の湖農業小学校」（岐阜県中津川市）はすでに１５００人もの卒業生を世に送り出している。長野県須坂市や松本市の農小も10年前後の歴史を重ね、地域交流の核に育ってきた。

須坂の農小、授業は年18回
運営は「農家先生」が主導

上信越自動車道の須坂長野東ＩＣから車で20分、須坂市郊外の自然豊かな豊丘地区が「信州すざか農業小学校豊丘校」の活動舞台である。４月13日に開幕した２０１３年度の授業は月２回のペースで進み、訪れた８月３日は７回目。この日の授業はトウモロコシ、ジャガイモの収穫とソバの種播きだった。

13年度の児童数は全部で51人。市内の小学生が中心だ。この日はほぼ全員が保護者と一緒に、集合場所の「そのさとホール」に勢ぞろいした。まずは授業の事前説明だが、絵入りのポスターやＱ＆Ａ方式を活用するなど工夫を凝らし分かり易い。

「トウモロコシには毛がいっぱいあるね。これは全部、めしべだよ」とか、「早生のトウモロコシは80日でもう、収穫だよ」とか、「ジャガイモは世界で2千種類もあるんだって」などと説明を受ける度に、児童の間から驚きの声が上がる。

この後、児童らは5班に分かれて近くの畑に移動し、トウモロコシとジャガイモの収穫に精を出した。最初は手間取っていた児童が巧みにスコップを操り出し、ジャガイモ

児童が班ごとに分かれて農作業をする。今回はトウモロコシの収穫だ。

をどんどん掘り出して行く。「春植えた苗からこんなに多く掘れるなんて」と、あちこちで笑顔が広がる。

すざか農小の授業は4月から2月まで年間で18回。14年度を例にとると、4月中旬に開校し、翌年2月に卒業式を行って終えている。

授業は農作業が主体だが、地域の伝統行事に参加したりソバ打ち体験やものづくりなどに挑戦したりと活動は幅広い。管理主体は同市教育委員会だが、運営は「農家先生」(20人)と呼ばれる地域のボランティア農家が主導している。これを須坂園芸高校と信州大学教育学部の学生が協力している。

「命の大切さが学べる」
椛の湖農小の授業は年9回

須坂市が農小を開校したのが05年度。小学生を対象に募集しており、定員は原則55人だ。授業料は年3千円で、保護者と一緒に受講するケースが多い。これまでに500人以上の児童がここで学んでいる。

自ら種を播き、草取りや収穫、さらには販売まで体験するなど、年間を通した授業なので、観光農園でのリンゴ狩りとは全然違う。授業を重ねるうちに作物の生育具合や自然条件を気にするようになり、農作物への意識が変わる。ある保護者は「野菜などの会話が家庭内でめっきり増えた」と話すが、児童への食育効果は相当、大きいようだ。

授業は班主体に行う。班は異学年や他地域の児童を組み合わせて構成しており、異学年生と触れ合い仲間づくりができるよう工夫している。農作業のコツを手とり足とり教える農家先生、手助けする大学生や高校生など、日頃接触しない異世代との交流が進むのも利点だ。

効果やメリットはいろいろあるが、小林道夫校長は「命の大切さが学べる。それに、地域の連帯感も養える」と強調する。

13年度の7回目の授業には三木正夫市長や副市長、教育次長など市幹部も参加していた。豊丘校の活動を市挙げて盛り上げようとの印象が窺える。

農小の活動ではずっと先輩なのが椛の湖農業小学校だ。開校は1994年というから、20年以上の歴史を持つ。①入学金は1家族5千円②授業料は月1500円③保険料500円と毎回の食事代500円——という条件で、毎年小学生（定員60人）を募集している。授業は原則として3ｰ11月の間に毎月1回（1日）あり、13年度は73人の児童が9回の授業を受けた。

教師役は年寄り有志20人
管理も運営も民間主導

授業の舞台は中津川市の標高500メートルの高台にある椛の湖自然公園内にある畑（20アール）だ。先生役は地元のおじいちゃん、おばあちゃんなどの年寄り有志20人。縦割り編成のグループ単位で授業を進め、グループごとに先生が指導する。「土にまみれて作物を育て、食べ物の大切さを体験し、触れ合いの輪を広げたい」と、事務局長の山内總太郎さんは活動の狙いを語る。

中津川での農小活動は、須坂とはやり方がかなり違う。第1は行政主導の須坂に対し、中津川は管理も運営も民間主導で行っている点だ。立ち上げたのは地域の農業、醸造業、元教師ら10人の仲間で、70年代初頭に椛の湖の湖畔で開かれた伝説の「中津川フォークジャンボリー」を企画したメンバーたちだ。

市管理の公園内の農地を借りている以外は、資金も人材も行政に頼っていない。会費で運営費を捻出し、地域の有志を募って人材を確保している。

第2は活動の範囲が広いこと。体験する栽培作物は大根や人参、里芋、ヤーコンなど34種類に及ぶ。獲った野菜で郷土料理に挑戦したり餅つき大会や案山子コンクール、宿泊体験に挑戦したりとバラエティーに富む。授業が終わると毎回、女性陣が用意した食事が出る。家に持ち帰れるほどの大量の料理という。

第3は名古屋など大都会の子どもの参加者が多いことだ。都市と農村との交流拡大を考えての作戦である。「最初に野菜はどこで獲れるかと聞くと、2割近くがスーパーと答える」、「そんな都会の子どもらが農体験を通じて確実に育つのだから」と山内さんは打ち明ける。

須坂でも中津川でも毎年、児童らの感想文を募り、文集にして配布している。児童の鋭い感性が文集におどっている。

椛の湖農業小学校の活動を司る事務局（山内酒造）。

人気呼ぶ体験教育旅行
地域潤す30億円の波及効果

（長野県南信州）

飯田市を中心とする南信州が、体験教育旅行やエコツーリズムで賑わっている。参加者の主役は首都圏や関西で生活する小中学生たちで、都会では味わえない農作業や自然体験に全身を使って挑む。引き受ける中核組織「南信州観光公社」ができて14年前に始まった時、9千人強だった生徒の参加数が今では約5万人に増え、地域ぐるみで取り組む町興し事業に発展した。経済波及効果がざっと30億円、地域を大きく潤している。

プログラムは180種類
春から夏が書き入れ時

南信州は有名な観光地の多い北信・中信に比べて影が薄いが、手づかずの自然が数多い地域として最近、見直されている。5月下旬、緑が広がる飯田市千代地区のよねだ田んぼで、田植えに挑む中学生に出会った。中学2年生150人が連れだって神奈川県藤沢市から農業体験に来たそうで、「グループに分かれ農家に泊まっている」と話す。

引率する教師によると、田植えの体験教育は2時間半ほどのプログラム。稲の生育、田植えの仕方などについて30分、農家から話を聞いたうえで、田植えの実習を90分行う。その後、15分で後片付けや足洗いを行い、15分のまとめの会を開くというパターンである。

田植えは農家の手ほどきを受けて始めるが、作業は真剣勝負。農家は子供をお客様扱いせず、日常の生活そのままに接する。夕食の支度も手伝わせるし、自然のままに交流し寝食を共にする。「本物の体験が味わえる。そこが子供たちの心に響くようです」。そっと教師が打ち明ける。

南信州を舞台にした体験旅行は実に多彩で、その時期にその場所でないと体験できないプログラムばかり。田植えやリンゴの摘花（果）、野菜収穫などの農業体験を始め、

南信州観光公社の本社がある直売所。体験旅行ツアー、エコツアーなど豊富なプログラムを用意している。

天竜川ラフティングや渓流釣りなどのアウトドア体験、ソバ打ち、五平もち作りなどの味覚体験、炭焼きなどの伝統工芸体験、環境学習などがあり、受け入れは年中無休だ。

南信州観光公社の高橋充社長は「プログラムは全部で180種類ほど用意している」と話す。体験旅行の8割は修学旅行でやって来る大都市圏の小中学生が占める。農業体験を軸に他のプログラムを組み合わせた2泊3日のコースが標準だそうだ。体験旅行の7割が5、6月に集中する。春から初夏が書き入れ時なのだ。

一般客に人気の「桜守の旅」
興味深い事業の仕組み

受け入れる客はもちろん、学生団体に限っているわけではない。企業の研修旅行や一般ツアー客も受け入れる。

一般向けで特に人気があるのが「桜守の旅」と呼ぶエコツアー。南信州に多い名高い桜にスポットを当て、桜守が引率して桜にまつわる物語や各地の見頃、カメラアングルなどを紹介する旅である。ガイド料は桜守1人に付き2千円。季節になるとツアーバスが相次いで乗り入れ、70台を数えることもある。

雪の里山を西洋カンジキで歩くのがスノーシュー・ト

レッキング。「冬でしか味わえない自然がそこにある」と、一般客の参加が最近、増えてきた。

ここで興味深いのは、事業の仕組みだ。南信州観光公社がまず、翌年度の旅行商品一覧を旅行代理店に説明し、代理店が学校や企業、一般団体に紹介する。学校から実際の旅行申し込みがあると、代理店が引き受け、それを南信州観光公社に引き継ぐ。公社は自治体や地域のコーディネーターと調整し、受け入れの手配を決めるという流れだ。

代理店の手数料は10％で、公社のそれは15％。残りが受け入れ側の取り分だ。農業体験旅行を例にとると、農家での民泊が食事込みで5千円。これに農業指導料3千円（半日2回分）を加えた8千円が1人当たり標準の旅行代金となる。ここから代理店が８００円、公社が１２００円を取り、残り6千円が農家の手取りとなる。

農業体験にやってくる生徒は年間5万人というから、３億円近いお金が地域の農家に落ちる。４年前から民泊を引き受けている農家は、「農業だけでは生活が厳しくなった。民泊による副収入は助かる」と話す。

交流で地域が活気付く「深掘りすれば、まだ伸びる」

南信州の体験旅行は飯田市が95年に始めた「野外教育プロジェクト」がそもそもの発端だが、南信州観光公社の14年に及ぶ取り組みを通じて、地域にしっかりと根を下ろしてきた。

それを端的に示すのが参加者の増加だ。生徒や企業団体、一般を合わせた参加総数は、01年の延べ1万２００人が10年には同2万3千人へ増えている。「学校単位でみると、参加校の7割がリピーター」（高橋社長）というから、大都市圏の学校に広く浸透した事業に育ってきた。

地域社会への波及効果も大きい。民泊の農家や旅館・ホテルに落とす直接消費を含め、地域への経済効果は30億円に上る。そして「都市と農村の交流拡大で地域が活気づく点も無視できない」と高橋社長は強調する。

事業がこのように成功した理由について、関係者は２つの要因を指摘する。

ひとつは受け入れ体制を整備したこと。推進役の旅行公社は資本金２９６５万円、域内全ての自治体が出資する株式会社で、市町村の枠を超えた広域活動を展開する。公社の周りには４００軒の登録農家、５００人のインストラクター、１００人単位の地域コーディネーターが控え、互いに連携して活動する。相乗効果が発揮できる体制なのだ。

2つ目は事業の中身だ。受け入れ側はいつも真剣に受け止め、「ほんものの体験を参加者に提供する」よう気を配る。地域に暮らす人が包み隠さず、ほんものの生き様を見せることが、参加者を惹き付けるのだ。

「町おこしの観点から行政がこの事業を強く支援し始めた。深掘りすれば、まだまだ伸びる」。旅行公社のスタッフは、事業の将来性の高さを肌で感じている。

体験教育旅行の普及に力を入れる南信州観光公社の高橋社長。

広がる市民出資の発電所
自然エネルギー普及に一役買う
（長野県飯田市、おひさま進歩エネルギー）

再生可能エネルギー導入の動きが相次ぐ中で、市民出資型の発電所が全国各地に広がってきた。市民の出資金で太陽光や風力などを活用した発電事業を展開するもので、収益を出資者に還元するのが特色だ。この分野の先駆者である長野県飯田市のおひさま進歩エネルギー（社長原亮弘氏）は早くも8件目の市民ファンドを組成、地域の自然エネルギー普及に大きな役割を果たしている。同社に続き静岡、鹿児島、茨城にも市民発電所の動きが波及している。

保育園におひさま発電所
市民ファンドを編み出す

飯田市は人口10万4千人、南アルプスと中央アルプスに東西を挟まれた県南部の中核都市だ。市内を巡ると、公共施設や住宅の屋根のあちこちに設置された太陽光パネルに気付かされる。ほとんどが市民の出資で実現したもので、この取り組みをおひさま進歩エネでは「おひさま発電所」事業と呼んでいる。

その第1号が稼働したのが04年6月。設置先は私立明星保育園で、市民の寄付を元手に１７０万円かけて2階建て園舎の屋根に出力3キロワットの太陽光パネルを設置した。1階の休養室には日々の発電量を示すモニターがあり、園児でも一目で発電量が分かる仕組みとなっている。

静かな住宅地の一角にある同保育園を訪ねると、登園して来た園児らが次々とモニターを見に行く。「あめだから今日はダメだなー」、「あすはよくなるよ」と言い合っていた。「いらないでんきはつかいません」と叫ぶ園児もいて、「おひさま発電所ができて電気の大切さを知る園児が増えた」と教師らが口を添える。

飯田市は年間を通じて晴れの日が多く、日照時間が2千時間を超すなど日照条件に恵まれている。しかも月ごとの

「おひさま発電所」を設置した飯田市内の保育園。

ばらつきが小さく、高層ビルが少ないので、太陽光を利用し易い特徴がある。「太陽の光は無限です。これを利用しない手はない」と話す原社長のこの考えが、おひさま発電所事業の発想の原点だ。

とはいえ、出力3キロで200万円近い太陽光パネルの設置費は高く、誰でも導入できるわけではない。明星保育園のように市民の寄付に頼るやり方では普及に限界がある。そこで編み出した方式が、「市民ファンド」による資金調達だった。

普及作戦、公共施設から開始

「募集額を2カ月で調達」

「ファンド」方式とは自然エネルギーに関心を持つ市民から1口10万－50万円ほどの資金を募って太陽光や風力などの発電事業費を賄おうというものだ。つくった電気は電力会社に売って資金を回収し、売電収益を出資者に分配する仕組みである。

飯田市での普及作戦は、保育園や公民館など公共施設38カ所を皮切りに04年末から始まった。具体的には①市が公共施設の屋根を提供し、おひさま進歩エネがパネルを設置する②太陽光で発電した電気は公共施設で使い、余剰分は中部電力に売電する③公共施設は余剰分を含めた電気料金をおひさま進歩エネに支払う――という内容だ。

やがて南信州全域の公共施設、事業所にも対象を広げ、08年度までに162カ所に普及させていった。この普及作戦を支えたのが市民ファンドである。

おひさま進歩エネがこの間に組成したファンドは3つ。南信州おひさまファンド、温暖化防止おひさまファンド、おひさまファンド2009がそれで、調達額は総額で7億1千万円強に上る。「最初のファンドでは募集開始から2カ月間で目標額が集まった」（原社長）というから、市民の関心の高さが窺える。

自信を得たおひさま進歩エネでは次の作戦として10年1月、一般住宅に網を広げる。希望する一般住宅には無償で太陽光パネルを設置するという「おひさま0円システム」事業だ。ここでも2つのファンドが組成され、総額1億3千万円弱の資金を調達、91軒の住宅に設置した。

市民から集めた資金で地域の自然エネルギーを開発し、地域で消費する地産地消の仕組みが飯田市で定着し始めた。

静岡でも市民出資でパネル設置
鹿児島、茨城などにも波及

おひさま進歩エネが手掛ける6つ目のファンドが、地域MEGAおひさまファンド。13年2月下旬までの募集期間内に総額で4億円を募集する計画に対し、8割を達成した。ファンドで調達したお金の大半はおひさま発電所事業とおひさま0円システム事業に活用されるが、一部は兵庫県三木市など、他地区の発電事業にも投資される。

14年度に募集した8つ目のファンドである「信濃の国おひさまファンド」では145人が出資し、約1億2千万円を集めている。底堅いファンドの運営が続いており、これでファンドが出資、融資した太陽光発電所は累計で30カ所になった。

民間の活力を支えに自然エネルギーを着実に普及させていく南信州の取り組みは、次第に他地区にも刺激を与え、市民発電所新設の動きを誘発させている。1例が静岡市のNPOと地元企業が設立した「しずおか未来エネルギー」（社長服部乃利子氏）の太陽光発電事業だ。

静岡市と連携し、長期間にわたって無償で借りる公共施設の屋根に太陽光発電装置を設置するのが事業の骨子。13年3月までに日本平動物園など3施設に出力144キロワット《キロワット》のパネルを設置したが、続いて13年度中に市立高校など2施設に50キロのパネルをそれぞれ設置した。

総事業費8千万円のうち、2千万円分を市民出資で賄う計画だ。「おひさま進歩エネの事例を参考に、市民出資方式が有効と判断した」と服部社長は話す。

鹿児島県いちき串木野市の工業団地などで12年夏から動き出したメガソーラー事業でも、市民の出資金（総額1・5億円）で事業費の一部を賄っている。13年6月に稼働した茨城県鉾田市の太陽光発電事業でも、事業費の一部を市民ファンド方式で実現した。

石川県輪島市で市民風車を運営するNPO「市民環境プロジェクト」のように、次は市民出資で太陽光発電所を立地させるとの動きも現れている。

全国各地で今、市民ファンド方式への関心が高まっている。

市民出資の発電所づくりをリードする「おひさま進歩エネルギー」の原社長。

人気底固い「まんが図書館」幅広い客層招き地域に刺激

（岐阜県、飛騨まんが王国など）

旧宮川村の山麓に立つ「飛騨まんが王国」。

まんがばかり何万冊も集めた公立の「まんが図書館」が底固い人気を持続している。その代表が岐阜県飛騨市の「飛騨まんが王国」と広島市まんが図書館だ。館内は肩ひじ張らずに読書を楽しめる雰囲気が充満し、家族連れが気軽に立ち寄れるのが最大の魅力。まんが世代の若者だけでなく子どもから中高年まで客層は広く、長期休暇などでは安近短のレジャースポットとして賑わう。交流人口を増やし町興しにも一役買っている。

山麓にギリシャ風の図書館
泊まりがけで利用するマニア

富山県との県境に近い岐阜県・旧宮川村（現飛騨市宮川町）杉原の山麓にギリシャ神殿を模した建物が目に入る。近づくと、鉄筋コンクリート3階建てで、玄関は丸いギリシャ風の柱が5本建ち、壁面はすべて黄色で統一されていた。正面の壁面にはカラフルな文字で「飛騨まんが王国」と書かれていた。

建物の延べ床面積は1600平方メートルで、1、2階がまんが図書館、3階が100人収容の宿泊施設という構成だ。旧宮川村がまんがをテコに町おこしを図ろうと総事業費4億6千万円で建設したユニークな施設で、1994年5月にオープンした。

隣接地には村営の温浴施設や食堂、村営スキー場があり、これらを第3セクターの「㈱飛騨まんが王国」が一括運営している。スキー場は2011年に閉鎖され、全体の利用者は減ったそうだが、「それでも、まんが館や温泉の利用者は底固く、年2万人以上の来館者がある」と松永千郷支配人は話す。うち、3割がまんが館を利用する。

まんが館の床には小ぎれいなじゅうたんが敷かれ、あちこちに長椅子やクッションがある。「寝そべって気軽に楽しんでもらおう」（松永支配人）という趣向である。訪れたのは平日の午後だったが、30人ほどの利用者が長椅子に座ったり床に横になったりして読書に夢中だった。

入館料は温浴施設も含めた共通券で大人800円、子ども500円。土日には3階の宿泊施設を使って、泊まりがけで来館するマニアも多い。長野県松本市から1泊2日の予定で父親と来たという小学4年生の児童は、「本が多く、とても読み切れない」とにこにこしていた。

交流人口の拡大が地域の狙い
広島に蔵書数10万の図書館

図書館の開館から1年先立つ93年春、全国のファンにまんが本の寄贈を呼び掛けた。京都市の主婦から5千冊、名古屋市の会社員から2千冊とまとまった寄贈があり、自家用車で3千冊も持って来てくれた石川県のマニアもいた。集まったのは全部で2万7千冊、これがオープン時の蔵書数となった。

利用者は昔も今も30代の家族連れが多く、好まれるのは「ドラゴンボール」、「あしたのジョー」、「ゴルゴ35」、「子連れ狼」など。新刊本やシリーズ本など、毎年300冊ほどの新規購入を続け、「今の蔵書数は約3万5千冊。本の修理代にもカネが掛かるので、蔵書数の急拡大はなかなか難しい」と、松永支配人は苦しい財政事情を口にする。

まんがをテコに過疎化の流れを吹き飛ばし、定住人口と交流人口を拡大しようというのが図書館設立の当初の狙い。宮川地区の人口が当時の1200人から845人へ減った今、定住人口の増加は望み薄となったが、交流人口の拡大は何とか実現している。「地元の働き口としても無視できない」と、松永支配人は図書館の効果を強調する。

一方、飛騨まんが王国から3年後にオープンしたのが広島市まんが図書館（広島市南区）だ。ＪＲ広島駅から南へ歩いて15分、緑に囲まれた小高い比治山公園の一角に立地している。

鉄筋コンクリート2階建て、馬蹄形の建物で、延べ床面積は656平方メートル。ここでも開設時に寄贈を呼び掛け、全国のファンから集めた1万5千冊を基礎に年々積み上げ、蔵書数は開設時の3万冊から現在は10万冊弱となった。公立のまんが図書館としては国内最大級の蔵書数を誇る。

入館者総数は年24万人
貸出し数は年118万冊も

図書館を訪れたのは9月中旬の平日の朝9時45分。玄関口の笛吹き少年像の周りにはもう34人が集まっていた。開館と同時に一斉に2階に駆け上がり、閲覧室へなだれ込んで行く。

閲覧室は人気まんが、外国まんが、まんが雑誌、まんが研究資料などのコーナーがあり、中央にまんが作家別に整理された開架式の書架が建つ。座席は40ほどしかないの

年24万人も入館者がある「広島市まんが図書館」。子どもが夢中でまんがを楽しむ。

で、すぐ埋まってしまい、溢れた利用者は床に座って読書していた。

入館者は非常に多く、子どもから家族連れ、中高年とバラエティーに富む。小林郁治館長によると、総数は09年度が23万８千人、10年度は24万２千人に上った。１日当たり８００人以上で、これが現在まで続いている。全国でも数少ない公立のまんが図書館ということもあって、九州や関西から見学者や問い合わせが多い。

ここの特色は本の無料貸し出しである。飛騨まんが王国を含め、多くの公立図書館が館内での利用に限るのに対し、「もっと気軽にまんがを楽しんでほしい」（小林館長）との考えから、無料貸し出しを決断した。

まんがの貸出冊数は年々増え、年平均で１１８万３千冊。開設初年度の来館者（28万６千人）が最近、24万人前後に減ったのも、貸出しサービスの浸透で来館頻度が低下した結果だ。

まんがには過激な性や暴力の表現があり、子どもの正常な発育を妨げるとの意見があるが、広島市まんが図書館で聞く限り、「まんがが家族の共通の話題になる」、「繰り返し読みたい本が多い」という声の方が多かった。

そして、何よりまんが図書館は安近短型の格好のレジャースポットとして集客力が大きく、活かし方次第で町おこし、地域興しの材料となり得る。

人気根強いコミュニティーカフェ
住民が集う地域のたまり場

（岐阜県多治見市、ママズカフェ）

地域住民が気軽に集まって交流し関心ある情報も交換できるコミュニティカフェが、全国各地で根強い人気を保っている。どんな人でもふらりと寄って居心地よく過ごせる点が最大の魅力だが、中でも子育て世代やひとり親家庭、高齢者などからの評価が高い。同じ境遇の人々が気兼ねなく利用できる格好のたまり場なのだ。互いに支え合う関係が築けるほか、友達づくりや職探しにも役立つなど、地域の新しい居場所に育ってきた。

顧客は子育て中の若いママ 働くスタッフも子育て世代

美濃焼の産地として名高い多治見市（人口約11万5千人）の太平町にある市総合福祉センター。この1階で2005年2月から営業しているコミュニティカフェが「ママズカフェ」だ。運営主体はNPO法人のママズカフェ（理事長山本博子氏）で、子育て世代の母親を支援する交流施設として、地域にしっかりと根を下ろしている。

店内にはテーブルやカウンターと20席ほどのイスがあり、利用者がコーヒーを飲んだりおしゃべりを楽しんだりできる雰囲気が漂う。店内の一角にはカーペットを敷いて木のおもちゃを置きベビーベッドも備えるなど、乳幼児が1人でも遊べるように工夫してある。

営業時間は朝9時半から夕方4時までで、日曜日と祝日、第2月曜日が定休日。食事時の提供メニューは日替わりランチにお子様ランチ、離乳食ランチが定番だ。昼食時には予約で店内が埋まってしまう。時間帯を問わず、スタッフ手作りのワッフルやママパンが良くはける。

対象とする客層は、0歳児から入学前までの子を持つ30代前半の高学歴女性。働きたくとも子どもを預けるところがない、仕事を辞めて育児に専念するしかないのかと頭を

「ママズカフェ」を開いた理事長の山本さん(手前)。「ここは子育てママがリフレッシュする場です」と話す。

抱える女性たちだ。育児にストレスを感じ一人で悩むケースも多い。

そんな女性らが子ども連れで気軽に立ち寄り、談話や友達づくりができる居場所として開設したのがママズカフェだ。山本理事長は「子育てママがリフレッシュできる場、子育て世代が作る集いの場です」と解説する。働くスタッフも全員、子育てママで、子どもと一緒に働ける雇用の場としても機能している。

ママの働き口を次々と創出
運営資金は自力で調達

同じ市内の本町にあるながせ商店街に09年9月、2号店の「ママズ・プラス」を開いた。太平町の1号店は集いの場、2号店は問題解決の場と差別化しているが、カフェ事業が主力事業である点に変わりはない。店では20人の接客スタッフがシフトを組み、運営している。

店の壁際にコーナーを設けて若いママの手作り雑貨を展示販売したり、各種講演会や育児教室を開いたり、顧客サービスにも力を入れる。ハローワークと提携して、最新の求人情報を店内で収集できる体制も作った。

子育て世代の女性をさらに支援するためには、「社会参画ができる機会をもっと作らないとダメだ」として、山本理事長らは新事業の追加に余念がない。

資格を持ち経験を積んだスタッフが有料で子どもを預かる託児事業、子どもを預かって欲しい人（依頼会員）と子育てのお手伝いをしたい人（援助会員）が登録して地域の子育てを支援し合うファミリーサポート事業、独居老人宅へ弁当を配達するデリバリー事業などがそれだ。今では7つの事業が育っている。

新事業には子育てママが全て係わり、雇用の場として活用している。ママズクリエーター（40人）とかママズインストラクター（2人）、サポートスタッフ（20人）などの名称で、子連れで働くケースが多い。

注目していいのは、運営資金を自力で賄って健全な財政状態を堅持している点だ。多くのカフェ事業が行政の支援を受け、補助金がなくなると倒れてしまう事例が多い中で、ママズカフェは自力で資金を稼ぎ、スタッフ人件費や部屋の賃料を支払い、経営を安定させているのだ。

宇都宮のカフェ「オチャノマ」
ひとり親が集う交流の場

コミュニティーカフェは21世紀に入ってにわかに盛んになった。数は全国で3万カ所を超すのでは、と推計されている。

定義ははっきりしない。長寿社会文化協会では、①人が交差する自由な空間②情報の交差する場所③人脈が広げられる所④素敵な生き方に挑戦するきっかけになる場所——をコミュニティーカフェと定義している。運営方法も各地でいろいろだ。

いずれにしても、行政が整備してきたコミュニティーセンター（地域の集会施設）や市民活動サポートセンター（市民活動支援施設）では満たされないニーズを埋める交流拠点として、コミュニティーカフェが浮上してきた。常設で誰かが常駐し、何時でもだれでもふらりと立ち寄れる点に、新しい居場所としての魅力を見出したのだ。

栃木県が10年12月に宇都宮市池上町に開設したコミュニティーカフェ「オチャノマ」も、子育てや仕事の悩みを共有し、就業情報を交流し合う拠点として定着している。ここは特に、家計の苦しい母子家庭、父子家庭などひとり親を主要な顧客ターゲットとする施設だが、一般にも門戸を広く開いている。

運営費は県の補助金で賄い、運営業務をイベント企画会社、TBCスキャットが請け負う。平日の朝11時から夕方

6時まで営業し、県内産の野菜を使ったワンプレートランチやケーキ、焼き菓子、飲み物を安く提供している。店内では手作り雑貨を販売し、学習会も開いている。

栃木県はひとり親の在宅就業を支援するため10年秋から、パソコンや設計ソフトなどの研修講座を開始した。受講者はすでに700人を超しており、これら受講者が情報を交換したり子ども連れで立ち寄るたまり場として、うまく活用している。

宇都宮市のコミュニティーカフェ「オチャノマ」は、母子家庭などひとり親の交流を目指して開設した。

好評ぐんぐん、「アメーラ」地域に活気、雇用を創出

（静岡県静岡市、サンファーマーズ）

野菜や果物の新顔が続々と登場しているが、トマトの分野では静岡生まれの高糖度トマト「アメーラ」が市場の評価を急速に高めている。２００３年夏に大型農園を稼働させて以来、生産施設は今や、13農場に拡大、周年栽培で大都市市場に大量出荷するなど気を吐いている。消費者から寄せられる高い支持を背景に生産規模の新たな増強を進めており、栽培面積の拡大と雇用創出を通じ地域経済を元気づける効果は大きい。

低段密植で「甘さ」を濃縮
焼津市大井川に量産施設

高い糖度が自慢のアメーラは、静岡県が認証する独自ブランド「しずおか食セレクション」の一翼を担う、地域ご自慢の農産物だ。ユニークな名前も興味の的で、「甘いでしょ」という意味の静岡弁「甘めーら」に由来する。

そのアメーラを最初に量産化したのが、サンファーマーズ（静岡市、社長稲吉正博氏）傘下の営農組合アメーラ倶楽部だ。4経営体で構成する同倶楽部は03年7月、総事業費6億円を投じて静岡県焼津市の大井川地区に初の大型施設を建設、年出荷２００トンを目指して大量栽培に乗り出した。

延べ床面積２・５ヘクタールの大井川農場に近づくと、16棟の連棟式農業ハウスが林立する姿にまず、圧倒される。ハウスは１棟で１４８５平方メートルあり、ハウスごとに鉄パイプで組んだベッド（栽培床）が16列も並ぶ。各ベッドには2列ずつ、ポット栽培のトマトの苗が配置され、水や養液、温度を制御して栽培している。

生い茂る濃緑の葉から青いトマトや赤く色づいたトマトがあちこちで顔をのぞかせる。手にとると、実は引き締まりさわやかな香りを放つ。齧ると、甘さが際立っていた。

アメーラの栽培は「低段密植」方式。甘さが際立つトマトが沢山とれる。

苗は背丈ほどの高さしかないが、これがアメーラ独特の栽培の仕方だ。トマトの苗は通常、葉の数で12段まで育つが、アメーラはわざと3段で先端を切り取り、成長を止めている。

低段密植という栽培方法で、低段で高さを抑えて密植し、養液を苗全体に行き渡らせる。しかも、灌水はぎりぎりまで控えて、普通のトマトの3分の1の大きさで成熟させる。「これが7度以上の高い糖度を生み出す秘訣」と、稲吉社長は話す。

農場内には光と水、CO_2を自動管理した育苗施設があり、保水性の高い培養土で種から苗を育てている。培養土はスリランカから輸入するココピート（ヤシの実の皮）で、室温は24℃、1日の光は16時間昼・8時間夜の状態を保つ。種は25日で苗になり、ハウスに定植して2カ月半で収穫が可能となる。

販売は99%が市場出荷
アメーラ、3つの力の源泉

収穫は朝8時から昼過ぎまでで、16人の女性パートが忙しく働いていた。採ったトマトはＪＡ大井川の集荷場へ運び、全品糖度チェックをしたうえで静岡経済連を通じて東阪名の市場に出荷する。販売は市場出荷が99％を占める。消費者の声を聞くため、ネット販売はするが、契約販売はしないそうだ。

アメーラを栽培する農場は今では静岡県に12カ所、長野県軽井沢町に1カ所の13カ所に広がった。栽培面積は合計15㌶に及び、グループ内で時差生産方式や産地分散方式を採用している。

時差生産方式は同一農場で定植時期に時差を設けるやり方だ。産地分散方式は4－6月は暖地の静岡県で、7－8月は高冷地の軽井沢でそれぞれ重点栽培するもので、切れ目なく周年出荷ができるようにするための工夫だ。

大震災のあった11年を除くと、過去10年間で出荷量は右肩上がりで増えている。つれて販売総額も堅調に伸び、13年度は13億円に達した。

糖度を売り物にするトマトが最近、とみに増えてきたが、アメーラは甘さと酸味のバランスが絶妙で、東京・太田市場では「アメーラが糖度の基準」とまで言われるようになった。消費者の指名買い、リピート購入の比率も高い。

こうした評価を支えるのがアメーラの持つ商品力だ。消費者には糖度7度以上という高品質のトマトを提供し、流通業界には周年出荷で安定供給を確保する、そして、「JGAP」や「静岡県GAP」といった各種GAP（品質管理認証）を取得し食品の安心安全を保つ——この3点がアメーラの力の源泉だ。

稲吉社長は「アメーラならではの差別化戦略が商品価値を高める」と力説している。

年商20億円目指す
小山町に次世代型施設

サンファーマーズはアメーラを栽培する農業生産法人10社が株主の会社で、ブランド管理をはじめ、販売管理や販促活動、栽培技術指導、経営支援などに従事している。中でもブランドの確立が最優先項目で、グループ各社が整合性のある活動を行うよう努めるサンファーマーズの指導力も、アメーラの商品価値を高める重要な要素だ。

サンファーマーズが掲げる当面の経営目標のひとつが年間販売額20億円の達成だ。そのために2つの生産施設増強作戦と取り組んでいる。

ひとつは静岡県富士宮市に設ける朝霧農場である。床面積1・8㌶の新鋭施設で、15年春から稼働を始めた。運営主体は営農組合サンファーム朝霧で、販売額は年1億5千万円が目標だ。

もうひとつが静岡県小山町に新設するサンファーム富士小山の農場である。床面積４ヘクタールのハウスでアメーラとミニトマトを量産する。稼働は16年夏で、年出荷目標は２５０トン。植物工場による育苗施設や木質バイオマス暖房を使った加温、ＩＣＴによる生産管理など、次世代型の最先端農場となる。

サンファーマーズで働く従業員は現在２００人強。富士小山農場が稼働すると、そこだけで30人の雇用が生まれる。アメーラの普及は農業の成長をけん引し、雇用を創出するなど、地域を元気付ける活性効果が期待できる。

年間販売額20億円が当面の目標と語る稲吉社長。

大道芸通じ街中を活性化
誘客180万人、経済効果22億円

（静岡県静岡市、大道芸ワールドカップ実行委員会）

静岡の秋を彩る風物詩、「大道芸ワールドカップ」が「文化の日」を照準にして10月末から11月初めに静岡市で開かれる。国内外で活躍する芸人が毎年90組前後も参加して世界一流の妙技を連発する。この時期は同市内の公園や中心街は大道芸一色で染まるのが常だ。92年に呱々の声を挙げて2014年で23回目、今や180万人前後の観客を誘い、約22億円もの経済効果を生んでいる。アートで街中を活性化しようという狙いが、まんまと当たっている。

繰り出す妙技に沸く歓声
ジャパン部門、12組が競演

イベントの内容は毎年、新味を加えているが、東日本大震災のあった11年秋の大道芸W杯では、4本柱で構成していた。

実行委員会が招待した14組29人が覇を競う「ワールド部門」、同じく招待した29組40人が演技する「オン部門」、自主参加の「オフ部門」（25組）の3つに、国内在住の芸人を対象とする「ジャパン部門」を加えた4つだ。20周年の節目に当たったことから、記念企画として「ジャパン部門」が10年ぶりに復活している。

その「ジャパン部門」が行われたのは祭典初日の11月3日午前で、舞台は駿府公園内の特別ステージ。「笑いを誘うパントマイム」、「柔軟な体と遊具を駆使する曲技」、「目にもとまらない高速のジャグリング」――12組19人の芸人たちが入れ替わりで繰り出す妙技に、詰めかけた観客のあちこちから歓声が沸く。

演技が終わる度にステージに投げ銭が相次ぐ。掛川市から来たという10歳の少女は「こんなすごい技を身近で見られるなんて」と、興奮気味に話していた。ジャパン部門で優勝したのは結局、7種類の道具を自由に操るジャグリン

駿府公園で開催される「大道芸ワールドカップ」には150万人を優に超す見物客が集まる。

グを披露した名古屋市の天平さんだ。

駿府公園内には「ポイント」と呼ばれる青空会場が数カ所設けられ、内外の芸人が自慢の技を披露していた。どのポイントも人の輪ができる。

公園内の遊歩道には雑貨や衣料などの物販店のほか、ファーストフード、エスニック料理などを提供するテント小屋が林立し、脚立を持って歩き回る人や家族連れで賑わっていた。一方、中心街でも、オフ部門の芸人が街角で自主興行する。「初日の観客動員数は55万人」という実行委の発表に、盛り上がりのすごさを感じた。

事業費は1億6千万円
被災地にキャラバン隊派遣

大道芸W杯が始まったのが92年。初年度の観客動員数は１１１万人だったが、名前が浸透するにつれて増え、最近では１５０万人を割ることはなくなった。11年は東日本大震災の影響で開催が一時、危ぶまれたが、「日本を元気付けるためにも」開催を決断したという。フタを開けてみれば、観客動員数が１７３万人、前年を10万人以上も上回った。

悪天候の影響で14年は１４７万人だったが、13年は１８

4万人と記録的な人出だった。

大震災の年には被災地への配慮は忘れず、岩手、宮城両県に大道芸人を派遣し各地で芸を披露するスマイル・キャラバン事業を実施したという。杉山元実行委員長は「震災で痛めつけられたので、少しでも子どもらの心のケアになればと思った」と話す。

イベントの運営主体は市民主体の実行委員会だが、「市と企業が車の両輪となって協力している」（田辺信宏静岡市長）ことと、市民ボランティアが現場を仕切っているのが大きな特徴だ。

約100人の市民が年間を通して準備を進め、当日ボランティアも750人近くが会期の4日間、手弁当で協力し合って働く。会場案内や防災、迷い子の世話、グッズの販売、通訳、ゴミ拾いと協力分野は広い。

大道芸W杯の事業費は通常は1億5千万円ほどだが、11年は20周年ということで1億6千万円に設定した。市がいつもより2千万円多い1億1千万円を拠出してくれて、残りを企業・団体の協賛金や広告費、ブース出店料、ガイド・グッズの売上金などで調達した。

支出の柱は招待した芸人たちの出演料や渡航費、宿泊料などで、全体の6割近くを占める。後は会場設営費が2割、ポスターなど宣伝費が16％、賞金や記念品が8％といった具合だ。

「人の集まる街づくり」に貢献　賑わい作りへ市民に一体感

そもそもは「通過都市から脱皮して人の集まる街づくり」を目指す静岡市の発案で始まったイベントだが、その狙いは一応、実現したのではないか。会期中の限られた期間とはいえ、150万を優に超す人が交流し街中が賑わう意義は大きいはずだ。

それよりもイベントを通じて市民の一体感が醸成された点に目を向けるべきと、杉山委員長は強調する。「大道芸は市民が街づくりに参加するきっかけの役割を果たした。毎年、800人を超す市民ボランティアが一体となって街中活性化事業に加わっている」。

そして今、大道芸で街中が常時、賑わう仕組み作りに各界から関心が集まる。その1つが市民クラウンの養成だ。希望する市民に大道芸の技を教える講座が人気を集め、巣立った市民クラウンが350人もいるそうだ。そうしたクラウンが思い思いに週末や祝日に街角で大道芸を披露したり、病院や施設に出かけたりする光景が多くなった。

ＮＰＯの「しずおか大道芸のまちをつくる会」のように、劇場や街中で毎月一度、大道芸を披露し、人々を街中に呼び込む動きも表面化している。

ところで、大道芸Ｗ杯がもたらす経済波及効果はどれほどだろうか。民間研究機関が95年時点で試算した経済効果は18億２３００万円。規模が大きくなった最近ではもっと拡大しているはずで、杉山委員長は「22億円超とはじいた経済研究機関の試算もある」と明かす。

これは１億６千万円の投資で13倍のおカネが帰って来る計算だ。大道芸Ｗ杯をやる意義について市議会議員の一部からは疑義が出ているが、この一事から見ても大道芸の意義と効果は大きい。大事なのはマンネリに陥らない配慮と工夫である。

会場には多くの屋台が並びコバンザメ商法を展開する。

異彩放つ「一店逸品」運動
とっておきのモノ・人を客に発信

（静岡県静岡市・静岡呉服町名店街）

「各店が工夫を凝らして開発した商品や選り抜きのお勧め品、個性溢れるサービスを買い物客にアピールして、商店街の魅力を高めよう」——こんな取り組みが「一店逸品」運動だ。全国に先駆けてこの運動を展開する商店街振興組合「静岡呉服町名店街」（理事長永田正明氏、87店加盟）は、賑わいと活気あふれる商店街として異彩を放つ。

全国どこの街も中心街の地盤沈下は深まるばかり、何か浮揚の足掛かりはないか、ヒントになるものはないかと他県から呉服町を訪れる視察団が、結構多い。

歩道に花壇やモニュメント
1日の通行量が3万人

ＪＲ静岡駅から地下道を通り、北へ10分ほど歩いたところにあるのが呉服町通り。店を構える7割は物販を商う専門店で、街としてまとまりがあり、商店街振興組合の活動も非常に活発だ。静岡市に四つある中心商店街の中核的存在といわれるゆえんである。

呉服町で特に印象深いのは、街の魅力を高め、「楽しく買い物をしてもらう」ための仕掛けづくりをハード、ソフトの両面から推し進めている点だ。

ハード事業の一例が国や県・市の支援を受けて実施した街路整備事業。本町通りから玄南通りまで長さ４００メートル、道幅15メートルの通りは石畳で舗装され、全てがバリアフリーとなっている。街路樹が植えられた歩道にはベンチや花壇があり、旧東海道の浮世絵などを取り入れたモニュメントやオブジェも置かれている。街角を買い物や交流の場に、という姿勢が濃厚である。

半径５００メートルの周辺には県庁、市役所などの官庁や警察署、総合病院などがあり、ここを訪れた人が商店街に立ち寄るケースも多く、とにかく人通りが目立つ。やや古い

静岡市の中心商店街「呉服町通り」。１日の通行量は３万人、オブジェが買い物客を迎える。

が、振興組合が04年秋に行った調査によると、1日の通行量が約3万人というから、この数字から判断しても、人の往来の激しい一端が窺える。

16年間に生まれた逸品が60点「つえ傘」など、ヒット商品も

ソフト面でもっとも特色ある事業が、１９９３年から本格化した一店逸品運動だ。発端はコミュニティマート構想を検討した90年に遡る。「ハードの整備だけではダメ。体力があるうちに、ソフト面でもっと客を惹き付ける独自の手立てを考えよう」――店主たちのそんな声を背景に生まれた路線が一店逸品運動だった。

逸品運動は、専門店の持ち味を前面に出すことに最大の眼目がある。専門店の持ち味といえば商品力やサービス力だ。加盟店が商品やサービスを見直し、全員がとっておきの商品、個性的なサービスを顧客に提供できる仕組みを築けば、街も商店も活性化するという発想である。

94年に「逸品フェア」として始まった運動はその後も毎春実施され、呉服町の名物イベントに発展した。

「逸品」は並みの商品ではない。振興組合の一店逸品委員会（委員長大野義久氏）が認めたものだけに許される

カッコ付きの商品である。各店は顧客の声や対面販売で培った日頃の体験をヒントに企画した試作品をまず、一店逸品委員会（月1回開催）に持ち込む。委員会では忌憚のない意見がたたかわされ、注文を付けたり修正したりし、審査を通ったものが「逸品」として認められるわけだ。

初年度に発表された「逸品」は8つ。ワサビ入りのケーキ、商店街オリジナルのエコバッグなどで、呉服町でしか買えない独自商品ばかりである。そして、「逸品」は毎年数点ずつ生まれ、春のフェアで店頭販売される。16回目に当たる09年3月は、「呉服キャット」と呼ばれる猫柄のトートバッグやTシャツなど6商品が戦列に加わった。

「16年間に生まれた逸品はこれで約60点。逸品を発表すると、カタログを手にお客がどっと街に繰り出してくる。それが嬉しい」。「逸品」の集客力を大野委員長は盛んに強調した。

「逸品」の中には、長期にわたってヒットし続ける優れものも生まれている。「定番逸品」と呼ぶ一群がそれで、杖と傘の二つの機能を持つ「つえ傘」、極小薄札入れの「ポケフィット」など13点が該当する。「地元のお客は勿論、全国からも注文がくる」と、大野さんは打ち明ける。

商店街の達人を客に広く紹介　視察や講演依頼が年80－90件

「逸品」運動の対象は商品だけでなく、サービスや人にも及んでいる。契約駐車場マップの配布、無料駐車券の発行、コミュニティーバス利用者への乗車券進呈、ギフトカードの発行、映画割引券の提供などなど。さらには「おつりは新札で」というサービス、買い上げ商品を駐車場まで運搬するサービスまであるというから、呉服町のきめ細かなサービスには驚かされる。

人に的を絞った「逸品」運動が「呉服町プロフェショナル」。一流の職人技を持った店主、高い商品知識を身に付けた店員が街で働いている。そうした達人たちの心意気を買い物客に広く紹介しようという企画である。

「逸品」運動に集客効果があると世間に知られるにつれ、県外から商店街や自治体関係者が視察にやってくるようになった。講演依頼を含めると、「年間で80－90件はある」と大野さん。そうした中から「1店逸品」運動を取り入れる商店街が全国に広がっている。

「逸品」運動で活気を保つ呉服町だが、先行きは必ずしも楽観できない。1つは外部環境の厳しさだ。大型店の攻勢、世界景気の悪化という厳しい現実が商環境を揺さぶる。呉服町でも客足の減少、売れ行き減退を指摘する声が急速に増えてきた。

もう1つは商店街の問題だ。これまで少ないといわれた空き店舗が、呉服町でも目に付き出した。発表当初は目新しく売れ行きが好調な「逸品」も、時間が経つと売れ行きが落ち込むケースが目立つ。店や商品、サービスのあり方を改めて総点検し、街の将来像を再確認する時期にきているのではないか。

呉服町のお店は、自慢の逸品を店頭に飾り、販促に役立てている。

駆け巡る「ママラッチ」女性記者が町の魅力PR

（静岡県長泉町、産業振興課）

長泉町は子育て支援を重視している。

静岡県東部、伊豆半島の基部にある長泉町が2014年秋に立ち上げた「ママラッチ」事業に、内外から熱い視線が注がれている。この事業は子育て中の女性記者が町内を飛び回り、市民の目線で町の魅力を情報発信するもの。子育て世代を呼び込む長泉流のタウンセールス戦略だ。子育てし易い環境を整備するなど、従来からのハード作戦に加え、町のリアルな姿を公開するソフト作戦を重ねることで定住人口の拡大を狙っている。

子育てに役立つ情報発信
アクセス数は1万2千件

三島市と沼津市に挟まれた人口4万2千人の長泉町で、ママラッチが活動を始めたのが14年11月。地元に住む女性記者が子育てサービスの実態や育児ネタ、グルメ、イベントなどを一般町民の目線で切り込み、子育て世帯を対象にこれはと思う情報を発信するもので、専用のブログやフェイスブックに次々と取材記事が紹介されている。

ブログをちょっと覗いただけでも、「産業祭に行ってきました」、「1歳6カ月の健診見学記」、「特産品の四ツ溝柿、農家お勧めの食べ方」、「中学校の職業体験」など、足で稼いだ興味深いリポートが飛び込んでくる。記事はあちこちで話題になるそうで、担当する産業振興課の川口正晴課長は「アクセス数が月に1万2千件を優に超す」と話す。

ママラッチは、著名人を追い駆けてスクープを狙うお騒がせ人、英国の「パパラッチ」をもじって付けた愛称だ。正式名称は「子育てママライター」で、れっきとした町の広報記者である。

メンバーは29－41歳の7人で、生後2カ月の乳児から小学5年生の長男を育てている、子育て中の若い女性ばかり。産業振興課が14年9月から全5回の養成講座を開き、記事の書き方や写真の撮り方、ブログ、フェイスブックの基本操作などを7人に習得してもらった。

女性記者らのヤル気は旺盛で、「共稼ぎの子育て世帯が欲しがる情報を発信したい」とか、「子育ての悩みに応える、血の通った話題を見つけたい」と、カメラを持って活発に飛び回る。

「子育てに関する情報は多いが、本当に役立つ情報はとなると、意外に少ない。その穴をママの目線で埋めたい」と語る32歳の女性記者は、「子ども連れで楽しめるイベントに焦点を当てて取材している」と意気込む。

産業振興課では当初、「慣れない記者活動だから、投稿は週1回もあれば上々」と予想していた。だが、ふたを開けてみると、「2回も3回も投稿する記者がいる」と町側を驚かすほどの活躍ぶりだ。

転入者、県内外から増加
婚姻率・出生率も高い

遠藤日出夫町長は「行政とは違った目線で町の特性や魅力を伝えてくれるのが利点」と目を細める。個別の企業や店舗の動向、魅力などを取材して紹介することは、行政には何かとしづらい分野だ。そこにも取材対象を広げられるのが民間記者のいいところ。女性記者ならではのきめ細かい活動が町の特性を浮かび上がらせ、口コミの材料になり易い。そんな情報発信が、子育て世帯の一層の転入増に結び付くと踏んでいる。

ご多分にもれず、静岡県も人口減少が目立つ。総務省が発表した人口動態調査によると、14年1月時点の県人口（外国人を含む）は380万3481人と、前年から約2万人も減少した。都道府県別では減少率が北海道に次いで2番目に多く、「全国ワースト2位」の衝撃が波紋を広げた。

先行きも厳しく、県の試算では40年には308万人と、70万以上も減る見通しだ。そんな悩みをよそに、長泉町は人口が過去10年間で10・6％も増えた。向こう30年間を見ても、人口が増える自治体は県内で唯一、長泉町だけと県は試算する。

増える人口の半数は30－40代で占める。中学生以下の子を持つ、いわゆる共稼ぎ子育て世代である。転入者の7割近くは県内居住者だが、県外からも多く神奈川や東京など首都圏からの転入率がとみに高まってきた。

新幹線三島駅から東京まで1時間余り。朝は9本の始発があることから、新幹線で通勤・通学する「長泉都民」族が少なくない。

婚姻率、出生率も高く、「13年は赤ちゃんが41人も生まれた」と遠藤町長はさらりと言ってのける。「子育てするなら長泉」、「住みたい長泉」が町の表看板だが、それが偽りでない点はいろいろな人口指標が雄弁に物語る。

医療費が中3まで無料
誘致企業が財政力潤す

共稼ぎ子育て世帯を惹き付ける要因は、町がこれまで積み上げてきた支援策だ。

中学3年生までの子どもの医療費の自己負担額を、所得制限なしで助成しているし、第3子以降の子どもが通う幼稚園・保育園の保育料は無料だ。不妊治療費の助成や母子予防接種事業、チャイルドシート購入費補助、それに認可外保育施設の利用料補助もあるという手厚さ。

そんな手厚い支援策を支えているのが県内第1位という財政力だ。高度成長期に誘致した多くの工場から法人町民税が入り、給与の高い住民から個人税も増える。長泉工業団地など、3つの団地に誘致した企業が50社近くもあり、税収面と雇用創出で大きな役割を果たしている。

ハードの支援策で人口が増え、「住みたい長泉」を実現しつつある今、同町は次の方向として「住み続ける長泉」を目指している。そのためには町の魅力を磨き続け、質の高い住民サービスを提供する仕組みづくりが求められる。

そうした仕組みの1つがママラッチだ。同町は3年間、女性記者を養成し、常時10人以上のママラッチが活動する

「ママラッチ」事業を展開する長泉町役場。

体制を築きたい考えだ。
ママラッチに続き、「ニコニコ推進協議会という町おこし運動も始まった」とは池田修副町長の弁。町の魅力を広めるタウンセールス作戦を次々と繰り広げようとしている。

地域資源掘り下げて街興し
全国公募の事務局長が種蒔き

（静岡県東伊豆町稲取）

北は天城連山に連なる里山に抱かれ、東は相模灘を臨む東伊豆町稲取は、温泉に支えられ発展してきた町だ。この地域に伝わる「雛のつるし飾り」を大々的にイベント化し、観光開発に努めてきたが、宿泊客の減少に歯止めがかからないと見て地域資源の魅力に磨きをかけ、新たな角度から観光振興と地域活性化に乗り出した。その先頭に立って種蒔きをするのが、全国公募で選ばれた女性事務局長（稲取温泉観光協会）の渡辺法子さん。

3市町で共同行動を実践

「3大つるし飾りサミット」開催

渡辺事務局長の発案で始まったのが「日本3大つるし飾りサミット」だ。第1回目が開かれたのが08年2月下旬で、場所は稲取の町営施設・アスド会館。つるし飾りの発祥地を自負する山形県酒田市、福岡県柳川市、稲取の3市町が一堂に会して催したもので、3地域に昔から伝わる独特の風習だから、これを後世に伝承すべき文化資産と捉え、その良さを全国に発信したい――これがサミット開催の狙いだった。

会場には3市町のつるし飾りが展示され、玄関から1歩入ると華やいだ雰囲気が一面に広がっていた。稲取の飾りは、紅白の布で巻いた竹ひごの輪から5本の糸をたらし、その糸に11個の人形を取り付けてひな壇の左右に取り付けるというもの。

「子供の成長を願う胚子、神の使いのウサギ、子宝や五穀豊穣を願う俵ネズミなど、飾り物は40種類もある」。一昔前までは思い思いの飾りを各家庭で楽しんでいたと、稲取旅館組合の女性幹部が説明する。

一時廃れたこの風習を08年から復活、公園などで公開したのが稲取の女性たち。今では知名度が上がり年間20万人

稲取では雛のつるし飾りを楽しむ風習がある。

の観光客を招くイベントになった。

酒田でも似た催事が行われている。「傘福」と呼び、赤い布をかけた傘先に庶民の願いや子供の健やかな成長への祈りを込めた人形を飾る風習である。一方、柳川では旧柳川藩時代から「さげもん」といって輪の中央に七色の糸で巻いた鞠を2個取り付け、周りに人形を取り付けて飾る。

サミットには3市町から派遣団が繰り出し、代表がそれぞれの風習や起源、内容を紹介した後、パネル討論やシンポジウムを行って情報を共有化した。最後に「これは立派な地域資源。有効活用して観光開発や街興しに繋げる」ことで3市町の意見が一致。単独ではなく3者が協力すれば力は倍加するというわけで、さっそく統一パンフレットを作るなどして地域を盛り上げる共同作戦を展開した。

矢継ぎ早の再生策を繰り広げる
「こらっしぇ稲取大作戦」など

サミットを仕掛けた渡辺法子さんは全国公募の１２８１人から3年間の期限付きで事務局長に選ばれた女性だ。「個々の地域が努力するのはもちろんだが、肩を組めるところは連携する方が得策。今回のサミット開催で広域連携の足掛かりができた」と意義を強調した。

「つるし飾り」のサミットでは、共同して地域を盛り上げる広域連携策が宣言された。

翌年春には柳川市で第2回サミットが、その次は酒田市で第3回のサミットが開かれるなど、3地域交流が深まっている。

07年4月の就任以来、渡辺事務局長は街の再生策を矢継ぎ早に打ち出した。まず、6月に地域の住民ボランティア58人を集めて「こらっしぇ（いらっしゃいの意）稲取大作戦」計画を立ち上げる。楽しみ感動プロジェクト、歴史ロマン体感プロジェクトなど4テーマに58人の住民を分け、住民主体の街興し運動を組織化した。

この中から街の自然や歴史を紹介するガイド養成事業や大学と連携した観光研修事業、街の新しい観光資源の発掘事業などが生まれた。

08年1月にはボランティアの編集による地域情報誌「ウェイラ」を創刊した。稲取を訪れる観光客が散歩する際に役立つ地域情報を載せたフリー雑誌だ。年4回発行した。

東伊豆町商工会に協力して取り組んだ「雛のつるし飾りの里づくり事業」、国土交通省の支援を受けて開いた「地域再生担い手育成全国フォーラム」なども地域の刺激となった。静岡県の補助による「地域ブランド創成事業」では、旅館から出る食品の残りを養鶏の飼料にするリサイクル事業にも携わった。

つるし飾りを公開するメーン会場の一つ、文化公園では50日間の会期中、多くの住民ボランティアが出動し、観光客に応対している。その1人は「私もプロジェクトで立ち上がった1員。やる気が出てきたし、稲取に25万人の観光客をどうしても誘致したい」と語る。住民をその気にさせる、そんなところに「渡辺効果」が現れていた。

住民出資の新しい地域観光会社 街興しに住民の自律促す

稲取の街興し事業で興味深い動きもあった。旅館、商店、個人など地元の60人が出資して地域観光会社を設立、東京－稲取間で直行バスを運行する事業を行ったのだ。全席予約制、1日1往復で料金は特急列車より安く設定した。

「乗客は1日平均20人ほど。まだ少ないが、話を聞いて東北から来た予約者も出てきた」と渡辺さん、徐々に良い効果が現れてきたと喜ぶ。

この会社は資本金915万円、「稲取温泉観光合同会社」（社長加藤昌利氏）という社名で、パッケージツアーを軸に幅広い事業を展開するのが目的だ。

既に稲取駅前で観光案内事業を行っているほか、地元企業の従業員への研修旅行の手配、チケット販売も手掛けている。事業を広げることが重要と考え、散策ツアーを企画したりつるし飾りの体験ツアーを取り入れたりと、地域の特色を活かした旅行商品を取り扱おうと狙っている。会社が軌道に乗れば、地域活性化の軸になると、渡辺さんは期待する。

「街の7割は観光業。しかし宿泊客は108万人とピーク時を46％も下回るなど惨憺たる状況」（楠山節雄商工会事務局長）で、地域産業の先行きは予断を許さない。そんな苦境を乗り越える即効性を、渡辺事務局長に求める声が地元では根強い。

しかし、期限付きの事務局長であるし、それは過度の期待というものだろう。現に渡辺さんも「街づくりはそこに住む住民がノウハウと熱意を活かし自律して実践するもの」と話す。

渡辺さんは10年春、京都府の京丹後市観光協会の事務局長に転進した。稲取から離れたとはいえ、渡辺さんが蒔いた種を地域の住民がどう育て実をつけるか、それが今後の稲取温泉街の評価に繋がる。

医療健康産業、着々と集積
ファルマバレー加速へ新拠点

(静岡県東部12市町、県新産業集積課)

静岡県東部への医療健康産業の集積を目指すファルマバレープロジェクトが、力強い歩みを続けている。10年を超す産官学の取り組みによって、医薬品と医療機器を合わせた県別生産額が全国1位に躍進したほか、医療健康市場への参入企業増加、3千人近い新規雇用の創出などの成果をもたらした。プロジェクトを加速化するため、新拠点施設の整備も浮上、東南アジアなど国際展開も狙い始めた。

生産高、4年連続で首位
約3千人の雇用を創出

静岡県は2006年から毎年、東京で「ファルマバレープロジェクト成果発表会」を開いている。プロジェクトの現状と課題をまとめて全国に情報発信するとともに、内外の企業に計画への参加を呼び掛けるのが目的だ。

東京・品川のホテルで14年12月に開いた「ファルマバレープロジェクト・セミナー」には、医療産業や大学・研究機関、病院関係者など170人が出席、閉会まで熱い雰囲気が会場を覆った。挨拶に立った川勝平太県知事は「静岡県の医療産業は今や、1兆円産業になった」と話すとともに、「10年から3年連続、生産高で全国トップを走っている」と胸を張った。

プロジェクトは15年4月でもう13年の歴史を持つ。始まったのは、県立静岡がんセンターが開院した02年で、県東部の12市町を舞台に医療城下町を創ろうというのが事の発端だ。

それから第1次戦略計画(02-06年度)、第2次戦略計画(07-10年度)を策定しつつ、新しい医療健康産業づくりを産官学で積み重ねてきた。現在は第3次戦略計画(11-20年度)の真っ只中にあるが、川勝知事の発言を裏付けるように、プロジェクトは様々な分野で大きな成果をもた

「ファルマバレープロジェクト・セミナー」で成果を発表する静岡がんセンターの山口総長。

らしている。

1例が医薬品と医療機器の合計生産額だ。13年も静岡県が生産額トップを確保し、全国首位の座を4年連続に延ばした。静岡がんセンターと共同研究を行う企業・研究機関はすでに40機関に達し、診断技術の新規開発や創薬に結び付いている。プロジェクトが生み出した雇用創出効果も大きく、県新産業集積課では「これまでに3千人近い雇用増をもたらした」と話すほどだ。

域内企業の参入相次ぐ　PVC支援で新製品

中でも興味深いのが医療健康産業への企業参入の動きだ。過去12年間に県東部に進出した医療関連企業は、県外企業が12社、地場の域内企業が32社に上る。水口秀樹課長代理は「域内企業が開発した製品・サービスは約60品目に及ぶ」と打ち明ける。

製品開発には看護師の手荒れ防止用ハンドクリームを開発したサンスター、世界初の肺がんの「類似症例検索システム」を開発した富士フイルムなど大企業の事例もあるが、最近では自動車、工作機械などの地場中小企業が自動車関連市場から転身して医療産業に新規参入し、新製品を生み出すケースが目立つ。

典型例が自動車部品メーカーの東海部品工業（沼津市）だ。自動車用の精密ネジを手がけてきた技術を応用して頭蓋骨の手術などに使う極小ネジを製造し始め、さらには救急時の人工呼吸器「ＱＱセーバー」の開発をしている。

計測器や電子機器を製造するテクノサイエンス（沼津市）は、人工呼吸器使用時の気道確保を補助する医療機器を開発し、販売している。

域内企業の医療産業参入に大きな役割を果たすのがプロジェクト支援機関のファルマバレーセンター（ＰＶＣ）だ。医療現場のニーズをＰＶＣが吸い上げ、これを企業に伝えて製品開発に役立てる取り組みを展開している。

ＰＶＣは医療産業の知験が深い9人を地域連携コーディネーターとして抱え、域内企業の製品開発を側面で支援している。東海部品の開発でも彼らが黒子役を果たした。

大胆な数値目標を明示
新拠点整え海外展開も

現在推進中の第3次計画では4つの戦略目標を掲げている。①ベッドサイドのニーズに応えるものづくり②医療と産業を担うひとづくり③健康サービスが充実したまちづくり④世界展開の推進――がそれで、期間中に達成すべき大胆な数値目標を明示した。

共同研究の実施数１００件、事業化・製品化数60件、看護師資格の新規取得数５００人、企業立地件数・年１００件、産業人材育成数４８０人といった具合だ。こうした数値目標達成のため、アイデアに富んだ取り組みがあちこちで繰り広げられている。

例えば、人材育成では中小企業を対象に医療機器開発の中核人材を養成する「医用機器開発エンジニア養成」事業が、文科省の後押しで実施されている。5年間の受講生40人が研修後、各企業に戻りリーダーとして製品開発の前線で活躍している。

医療産業づくりをさらに加速するため、静岡県は新しい拠点施設を設けようとしている。立地場所は旧長泉高校の跡地（敷地4万３６００平方<ruby>メートル</ruby>）で、既存の校舎を改修したり新棟を建てたりして15年度末にも稼働させる。

ここにＰＶＣ本体が移るほか、大企業や地域企業を誘致する。レンタルオフィスやレンタルラボ、常設展示場も備え、ワンストップで企業活動を支援する体制を整えるのが狙いだ。既に大企業としてテルモの、地域企業として東海部品の進出が決定済みだ。

ここを拠点にプロジェクト実現の動きが加速化しよう。静岡がんセンターの山口建総長は「これまでの取り組みで静岡の医療健康産業のすそ野は大きく広がり、地域のプロジェクトから全国を引っ張るプロジェクトに成長した」と話すが、医療の国際展開を成長戦略に据える国の方針に呼応して、静岡県も次の活動領域として海外進出を視野に置いた活動を考えている。

旧長泉高校の校舎跡。ファルマバレープロジェクトを推進する新拠点がつくられる。

新顔野菜の産地化目指す
上質な野菜作りで地域興し

（静岡県磐田市、ＪＡ遠州中央）

茎が空洞の空心菜、アブラナ科の野菜で蕾や茎を食べる「磐生福立菜」（バンセイフクタチナ）、キャベツなのにカブのような形のコールラビ、大根のイメージを変える黒ダイコン――新顔の野菜が百貨店やスーパーに続々と登場している。西洋野菜、中国野菜と呼ばれる野菜群だ。市場が急速に広がるにつれ、大量栽培に挑む農家が増える。機能性成分に優れた上質な野菜作りで産地化を目指し、町興しに役立てる動きが高まってきた。

栽培広がる磐生福立菜
農作業が楽で高価格が魅力

静岡県の磐田、袋井、浜松（北部）３市と森町から成るＪＡ遠州中央の管内は、日照時間が長く年間を通じ穏やかな気候に恵まれている。稲作のほか海老芋、メロン、茶、高級シイタケの生産量が多いことで知られるが、最近は中国野菜の新産地として急速に頭角を現してきた。

「中国野菜でなく、ときめき野菜という呼称を用い、管内で十数種類も栽培している、全国指折りの産地です」。特販担当課の鈴木信吾課長はこう話し、「中でも、磐生福立菜の将来性に期待している」と指摘した。

ＪＡの拠点・園芸流通センターから北へ車で50分、浜松市天竜区で磐生福立菜を栽培する早野充英、邦子夫妻宅を訪ねると、主家近くの畑にあるハウスにはチンゲンサイに似た葉物野菜が一面に広がっていた。「これが福立菜です。茹でても炒めてもおいしいし、甘いので生でも食べられる」と早野さん。

農作業が省力化できて収穫が楽、しかも値段が良いのが磐生福立菜の魅力だ。チンゲンサイは１つの圃場で年10回転させるため、その度に圃場整備や定植作業が必要だが、磐生福立菜は年５、６回ですむ。「茎を摘むだけでいい」

「磐生福立菜」を栽培する早野さん。「チンゲンサイより高値で売れるのが魅力」と語る。

（早野さん）ので、高齢者でも収穫が楽だ。そのうえ、市場ではチンゲンサイより3倍も高い値で取引される。

栽培開始が2007年と歴史がまだ浅いものの、利点が多いので、遠州中央では農家の栽培意欲が高い。当初は栽培農家がわずか3人、作付面積が8アールだったが、4年後の11年度には12人に増え、面積も47アールへ広がった。

11年度の全生産量は6万4千袋で、4年で5・3倍に増大し、その後も生産拡大が続く。今や、遠州中央の存在感を高める基幹作物にのし上がった。

LEDで周年栽培化を実現
外食産業へ直販ルート開く

磐生福立菜は中国野菜のチンゲンサイとサイシンを交配したF1品種で、遠州中央と種苗会社が共同開発したオリジナル作物だ。「チンゲンサイの甘さとサイシンのとう立ちの良さを合わせ持つ、いいとこ取りの野菜です」と、鈴木課長は解説する。

この地域は少量多品目栽培の農家が多く、新規作物として早くから中国野菜に手を染めていた。特にチンゲンサイの栽培は先駆者のひとりで、栽培歴は35年を超す。栽培が容易で2カ月で収穫でき、年間10回転の周年輪作ができるというので、子育て中の若い女性農家がチンゲンサイを競って栽培している。

ＪＡでは中国野菜を作る農家をときめき野菜部会（２５０人）にまとめ、栽培技術などの改善に向け交流しているが、最近はチンゲンサイを栽培する地域が増え、産地間競争が激しくなるばかり。そんな競争に打ち勝つ差別化作物はないかと研究して誕生したのが磐生福立菜だ。

磐生福立菜は春に花芽を作る特性を持つが、遠州中央ではＬＥＤ（発光ダイオード）を使って1年中、花芽を付ける周年栽培の技術を開発した。寒い環境を人工的に作るため冷蔵施設内にタネを入れて疑似越冬させ、ＬＥＤを照射して育苗する方法だ。ＪＡ側が苗を育て、それを農家に配って栽培している。

収穫した野菜は遠州中央の施設に一括集荷され、自力で市場に出荷したり外食産業に直販したりしている。新しい野菜だけに販路開拓が課題だが、学校給食や外食産業、生協向けなどに道が開けつつある。「29店を持つ浜松の有名レストランチェーンに数千本単位で年中、直販できるようになった」と、鈴木課長は手応えを感じている。

那須烏山、黒ダイコンを栽培
河北町はイタリア野菜に力

消費者にはまだなじみの薄い西洋野菜を栽培し、産地化を図る動きも高まっている。１例が栃木県中東部の那須烏山市、那珂川町で栽培が盛んな「からすだいこん」だ。見た目はカラスのように黒く、ダイコンのイメージを覆すような存在である。

辛味ダイコンの一種で、生で食べると辛味が強い。ヨーロッパ市場を視察したＪＡなす南の農家数名が、かぼちゃの裏作として現地原産の黒ダイコンを試作したのが最初だった。試作品が市場で高く評価されたため、10年夏から本格栽培を始めた。

栽培農家は当初、15人で、作付面積が２００アールほどだったが、2年目には26人で面積も２８０アールに急増、その後も増えている。ＪＡの洋野菜部会に参加する農家は現在、１００種類を超す西洋野菜を栽培しているが、「人気が高い品目の１つがからすだいこん」（ＪＡなす南園芸課）という。

出荷は首都圏などの市場（週3回）が主体。最近は首都圏のフランス料理店や県内のソバ組合でも利用が広がってきた。

イタリア野菜の地域ブランド化を狙っているのが山形県中部の河北町だ。12年春に商工会、町、農家らが「かほくイタリア野菜研究会」を結成し、会員農家がトレヴィーノ、アーティチョーク、フィノッキオ、コールラビなど19種類の野菜を試験栽培。首都圏の料飲店に販路が開けたため、13年春に企業組合に衣替えし本格栽培を始めた。

イタリア料理店が増えているのに、輸入食材は高くて鮮度が低いとこぼす店主が多い。河北町では60種類のイタリア野菜を栽培し、鮮度自慢の20種類ほどを流通に乗せる計画だ。農商工連携事業の一環として町ぐるみでブランド化を図り、地域興しに繋げようとしている。

中国野菜の産地化に熱が入るJA遠州中央。

広く売り込む「焼きそばの街」B級グルメの王座決定戦開催

（静岡県富士宮市）

食を活用した町興しが、全国各地で展開されている。町興しにはその地域特有の資源をうまく利用することが手っ取り早く、効果も大きいことがはっきりしてきた。そうした発想を活かしたのが、食による地域活性化作戦だ。ここ2、3年、急速に盛り上がってきた「ご当地グルメ」ブームは、食による町興しの典型例である。

全国のグルメ20団体が参加
首都圏からツアー客繰り出す

人口13万3千人余り、富士山の表玄関口の一つである静岡県富士宮市で2007年6月上旬、「B－1グランプリ」を決める食の祭典が開催された。地域の中で育てられ楽しまれてきた、日本列島あちこちの「ご当地グルメ」が一堂に集まり、味の日本一をかけて競争しようというもので、2回目の全国大会だ。

出場したのは、北は北海道から南は九州・沖縄までの20団体。この中には富良野カレー、室蘭やきとり、横手焼きそば、小浜焼きサバ、沖縄そばなど名の知れたブランドが含まれている。会期は2日間で、中心街の富士山本宮浅間大社周辺を会場にそれぞれが自慢の料理を作り、一般市民に評価してもらう趣向である。

「この大会は、日本一の山・富士山の麓で行うB級グルメの頂上対決という触れ込み」。主催した「B級グルメで街おこし団体連絡協議会」の会長で、この大会の実行委員長を兼ねる渡辺英彦氏はこう説明、「大量動員をかける。一般市民を10万人位集めたい」と大風呂敷を広げた。

ふたを開けてみれば、近隣の市民が多数参加したほか、はとバスやJTBなどが首都圏からバスツアーを繰り出すなど大賑わい。集客面での手ごたえは十分だった。「全市を挙げて受け入れ態勢を整えた。B級グルメの食べ尽くし

富士宮市には市内のあちこちに焼きそばを味わえる所がある。

フェスタになったのでは」と地元市民もおおいにはしゃいだ。

焼きそば効果で地域も潤う
観光客30万人を誘発

ところで、B級ご当地グルメとは、地元の人に愛されている名物料理、郷土の庶民料理のこと。ご当地グルメの中には広島や大阪のお好み焼き、名古屋の味噌煮込みうどん、札幌ラーメンといった有名ブランドがあるが、味はいいのに地元以外あまり知られていないマイナーな料理も多い。これをB級ご当地グルメと言っている。

各地のB級ご当地グルメを世間に売り込もうと、八戸市で第1回「B－1グランプリ」が開かれたのが06年2月。このとき参加したのが10団体で、用意したブースに1日当たり計7000食の料理を2日間提供し、料理の味を競い合った。

この大会は人気を呼び、市内外から入場者が殺到するなど沸騰し、売り切れブースが続出した。押しかけた一般市民は初日が7千人、2日目が1万人強で、「歳末売り出しを上回る」ほどの人出だった。ここで1位となった富士宮が次回の開催権を握り、今大会となったわけだ。

各地のB級ご当地グルメをPRすることだけが「B－1グランプリ」の目的ではない。食による町興しをそれぞれの地域で実践しているグルメ団体がネットワークを組み、体験を交流することで地域興しの相乗効果を上げようというのが大きな目的。それを特に強調してきた富士宮市は、地域興しという点ですでに成果を挙げている。

同市の焼きそば店はざっと150店。よそと違って蒸し麺が基本、麺はやや固めで、あっさりとソース味で仕上げるのがミソだ。これに肉カス、イワシの魚粉、青ノリを加える製法が一種独特で、「ビールとの相性がいい」と客から受けている。

こうした独自の製法に加え、手を代え品を代えて集客イベントを打つので、マスコミも競ってイベント情報を報道する。旅行会社も注目し、バスで観光客を送り込むものだから、焼きそばを軸に街なかが賑わいだした。

焼きそば店が賑わうと、製麺業は生産増、地場の農産品は出荷増、土産店は売り上げ増などの効果を地域にもたらす。

何よりも大きいのは観光を振興する効果だ。「焼きそばを目当てに来る観光客は年間30万人。停滞気味の観光業を下支えしている。焼きそば効果はあれやこれやで年間15億円に達する」。市商工観光課はこう試算する。

マスコミ動かすイベント作戦 行政のカネは頼らない

地域活性化の成功事例には、強力なリーダーの存在するケースが多い。富士宮焼きそばでは渡辺英彦氏がそれに当たる。

渡辺氏が町興しに係わったのは98年、市や商工会議所が組織した「市街地活性化計画」の策定づくり（ワークショップ）に参加したのが発端。2年に及ぶ策定活動は結局、実を結ばなかったが、「路地裏を活性化することが町興しに繋がる」と考えるようになり、戦前から同市にある焼きそばに注目した。

論よりもまずは行動というわけで00年秋、有志と「富士宮やきそば学会」を組織した。学会員らは「やきそばG麺」と称し、ボランティアで連日、市内の焼きそば店の実態を調査した。その結果を活かして、全市「焼きそば店マップ」を2万部刷って配布したり、100本ののぼりを作って店頭に飾ったりと、ハード面の整備を行った。

これを基礎にソフト作戦を重ねることがより重要と考え、マスコミが地元ニュースや情報番組、紀行記事で取り上げ易いようなイベントを次々と打ち出した。

青年会議所やロータリークラブの事業活動に焼きそばを加えてもらう、小学校の総合学習に焼きそばを取り入れてもらう、ミュージシャンに「焼きそばの歌」を作曲してもらう、道路公団やビール会社に焼きそばの協賛ポスターを作ってもらう――ソフト作戦を果てしなく続け、その都度マスコミに売り込んだ。

やがて富士宮の話題が県や国の広報紙誌にまで取り上げられ、イメージが定着する。「これまで行政の予算を一切使わないで活動してきた点は評価してもらっていい」と渡辺氏は強調する。

Ｂ－１グランプリはその後、全国各地で開催されるようになった。ＪＲ東日本のように、都内にＢ－１グランプリ公認の常設店を開く動きもあるし、東南アジアにも進出している。今後は行政や産業界とも協働し、一段高いレベルの町興しを目指そうとしている。

「富士宮やきそば学会」の直営店が浅間大社前にある。

新しい商業活性策「まちゼミ」ファンつくり、街にも賑わい

（愛知県岡崎市、岡崎まちゼミの会）

「まちゼミ」と呼ぶ商業の新しい活性化事業が、全国の商店街に広がっている。商店主が講師となり、消費者を対象に店内で無料の講座を開くのが事業の骨子。継続的に実施することで店の固定客づくりに役立ち、店と顧客の交流が深まって商店街の賑わい復活に繋がると期待が高まる。愛知県岡崎市で２００３年に始まったこのまちゼミが各地に波及し、開催地は今や全国で１１７カ所以上に上る。

荒川区が「街なか商店塾」開催
32の商店が参加、講座数44

東京の特別区で初のまちゼミを開催したのが、区内に43の商店街を抱える荒川区。「街なか商店塾」と銘打って、1回目のまちゼミを13年2月1日から3月9日まで、主だった13の商店街で実施した。

初回の催しに参加したのは化粧品店、眼鏡店、鮮魚店、パソコン教室、手芸店など32店で、会期中に実施した講座数は合計44。その分野で専門の知識や技術を持つ商店主や店のスタッフが講師役となり、訪れた顧客にゼミナール形式で講義や質疑応答、討議を繰り広げた。

例えば、ＪＲ日暮里駅近くの日暮里中央商店会で化粧品を販売するＦＵＲＵＹＡ化粧品店は、「プロが教えるメークレッスン」というテーマで顧客の顔立ちにあった眉の描き方やチークの付け方をアドバイスしていた。南千住仲通り商店会で鮮魚を売る犬竹魚店は、お刺身の定番・マグロを材料に刺身の切り方や盛り付けの仕方を伝授した。

三河島駅近くの荒川仲町通り商店街で酒類を販売する横田商店が開いた講座のテーマが「発見！　燗酒の魅力」。開催日に同店を覗いて見ると、横田直樹社長が資料と利き酒シートを配布し、30代の消費者3人に講義中だった。最初の10－15分で燗酒の意味や歴史、燗の付け方を講義し、30

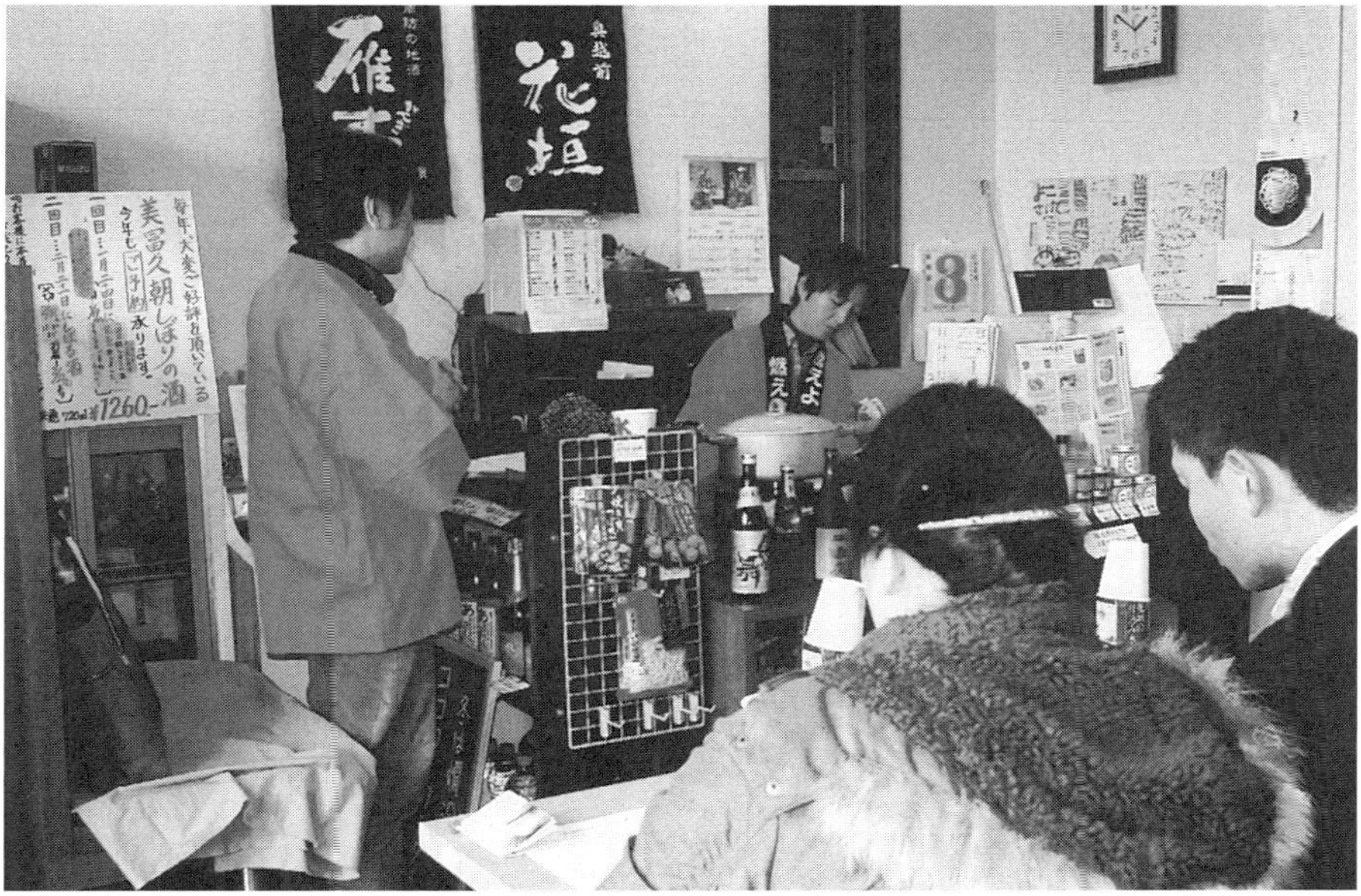

荒川区の酒販店が店内で開いた「まちゼミ」。

－40分間で利き酒を体験。続く10分間で質疑を行って清酒の知識や味わい方を深めるのが、セミナーの流れ。

「いいですか、常温とは20度位で、熱燗は50－55度。ぬる燗は風呂と同じ40－45度をいいます」と説明し、本醸造、熟成純米、大吟醸の3種類の清酒で体験を繰り返す。「清酒の良し悪しはキレが決め手。冷に向く酒、燗酒に良い酒を見極めて下さい」と強調していた。

塩尻市は「シリゼミ」を開講

立ち上げ期の経費は補助金

荒川区の事業を立ち上げたのは同区産業振興課。12年夏場から商店主らと勉強会を3回開き、講座の効果的な運営方法を研究した上で、今回の開催となった。商店街に飾るのぼりや受講者を募集するポスター、チラシなどは区が補助金で賄った。

担当の鈴木真美さんは「ゼミの反応を消費者、商店、商店街の3方から聴取して評価したい」と話し、「13年度以降も夏と秋、2回実施している。しっかりと定着させたい」と意気込む。スタート時は行政が財政支援するものの、その後は民間の力で運営してもらうのが区の立場だ。

12年秋に第1回のまちゼミ「塩尻・知る知りゼミナール

（シリゼミ）」を開いた長野県塩尻市も、行政の補助金で運営費を賄った口だ。具体的には事業の運営主体を塩尻商工会議所が担い、経費は県の補助金に求めた。

会期は12年11月3日から30日間で、ＪＲ塩尻駅と広丘駅周辺の34の商店などが店内でセミナーを開いた。受講者は市内の主婦など３５２人を数えた。

塩尻商工会議所が行った調査によると、受講者の73％が大満足、26％が満足と応えるなど、全体の99％がまちゼミに良好な反応を示した。商店側からも、①受講者のほとんどが新規の顧客②口コミで会期の後半に受講希望が増えた③商店間で情報交換など交流が生まれた――といった声が上がった。

同商議所相談指導課の山田崇主任は「シリゼミは新規顧客を開拓し、店主のファンを増やす効果がある」と評価する。継続実施すればさらに効果が増すと見て、13－14年度も年2回実施している。15年2月に開いた4回目のまちゼミでは、28の商店・事業所が30講座を実施し、２４５人の顧客が受講した。

取り組みが一段落したら、運営を民間に任す方針だ。

ゼミの受講料は無料

自店を会場に少人数で運営

郊外に立地するショッピングセンターや大型店の開業で商店街から客足が遠のき、個人商店の経営が苦境に陥るのは、どの地方都市にも見られる共通の傾向だ。だから、逆流を止め、何とか客を呼び戻す手立てはないかと商店街は常に妙手を探している。

そうした妙手の1つが、山形県新庄市で始まった「１００円商店街」であり北海道函館市で生まれた「バル」であるといわれているが、それに並ぶ活性化策として、まちゼミへの関心がとみに高まってきた。

12年の主な開催地を拾ってみても長野県茅野市（参加商店26店）、山梨県富士吉田市（同13店）、群馬県館林市（同40店）、福井県鯖江市（同41店）、山口県周南市（同15店）、東京都立川市（同13店）と枚挙に暇がない。

13年に入ってからも仙台市（参加商店23店）や松本市（同32店）で開かれ、14年度末現在で北海道から九州（沖縄を除く）まで１１７カ所の商店街に普及している。まちゼミのネーミングは開催地によって異なるが、やり方は誕生した岡崎市の先例を活かすところが多い。

その岡崎市だが、康生通り商店街の10店が03年1月に20

講座（受講者１９９人）で始めたのが最初だった。15年4月で25回目を数えるが、1回あたり講座数で４５０、受講者数で１４００人を超すこともあるなど、活況を帯びている。

「個人商店の基礎体力を培い、店の活性化を通じて街の賑わいを創る場がまちゼミ」と述べる岡崎まちゼミの会の松井洋一郎代表は、運営のポイントを次のように5点、挙げている。①受講料は材料費を除き無料②会場は自店で③定員は２－10人の小人数④開講時間は60－90分⑤講義だけでなく体験も混ぜる。

「講座では販売行為をしないのが原則」と松井代表は強調し、それが固定客づくり、ファンづくりのコツと言い切った。

岡崎市の康生通り商店街を歩くと、「まちゼミ」のポスターが店頭に張られている。

一味違う中部国際空港
地域活性化にも大きな一石

（愛知県常滑市）

2015年2月で開港10周年を迎えた中部国際空港（愛称＝セントレア）が、「民営空港」の先駆けとして事業を軌道に乗せ、大きく翼を広げている。この空港の面白いところは、「空の玄関口」として成田、関西両空港とは一味違った行き方を見せていることと、地域活性化にも新たな役割を果たしている点にある。

開港10周年、黒字定着
空港サービスも世界1位

「15年3月期の連結決算は増収増益となった」――15年5月中旬、記者会見に臨んだ中部空港の川上博社長はこう切り出し、「経常利益は43億円と05年の開港以来、最高益を更新した」と胸を張った。

売上高は492億円と前期比2・7％増えた。このうち、空港事業が258億円（3％増）、商業事業が210億円（14％増）で、商業事業の中でも免税販売が127億円（27％増）と過去最高を記録した。

決算がこのように好調だったのは、①国際線、国内線とも航空旅客数（合計990万人）が続伸し、特に訪日客の急増が追い風になった②国際貨物取扱量が17万6千ﾄﾝ（20％増）と急伸した③免税店など構内事業が好調だった――などのためだ。

それにつけても中部空港は波乱にとんだ10年だった。開港10周年の式典で川上社長は、「この10年間は前半と後半で明暗が分かれた」と述べている。スタートは良かったが、後半はリーマンショックで手ひどい打撃を受けたというのだ。

確かに、開港初年度の旅客数は1230万人と当初目標を突破、国際貨物輸送も22万ﾄﾝと名古屋空港時代の2倍以上の好成績を収めている。初代社長の平野幸久氏は東京・

レストランなどが入るスカイタウンは、予想以上の賑わいをもたらし、楽しむ空港をつくった。

日比谷の日本記者クラブで、「開港1年目で期間黒字を確保した」と披露し、出席した記者連中をびっくりさせたものだ。

中部空港の黒字確保は、94年開業の関西空港が初年度、2年度に大幅赤字を計上したことに比べて際立った動きだった。だが、喜びもつかの間、リーマンショックを境に難関にぶち当たる。不況による出張客の激減、日本航空の経営破たんによる減便、豪州・パリ便の廃止と寒風が吹き荒れ、08年、09年の両年度は赤字経営に転落してしまった。

厳しい経営環境を乗り越えて黒字経営に戻したのが10年度。それ以降、5年連続で黒字決算を続け、今日に至っている。

注目されるのは業績面での健闘だけではない。空港サービスの面でも高い評価を受けているのだ。英国の調査会社による旅客満足度ランキング、国際空港評議会によるサービス評価ランキングで世界1位を獲得している。使い勝手の良いターミナルビルと空港スタッフの暖かい接客姿勢が評価された結果だ。

賑わいある街をつくる
商業事業などが経営の柱に

黒字経営を支えているのはトヨタ流経営だ。トヨタ自動車から送り込まれた3代の経営陣は、空港経営を早急に軌道に乗せるために何が必要かを考え、目的意識を明確にしつつ強い意思で実行に移してきた。

その1例が、旅客ターミナルビル4階の「スカイタウン」だ。平野社長時代の当初から「新しい街づくり」という発想にこだわり、空港は旅客が単に利用する場所というだけではだめだ、一般の人も広く巻き込んで楽しむ場所にしなければ発展しない、と主張してきた。言ってみれば、賑わい溢れる街づくりという考え方であり、「スカイタウン」は新しい賑わいをもたらす装置として登場した。

具体的には「スカイタウン」は、入って左半分の「レンガ通り」と右半分の「ちょうちん横丁」から成っている。レストランなど30店が並ぶ「レンガ通り」は、西洋の裏路地をイメージした雰囲気があり、中部初登場の有名店19店が入った。

「ちょうちん横丁」は宿場町風のイメージで、地元の活魚料理店や物販店など32店が入居。この一角には展望風呂やボディケア、ヘアサロンなどの癒し施設まで作られている。

検証を兼ねて筆者は、ここを何度も訪れているが、万を超す人々が押し寄せ、ビル入り口のアクセスプラザまで人で溢れかえる日もあった。近年、人出は相当落ち着いてきたが、滑り出し期は「1年間の空港ビルへの来館者数が1日平均5・3万人だった」（平野社長）というほどの賑やかさだった。

これらが飲食や物販購入に及ぼす効果は非常に大きく、「お陰さまで、飲食店収入など商業系収入と駐車場など不動産収入を合わせた非航空系収入が柱の1つに成長した」という。

非航空系収入は成田が3割程度。関空も後追いでこの種の商業施設（「エアロプラザ」）を併設したが、経営者の心構えが中部空港とは格段に差がある。賑わいある街づくりを通じて「楽しむ」空港を築きたいという目論見がまんまと当たったといえそうだ。

目指すは国際ハブ空港
新しいクラスターづくり

もう1つは、国際貨物のハブ空港を目指すという強い意思だ。「ものづくり中部」を視野に置き、「24時間空港」を生かした国際総合物流の拠点に育成しようとしている。

夜の時半頃に最後の旅客機が飛び立つと、空港の主役は貨物機に移る。日本企業が世界の工場や販売拠点との間で製品や部品をやり取りする「眠らない空港」だ。国内製品がその日のうちに離陸できるのが、中部国際空港の特色である。

ここで興味深いのは、物流関連企業を誘致しようという愛知県企業庁、外資を呼び込もうという中部経済産業局、顧客をもっと拡大しようという中部経済連合会などが協力し、国際物流・国際観光の産業クラスターをつくろうとしていること。

ターミナルビル北の貨物地区には郵船航空サービスなどのフォワーダー（航空貨物混載）が活動しているほか、その背後の国際物流地区には愛知陸運、名港海運、プロロジスといった内外の物流企業が進出、クラスターづくりの布石を打っている。

企業庁が誘致を進める空港島（分譲地157ヘクタール）では現在、36社が進出済み。用地はまだ5割弱が残っているが、「今後5年間で残りの7割を埋める」と中部臨空都市まちづくり協議会の坂野豊和会長は覚悟を示す。

中部国際空港は中期経営計画の中で、19年度までに年間

週末ともなると、近隣の都市から「レンガ通り」へ乗客でない観光客が押し寄せる。

旅客数を今の1・5倍の1500万人に増やす目標を掲げるとともに、国際ハブ空港への脱皮を狙っている。15年春以降、国際線は格安航空便（LCC）を中心に拡大し、15年秋現在で週300便を超えた。中期経営計画が実現に向け着実に進展しているわけで、空港の成長と連動して空港島でのクラスターづくりが軌道に乗れば、東海地方の開発が飛躍的に進むに違いない。

街ナカが大型の朝市に変身 軽トラ80台、集う顧客5千人

（愛知県新城市、新城市商工会）

愛知県東部の新城市で２０１０年から始まった「軽トラ市」が、５千人を超す買い物客で賑わっている。市中心部の旧街道沿いに80台もの軽トラックを並べて新鮮な野菜や食品、雑貨などを即売する臨時の朝市で、「のんほいルロット」が軽トラ市の正式名称だ。隣接する三遠南信（三河・遠州・南信州）から毎回、売る人、買う人がわんさと駆けつけ、朝市の雰囲気を楽しむ。衰退する商店街を元気付ける試みだが、地域経済の浮揚にも効果を発揮している。

運営主体は実行委員会
会場は公道、歩行者天国に

軽トラ市とは、軽トラックの荷台を臨時の店に見立て、出店者が運んできた商品をそのまま対面販売するちょっとユニークな朝市だ。新城市では２０１０年3月から毎月1回、第4日曜日の朝9時から開いており、15年春で満5年を迎えた。

運営主体は新城市商工会や観光協会、農協、新城市などでつくる「のんほいルロット」実行委員会（本多克弘委員長）。その翼下にあるワーキンググループが毎回、実務をこなしている。

開催当日の準備作業は、朝が早い。市西部の市民病院駐車場には7時前から軽トラが集結し、7時半からの受け付け手続きを待っていた。1時間ほどで全車両の手続きを終えると、マイクの指示に従って軽トラが隊列を組んで1キロ先の会場に向かい、店づくりを行う。

会場は中心商店街を東西に貫く５００メートルほどの公道（新城中央通り商店街）だ。長さ7メートル、幅3メートルを1区画とし、区画ごとに軽トラが縦列駐車する。公道は歩行者天国になるので、安心して買い物ができる。

軽トラ市でにぎわう新城市中心商店街。公道は歩行者天国になる。

訪れた日は86台の軽トラが出店し、観光客を含め6千人を超す買い物客で賑わった。出店数の6割は市内からだが、残り4割は豊橋、豊川両市や静岡県浜松市からの広域参加者だった。

売り物の種類は実に多彩だ。地場の野菜をはじめ、果物、豆腐・アゲ、塩干物、総菜、衣類、陶器、木工品、三河の特産品と枚挙にいとまがない。家族連れに人気の高い「五平餅」の即売車には、行列ができていた。

岡崎市からバスツアーで来たという50代の女性は、「生産者と交流しつつ、買い物が楽しめるのが魅力」と言って微笑む。

出店は露天商除き、原則自由
賑わい知れ渡り、観光スポット化

軽トラ市に出店できるのは実行委に事前に登録した市内外の個人、団体で、プロの露天商は断っている。出店形態は軽トラックか軽乗用車が条件。法律に触れるものや危険物、公序良俗に反するものは取り扱えないが、それ以外は販売ＯＫだ。

出店料（1台・1区画）は初回が3千円で、2回目以降は2千円。「初回が高いのは道路許可申請料が加わるため」と、加藤久明商工会理事は説明する。

出店料が手ごろで、使い勝手の良い軽トラが主役とあって、朝市への出店意欲は予想以上に高いようだ。例えば、10年3月の第1回が55台、4月の第2回が60台、第3回が49台といった具合。それ以降も多い時で96台、少ない時で50台と高水準を維持している。

商店主や農家なら、作業用にたいてい軽トラを持っている。その軽トラに思い思いの商品を積み込み、街に来てもらえば、特設の市場がすぐできあがる。街ナカの公道でも簡単に駐車できるし、荷台も顧客が簡単に手を伸ばせる高さ。「そんな手軽さが受ける理由だろう。1回当たりの出店数は3年間平均で70台。季節に変動なく皆が参加してくれる」と加藤理事は喜ぶ。

一方、買い物客は季節や天候によって変動する。夏休みの時期や寒い冬場には4千人を切ることがあり、小雨に見舞われた日には3千人を切ったことも。

通常は地域住民を中心に4千人から6千人の来場を見込んでいるが、口コミで軽トラ市の賑わいが知れ渡るにつれ、観光客の比重が高まってきた。三遠南信の広域圏から来場したりバスツアーに組み込まれたりするなど、観光スポット化し始めた。

ゆるキャラ出没し客に愛嬌
3大軽トラ市に成長

「のんほいルロット」が人気を呼び、地域で存在感を高めてきた裏には、努力と工夫を積み重ねて作った3つの要因がある。

1つは会場を活気付け、盛り上げるための環境づくりに精を出していることだ。そのために考案したのがオリジナル・テーマ曲の作曲とゆるキャラ（愛称＝のんすけ）の開発だ。会場を覗くと、テーマ曲がBGMとして常時、流れ続け、あちこちにのんすけが出没し買い物客に愛嬌を振り撒いていた。商工会女性部も顔を出し、トン汁を材料に街のPRに一生懸命だ。

第2にはプラスαのイベント・サービスを心掛けている点だ。ビンゴ大会、バンド演奏、チンドン屋、菓子すくい、餅つきなど、数件のイベントを毎回催し、誘客の相乗効果を狙っている。

園児や児童、婦人会がキッズダンスやよさこい踊り、大正琴の発表をしたり、行政が各種PRをしたりできる場も、提供している。地域と歩む軽トラ市、という視点を重視するからだ。

実行委の若手スタッフは毎回、反省会とスタッフ盛り上げ会議を催し、ここで確認した事項は次回に生かすよう、配慮している。これも軽トラ市の持続発展に欠かせない知恵のひとつ。

加藤理事はきっぱりと言う。「うちのスタッフは自主性が非常に高い。上からの指示でやらされている、との意識はない」。

軽トラ市は岩手県雫石町で05年7月に始まったのが最初。今では全国の80近い自治体で開かれているが、「のんほいルロット」は「元祖！　しずくいし」（雫石町）、「トロントロン」（宮崎県川南町）と並ぶ3大軽トラ市と呼ばれるまでに成長した。

だが、商店街活性化という当初目的を果たすには、質量両面でもう一段の進化が求められる。

地方局のテレビ取材も珍しくない。ローカルニュースの格好の素材となる。

現代アートをテコに島おこし
島民と芸術家の歯車が噛み合う

（愛知県西尾市、佐久島）

三河湾に浮かぶ佐久島（愛知県西尾市）は、過疎と高齢化に悩む離島である。減り続ける人口、衰退する地場産業――押し寄せる荒波を食い止めようと、現代アートをテーマにした島づくりに立ち上がった。取り組みを始めて14年、島民と芸術家、行政の3者による歯車がうまく噛み合い、島再生への明るい兆しが広がってきた。この流れを定着しようと島民、行政は新たな活性化策に力を注ぎ始める。

20カ所に芸術作品が点在
若者を惹きつける「黒真珠」

本土から4・7キロ離れた佐久島は、1日7便の町営高速船で結ばれている。一色漁港の戸船場を出航した43トンの「第2さちかぜ」は30分後、佐久島の西港に到着。さっそく佐久島振興課の鈴木良浩課長補佐が漁港を見下ろす佐久島弁天サロンに案内してくれた。

ここは約1億円をかけて旧島民所有の古民家を伝統技法で修復した木造建築物。文化交流と情報発信の拠点施設として活用されている。観光マップを手にとって島内見物に出発する観光客、施設内のアート作品や発掘文化財を見て回る家族連れや若いカップルなど、サロンを行き来する人が、結構目に付いた。

佐久島振興課のスタッフも頷き、「サロンは年々、活気を見せている」と話す。10年に1万5千人ほどだった利用者が12年には2万人を突破したそうだ。

サロンの背後に広がる漁村集落は狭い路地が迷路のように入り組み、黒壁が続く家並みに圧倒される。家並みが黒いのは潮風に耐えるよう、壁をコールタールで塗ってきたためという。「160棟もある黒壁は、三河湾の『黒真珠』と呼ばれる」とは、鈴木室長補佐の説明だ。

観光客が必ず訪れる「おひるねハウス」。ぼんやりしたり寝そべったり、一時を過ごす。

こうした空間を舞台に芸術家が空き家や路地、海岸に彫刻やアート作品を常設展示している。作品は頭に角の生えた「大和屋観音」、吹く風を見る「カモメの駐車場」などが20カ所に展示されているが、人気が高いのが「おひるねハウス」と「大葉邸」。

渥美半島を臨む海岸に3メートル四方の黒い箱がでんと立つ。箱は3段3列の木枠で分けられ、一見カプセルホテルかと思わせる作品が「おひるねハウス」。中で寝そべって読書をしたり海を眺めたり、思索にふけったりと思い思いに利用される。

大葉邸は築100年の空き家で、壁や庭、かまどなどを現代アートの感覚で改装し、家全体を作品にしている。

「祭りとアートが出会う島」
観光客、右肩上がりで回復

いわば島全体がひとつの美術館として機能している。黒壁の家並みに触れ、13の常設展示作品と期間限定の企画展をスタンプラリーで見て回るイベント「佐久島アートピクニック」が、07年登場すると、若者を中心に観光客があちこちから来島するようになった。

空にはトンビが舞い路地では猫が昼寝をする、道行く島民が挨拶を交わす――島に1歩踏み入れると、「日本のふるさと」を感じさせる光景に出くわす。島のそんな暮らしとアートが融合し観光客に島の魅力を訴える。

口コミで魅力が広がるにつれ、観光客が増え出した。西尾市によると、04年度に3万6千人まで落ち込んだ観光客数が10年度は6万9千人、12年度には7万5千人と右肩上がりで回復しつつある。「この分では8万台に乗る日も近い」（建設経済部）と強気の声も聞こえる。

ところで、全国に6850島ほどある有人島はほとんどが過疎と高齢化に呻吟している。佐久島も例外ではなく、最大値で1632人を数えた住民は05年時点でわずか315人。高齢化率は50％に迫り、限界集落の恐れが強まった。人口はその後も減り、13年は262人になってしまった。

沈滞する漁業、停滞する観光、このままでは島が崩壊するのではと島民に危機感が広がる。島の活力を何とか取り戻したいと考えた末にたどり着いたのが、アート活用の島づくりだった。

島民の有志で構成する「島を美しくつくる会」の鈴木喜代司副会長によると、「アートの島づくりは96年に始まった」が、試行錯誤の連続で島民と芸術家、行政の歯車が合わず壁にぶち当たる。5年後の01年に方向転換し、島民と芸術家が協働で取り組むプロジェクト「三河・佐久島アートプラン21」を打ち出してから、島興し運動がようやく定着するようになった。

今は「祭りとアートに出会う島」をテーマに各種イベントを開催、島に活気をもたらしている。「平日に若い観光客が来る」、「リピーターが増えた」、「定住者が現れた」――東港の食堂で会った島民はこう話す。

ハードよりソフト重視の活動
「学校維持こそ島再生の中核」

佐久島の取り組みで興味深い点が2つある。

1つはハード事業よりソフト事業を重視していること。アートの島巡り、各集落の祭り、海開きや潮干狩りなどの観光行事など年間を通じて途切れなくイベントを打ち、来島者がいつ来ても楽しめる仕掛けづくりを心掛ける。「ハードは一発で終わり。維持するのも大変だし効果も短い。ソフトは工夫次第で長続きする」と鈴木喜代司さんは強調する。

2つ目はボランティアをうまく動員していること。その1例が9年前から始まった「黒壁保存運動」だ。デンソー

黒壁

黒壁の修復作業にボランティアがはせ参じた。

など地元企業の社員や名古屋、関西の学生がはせ参じ、民家の高齢者に代わって黒壁塗装に従事し、家並みの保存に汗を流した。

島民有志がこれから重視するのが「しおかぜ学習」と呼ぶ学校支援作戦だ。学校と相談した上で環境教育や食育学習、創作活動に児童を巻き込む運動を展開している。島外から通学する児童の受け入れ強化とも取り組んでいる。「学校の維持こそ島再生の中核」――そんな考えで島民らは常に行動している。

西尾市も新しい「佐久島活性化」プロジェクトを打ち出した。渡船場の移転整備、アート作品の整備、遊歩道作りなどに5カ年間で2億8千万円を投じ、島再生を後押ししようという取り組みだ。島民と芸術家、行政の歯車がこのままうまく嚙み合えば、観光も漁業も明るさが戻り、速度は遅くとも島に活気が広がっていくはずだ。

巨大直売所を軸に複合経営
6次産業化へ先陣を切る

（愛知県大府市、げんきの郷）

あぐりタウン・げんきの郷は「農と食、健康」をテーマにした農商連携の複合施設だ。いつ訪れても活気に溢れ、あちこちで小さな驚きに出会える。年商20億円を誇る巨大直売所「はなまる市」を軸に、地元食材を使った加工施設、家族連れで楽しむレストラン、体験農園や天然温泉などを目当てに年間240万人もの来客で賑わう。地域農業の再生を目指しJAあいち知多が2000年12月に開設して15年目、6次産業化の果実を求め前線を突っ走っている。

旬の野菜、全品に生産者の名前
切り花、1日600万円も

名古屋市の南部、大府市と東浦町にまたがる広大な都市公園「あいち健康の森」の西隣に、げんきの郷はある。郊外立地なので、移動手段は車だ。高速道を使えば、名古屋の中心部から車で約30分と近いので、顧客の3割を名古屋市民が占める。

9時の開店が近づくと、続々と車が乗り入れ、3カ所の駐車場（収容能力540台）が見る間に埋まって行く。「はなまる市」の入り口には、平日だというのに50人近い客が並び、携帯電話を操作したりおしゃべりを楽しんだりして開店を待っていた。

開店とともに店内は一気に活気付く。900平方メートルの売り場に並ぶ大棚には大根、トマト、キャベツ、ホウレンソウ、人参、イモ類など旬の野菜が大量に積み上げられ、品定めをする人、目当ての商品を買い物袋に入れる人でごった返す。商品には全て生産者の名前が付いており、農産物の特徴を説明したり調理メニューを提案したりする掲示が多い。

価格は大手スーパーと同じか、それ以上の物も。決して

開店と同時に買い物客が殺到する。品質と鮮度の良さが売りだ。

安くないのだ。売り場に立つ石橋勝彦執行役員は「質で勝負している。再生産できる値段で、農家は売っている」ときっぱり。

通路を隔てた隣の売り場が「さんハウス四季」だ。四季折々の切り花、野菜や花の苗、農業資材を売っているが、女性客を中心に午前中はごった返す。花卉農家が直に出荷するので、市場経由のスーパーより日持ちが良いと顧客は評価する。盆の時期などは１日で６００万円もの売り上げがある。

地元の食や近海の魚介類を売る「げんき横丁」も、昼時には活気付き人気スポットになる。

「開業以来、経営は黒字」
高品質、値引きなしが売り

げんきの郷は農業、商業、外食・サービス業など12の施設で成り立つが、全てをＪＡあいち知多の全額出資会社「げんきの郷」（社長岡部篤男氏）が経営している。最近の業況について、岡部社長らは「来場者は10年が２０３万人で11年が２１５万人。12年は２４０万人超と一気に12％も増えた。13年以降も右肩上がりの傾向を見せる」と話す。

全体の売上高は10年の33億４千万円、11年の32億９千万円から12年は35億8千万円へ増加した。「開業以来、黒字経営を確保」（岡部社長）し続け、利益を堅調に積み上げている。

施設別で見ると、スイーツの「すくすくヶ丘」、総菜の「げんき館」、温泉の「めぐみの湯」、さんハウス四季が年商4億、5億円レベルで健闘しているが、年商規模では何といってもはなまる市がケタ外れの存在だ。

はなまる市が多くの顧客を惹きつける人気の秘密について、総務部の高木幹夫氏は3つの要因を指摘した。第1は店内に並ぶ農産物の品質の良さだ。

採れたての農産物が早朝、運び込まれると、社員がひとつずつ品質を検査し、基準に合わない物は陳列しない。売れ行きを見て頻繁に補充し、売れ残れば各人が自己責任で引き取る。

640人いる登録出荷農家は14の部会に分かれ、研修会を開いては品質向上策や陳列の仕方、売り方を研究している。値引きはせず、全量完売が目標だ。

第2は地場産のおいしさを顧客に直接アピールしていることだ。冬期でも知多半島で栽培される旬の地場商品が売り場の80％を占める。農家は年間を通じて出荷できるよう生産計画を立て、同時期に複数の品目を出荷するように努力している。

第3は驚きや楽しさを味わえること。とにかく品揃えが豊富で、新鮮・多彩な農産物が売り場に並ぶ。卵1つを見ても元気くん卵、健康たまご、ハーブ卵、烏骨鶏卵、名古屋コーチン卵と豊富だ。1月以降は人気のトマトの出番だが、多い時は30品種も並び、「これがトマトなの」というものもある。

新しい野菜には説明や調理方法が付くので、驚きと同時に買い物が楽しくなる。「来場者の75％はリピーター」と高木氏は言うが、新鮮な商品と売り場での驚きを求めて顧客が再来したくなるのもうなずける。

「すくすく効果」の波紋
儲かる農業が新農家を生む

関係者が将来性を期待する施設が、12年4月に開業した若い世代対象のすくすくヶ丘だ。子ども達の遊べる中庭の周りにスイーツや総菜、フードコート、アンテナ店などの店を配置し、子どもが遊んでいる横で食事が楽しめるようにした。

従来は女性年配層が客層の中心だった。その殻を破ってすくすくヶ丘は、子育て中の若い世代を中心に開業1年目で40万人もの顧客を集めた。その後も若いママらを惹き続け、リピーター客の増加に結び付いている。「すくすく効果」の波紋は大きく、「若い人対象の商品開発、売り方研究を急ぎたい」と、岡部社長は新しい対応策をスタッフに指示している。

げんきの郷が活動の幅を広げるにつれ、地域農業に良い影響を及ぼしつつある。

一例が新規就農者の増加だ。はなまる市の活況を背景に、直売所だけで年収1千万円以上の人が何人も生まれている。儲かる農業に刺激され、早くも20代の登録出荷農家が8人も誕生した。地元食材の加工施設「できたて館」では、女性起業家が活躍している。

農業を軸に2次、3次産業を連動させて地域経済を活性化させるのが6次産業化の狙いだが、「げんきの郷」流の6次化がすでにフル稼働している。

女性客で人気の切り花。1日に数百万円も売り上げる。

「団塊世代よ、いざ田畑へ」効果挙げる新規就農者づくり

（愛知県豊田市、豊田市農ライフ創生センター）

愛知県のほぼ中央に位置する人口42万人超の豊田市。市内の工場で働く人の85％近くが自動車産業に従事するなど、「クルマのまち」として知られる。日本一の製造品出荷額を誇る工業都市だが、自慢は何も工業だけではない。全国に先駆けて取り組んだ就農支援事業がまんまと図に当たり、農業の分野でも同市の行き方が脚光を浴びている。

研修農場で野菜の実践栽培
市とＪＡで創生センター開設

豊田市役所から国道４１９号線を北へ約３キロ、豊かな田園風景が広がる猿投地区の一角、四郷町に2万3千平方メートルの研修農場がある。ここでクワを入れる人が数人いた。そのうちの１人で、ナスや枝豆の手入れをしていたのが間もなく60歳を迎える中村守雄さん。

「ナスや枝豆づくりは昨年からやっているので、作り方はほぼわかった」、「今年はトマトやサツマイモづくりにも手を広げ、コツを身に付けたい」と話す。サツマイモは最近、ヤング女性がもてはやす人気商品のひとつで、収益確保を目指す中村さんが密かに狙う作物だ。

鹿児島県から出てきて40年、今は名古屋市内の大手スーパーに勤めているという中村さんだが、「定年後は農業をやる」と言うだけあって、農機具の使い方は堂に入ったもの。

中村さんの近くで畑の手入れをしていたのが、50代半ばの安藤洋子さん。草取りの手を休め、「退職したら農業をやりたい、というのが主人の夢。私も一緒に農業をやろうと今、勉強の真っ最中」と言って微笑む。

研修農場では誰かが農作業をしており、作業経過や課題を日誌に付け、栽培方法を実践で学ぶ。ここでは耕運機を使ったり、棚を作ったりする光景がよく見られる。安藤さ

スーパー勤めの中村さんは、サツマイモづくりの栽培に目をつけている。

んも「週に2回は来る」と話していた。

この研修農場を運営しているのが「豊田市農ライフ創生センター」だ。①農業を通じて定年後の生きがいを見つける②農業の新たな担い手を発掘・育成する――そのような目的を掲げて04年4月、豊田市とJAあいち豊田が共同で開設した。

研修は年50回を2年間
講師陣は経験豊富な18人

創生センターで行う研修は当初、「担い手づくりコース」と「旬の野菜づくりコース」の2つで始まった。担い手づくりコースは「農地を持っていないが農家になりたい」という66歳以下の人を対象にした就農支援研修で、畑科、田畑科、果樹科の3科（定員各12人）に分かれていた。一方、旬の野菜づくりコースは野菜作りを楽しみたいという人を対象とする4カ月間の研修だ。

コースはその後見直され、担い手コースは新規就農科（定員30人）、地産地食科（同15人）、山間営農科（同15人）の3科に改められ、野菜づくりコースも充実した。新たに農地活用帰農コースも加わった。

担い手づくりコースを見ると、畑科なら露地・ハウス野菜作りを、果樹科ならモモ・ナシ・イチジク作りを、というように科ごとに分かれて、2年間勉強する。受講料は年1万円。

研修内容は実に実践的で、農作物の作り方や農業経営のノウハウ、販売方法の確立などに絞っている。具体的には基礎教科と専門教科の2つがあり、基礎教科は毎週金曜日に行う研修室での講義が主体。専門教科は各科に分かれて週1回、実践農作業を行う。1回当たりの研修時間は午前中の3時間で、研修日数は年50回以上に及ぶ。

運営は市とJAが派遣する8人のスタッフでこなしているが、研修環境の整備にいつも気を配る。創生センターの事業費は年間で3千万円から4千万円ほどで、その大半は研修農場の整備費（農機具の購入、農業ハウスの工事・整備費など）や講師陣の拡充費に充てられる。

講師陣は農業総合試験場のOB技師や農業大学校の講師、専業農家など経験豊富な人材を中心に総勢18人。実践的な研修を施すには講師の質が決め手になるので、「県の紹介などでそれにふさわしい人を揃えた」と創生センター所長の児嶋宏之さんは説明する。

「トラクターなど農業機械の操作を十分、習得できた」（露地栽培を習った受講生）、「栽培だけでなく、収穫後の選別も教えてもらった」（果樹栽培の受講生）――創生センターが整えた講師の布陣を、受講生も評価している。

1期生から18人の就農者
農地は創生センターが斡旋

開設から11年が経ったが、担い手づくりコースには毎期、2倍近い応募者が殺到する。研修生は定年を控えたシニア世代――これが組織をつくった当初の想定だったが、「もう一度勉強をし直したい」と20－30代の若い層も応募してくるので、自然と倍率が高くなるのだ。

研修生の勉強意欲は非常に高い。児嶋所長は「06年春に研修を終えた1期生（36人）の場合、半数の18人がすぐ農業に就いた」と話し、その後も過半数の修了生が就農している。

就農希望者には創生センターが農地を斡旋する。トヨタ自動車を定年退職して受講者となった小川良一さんもその1人。センターの紹介で60アールの農地を確保し、仲間とイチジクの栽培に乗り出している。「良いものを作って人に喜んでもらいたい。早く直売所に出せるといい」と小川さんは張り切っていた。

これまでに担い手づくりコースを修了した研修生は累計

で280人ほど。8割近くが何らかの形で農業に関わっているそうだが、その3割が20－40代の修了生だというから、驚くほかはない。

豊田市はナシとモモの生産が県内第1位、米は第3位、シンビジウムや小菊は第3位と、農業・園芸分野でも大きな地位を占める。だが、ここでも高齢化や後継者不足の悩みは深く、農地の遊休化が進んでいる。他方、工業分野では自動車関連で働くサラリーマンの定年退職が増加し、市内だけで年間3千人もの退職者が生まれている。

増える定年退職者を少しでも農業分野に誘導し、農業の新しい担い手になってもらう――そうした狙いでつくられた創生センターが狙い通りの活動を展開し、地域社会の活性化に大きな役割を果たしている。

野菜の栽培方法を指導役のスタッフが丁寧に教える。

近畿編

山村留学で地域が生き生き
企業誘致など活性化策も展開

（三重県いなべ市藤原町）

山村留学（山留）制度を導入して27年、教育を核に活力ある地域づくりと取り組んでいるのが三重県いなべ市藤原町（人口6400人）の立田地区だ。岐阜、滋賀両県と隣接した三重県の最北端、鈴鹿山塊の麓にある中山間地域で、ご多分にもれず過疎化の波が押し寄せているが、山村留学をテコにそれを見事にはねのけている。企業誘致を進め、都市との交流イベントを通じた活性化策も展開するなど、生き生きとした地域づくりに力を注いでいる。

年間通じホタルの人工飼育
感性豊かな人材育てる

藤原町古田にある市立立田小学校。まだ肌寒い3月7日、山村留学生を含む全校児童58人が校内の人工川と近くの農業用水にゲンジボタルの幼虫を放流した。前年の夏に捕まえた成虫に卵を産ませ、孵化した幼虫2万3千匹を校内の飼育施設「光のおうち」で飼育してきたものだ。

「大きくなってー」、「うまく飛んでね」――児童らは口々に叫び、6月には光の乱舞を見せてほしいと立ち会った地域住民20人とともに祈っていた。

同地区は地域の学校を存続させるため、27年前から山村留学制度を推進してきた。「学校を守ることは地域を守ること、学校を発展させることは地域を発展させること」（PTA元会長の高橋賢次氏）という考えを地区全体で共有しているためで、教育の発展になることは何でもすると皆で汗をかいてきた。ホタルの飼育も山留制度と並ぶ教育振興の中核事業の1つだ。

ホタルの飼育は自然相手の学習だ。6月は成虫の捕獲と交尾、産卵の学習、7月－3月は孵化した幼虫の生育調査、3月は終齢幼虫の選別、4月、5月は幼虫の上陸調査といった具合で、年間を通じた調査・研究が必要となる。

山村留学生を受け入れる藤原町。「山村留学」の看板があちこちに立っている。

学童はホタルの飼育を通じて環境と地域の問題を肌で体験し考えるようになる。

「教室の外には地域を知り、地域に学び、生きる感性を身につける学習の場がいっぱいある。私たちはこれを「屋根のない学校」と呼び、重視している」と話すのは山村留学推進委員会の三輪了啓委員長。感性豊かな学童を多く育てることが地域の活性化に繋がると、同地区の人は信じているのだ。

受け入れた留学生は１５０人強
専用住宅を建設し山留支援

山村留学制度は１９７６年に長野県で始まった。都会の子供を1年間、山・漁村に招き、地元の小中学校に通わせるという内容だが、過疎化を防ぎ地域を活性化させる手段として注目され、現在では24道府県68市町村で取り入れられている。13年春現在の数字では、小学校では89校が山留制度を採用し、３６１人の生徒が利用中だ。

立田地区が導入したのが１９８８年度。児童数の減少で「立田小学校を複式学級にしたい」と行政側から通告されたのがきっかけで、それを防ぐ手はないかと地区全体で協議した結果、山留制度の採用に行き着いた。それ以降、途絶えることなく山留生を受け入れ、その数は27年間で150人強にのぼる。

「直近でも5人の山留生を迎えたんですよ」と話す高橋さんは、学校を守るためこれからも力になりたいと強調する。藤原町には小学校が5校あるが、複式学級への転落を防いでいるのは今では立田小学校だけ。「山留制度で過疎化を食い止め、地域の活力を保持している」と高橋さん。山留制度の効果は予想以上に大きいのだ。

山留制度を継続発展させるため地区が注いだ努力には、目を見張るものがある。最初に打った手が下水道の全地区整備事業だ。

山留生の受け入れには衛生環境の整備が必要という理由からで、農水省から測量費400万円の支援を受け、87年度から16年がかりで立田地区を全面的に整備した。1世帯当たり総額250万円の負担を伴う事業だけに難題もあったが、全員の合意を取り付け実現した。

山留生専用の住宅建設もその1つ。90年度に5千万円をかけて4戸の住宅（3LDK）を新設したのに続き、04年度にも4戸の住宅を新設、07年度には家屋改造で4戸を追加したので現在、12戸の住宅を持つ。山留生は全員、この住宅から通っている。

建設費はすべて地区の自己負担。「地区の共有財産を処分して資金を捻出した」そうだが、これ1つを見ても山留制度にかける同地区の意気込みが窺えよう。

企業誘致し雇用機会を確保
都市住民との交流で地域興し

山村留学制度を活用して地域を活性化し永住者を増やそうというのが当面の目標だ。山留を契機にすでに7人の永住家族が生まれているが、これをさらに増やそうと企業誘致による雇用機会の増大策、住宅団地の造成による受け皿づくりを進めている。合併前の旧藤原町が造った工業団地には食品やオフィス家具など3社が進出、雇用の場が広がってきた。分譲住宅への引き合いも増えている。

雇用の受け皿と農業の振興を兼ねて地区の有志が作った会社が「藤原ファーム」。地区の75％の水田の管理を受託、水田で作ったもち米を直売所で和菓子などに加工、販売している。同社は働き手を農作業や直売所の店員として雇う一方、食品加工の材料となる食材や野菜は売価の9割で生産者に戻すなどして地域の振興に貢献している。

学童を軸とした域内住民の交流、都市住民を巻き込んだ農村体験交流など、ソフト面でのイベントも活発化している。立田小学校では5月の田植え、8月の川下り、11月のもちつき大会、2月の雪祭りなどを盛大に開催、域内交流を盛り上げている。都市住民との交流では休耕田を利用した野菜作り、炭焼き体験、里山保全事業など年間20近いイベントを開催、都市住民のリピーターを誘発している。

300万円の予算で新しい地域づくり事業も進めている。これは企業や大学と協力、立田地区を人づくりの研修の場にしようというものだ。

山留制度で始まった地域づくりは多様な広がりを見せ、地域に活力をもたらしつつある。

山村留学生を受け入れるために、地域の人々が建設した専用の住宅。

年間50万人が集う活性化拠点
農業の６次産業化を追い求める

（三重県伊賀市、伊賀の里モクモク手づくりファーム）

最近では「６次産業化」という言葉が日常の会話に出てくるほど親しい存在になった。農業（１次産業）を起点に据えて農産品の加工（２次産業）、農産品の販売や食育教育、体験観光など（３次産業）を総合的に展開し、農業の未来を新しい姿や形につくり上げる事業のことだ。これを追い求めて28年間も走り続けてきたのが「伊賀の里モクモク手づくりファーム」（三重県伊賀市）である。たゆまぬ取り組みの結果、今では年間50万人を集客する異例の経済拠点に成長、地域に大きな活力をもたらしている。

手づくり体験館、平日でも熱気
来場者の半数が関西地方から

東名阪自動車道の壬生野ＩＣから県道を北に向かって約10分、畑や里山に囲まれた緑の中にモクモク手づくりファーム（略称モクモク）があった。１００㌶の広い用地に自前の牧場や果樹園が広がり、農畜産品加工の工房やレストラン、野菜直販市場、学習体験牧場、温泉施設などが点在する。

里山を切り拓いてつくった、39棟の円いドーム型コテージが緑や赤の屋根を覗かせる。コテージは１棟１泊２万円。朝起きて牧場に行き、えさやりなど酪農の体験ができる。

訪れたのは平日だったが、朝早くからバスが次々と到着、ファーム入園口に行列ができた。「来場者は平日で６００人前後、週末は2、3千人に膨れ上がる。半数は関西方面から、15％が名古屋方面から来るファミリー層です」。広報担当の浜辺佳子さんの説明だが、リピーターが非常に多いというから驚きである。

最も人気が高いのは手づくり体験館。ソーセージ工房やパン工房など3館から成り、家族連れや子供たちが講師の

パンなどの手づくり体験に人気が高まる。修学旅行生の多くが体験工房を訪れる。

説明を聞いてソーセージやパンの手作りを体験する施設だ。ここが目当ての人は年々増え、5年前の年3万人が今は10万人を超す。

3館の収容能力は400人で、1日3回転しても追いつかないほどの過密ぶり。予約は1年前から受け付けるが、修学旅行の体験学習として人気が高く、「予約を断ることがしばしば」という。館内に入ってみると、子供たちのわいわいがやがやする声に包まれ、時折「できたよう」と歓声があがる。楽しさいっぱいという雰囲気である。

名古屋、大阪に農場レストラン
周りに2万6千世帯の応援団

地元の食材を使って60種類のメニュー提供するレストラン「PAPAビア」。園内の工房でできた地ビールを片手に郷土料理を楽しむ人が多く、週末は順番待ちの行列が当たり前だ。

食べる、遊ぶ、学ぶという場があちこちにあるが、買い物の楽しさを提供する場が物販分野。ファーム内で作る商品、域内産出の野菜を売るもので、多くの売れ筋商品を抱える。豚肉コロッケの販売が1日千個、通販でのおせちの販売数が1万2千段、ギフトが年10万個――驚くような数字が、浜辺さんの口から次々と飛び出す。

モクモクでは「ＰＡＰＡビア」で蓄えた経験を生かして5年前から農場レストランの外延作戦を展開し始めた。02年秋に四日市にオープンした「ＳＡＲＡＲＡ」を皮切りに、鈴鹿、松阪、名古屋に開設。

07年春には津に新店を開業したのに続き、13年には大阪にも進出、天王寺の日本一高いビル「あべのハルカス」に農場レストランを開いた。東京・六本木の東京ミッドタウンにも直営店を持つ。モクモク流の食べる楽しさを世間に広く知ってもらうため、自分の方から消費者に接近しようという商法である。

モクモクを観察すると、他社とは違う独自のやり方が目に付く。例えば、イベント。来場者に感動を与えるためイベントを重視し、年中絶え間なく開催する。その中から名物イベントが育った。5月の大型連休に催す「ミニブタ・ダービー」などは1日1万を超す人が来場、屋台が並んでお祭り騒ぎになる。

モクモクは応援団づくりにも力を入れる。「ネイチャークラブ」がそれで、会員になると農業体験に招かれ、通販で純粋・無添加食品の買い物ができる。会員数は現在、2万6千世帯、これをさらに増やそうとしている。

ちょっと興味を引くのが「手上げ方式」。モクモクが新規事業を起こす際、社員の提案で行うのが基本で、認めれれば手を上げた社員が事業推進の責任者になるというやり方だ。年齢やキャリアでなく、社員の自発性、創造性に依拠しようというもので、こうしたやり方にモクモクの活力がある。

農産複合企業として地場最大
新規事業「農学舎」に力こぶ

モクモクは木村修社長、吉田修専務のコンビで引っ張ってきた。事業の始まりは１９８７年秋、木村氏がＪＡ（三重県経済連）を飛び出して同じ勤務先にいた吉田氏とともに、伊賀の養豚家18人と農事組合法人「伊賀銘柄豚振興組合」を作ったのが発端だ。翌88年春、銘柄豚を使った手づくりハムの工房を作り、豚肉加工に乗り出した。

それから28年、モクモクの事業は伊賀に根を張り、農産食品複合企業として地場最大、職員２４０人（うちパート１００人）の経済組織に成長した。活気ある職場をつくり、消費者と感動を共にできる事業、地域の活性化に繋がる事業を展開してこの組織を1回りも2回りも大きくするのが当面の課題だ。

「農業に未来がないなんて、とんでもない。農業を生産、製造加工、流通・サービスの全てで総合展開する、つまり農業をまるごと産業化すれば、明るい未来が開ける」。木村社長は本部事務所でこう力説する。

時代は農業に風が吹いていると言い切る木村社長。そうした発想の中で生まれたのが、「農学舎」事業だ。一種のクラインガルテン（宿泊型市民農園）で、借り上げた遊休地に１５０区画（１区画64平方㍍）の農園を作り、年15万円で貸す。「５日間を都会で、２日間を農村で暮らす２居住時代が新しい流れ。シニア世代に農的ライフを味わってもらう」と話す。

モクモクがいま力を入れているのが、イスラム教徒向けのハラル認証総菜の製造・販売事業だ。沖縄県に共同出資会社をつくってハラル認証の工場を15年夏にも稼働させる。ハラル食品を東南アジアに輸出、10年後に10億円の事業にしたいと意気込んでいる。

農業の未来を形にするモクモクの道は、今後も続く。

モクモクに異色の農産食品複合企業。事業を引っ張ってきた木村社長。

軌道に乗る「歴まち」づくり
街並みと生活の全てを活性化

（三重県亀山市）

「歴まち」（歴史まちづくり法）の取り組みがスタートし、２０１４年12月で重伝建指定30周年を迎えた三重県亀山市では、新しいまちづくりが軌道に乗ってきた。主舞台は東海道の３つの宿場と亀山城周辺だ。歴史の風雪に耐えてきた建造物や街並みを整えるとともに、そこに暮らす人々の生活や文化、風情など、全てを活性化しようという10年単位の事業である。まちづくりを地域全体の再生と観光客誘致に結び付けようと、現地は官民で熱い活動を続けている。

２００棟の歴史的建物が並ぶ
街並みと文化求めて10万人

人口５万人弱、北勢エリアの亀山市。ここは古くから東海道、大和街道、伊勢別街道が通り、東西文化交流の接点だった。参勤交代や伊勢参りの人々の往来で賑わった宿場が３つもあり、古い街並みや宿場町としての面影が今なお色濃く残る。

その代表が関宿だ。木崎、中町、新所の３カ所から成る街並みは１・８㌔の１本道で結ばれている。街道沿いに４００棟以上の町屋が並ぶが、うち２００棟が江戸時代後期からの伝統様式で建てられた建造物である。

虎や鯉をあしらった細工瓦、出格子に幕板、虫籠窓（漆喰の格子窓）、庵看板など、ちょっと歩いただけで町屋の特徴が見て取れる。40人ほどのバスツアー客が歩き回っていたが、「江戸時代の風景がよく残っているな」と、驚きの声があがっていた。

観光客を最も惹き付けているのが中町だ。玉屋、鶴屋といった旅籠をはじめ、伊藤本陣跡、高札場跡、松鶴楼（芸妓置屋）などの見どころが集中しているからだ。通りに面した建物「眺関亭」に登って家並みを一望し、「関まちな

古い街並みが残る関宿。江戸時代の暮らしぶりの一端が分かる町だ。

み資料館」に入って当時の町屋の暮らしぶりを見学するのがツアー客の定番だ。

建物の多くは今も住民が生活する「暮らしの場」。製菓や伊勢茶などの伝統産業が息づき、喫茶店や甘味処を営む店舗など穏やかな暮らしぶりがそこにある。毎年7月に4台の山車を曳き回す祭礼は、「関の山」（そこまでが精一杯、の意）という言葉の語源になった伝統の文化だ。

そうした人々の生活や文化、たたずまいが古い街並みと合わせて体感できるのが関宿の魅力だ。「それを楽しみに年間10万人もやってくる」――喫茶店を営む店主はこう語り、街並みと街道文化をどう活かしどう伝えるかが居住者の課題と強調した。

10年間、16億円の長期事業
多門櫓、町屋の修理や修復

亀山の「歴まち」づくりは、同市が09年1月に「歴史的まちづくり法」の第1号指定を受けて始まった。責任主体は市の関係部署で構成する「歴史的まちづくり事業調整会議」だが、実際の行動は行政が市観光協会、関宿町並み保存会、関宿案内ボランティアの会など民間と連携して当たっている。目指す理念はまさに喫茶店の店主が指摘した発想と全く同じである。

歴史的なまちづくりと言えばとかく、建造物や街並みを修理・修景し保存する、いわばハード優先のやり方にとらわれてきた。これでは限界がある。そこに住む人々の伝統産業との係わりや祭礼行事、たたずまいなど、ソフト面にも踏み込んで初めて地域の活力は高まる。

つまり、「ハードとソフトの両にらみ。街並みを遺すのではなく活かすのが亀山方式」だ。事業の最前線に立つ文化振興局まちなみ文化財室の嶋村明彦室長はこう強調する。同室のスタッフらに聞いたまちづくりの具体的な実施計画は次の通り。

①対象エリアは3宿（亀山宿、関宿、坂下宿）と亀山城周辺の19・5キロ、500ヘクタールの範囲とする②事業期間は10年③予算規模は約16億円④国の補助は最大2分の1。

この計画に沿って、08年度は2億2600万円（国の補助9600万円）をかけて亀山城の堀・公園の整備、亀山宿の町屋「舘家」の修復、武家屋敷「加藤家」の土地の公有化と家屋整備、関宿の観光客休憩施設の整備などを実施した。

09年度は3億3600万円（国の補助1億4400万円）を投じて亀山城の公園の整備と多門櫓の修復、坂下宿の鈴鹿峠自然の家（青少年の研修施設）の整備などを行っている。その後も実施計画に沿って、街並み整備を実施している。

観光客誘致に数値目標
旗印は「まちづくり観光」

3宿は今も住民の生活の場だ。周囲には国指定の文化財のほか、獅子舞・かんこ踊りなどの無形民俗文化財、鈴鹿馬子唄などの伝承民謡、桶づくりなどの民間技術などが多く残る。これらに光を与え、宿場で暮らす人々との交流を味わえる環境作りがソフト面での重要な柱となる。

「歴まち」づくりが進み、伝統的な建物や街並みが整えば、3宿や亀山城周辺は様々な人が賑わい、触れ合う新たな場ができるはずだ。それを見越して亀山市は、まちづくりを観光客誘致に結び付けようと動き出した。

基本戦略となるのが、06年3月策定の「市観光振興ビジョン」。16年度までの10年間を計画期間とし、その間に観光客入り込み数を38万人（07年度実績は29・5万人）、リピーター率を自然系施設で60％（同55・1％）、歴史系施設で35％（同30・9％）にそれぞれ引き上げるという数値目標を掲げている。

数値目標は実現できるのだろうか。13年、14年の観光客入り込み数は各年とも約30万人レベルで推移しているが、「もうひと踏ん張りすれば、目標達成は可能」と観光関係者は話す。「関宿は、見どころが多いから」というのがその根拠だ。

市はこれまで、観光客に関宿などを積極的に売り込んでこなかった。それでも口コミで多くの客が訪れる。市観光協会が大型連休時に実施した定点調査では、「北海道、沖縄を除く全国から7日間だけで6千人近くが来訪した」(黒田力男事務局長)という。こちらから売り込めば、客はもっと増えると話す。

「歴まち法」に指定された東海地区の9市町が互いに協力し合って広域観光周遊ルートをつくろうという計画がある。これが動き出せば、域外からの観光客誘致に弾みがつく。

亀山が掲げる観光の旗印は、「まちづくり観光」。「歴まち」事業を積み重ね、3宿で街歩きをし、街で学び、人々との触れ合いを味わう。まちづくりとリンクした観光が亀山の王道だ。

歴まちづくりの一環として武家屋敷「加藤家」の家屋を整備した。

元気溌剌、高校生レストラン「食」を通じ地域掘り起こす

（三重県多気町、相可高校）

三重県中央部にある元気な高校生レストランが話題を呼んでいる。食材の購入・仕込みから調理、配膳、会計まですべてを高校生が切り盛りする「まごの店」がそれだ。クラブ活動の校外研修として始めて13年、手を抜かない本物の味が評判を呼び県内外からお客が押し寄せる。地元の食材を生かす取り組みが地域に活力をもたらしている。

メニューは「花御膳」など5種類
客席数60席がすぐ満杯

伊勢自動車道の勢和・多気ICから車で15分、多気町五桂のレジャー施設「五桂池ふるさと村」。7月中旬の日曜日朝、その一角にある「まごの店」を家族連れやヤング女性らが三々五々訪れては、入り口前の案内用紙に姓名を書き込んでいく。覗いてみると、もう80人ほどの名前が記入されていた。

午前11時の開店を目掛けてずらっと並ぶお客を前に、ユニホームを着た女子生徒が「いらっしゃいませ」と一斉に頭を下げ、用紙に書かれた名前を順々に呼び始めた。「4名様、8番テーブルに入ります」、「2名様、40番テーブルに入ります」と掛け声を掛け、お客を案内する。その度に厨房からも高い声が返ってくる。

客席数は約60席。次々と埋まるので、待機中のお客はいつ自分の名前が呼ばれるかと待ち構え、高まる息づかいで入り口前はちょっと異様な雰囲気である。お客が着席してから8、9分で料理を出すのがこの店の目標というだけあって、厨房は目が回るような忙しさだ。

メニューは野菜の和え物や天ぷら、だし巻き卵などの「花御膳」、特産の伊勢芋を使った「伊勢芋とろろ定食」など5種類で、値段はどれも１２００円。営業は土曜・日曜と祝日だけで、１日２４０食限定で売り切れと同時に店じ

県外から押し寄せる客でごった返す「まごの店」。1日に240食に限っている。

まいする。この日も11時40分に注文がいっぱいとなり予定食数を売り切った。

店を運営するのは県立相可高校食物調理科の調理クラブのメンバー58人。「まごの店」は授業外の校外活動として取り組んでいるので、平日の授業後に皆で食材の買い出しや仕込みを行い、週末の営業に備える毎日だ。

クラブ活動だから、「営業日は制約される。提供メニューもこれが限界」。しかし、生徒はやる気十分ですよ、と指導する村林新吾教諭は強調する。

売上高は年4千万円ほど
40人の生徒が交代で出勤

いろいろ制約があるとはいえ、「まごの店」の評判は高い。生徒が客と真剣勝負で向き合うからだ。客に聞くと、「料理が本物」、「味はいいし盛り付けも良い」と評価する戸が返ってきた。村林教諭によると、「大阪や名古屋、浜松からお客がわざわざ足を運んでくれる」そうで、売上高は年4千万円を下らない。専門店顔負けの繁盛ぶりと言える。

調理クラブが研修活動の一環として校外に料理店を開いたのが2002年秋。「ふるさと村」の片隅にテント張りの屋台にいすとテーブルを置いた小さなもので、うどんなど創作料理を提供した。隣に農産物を直売する「おばあちゃんの店」があったので、「まごの店」と名付けたという。

その後、「ふるさと村」の食堂の運営を引き受け、05年2月に現在の店舗に移った。過去3年間の活動を見ていた町が建物を建ててくれたからだ。店は総工費が約9千万円、半ドーナツ型の鉄骨平屋建てで建て面積が380平方メートルという本格的なもの。この店にクラブ員の7割に当たる40人ほどが毎週末、交代で出勤しては腕を磨いている。

店の運営で特徴的なことが3つある。

1つは地元で取れる農産物、海産物を優先的に使う創作料理にこだわっていること。「おばあちゃんの店」から食材を手当てし、それに工夫を加えて定食の中身に取り入れている。2つ目は何事にも手を抜かないという基本姿勢だ。素材を生かす技術、安全な食材を追求する姿勢を徹底し、だしからきちんと作る料理の基本を大事にしている。もう1つは、儲けを目的にした取り組みではないという点だ。収益の大半は店の材料費やレシピの開発費に充て、残りは食器や備品などに使っている。

国際料理コンクールで銀賞
地域農業に自信と刺激

「まごの店」が生徒や地域にもたらした効果は、思った以上に大きいようだ。

生徒にとって最大のメリットは技術を磨く実践教育の場が与えられたという点だ。言葉遣いや接客方法でお客から注意されることもままあるし、もてなしの心やテーブルマナーなどについても教えられることが多い。

自分の店を持つのが夢だというある女子生徒は「お客からお金をもらう以上は、真剣に対応したい」、「店でいろいろな場面に出会うことがプロの技術を身に付ける道」と話していた。

本物の料理を味わってもらうため、クラブでは食材を惜しみなく使って練習する。例えば、魚料理の場合、うなぎや鱧、かつおなどを生徒ひとりに1匹出す。数人で1匹という専門学校での授業とは雲泥の差だ。「店での実践は、校内での実習とはこなす量が全く違う。それが生徒の実力につながる」と、村林教諭はきっぱりと言い切った。

「まごの店」での実践教育で磨いた技術力が社会的に立証されるケースが目立ってきた。1例が08年秋、オーストラリアで開かれた国際都市高校料理コンテストである。日本代表として参加した相可高校のチームが銀賞に輝いたのだ。

全漁連や牛乳協会などが開く料理コンテストにも毎回優勝するなど、今や相可高校の調理クラブの実力は折り紙付き。評判が高まるにつれ、調理クラブの開発した商品が道の駅や直売所で展示販売されたり、調理クラブのレシピによる惣菜が地元のスーパーで紹介されたりするなど、地域にさまざまなインパクトを与えている。

「まごの店」の卒業生が活動する㈱相可フードネット「せんぱいの店」。総菜と弁当を売る店だが、すでに3店も出店し、年商1億円を確保している。地域ビジネスを創出する力まで付けているのだ。

地元食材を生かす生徒らの料理作りの活動が、地域の農家に自信と刺激を与えている。

顧客の質問にも気軽に応答し、もてなす村林教諭。

枠組み整え第2の創業目指す
社長交代、黒壁の次の挑戦

（滋賀県長浜市、「黒壁」）

合併で人口が12万2千人に増えた湖北の中核都市・長浜市は、町づくり会社「黒壁」の活動で街並みが生き返り、欧州のガラス文化を採り入れて中心市街地を再生させたところとして全国にその名が知られる。その黒壁が、「黒壁ガラスまつり」など記念事業を含めた多面的なイベントを展開して話題をさらったのが20周年に当たる２００８年だった。25周年の13年には、大阪のコンサルティング会社を経営する弓削一幸氏が前任の高橋政之氏に代わって黒壁の社長に就任、事業の活性化策を推進している。街に新鮮な息吹を吹き込みたい、第2の創業を目指したいと新たな町づくり活動に精を出そうとしている。

記念事業、年間通じて開催
黒壁の明日を拓く試金石

長浜市を南北に貫く北国街道と、美濃に通じる谷汲街道との交差点が街の中心地である。この一角に黒壁スクエアと呼ばれる繁華街がある。3万点を超す内外のガラス製品を展示販売する「黒壁ガラス館」、地元の観光物産品を売る「札の辻本舗」、西日本最大のオルゴール専門店「長浜オルゴール堂」をはじめ、45の個性的な店が集積し、多くの観光客が行き交う活気みなぎる賑わい街区だ。

20周年を記念した「黒壁ガラスまつり」は、この黒壁スクエアを軸に年間を通して開いた。春まつり、夏まつりというように季節ごとにメリハリをつけ、ガラス製品の展示販売、製作体験会、全国のガラス作家の新作展、海外のガラス製品の即売など多彩なイベントを展開し、集客に努めたわけだ。

まつりでは特に、黒壁の工房で製作された新作の発表会と欧州のガラス文化の実態を紹介する国別展覧会に新味を凝らした。新作は「リフレクションクロカベ・生命」とい

滋賀県最大の観光スポット・黒壁。陰り気味の集客力を高め、活気を取り戻す作戦に力を注ぐ。

う名称で1年間連続して展示し、国別展覧会は夏にチェコ、秋にオーストリア、冬にイタリアと季節を区切って欧州のガラス工芸品を紹介した。本物のガラスアートに触れる機会を一般に広く提供したいという思いが、記念事業開催の目的の1つだった。

9月上旬、黒壁美術館で開かれたオーストリアのガラス展を拝見した。土曜日だったからか、多くの年配層に混じって学生や若いカップルが押し寄せ、欧州で花開くガラス工芸品に魅せられる観光客の姿にあちこちでお目にかかった。記念事業を通じて200万人を大きく上回る観光客を集客。イベントは十分、成功したと言える。

「いつまでも「見る、食べる」で集客するレベルではいけない。これからは文化の創造・発信に力を入れ、文化を中核に据えた町づくりで黒壁の新たな観光の魅力をアピールしたい」。20周年の記念事業を黒壁の明日を拓く跳躍台にする、と強調する黒壁の高橋社長の意気込みが印象的だった。

空き店舗を活用した個性的な店
訪れる観光客、年200万人超

長浜は江戸時代の面影を残す街並みと明治以降の歴史建

造物が残る由緒ある町である。黒壁はその街並みを活かしつつ、欧州のガラス文化を注入して地域を盛り上げる独特の町づくりを1980年代後半から進めてきた。

地元住民から「黒壁銀行」と呼ばれ町の象徴的な存在だった建造物の取り壊し話が表面化したのがそもそもの発端だ。「それだけは何としても防ぎたい」と8人の民間人が立ち上がり88年春、第3セクターの「黒壁」を設立する事態に発展した。

それから27年、黒壁は歴史建造物の保存と活用、街並みの整備、空き店舗の解消、欧州のガラス文化の導入と、地域興しに向け多面的に活動してきた。

黒壁銀行を修景して黒壁ガラス館に再生したのはほんの1例だ。2年後には古美術の店と郷土料理店、3年目にはステンドグラス館といった具合に、黒壁は地域資源を活かした直営店を次々と開設。今では13の直営店を核に32のグループ店が黒壁スクエアに集積、他所にない異色の商店街を形成している。

街並みが整備され、個性ある店の集積とガラス文化の融合が進むにつれ、長浜は観光客を惹き付ける話題の地域に変貌した。

田辺勉総括支配人によると、創業間もない89年の来街者はわずか9万8千人。それが6年後には100万人を超し、13年目の01年には200万人を突破する賑わいぶり。右肩上がりに観光客が増え、NHKが大河ドラマ「江」を放映した11年には244万人に膨れ上がった。こうして黒壁は滋賀県最大の観光スポットに成長した。

ただ、この年を境に集客力は陰りを見せる。12年の187万人が13年には164万人に落ち込んだ。黒壁の売上高も下降し、業績が赤字、黒字と一進一退を続けてしまったのだ。

黒壁の周りに多様な民間組織
高橋社長が返り咲く

黒壁スクエアの周辺では多様な会社、組織が活躍している。

空き家の管理・活用や駐車場の経営を行う新長浜計画、観光ボランティアの育成や街歩きマップの作成などを行う「まちづくり役場」、高齢者が惣菜や産直野菜などを売るプラチナプラザ、グループ企業の情報交換の場である黒壁グループ協議会、主要商店街でつくる長浜商店街連盟、金融機関でつくる長浜金融協議会――いずれも黒壁の活動から派生したか、黒壁の活動を支援する民間組織ばかり。

こうした各層各界の組織を巻き込みながら黒壁が賑わいづくりを誘導してきたところに、長浜の最大の特徴がある。高橋氏も「黒壁という会社の力だけでは、どうしようもありませんよ」と話し、地域住民や商店街組織など他組織との連携が町興しに欠かせないと力説する。

そんな発想を発展させて黒壁は、次の飛躍に向けて新たな枠組みを整えようと動いた。1つは、長浜市や長浜商工会議所などと連携し、黒壁スクエアと隣接する駅前市街地を再開発、3千人居住のコンパクトシティーを作ろうという計画だ。

2つ目が、弓削社長らが13年から取り組んだ経営刷新活動「黒壁ルネサンス」だ。直営店の改修、取扱商品の見直しなどを推進、フレンチレストランの開業など新機軸を打ち出した。ただ、この取り組みは盛り上がりを欠き、13年度決算で1700万円の経常赤字を計上。14年度決算もレストランの不振で大幅欠損を出すなど、経営刷新活動はつまずいてしまった。

黒壁は15年5月、弓削社長を解任し高橋政之が返り咲いた。高橋社長は1日も早く経営を軌道に乗せ、「将来を担う若手経営者を育てる」と決意を述べる。高橋社長の指揮で、黒壁スクエアに新たな息吹を吹き込もうとしている。

黒壁事業の第2の創業を目指す動きが始まった。

ガラス工芸品を求めて、関西や中部地方から若い女性が連れ立ってやってくる。

「コウノトリとの共生」が旗印
環境を起点に新しい町興し

（兵庫県豊岡市）

絶滅寸前のコウノトリの人工飼育・野生復帰に取り組む兵庫県豊岡市が、「コウノトリも住める豊かな環境」づくりを掲げて、新しい町興し運動を展開している。里山の再生と保全、水田や水辺の回復、新しい農法の推進――地元市民やＮＰＯと積み重ねた活動が、地域ブランドの商品開発や観光振興など地域活性化にも繋がる。コウノトリ効果が地域に広がり出した。

コウノトリの飛翔に歓声あがる
43年ぶり、野外での巣立ち

ＪＲ豊岡駅から東へ３キロ、里山と水田に囲まれた祥雲寺地区にある兵庫県立コウノトリの郷公園。公園前の広場には農産物や海産物の直売所が立地し、51台収容の駐車場には観光バスがひっきりなしに出入りする。水を張った水田にはあちこちに魚道が整備されていた。

水田に立つ13メートルほどの人口巣塔。そこへ１羽のコウノトリが里山から飛んできた。体の高さが１５０センチ弱、翼を広げると２メートルに達する大型の鳥だ。黒（風切り羽）、白（体と尾羽）、赤（足）の３色がくっきりと空に映える飛翔姿を見て、観光客から歓声が上がった。

１９９９年に開設されたコウノトリの郷公園は、この鳥の保護・増殖や研究をする拠点施設である。30人のスタッフが日夜活動しており、ここで人工飼育したコウノトリは現在、１０６羽。15年春の時点で70羽が野外で生息している。放鳥した鳥の中からペアが生まれ、野生卵が孵って雛が誕生したのが07年５月だった。野外での雛の誕生は実に43年ぶりのことだ。

その雛が２カ月後には見事に巣立っている。最近では、野外での巣立ちは珍しいことではない。15年春のことだが、コウノトリの郷公園で生まれたオスとメスが、百数十

厳しい人工繁殖を積み重ねた末、コウノトリの雛が次々と誕生している。

キロも離れた徳島県鳴門市で巣作りを行っている。

「悪戦苦闘の繁殖活動だったが、それがようやく報われ、思わず涙が出た」。人工繁殖に長年かかわってきた松島興治郎さんはこう話していた。

コウノトリ育む農法が普及
ブランド米の栽培面積300ヘクタール

豊岡市を訪れる観光客は年間500万人といわれるが、最近はコウノトリ目当ての観光客が急増している。ほとんどが汽車と自動車を利用するが、空路利用の客も増える。事実、「但馬空港を利用する観光客は年率3、4％増の割合で伸びている。コウノトリを見たいと東京や北海道から来る人が増えた」と但馬空港推進協議会では説明する。

そして、これらの観光客が決まって押し寄せるスポットが公園内のコウノトリ文化館だ。コウノトリの保護増殖活動や豊岡盆地の自然と文化などが一通り分かるためで、特にコウノトリの生態を解説するボランティアの説明に人気が集まる。

そんな光景を見ながら、「コウノトリが野生で生きるためには、エサとなる膨大な生き物が住む『豊かな自然』が必要です」と強調したのが、豊岡市コウノトリ共生課の佐竹節夫課長。同市では、機会あるごとに自然環境を破壊しない農業、環境適合型農業の推進を呼びかけてきた。こうして生まれたのが「コウノトリ育む農法」だ。

この農法は無・減農薬、種子の温湯消毒、化学肥料の不使用を柱としたもので、冬でも田に水を張り夏場に中干しを遅らせることでコウノトリの餌となるドジョウなどの生物が生息し易い環境を確保できるのが特徴。JAたじまが12年前から取り組み、05年に41㌶だった栽培面積が、06年に98㌶と急増、07年は一気に200㌶に拡大した。13年の栽培面積は300㌶に広がっている。

「この農法を採用する農家は50戸。雑草は米ぬかで抑えたり、有機肥料を施したり手間がかかる。しかし、コウノトリのためだけでなく、人にも安全な食料を提供できるので、力を入れたい」。農法をリードする畷《なわて》悦喜さんは生き生きと話してくれた。

同農法で収穫されたお米は「コウノトリの郷米」のブランドで生協やスーパーで販売され、売れ行きは好調だ。収穫したおコメは07年以来、市内の40校の小中学校へ供給し、給食米として使うなどして販路を広げている。

受け入れられる農産物認証制度
各方面に広がるコウノトリ効果

コウノトリと共生する町興し運動は豊岡市政の柱の一つだが、今ではNPOや市民、産業界などを巻き込みながら急速に幅を広げている。国と県の共同による円山川の河川敷での大規模なビオトープ化、市による戸島湿地の整備事業、市民有志が行う下宮地区の湿地造成事業、学童を巻き込んだ水田での魚道整備活動、人口巣塔づくり――すべてが豊岡の新しい環境づくりに沿った動きだ。

おもいおもいの活動の中で、ちょっと興味深いのがNPO法人「コウノトリ市民研究所」。市民レベルで豊岡の自然観察を継続的に実施し、自然環境の保全の大切さを地域に発信する。

「研究所の主役は子供たち」と切り出す稲葉一明事務局長。子供を巻き込み、呼び込んで地域の生物調査やビオトープづくりを手掛けてきたが、調査を積み重ねることで子供たちは未来のあるべき姿を理解すると話す。

コウノトリを軸とする活動は地場産業界にも影響を及ぼす。豊岡市の農産物認証制度「コウノトリの舞」もそのひとつ。化学肥料や農薬の使用基準、残留農薬の自主検査体制、栽培履歴など一定の基準を達成した農産物を認証しているもので、値段は二割から七割も高いのに安心・安全の証として市民は積極的に受け入れている。

認証農作物の作付面積は04年が45ヘクタール。それが12年には280ヘクタールへと急伸している。

農作業を体験したりコウノトリの舞う里で時間を過ごしたりするグリーンツーリズムも定着してきた。5軒の農家民宿、5カ所の市民農園が開かれ、都会の住民と地元市民との交流の場として利用されている。

工業では、利益を追求しながら環境も改善して行く環境経済事業の認定が45件に達し、市の製造品出荷額の11％を占めるまでになった。

「コウノトリが住める環境づくりが経済活動にインパクトを与え、互いに共振し始めた」――中貝宗治市長は、豊岡市にさまざまなコウノトリ効果が生まれてきたことを指摘した。

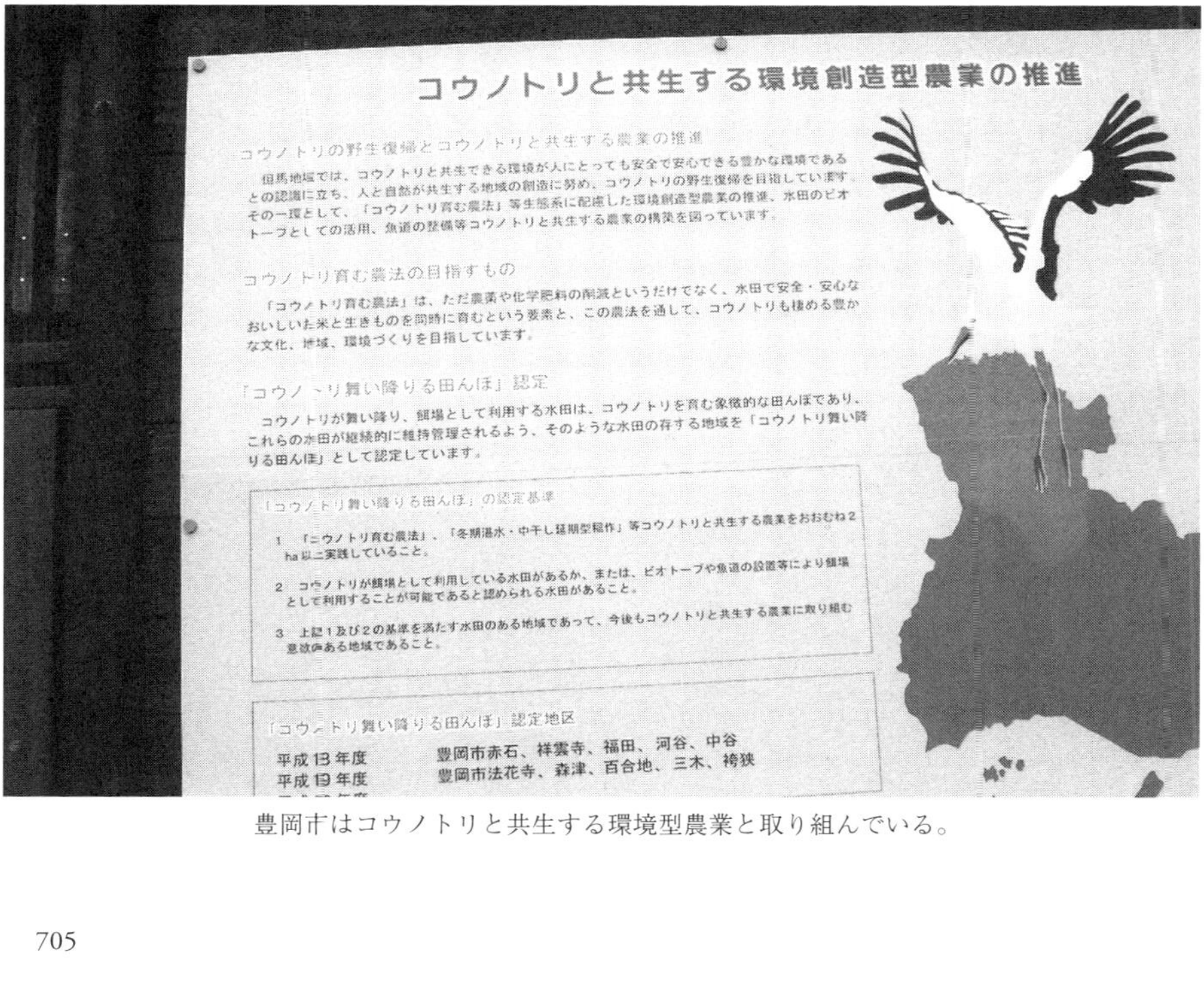

豊岡市はコウノトリと共生する環境型農業と取り組んでいる。

農家のやる気で最大級の直売所
体験施設造り地域を活性化

（和歌山県、ＪＡ紀の里）

売上高で競合相手の食品スーパーを超える農産物直場所が全国各地で活躍している。その最前線を走るのがＪＡ紀の里（和歌山県紀の川市）が運営する「めっけもん広場」だ。不況下でも顧客がひっきりなしに訪れ、２０１３年11月には開業以来の来店客が累計1千万人を突破した。売り上げ規模は年28億円超と日本最大級を誇る。新たに造った体験交流施設で食育教育や消費者交流を強化するなど、地域活性化の拠点になっている。

５００種類超す商品を陳列
来店客、累計で1千万人

和歌山県北部を東西に流れる紀ノ川。その中流に位置する紀の川市は県内有数の農業地帯だ。温暖な気候の下で野菜、果樹、花卉、米などが周年で生産されているが、中でもモモやミカンは一大産地である。地域で収穫される多種多様な農産物の流通拠点として00年11月に開いたのが、「めっけもん広場」である。

県道7号線沿いの主力店舗は売り場面積が１３５０平方メートルで、周りを１５０台収容の駐車場が取り囲む。平日の夏の早朝、開店前の午前8時半頃訪れた際は、7号線から次々と車が入り込み、駐車場がごった返していた。翌日訪れたときも事情は同じ。3人の警備員が交通整理に当たるが、待機車が多く車の行列がすぐできてしまう。

高さ1メートル、幅2メートルほどの店内の野菜棚にはダイコン、タマネギ、ナス、トマト、オクラなどの野菜が山のように置かれ、モモやスイカ、切り花などは段ボールやバケツに入れられて大量に陳列されていた。手作りの豆腐やコンニャクもあり、精米所もある。

陳列商品は５００種類を超すが、すべてに生産者や出荷日を記した出荷表が添付されている。そんな商品を客は手

年間80万人も集客する「めっけもん広場」。開店1時間前から駐車する車が増えていく。

に取り次々と買い物袋に入れていく。モモなどは段ボール単位で台車に載せて買う人が意外に多い。

壁や天井には手書きのPOP広告が吊るされ、オレンジ色の前掛けをかけた男女職員が走り回るので、店内は活気がある。最も賑わうのが午前中で、何時間もレジ11列がフル回転する。

過去3年間の来店客数は1日平均でざっと2700人だった、とは大原稔販売部長の弁。「年商25億円がひとつの壁だった。それを乗り越え08年度の売上高は26億4600万円。前年を3・4％上回った」。消費不況の中で百貨店やスーパーが長期低落する中で、「めっけもん広場」はその後も堅調な売り上げを確保し、10年度には28億円と直売所として全国一を記録した。

やる気ある生産者1500人超
安全で新鮮な商品届ける仕組み

客足が増え始めたのは開店から1年ほどたってからで、累計来客数100万人を達成したのが02年7月。03年10月に200万人を突破し、08年9月には600万人を超した。ここ数年は年間80万人超の来客数を維持し13年11月に念願の1千万人を突破した。大阪南部や奈良県などの顧客が全体の7割と非常に多く、商圏が広いのがここの特徴だ。

賑わう秘密は、食品スーパーとは一味違う特色があるためだ。第1に商品の出荷者のやる気が極めて旺盛で、店内にしばらくいると、そのことが肌で感じられる。

農産物を出荷する生産者（登録会員）は1571人。朝6時半頃には生産者の軽トラックが頻繁に出入りし、100人近くが台車に野菜や果物を積んで売り場の裏口に並ぶ。搬入が始まると台車が一斉に走り出し、誰もが手際良く商品を並べる。出荷者はいつも売れ行きを確認し、何度も商品を搬入する。売れ残れば夕方、商品を必ず引き取る。

野菜や果物の場合、スーパーや市場流通で重視されるのは形や大きさ。「われわれは違う。品質と味と日持ちだ」と出荷者は話す。値段は自分で決め、使用農薬や品質は委員会でルールを決めている。生産者のそうした自主性が会員のやる気を起こさせ消費者の信頼につながっている。

第2は、安全で新鮮、高品質な商品を消費者に届ける仕組みをしっかりと構築している点だ。商品管理にPOSと電話を組み合わせた独自システムを築いているほか、生産管理を徹底するためのトレーサビリティ・システム、光センサーで果物の形状や糖度を自動仕分けする選果システムなども導入済みだ。

もう1つ興味深いのが、JAいわて花巻やJAおきなわなど全国の直売所と結んだ独自の商品提携ネットワーク。JA紀の里が相対で協定を結び、米や水産物、加工品など各地の自慢の産品を産直方式で調達できるようにした仕組みだ。各地の旬の商品を陳列したり、端境期の不足を補ったりできるので品揃え対策に効果を発揮する。

「楽農クラブハウス」を新設 消費者との交流事業を拡充

JA紀の里は数年前から、農家や観光協会と協力して農業体験に力を入れてきた。03年末に11人の農家で体験農業部会を設置したのがはじまりだ。消費者に本物の農業と地域の魅力を発信する事業と真剣に取り組んでいる。

営農企画部の説明では、体験農業は2つの形式がある。1つは消費者が農家と一緒に植え付け、収穫、選別、箱詰めなどすべての作業を行うもの。もう1つは自分の持ち帰る分を農家と一緒に収穫するものだ。

全部で二十数種類のプログラムが用意されているそうだが、前者は企業が社員研修用に参加し、後者は園児や児童が体験学習として利用するケースが多い。最近ではタマネギや米、モモなどの収穫に年間2千人強が参加するようになった。

消費者交流や食育教育をもっと活発にやろうと09年春、「めっけもん広場」の隣接地に2階建ての体験交流施設「楽農クラブハウス」を新設した。直売所に出荷している農家が消費者に購入する際の選び方、食べ方を紹介するほか、店内の食材を使った料理教室、食農講演会、体験学習会などの活動の場として活用している。店内で活躍中の「食育ソムリエ」7人も、「楽農クラブハウス」の活動に加わる。

「めっけもん広場」は消費者との懸け橋となり、域内の生産者に刺激を与え、地域を着実によみがえらせつつある。

農業体験の普及をするために建てた「楽農クラブハウス」。

広がる企業参加の森づくり
環境重視へ自治体とスクラム

（和歌山県、関西企業）

林業の衰退で荒れ果てた森林を再生しようと、企業参加の森づくりが地方自治体の間で広がってきた。先行する和歌山県では県の進める「企業の森」事業に関西の65の企業・団体が携わる。企業側には森林保全を通じて社会貢献の姿をアピールできる、自治体にとっては森林保全の費用と労力を企業に担ってもらえるなどの利点がある。この動きが盛り上がれば、環境保全への大きな力になりそうだ。

関西企業中心に65社が参加
植樹や育林に社員らが活動

熊野古道のある田辺市中辺路町の野中地区。国道311号から車で10分ほど林道を登った丘陵地に「大阪ガスの森」がある。大阪ガスが和歌山県や中辺路町森林組合と2004年夏、協定を結んで確保した「企業の森」の活動舞台だ。

スギ、ヒノキの伐採跡地1㌶にモミジや山桜などの広葉樹を植樹し、10年間にわたって育林活動に取り組むというのが同社の計画だ。社員や労組員が参加してケヤキ、コナラなど2600本の苗木を植樹したのが05年春。その後、社員たちが毎年、下草刈りを行ってきた。

太陽が照り続ける夏本番の7月中旬に現地を訪れると、今年も社員や労組のボランティア80人が大型バスに分乗して乗り込み、軍手に鎌を持って下草刈りに精を出していた。親子で参加したある社員は「鎌を持つのは初めて」と言いながら、子供らと慣れない手つきでササ刈りに熱中していた。

06年夏に「企業の森」事業に加わったのが旧松下電工のパナソニック。田辺市龍神村に「ながきの森」と呼ぶ保全地域を確保、毎年2㌶ずつ10年間で20㌶、合計4万5千本の広葉樹を植樹する。春を迎えた4月上旬に役員、社員ら

企業や労組などを巻き込んで環境保全に取り組む「企業の森」事業。日常の管理に森林組合は重要な役割を果たす。

３３０人が参加して山桜やモミジの苗木４千本を植えた。

この取り組みには新入社員１６０人が泊まり込みで加わり、新人研修を兼ねた活動にしているのが他社にない特色。パナソニックは地域の祭りにも参加し、森づくりを軸に地域との交流も図るなど、活動の幅を広げている。

紀州梅のトップメーカー、中田食品（田辺市）が09年7月下旬、「企業の森」事業に加わった。中辺路町真砂の民有林を保全して「清姫の森」をつくるというもの。15年3月には、楽天も和歌山県下で森づくりに馳せ参じた。

これで和歌山県の「企業の森」事業の参加者は、65企業・団体になり、保全対象面積は１９０ヘクタールに上った。

森づくりにまず、3つの契約
企業、自治体に多くの利点

和歌山県は県土の77％が森林という「木の国」だ。森林面積36万ヘクタールのうち、60％近くが民間の人工林だが、立木価格の低迷や人件費の高騰、林業従事者の高齢化などを背景に林業が衰退し、山林が荒廃していった。荒れる森林を何とか回復しなければと打ち出された政策が「企業の森」事業だ。

この事業を運営・調整する県農林水産部森林整備課の大

平泰弘主任は、「まず、3つの契約を結ぶことでスタートする」と話す。1つは参加する企業・団体が県・市町村と結ぶ森林保全・管理協定、2つ目が企業と森林所有者による土地無償貸与契約、3つ目が企業と森林組合が締結する植栽・森林保全委託契約。

つまり、3つの契約によって企業・団体は県内の山林を無料で借りられ、植樹や伐採、枝打ちなどの保全・育林活動に気兼ねなく従事できるわけだ。特に自治体が全体を調整してくれるし、日常の管理は専門家の森林組合が行ってくれるので、企業は安心して事業に取り組める。

02年度に制度が発足して最初に契約したのが、日高川町に「ユニチカの森林」をつくったユニチカ労働組合。地球温暖化対策が重視されるにつれて参加企業が増え、07年度6件、08年度13件、09年度7件となった。14年度が2件、15年度も既に5件と参加の輪が広がる。

参加企業・団体広がってきたのはいろいろメリットがあるからだ。企業にとっては社会貢献の姿勢を世間にアピールできるし、社員研修や福利厚生のフィールドとしても活用できる。自治体にとっては森林保全の費用や労力、知恵を企業から引き出せる。そして、地域や森林組合は雇用の創出が図れるし、都市との交流も進められるなどの利点がある。

CO_2吸収量を認定 地域にもたらす波及効果

企業が最近、特に注目し始めたのが、植樹や育林活動を通じて得られるCO_2削減効果だ。企業側のそうしたニーズに応えようと和歌山県は07年6月から、「森林によるCO_2吸収量認定」制度を実施している。植栽した樹木の100年分の吸収量を評価委員会が推定し公表するもので、具体的な数字を掲げて参加企業の活動を支援している。

もう1つ興味深いのは、「企業の森」事業が地域社会に予想以上に大きな経済波及効果をもたらしていることだ。県が「企業の森」に参加する企業・団体を対象に07年3月時点で試算した結果によると、18億6千万円の波及効果があるという。

これは植栽などの必要経費のほかに、森林保全活動に参加する社員らの宿泊・食費代、地元での交流会での開催費などを算出し、産業連関表を使って推計したもの。65企業・団体を対象に試算すれば、「波及効果は格段に増大する。そのこともPRして、事業をもっと盛り上げたい」と大平主任は意気込む。

和歌山県の「企業の森」事業に刺激されてか、企業と自治体がスクラムを組んだ森林保全活動が全国に広がってきた。05年度に高知県と大阪府で、06年度に三重県で、07年度に愛知、岐阜両県と京都府で、府県内企業参加の森づくりが実施されている。

自治体や森林所有者だけが取り組むのではなく、企業や労組など多様な組織を巻き込むことが森林の維持管理、環境保全につながるという意識が高まってきたためだ。「企業の森」事業は林業の復活と同時に地域経済の再生を促す運動と言えそうだ。

ダイキン工業の労組が組合員全員で取り組む中辺路の森林。

マグロ完全養殖の技術を確立
資源回復、育てる漁業を先導

（和歌山県白浜町、近畿大学水産研究所）

和歌山県串本町の沖合で、「海のダイヤ」といわれるクロマグロの完全養殖に近畿大学水産研究所（和歌山県白浜町）が取り組んでいる。完全養殖に成功したのが２００２年、それから13年経った現在、成魚の定期販売、稚魚の大量供給を実現し、「育てる漁業」の時代を先導している。大阪と東京・銀座に近大マグロを味わえる料理店も開店し、グルメ族を惹きつけている。乱獲が響き漁獲規制に揺れるクロマグロ。その資源回復を目指す壮大な実験が続いている。

紀伊大島に最先端の生産拠点
養殖マグロ30トンを定期販売

紀勢本線の串本駅から「くしもと大橋」を渡って車で約20分、紀伊大島の田代漁港の一角に近畿大学の大島実験場がある。クロマグロを完全養殖する最先端の生産拠点だ。マグロの人工孵化や養殖に長年、携わってきた実験場長の澤田好史教授が、養殖現場を案内してくれた。

田代漁港の岸壁から船で約10分、本州と大島の間の海峡に養殖場が設けられていた。直径30メートル強の円形いけすが12基あり、年齢別に分けられたマグロが大量に回遊していた。「波が静か、温度差が小さい、水がきれいで酸素を含む。マグロ養殖にはこんな条件が必要」と澤田教授は説明するが、黒潮が洗う大島は養殖場として格好の条件を備えているようだ。

６歳魚が80匹以上も養殖されているといういけすに近づいて船を舫《もや》い、澤田教授がサバを投げ込んだ。90キロ近い巨体マグロが次々と海面に姿を現し、サバを飲み込んで行く。真っ黒な背中、銀色の腹が乱れ飛び、瞬く間にサバがなくなってしまう。

完全養殖とは卵の段階から人口で育てる技術のこと。人

近大の大島実験場にクロマグロを完全養殖する拠点。マグロの生育状況を見守る澤田教授。

工孵化から稚魚を育て、成魚に成長させて親魚にし、再び産卵させるまでの全工程を人工で行う。その完全養殖に02年、近畿大学が世界で初めて成功した。

その後も地道な努力を積み重ね、卵を効率よく孵化させて稚魚にする技術、いけすで的確に育てる技術、年齢別に餌を与える仕方など様々な分野で、養殖技術の精度を高めてきた。

今では卵から育てた完全養殖マグロを年間30トン、天然マグロの稚魚（ヨコワ）を採捕して成魚に太らせる畜養マグロを年間30トン、それぞれを定期販売できるようになった。高級マグロを食卓に送り続け、手の届かなかったトロが身近になりつつある。

実現まで32年、試練の連続
今では稚魚の大量供給も

卵から育てて500グラム―1キロほどにした稚魚の販売も07年から開始した。出荷量は初年度の07年が1500匹、08年が5500匹だったが、「3年目には1万5千匹以上に増やすことができた」と澤田教授。出荷先は国内の養殖業者で、近畿大学は水産業界と連携して「マグロも養殖の時代」を本格化させたいと意気込む。

近大がマグロの養殖研究を始めたのが１９７０年。完全養殖の実現までに32年間を要したが、大型回遊魚のクロマグロを人工のいけすで養殖すること自体、前例のない試みで、実験は試行錯誤の連続だった。

生まれた直後に多い浮遊死や沈降死（初期減耗）、生まれて30日前後に見られる激しい共食い、その後１カ月余りにわたって頻発する衝突死——育成のさまざまな過程で、困難で分からないことが次々と発生、立ち上がりから失敗が続いた。

研究者にとってショックだったのは、80－90年代の11年間にわたって産卵が途絶えたこと。試練が続いたがその都度、「この時期の餌はきびなごにしよう」、「水温はこの位で大丈夫か」、「いけすの金属網を化学繊維に替えたら、衝突死が少なくなるはず」などと改良を積み重ね、局面を打開してきた。

困難な状況にもめげず、30年以上も研究を続けられたのは、大きな利点があるからだ。「天然のクロマグロは乱獲がひどく、個体数が激減している。これを補うのが養殖。脂肪分が多くトロをたくさん取れるし、味も一定」と澤田教授は繰り返す。どんな餌が使われ、どんな環境で育ったかなど、生産履歴がはっきりしているのも、養殖事業のメリットである。

生存率の向上が課題
稚魚流出に監視の仕組み

クロマグロの養殖量産化にとって重要な課題は、今よりもっと生存率を高めること。

実験現場の研究者によると、生存率は卵から５㌢ほどの稚魚に育てるまでで10％強、いけすに移して成魚にするまでで50％とかなり低い。「つまり、卵から成魚にするまでの生存率は５％ほど。これを10％ほどに引き上げれば、ビジネスとして十分、成立する」。そのレベルまで達成するのが、大島実験場の当面の課題という。

マグロは１㌔太らせるのに15㌔もの成魚が必要だ。成魚の値段次第で、養殖マグロの生産コストが変動する。しかも、マグロの生育に合わせてきびなご、イワシ、アジ、サンマ、サバと餌の種類も変化するので、多様な成魚の量的な確保が絶えず求められる。

そこで問題になってきたのが新興国での水産物の需要拡大。例えば、中国内陸部などでは川魚から海魚へと関心が移行し、サンマやサバの調達が容易でなくなったといわれる。それだけに、餌飼料の安定確保が新しい課題となってきた。近大では、生餌に代わる植物系の配合飼料の開発に全力を傾け出した。

最近浮上してきたのが、知的財産の保護活動だ。澤田教授は「世界中でマグロが食べられ始めた。わが国が確立した技術、品種改良した稚魚がむやみに海外に流出しないように注意し、ブランドを守る必要がある」と力説した。

近大では全ての養殖マグロの遺伝子解析作業を急いでいる。近大産の稚魚なら、すぐに判別できる体制を整えようというものだ。

日本で消費されるクロマグロは年間で4万、5万トン。うち、1万トン強を養殖マグロで供給できるようになった。この比率をさらに高める必要がある。近大は豊田通商と提携し、長崎県五島市に産卵や稚魚の育成を行う種苗センターを15年春、建設した。大量生産の体制を整え、20年から年間30万匹の近大マグロを販売できるようにしたいと考えている。

水産業の活性化を目指して動く近大が、研究から事業へと活動の幅をますます広げようとしている。

クロマグロ養殖を研究する近畿大学水産研究所。

中国編

企業誘致で年５００人の雇用増 興味呼ぶ独特の活動スタイル

（島根県）

産業振興を最重要施策に掲げる島根県が、企業誘致に懸命に取り組んでいる。12年度の誘致活動は東日本大震災後の厳しい環境で苦戦を強いられたものの、13年度は12件、14年度は23件の企業立地を実現し、両年度で５８０人の雇用創出を実現した。その勢いを加速し、「4年間累計で新規雇用創出2千人」という中期目標の達成に繋げようとしている。同県の取り組みで興味を引くのは高い数値目標もさることながら、「島根方式」とも呼ぶべき独自の活動スタイルを貫いている点だ。

企業誘致は県総合計画の柱
世界不況で第1次計画は不調

島根県に「しまね総合発展計画」というのがある。08－11年度の4年間を第1次、12－15年度を第2次とする県政の基本政策である。現在は第2次計画を推進中だが、１００以上の数値目標を定め、「活力あるしまね」、「心豊かなしまね」を目指し県が抱える政策課題を盛り込んでいる。この計画の中心柱の1つに掲げているのが企業（工場）誘致だ。

企業誘致を重視するのには理由がある。進出企業が県経済の発展に果たす大きな役割を高く評価しているからだ。県の調査でも明らかなように、進出企業は事業所数では県全体の9％に過ぎないのに、従業員数で37・9％、製造品出荷額で55・2％、法人2税収入額では実に62・4％も占めているのである。

企業を多く誘致すれば、地域経済の地盤沈下を食い止められるだけでなく、産業を活性化し雇用の場を創出する効果が期待できる。こうして打ち出された企業誘致の数値目標が「4年間の立地認定件数80件」（第1次計画）、「新規雇用創出2千人（年５００人）」（第2次計画）という内容

「しまね総合発展計画」を作成し、企業誘致の数値目標を掲げる島根県庁。

である。具体的には年間で20件ほどの誘致目標を設け、それを4年間続けることを想定している。

08年度に実現した立地件数は目標通りの20件。この中には自動車部品の工場を増設したヒラタ精機、医療用機器の工場を増設した島根島津、新規進出の日立ツールなど、同県期待の製造業が多く含まれる。20件の総投資額は158億円で、新規雇用数は552人にのぼる。

しかし、取り組み2年目の09年度はリーマンショック以降の深刻な世界同時不況の影響をもろに受けて、立地件数がわずか9件と厳しい結果に終わった。少ないながら県外企業の4件進出がせめてもの救いだった。

企業誘致部門に手厚い陣容
民間OBの専門委員も配置

第1次計画の後半2年間も、企業誘致活動を取り巻く環境は厳しさが続き、取り組みは楽観を許さなかった。

産業界の設備投資が力強さに欠けたこと、グローバル化の進展と異常な円高でモノづくり拠点の国外移転が加速したこと、自治体間の企業誘致合戦がかつてなく激しさを増したことなど、幾つもの変数が重なったためだ。旧鳥取三洋電機の工場撤退も、大きな痛手となった。

島根県の企業立地課は産業活性化のため、企業誘致に全力を注ぐ。やり方は島根県方式という独特なものだ。

溝口善兵衛知事は第1次計画と重なる07－10年度の誘致活動について、「4年間の誘致企業数は52件、新規雇用数は1700人だった。一定の成果を上げた」と紹介している。だが、これは中期目標80件の達成が難しい事情を示すものだ。

第2次計画も東日本大震災の影響を受け、12年度の誘致企業数が10件と、不調な滑り出し。しかし、13年度は12件（新規雇用180人）と上向きに転じ、14年度は一気に23件（同400人）と期待数値に戻ってきた。

県の企業誘致部門にとって、ここ2、3年厳しい状況が続いたが、関係者の意欲は衰えていない。誘致活動を統括する拠点が県庁ビル2階の商工労働部企業立地課。ここで会ったスタッフは「第1次は苦しんだが、第2次の目標は何としてでも実現する」ときっぱり。

第2次計画で掲げるソフト系IT産業の振興、新産業の創出に視野を置きつつ、企業誘致に力を注げば、最終的に4年間の新規雇用数2千人を達成できると期待している。

ここで興味を引くのが、企業誘致に取り組む同県の活動スタイルだ。企業の訪問活動で得た教訓や過去の成功体験などを活かして独得の組織、戦術を編み出し、島根方式とでも呼ぶ独自のやり方を実践している。

まず目を引くのが企業誘致部門の「戦う組織体制」である。以前より2倍近く増員された24人の正規職員が、県庁と4つの県外事務所（東京、名古屋、大阪、広島）に張り付く。配属期間は5、6年と長期固定が当たり前。短期回転では人脈を構築できないという理由からだ。

正規職員の周りを、民間企業ＯＢから起用した10人の誘致専門委員が囲む。頻繁に企業を訪ねたり電話をかけまくったりするのが専門委員の日課だ。企業訪問件数は09年度が２５００件、10年度は3千件。現在も各委員は月20社のペースで企業を訪問している。こうして得た情報を誘致活動に活かす。「専門委員には目標を持たせ、日報は必ず提出してもらう」。生きた情報を集める仕組みを作ることで企業誘致の実現性が高まるというのだ。

「攻めの福間、守りの岡本」
新産業創出して立地に繋げる

第2の特色は企業誘致専任の嘱託職員の存在だ。企業誘致、産業支援の経験が豊富な福間敏氏と岡本道雄氏がそれで、「攻めの福間、守りの岡本」といわれるほどの人材だ。

誘致歴24年の福間さんは、長年培った人脈を活かして誘致活動と若手指導に従事する。一方の岡本さんは市町職員と連動して進出企業のフォローアップに当たる。年1回は必ず全ての進出企業を訪問し、各社の要望、苦情を聞いて対応している。釣った魚（進出企業）は見向きもしない県が多い中で、島根県のアフターケアは異例である。

新しい立地戦法も編み出している。県自ら新産業を創出して企業立地に結び付けるやり方だ。新エネルギー応用製品や機能性食品など5つのプロジェクトを指定済みで、これに絡む新技術、新材料を新産業創出ファンドや産業技術センターを使って開発、それを企業に技術移転して立地に繋げようというものだ。

立地情報を発信するため、企業セミナーを連発するのも島根のやり方。地元が求める誘致希望業種と開催地の産業特性を考え、講演や進出企業の事例発表、展示・商談会などを組み合わせたセミナーを開くのが持ち味だ。

ある年は大阪と広島で、次は京都と広島でそれぞれ開くといった塩梅で、いずれも１００社以上の企業を集めるのが原則。参加企業は、企業訪問の格好の対象となる。

各県は立地恩典措置の拡充を競っている。だが、経済は激しく動いており、それだけで効果を発揮できるのか。これからは組織の戦闘力と柔軟な戦術、強い使命感が必要だ。

お荷物の桑畑が地域の宝に
健康茶の新産地として再生

（島根県江津市、桜江町桑茶生産組合）

荒れ果てた桑畑を健康茶の新産地として再興する事業が、島根県江津市で順調に育っている。事業の担い手は98年3月に立ち上げた桜江町桑茶生産組合（社長古野俊彦氏）。創業時に400万円だった年商額は17年経った現在、数億円に拡大し、多くの町民に働き口を提供する新事業に成長した。眠ったままの地域の資源をうまく活用して新産業に繋げたことと、地域住民の雇用の場として事業を解放したことが成功の要因だ。

桑の葉の収穫は6月－9月
組合管理の桑畑は30ヘクタール

04年10月に江津市と合併した桜江町は、町の面積の9割が林野という山間の町だ。国道261号線を桜江大橋で県道41号線に入ると、江の川水系の沿岸に桑畑が広がる。ここが健康に良い桑茶事業の舞台である。

桑の枝は2メートル以上も伸び、葉は大人の手のひらよりも大きい。どれも青緑色に輝き、元気そのもの。この葉を60代の10人ほどの町民が手作業で1枚ずつ摘み取っていた。「桑茶の原料になるんだ。手早く摘んで加工場に運びたい」。作業中の男性が手を休めずに大声で答える。

収穫から製品になるまでに5つの工程がある。収穫－乾燥－焙煎－ティーバック－箱詰めがそれだ。それぞれの工程にコツがあるらしく、その一端を古野さんはこう話す。

「摘み取る桑の葉は、機能性成分が重要なので青々としたものがいい。収穫した葉は袋詰めにし、萎れないうち工場に運ぶ。工場では水洗い・脱水を経て火力乾燥するが、乾燥する際の設定温度が重要だ」。

桑茶生産組合が現在、管理する桑畑は直営と委託先を合わせて30ヘクタール。100メートル四方が1ヘクタールだから非常に広い。収穫は6－9月の4カ月、回数は年5回と限られるので、繁忙

桑茶事業をおこした「よそ者」の古野社長。桑葉つぶや桑青汁など新商品の開発にも目を向ける。

期にはパートを総動員して収穫に汗を流す、いわば労働集約型の仕事である。創業時には古野夫妻ら5、6人で始めた事業だが、「今では繁忙期にグループ全体で延べ2千人近い町民が携わる」。

作った桑茶の販売ルートは食品メーカーに原料として出荷する原料販売、取引先の注文に応じて出荷するPB（プライベートブランド）・OEM販売、直販の3つに分かれるが、原料販売が50％と最も大きく、直販は15％。「桑茶だけで年商2億円以上を確保できるようになった」と古野さんは説明する。

養蚕衰退で桑畑が荒れ放題
古野さんが桑茶を提案

桜江町を通る江の川は全長194キロ、中国地方最大の河川である。流域に肥沃な土壌を運び明治以降、沿岸の段丘地に桑畑が広がる。中でも桜江町は朝霧の多い環境が桑に適し、最盛期には桑畑が130ヘクタールにも達した。蚕づくりが盛んになり、米と並ぶ町の基幹産業となった。

だが、60年代の生糸輸入自由化で事態が急変。輸入品と化繊・合繊に押されて国内の養蚕業は競争力を失い、急速に衰退する。桜江町でも桑畑が遊休化し、荒れ放題のまま放置される桑畑が急増した。町は桑畑を野菜畑に替えるため、町費で転換事業を進めたが、10年経っても30ヘクタルの桑畑が残る。膨大な費用と手間がかかる割に展望が開けないと、町は頭を悩ます。

そこへ登場したのが田舎暮らしを求めて96年、福岡市から移って来た古野さんだった。「よそ者の意見を聞きたい」と町主催のセミナーに招かれた古野さんが訴えたのが、生活習慣病を防ぐ効果があるという桑茶の商品化だ。これが桜江町での健康茶づくりの発端である。

もちろん、桑茶を作る技術は古野さんにも町にもない。「桑茶に関する学会のデータを取り寄せたり、インターネットや本で乾燥方法や焙煎方法を研究したり試行錯誤を重ねた末、やっとメドが立った」と古野さん。

具体的に桑茶事業が稼働したのが98年3月。町の有志21人で桜江町桑茶生産組合を設立、30ヘクタルの桑畑から桑の葉を収穫し加工場で製品に仕上げるという取り組みだ。初年度の年商額は４００万円だったが、3年目に1千万円を突破し、5年目の02年には5千万円に迫る勢い。健康ブームに乗って業績は急成長していった。

グループ企業が拡大
産学官で新産業の創出目指す

桜江町で桑茶づくりが始まって17年、桑の葉の収穫量は年１００トンから１２０トンになる。事業は堅調に拡大し、企業は地域に定着した。それを如実に表すのが品揃えである。

主力の桑茶は販路や用途に応じて箱入り、ティーバッグ、バラと種類が増え、桑の葉をパウダーにして圧縮した桑葉つぶ、抹茶味の桑青汁、焼き塩を混ぜた桑焼塩など十数種類もある。

7年目からは大麦若葉やハト麦若葉を栽培し始め、青汁若葉製品が桑茶に加わった。健康をキーワードに、桑以外にも扱い商品を広げると同時に、閑散期の雇用対策として役立てる戦略だ。大麦などの栽培で周年収穫が可能になり、町民の働き口がさらに拡大した。

経営基盤も強まった。任意組織だった生産組合は３年目に法人化し、5年目に本社工場を移転強化した。そして7年目に「しまね有機ファーム」、8年目に「有機の美郷」をそれぞれ新設、グループ企業を広げている。

古野さんは詳細を明らかにしないが、地場金融筋は「グループ全体の売上高が桑茶部門と青汁大麦若葉などその他部門を合わせ、10億円に迫るのでは」と見る。グループ全体の扱い商品は30種類に達し、グループ従業員は50人を超すと古野さんは話す。

高齢者やU・Iターンの受け入れなど地域の雇用拡大に貢献し、桑茶を米作に次ぐ地場産業に育てたと、地元各界も評価している。

桑茶生産組合が今、関心を寄せているのが産官学連携による新産業の創出。島根県が推進する「機能性食品産業化プロジェクト」に参画しており、県産業技術センターや島根大学医学部と共同研究を実施してきた。

健康・安全は消費者が最も求めるニーズ。産官学連携で新たな健康食品が誕生すれば、養蚕目的とは違う姿の桑畑がよみがえり、地域を潤すことになる。

桑茶生産組合の本社ビル

お年寄りが集う街づくり
賑わい創出へ逆張りの作戦

（島根県松江市、松江天神町商店街）

お年寄りが好んで集い、交流し、気軽に買い物ができる商店街が島根県にある。松江市の中心商店街の一つ、松江天神町商店街（理事長中村寿男氏、組合員33店）がそれだ。口を開けば、「若者に好まれる街づくりをしたい」という商店街が多い中で、天神町はそれとは反対の「逆張り商法」を展開。高齢者に的を絞った集客に知恵を絞り、お年寄りに優しい街づくりを進めることで賑わいを復活させる作戦が功を奏した。

お参りにお年寄りの列
天神市に1万人以上

宍道湖畔の白潟地区にある白潟天満宮は、学問の神様として多くの松江市民に親しまれる。この天満宮を起点に350メートル、松江城に向かう道筋が天神町商店街だ。門前町として江戸時代から栄え、高度成長期には松江銀座と呼ばれるほどの有名商店街だった。

今ではかつての勢いがないものの、それでも縁日の毎月25日には商店街全体が異常な活気に包まれる。この日は天神市がたち、野菜や鮮魚、菓子などを売る露店が出店。若者相手のフリーマーケットがあり、路上では喫茶コーナーやコンサートもあるからだ。

近郊から押し寄せる信者やお年寄りがまず向かうのが白潟天満宮。境内の一角には、幼少期の菅原道真の像を祭る「おかげ天神」がある。ボケを封じる効果があるというので、水を含ませた白布で道真像をぬぐう人で、列ができる。

参拝者はこの後、商店街に繰り出し、お気に入りの一品を買いあさったり喫茶コーナーで井戸端会議に花を咲かせたりと、思い思いの1日を過ごすわけだ。天神市には多いときで1万人以上、条件の悪い雨天の日でも5千近い人で

お年寄りに優しい商店街づくりに精を出す中村理事長。

賑わう。

「最近では家族連れや学生なども集まる。だが、お出かけを楽しみにしているのはやはりお年寄りですね」。高齢者を元気にし、高齢者に優しい街にしようという商店街関係者の長年の活動が実を結んできたと、中村理事長は話す。

信仰の対象は「おかげ天神」
交流館で湯茶の接待

天神町が高齢者を的にした活動を始めたのは99年。「島根県は全国で最も高齢化の進んだ県だ。松江市では天神町を含む白潟地区が最も高齢者が多い。だから、この天神町で高齢者の住みやすいモデルを作ってほしい」と、市から提案されたのがきっかけだった。

そこで、商店街は若手店主で構成する「天神町街づくり委員会」と、松江市や商工会議所などと作ったワーキング会議で検討を重ねるとともに、先進地を視察した結果なども加えて「お年寄りに優しい商店街」をつくることで合意した。お年寄りに優しい街とは、高齢者が気軽に集い、交流できる環境を整えることが前提となる。そのために打った手が3つ。

1つ目は信仰の対象を商店街の近辺に設けたこと。「おばあちゃんの原宿」といわれる東京・巣鴨のとげ抜き地蔵商店街を視察した際、ヒントを得た。「お年寄りが外出する最大の口実はお参りだ」（中村さん）というのだ。商店街では天満宮の了解を得て境内にお年寄りのボケ封じの神様「おかげ天神」を建立した。

2つ目は、お年寄りの交流施設を作ったこと。空き店舗を改装して市の施設「ふれあいプラザ・まめな館」と交流館「いっぷく亭」を開設、お年寄りのたまり場とした。

施設には老人ボランティアが常駐し、話し相手や湯茶の接待ができる体制にしている。いっぷく亭には高齢者が喜ぶようにと、マッサージ室まで完備している。

そして3つ目が天神市を歩行者天国にし、フリーマーケットの出店手続きを容易にする措置を講じたことだ。これで、高齢者が楽しく買い物のできる環境が整った。

地元大学と連携した活動
優しい商店街へ無電柱化、

高齢者を優しくもてなす天神町の活動は、15年目に入った今も活発に続く。この間、地元各層とさまざまな結び付きができ、地域に波紋を広げてきた。その代表例が、島根大学との連携である。「高齢者問題研究の一環として商店街活動に加わりたい」という大学側の提案で実現したものだ。

大学は00年春、チャレンジショップ「おかげ庵」を開設、物販販売の体験学習を始めた。この体験学習には市内の小中学校も競って加わるようになる。児童生徒やその親などが訪れる機会が増えるにつれ、商店街の客層が広がっていく。

「おかげ庵」はその後、地域の歴史を学ぶ「白潟サロン」へと名称が変わり、さらに周辺の商店街や住民を巻き込んだまちづくり会社「だんだんまちづくり会社」へと発展した。まちづくり会社の活動を軸に、大学と商店街の提携は続いている。

障害者が自立するための活動拠点も登場した。「まるべりー松江」がそれで、障害者がパンなどを作ったりレストランを経営したりする施設である。

多くの客層を受け入れるため、商店街はハード面の環境整備にも目を配る。例えば、商店街のアーケード化、バリアフリー化がそれだ。来街者の負担を軽減するのが目的だが、この工事に合わせ無電柱化も実現した。ここの無電柱化はちょっと変わっていて、電線を地中化でなく店の軒下に配線しているのが特長だ。

元気を取り戻した商店街に最近、バスツアー客が盛んに訪れる。月に500人は下らないという。NHKの連続ドラマ「だんだん」や「ゲゲゲの女房」の観光名所を見るついでに、天神町に立ち寄り生菓子を賞味しようという観光客たちだ。

中村さんは「お年寄りに限らず、いろいろな人に優しく接しようと、キャッチフレーズをひとに優しい街に切り替える」と話す。

高齢者に優しくするのはもちろんこと。高齢者だけでなく、家族連れや障害者、観光客など世代を超えて来街者が増えてきた現実に対応しようというのが、「優しい街」へ切り替える理由である。

空き店舗を改装してつくった交流館「いっぷく亭」。

企業が農業再生の担い手
島根、山梨で企業参入相次ぐ
（島根県農林水産部、山梨県農政部）

過疎化が進み全国有数の耕作放棄地を抱える島根、山梨両県で、企業の農業参入が相次いでいる。多くは地場の建設業だが、食品や流通、サービス業なども参入意欲を見せる。農地法の改正など規制緩和が進み、企業の参入がし易くなってきたところへ、両県が企業誘致を積極的に働きかけていることが要因だ。地域農業を活性化する新たな担い手として、参入企業への期待が両県で急速に高まっている。

奥出雲で、建設3社が参入
浜田市では観光農園が登場

島根県の東南端、中国山地を隔てて広島、鳥取両県と接する奥出雲町。出雲神話発祥の地といわれる同町の横田地区に、272㌶もの国営農地が横たわる。国が20年以上かけて開発したものの、就農者が集まらず農地は遊休化する一方だった。

このままでは開発農地が未利用のまま荒れ地となってしまう、何とか担い手を確保して地域を活性化したいという町の呼び掛けに、名乗りを挙げたのが地場で建設業を営む佐藤工務所、植田工務店、中村工務所の3社だ。3社は国営農地の借り入れ契約を町と結び、相次いで農業分野に進出した。

栽培品目は佐藤工務所が大麦やハト麦の若葉類、ケールなどで、植田工務店はサツマイモやニンニクが中心。そして中村工務所がブルーベリーやエゴマ、トウガラシなどだ。健康に役立つ機能食品に的を絞るのが3社のやり方で、作付面積は合計27㌶に及ぶ。3社は生産者協議会を作り特産品開発や販路開拓に共同歩調を取り、事業自立へ向けて10年以上も懸命の努力を続けている。

県西部の浜田市金城町に進出したのが地場建設業の倉本

島根県農林水産部は、農業参入企業の誘致に熱心に取り組んでいる。

組と中垣組。両社は福祉法人グランドマルベリーと共同で有限会社ＫＫＮを設立、牧草地跡地を市から借り受け、ブドウとイチゴをハウス栽培して一般に直売する観光農園「きんた農園ベリーネ」を9年近く経営している。

経営規模はブドウが64アール、イチゴが25アールで、1－5月はイチゴ狩り、8－10月はブドウ狩りとほぼ周年で事業を展開中だ。休日には平均130人の来園者で賑わうほどで、年商規模が4千万円近いビジネスに育った。

企業受け入れへ専任スタッフ
島根県、高額の補助金を考慮

過疎の波にもまれる島根県では、1970年代から地域農業を守る担い手づくりに注力してきた。典型的な事例が、全国に先駆けて展開した「新島根方式」と呼ぶ集落営農運動だ。集落単位で農業者を組織化し、農器具の使用や農作業を共同化する仕組み。集落営農組織は今や全県で600以上もある。

その後も認定農業者や特定農業法人の拡大などに力を入れているが、農業従事者の高齢化と農地の遊休化を押しとどめることが難しいのが実情だった。厳しい状況を打開しようと打ち出したのが04年から本腰を入れ始めた企業の農業参入事業だ。

同県の活動で興味深いのは、工場誘致に似た支援体制を農業にも応用した点にある。県庁内の農林水産部に2人の企業参入促進スタッフを、東京、大阪、広島の3事務所に民間人各2人の農業参入コンダクターを配置し、企業訪問や相談活動、情報収集を繰り広げている。

農地の取得や営農相談にはしまね農業振興公社の専任スタッフが、営農などの支援活動には市町村単位の支援センターがそれぞれ対応するキメ細かさ。当然、各種助成・融資制度も整え、例えば参入企業の技術習得や販路開拓などに最高500万円の補助金を交付している。

参入促進スタッフだった青戸貞夫さんは、「誘致活動は手応えがあった。09年度が9社、10年度が8社で、年間で複数の企業が毎年参入している」と話す。これまでの参入企業総数は、大小合わせると100社を超すというから、驚きである。

参入企業の半数が地場建設業だが、食品や窯業、流通、サービス業にも広がってきた。01年から益田市で青汁原料のケール栽培を大規模展開するキューサイ、浜田市で11年1月からイチゴの観光農園を立ち上げた中電工など県外の大企業も参入、農業ビジネスを展開している。

山梨県も専門の部署設置
参入企業、建設業が多い

農業従事者の平均年齢が68歳と高く、耕作放棄率が全国第2位の山梨県も、農業の停滞に悩む点では島根と同じ。地域農業の活力維持には、担い手を「農以外」に求めるしかないとして07年から、企業の農業参入事業に取り組み出した。

農政部に専門部署の担い手対策室を設置、「農業参入セミナー」を頻繁に開催したり企業の参入相談を精力的にこなしたりしている。農地確保の方法や作付け品目の検討、販路の研究から営農計画づくり、人材の確保・育成策など相談内容は何でもOKだ。県の各部局や市町村の関係機関とも連携して、企業に誠実に対応している。

対策室のスタッフは口を開けば、参入メリットを企業側に強調する。「食品、外食企業なら、自社農産物を材料に使うことで商品の差別化ができる」、「建設業は重機械や自社労働力を有効活用できる」、「地域農業を支えることで企業イメージも向上する」——といった具合だ。

そうした努力の結果、企業参入数は08年7社、09年9社、10年10社と順調に増え、10年末までの参入総数は49

社。最近は参入企業数の統計を明らかにしていないが、「企業の農業参入は加速しており、合計で60社を超すのでは」と県の担当者は話す。

業種別では島根と同様に地場建設業が多く、全体の3割強を占める。この中で良く話題になるのが、甲州市に農業生産法人「四季菜」を設立し、トマト10種類のハウス栽培などに乗り出した石井工業（大月市）、農業生産法人「ＩＪＡＰＡＮ」を設けニンニクや果樹を栽培する筒井建設（笛吹市）などだ。

農業を取り巻く厳しい環境を考えると、家族を中心とした担い手だけで地域農業を支えることはもはや困難だ。経営力のある企業が農業の一翼を担うのが自然の流れとなってきた。

山梨県が企業の農業参入を促すために催したアグリビジネス展開のためのセミナー。

バイオマスで地域に活気　体験ツアー、9年で1・6万人

（岡山県真庭市、真庭観光連盟）

「バイオマスツアー真庭」――岡山県北部の真庭市で取り組まれている新手の産業観光が耳目を集めている。06年にバイオマスタウンの指定を受けた同市では、バイオマス活用の町づくりが活発に進められているが、その実態や市民の暮らしの最前線を体験してもらおうというのがツアーの狙いだ。始まって9年余り、集客数が累計で早くも1万6千人を突破し、真庭の知名度を内外に広める観光ビジネスに発展した。

木屑を使った自家発電施設
バイオマス商品も相次ぎ開発

真庭市のバイオマス事業は90年代に民間主導で始まった。その先達が柱や梁などの住宅用構造材を製造販売する銘建工業（本社同市勝山）である。

同社は工場から出る樹皮、カンナくずなどの木屑を使った発電を研究し97年、10億円を投じて出力１９５０キロワットの自家発電施設を建設した。１日１２０トンの木屑で1時間20トンの水を焚き、その蒸気でタービンを回して電力をつくる設備だ。

自社で使う電力はこれで賄い、蒸気は乾燥や暖房にも使う。余剰電力は電力会社に売っており、売電額は年5千万円にもなる。電力や暖房費を自己調達できるうえに、売電収入もあるのでバイオマス事業の効果は大きい。

銘建工業は06年、ペレット燃料も事業化した。ペレット造粒装置などを導入、制材工場から出る木屑を圧縮成形してペレットを生産。家庭のストーブや公共の温水プール、農業用ハウスの石油代替燃料として販売する。ストーブやボイラーの設置費がやや高いのが難点だが、生産量は1万2千トンにのぼる。

木材チップや端材などをコンクリートと混ぜて作る木片

市内勝山地区の町並み。保存地区に指定され、観光客がよく訪れる。

コンクリートを商品化したのがコンクリート2次製品のランデス（本社同市開田）。園芸用プランター、道路舗装材、法面補強材などに販路を広げている。また、ヒノキ（本社岡山市）が開発したのが木片チップを加工処理してつくった猫トイレ用の猫砂。消臭抗菌効果があるというので、愛猫家の間で人気という。

バイオマス活用の新商品、新技術はこの他にもいろいろある。ストレス解消に役立つひのき油、木粉でつくる木質プラスチックなどが1例だ。真庭産業団地に立地する三井造船のように、木材廃棄物を使いエタノールを本格生産する取り組みもある。

企画の担当は真庭観光連盟
半日と1泊2日の有料ツアー

人口4万8千人の真庭市は面積の80％を森林が占め、西日本有数の木材集散地として栄えてきた。輸入材に押されて勢いが衰えたとはいえ、市内にはまだ30以上の製材所があり、基幹産業として市経済を支える。

そうした製材所の悩みが間伐材や林地残材、製材所から出る木屑などの未利用材だった。地域内で木質資源を循環させる方法はないか、そして木材産業再生の道はないのか

――若手経営者などが集まり、93年に発足した勉強会「21世紀の真庭塾」の活動が、その後の真庭の幅広いバイオマス事業に繋がった。

20年以上の歴史を持つ真庭のそうしたバイオマスの各施設や事業所を実際に見て回り、体験・学習する「バイオマスツアー真庭」が始まったのが06年12月。ツアーは真庭観光連盟が企画し、中鉄美作バスが運行協力する一種の産業観光である。

内容は1日目が市内のバイオマス発電、木片コンクリート製造施設、温水プールなどを巡回見学し、2日目は域内の湯原温泉のバイオディーゼル・システム、蒜山の有機堆肥づくりの事例に接するというもの。8千円の有料ツアーだが、企画がヒットして06年度は24回の開催で423人が参加した。

2年目の07年度からは、バイオマス事業の事業所や施設を巡回見学する半日コースと、それに森林や林業の取り組みを加えた1泊2日コースを加えた合計3コースでツアーを実施している。参加者は07年度が112回の開催で2098人、08年度が97回の開催で2194人と急増した。

09年度は73回の開催で1454人とかなり落ちたが、これは「世界同時不況や新型インフルエンザなど特殊要因による」と中村政三事務局長は話す。

趣向を凝らしたおもてなし域内への波及効果大きい

開始から14年度までの9年間の参加客は累計で1万6219人。当初は地理的関係で中国地方の参加者が多かったが、今では全国に広がる。14年度の参加者の場合、中国地方が37%、関西が25%、関東が21%を占めている。

中村局長は「リピーターが3割と高いこと、海外からの参加者も伸びてきたのが最近の特色」と分析する。企画を打つ度に、全国から問い合わせが来るようになったそうだ。

「バイオマスツアー真庭」がこのように支持される理由は、2つある。

まずはツアーが持つ性格である。バイオマスの先端事業所や循環型社会の試みを体験することで、知的好奇心を満足させる楽しみが得られる点だ。

もう1点は趣向を凝らしたおもてなしである。ガイドブックやマップを配り、専門ガイドがいつも付き添う。事業所にはツアー担当者が配属され、開発の背景や経緯、事業化にまつわる苦労話、稼働後の効果などについて担当者が迫真の説明を行う。つまり、ストーリー性に富んだツアーが売り物なのだ。

ツアーは今、外延的な広がりを見せる。例えば、三菱自動車工業との共同ツアーだ。電気自動車「アイ・ミーブ」をつくる三菱水島製作所と真庭観光連盟が09年の経産省の新エネルギー大賞に選ばれたのを記念して開発したもので、「岡山発の2つの新エネ最前線を見る」ツアーを実施した。参加者は33人。反応が良かったので、他社との連動の企画を折に触れ、打ち出すのも、1つのやり方だ。

真庭市はいま、「バイオマス産業杜市・真庭」と呼ぶ新しい町づくりと取り組んでいる。一般家庭2万2千軒分の需要に見合う真庭バイオマス発電所（出力1万キロワット）を15年春、稼働させたほか、「木質バイオマス・リファイナリー事業」、「有機廃棄物資源化事業」などを手がけ、バイオマスタウン・真庭に磨きをかけようという作戦だ。

これに対応したバイオマスツアーの企画メニューが、これから加わっていく。メニューに厚みが出れば、地域を刺激し町づくりに相乗効果をもたらす効果が出てこよう。「域内への経済波及効果も少なくない」と、関係者は心に描いている。

真庭市に西日本有数の木材集散地。木材産業の振興に力を入れる。

モノづくりの中核人材を育成 競争力強化と地域振興が狙い

（岡山県倉敷市水島、山陽技術振興会）

石油化学工業を担う次世代の中核的な人材を育てようと、水島石油化学コンビナート（岡山県倉敷市）でユニークな人材育成事業が進められている。同地区の企業が行政や大学と協力し、産学官連携で始めた事業だ。教材も独自に開発し、独特の教育プログラムに沿って実践的な講習を重視している。モノづくりの現場力を高めることで、国際競争力を確保すると同時に地域産業の活性化を狙っている。

現場のニーズに応えた実践講座
受講生が殺到、年2千人以上

水島コンビナートを構成する旭化成ケミカルズの水島製造所。その一角で作業着を着た若手社員らが大きなポンプを囲んで作業していた。ポンプには青い配管がいくつも繋がっており、配管には液化石油などの危険な液体物質が流れている。

1人の社員が圧力計の数値を読み上げていくと、モニターを見ていた講師が声を上げる。「はい、そこでＯＫです」と言い、「いいですか、この数値と操作感覚を覚えてください」と強調する。これは工場設備の円滑な運転操作を実習し体験する「設備管理」講座の一風景だ。

受講者はコンビナートに立地した複数企業の現場中堅社員たちで、この日の講師は旭化成のＯＢ技師が担当した。「受講者は意欲的に学習する。質問も活発だし、教え甲斐がある」と言って講師は目を細める。

こうした実習軸に、理論と経験と実践をミックスしたユニークな人材育成事業が２００７年春から本格的に動き出した。「山陽人材育成講座」という名称で、始動期の講座数は「安定運転管理」（6講座）、「高度安全運転」（5講座）、「リスクマネジメント」（4講座）など4コース、19

水島コンビナートで繰り広げられる人材育成事業。企業の枠を超えて研修生が集まる。

講座だった。

その後、講座数は年々拡充強化し、14年度は「安全・安定基礎」（9講座）、「同上級」（7講座）、「リスクマネジメント」（5講座）など5コース29講座となっている。

各講座とも定員は20－30人程度。講義の会場は倉敷市水島の水島臨海鉄道ビル・栄研修室を、実習は三菱化学や旭化成ケミカルズの生産現場をそれぞれ活用し、大学教授のほか、各社の製造部長や生産管理者など生産現場を熟知した企業幹部が講師になって実技と理論を織り交ぜた内容の授業を3日ほど実施する。

受講料は1万6千円－2万7千円と有料だが、現場のニーズを活かした実践教育が行われるとあって人気が極めて高く、応募者がいつも殺到する。14年度の受講者は32社から2654人に上った。

山陽技術振興会によると、07年から15年までの9年間の累計受講者数は約1万9600人と2万人の大台に迫っている。

役立つ教材を独自に開発
異企業社員が他流試合

人材育成事業の推進役を務めているのが旭化成の元常務

（工学博士）池上正氏で、今の運営主体は社団法人山陽技術振興会だ。

「ものづくりの現場力、特に安全操業やリスク管理の能力が弱っている。国際競争力を強めるには現場を背負って立つ中核的なオペレーター、マネージャーを早急に確保しないとダメだ」。池上室長はそう考え、それを実現するための特色ある体制をつくり上げた。

特色の1つは事業の推進体制だ。各界に働き掛け、産官学による独自のコンソーシアムを結成した。つまり、山陽技術振興会が管理運営者となり、経産省や岡山大学、山口大学、岡山地区の企業などと協力して委員会を新設、ここを通じて事業を実施していく仕組みである。

受講者は企業の枠を超えて参加でき、異企業の社員が交流し他流試合ができる研修の場を作った。「交流と他流試合で自社内では味わえない深掘りの習得ができる」と池上室長。そして「地域の一体感、地域の活性化にも役立つはず」と強調する。

事実、受講者からは「他社の考えが聞けてよかった」、「グループ討議で考えの浅さを知らされた」といった好意的意見が相次いでいる。

もう1つの特色は、独自の教材開発だ。ありきたりの教材ではダメだ、実際に役立つ教材が必要だというので、コンソーシアムの中に教材開発検討委員会を作り、現場ニーズに会った教材作りを進めた。経産省の資金援助を受けたことは言うまでもない。

具体的には個別企業が社内研修で積み上げてきた経験と教材を持ち寄り、委員会で検討・修正して教材のたたき台を策定。そのたたき台を実証講義にかけて有効かどうか確かめる、そうした作業を繰り返して最終的な教材に仕上げていった。完成した教材をみると、事例がふんだんに盛り込まれ、体験・実習、実習・演習を重視した実践志向型の内容となっている。

他地区への「出前講座」も検討
不安材料は事業の採算性

石油化学は今、内外に多くの課題を抱えている。対外面で最も心配な点はアジア、中近東で目白押しの超巨大エチレン設備が08年から10年代半ばにかけ、相次いで立ち上がってきたこと。厳しいグローバル競争の中で、日本の国際競争力が問われる事態が到来した。

それと国内での心配事が人材問題だ。効率を求めて各社が過去にリストラを進めたところへ「団塊の世代」の大量退職が重なり、生産現場での技術者確保、技術伝承が懸念されている。

それだけに、水島地区の産業界は国際競争力の維持発展と人材確保の両面に照準を合わせた有効な対応策として、今回の人材養成事業に期待を寄せる。07年に水島地区で本格化したこの事業は、08年には山口県にも出前して実施し、両地区で数百人単位の講義を行っている。

モノづくりの中核的な人材作りと技術伝承は全国に共通した課題といえる。他地区でも課題解決の必要性が高まっているとみて、宇部や岩国・大竹などに講座を広げることはもちろんのこと、場合によっては関西や関東にも出張して「出前講座」を開いてもよいと意欲を見せる。

ただ、不安な点は事業の採算性だ。教材開発は国の助成金（1億4千万円）でやり繰りしたが、運営事業費は独力で稼がなくてはならない。

採算ラインは受講者が1千人レベル。ここ数年は2千人以上の受講者を受け入れており、この分では当分、講座維持が可能と見られる。しかし、景気動向と企業の業績次第で受講者数は変動するので、財政基盤固めに自治体からの資金支援も必要になりそうだ。

「モノづくりの現場力を高めたい」と語る推進役の池上室長。

6次産業で地域が活性化
町の全域を農業公園に

（広島県世羅町）

中国山地の山あいにある人口1万8千人の広島県世羅町は、町ぐるみで6次産業化と取り組み、農業と地域を活性化した先進的な町である。農業関連の57団体が、99年「世羅高原6次産業ネットワーク」を設立、売れる農業・付加価値を高めた農業を目指し闘っている。会員の開発した特産品は100品目、年商規模は16億円に達し、年間200万人近い観光客で賑わう活気溢れる町となった。

夢高原市場は活動の拠点
年商4億円の「いきいき村」

広島市から東へ約60キロ、標高350～500メートルの丘陵地に農地が広がる世羅町に、観光客がよく訪れる直売所がある。せら夢公園の一角に店舗を構える「夢高原市場」がそれだ。売り場面積は216平方メートルと広くはないが、週末ともなると一日2千人以上の顧客が顔を出す。

地元の農畜産物をワゴンやブースで販売するほか、イベント情報の発信、地元食材で作る郷土料理のコーナー展開、工芸品の体験交流、料理研究会などもある。特に重視するのが6次産業ネットワークの会員が開発した特産品の販売。ここでの販売で購買動向をつかみ、売れるとなれば世羅ブランドとして拡販するアンテナの役割を持つ。

運営はネットワークとは別の協同組合が当たっている。売上目標の年8千万円はまだ達成していないそうだが、佐古淳子理事長らは「夢高原市場はネットワークの拠点。アンテナの役割も果たす」と意欲を見せる。

町内には夢高原市場の他に、3つの産直市場と21の直売農園がある。産直市場の中で最も大きいのが国道184号線沿いの「甲山いきいき村」。町内産の販売にこだわり、近年は年間売上高4億円を優に上回り、96年の開設時から9倍も増加した。

世羅町には地元の農畜産物を販売する産直店がいくつもある。

「鮮度がよく農薬の少ない農産物、おいしい商品が顧客のニーズ」。最近は独自の認証制度を設けて有機栽培品にも取り組んでいると、スタッフは話す。

集落ごとに集落農業生産法人を作り農業経営をする集団が町内に27もある。うち6集団がネットワークに参加しているが、その一つ、「さわやか田打」は転作作物の大豆を使ったみそ、菓子で売り上げを伸ばす。「大豆のままでは赤字だが、加工すれば利益が出る」と、6次産業化の効果を認める。豆腐など加工品を増やし、年商1千万円が毎年度の目標だ。

広島、福山へ出張販売
観光客が増え、200万人へ

世羅と言えばナシが有名だが、ナシだけでなく大豆、アスパラ、鶏卵なども県内で1、2を争う産地。これらの産物と加工品は町外にも積極的に売られる。広島市内のアンテナ店「夢ぷらざ」やイトーヨーカ堂福山店などに会員が出掛け、週単位で出張販売するほか、広島、三原、尾道、福山などのスーパーでインショップ展開している。

世羅は丘陵地を切り開いた開拓農家が多い。国営事業で拓かれた375㌶の農地には果実や花の観光農園など38の農園があり、うち16農園がネットワークに参加している。各農園は花見客を誘致して入場料収入を確保するとともに、園内で開催するイベント収入を競う。

3・5ヘクタルの農地に50万株のアイスランドポピーや1万株のラベンダーが優劣を競う「香山ラベンダーの丘」、3万平方メートルの園内にぼたん桜、つつじ、フジが次々と咲き誇る「せらふじ園」、夏空に100万本のひまわりが出迎える「旭鷹農園」などには春から夏にかけ花見客が良く訪れる。

観光客が最も多いのが、6万平方メートルの農地に70万本のチューリップを植栽する「世羅高原農場」。周年で顧客を集める花畑づくりを心掛け、レストランや花カフェ、花ショップなどで入園者を楽しませる。ここだけで年間12万人もの入園者がある。

産直活動や観光農園事業が活発になるにつれ、世羅を訪れる観光客は増える。中国・四国や近畿の客が多く、20台以上のツアーバスが連なる日もある。ネットワーク絡みの観光客だけで07年が136万人、08年は158万人にのぼった。町全体では年間200万人近い年もあったと、産業観光課は話す。

特産品、100品目を開発
ブドウを次の主力農産物に

ネットワーク会員が特に力を入れるのが特産品の開発。笹木三月子大根や観音ネギ、青大きゅうりといったこだわり農産物を栽培するほか、加工品の開発に熱意を燃やす。これまでにかりんとう、テンペ、夢小判など100品目以上の独自商品が開発され、年商100万円を超す特産品が14品目も生まれた。

新商品は夢高原市場で店頭販売されるほか、商工会と毎年開く「地産地消の集い」で試食される。年2回開く大型イベント（フラワー王国夢まつり、フルーツ王国夢まつり）でも展示販売され、売れ行きが試される。

6次産業活動のコーディネーター、後由美子さんによると、最近評判の新商品が世羅ナシを使った「スムージー」と「ランニングウォーター」。ランニングウォーターは全国駅伝で有名な世羅高校生と会員が共同開発した飲料で、売り上げの一部が若者の農業活動費に充てられる。

4・8ヘクタルの農業公園にある「せらワイナリー」。ワインの醸造施設やレストラン、直売所などを備える観光スポットになったが、そもそもはナシに次ぐ農産物としてブドウを育てるのが狙いだった。ワインの生産に必要なブドウを確保しようと、町は醸造に、農家は世羅産ブドウの栽培に力を入れる。これも新しい特産品づくりの一環だ。

「6次産業は農業者が生産だけでなく、一次産品を加工し付加価値を付けて消費者に提供するトータルな産業」。15年間の取り組みで産業規模は年20億円前後に達したのではと、町役場では話す。「さらに磨きをかけ、町を発展させられればいい」と後さんらは期待し、そのためにも町全体を農業公園にする活動と人材育成に力を入れたいという。

世羅町は、6次産業化を推し進め、新たにワイン産業の振興に力を入れ出した。

宇部圏の産業観光に人気
コースの設定と演出が魅力

（山口県、宇部・美祢・山陽小野田産業観光推進協議会）

周防灘沿いに化学、薬品、窯業などの大工場が林立する山口県南西部の工場地帯で、ものづくりの拠点を見て回る産業観光が盛り上がっている。宇部、美祢、山陽小野田3市の経済界と市民、行政が取り組む共同事業で、年間1千人を超す観光客を集め、地域に賑わいをもたらした意義は大きい。工夫を凝らすコースの設定と演出が、リピーターの増加と客層の広がりを後押ししている。

主力は18種類の募集型ツアー
人気が高い「セメントの道」

13年度に企画した産業観光は、自主事業の募集型ツアーと旅行会社の商品に組み込まれる受注型ツアーの2形態。主力は18種類の募集型ツアーだ。このツアーは「セメントの道」、「無煙炭のまち大嶺」、「エネルギーの山陽小野田」というように種類ごとにテーマを設定し、テーマに沿った見学コースと行程を組み込んでいる。

どれも日帰りの有料バスツアーで、費用は6700円から8500円。実施時期と回数は年によって異なり、10年度は6月から12月まで38回（定員760人）だった。13年度は回数がやや少なかったが、1395人の参加者を確保している。

最も人気の高いのが「セメントの道」という。つまり、「広大な石灰石鉱山と超大型トレーラー、日本一の企業専用道路を見学するコースです」と、宇部観光コンベンション協会の横谷幸児専務理事が解説してくれた。

このコースは約4時間の旅だ。出発点は世界的に有名な秋吉台の科学博物館。ここでまず、石灰石の概要を学び、美祢市の宇部興産伊佐セメント工場へ移動する。石灰石、セメントとも国内最大級の生産規模を持つ同工場を見学し、石灰石、セメントを作る工程を学習する。

人気の高い「セメントの道」。その一環を成す石灰石鉱山に触れると、きまって歓声があがる。

圧巻は工場に隣接した石灰石鉱山。年間３００万トンも産出する採掘現場で、ドリルやダンプ、ホイールローダーなどの大型機械が唸りを上げて動き回る。想像を超すスケールの大きさ、ローマの円形劇場を彷彿させる光景に参加者は歓声を上げる。

石灰石やセメントは一度に80トンも運べる巨大トレーラーで30キロ離れた宇部セメント工場へ運ばれる。走るのは宇部興産が67年に作った専用の高速道路だ。参加者はこの道路をバスで走行し、「片道2車線、日本一長い私道ですよ」と説明する同行スタッフに驚いていた。普段は立ち入りできない生産現場に直に触れる貴重な1日となった。

事業主体は広域の協議会
08年度から本格的に実施

宇部圏の産業観光は、観光振興を叫ぶ山口県の呼び掛けが事の発端だった。05年春、全国から観光客を誘致するキャンペーン「デスティネーション・ジャパン」が県下で催された時、「地域の資源を活用して各地区が観光客の誘致に努めてほしい」と県が求めてきたのだ。

観光資源の乏しい宇部圏にとって、県の要請は頭の痛い問題だった。どうしたものかと行政と経済界はブレーンストーミングを重ねる。結局、「元気な工場地帯を新しい観光スポットに活用しよう」との結論に落ち着く。

事業主体は宇部観光コンベンション協会が事務局を担う「宇部・美祢・山陽小野田産業観光推進協議会」（会長伊藤隆司氏）。3市の民間企業を始め、商工会議所、商工会などの経済団体や県、市などで構成する広域団体（71社・団体）である。

協議会は07年度から2年間、県と3市からそれぞれ200万円の資金援助を受け、産業観光のやり方や事業内容、PRの仕方、財源確保策などを検討した。そして、1泊2日の4コース、日帰りの4コースのツアー商品を企画し、一般市民を対象に可能性調査も実施した。

こうした調査をもとに事業内容が煮詰められ、08年度から本格実施に踏み切ったわけだ。事業は①企画は協議会が担当②ツアーの催行は地元の宇部市交通局と船鉄観光旅行社が行う③ツアーは全て有料――という枠組みで実施している。

この事業はスタート時から話題を呼び、県内外から08年度は984人、09年度は1147人もの参加者が集まった。リピーターの比率も年々高まる。

企業人ＯＢの付き添い役
臨場感ある説明が好評

ツアー客の集客はこのところ、堅調に推移している。募集型ツアーは何回も実施した経験が生きて、毎年600人以上を集める。参加人員は波があるが、前年同期を上回ることが多い。宇部圏の産業観光がこのように人気を呼ぶのは、通常の工場見学とは一味違った工夫が凝らされているためだ。

1例がコース設定の独自性である。地域産業の活動を仕分けして18のテーマを設け、テーマに合った見どころを少人数で実施する仕組みを構築している。「塩変じて薬になる」と呼ぶツアーの場合、山陽小野田市の歴史民俗資料館や日産化学小野田工場、きららガラス未来館などを見て回るが、塩を起点にさまざまな化学製品やガラス産業が生まれてきた発展過程をつぶさに学べるように構成している。

14年7月に山陽オートレース場を見学した「山陽オートバックヤード」ツアーでは、レースの公正を期すため普段は立ち入りが厳しく制限されているエリアにも入り、時速150キロで突っ走る本番レースを間近で観戦した。26人の参加者が興奮したことは言うまでもない。

もう1点は「産業観光エスコーター」の存在だ。コンベンション協会の谷山豊三郎事務局長補佐は「企業人ＯＢや郷土史家など17人が登録している。ツアーに同行して案内し説明する付き添い役です」と話す。

エスコーターは製造現場での説明の際、地域経済が発展した裏には、明治以降の石炭産業の振興が礎になったとか、エネルギー革命にいち早く対応した点が大きいとかと解説する。折に触れ経営の苦心談や失敗談が織り込まれるので、臨場感あふれる説明が参加者を喜ばす。

事業が短期間で大きく育った裏には、企業の協力姿勢も大きい。社会に貢献しようとのＣＳＲ意識の高まりが底流にあるからだろう。

もちろん課題も浮かび上がる。参加者の多くが県内に限られていることと、採算を確保することの難しさだ。過去3年間の実績では、県外からの参加比率は10％台という。今の人気ぶりから見て、県外にもう少し情報発信すれば、もっと県外客を引き寄せられる。県外客が増えれば、事業の採算性も改善する。

地域の事務所や工場を観光コースに仕上げた産業観光が、宇部圏で人気を集め出した。

四国編

活況続く「葉っぱビジネス」
生きがい向上、町は元気に

（徳島県上勝町）

徳島県上勝町は、おばあちゃんの「葉っぱビジネス」で活力を取り戻した自治体である。山国ならどこにでもある葉っぱを、日本料理に添える「つまもの」として出荷、市場シェア7割を握るわが国最大のつまもの産地に伸し上がった。人口の15％近くが葉っぱビジネスに携わり、年商額は2億6千万円にのぼる。過疎・高齢化の流れに挑む小さな町を訪れてヒントを得ようと、今日も多くの見学者が押し寄せる。

前線に立つ彩農家200軒
売上高は年2億6千万円

人口1800人強の上勝町は徳島市から南西へ約40キロ、勝浦川の上流にある四国で一番人口の少ない町である。標高千メートル級の山々に囲まれ、山林が町面積の86％を占める。高齢化率が50％と高く、過疎高齢化の進む5集落で町はつくられている。

葉っぱビジネスを地元では彩《いろどり》事業と呼ぶ。事業の前線に立つのが山や畑に入って葉っぱを収集・選別し商品を出荷する農家（彩農家）だ。全部で200軒を数えるが、主役は平均70歳超のおばあちゃんで、中には90歳を超す年長者も含まれている。

彩農家が最も多いのが正木集落（66軒）と傍示集落（61軒）の2つ。町の最も北にある正木地区を訪ねると、坂道をくねくねと登った先の農家で出荷作業に勤しむ80代の女性に出会った。葉のついた南天の枝をハサミで切り揃えて手際良くトレーに並べ、バーコードを付けていく。

「山の斜面を活用した畑に行けばモミジや南天があるし、山に入ればウラジロや笹の葉が採れる。葉っぱは1年中採れる」。女性は選別作業をしながらこう話し、午後1時までに荷造りを終え農協に出荷するのだと言う。

彩事業の生みの親の１人、横石社長は情報システムの改善に頭を巡らす。

上勝町で彩事業が始まったのが１９８６年春。最初の年商額は１１６万円だったそうだが、今では年商額が２２４倍の2億６千万円に拡大した。取扱商品が３００種類、過去27年間の累積年商額が40億円近いビジネスに発展した。おばあちゃんが主役でこれだけのビジネスをこなすのだから、驚きである。

事業の中核は「いろどり」威力発揮、彩情報ネット

彩事業は3つの構成者で成り立っている。事業の中核にいるのが99年春に設立された第3セクターの「株式会社いろどり」で、これに彩農家とＪＡ東とくしま上勝支所が連動し事業を動かす。

3者の役割分担は明確だ。事業の生みの親で、「いろどり」社長の横石知二氏によると、市況の分析や需要予測、販売戦略を担当するのが「いろどり」で、各種分析情報を彩農家にパソコンを通じて提供する。彩農家は売れ筋商品や市況の動きをパソコンで確認して毎日の出荷商品を決めＪＡに出荷するわけだ。

ＪＡは商品の荷受・出荷業務や取引先への営業を担当し、同時に市況情報、出荷実績、受注管理情報を「いろど

り」に提供する。出荷先は北海道から九州まで全国38カ所の市場だが、特定の市場や料理店から特別注文が来た際は彩農家にＦＡＸで緊急発注して緊急出荷する。

「３者はＩＴ活用の情報ネットで結ばれているので、必要な情報はパソコンでいつでも把握できる」と横石さん。しかも操作面で工夫を凝らしているので、高齢者でも使い易いのが特色という。

彩事業が成功した要因はいろいろあるが、第1のポイントは彩情報ネットという独自のシステムを確立した点にある。第2は山国ならどこにでもある葉っぱを地域資源として捉え、その活用におばあちゃんを動員した着眼点の素晴らしさだ。

そしてもう1つ見逃せないのが、ブランド確立に向けたたゆまぬ努力。勉強会、料亭視察会などを繰り広げて市場のニーズを追い求め、今ではどんな注文でも即座に応えられる担い手と巧みな技を築き上げている。

若者の定住者が１３０人
視察者殺到、年４千人

市町村が25％以上出資する県下の第3セクター35社の業績を地元紙が調べたところ、6割近い20社が累積赤字を抱え、2社が債務超過に陥っている。3セクの赤字経営はとかく批判の対象となるが、同じ3セクでも「いろどり」は別、毎年黒字を計上する優良企業である。

決算期の3月に、毎期1千万円前後の経常黒字を計上し、安定的な納税企業として町財政の基盤強化に貢献している。「いろどり」は堅調な業績もさることながら、町に思わぬ波及効果をもたらしている。

最大の効果は、葉っぱビジネスに取り組むことで、町民の間に生きがいとやる気が向上したことだ。そのお陰で元気な年寄りが増え、寝たきり老人がほとんどいなくなったという。

「上勝町の老人医療費は1人平均で26万円。県下の最も多い自治体に比べ20万円も少ない。町の人口は約2千人だから、年間で4億円も医療費を節約している」。横石さんは彩事業がもたらす医療費節約効果を強調した。

彩農家のほとんどが年金受給者から納税者に替わったこと、町に魅力を感じ若者が定住するようになったことも大きな効果だ。過去20年間でＵターンが56人、Ｉターンが１２２人を数え、うち１３０人が定住している。

元気な町をこの目で見ようと、毎年４千人を超す視察者が訪れる。「うちの町でも何かしたい」「町興しの元気をもらった——視察者からこんな礼状が毎週届く。

葉っぱビジネスで町は上向く。立派な温泉施設もある。

瀬戸内の島々、アートで活気
瀬戸芸の効果は130億円

（香川県、瀬戸内国際芸術祭）

直島、豊島など瀬戸内海の7つの島を舞台に2010年7月、瀬戸内国際芸術祭（略称＝瀬戸芸）が開幕した。3年後の13年3月からは、2回目の瀬戸芸が規模と会期を拡大して開かれたが、いずれも予想を上回る規模の観光客が押し寄せ島々は活気付いている。主催者の実行委員会によると、来場者は1回目が約94万人、2回目が107万人に達し、経済効果は1回目で111億円、2回目で132億円に上る。過疎の島がアートの力で活力を取り戻す実態を、瀬戸芸はまざまざと見せつけた。

来場者約94万人、3割が外国人
地中美術館、入れ替え制で対応

主会場の一つが、岡山県玉野市の南3キロに浮かぶ人口3300人の直島（香川県直島町）。ハマチ養殖の島、非鉄金属精錬の島など、さまざまな顔を持つ直島だが、ここ10年はアートの町として内外に名が広まった。

現代美術の展示場と宿泊を複合化したベネッセハウスに続き、クロード・モネの「睡蓮」などを展示する安藤忠雄設計の地中美術館が04年に開館したからだ。03年度に6万人だった観光客は、地中美術館が稼働した04年度に10万人超と跳ね上がり、09年度は36万人と6年間で6倍に増えた。その2割が欧州や大洋州の外国人観光客という。

1回目の瀬戸芸が開幕して際立ったのが若い女性グループと外国人だ。実行委員会は1回目の来場者目標を当初、30万人と設定したが、9月中旬に40万人を突破してしまった。総合ディレクターの北川フラム氏は「予想の倍のスピード。外国人が3割近くも占めた」と驚く。会期中の来場者数は最終的に93万8千人になった。

玉野市の宇野港からフェリーで約20分。島の玄関口、宮ノ浦港で降り立つ観光客がまず向かうのが「海の駅」前の

「海の駅」にある赤かぼちゃは外国人客に人気のある作品だ。

岸壁にある草間弥生制作の赤かぼちゃ。深紅に黒い水玉模様が目を引き、鮮やかな色彩が特に外国人を引き付けている。

港から直ぐの直島銭湯「I♡湯」は大竹伸朗が手掛けた温浴施設。実際に入浴しながら美術を鑑賞できるというので、女性が好んで利用する。この後、観光客は町営バスかレンタル自転車を使って島南部のベネッセハウス、地中美術館に向かうのが一般的なコース。

中でも地中美術館の人気はウナギ登り。「光そのものを作品化するジェームズ・タレルの作品が良い」と、東京から来た6人組の女性が口々に主張する。入館者が多く、入れ替え制で対応する日もあったほどだ。

参加作家は内外から200組
ボランティア活動に高い評価

瀬戸芸に参加した作家は、1回目が18の国や地域の75組で、2回目が26の国・地域の200組。2回目は会場が12の島と2港に広がった。

過疎化、高齢化が進む島々と紺碧の海原を舞台に、芸術家が感性豊かな作品を仕上げる。「豊かな自然を背景にゆったりした気分でアートを楽しめる」、「島の風景と作品が溶け合い、心を強く揺さぶられた」――観光客の反応はすこぶる良好だった。

各作品の人気度を複数の女性グループに聞いてみると、筆頭はやはり直島の地中美術館の展示品。豊島ではドイツ作家のトビアス・レーベルガーが築80年の建物を改装したレストランが魅力的という。女木島では多摩美大卒の行武治美が制作した「均衡」、犬島では犬島アートプロジェクト「精錬所」がそれぞれ女性たちの目を引き付けた。

瀬戸芸が内外から多くの観光客を誘引するのには理由がある。

まず言えるのは、高い質の作品が集まったこと。美しい景観、伝統的な風習が残る島、都会では味わえない空間で作家が腕を振るっているのだ。北川フラム氏など主催者側は「作品の質が高いからこそ若者に受ける」、「島と人とを結び付ける作品が多い」と胸を張る。

自治体関係者は「島民やボランティアの受け入れ態勢が評価された」と主張する。女木島、小豆島など4島では1700人近いサポーターが「こえび隊」を結成、作品の制作手伝いや展示場の清掃、有料ガイドなどに従事している。直島町観光協会の奥田俊彦副会長は「外国人への接客術など研修を重ね、準備してきた」と話し、おもてなしの質の高さが利いたと言い切った。

関心呼ぶ「家プロジェクト」課題は「芸術祭の後」の対応

瀬戸芸は、「地域再生」も主要なテーマの一つ。総合プロデューサーの福武總一郎氏は記者会見で、「過疎化に悩む島民が人々と交流を深める中で元気を取り戻し、地域に誇りを持ってもらいたい」と語り、それを仲立ちする力が現代アートにあると繰り返し強調した。

そうした状況を端的に示したのが、直島の本村地区で展開される「家プロジェクト」だ。古い家屋を改修し、家の空間、島の暮らしを芸術家が独自の視点で作品化したもので、現在6軒が公開されている。

そのうちの一軒が、築200年の組頭宅を改装した「角屋」。一歩踏み込むと、暗闇に発行ダイオードのデジタルカウンターを使ったアートが浮き上がる。そこから歩いて5分ほどの「南寺」では50人ほどの観光客が行列を作っていた。「中は真っ暗で迷宮のような感じ」、「非日常の世界だ」と、若いカップルが興奮気味に話す。

島民にとって本村地区の暮らしや文化は生活の一部であり、普段は魅力があるとは思っていない。だが、次々と訪れる若者の感動する姿に接する度に、「これが地域の宝なのだナ」と気付かされる。現代アートの持つ仲介力をまざまざと見せつけるプロジェクトである。

瀬戸芸が地域を刺激し各方面に大きな経済効果をもたらしたことは事実だろう。日銀高松支店は1回目の経済波及効果について50億円と予測していたが、実際は2倍以上の111億円に増大した。2回目のそれは「132億円」（日本政策投資銀行）にハネ上がる。

直島商工会などはもっと強気な見方をする。「観光客が1万人増えると3億円上乗せされる」そうだから、約400億円になるのではとソロバンをはじく。

問題は「芸術祭の後」である。3回目の瀬戸芸を2回目と同じ会期と会場で16年に計画しているが、イベントを一過性の行事に終わらせず、中長期の観光振興、交流拡大に繋げられるかが問われよう。

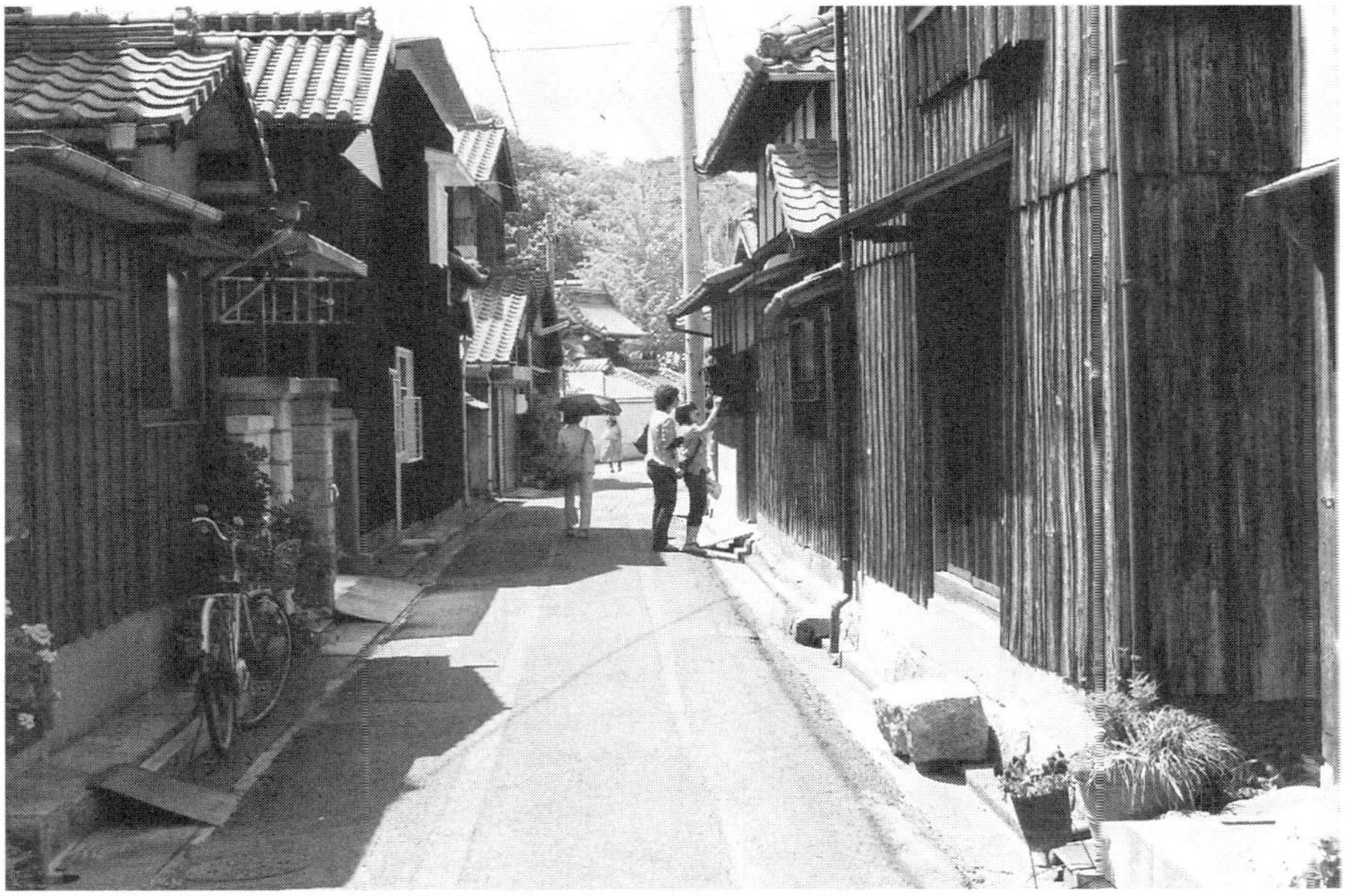

直島の本村地区にある「家プロジェクト」。島の暮らしに接し、観光客も感動する。

新手の再開発で街なかに活気
まちづくり会社がフル回転

（香川県高松市、高松丸亀町商店街）

商店街を再開発して街を生き返らせたい――2006年末から動き出した高松丸亀町商店街（香川県高松市）の「まちづくりプロジェクト」が、効果をあげてきた。売上高は3倍強、通行量は3・5倍も増えており、「買い物が楽しい」「くつろげる街になった」と市民の反応も上々だ。全国初の民間主導による商店街再生事業というので、その去就が注目されたが、街なかに賑わいを創出しようという狙いがまんまと図に当たった感じである。

ブランド店が軒を並べる
再開発で売り上げが3倍増

穏やかな瀬戸内海に面した高松市。そのど真ん中にある高松丸亀町商店街のA街区は朝から人の流れが活発だ。訪れたのは平日の午前11時前だったが、南北を貫く470メートルの通りには歩行者や自転車がひっきりなしに行き交う。

A街区の北端にあるクリスタル・ドーム（丸亀ドーム）は街角にかかる大屋根として計画されたもので、装いを新たに出発した商店街のシンボルである。明るい日が差し込むガラス張りのドーム下の街角広場は、市民のくつろぎの空間だ。週末や祝祭日には各種イベントが催されるので、広場は活気に溢れる。

通りを挟んでドームを支えるように東館（地上8階地下1階）と西館（地上10階地下1階）が立ち並ぶ。上層階は47戸の分譲マンションで、下部の1－4階が商業階。グッチ、コーチ、ギャップ、マックスマーラといったブランドが軒を並べ、地方の商店街とは思えないような雰囲気が漂う。

「都会的なセンスがあり、買い物が楽しくなる」「ここは高松の新しい顔ですよ」――ベンチで談笑する市民らに最近の街の雰囲気をたずねると、こんな答えが返ってきた。

商店街のシンボル、「丸亀ドーム」の下の広場はいつも活気がある。

丸亀町を「市民の集う商店街に作り上げたい」という商店主の願いが日1日と現実味を帯びてきた。

A街区が21店舗で開業してから2年で、通行量をもり返した。高松丸亀町商店街振興組合（理事長古川康造氏）によると、開業前は1日9500人ほどだった通行量が開業直後で2万7千人、2年経った09年でも平均1万8千人前後で推移する。「年商総額は33億円、開業前の3倍以上です」。再開発による効果は予想以上に大きいと古川理事長は話す。

再開発から9年が経過した15年の春の時点では、約170店舗が商店街で営業中で、休日には1日3万人を超す市民が訪れ、買い物をしたり散策を楽しんだりしている。通行量が実に3・5倍になっているのだ。

街区ごとに特色持たせて開発
数値目標掲げて取り組む

主要都市の中心市街地の商店街はどこを見ても地盤沈下が著しく、惨憺たる状況だ。400年の歴史を持ち、四国でも指折りの丸亀町商店街も例外ではない。ドーナツ化現象の進行、郊外に相次いで登場する大型店への客の流出、空き店舗の増加、シャッター街の進展……。通行量が急減し、１９９０年代を通じて商店街の弱体化が誰の目にも明らかになった。

先行き危機感を抱く高松丸亀町商店街が再生策を検討したのが90年。16年も検討して行き着いた先が、「最優先するのは街の魅力を高めること」という「まちづくりプロジェクト」だった。簡単に言うと、全長をA～Gの7街区に分けて再開発し、魅力ある街並みに一新するという内容だ。

再開発の事業規模は街区によって異なる。開業済みのA街区と南端のG街区は大規模な再開発事業となるが、中間の5街区は３－５店程度をまとめて行う小規模事業となる。

再開発に当たっては、各街区の特色を鮮明にした。例えば、A街区は富裕層向けの高級ブティック街、B街区は20代後半を狙ったファッション街、C街区は医療機関や介護施設などの医療モール街といった具合。

再開発に臨む基本方針も、商店主の間ではっきりと確認している。①回遊したくなる中心市街地を創る②街なかの定住人口を増やす③商業、サービスの高度化を図る――の3点がそれで、それぞれ数値目標を掲げて実現することを取り決めている。

「計画はしっかり煮詰めてあるので、5年で街並みを一新できるだろう」と古川理事長はきっぱり。

土地の「所有と使用」を分離 まちづくり会社がテナント管理

見逃せないのは、基本方針実現のために採用した新手の手法だ。その1例が、土地の「所有と使用の分離」である。

商店街の再開発では普通、地権者が自分の土地に自費で新しい店を作り経営するが、丸亀町の場合は違う。地権者による共同出資会社が地権者から土地を60年で借りて再開発ビルを建て、必要な業種の店を見つけてテナントとして使わせるのだ。

「所有と使用が一緒」だと、入出店が乱雑に発生し業態が偏ったり空き店舗ができたりして街の魅力を減退させてしまう。消費者のニーズに合う店を機動的に入れ替えて多様な業種が相乗効果をもたらすような商店街、時代の変化にも揺るがない商店街を作るには、「所有と使用の分離」がどうしても必要だ。

民間主導で作った株式会社が全面に出て重要な働きをしているのも大きな特徴。商店街振興組合や商店主が共同で設立した「高松丸亀町まちづくり」会社がそれで、テナントの募集や必要設備の新設、販促などを含め商店街を一括運営する。「消費者から支持されない店は撤退させる」のもこの会社の仕事だ。

「まちづくり」を最優先するやり方はとにかく徹底している。「烏合の衆では街は守れない」「街全体が魅力を持てば、各商店も栄える」――これが丸亀町の行き方だ。「街が必要とする店を、必要な時期と場所に柔軟に配置できるかどうかが決め手」。古川理事長はそう言い切る。

A街区で作ったマンション47戸は全て売れ、100人が定住した。5年後には街なかに常時、1200人が住むようにしたいと計画している。08年夏から本格化したB街区、C街区の再開発も、街に厚みを増す効果を挙げている。

商店街では街歩きし易い環境を充実しようと気を配る。複合商業施設「丸亀町グリーン」が12年春に開業した際、商店街への自転車の乗り入れを禁止する実験を高松市が実施した。予想以上の成果があったので、今では終日通行が禁止となり、市民からは「安心して歩ける」と好評だ。

中心市街地活性化の動きが全国で高まる中で、高松丸亀町商店街がその先陣役を果たそうとしている。

ドーム下の商業階には高級ブランド品も売られている。

宇和海でマグロの養殖事業
疲弊する地域の浮揚を担う

（愛媛県、宇和海漁業生産組合）

「クロマグロの養殖で地域を浮揚させたい」――ブリやマダイ、真珠の養殖が盛んな愛媛県の宇和海で、マグロの養殖事業が本格化してきた。先陣を切るのが宇和海漁業生産組合（宇和島市、組合長辻澄男氏）で、年間に4千尾以上の養殖マグロを関西、中国方面に出荷している。燃料高や各種規制で危機に立つ漁業の救世主になるのではと、地域全体からクロマグロの養殖事業に大きな期待が膨らんでいる。

愛南町に養殖拠点
万尾を超す稚魚が回遊

　宇和島市から国道56号線を南下して1時間、愛南町の沖合が宇和海漁業生産組合の養殖拠点だ。この辺りはリアス式海岸の入り江が多く、陸地からすぐに水深の大きい海岸が広がる。

マグロの養殖には冬季温暖で水深が深く、河川水や波浪の影響を受けにくい漁場が適している。宇和海は冬季でも水温が15度以上あり、波が穏やかで、台風の影響もないといわれ、「養殖環境としては良好」と地元の水産関係者は胸を張る。

　辻組合長の好意でマグロの養殖現場を見学することができた。愛南町の漁港から6トンの漁船に乗ってほぼ1時間、真珠の養殖場が延々と続くその先の外海に、養殖「いけす」が広がっていた。

「ハマチの養殖では10メートル四方のいけすで十分だが、マグロでは30メートル級のいけすが必要」と辻組合長。現場では成魚用の4基の巨大いけすと餌つけ用の大型いけす4基が整然と設営され、万を超すマグロが回遊していた。餌は1日2回、マグロの成長に合わせてイカナゴ、イワシ、サバなどを大量に与える。

大型いけすで、稚魚のヨコワを養殖し、マグロの成魚まで育てる。

午前8時の餌やり。大量のイカナゴを作業員がスコップでいけすに投げ込むと、無数の黒い魚影が水中を飛び回りイカナゴに食らい付く。ここでは天然採捕の稚魚「ヨコワ」（20センチ、3kg）を2年間養殖し、平均30kgほどの成魚にして出荷している。

出荷体制、年３００トンが目標
成長の早さと魚価高が魅力

漁業生産組合は地域の漁業者や養殖業者など27人がスクラムを組んで設立した。事業開始は２００５年７月で、２年間の養殖を経て07年に１２００尾を初出荷、08年には３千尾の出荷を達成した。

「出荷はまだ年１００トンそこそこ。軌道に乗ったら年１万尾以上、３００トン体制まで引き上げたい」。こう語る辻組合長は、宇和海を養殖マグロの一大産地にしようと意気込む。

稚魚は高知や宮崎、豊後水道、宿毛湾の漁師１００人と契約、天然採捕したものを７－８月に調達している。契約は①漁師の日当が１日１万円②買い上げ価格は１尾１４００円③燃料や漁具は生産組合側が提供――など、漁師側に配慮した内容となっているので、今のところ稚魚の調達は心配していない。

宇和海は国内最大の真珠養殖産地で、マダイやブリの養殖も盛んな地域だ。しかし、真珠養殖はいま、転機を迎えており、タイやブリの養殖もコスト割れがひどく、廃業や倒産が目立つ。地域経済は衰退する一方で、何か打開策を講じないと地域社会が崩れてしまう。そこで目をつけたのがマグロの養殖だった。

ブリに比べ、マグロの養殖は事業性に優れているのが有利な点だ。稚魚から成魚まで成長するのにマグロはブリより5年も早く、魚価もブリの5倍は期待できる。「ブリは1キロ当たり500－600円ほどだが、マグロは3500円で売れる」そうだ。

宇和島漁協や市水産課でも「マグロ養殖が広がれば、沈滞する地域経済にカツが入る」と期待する。

漁獲枠削減も追い風か
事業拡大へ食品大手と合弁

天然マグロの漁業を取り巻く環境は最近、一気に厳しさを増している。マグロは世界の全海域で国際管理が行われ、漁獲枠が大幅に削減され出したためだ。大西洋のクロマグロ、南半球のミナミマグロの規制は既に実施されている。

高級魚として人気の高い太平洋のクロマグロも規制が厳しくなってきた。「中西部太平洋まぐろ類委員会」（ＷＣＰＦＣ）は、15年の30キロ未満の未成魚の捕獲枠を基準値（02－04年平均）から半分に減らすことを正式に決めている。

しかも世界的に魚食ブームが起こり、マグロ需要は拡大する一方だ。需要は増えるのに供給は規制で制約があるとあって、養殖マグロに追い風が吹いている。農水省によると、13年時点で国内で漁獲されたクロマグロのうち、半分以上が養殖物で占められるようになった

こうした状況下で、マグロ養殖事業をさらに拡大しようと、宇和海漁業生産組合は養殖場の拡大や事業主体の多様化作戦を強めている。既に徳島県で新しい養殖場を開発したほか、宇和島市沖でマグロ養殖を手掛ける新しい事業主体も設立した。食品大手、日本ハムとの合弁で設立した「宇和海マリンファーム」（資本金1千万円）がそれで、巨大いけす10基を設営して2万尾のヨコワを養殖、10年度から成魚の本格出荷を始めている。

ただ、マグロ養殖には不安な点もある。マグロ養殖の将来性に着目して、日本水産やマルハニチロ・グループなど大手水産会社が一斉に本格参入しており、いずれ天然稚魚

の調達競争が表面化する恐れがあることだ。

もう一つは餌不足の心配だ。1キロ太らせるのに十数キロもの餌が必要な大食いのマグロだけに、各地で養殖事業が拡大すれば、餌不足問題が表面化する。

卵を人工孵化させて成魚に育てる「完全養殖」へ移行するか、餌の長期対策をどう図るか――新たな課題を視野に置きつつ、「宇和海を養殖拠点に育てたい」という目標に向かって、宇和海漁業生産組合の挑戦が続いている。

養殖場の現場に立つ宇和海漁業生産組合の辻組合長。

間伐材で国際的なヒット商品
ユズと森で村の自立目指す

（高知県、エコアス馬路村）

馬路村は高知県東部の山奥にある典型的な過疎の村である。35年前から特産のユズを活かした地域おこしで「自立した村づくり」に取り組み、今ではポン酢しょうゆ「ゆずの村」を生み出す元気な村として全国に知れ渡った。その馬路村に間伐材を使ったヒット商品が登場、森林の再生を視野においたもう1つの村づくりが始まっている。

海外で評価高い「モナッカ」
国内外で年間2千個を販売

ＪＲ土佐くろしお鉄道の安田駅から北東へ約20キロ、安田川の渓流に沿って曲がりくねった県道を登る。車1台がやっと通れるような難所をいくつか通り、車で40分かけてたどり着いたのが馬路村役場。そこからさらに山道を登った東川集落に「エコアス馬路村」（社長上治堂司村長）の本拠があった。村と森林組合などが2000年春、共同で設立した第3セクターだ。

森林の造成や間伐に従事する事業課（社員8人）と間伐材を利用して木製品を加工する生産加工課（同7人）、総務企画課の3組織で構成、総勢20人の若い会社である。本社オフィスの隣接地に4億円をかけて作った木材加工センターには各種木工機械が整然と並んでいるが、国際的なヒット商品となった「ＭＯＮＡＣＣＡ（モナッカ）」も、このセンターで誕生した。

高知出身の工業デザイナー、島村卓実氏との二人三脚で開発したモナッカは、樹齢50年ほどの杉の間伐材を使った木製のかばん。3年間の試行錯誤を経て製品化し、商品名は和菓子の最中をもじって付けた。間伐材を0・5ミリの厚さに切ったものを6層、重ねせてプレスし、3次元成型している。強くて軽く杉の風合いを生かした商品だ。

横45センチ、高さ30センチ、幅10センチのブリーフケース型（2万5

間伐材を使って開発したヒット商品「モナッカ」。米国で高い評価を得た。

200円）だと、ノート、パソコンも収納して持ち運べる。「時流にあったデザインと機能を備え、新しい価値観が楽しめる」。営業と広報を担当する総務企画課の山田佳行氏はそう力説した。

山田さんが自慢するだけあって、米国ニューヨーク近代美術館のショップでも取り扱われ、月間で50点近くも売れた。海外での評価が高いのだ。

モナッカの製品シリーズは現在、角型や丸型など22種類に及ぶが、国内外の市場で年間2千個以上、5千万円以上の売り上げを計上する。

森林の再生へ株式会社設立
植林・間伐・製品販売を一手に

人口1千人ちょっと、千《メートル》級の山に囲まれた馬路村は総面積の96%が山林である。藩政時代から杉の産地として知られ、魚梁瀬《やなせ》の千本杉は日本3大美林の1つと謳われる。だが、安価な輸入外材の攻勢でここ二十数年来、林業の衰退が進み森林の荒廃が進んだ。

林業のサイクルは木を植え、育て、出荷し、また植えるというもので、この循環が継続しないと森林は荒れてしまう。循環を持続し、樹勢のある森を育てるためには間伐が不可欠だ。とはいえ、間伐作業には労力と時間がかかる。1ヘクタールの間伐には30万円以上の費用がかかるといわれるほどだ。

馬路村がエコアス馬路村を設立したのも、森林の再生と林業の復活を目指して自力で村の未来を切り拓きたいという強い願いが背景にある。森林の再生には①植林と間伐、木材販売をバラバラに行ってはダメ②事業主体は責任体制のしっかりした組織が必要――と考えて、現在の株式会社組織にしたという。

エコアス馬路村の事業基盤はようやく固まってきた。植林や間伐の請負、間伐材を使った木製品の販売などを中心に2億円の年商規模を確保できるまでになった。そして、エコアスの収益の一部を森林の再生に振り向ける仕組みもつくった。

村の自立を支える林業の再興が、村民の一致した考えだ。「そのためにもモナッカに続く新製品の開発が急務。雑貨も有力な分野ですが、できれば木造住宅関連の開発に挑戦したい」。次の商品開発を目指す山田さんたちの挑戦が続く。

村づくり支えるユズの産業化
I・Uターン者、年間で88人も

自立した村づくりを支える産業と言えば、ユズは先輩格である。村に古くからあったユズの振興のため、ＪＡ馬路村（東谷望史組合長）がユズ加工品の開発に取り組んだのが79年。30年経った今では全世帯の6割がユズの生産に関わり、ＪＡの開発したユズ加工商品が実に約40種類にのぼる。

この中には「ゆずの村」や飲料の「ごっくん馬路村」、スポーツ飲料の「スーパーごっくん」などのヒット商品が含まれ、毎年新商品が仲間入りする。ラインアップの整備とともに売り上げが増え、年商額33億円の立派な産業に成長した。利益の1部を村づくり基金や農業振興基金に千万円単位で供出するなど、村の大黒柱となっている。

日浦集落の安田川に面する一角に「ゆずの森」がある。鉄筋2階建て、床面積４５００平方メートルの建物はユズの搾汁や加工を行う生産拠点だ。直売所、パン工房なども立地し、周辺一帯は植樹で囲まれる。ユズのテーマパークの雰囲気がある。毎年、１００を超す自治体から多数の見学者がここを訪れる。

「ゆずの森」2階の受注センターを覗くと、十数人のスタッフがインターネットやFAXで全国から来る注文を処理していた。東谷組合長によると、全国に35万人の固定客がおり、固定客との間で直接受注・産地直送の直取引を行うのが基本だ。今後もエンドユーザーとの直取引、商品開発の加速を守りユズ産業の飛躍を目指す構えだ。

林業とユズの主要産業化で、IターンやUターン者が目立ってきた。06年度で85人、07年度で88人を数えており、最近までUターン者が途切れることがない。全国の過疎村では異例の部類だ。

自立した村づくり路線が若者を引き寄せ、村の活力を創出するなど、活性化効果の大きいことを馬路村は教えている。

JA馬路村は主力商品ユズの加工品開発に全力を注ぐ。

九州編

海外の成長市場を取り込む輸出増やし「攻めの農業」展開

（福岡県、経済界やＪＡなど）

アジアなどの成長市場に打って出て、海外の需要を積極的に取り込みたい――福岡県が経済界や農業団体と手を携えて、農水産物の輸出増強作戦に拍車をかけている。２０１６年度に年間で20億円の輸出を達成するとの大きな目標を掲げ、官民共同出資で設立した農水産物専門商社「福岡農産物通商㈱」を核に精力的な活動を展開している。輸出支援のための20億円基金を創設するなど、「攻めの農業」を官民一体で繰り広げている。

16年度の輸出目標は20億円「あまおう」が輸出を牽引

福岡県博多区、東公園の一角にそびえる福岡県庁。５階の農林水産部園芸振興課輸出促進室で会った幹部は、のっけからしゃべり続け、農水産物輸出に取り組む意気込みを披露した。

「県産品の輸出額は05年度が６億１千万円。その後、年々増えて08年度が10億５千万円、それをどんどん増やすのが福岡県の目標です」。「イチゴ、ミカン、ブドウ、柿、梨、緑茶など市場から高い評価をうける輸出商品がうちの県には多いので、高めの目標を掲げて挑戦したい」。「16年度に20億円の輸出を目指す」。

輸出の販路はあらゆるマーケットが対象となるが、当面の焦点は香港、台湾、シンガポール、タイなどのアジア市場だ。「アジアは経済が急成長しているし、高い購買力を持つ富裕層が出現している。それに日本食人気が高い。輸出拡大に向けた条件が整ってきた」と、同席した複数のスタッフが話に加わる。

アジア向け輸出を牽引しているのがイチゴの高級品種「あまおう」だ。福岡県農業総合試験場が01年に開発した商品で、名称はあかい・まるい・おおきい・うまいの４文

農産物輸出拡大の戦略を練る。

字の頭文字をとって付けられた。本格的な生産が始まって12年目だが、国内消費者への知名度は急速に浸透し、今では県全体の作付面積が461ヘクタール、販売量が1万6千トンにのぼる。

「あまおう」の輸出は03年頃から台湾、香港向けに始まったが、アジアの富裕層を中心に人気が拡大、最近ではタイやシンガポールのほか、米国やロシアにも販路を広げている。07年度には輸出額が1億円を超えた。

県が開発した高密度イチジク「とよみつひめ」も新しい目玉商品。県農協中央会はその将来性を高く買っており、「あまおうと八女茶、とよみつひめの3商品が福岡県の輸出拡大の柱になる」と強調している。

動き出した農産物専門商社
輸出応援ファンドも設立

農水産物の輸出倍増計画を実現するため、県や経済界、農業団体は3つの仕組みを構築した。1つが「福岡農産物通商」（社長渡辺宏氏、資本金7955万円）の設立だ。

08年12月の設立時はJAと県だけの出資でスタートしたが、09年7月に九州電力、西鉄、JR九州など地場大企業がこぞって出資し、経営基盤が格段に強化された。営業担

福岡県庁。５階の園芸振興課、野菜と果実の輸出業務をリードしている。

当に元商社マンを起用し、９人の社員で活動している。「初年度の売上高2億円、３年後の単年度黒字化」（渡辺社長）が、設立時に立てた目標である。

福岡県産品の輸出はこれまで、民間会社などが農協から仕入れたり市場から買い付けたりして行ってきたが、品目ごとの輸出が中心なので効率が悪く、輸出ノウハウの蓄積にも限界があった。独自の商社づくりで、「ノウハウを一元的に集約でき、共通の戦略が構築できる。機動力、価格交渉力の面でも利点がある」と、経済界も期待している。

２つ目は09年10月、県と地場金融機関が共同出資してつくった「農商工連携ファンド」。

農水産物の輸出支援に特化した珍しい基金で、県内の中小企業や農業者を対象に輸出のために必要な新商品・新技術の研究開発・需要調査、人材育成事業、見本市出展などの費用を一部、助成する。基金規模は20億円。この基金の運用益で今後10年間、年2千万円の枠で助成し、県内企業の輸出マインドを応援していく。

09年秋の1回目の募集では、県内から多数の応募があり、この中から牛肉フレーク商品の開発を目指す「すすき牧場」など4件が助成対象に選ばれた。

知財対策にも目を配る
焦点は巨大市場・中国の開拓

3つ目がブランドを守るための知的財産戦略だ。日本で開発された農水産物が中国や韓国など海外に無断で持ち出され、違法に栽培され逆輸入される事態が相次いでいる。これを防ぐには種苗法に基づく品種登録、商標登録、種苗の増殖・許諾を管理する知財対策を総合的に展開する必要がある。

福岡県は02年度に「農産物知的財産戦略」を策定。県農業総合試験場内に「農産物知的財産権センター」も設置するなどして、知財対策を強化している。

海外進出が目覚ましい「あまおう」を例にとると、品種登録はもちろんのこと、韓国と台湾、香港などで商標登録も済ませている。これでも万全ではないというので、イチゴ栽培県に働きかけて「知財保護ネットワーク」を結成、遺伝栽培などの権利侵害の監視や情報収集について協力し合う体制を敷いている。現在、24道府県が参加し知財保護の活動をしている。

福岡県は25年前から農産物輸出と取り組んできた。92年に「県地域食品輸出振興協議会」を設立、全国に先駆けて香港にブドウやネギを販売したのが発端だ。香港では10年以上も独自のアンテナショップを運営して販促を強化した結果、今では最大の輸出市場となった。

台湾やシンガポール、タイ、中国でも商談会や試食会、見本市参加、サンプル輸出などの活動を通じて市場を耕している。

もっとも、11年度の輸出はリーマンショックによる不況の影響を受けて9億7千万円に後退。12年度は11億2千万円と上向きに転じたが、それでも目標に届いていない。16年度の輸出目標20億円というのは、相当野心的なレベルである。

今後は①輸出を重点化する国・地域の指定（香港、台湾、タイ、シンガポール、極東ロシア、欧州）②新たな開拓先（マレーシア、モスクワ）③あまおうの輸出戦略強化——など、焦点を絞った輸出の取り組みを強めようとしている。

いずれにしても、輸出増加に向けて真正面から挑戦するのが福岡農産物通商の立場。「まずは福岡産品で足場を固め、将来はオール九州で取り組みたい」と経済界もビジョンを描く。

九州国立博物館、地元住民から熱烈な応援
賑わい続き地域に活気

（福岡県太宰府市）

オープンから10年目に入った九州国立博物館（福岡県太宰府市、略称＝九博）が地元住民からの熱烈な応援を背景に、高い集客力を保っている。年間650万人の観光客が訪れる太宰府天満宮に年間200万人前後の九博が加わったことで、九州最大の観光スポットが誕生した。地元に活気と賑わいをもたらす九博を地域の活性化に繋げようとしている。

県や民間も出資し協力
入館目標、驚異的な速さで達成

西鉄太宰府駅を下車して参道を10分ほど歩くと、学問の神・菅原道真をまつる太宰府天満宮に着く。境内の東神苑を通ってエスカレーターに乗り、虹のトンネル（動く歩道）を抜けると、曲線美の屋根に覆われたガラス張りの蒲鉾型建物が現れた。地上5階、地下2階、延べ床面積約3万平方メートルの九博である。

訪れたのは平日の開館前、午前9時過ぎだったが、中年の団体客を含め200人近い観光客の列ができていた。「最近はだいぶ落ち着きましてネ、平日で1日平均3千人、週末で6千人といったところでしょう」。案内所の女性スタッフはこう話し、企画がヒットすると来客数は1日1万人以上にも膨れあがると付け加えた。

九博は東京、京都、奈良に続く国内4番目、108年ぶりにつくられた国立博物館だ。太宰府天満宮に隣接した丘陵地16万平方メートルを整地し、総工費230億円を投じて建設された。国、県、民間が共同出資して作った「新構想の博物館」として当初から注目されたが、そのことよりもっと話題となったのが異常なほどの集客ぶりだった。

開館が05年10月16日。開館と同時に人気を集め、4カ月余りで入館者数が100万人を突破するほどの勢い。結

九博の案内所は市民目線の応対を心掛け、入館者に好評だ。

局、1年目の入館者数が220万人にのぼったが、これは東京、京都、奈良の3博物館を合わせた年間入館者総数に匹敵する水準だ。

「実は、開館1年目の入館目標として35万人の達成を財務省から言われていました。それが、40日間で48万人も来てくれた」。館内の応接室で会った三輪嘉六館長はこう打ち明ける。財務省のノルマ（？）を驚異的な速さで達成してしまった。

民間からの寄付金が41億円
運営支えるボランティア

九博の人気はその後も一向に衰えを見せない。1年4カ月が経過した07年3月に累計で300万人を突破、10年11月には800万人の入館者を記録した。累計で1千万人を突破したのが7年目の12年10月だ。「どの年も東京国立博物館を上回る集客数。国内だけでなく中国、韓国からも人が来ている」と研究者を驚かす。

「博多っ子は新しいモノ好きだから。最初の数年間は、開館景気といったところだよ」と言う向きもいるが、それが真因ではない。九博の高い集客力について、三輪館長は「地元住民の熱烈な応援があるため。地元では『俺たちの博物館』という意識が鮮明だ」と分析する。

約40年に及ぶ誘致運動の末、オープンにこぎつけただけあって、建設から運営まで地元の参加意識が極めて高い。その一例が地元側の支援活動だ。開館前には支援者が自主的に世界の博物館を訪問し、各地の博物館の運営方法や企画内容を報告書にまとめて提案してくれた。

経済界や学会、市民たちも「財団」を作り募金活動を繰り広げる。寄付に応じた個人は８千人、企業は２千社にのぼり、11年間に集めた募金額は41億円。「ポンと20万円も寄付したタクシー運転手もいる」（三輪館長）そうだ。寄付金は土地代や建設費の一部に充てられた。

開館後の施設運営を支えているのが地元住民のボランティア。１千人近い応募者の中から選ばれた３００人が登録しており、施設の案内や展示品に関する質問への応対、手話通訳、清掃などに従事している。外国人の来館に備えて英語、中国語、韓国語を話せる人も加わった。

「ボランティアは10代から80代まで幅広い年齢層の県民が主体。平日でも30人ほどのボランティアが駆けつけてくれる」とは、九博の広報部員の弁だ。博物館の運営を下支えするボランティアの存在も、地元側の参加意識の高さを示すものだ。

活気もたらす体験型展示室
講演会や総会の開催を呼び掛け

九博で見逃せないのが、展示手法や集客方法に独自の工夫を凝らしている点だ。まず気付くのは、館内に順路がないこと。博物館側が一方的に順路を決めるというやり方を改め、来館者が自主的に館内を自由に歩き、自分の好きな展示品や時代を選べるようにしているのだ。市民目線、入館者目線の運営方針を貫いているわけだ。

もう１つは子供やファミリー層に幅広い人気を集めている参加体験型展示室「あじっぱ」。アジアの原っぱをイメージした造語の「あじっぱ」には、日本と歴史的に交流のあった中国、韓国をはじめ、タイなど７カ国のお面やおもちゃ、衣装、生活雑貨が棚に並べられ、手に取ったり遊んだりできる。

「あじっぱ」には学芸員の仕事を体験できる一角もある。ここを訪れた中学生たちが展示方法を勉強する光景に出くわした。この種の体験型展示室は国立博物館では初の試みだが、館内に活気をもたらした点で成功した。

博物館には独自の企画物を展示する「特別展示室」とアジアとの文化交流を展示する「常設展示室」がある。30－

40万人を集める企画展が幾つも生まれるようになった。

特別展は開館から9年間で40回も開催。開館時の幕開けイベント「美の国・日本」をはじめ、70万人を集客した「国宝・阿修羅展」、初の日本開催となった「台北故宮博物院展」など、話題を呼んだものも多い。

アジア文化との交流を重視し、中国や韓国、タイ、ベトナムなどの文化機関との間で密接な交流関係を結んだ。だが、それだけでは不十分。「講演会やセミナー、株主総会を開いてもらうなど、経済界との連携策を探りたい」。三輪館長は常に活動の広がりについて思いを巡らしてきた。

最大の弱点は収蔵品の少なさだ。国宝はわずか3点しかない。他の博物館と貸し借りする際、収蔵品が少ないのは極めて不利となる。だが、知恵を絞り、それを乗り越えてきた。

10周年の節目を迎えた15年4月、三輪氏から島谷弘幸氏へ館長が交代した。「地元に密着し、親しまれる博物館づくり」（島谷館長）がさらに続きそうだ。

九博を訪れる家族連れは、「あじっぱ」に足を運ぶ。

賑わい復活か、吉野ヶ里
ボランティアが誘客活動

（佐賀県神埼市・郡）

邪馬台国九州説を彷彿とさせる遺跡として脚光を浴びた佐賀県の吉野ヶ里。発見から27年、歴史公園として一般公開されて14年が経ったが、今なお九州は勿論、域外からも多くの来訪者が足を運び、根強い人気を保っている。底堅い考古学ファンに支えられているほか、各種交流イベントの充実、ボランティアの誘客活動などが功を奏しているのだ。地元自治体も絶えずイベントを打ち、観光拠点としてブームが持続するようにと心を配っている。

90年代に吉野ヶ里フィーバー
冷えた人気がV字型回復へ

長崎自動車道の東脊振ＩＣを下り国道３８５号を南に向かって車で約5分。わが国最大級の弥生時代の環濠集落が見つかったのが吉野ヶ里遺跡（神埼市、吉野ヶ里町）だ。面積69㌶を国と県が整備し、祭殿や竪穴式住居、倉庫などが復元されて歴史公園となった。

佐賀女子短大の高島忠平学長によると、吉野ヶ里遺跡の発見は考古学史に修正を迫る大事件だった。88年秋、県が工場団地として開発する予定だった丘陵地から巨大な環濠集落跡、物見やぐらや城柵らしい跡が同時に見つかったのだ。魏志倭人伝が伝える卑弥呼の宮殿を思わせるものと言う学者まで出たほど。

発見から数カ月後に現地で開かれた説明会には、２日間で1万人の考古学ファンが押しかけたが、その後も銅剣や墳丘墓石、人骨などが見つかるたびに人気が高まり、89年は春から大型連休までの3カ月間で１００万人を超す人出で沸いた。吉野ヶ里フィーバーである。

89年、遺跡は国の史跡に指定されたが、91年には早々と特別史跡に格上げされ、４５０億円をかけて遺跡の保存と復元が進められる。そして遺跡は01年春、国営の歴史公園

年60万人の観光客が訪れる吉野ヶ里は地域にも活気を与えている。

としてよみがえったわけだが、この間も人出の波は続き、「開園までの12年間の見学者は1300万人を超えた」（県教育委員会）という。

歴史公園が開園してからも人気は衰えず、01年度の見学者が68万1千人、02年度が59万2千人にのぼった。しかし、3年目から減少し04年度には41万5千人まで落ちてしまった。人出が回復したのはやっと07年度からで、08年度が64万6千人とV字型に回復、経済危機に陥った09年度でも60万人台を維持している。

底固い考古学ファン
交流盛り上げる各種イベント

07年度以降、見学者が開園初期当時に迫る勢いで急回復した理由について、歴史公園の関係者は3つの要因を指摘する。

1つは考古学ファンの底堅い存在である。古代の遺跡や遺物に強い関心を寄せ、古代人の生活や暮らしにロマンを感じる熱心な考古学ファンが全国に数十万人はいる。その1割以上が、「新しい施設ができる度に吉野ヶ里を訪問し現地をつぶさに見て回る」（県教育委員会）という。

県外からの修学旅行生が総合学習を兼ねて、毎年20万人ほど来園する。これら修学旅行生と考古学ファンが吉野ヶ里見学の固定層を形成しているようだ。

2つ目はイベントの充実だ。「地域の活性化など地域に寄与する公園づくり、地域振興の一翼を担う公園づくり――これが基本目標の1つ」。吉野ヶ里公園管理センターの幹部がこう強調するように、誰もが気軽に楽しめるよう環境を整備し、地元自治体と協力して各種イベントの開催を心掛けている。

イベントは祖霊感謝祭や冬至祭りなどの儀式の他に、ジョギング大会、グラウンドゴルフ大会、花と緑の市、「神埼市民交流祭」、「ふるさと炎まつり」、弥生人パレードなど実に多彩だ。観光協会など地元の自治体は、考古学に興味のない人でも気軽に参加し交流できる公園になってほしい、地域にしっかりと定着してほしいと期待しているのだ。

比較的人気のあるイベントが収穫祭と考古学講座。公園内の南のムラで弥生人の野菜づくりや穀物栽培を体験してもらい、数カ月後に収穫を楽しむのが収穫祭で、家族連れが好んで参加する。月1回の考古学講座には、古代史の謎解きや日本人のルーツへの好奇心を参加者に掻き立てるような雰囲気が漂う。

効果目立つボランティア活動
人気の「弥生なりきり体験」

見学者増加に大きな効果を果たしたのが、3つ目のボランティア活動だ。園内のガイド、体験プログラムの演出などに従事しており登録者は現在63人。

ボランティア部門を担当する企画課の鍋島泰輔さんは「会社員、教職員、区長、自衛隊出身者など多様な社会経験を持つ60歳以上の男性がほとんど」と話す。「郷土に愛着を持つ人ばかり。月1回の研修会でお互いに知識と経験を蓄えている」とヤル気の高さを強調した。

体験プログラムは05年頃、貫頭衣（弥生の衣装）を着て園内を散歩したり土笛や勾玉をつくったりする企画を実施したのが最初だった。好評だったので、07年度からボランティアを大幅増員して本格的に導入した。それが誘客増に結び着いた。

最も人気があるのが「弥生なりきり体験」。布づくり、舞いの稽古、楽器の製作と演奏、丸木舟づくりの4コースがあり、数百円の費用で1時間ほど楽しめる。筆者が訪れた際は、東京の板橋第二中学の生徒が布づくりを体験していた。鍋島さんは「修学旅行生を中心にこれまでに万を超す人が体験した」と説明する。

遺跡の保存活用を謳う歴史公園は吉野ヶ里、奈良・飛鳥、沖縄・首里の3カ所があるが、ボランティアによる体験企画は吉野ヶ里の専売品。今後も誘客増員の大きな武器になりそうだ。

現に、体験プログラムに惹かれて大型連休期間中に訪れる家族連れは15年までの過去4年間、10万人以上を確保している。年間見学者数では13年が67万8千人、14年が68万3千人を記録している。

遺跡は観光名所として集客力に優れ、賑わいや特産品拡販をもたらすなど経済効果が大きい。事実、観光客が地元神埼市で落とす金額は年30億円規模といわれるだけに、自治体として観光客誘致に真剣にならざるを得ない。問題は自治体の財政悪化でイベント資金が縮小しがちな点だ。それを打開する知恵と工夫が求められている。

修学旅行生に人気の施設。「なりきり体験」などいろいろな体験プログラムが用意されている。

やっかい物のイノシシに光「いのしし課」設け、特産品開発

（佐賀県武雄市）

2千万円投じ食肉処理施設
年1千万円の売上が目標

シカやイノシシなど野生鳥獣による農産物被害が全国各地で拡大し、社会問題となっている。特に深刻なのが西日本を中心に広がるイノシシの被害だ。各自治体があの手この手の対策を講じる中で、奇抜な作戦を展開しているのが佐賀県武雄市。専門部署の「いのしし課」を設置するとともに、イノシシ肉の特産品開発に乗り出している。害獣駆除と産業振興を同時に狙う一石二鳥作戦である。

武雄市役所から西へ約5キロ、山内町の山あいにある国道沿いに「やまんくじら」の看板を掲げた木造平屋建ての建物がある。ここがイノシシを解体処理する武雄鳥獣食肉加工センターだ。延べ床面積53平方メートルの建物の中には解体前のイノシシを氷漬けする設備、処理室、肉を保存する冷凍庫、事務室などが備わっていた。

地元の猟友会会員でつくった武雄地域鳥獣加工処理組合（淵辰弘組合長）が国や県の資金援助を受けて総工費２千万円で建設したもので、２００９年４月から稼働している。1日の処理能力は4頭で、月間処理量20－30頭が組合の掲げる目標だ。

訪れた日は食肉加工の経験者と一緒に淵組合長が2頭のイノシシを解体中だった。今朝捕ったイノシシを現場で血抜きした後、センターに持ち込まれたもので、40－50キロほどの若い雌のイノシシという。「肉の臭みを残さないのがコツ。だから30分でセンターに持ち込み、30分で解体処理する」と淵組合長。

精肉にできる歩留まりは1頭の45％ほどで、ブロック肉やスライスにして東京、福岡の西洋レストラン、都会の旅館・料亭などに1キロ当たり５００円ほどで販売中だ。内臓は大学の実験用に送り、廃棄物は処理して飼料に使うの

武雄市の「いのしし課」。イノシシの防除策や特産品開発を市民と展開している。

で、「捨てるものはない」と淵さんらは強調する。

加工処理組合では市と協力、都市部のイベントに参加して武雄産イノシシのPRに努めているが、ジビエ料理（欧州の狩猟料理）への関心が強まってきた機運を受けて、イノシシ肉の販路が開けてきた。「現在は1日2頭ほどの処理だが、もっと増やして年間売り上げ1千万円を目指したい」と、淵さんらは夢を語る。

被害広がり、捕獲数も高水準
いのしし課、特産品開発に的

農産物に害をもたらすイノシシの増加にかねてより、武雄市は頭を悩めてきた。各地域で開く市政懇談会では「イノシシの出没が目立つので、防除策を講じてほしい」という住民の要望、苦情が繰り返される。

水稲と豆類に絞って市が調査したところ、被害額が年1400万円から1600万円に上るという。タケノコやクリ、野菜類の被害面積も広がっており、これらを含めると農産物被害はさらに拡大する。

イノシシの防除策に同市が手をこまぬいてきたわけではない。農水省の補助事業を使って行政区ごとに電気牧柵やワイヤーメッシュ柵の設置を始め、すでに電気牧柵を17

0台、メッシュ柵を15キロも整備している。

捕獲量を増やす組織体制も整えている。地元の森林組合と作った「いのししパトロール隊」や猟友会と作った「トッテクレジンガー隊」がそれだ。パトロール隊は隊員3人と鳥獣被害対策犬が4地区を巡回パトロールしている。「トッテクレ」隊員はイノシシを捕獲するのが任務で、捕獲1頭につき5千円ほどの報奨金を市が出している。

13年度の捕獲数は2100頭だった。この実績を尊重して14年度から16年度までの3カ年について、毎年度2100頭以上の捕獲計画を打ち出した。

捕ったイノシシはこれまで、穴を掘って埋めるケースが多かったが、高齢化の影響で重労働の穴埋め作業が住民の負担になってきた。このままでは早晩、イノシシ対策が壁にぶち当たってしまう。そこで同市は09年4月、専門の「いのしし課」を新設し、イノシシの被害予防策や個体数削減策を総合的に講じるとともに、食肉加工センターを作って新手の処理対策を講じることにしたわけだ。

今重視しているのは、イノシシ肉を活用した特産品開発で、武雄の新しい食品ブランドとして売り込む作戦を繰り広げている。既に「武雄ぼたん」のほか、スモークやソーセージなどの加工品、ししバーガーや駅弁などの新商品を開発、即売会でPRしたうえで物産館や道の駅で販売している。

「特産品開発やブランド化作戦が軌道に乗れば、イノシシの個体数を削減できるだけでなく、新産業も興せる。新しい雇用の受け皿を作ることも可能だ」。何とかヒットする特産品、ブランド品を世に送り出せないものかと、いのしし課のスタッフは頭を巡らしている。

イノシシ被害は九州共通の悩み 武雄方式、九州で広がるか

イノシシによる農作物被害は九州全域に拡大中で、今や7県共通の悩みだ。統計がやや古いが、農水省によると、九州の農作物被害額は07年度で15億1千万円と、全国の被害総額の3割を占める。13年度のイノシシ被害は全国で55億円（農水省調査）だったので、「九州の被害額は、今は17億円にのぼるはず」（佐賀県農協中央会）だ。

それだけに、各県ともイノシシ対策に力を入れている。例えば、佐賀県は年間捕獲数の6倍を2カ月間で獲ってしまう「短期集中捕獲作戦」を実施。大分県は鳥獣害対策専門の指導員を2人配置し、県内各地に赴き予防対策や捕獲

対策を強化する活動を展開している。

イノシシのえさ場を減らす環境改善対策を講じるところ、電気牧柵の設置など予防対策に力を入れるところなど、自治体のやり方はまちまちだが、特産品開発に乗り出した武雄方式が九州でも次第に広がる気配だ。

長崎県江迎町では「江迎しし肉ブランド化検討委員会」を官民で設置、イノシシ料理の講習会を飲食店の店主向けに開くとともに、特産品の開発に乗り出した。大分県由布市でも湯布院の旅館、レストランがジビエ料理を普及しようと、ジビエ用の食材や関連加工品の開発に取り組んでいる。

地域の困り者をやっかい視するのではなく、有効に活用すれば、観光開発や産業振興など、新たな町おこしに繋げることも可能だ。

国道沿いに建つ鳥獣食肉加工センター。処理は短時間で行う必要がある。

行列のできる養鶏場「農」のテーマパーク「たまご庵」

（熊本県菊池市、コッコファーム）

整理券を配る「朝どりたまご」農園の売上高、年27億円

熊本県北部、阿蘇の連山を望む菊池市郊外に年間１１０万人もの顧客が訪れる養鶏場がある。「農業で地域を元気にしたい」と願う松岡3兄弟（義博＝現会長、幸雄、義雄の3氏）が創業した農業生産法人「コッコファーム」の農園だ。創業から46年、同法人が今、力を入れるのが「農」を核にした大規模なテーマパーク「たまご庵」の定着と増強作戦だ。

九州自動車道の植木ＩＣから車で約40分、菊池グリーンロードと国道３２５号線が交差する地点に、「たまご庵」が立地している。熊本では広く知られた複合商業施設だ。最近では九州一円でその名が知られている。

この農園で最も活気があるのが直売施設の「物産館」。午前10時の開店前には、熱心なお客が１００人以上も行列をつくる。地鶏「紅《あこ》うどり」が毎朝産み落とす「朝どりたまご」をいち早く買い求めようと待っているのだ。

3キロ入りと5キロ入りを段ボールに入れて売っているが、まとめ買いが多いのでどんどんはける。特に客を引き付けるのが3キロ入りの規格外たまご。50個入りの段ボール（1箱８００円）を平日で１００箱用意するが、開店1時間前に整理券を配布しないと混雑を整理できないほどだ。

大型鶏舎で飼育する10万羽近い鶏が連日8万個を超す卵を産む。「早朝6時前にこれを取って、温もりのある形で卵を店頭に並べる」と松岡会長。取れたての商品を同じ敷地内で直売する卵の地産地消である。

正直言って卵の値段は少々高い。それでも人気があるのは健康を促進し味が良く、しかも安全だからという。それを実現したのが餌の改良と、品質管理・製造管理などの安

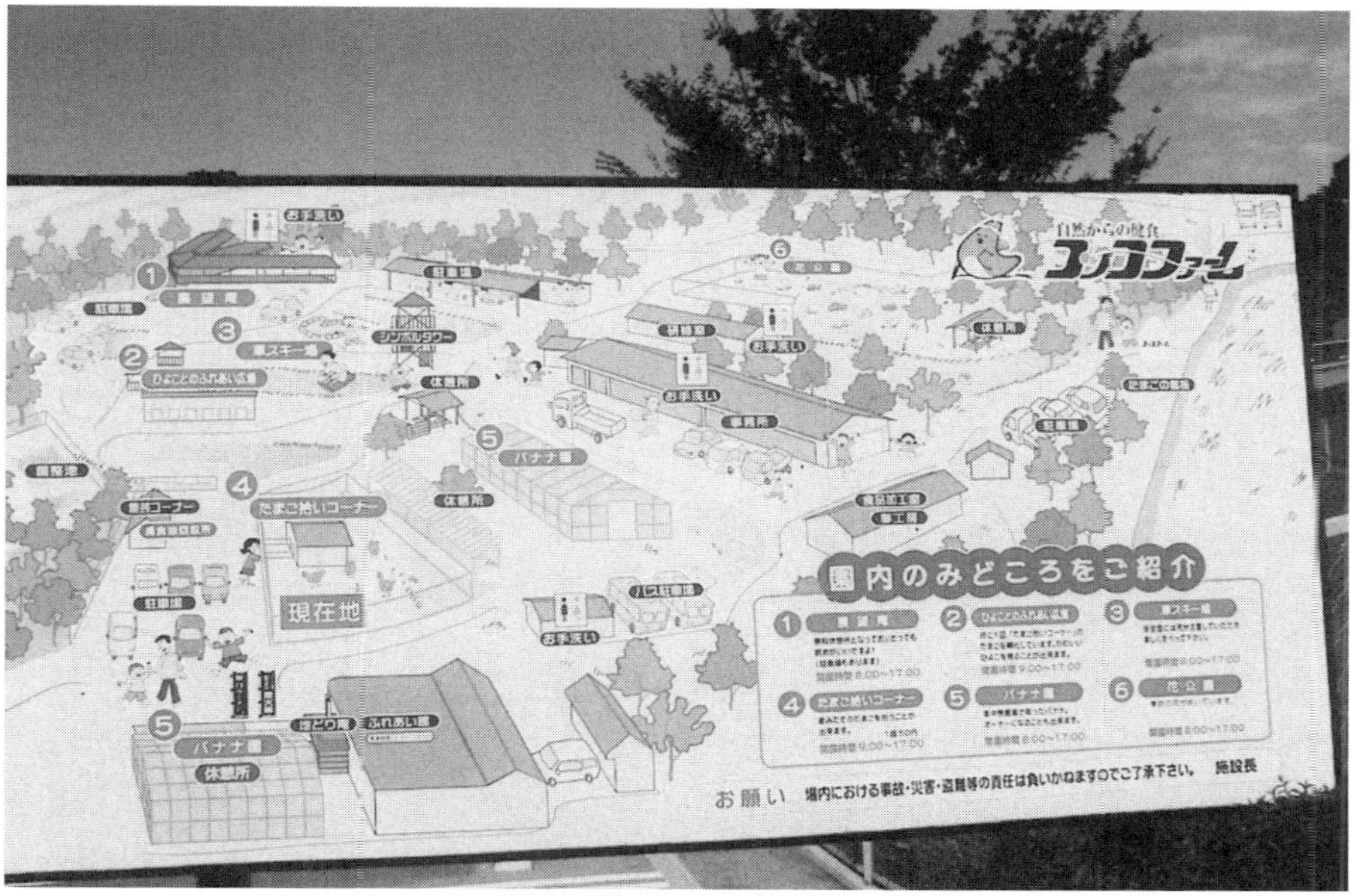

農園内にある案内看板（旧本拠内）

全対策だ。

主原料のトウモロコシは収穫後も農薬を使わず遺伝子組み換えをしていない。これに強壮効果のあるにんにくを加え、卵特有の臭みを抑えるために竹炭を配合する。水は良質の菊池水系を使う。餌へのこだわりと安全対策が客の信頼を醸成する。

「物産館」には卵だけでなく食肉加工品や総菜、お菓子、自然素材を使った健康食品のコーナーもある。近隣の農家が持ち込む新鮮野菜も売られる。これらを求めて人波が途切れることがない。「２００９年12月期の売上高は25億円。今は27億円を上回る状況かな」と松岡会長は言うが、これは15年前の２・１倍に相当する。

マルチメディアセンターを建設
農の情報を内外に発信

自分の貯金と県の育成資金を使って46年前、４００羽で養鶏業を始めた松岡社長が、それまでの既存組織を統合してコッコファームを立ち上げたのが１９９５年。そして、菊池市下河原の緑豊かな丘陵地に00年、直売施設の「ふれあい館」を開設し、農園の一般開放に踏み切った。生産者が消費者と身近に接し、「顔の見える生産者」として消費

下河原の農園は阿蘇の連山が眺められる。

者の信頼を得ようという戦略に出たのだ。

農園内には展望台や卵拾い牧場、子供体験の森があった。取れたて卵と鶏肉を使ったレストラン「健食館」、観光バナナ園なども併設していた。バナナ園の開設は鶏糞と卵の殻を有効に使うのが狙いだ。運営にオーナー制度を採用し、バナナの木1本ごとに観光客のオーナーが付く。

週末ともなると遠方から家族連れや若者が訪れ、買い物のほか卵拾いやピクニックを楽しむ。来園者数は開放当初、年1万5千人ほどだったそうだが、10年で47万人に増え、14年では１１０万人にハネ上がった。

下河原の農園は非常に賑わったが、現状のままとどまっていては成長も発展もない。さらに消費者が楽しみ、地域農業も活力ある発展をするためにも「もっと新しい発想に立つ農のテーマパークをつくらなければ」と走り出した。松岡会長が社長時代に温めてきたそんな構想が11年1月、「たまご庵」という形で実現した。

「たまご庵」は旧本拠から約３キロ離れた国道３２５号線沿いの敷地8万平方メートルに立つ。全体像は直売施設の物産館や農産加工施設、オーナー果樹園、市民農園、農村型リゾート（別荘やUターンの受け入れ住宅）、環境保全施設などで構成する。

農業を起業する人を対象とするインキュベーション型貸オフィスや実学体験学校もある。これら施設の中核を占めるのが、内外に情報発信するマルチメディアセンターだ。「センターの設備投資額は7億円ほど」と松岡会長は打ち明ける。要するに、都市と農村が交流し、生産者と消費者が農業の良さを共同体験したりして農業の未来を全国に発信する場となるのだ。

後継者育成に体験学校
地域の人材を優先して採用

コッコファームの事業運営で興味深いのは、「人づくり」と「雇用の創出」に目を配っていることだ。「農は人づくり」が持論の松岡会長がその考えを生かして、01年春に設立したのが農業体験学校の「実農学園」。農業に関心を寄せる若者を募り、後継者や新規就農者を育成するのが目的。これを実現するため外部視察や現場実習などを実施している。

最近力を入れているのが学園内の宿泊施設を使って行う1泊2日の研修事業「我発見塾」。初夏の6月下旬に開かれた「我発見塾」をのぞいてみると──。

1日目のカリキュラムが地域生産者の畑を使った3時間半の農業体験と講義（演題は「魅力ある農業とは」）、夜の懇談の3項目。2日目が直売店「物産館」の出荷実習、講義「農業について一緒に考える」など。理論のほか、生産・加工・販売面の幅広い実学をじっくり研修できる内容だ。

「雇用の創出」では、地域の活力を保持するために地域人材を積極的に採用している。「業容の拡大で必要な人材は極力地域から雇用するのが原則だ。「社員160人のうち60％が地域人材」と松岡会長は話す。

高齢者の採用にも配慮しており、60歳以上の社員が全体の2割を占める。農業は経験の学問だから、知識と経験に富む人材の活用は利点が多いのだ。農業を基盤に地域活性化を狙うコッコファームの努力は続く。

国宝・鉄道、活気付く観光
足元の資源を磨き地域おこし

（熊本県人吉市）

鹿児島、宮崎両県と境界を接する熊本県南部、人吉市の観光が活気付いている。興趣をそそる茅葺屋根の青井阿蘇神社の国宝指定（08年6月）、肥薩線の全線開通100周年（09年11月）、新幹線鹿児島ルートの開業（11年）などが起爆剤となって、多くの観光客が押し寄せているためだ。最近はイスラム教徒向けのおもてなし事業が耳目を集めている。地域の観光資源に磨きをかけ、人吉を九州の新しい人気スポットに育てようと官民が一体で活動し始めた。

レトロバスで国宝を訪ねる
日本三大車窓が客を誘う

周囲を険しい山で囲まれ、日本三大急流の球磨川が東西を走る球磨盆地。その中核都市である人吉市は、相良藩700年の城下町として懐かしい風情が残り、九州の小京都と呼ばれてきた。「歴史や温泉、藩政時代からの街並みなど観光資源が豊富。それに惹かれて観光客が増えている」と話すのが、人吉温泉観光協会の尾方芳樹会長だ。

確かに人吉観光の目玉は多い。中でも脚光を浴びるのが、熊本県初の国宝となった青井阿蘇神社だ。観光客のほとんどがこの神社を訪れるが、最近は人吉駅前で待機するレトロ周遊バス「じゅぐりっと号」を利用して乗り付ける人が目立つ。

平安初期に創建されたといわれる同神社には、400年前に造営された本殿や楼門など、5棟の社殿群があり、南北一直線に並んでいる。柱に刻まれた彫刻や装飾金具は南九州の神社建築に強い影響を及ぼしたそうだが、観光客が一様に驚くのが珍しい茅葺屋根だ。

鉄道も観光客を呼び寄せる目玉のひとつ。熊本県八代駅と鹿児島県隼人駅を結ぶ124キロの肥薩線は、鉄道マニア

多くの鉄道ファンが訪れる肥薩線。同線の発着駅が隼人駅だ。

が一度は訪れたいという鉄道路線だ。沿線のうち、人吉駅－吉松駅間は見所が多く、スイッチバックやループ線、21カ所もあるトンネルなどが鉄道ファンを楽しませる。

標高の高い矢岳駅－真幸駅間は目の前に広がる高原のはるか先に霧島連山を遠望できる絶景地で、日本三大車窓と呼ばれている。観光列車や特急に乗車すると、要所でサービス停車や説明のアナウンスがあり、乗客から歓声があがる。こうした肥薩線の魅力も、観光客を球磨地方へ誘う新しい要因だ。

息を吹き返す観光業
観光客１００万人超が目標

この肥薩線が09年11月に全線開業１００周年を迎えた。当日はＳＬ列車やブルートレインが運行され、九州各地から鉄道ファンが乗車して球磨地方の各地を訪れたものだ。沿線各駅では記念式典や1日駅長の委嘱式が挙行され、ふれあいウオークやコンサート、ＳＬ絵画展、太鼓演奏会、特産品直売会、フリーマーケットなどのイベントで地域が盛り上がった。

かつては木材関連産業の拠点として栄えた人吉市だが、最近は少子化・高齢化の進行で地域産業は停滞し観光業も尻すぼみ状態。市観光振興課の話だと、05年に82万を数えた観光客数は07年には77万人と2年間で6％も減ってしまった。それが青井阿蘇神社の国宝指定で人気を持ち直し、08年が88万人、09年がＳＬ復活などで１００万人を突破した。

その後、一時停滞したが、12年から上昇に転じ、アニメの聖地・人吉を巡礼するファンが急増した13年には、１３８万人を超している。

国宝と鉄道、アニメの聖地巡礼で観光業が息を吹き返した形だが、「いい風が吹いているので、一過性のものにしたくない。観光客数は常時、１００万人超を維持するようにしたい」と尾方会長。行政や人吉商工会議所など経済界も考えは同じで、地域の各種資源を地域おこしに生かす活動を展開中だ。

活動の旗振り役が自治体と民間団体でつくる事業実行委員会。実行委はまず、肥薩線に残る歴史建造物を経産省認定の近代化遺産群に指定してもらう運動を起こし、木造駅舎やレンガ暗渠を登録することに成功した。

産業遺産を紹介するキャンペーンを実施し、産業遺産を組み込んだ企画ツアーを九州各地で売り込んでいる。そうした活動が奏功して、今では沿線の嘉例川駅、大隅横川駅が「現存する日本最古の木造駅舎」として名を高め、週末には多くの観光客が押し寄せる名物スポットに成長した。

活躍する「鉄道観光案内人」広域から集客する活動が課題

球磨地方を九州の新しい観光拠点にするには、「しっかりした受け入れ体制、仕掛けづくりが欠かせない」として、実行委は幾つもの布石を打った。

例えば、ＪＲ人吉駅構内に登場した広さ41平方㍍の観光案内所。市が８００万円をかけて改装した情報発信基地で、木と土の色合いを出した古民家風の内装で観光客をもてなす。商工会議所は76頁の飲食店ガイド本「人吉かっぽ倶楽部」を３万冊作成し、観光客に配布している。

旧国鉄やＪＲの退職者がつくった組織が「鉄道観光案内人会」。観光客を現地に案内し、肥薩線の歴史や地域の魅力を伝える活動に携わる。「歴史を刻む球磨川橋梁、石造鉄道車庫、トンネルなどは今でも現役。１００年超えてなお頑張る姿を知らせたい」と、案内人は力を込める。

市役所の職員有志約20人が結成したのが「よかよか隊」。人吉の旅館・ホテルに泊まった団体客の宴席に出向いて、五木の子守唄など球磨地方の歌や踊りを披露するなど、芸能活動を行っている。お客を取り込むちょっとしたおもてなしが、話題になり口コミで広がる。

国宝や鉄道だけでなく、温泉、食、自然などに魅力を感じる観光客も多い。例えば、球磨地区には28の球磨焼酎メーカーが集積しており、そこを見て回る見学ツアーが盛んだ。

14年秋からはイスラム教徒の観光客を誘致する「人吉ハラール促進地域」実現事業を推進している。ハラール対応の食肉加工センターや「祈りの場」の整備などを通じてムスリム観光客と企業誘致を目指す狙いだ。

もっとも、観光資源は多いのに、「資源を活かし切れていない。地域の良さ、魅力をもっと磨きたい」と、市当局は機会ある度に周囲に発破をかけている。地域の官民もあの手この手で次の飛躍の機会を捉え、広域から集客する活動に精力を注ごうと動き出した。

国宝になった青井阿蘇神社は、人吉最大の観光スポットとなった。

九州・日田の大型直売所
店舗網9店で集客２３０万人

（大分県日田市、木の花ガルテン）

大分大山町農協（大分県日田市）は組合員が６００戸、なりは小さいがやることはでっかい。新規事業に果敢に挑戦し、地域経済を潤しつつ成長する農協として、九州でも存在感が高い。事業の目玉は農産物直売所とオーガニック・レストランを両輪とする「木の花ガルテン」だ。福岡や大分にも店舗網を広げ、「9店で顧客数が年２３０万人」（矢羽田正豪組合長）のアグリビジネスを展開する。直売所開設25周年を機に、新たに農のテーマパークづくりにも乗り出した。

顧客の7割は女性
売りはオーガニック料理

大分自動車道の日田ＩＣを下りて国道２１２号を熊本・小国町方向へ車で20分、国道沿いに木造の店を構えるのが木の花ガルテン大山店だ。九重や阿蘇など観光地に近い立地条件からか、平日だというのに駐車場は県外ナンバーの車であふれる。

敷地内にあるレストラン「オーガニック農園」は昼食時には１５０席が満席で、順番待ちの客が行列をつくっていた。農家の祝い事や祭りで出されるもてなし料理を「１００のご馳走」という看板で提供するのが売り物だ。大人１４００円で食べ放題・飲み放題のバイキング形式も、客には都合がいい。

食材は地元で採れる無農薬、減農薬の野菜やキノコ、山の幸だけを使い、農家の「おかあさん、おばあさん」が調理して地鶏の空揚げやハーブのてんぷら、ゼンマイ、ウドのきんぴら、ゴマ豆腐など約１００種類のメニューを用意する。このうち、常時提供するのは70種類ほど。

顧客の7割は女性だ。30代の女性３人が座るテーブルを覗くと、バジルのスパゲッティやエノキ茸の煮物、クレソ

木の花ガルテンの直売所は有機野菜が売り物。九州北部の消費者が押し寄せる。

ンのごま和え、ハーブのスコーン、梅みつジュースなどが並んでいた。「ヘルシーだわ」とか、「自分の料理の参考になるよね」とか言って明るい会話が弾む。聞くと、福岡市の福祉施設で働く介護士仲間だという。

このレストランが開店したのが２００１年４月。「オーガニック」とか、「おかあさんの味」が女性客を引き付け、開店初年度に1億円を超す売上げを達成した。その後も、スローフードの流れに乗って2億円まで売り上げを伸ばし、木の花ガルテンの中核事業にのし上がった。

全国の直売所のモデル役
大山店の集客は年65万人

「オーガニック農園」に先立つこと10年、90年7月に開いた直売所が木の花ガルテンの出発点だ。売り場には地域で栽培される米や朝採り野菜、果物、大山町農協の自社工場でつくる加工食品などが常時５００品目ほど並ぶ。野菜類は有機無農薬栽培にこだわり、農家が「農協の堆肥工場で年１５００トンもつくるオリジナル堆肥で栽培」（矢羽田組合長）している。

商品は生産者名や価格、バーコードを記載したシールを貼って毎朝、農家が持ち込む。値段は農家が決め、売れ残った商品は翌朝に回収する。ＰＯＳシステムをいち早く導入し、販売代金は1週間ごとに清算して出荷者の農協口座に振り込んでいる。直売所の販売手数料は20％だ。

全国の直売所や道の駅では今や、当たり前のルールになったが、これを行き渡らせるモデル役が木の花ガルテンである。

開業時に野菜類を出荷した登録農家はわずか50戸だった。売り上げ規模の拡大とともに登録農家が増え続け、95年に1千戸、07年に3200戸となり、14年には日田市以外の農家をも引き込んで総勢3500戸以上となった。

直売所の周りにはオーガニック農園のほかに、梅の加工品を物販する「梅蔵物産館」、キノコ料理と喫茶の「咲耶木花館」、パン工房「田苑」などが併設され、物販と食事、総菜をサービスする複合拠点に成長した。14年度の来店客はレジ通過客だけで65万人にのぼる。

広域販売を目指す必要があるとして北部九州にも拠点を広げている。現在、福岡、大分両県に9つの店舗網を持ち、「14年度の9店の集客力は230万人、年商額は18億円なる」と矢羽田組合長は説明した。

「一村一品」運動の元祖テーマパーク「五馬媛の里」

中山間地にある大山町は耕地面積が少なく、稲作を中心とした農政では将来を展望できない。稲作の大規模栽培から少量多品目の畑作野菜栽培へ、さらには独自の果樹栽培へと大転換を図ることで活路を拓く――これが幹部の選択だった。

取りかかったのが1961年。組合員はわずかな田んぼをつぶし、雑木林や山林を整地して梅や栗を植えていく。町（当時は村）や農協は、傾斜予算を組んで苗木を大量に手当てし、組合員農家を助成した。

新たにつくった梅栗指導員が現場を巡回し、栽培方法を伝授したり、農家のやる気を喚起したりした。「梅栗植えてハワイにいこう」というキャッチフレーズが全国で注目されたのは、この頃のことだ。

野菜、果樹、キノコなどの少量多品目作戦はやがて大山町に根を下ろし、大分県の「一村一品」運動の元祖になった。梅や栗、すもも、エノキ茸などが同町の特産品になり地域を潤す。農協は「捨てるものはない」と言って、梅や栗をジュースやジャムに加工する工場、野菜を漬物にする加工施設などを作り、町ぐるみで高付加価値農業を突き進んでいった。

少量多品目農業が定着すると、販路が重要になる。農協の系統販売だけではこなせない商品が多くなったからだ。新たな流通チャネルの確保が焦眉の課題となり、それが直売所の創設へとつながった。

木の花ガルテンを軸に展開するアグリビジネスは地域経済に大きな効果をもたらしている。農家所得の向上、雇用の創出、高齢者や女性への活躍の場の提供、都市と地元住民との交流拡大などがそれだ。

矢羽田組合長は記者会見などで、「売上げ1千万円以上の組合員が3分の1の２００人もいる」、「加工工場や物産館に３００人以上の住民が働いている」とよく話す。「住民の7割がパスポートを持ち、海外旅行を楽しむ」などの話も引き合いに出すが、いずれもこれまでの成果を示唆した発言だ。

その大山町農協が、直売所開設25周年に当たる15年３月、「木の花ガルテン　五馬媛の里」と呼ぶテーマパークづくりを始めた。日田の中心街から10キロ離れた山中に2万本以上の樹木を植え、都市と地元住民が収穫イベントや散策を通じて交流する新しい交流の場を創設しようという事業だ。

まだ始まったばかり。10年計画で進めると矢羽田組合長は話すが、新しい事業に挑戦する同農協のＤＮＡは老化していない。

木の花ガルテンのレストランは平日でも行列ができ、満席の日が多い。

農業参入企業を積極誘致
企業の力で地域農業を活性化

（大分県農林水産部）

企業による農業進出が増える流れを捉えて、農業参入企業の誘致に真正面から取り組む自治体が多くなった。最も熱心なのが、企業の力を借りて地域農業を活性化しようと狙う大分県だ。「年間20社以上を誘致する」との数値目標を掲げ精力的に誘致活動を展開中だ。参入企業の農業ビジネスが軌道に乗れば、衰退する地域農業を元気付ける起爆剤になると、同県は今後に大きな期待を込める。

ワールドファームが竹田に進出
ワタミは臼杵で有機野菜

九重連山や阿蘇外輪山に囲まれた大分県竹田市に2009年1月、農業進出したのがワールドファーム（茨城県つくばみらい市）。同市玉来に支店を開設、荻町地区などの休耕田を借りて自社農場を造成した。ホウレンソウや小松菜を露地栽培しており、カットや冷凍、乾燥した食材を食品メーカーや小売業に手広く販売する。

09年は10ヘクタールの直営農場でホウレンソウを作ったが、翌10年は規模を2倍に拡大し小松菜も加えた。と同時に、地元農家と交渉して契約栽培にも挑戦、農家に委託する作付け面積を50ヘクタールにする計画だ。

近い将来は冷凍野菜の大型加工工場を設置し、焼きそばやギョウザの食材として販売する。冷凍ホウレンソウも年600トンの製造も目論む。

豊予海峡を望む臼杵市野津町の自社農場で10年春から有機野菜を生産しているのが居酒屋チェーンのワタミのグループ会社、ワタミファーム。同社はレタス、ニンジン、大根など10品目を有機農法で栽培するが、将来はジュースや乳製品なども手掛ける考えだ。

栽培は露地5ヘクタール、ハウス0・2ヘクタールで始めたが、13年から露地10ヘクタール、ハウス0・8ヘクタールに拡大。年商1億円の確保が目

農業への企業誘致を県政の柱に掲げる大分県（写真は県庁）。

標だ。

県南部、豊後大野市の遊休地5ヘクタールを確保して白ネギを栽培しているのが、東京の人材派遣業のオリエンタルサービスだ。同社が出資して農業生産法人を設立、農場を運営する。09年春から栽培を始めたが、2年後の11年に15ヘクタールに拡大、年商1億円規模の達成を目指している。

企業参入数、7年で176社
「黒字転換」には4年かかる

ワールドファームやワタミに限らず、大分県を舞台にした農業参入企業の動きは非常に活発だ。

ユズ栽培の自社農場を建設するため杵築市と進出協定を結んだ果汁加工業のサンヨーフーズ（東京）、大分市川添地区に進出しニラの本格栽培をしているJR九州グループ、豊後大野市でトマトや野菜の直営農場を新設した住友化学グループなど、枚挙にいとまがない。

最近も国東市が所有する農業研究所跡地に、キュウセツAQUA（福岡市）、日出電機（大分県日出町）など3社が進出、オリーブやリーフレタスなどの栽培を始めた。

参入企業数は07年が12社、08年が30社、09年が17社と順調に増えていき、07年から14年3月までの7年間の累計参

企業参入支援班の執務風景。

入数は176社に達した。09年末の改正農地法の施行で規制が緩和されてから、企業の農業分野進出が一段と活発化した。

大分県の事例をみると、「農業を新しいビジネスと捉えて参入した」という企業が多い。農業は機材や人材など、自社で抱えている経営資源を有効に活用できる受け皿になる、経営を多角化する分野としても有望と考えているわけだ。農業ビジネスを通じて経営の活路を拓こうという熱意が産業界に広がってきた。

もっとも農業は口で言うほど容易ではない。栽培技術の習得、農地の確保策、参入形態、販路、地域社会との関わりなど、多くの障壁が横たわっており、それらを地道に乗り越える意欲と継続性が求められる。「経営の黒字転換には4年ほどの覚悟が必要」（県農山漁村・担い手支援課）といわれるゆえんである。

半面、参入企業に対する受け入れ側の期待は予想以上に高い。増える耕作放棄地、深刻な後継者不足など、地域の課題が企業の力で補強できるのではないか、と見ているからだ。

中でも地元が注目しているのが雇用面での効果だ。ワタミやＪＲ九州をはじめ、参入企業はいずれも地元雇用をうたっており、現に相当数の社員、パート従業員を雇っている。農場内に独自の研修施設を整備し、プロの若手農業者を育成し始めたワールドファームなどの動きもある。雇用創出、人材育成事業を通じた参入企業のこうした活動を地元は好感し始めた。

企業誘致へ部局横断組織
参入相談から営農まで支援

大分県は野菜や果樹、花卉、茶などの栽培が盛んだが、近年は深刻な担い手不足と遊休農地の拡大に悩み、地域農業の力が急速に衰えている。農業の高齢化率（63％）は九州で最も高く、耕作放棄地率（16・２％）も九州の平均を上回る惨状だ。

こうした局面の打開策として打ち出したのが農業参入企業の誘致策だった。第一線に立つ同課の企業参入支援班は「経営力があり、資金と人材に富む企業が農業の担い手になれば、大きな力になる」と、企業誘致政策の意図を明らかにする。

これまでに参入した１７６社の進出効果については、農業産出額１５３億円、活用農地面積９０４ヘクタールという数字に現れている。そうした効果を高めるため、「15年度までに参入企業数を２００社まで拡大する」というのが当面の目標だ。

目標達成のため、農林水産、商工労働、土木建築の３部から成る横断組織「農業誘致プロジェクトチーム」を設けるとともに、県内振興局や市町レベルでつくった誘致組織とも連携して誘致活動を強めている。

興味深いのは参入希望企業への思い切った支援体制だ。「県と市町が連携して参入を支援し、希望農地をオーダーメイドで斡旋する。参入相談から営農まで一貫して支援し、手厚い補助措置を講じている」と、企業参入支援班では力説していた。

折から、農業参入企業の誘致に本腰を入れる自治体が増えてきた。これから熾烈な誘致競争があちこちで繰り広げられそうだ。

昭和レトロで地域を盛り上げる
目標は観光と商業の一体的振興

（大分県豊後高田市）

大分県の北東部、国東半島の西側の付け根にある豊後高田市。人口が2万3500人に減ってしまった、この小都市の商店街に年間40万人を超す観光客が押し寄せる。お目当ては昭和30年代の街並みを復活させた「昭和の町」だ。商工会議所と商店主らが行政の支援を受けて14年前から取り組んできた町づくり運動が、衰退商店街の再生に大きな効果を挙げている。

懐かしい昭和時代を体感
店内見回し、商品楽しむ

週末になると、商工会議所横の「昭和の町駐車場」に10台以上もの観光バスが乗り入れる。他県ナンバーの乗用車が半数以上と多く、県内のバスも繰り出して来るので、駐車場はいつも満杯だ。

バスから降りた観光客は地元のボランティアでつくる「ご案内人」に先導され、中央商店街や新町1、2丁目商店街に繰り出していく。長さ550メートルほどの通りには100棟ほどの店舗や民家が並ぶが、街並みや店構えがなにか昔を感じさせる、一種独特の雰囲気を醸し出す。

木製のガラス戸、ブリキの看板や漆塗りの金字看板、軒につるされた木綿ののれん、道路脇の赤い丸型郵便ポスト――。店内の一角には白黒テレビ、冷蔵庫、洗濯機の3種の神器が飾られ、「当店のお宝です」との説明板が添えられていた。そう、すべてが懐かしい昭和時代を感じさせる光景なのだ。

「ご案内人」が店に立ち入って店の生い立ちや特色、取扱商品などを説明すると、観光客らはフンフンと頷きながら、店内を見回したり商品を品定めしたりして楽しんでいる様子。

観光客が最も喜ぶのがバスターミナル近くの「昭和ロマ

商店街には「昭和」を楽しめる商店が36店も営業している。

ン蔵」内にある「昭和の夢町3丁目館」。昭和の暮らしや商店、学校などを再現した体験館で、見て聞いて体で触って昭和を体感できるように設えてある。

「懐かしいわねえ」。1歩踏み入れた途端、多くの観光客から嬉しそうな声が上がる。

テーマ探しに10年の歳月
華やかな昭和30年代の再現願う

新町1丁目で履物店を経営する松田定幸さんは「こんなに人が来るなんて」と驚く。「亀の子たわしや大根おろしまで売れてねえ」と言う中央通りの金物店主も、「このまま賑わってほしい」と期待していた。増える観光客に商店側の頬も緩むが、ちょっと前まではこの商店街も衰退し切っていたそうだ。

周防灘に面し豊かな自然と温暖な気候に恵まれたこの都市は、昭和30年代前半までは国東地方西側の商圏を一手に押さえる町だった。だが、30年代後半になると近隣都市への消費流出が始まり、みるみる寂れていく。

特に昭和40年に宇佐市と結ぶ私鉄の宇佐参宮線が廃線になると、商店街の衰退が一気に進む。客足が遠のき、店の経営に見切りをつける人が出て空き店舗が増える。

「シャッター通りですよ。犬や猫しか通らないと言われた」。金岡次男さん（肉のかなおか店主）は当時の状況をこう言って笑う。

そんなどん底を打ち破る切り札として浮上したのが「昭和の町」づくりの活動だ。主だった商店主と商工会議所、市商工観光課の有志が週一回集まって町の再生策を議論し、再生のテーマ探しに躍起となる。そして、10年がかりでやっと辿り着いた先が昭和レトロをテコとする再生案だった。

ここに至るまで3者は試行錯誤を重ねたが、商工会議所によると、どん底から這い上がろうとの商店主らの執念が局面を切り開いた。それに土壌があった。「商店街の70％以上が昭和30年以前に建てられた店であり、商店街の隆盛期が昭和30年代だった」という背景だ。華やかだった昭和30年代を再現したらどうか、それに賭けようという夢の実現で一致した。

町づくりに４つの戦術
町づくり会社が管理運営

「昭和の町」づくりに乗り出した商店主と商工会議所が意識したのは、商業と観光の双方を一体的に振興しようという考えだ。それを実現する方法論として４つの戦術を練り上げた。

第1は「昭和の建築再生」（昭和の店づくり）という戦術であり、第2が「昭和の歴史再生」だ。第3が「昭和の商品再生」（自慢となる商品の開発・販売）で、第4が「昭和の商人の再生」という戦術。店構えから取り扱い商品、商法などすべてを昭和に収斂させる徹底振りである。

この中で「昭和の歴史再生」がちょっと面白い。各店に眠っている商品や道具を発掘し、それを「一店一宝」として店頭に飾ろうという作戦だ。足踏みオルガン、お誂えの下駄、手づくりコロッケ、アイスキャンデーの行商自転車――ガラクタと馬鹿にしてはいけない、こんなお宝の展示が懐かしさを呼び起こす演出ツールとなったのだ。

こうして２００１年に7商店で「昭和の町」がスタート。その後も「昭和の町」づくりが続き、今では36店が参加している。観光客は10周年を迎えた11年には33万人になり、14年度は40万人を超えるまでになった。4月29日の「昭和の日」には、普段の7、8倍の観光客が商店街に足を運ぶ。

豊後高田の町づくりで見逃せない特色が3つある。1つは経費を節約するため国や県、市の各種補助金を巧みに活用した効率主義。2つ目が町興し事業の全体を管理運営する組織（豊後高田市観光まちづくり㈱）の設立。そして3つ目が観光客誘致の拠点施設の整備だ。

拠点施設というのは地元の豪商が建てた旧農業倉庫を改修して設けた博物館や美術館、レストラン、暮らし体験館のこと。域外からの観光客誘致に効果を挙げているが、それも3つの特色がうまく連携しているからこそだろう。

「昭和の町」づくりで観光客を増やした同市は、今度は定住人口を増やそうと人口3万人の目標を掲げる。実現には雇用の受け皿づくりが重要というわけで、工業団地をつくり自動車部品メーカー14社を誘致した。これで1500人以上の新規雇用を創出している。

観光客の増加は確かに大きな成果だが、課題はないのだろうか。その点を市幹部に聞いてみると、増えた観光客の中身が「通過型」観光の色彩を強めていること、もっと消費拡大に繋がる対策が必要、という返事が返ってきた。

ハード、ソフト両面で観光客を誘引するさらなる踏ん張りが今後も求められる。

昭和ロマン蔵の入り口で紙芝居をやっていた。休みがてら、観光客が楽しむ。

最大級のバイオ発電所
産業振興と環境を共に狙う

（宮崎県川南町、ＭＢＲ）

地球温暖化対策を巡る論議が高まる中で、生物資源を活用したバイオマスエネルギーに改めて関心が集まっている。宮崎県の中央部で活動する「みやざきバイオマスリサイクル」（ＭＢＲ、社長松尾武氏）の施設は、鶏ふんを燃料とする国内最大級の発電所だ。地球環境問題と地域の畜産業振興という二つの課題に挑戦し、一石二鳥の効果を挙げている。

鶏ふんの焼却量は年13万トン
電力は売電、灰は有機肥料に

宮崎市から国道10号線を北東へ車で約1時間、人口1万6千人ほどの川南町は「畜産王国」と呼ばれる県内トップクラスの農業生産地帯だ。尾鈴山地からなだらかな河成段丘が日向灘まで迫り、広大な畑作地帯が続く。町の東西を結ぶ県道40号線沿いの畑を西に車を走らせると突然、巨大なプラントが現れてきた。ＭＢＲの中核施設である。

ＭＢＲは養鶏農家の団体やブロイラー生産会社が西日本環境エネルギー（九州電力の子会社）と共同出資して03年5月につくった新エネルギー会社。タービンや発電機などの発電設備や建屋を48億5千万円で建設、05年春から営業を始めた。

事業の仕組みは養鶏農家が出す畜産廃棄物（鶏ふん）を炉で燃やし、発生した水蒸気で発電機のタービンを回し電気を起こすという内容。燃料の鶏ふんは県下の商社系農家から排出されるものを有料で購入している。

「水分の多い牛ふんは燃えないのでダメだが、鶏ふんは燃えるので良い。1キロ当たり1900キロカロリーと一般廃棄物並みの発熱量がある」、「ここの施設では年間13万2千トンの鶏ふんを燃料として活用、年間7万4千メガワット時の電力を発電し九電に売電している。発電量は一般家庭1万7千戸分に

鶏ふんを原料に発電事業を手がけるMBRはフル回転を続けている。

相当する」。

取締役工場長の武津利男さんはこう説明した上で、「鶏ふんを燃やした後の灰も商売のタネです」と付け加えた。有害物質を含まず、リンやカリ成分が多いので、有機系肥料として外販しているのだ。電気は電力会社に売れるし、燃えかすの灰は肥料として売れるというので、養鶏家は「期待以上の成果がある」と高く評価している。

4年目に単年度黒字化を達成
きっかけは「家畜排泄物法」

養鶏家の強い支持を背景に、MBRの活動は活気に溢れていた。現地を訪れた日の早朝、鶏ふんを満載した25トン級の大型トラックが続々とMBRの工場に押し寄せる光景に出くわした。県内全域の養鶏農家400カ所から連日、40－50台もやってくるほどの物凄さである。鶏ふんは施設内の受け入れ建屋に収納された後、貯蔵サイロに移され焼却ボイラーに送り込まれる。

「稼働率はここ3年間、90％台を維持している。もちろん計画値を上回る水準です。だから、運転部門は5組（2人1組）体制で終日、フル回転です」。

順調な操業が続いた結果、4年目の08年度に事業は単年度黒字化を達成、7年目に累損を解消したと、武津取締役は打ち明ける。新エネ事業はとかく採算割れに悩むケースが多いが、事業基盤を固めるMBRは採算性という高いハードルを乗り越えつつあるようだ。

MBRが誕生したきっかけは、04年11月に本格施行された「家畜排泄物法」だった。鶏ふんはそれまで、野積みされ堆肥として畑に戻されることが多かったが、窒素分が多くて地下水を汚染したり悪臭が強かったりして、その処理方法が問題になっていた。そうした鶏ふんの野積みを、同法は禁止したのだ。

言うまでもなく、宮崎県は畜産が非常に盛んで、中でもブロイラーの飼養羽数は1億1500万羽と全国第1位。飼養羽数は拡大しているから、排泄物の発生量もそれだけ多くなり、法律で野積みが禁止されると、地域を支える畜産業の発展が制約されてしまう。そんな事態を回避する対応策として、バイオマス発電が浮上したわけだ。

「県内の鶏ふんの6割がここで処理できる。養鶏業の振興に役立つだけではない。化石燃料に替わるクリーンなエネルギーを鶏ふんで開発でき、地球温暖化問題にも対処できるのだから、今後とも努力していきたい」。MBRが果たしている意義を、幹部の誰でもが盛んに強調する。

南九州で広がるバイオ燃料事業

焼酎かすを利用した事例も

低炭素社会実現の一翼を担うバイオマスエネルギーは、新産業として各方面から注目される。MBRはこれまでに農畜産業者や各種研究機関、大学、行政関係者など4千人以上の視察団を受け入れてきた。

鶏ふん焼却による新エネ事業は、JA系の養鶏農家がつくった南国興産（都城市）がMBRに先駆けて展開している。鶏ふんを自社内のボイラー燃料として使うほか、発生する蒸気で電力をつくるのが南国興産のやり方だが、ここにも各地から視察者が訪れる。

MBR、南国興産の活動に刺激されてか、廃棄物を使う新エネ事業化の動きが南九州で広がる。例えば、霧島地区の焼酎メーカー6社が「霧島リサイクル協同組合」をつくった。生産時に発生する焼酎かすをメタン発酵処理してガスを回収し、CO_2排出ゼロのボイラー燃料や発電に利用している。

西都市の「西都リサイクル協同組合」は焼酎かすからエタノールを製造、ガソリンの代替に挑戦している。熊本県球磨地区の焼酎メーカー26社も近隣の7市町村の出資協力を受けて、株式会社を設立しエタノールを主産している。

スギ材を商品化する過程で出る廃棄物（樹皮、間伐材など）でバイオ燃料をつくっているのが宮崎県門川町のフォレストエナジー門川（三菱商事系）。畜産廃棄物は言うに及ばず、もみ殻や廃材など、エネルギー源の種類は多いだけに今後もバイオ燃料の事業化は広がりそうだ。

ただ、普及には課題も多い。「良質な燃料（原料）を安定的に確保し、生産量を増やせるか、販路を開拓できるかが直近の課題」と、武津さんらは指摘する。

宮崎県は鶏肉や鶏卵を生産する養鶏農場が多いので、鶏ふんの確保がむずかしくない。

明治の産業革命遺産を世界の宝に ユネスコ登録へ盛り上がる運動

（九州5県と山口県）

海底炭鉱の島・端島（軍艦島、長崎市）、日本最古の洋式ドック・小菅修船場跡（同市）、三池炭鉱万田坑施設（熊本県荒尾市）――日本の近代化の先駆けとなった明治日本の産業革命遺産群を世界の文化遺産に登録しようという運動が、九州5県と山口県で盛り上がった。日本政府は静岡、岩手を加えた8県の23施設をユネスコ（国連教育科学文化機関）に推薦したが、ユネスコの諮問機関が2015年5月、世界遺産に記載すべきと勧告するに及んで、関係自治体の動きが一気に熱を帯びてきた。登録が実現した今、多くのファンが九州の現場を訪れるなど、「世界遺産」騒動が巻き起こっている。

島内上陸、半年で3万6千人
見学船は予約で常時、満席

長崎港から2時間弱で端島を見学できる遊覧クルーズがあるというので、乗船することにした。出航は午後1時40分。乗客は190人、満員の観光客を乗せた船は稲佐山や三菱重工のタービン工場、香焼島の100万トンドックなどを見ながら順調に進む。50分ほどたち、伊王島や高島を過ぎると、突然軍艦島が迫ってきた。

南側桟橋を見下ろすように事務所や坑口、修理工場、貯炭場などの構造物が建ち並び、その周囲をアパート群や病院、小中学校のビルが林立する。構造物は潮風にさらされて荒れたまま廃墟と化し、ビル群の窓は破れ人の気配はなかった。灰色一色の島はその名のとおり、軍艦に似た姿で外海に浮かんでいた。

南北が約480メートル、東西が160メートル、面積が6万3千平方メートルの軍艦島は、海底の石炭を採炭する海上基地として造られた人工島だ。小さい島ながら最盛期には5千人以上が暮らし、日本の経済発展を支えたが、1974年に役割を

アパート群や小学校の跡地ビルが荒れたまま林立する軍艦島。

終えて、その後は無人島となっていた。

長く放置されてきた軍艦島が世界遺産に登録されるのに備えて、長崎市は約1億円を投じて見学通路と3つの見学広場を整備、35年ぶりに島内施設の一般公開に踏み切っている。島の歴史を市民に肌で感じ取ってもらおうという狙いだが、09年4月22日の解禁以来、異常な人気を呼び、島を見たいという希望者が殺到し続け、夏場には2カ月以上の乗船予約待ちという加熱ぶりだった。

市文化観光総務課によると、解禁から半年間に上陸した観光客は3万6105人。市が当初見込んだ年間2万4千人を半年で大幅に上回るすごさだった。船の運行事業者が「見学希望者は多く、予約でいつも満席」と言った通り、解禁初年度の上陸者が5万人を上回ってしまった。人気は今も続いている。

「ありのままの姿を見てほしい」
NPO法人も登録運動を支援

乗船した日はたまたま台風の接近で高潮が押し寄せ、接岸が危険だということで上陸できなかった。代わりにガイドが船上からマイクで詳しく説明してくれた。

「採炭現場は海底1千メートル、湿度95%という悪条件で、ガス爆発と隣合わせの危険な作業となります」、「きつい仕事なので、月給2万円の時代に採炭夫の月給は20万円でした」、「島に50棟以上のアパートが建ち、人口密度は東京の9倍以上です」、「見てください、右の7階建てのビルは小中学校の校舎です。講堂、体育館、図書室、音楽施設がそろっています」。

乗船した190人はほとんどが県外の観光客。ガイドの説明の度にうなずき、思い思いのアングルでカメラのシャッターを押していた。市世界遺産推進室の島崎昭秀室長（取材時）は、「とにかく、ありのままの姿を知ってもらうことが重要。知ってもらうことで産業遺産の価値が広がる」と強調した。

島崎室長らは関係自治体と協力してシンポジウムや講演会、交流会を開くなどPR活動を行うとともに、①世界遺産の価値の証明、②遺産の保存活用計画の策定など、対応活動を繰り広げてきた。だが、世界遺産への登録、保護活動は行政の取り組みだけでは不十分、所有者や市民が行政と一体となって継続的に推し進める体制の構築が不可欠だ。

幸いにも軍艦島については民間の助っ人体制ができつつある。NPO法人「軍艦島を世界遺産にする会」（坂本道徳理事長）の活動がその1例で、資料館を開設したり上陸ツアーを実施したりして登録運動を側面から支援している。

軍艦島を知ってもらう上で効果の大きい船の運行事業者も大幅に増えてきた。当初のやまさ海運、高島海上交通に加え、2業者が運行事業に参入し、個人事業者も別ルートで進出した。5業者が細やかなサービスで観光客に接してきたので、軍艦島のPR効果は格段に上がった。

遺産の一括登録へ連携活動
地元で強まる応援活動

勧告の出た23施設の産業革命遺産群は福岡県の7件、鹿児島県と山口県の各4件など8県にまたがる。各自治体がバラバラで取り組むのではなく、個々の産業遺産をまとめ一括して世界遺産に登録する形になる。九州5県と山口はすでに世界遺産登録推進協議会（事務局鹿児島県）を結成済みで、連携した活動を行っているが、これに呼応する形で遺産を抱える地元からもいろいろな応援活動が強まってきた点が興味深い。

例えば、旧三池炭鉱万田坑のある熊本県荒尾市では、09年から1億4千万円の事業費で大規模な改修事業を実施している。1908年に完成した高さ19㍍の立て坑やぐらは、鋼材部分のさびがひどく台風などで倒壊の恐れがあるので、補強した上で塗装をし直した。同市では情報センターなど周辺施設を整備して「炭鉱で栄えた荒尾市をアピールしたい」と意気込んでいた。

旧三井田川鉱業所の伊田竪坑やぐらと2本煙突がある福岡県田川市。「月が出た出た」で有名な炭坑節はここが発祥の地だ。この炭坑節をダンス音楽にアレンジし炭坑節に合わせてダンスを踊るイベントが大変な人気だ。

炭鉱文化を軸に世代を超えた地域交流が進みつつあり、これが住民の結束を生んで世界遺産の登録運動を後押しし始めた。

軍艦島を訪れる観光客は民間業者が運航するクルーズを利用する。

おわりに

おしまいに本書の成立過程、取材活動上で身にしみた感慨などについて触れておきたい。

筆者は２００６年4月から15年４月まで足掛け10年間、ビジネス誌「経済界」（月２回隔週発行）に「地域再生の現場を行く」、「地域が変えるニッポン」というタイトルで、地域の生々しい鼓動を長期連載した。

民営空港の先駆けとして走り出した中部国際空港（愛知県）の始動期を取り上げ、「一味違う中部国際空港」という見出しで、地域に元気をもたらしている同空港の躍動振りを伝えたのが皮切りである。最終回は日本最大の産業集積地である京葉臨海コンビナートにメスを入れ、国境を越えたグローバル経済の進展と国内の人口減の影響を受けて大きく揺らいでいる現状が日本産業の地位低下をそのまま投影したものである点を浮き彫りにし、新たな活路を目指して産官学が奔走している姿を「競争力強化へ新機軸　縮む京葉コンビナート」という記事で紹介し、連載を締めくくった。

連載した記事は２１８回に及ぶが、この中には東日本大震災の余波を受けて、当事者が推進したいと思ってもやむなく中断を余儀なくされてしまった事業がかなり含まれている。それらを除外した上で、これから地域活性化事業に取り組む人々に対し有効なヒントを提供できるものという基準で選び直し、１９３本に絞り込んで刊行したのが本書である。上梓するに当たり、改めて確認の追加取材を重ねるなど、加筆修正作業を行ったことは言うまでもない。

連載を始めた時、わが国経済は「いざなみ景気」の後期にあったが、08年9月のリーマンショックに伴う世界同時不況で社会全体が大混乱に陥ったこと、その後も経済的には超円高、ＧＤＰ世界第2位からの転落、政治的には民主党政権の登場（09年9月）という出来事があり、追い打ちをかけるように発生した東日本大震災（11年3月）で歴史的な国難に見舞われてしまったことは、周知の通りだ。

この期間に地域経済、地域社会も想像を超える打撃を受けており、多事多難、困難をはらむ自治体経営が一段と深刻、複雑な様相を増す中で、坂を転げるように地方の衰退が加速していった。その辺りの事情は自治体数の急減ぶりが端的に物語っている。1995年に3233もあった全国の市町村数は20年後の現在、ほぼ半減しているのである。特に過疎化と少子化が著しい町村は、2568から6割以上も減って928になってしまった。自治体としての町村に住む人口は今や、全人口の9%に過ぎない。こうした町村に多かった限界集落化の波が最近では多くの市にまで押し寄せ、「あそこも消滅可能性都市入りか」と取り沙汰されるような事態が起こっている。

このように深刻な状況下にある地域の活性化は容易なことではない。だが、目を凝らして良く見ると、異彩を放つアイデアで輝きを取り戻す地域、間もなく限界集落入りかと危惧されながら独自の工夫と行動で、どっこい踏み止まっている街、リーダーの巧みな手さばきで商店主のやる気を引き出し集客と賑わいを取り戻す商店街など、ピカリと光る地域が少なくないのも事実である。

「玉磨かずば、光なし」という言葉がある。疲弊する地域を活性化という研磨剤で磨いて難局を突破し、新領域を切り拓く地域こそ「珠玉のまち・むら」と言えるのではないだろうか。本書で紹介したものの中に、そうした「珠玉のまち・むら」を幾つも発見できるはずだ。

ところで、地域に対する考え方、地方に立ち向かう目が大きく変わったのは会社を退職してから、妻暎子と行動を共にするようになってからだ。当時、妻は「100名山」の全山登頂を目指し、離島めぐりという趣味も加えて全国各地を行脚していた。退職後、妻に誘われて同行することが増えるにつれ、さまざまな悩みを抱える地方の実態と地域の課題に真正面から立ち向かう住民たちの真摯な姿に触れる機会が急増した。これが「地方の今」に目を開くきっかけとなった。

妻は物事を簡単にあきらめず、視点を変えれば違うことが見えてくるはず、という考えの持ち主だった。本書の193の現場のほとんどにふたりで足を運んでいるが、取材に立ち会った後で発する彼女の視点を変えた寸言にハッとさせられることが少なくなかった。

「街を元気にする方法はいろいろ。ワンパターンではダメ。100の街には100のやり方があるってことね」（自然エネルギーで町づくりを進め、エネルギー自給100％を目指す岩手県葛巻町を取材した時)。「あんな資源がウチにあるといいのにと、言っているようじゃあ、町は良くならない。ないものねだりをする前に、もっと足元を見なさいってことかしら」(徳島県上勝町の葉っぱビジネスを取材した後で)。「厄介物でも、考えれば町の特産品になるのね」(佐賀県武雄市が新組織「いのしし課」を設け、有害鳥獣の駆除に乗り出した経緯を取材した際)。妻が発するこんな寸言に刺激を受けて、各地のいろいろな活性化事業を取材することが一段と楽しいものになった。

1980年代の後半、竹下登内閣が全国の市町村に一律、1億円を配って「ふるさと創生事業」を始めたのが地域興しの最初だといわれる。その後、各政権が様々な地域興し、地域再生の政策を打ち出したが、事はうまく運ばなかった。そして今、安倍晋三政権が地域活性化を最重要の政策課題と位置付け、「地方創生」策の展開を全国に呼び掛けている。これまでに各地で積み上げられてきた活性化事業には、本書で紹介した事例を含め多数の知見が蓄えられている。これから動き出す活性化策の事業計画に、こうした知見がうまく活用されれば、今度こそうまくいくのではないか。

本書では各省庁や市町村、研究所などがまとめた調査資料を含め、多くの情報を活用させていただいたが、記事量の制約とスペースの関係でいちいち出所を明示しなかった。関係各位に感謝しつつ、その点を了解していただきたい。

最後に、企画段階から終始ご協力をいただき、資料の選定から編集出版に至るまで全ての作業にわたってNPO法人日本朗読人協会理事長の佐藤修氏に、大変尽力していただいた。また、出版計画が当初より遅れたにもかかわらず、㈱国書刊行会の佐藤今朝夫社長には温かく見守っていただいた。編集作業や資料・写真の整理面で何かとお世話になった同社の編集担当中川原徹氏を含め、3氏のご厚情に深く感謝する次第である。

最後に、10年間の取材活動で行動を共にしながら出版の直前の15年4月に永眠した妻、暎子に本書を捧げたい。

2016年1月

竹本　昌史

著者紹介

竹本　昌史（たけもと　まさし）

経済ジャーナリスト。1941年愛知県生まれ。1964年に小樽商科大学を卒業して日本経済新聞社に入社。産業、外報部記者を経て、４年間サンパウロ特派員に。帰国後、外報、産業、流通経済部のデスクなどを務め、テレビ愛知に転進。報道制作、編成、営業の責任者を歴任し、同社専務の後、独立して現職に。

著書に『ブラジルの解剖』（編著）、『流通ハイテク戦略』（監修）などがある。

地方創生《ちほうそうせい》まちづくり大事典《だいじてん》

2016年1月25日　初版第１刷発行
2017年3月15日　初版第２刷発行

著　者　竹本昌史
発行者　佐藤今朝夫
発行所　株式会社 国書刊行会
〒174-0056 東京都板橋区志村１-13-15
TEL 03（5970）7421　FAX 03（5970）7427
http://www.kokusho.co.jp
装　幀　真志田桐子
印刷・製本　三松堂株式会社

ISBN 978-4-336-05975-8